A MORTE É UMA FESTA

JOÃO JOSÉ REIS

# A morte é uma festa

*Ritos fúnebres e revolta popular no
Brasil do século XIX*

*Edição de 30 anos
revista e ampliada*

Copyright © 1991, 2022 by João José Reis

*Grafia atualizada segundo o Acordo Ortográfico da Língua Portuguesa de 1990, que entrou em vigor no Brasil em 2009.*

*Capa*
Alceu Chiesorin Nunes

*Imagem de capa*
Maria Auxiliadora da Silva, *Enterro da mesma*, 1973, técnica mista

*Preparação*
Márcia Copola

*Índices*
Probo Poletti

*Revisão*
Andrea Souzedo
Eduardo Russo

---

Dados Internacionais de Catalogação na Publicação (CIP)
(Câmara Brasileira do Livro, SP, Brasil)

Reis, João José
  A morte é uma festa: Ritos fúnebres e revolta popular no Brasil do século XIX / João José Reis. — 2ª ed. (Edição de 30 anos revista e ampliada). — São Paulo : Companhia das Letras, 2022.

  Bibliografia.
  ISBN 978-65-5921-127-2

  1. Brasil — História — Revolta da Cemiterada 2. Funerais — Ritos e cerimônias — Brasil — Século 19 3. Morte — Aspectos sociais — Brasil — Século 19 I. Título.

| 22-134331 | CDD-981.04 |
|---|---|

Índice para catálogo sistemático:
1. Brasil : Ritos fúnebres : Século 19 : História social   981.04

Cibele Maria Dias — Bibliotecária — CRB-8/9427

---

[2022]
Todos os direitos desta edição reservados à
EDITORA SCHWARCZ S.A.
Rua Bandeira Paulista 702 cj. 32
04532-002 — São Paulo — SP
Telefone: (11) 3707-3500
www.companhiadasletras.com.br
www.blogdacompanhia.com.br
facebook.com/companhiadasletras
instagram.com/companhiadasletras
twitter.com/cialetras

*Para Amélia*

*O morto atravessou o espelho*
*Para ele nada mais será escuridão.*

Canção jeje

# Sumário

Abreviaturas ....................................................................... 11

A Cemiterada ..................................................................... 13
1. O cenário da Cemiterada ............................................... 34
2. As irmandades e o catolicismo barroco ........................ 65
3. Atitudes diante da morte ............................................... 100
4. A hora da morte: modos de bem morrer ....................... 124
5. A hora do morto: ritos fúnebres domésticos ................. 159
6. A morte como espetáculo: antigos cortejos fúnebres .... 192
7. O espaço sagrado do morto: o lugar da sepultura .......... 239
8. A caminho da glória: missas fúnebres e advogados divinos ......... 282
9. A morte como negócio: receitas e despesas funerárias ... 316
10. Civilizar os costumes (I): a medicalização da morte ...... 341
11. Civilizar os costumes (II): a morte legislada .................. 378
12. A comercialização da morte: a lei provincial nº 17 ........ 404
13. A resistência contra o cemitério ................................... 427
Epílogo: Depois do levante ............................................... 462

Agradecimentos ................................................................. 472
Fontes e referências bibliográficas .................................... 474
Ilustrações, mapas, tabelas ............................................... 496
Índice remissivo ................................................................ 499
Índice onomástico ............................................................. 508

# Abreviaturas

ABNRJ   Anais da Biblioteca Nacional

ACP   Arquivo da Igreja de Nossa Senhora da Conceição da Praia, Salvador

ACS   Arquivo da Cúria Metropolitana de Salvador

ACSF   Arquivo do Convento de São Francisco de Salvador

AHU   Arquivo Histórico Ultramarino, Lisboa

AINSR   Arquivo da Ordem Terceira (ex-Irmandade) de Nossa Senhora do Rosário dos Pretos das Portas do Carmo

AMC   Arquivo Municipal de Cachoeira

AMM   Arquivo do Memorial de Medicina da Bahia

AMRE   Archives du Ministère des Relations Exteriéures, Paris

AHMS   Arquivo Histórico Municipal de Salvador

AN   Arquivo Nacional, Rio de Janeiro

ANTT   Arquivo Nacional da Torre do Tombo, Lisboa

AOTC   Arquivo da Ordem Terceira de Nossa Senhora do Carmo, Salvador

AOTSD   Arquivo da Ordem Terceira de São Domingos, Salvador

AOTSF   Arquivo da Ordem Terceira de São Francisco, Salvador

APEB   Arquivo Público do Estado da Bahia

| | |
|---|---|
| ASCMB | Arquivo da Santa Casa de Misericórdia da Bahia |
| BCEB | Biblioteca Central do Estado da Bahia |
| BL | British Library, Londres |
| BNRJ | Biblioteca Nacional, Rio de Janeiro |
| CEB | Centro de Estudos Baianos, UFBA |
| DS | Diário de Saúde |
| FMBA | Faculdade de Medicina da Bahia |
| HAHR | The Hispanic American Historical Review |
| IGHBA | Instituto Geográfico e Histórico da Bahia |
| IPAC | Instituto do Patrimônio Artístico e Cultural da Bahia |
| IT | Coleção de Inventários e Testamentos do APEB |
| JASO | Journal of the Anthropological Society of Oxford |
| LNT | Livros de Notas do Tabelião |
| LRO | Livros de Registro de Óbitos (Freguesias de Salvador) |
| LRT | Livros de Registro de Testamentos do APEB |
| MAS | Museu de Arte Sacra da Bahia |
| NAUK/ FO | The National Archives, Reino Unido/ Foreign Office, Londres |
| RDHUFMG | Revista do Departamento de História da Universidade Federal de Minas Gerais |
| RIGHBA | Revista do Instituto Geográfico e Histórico da Bahia |
| RIHGB | Revista do Instituto Histórico e Geográfico Brasileiro |
| RMF | Revista Médica Fluminense |
| SMRJ | Sociedade de Medicina do Rio de Janeiro |
| SSP | Semanário de Saúde Pública |
| UFBA | Universidade Federal da Bahia |

# A Cemiterada

Extraordinário acontecimento teve lugar na Bahia do século XIX: uma revolta contra um cemitério. O episódio, que ficou conhecido como Cemiterada, ocorreu em 25 de outubro de 1836. No dia seguinte entraria em vigor uma lei proibindo o tradicional costume de enterros no interior das igrejas e concedendo a uma companhia privada o monopólio dos enterros em Salvador por trinta anos.[1]

A Cemiterada começou com uma manifestação de protesto convocada pelas irmandades e ordens terceiras de Salvador, organizações católicas leigas que, entre outras funções, cuidavam dos funerais de seus membros. Naquele dia, a cidade acordou com o barulho dos sinos de muitas igrejas. Os mesmos sinos usados na convocação para missas, procissões, festas religiosas e funerais eram agora dobrados para chamar ao protesto coletivo. A reunião fora marcada para acontecer no Terreiro de Jesus, no adro da igreja da Ordem Terceira de São Domingos. De suas sedes, convergiram para ali centenas de membros de irmandades.[2]

---

1. A referência mais remota que encontrei do termo Cemiterada foi feita, de passagem, num artigo do *Jornal da Bahia* (5/6/1857), p. 2, exemplar da BCEB.

2. APEB, *Correspondência expedida*, v. 1661, fls. 156v-157; Antônio Pereira Rebouças, "Ao sr. chefe de polícia, responde o Rebouças [1838]", in *A revolução do dia 7 de novembro de 1837* (Salvador, 1938), v, p. 48.

Na praça do Terreiro estavam, além da igreja de São Domingos, as igrejas do antigo Colégio dos Jesuítas (atual Catedral) e a de São Pedro dos Clérigos; a uma pequena distância, podia-se ver a igreja do convento de São Francisco e a seu lado a da Ordem Terceira de São Francisco. Do terreiro, por sobre os telhados dos sobrados, era possível perceber as torres de muitas outras igrejas, inclusive a Sé, que abrigavam dezenas de irmandades. Com seus muitos templos, o local era uma espécie de território sagrado da Cidade da Bahia, como era então conhecida Salvador.

Eram cerca de 10 horas da manhã quando, do Terreiro, os manifestantes seguiram para a praça do Palácio (hoje praça Tomé de Sousa ou Municipal), uma caminhada de poucos minutos. Ali estavam localizados a Câmara Municipal, cujo subsolo abrigava uma prisão, e o acanhado palácio do governo provincial. A praça era o centro político da cidade.

Talvez com algum toque de imaginação, uma testemunha contemporânea, Joaquim José de Araujo, descreveu em termos dramáticos a marcha sobre o palácio provincial, um ato eivado de comoção popular:

> Escusado he descrever o numeroso concurso do povo desarmado, que acompanhava a esta procissão de preces, e bastará dizer, que o *Sexo devoto* (fallando na frase eclesiástica) tomava o maior interesse possível neste successo: as Confrarias cobertas de luto, e com os braços cruzados, feriam a sensibilidade das famílias, que se apinhavam às janellas; abundantes lágrimas saltavam dos olhos de todos, e, por entre interrompidos soluços, soavam os Vivas à Religião de nosso País.[3]

Os confrades chegaram à praça do Palácio com pompa, vestidos com seus hábitos e capas, a carregarem cruzes e as coloridas bandeiras que identificavam cada irmandade. Segundo relato do presidente da província da Bahia na época, Francisco de Sousa Paraíso, "todas, ou quase todas as irmandades se apresenta-

---

3. Joaquim José de Araujo, *Observações sobre o contracto do privilegio exclusivo do cemitério. Seguidas das Peças necessárias para conhecimento do Publico, e do Relatorio fiel dos sucessos do dia 25 de Outubro do corrente anno* (Bahia, 1836), pp. 36-37. Exemplar da biblioteca do IGHB.

ram em corpo com suas insígnias ante o Palácio do Governo".[4] Uma verdadeira procissão religiosa, que tirou a legitimidade do uso da força contra os participantes: "difícil cousa seria empregar a força contra homens revestidos de opas e munidos de cruzes alçadas", justificou-se posteriormente o chefe de polícia, Francisco Gonçalves Martins, defendendo-se da acusação de inércia.[5]

Mas não só os membros enfatiotados das irmandades responderam ao chamado dos sinos; logo apareceram muitas outras pessoas. A cidade estava alerta para os acontecimentos. Nos dias anteriores à manifestação circulara um abaixo-assinado denunciando os "cemiteristas", como foram rotulados os adeptos do Campo Santo — pois este era o nome do novo cemitério —, principalmente seus proprietários. E assinaram esse documento não apenas os membros declarados de irmandades. Não parece inteiramente correto, portanto, o julgamento contemporâneo do advogado Antônio Pereira Rebouças, quando observou: "A população de ambos os sexos, que ao princípio não passaria de expectadora, se foi entusiasmando até tocar o extremo do maior grau de frenesi". A "população" também tinha interesses seus ali investidos, e se juntou às confrarias para defendê-los.[6]

Cerca de 10h30 chegava a multidão em frente ao palácio, onde novos "Vivas à Religião!" foram proferidos, a que seguiram discursos contra a Empresa do Cemitério. O manifesto contendo 280 assinaturas, encabeçadas pela do poderoso visconde de Pirajá, além de várias petições de irmandades foram entregues ao presidente da província. Sob pressão, a autoridade decidiu receber os representantes das irmandades, e só estes, além de Pirajá, mas enquanto negociava com eles o palácio seria invadido por manifestantes, membros ou não das confrarias. Grande confusão, "não deixando de haver algumas questões de exacerbação da parte de alguns homens sequiosos mais de novidades do que de providências a respeito do objecto do dia", acusou o chefe de polícia ali presente.[7]

---

4. "Falla com que o Ex^mo presidente Francisco de Souza Paraizo abrio a sessão extraordinária da Assembleia Provincial, no dia 7 de novembro de 1836", AN, IJ¹ 708. Esta fala do presidente foi publicada no Rio de Janeiro pelo *Jornal do Commercio* (23/11/1836), da coleção da BNRJ.

5. Francisco Gonçalves Martins, "Nova edição da simples e breve exposição do senhor Francisco Gonçalves Martins [1838]", in *A revolução do dia 7 de novembro de 1837* (Salvador, 1938), II, p. 289.

6. "Falla de 1836"; e Rebouças, "Ao sr. chefe de polícia", p. 48.

7. Araujo, *Observações sobre o contracto*, p. 37; e Martins, "Nova edição da simples e breve exposição", p. 289.

Foi exigida a anulação da lei que havia proibido os enterros nas igrejas e concedido o monopólio de sepultamentos a uma empresa privada. Um observador contemporâneo, em carta publicada em 5 de novembro pelo *Jornal do Commercio*, do Rio de Janeiro, entendeu que os manifestantes queriam apenas que as irmandades continuassem a enterrar seus membros. Mas essa medida certamente não satisfaria aos que não pertencessem a irmandades, nem aos padres e frades que pretendiam continuar sepultando os mortos em suas igrejas. O certo é que, acuado, o presidente Paraíso cedeu à reivindicação do abaixo-assinado de suspender a proibição dos enterros eclesiásticos até o dia 7 de novembro, quando em sessão extraordinária a Assembleia Provincial, que no ano anterior elaborara a Lei do Cemitério, decidiria sobre o assunto.

Terminadas as negociações, o palácio foi abandonado, com alguma ajuda da polícia, e a praça evacuada lentamente sob novo repique de sinos das igrejas. O relato do presidente Paraíso omite discretamente a concessão da licença de sepultamento e a invasão do palácio pelas irmandades e o povo, mas confirma que a multidão começou a se dispersar com a promessa de convocação extraordinária da Assembleia Provincial, ressalvando que seriam também ouvidos os donos do Campo Santo. Houve quem atribuísse o que se seguiu à demonstração de fraqueza da primeira autoridade da província.[8]

Com efeito, mais tarde um arrependido presidente da província relatou: "esta minha deliberação ditada pela prudência não fez aplacar o exaltanismo [sic] contra o Cemitério". O chefe de polícia, alegaria ter previsto tudo. Ele desde o início não teria acreditado no acordo de paz, argumentando com o presidente que negociações desse tipo terminavam por coagir o governo a ceder mais do que o possível. Após a manifestação na praça do Palácio, os participantes, "entusiasmados com o espetáculo das cruzes, das opas, hábitos de terceiros, tomaram a direção do cemitério", contou Gonçalves Martins. Perto da praça ficava o escritório da empresa funerária, que foi apedrejado enquanto os manifestantes gritavam contra um dos sócios: "morra José Antô-

---

8. "Falla de 1836"; APEB, *Correspondência*, v. 683, fls. 110, 160. O *Jornal do Commercio* (23/11/1836), além da "Falla de 1836", do presidente da Bahia, publicou a correspondência de 17/11/1836 do ministro da Justiça, Gustavo Adolfo de Aguilar Pantoja, para o presidente, recriminando-o pelas concessões feitas aos manifestantes.

1. *Praça do Palácio*

nio de Araújo", palavra de ordem que, numa revolta desse tipo, era de uma adequação retórica perfeita. Segundo mais de uma testemunha ocular, foram mulheres as autoras do apedrejamento, ou quem pelo menos o iniciaram. O autor das *Observações sobre o contracto* escreveu que "o sexo feminino (que se postara dentro dos arcos, que ficam inferiores à Casa da Câmara [municipal]) lobrigou a tabuleta, que distinguia o Escriptorio da Empresa do novo Cemitério, e logo, com o adjuntório dos circunstantes, a fez vir à terra [...] dando-lhe o trato que recebem da populaça os Judas em Sábado de Aleluia".[9]

Essa informação é confirmada, com novos detalhes, pelo correspondente do *Jornal do Commercio*, que escreveu com um quê de ironia:

> Eram duas horas, haviam mil e quatrocentas pessoas de povo, em Palácio, e ali se achava um escritório com uma linda tabuleta que indica a escritura do Cemitério ou da Sociedade. Eis que de repente caiu sobre ela uma nuvem de pedras que

---

9. Presidente da província para o ministro do Império, 29/10/1836, fl. 160v; Martins, "Nova edição da simples e breve exposição", p. 289; Anônimo, "Lembranças", mss. BNRJ, II-33, 35, 11; e Araujo, *Observações sobre o contracto*, p. 37.

em dois minutos derrubou tudo, e dizem que as pedras tinham sido levadas por uma porção de mulheres que ali estavam e que as trouxeram debaixo das capas.[10]

O relato confirma a iniciativa das mulheres, mas também revela que elas eram membros de irmandades e que houve premeditação. Assim, não foi somente "o povo" que deu início à violência na praça, mas gente organizada em irmandade. Enquanto apedrejavam a sede da empresa do cemitério, "davam vivas às Irmandades e morras aos Pedreiros livres, e de repente apareceu um *morra ao Cemitério!*" De novo a imagem fúnebre a animar uma luta religiosa, revelada ainda na agressão verbal aos maçons, tidos por ateus, que em suas sociedades secretas pareciam ameaçar associações comprometidas com a religião. Foi aparentemente nessa altura que o presidente, observando a cena da janela do palácio, teria decidido suspender a lei do cemitério e fora saudado com gritos de "Viva a Religião" pela multidão lá fora.[11]

Diante da violência na praça, porém, o presidente achou prudente deslocar trinta policiais para reforçar um destacamento militar postado no Campo Santo, mantendo também em alerta homens da artilharia do Exército. Em outra ordem, recomendou ao juiz de paz encarregado que tomasse "todas as providências necessárias para que seja inteiramente dispersado o ajuntamento de pessoas que tem concorrido para o lugar do Cemitério, evitando que se cometam excessos, e se perturbe de qualquer modo a tranquilidade pública". As sucessivas mensagens de Paraíso revelam um governante que se sentia em meio um turbilhão infernal, pois perdendo o controle da situação.[12]

A multidão enfurecida chegou ao cemitério antes das novas tropas, embora se verifiquem discrepâncias quanto à sequência dos eventos dada pelos diversos relatos. Segundo o autor da carta para o *Jornal do Commercio*, ao meio-dia teve início a manifestação no palácio; às duas horas, o apedrejamento do escritório. O cemitério ficava a cerca de quatro quilômetros do centro da cidade, o que colocaria o início de seu assalto entre três e quatro horas da tarde, a depender da velocidade dos manifestantes. Acredito, entretanto, que tudo acontecera mais cedo, pelo menos três horas antes, como sugere mais de um testemunho.

---

10. *Jornal do Commercio* (5/11/1836).
11. *Jornal do Commercio* (5/11/1836); e Araujo, *Observações sobre o contracto*, p. 37.
12. APEB, *Correspondência expedida*, v. 1661, fls. 139-140.

## 1. Salvador e o Recôncavo Baiano

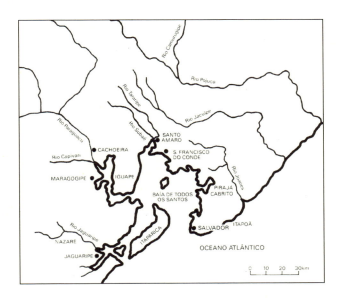

Antônio Rebouças, por exemplo, contou que a manifestação foi das dez da manhã ao pôr do sol. O *Jornal do Commercio* também noticiou o movimento da turba após os "morras" ao cemitério, ainda na praça: "A esta voz todos se dirigiram ao Cemitério com machados, alavancas e outros ferros, e em número de mais de 3 mil pessoas, em menos de uma hora, deram com o Cemitério em baixo, quebrando tudo e deitando fogo ao que podia arder". Os instrumentos foram apanhados em obras nas ruas vizinhas à praça do Palácio ou no próprio cemitério, que apesar de inaugurado ainda não estava inteiramente pronto para receber cadáveres.[13]

O relato de Joaquim José de Araújo oferece uma versão um tanto diferente. Segundo ele, residentes da estrada do Rio Vermelho, onde estava localizado o Campo Santo, já tinham atacado o cemitério enquanto acontecia a manifestação no centro da cidade. As pessoas aqui reunidas só teriam deci-

---

13. Antônio Rebouças, "Ao sr. chefe de polícia", p. 49; *Jornal do Commercio* (5/11/1836); e APEB, *Cemiterada*, maço 2858, fls. 22-22v da devassa.

dido marchar até ali após ter recebido notícias desse acontecimento. O mesmo relato isentou as irmandades de qualquer envolvimento na destruição do Campo Santo. De acordo com Araújo, após ter recebido a palavra do presidente de que a lei dos enterros seria suspensa, os irmãos e irmãs teriam retornado pacificamente às sedes de suas irmandades, onde foram recebidos com "festivos, e alegres repiques de seus campanários, e ahi entoaram cânticos de gratidão e de reconhecimento ao Supremo Creador dos Ceos, e da Terra".[14] Contudo, é difícil acreditar que nenhum membro das dezenas de irmandades presentes ao protesto tivesse se juntado à multidão que se dirigiu ao cemitério.

No Campo Santo, o estrago foi quase completo, e os manifestantes não ocuparam apenas uma hora nessa tarefa, mas quase toda a tarde. Uma avaliação dos danos feita posteriormente por uma equipe de pedreiros, carpinteiros, canteiros e ferreiros, enumerou: destruição do portão e colunas da entrada principal; dos pilares, grades, portão de ferro em frente à cavalariça e cocheira; de sessenta carneiros de tijolo e inúmeras pedras de mármore de sepulturas; demolição e incêndio do muro de adobe que cercava o local; arrombamento do portão dos fundos. Os donos do estabelecimento mais tarde registraram que o "sinistro acontecimento" resultara na destruição completa dos estábulos e do alojamento de seus empregados, ambos localizados defronte do Campo Santo. A essa lista devem ser acrescentados os coches, carruagens e panos funerários, que foram quebrados, rasgados ou queimados.[15]

Nem a capela foi poupada, sendo atacada ao som de seu próprio sino. As bicas de flandres foram roubadas, os vidros quebrados, o telhado destruído, perdendo-se cerca de cem milheiros de telhas. Mossas profundas foram feitas na porta principal, na tentativa de arrombá-la. Mal-informado, o presidente escreveu que a capela "quase nada sofreu". O próprio capelão, José Maria Varela, teria escapado "milagrosamente do furor popular", segundo um relato anônimo da época. Só a chegada do visconde de Pirajá, que esteve desde o

14. Claude Marc Antoine Dugrivel ao ministro dos Negócios Estrangeiros da França, 7/11/1836, pp. 36-37, 39.

15. APEB, *Cemiterada*, maço 2858, fls. 22-22v da devassa; Antônio Rebouças, "Ao sr. chefe de polícia", p. 49; Araujo, *Observações sobre o contracto*, pp. 36-37, 39; e APEB, *Judiciária: Juízo de Direito da 2ª Vara Cível, 1837*, maço 4308, fl. 7.

início na manifestação, evitou a destruição total do templo. O visconde seria recebido com "vivas" pelos manifestantes. A pedido do chefe de polícia, ele persuadiu um grupo que se encontrava sobre o telhado da capela a descer e se dispersar. A tropa então cercou o templo para protegê-lo. Enquanto isso, outros manifestantes continuavam demolindo outras instalações.[16]

De acordo com os peritos chamados a avaliar os danos, os manifestantes utilizaram "instrumentos contundentes ou instrumentos próprios das oficinas de construção, e em alguns lugares bem se vê ser somente impelidos pela força empregada". Várias testemunhas viram quando os rebeldes retornaram à cidade, levando barras de ferro e outros materiais arrancados do cemitério.[17]

Terminada a operação no Campo Santo, os manifestantes retornaram ao centro da cidade triunfantes e com grande alarido. Levavam nas mãos pedaços de madeira e de ferro, galões, franjas, bordaduras e restos de panos que decoravam os carros mortuários do cemitério. Um indignado estudante de medicina, Antônio José Alves, escreveu seis anos depois:

> Nenhum de nós deixa de recordar-se como em trofeos trazia pelas ruas públicas d'esta Cidade a escória da plebe os fragmentos dos mantos funereos, dos carros, e das tumbas, dando vivas diferentes, e até ameaçando a aqueles que se mostravão descontentes de semelhantes scenas ou procurando disfeitar a alguém que sympathisasse com a instituição que elles acabavão de aniquilar!

Esse relato revela ter havido algum confronto, embora só verbal, entre cemiterados e cemiteristas.[18]

A polícia se manteve afastada quase o tempo todo. Ao visitar a Bahia três anos depois, o missionário metodista Daniel Kidder foi levado a passear a cavalo pelos arredores de Salvador, e passando em frente ao Campo Santo foi informado por seu acompanhante de que soldados mandados para conter a

---

16. APEB, *Correspondência*, v. 683, fl. 160v; *Jornal do Commercio* (5/11/1836); Martins, "Nova edição da simples e breve exposição", pp. 289, 290; Rebouças, "Ao sr. chefe de polícia", p. 46; Anônimo, "Lembranças"; e APEB, *Cemiterada*, maço 2858, fl. 22v.

17. APEB, *Cemiterada*, maço 2858, fls. 5-6v.

18. Antônio José Alves, *Considerações sobre os enterramentos por abusos praticados nas igrejas* (Salvador, 1841), p. 7.

multidão teriam se juntado a ela, "e não pararam até que o cemitério tivesse sido desfigurado e arruinado". Não é certo que isso tivesse ocorrido. Contudo, o próprio chefe de polícia, que acompanhou de perto o movimento, chegaria a recomendar aos manifestantes que soltassem as barras de ferro apanhadas no saque, por constituírem provas do crime cometido. Martins explicou que assim agira por temer que, armados e exaltados, eles provocassem novo quebra-quebra, agora no centro da cidade, ampliando talvez o caráter da rebelião, com consequências imprevisíveis. Muitos teriam se desarmado e dispersado em atenção a esse apelo, mas outros prometeram só deixar as ruas após nova manifestação em frente ao palácio. Aí chegando, após gritarem as palavras de ordem do movimento, teriam sumido. "Na verdade", conta o chefe de polícia, "depois desta solennidade, reentrou a cidade em socego." Mas parece que não foi só o que aconteceu no retorno à praça. Os rebeldes foram vistos empurrando um carro funerário trazido do Campo Santo, que acabou destroçado nas imediações do palácio do governo. Claude Dugrivel, comerciante e gerente do consulado francês na Bahia, escreveu a seu governo: "Os carros destinados às pompas fúnebres foram quebrados, queimados ou reduzidos a trapos nas ruas da cidade". E este ainda não seria o último ritual da rebelião.[19]

De maneira mais calma, a Cemiterada continuaria à noite. O povo de Salvador iluminou suas janelas com velas e tochas, como era costume por ocasião de júbilo público. Ou, ainda, mais a propósito, quando passavam as procissões do viático. Os manifestantes deram um caráter ritualístico à revolta, do início ao fim. Naquela noite ainda se ouviram pela cidade gritos esporádicos de "morra o cemitério". No dia seguinte, muita gente visitou as ruínas do Campo Santo e, segundo Dugrivel, "a maioria parecia sentir alegria" pela destruição de um estabelecimento que acreditavam significar a "destruição da religião católica".[20]

19. Daniel P. Kidder, *Sketches of Residence and Travels in Brazil* (Londres, 1845), p. 24; Martins, "Nova edição da simples e breve exposição", p. 290; Rebouças, "Ao sr. chefe de polícia", pp. 47-48, 49; e Dugrivel ao ministro dos Negócios Estrangeiros da França, 7/11/1836, AMRE, *Correspondance commerciale, 1831-40*, v. 3, doc. 292.

20. *Jornal do Commercio* (5/11/1836); Henrique Praguer, "A Sabinada", in *A revolução de 7 de novembro de 1837* (Salvador, 1938), I, p. 93; e Dugrivel ao ministro dos Negócios Estrangeiros da França, 7/11/1836.

## LEITURAS DA CEMITERADA

Pouco se publicou sobre este movimento até o aparecimento da primeira edição deste livro, em 1991. No calor da hora, ainda em 1836, Joaquim José de Araujo fez o relato mais completo dos acontecimentos em suas *Observações sobre o contracto do privilegio exclusivo do cemiterio*, um opúsculo de 40 páginas já várias vezes aqui citado. Ali Araujo se identificou tão somente como "Cidadão Brasileiro, Natural desta Província". Mas descobri outras coisas sobre ele. Por exemplo, era proprietário de escravos. Vendeu a alforria da crioula Justina por bons 500 mil-réis no mesmo ano da Cemiterada. Dois anos mais tarde, ele alforriou duas crias suas. Ao morrer duas décadas depois possuía cinco escravos, nada mal para um habitante da cidade. Morava na ladeira do Rosário (no atual Pelourinho), e consta ter sido diretor-tesoureiro da "Festividade do Glorioso Dois de Julho", em 1838. Serviu como inspetor interino de rendas da província da Bahia, em 1847. Era influente na sua vizinhança. Em 1849 seria bem votado para eleitor nas eleições primárias pela freguesia de Santana. Pertencia à Ordem Terceira do Carmo, da qual foi prior, outro sinal de prestígio. Enfim, Araujo não era um qualquer.

Em 1836 Araujo posicionou-se contra os termos do contrato em favor da empresa do cemitério — "que deve fazer sua fortuna com a desgraça geral" —, mas também condenou o método empregado pelos cemiterados para protestar. Católico fervoroso e amigo das irmandades, ele apontou o enfraquecimento da religião que resultaria do monopólio privado dos enterros, e eximiu as confrarias de terem participado diretamente na destruição do Campo Santo.[21]

Em seguida foi a vez do formando de medicina Antônio José Alves, pai do poeta Castro Alves, comentar o episódio. Ele o testemunhara em 1836 e cinco anos depois defenderia uma tese acadêmica contra os enterros nas igrejas e no centro das cidades. Na introdução relembrou a "scena de escandalo que representou a Bahia em 1836, a vergonhosa scena, que manchou

---

21. Araujo, *Observações sobre o contracto*, cit. p. 3; APEB, LNT, 257, fl. 69v (carta de alforria de Justina); *Correio Mercantil* (19/6/1838; 13/7/1838; 7/4/1847; 5/7/1849) (festividades do 2 de Julho, inspetoria de rendas, eleições primárias); e Testamento de Joaquim José de Araujo, 15/3/1859, APEB, LRT, 40, fls. 11-15.

uma das páginas da sua história [...], me revoltou sobre maneira, e me determinou a levantar meu primeiro grito contra a ruindade de nossas instituições". Denunciou a "superstição" do povo, a fraqueza do presidente da província, a ganância de padres e irmandades, mas também, como Araujo, considerou impróprio o monopólio privado dos enterros. Os manifestantes foram qualificados de "ignorante e bárbara turba", que na visão do médico não compreendia que a Bahia "destruía um dos abonos de sua civilização principiante [...]".[22]

Tanto quanto Araujo, o pensamento de Alves expressa a visão de alguém comprometido com os acontecimentos, partidário de um dos lados da disputa, mais do que a opinião de um narrador distanciado. Ou seja, trata-se da queixa de um médico higienista contra a ignorância do povo em assuntos de saúde pública. Não há indícios de que sua tese tivesse servido de fonte para autores que vieram depois, mas estes bateriam exatamente nas mesmas teclas.[23]

Numa passagem do tombamento que fez dos bens da Santa Casa de Misericórdia, publicado em 1862, Antônio Joaquim Damásio atribuiu a revolta a "interesses offendidos de Irmandades, de padres, de armadores e de outros, que lucravão com os enterros nas Igrejas!" Sob o pretexto de que a proibição desses enterros era anticristã, o povo fora incitado à violência. Contribuíra também a "pusilanimidade do Presidente da Província", que teria prometido suspender a proibição. Damásio, entretanto, reconheceria a inadequação do caráter privado da obra e do regime de monopólio, "que cohonestavão até certo ponto os clamores dos hypocritas".[24]

Damásio foi uma das principais fontes do historiador Braz do Amaral, que publicou um artigo sobre a Cemiterada na *Revista do Instituto Geográfico e Histórico da Bahia*, em 1918, posteriormente reproduzido em suas *Recordações históricas*, de 1921. Braz do Amaral seguiu de perto a interpretação de

22. Alves, *Considerações sobre os enterramentos*, pp. 1-7.
23. Um outro formando de medicina, escrevendo alguns anos depois de Alves, mencionou de passagem que em 1836 "a população guiada pela superstição levantou uma barreira invencível" contra aqueles que queriam acabar com o "maldito uso" dos enterros nas igrejas: Manuel José de Freitas, *Breves considerações acerca da polícia médica da cidade da Bahia* (Salvador, 1852), p. 5.
24. Antônio Joaquim Damásio, *Tombamento dos bens imóveis da Santa Casa de Misericórdia da Bahia* (Salvador, 1862), p. 56.

Damásio. Numa linguagem carregada de elitismo paternalista e patriarcal, comparou o povo baiano de 1836 a "meninos mal-educados" e o levante ao "grito da mulher hysterica". O levante teria revelado a "falta de cultura" do povo, "que estava tão atrazado e comprehendia tão pouco os seus reaes interesses que se oppunha a uma utilidade como era a construção de cemitérios". Mas acrescentou novos dados, embora vagos, como as razões médicas — omitidas por Damásio — que levaram à proibição. Ao que tudo indica, foi ele também o primeiro a destacar a atuação do visconde de Pirajá.[25]

Nenhum desses dois autores, Damásio e Braz, se deteve na narrativa dos acontecimentos de 25 de outubro de 1836. Pelo menos Braz do Amaral poderia ter aproveitado os quatro pequenos mas informativos parágrafos de um trabalho de Henrique Praguer, escrito no final do século XIX. Esse autor utilizou como fonte, mas sem o indicar, a carta anônima publicada no *Jornal do Commercio*, em 5 de novembro de 1836, carta introduzida pela redação do periódico como relato de "hum facto interessante". Para Praguer, o movimento não fora apenas isso, e sim "acto de vandalismo, de ignorância, de superstição e estupidez".[26]

A historiadora Marieta Alves abordaria o tema com a publicação, em 1948, de importante material sobre o papel da Ordem Terceira de São Francisco no episódio. Os documentos mostram que a confraria fez pressão sobre o governo para abolir a lei da proibição, mas se recusou a participar da manifestação do dia 25 de outubro. Alves aplaudiu essa decisão: "Honra lhe seja feita por esse gesto de compreensão de seus deveres cívicos". Para ela, a Lei do Cemitério representava "importante melhoramento urbano". Num pequeno trabalho de página e meia, de 1974, voltaria a falar da "oportuníssima iniciativa" dos empresários e da "irrefletida atitude" dos manifestantes.[27]

Todos esses autores viram no movimento, por um lado, uma estreita motivação econômica, por outro, uma expressão atrasada de religiosidade.

25. Braz do Amaral, "A Cemiterada", *Revista do IGHBA*, v. 24, nº 43 (1918), p. 84, 87. Artigo reproduzido em *Recordações históricas* (Porto, 1921).

26. Praguer, *A Sabinada*, p. 93.

27. Marieta Alves, *História da venerável Ordem Terceira da Penitência do Seráfico de São Francisco* (Rio de Janeiro, 1948), p. 282; e idem, *História, arte e tradição da Bahia* (Salvador, 1974), pp. 19-20.

## 2. Salvador: a cidade longe do cemitério

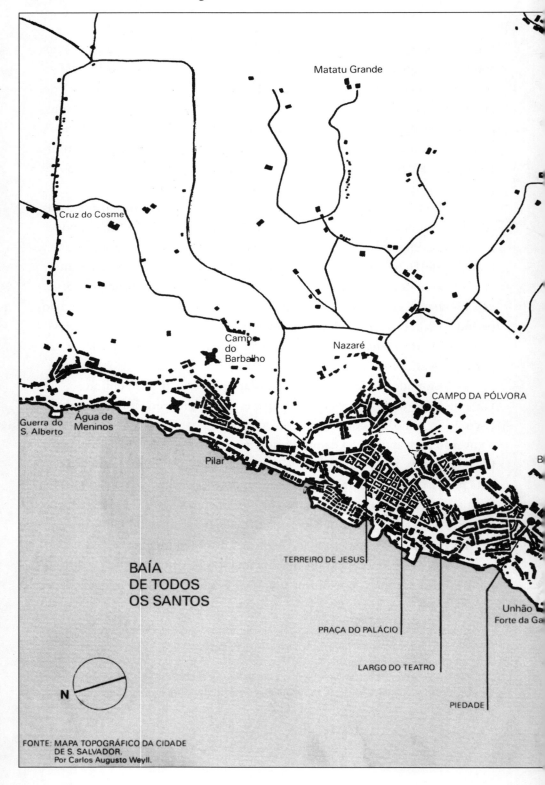

FONTE: MAPA TOPOGRÁFICO DA CIDADE
DE S. SALVADOR.
Por Carlos Augusto Weyll.

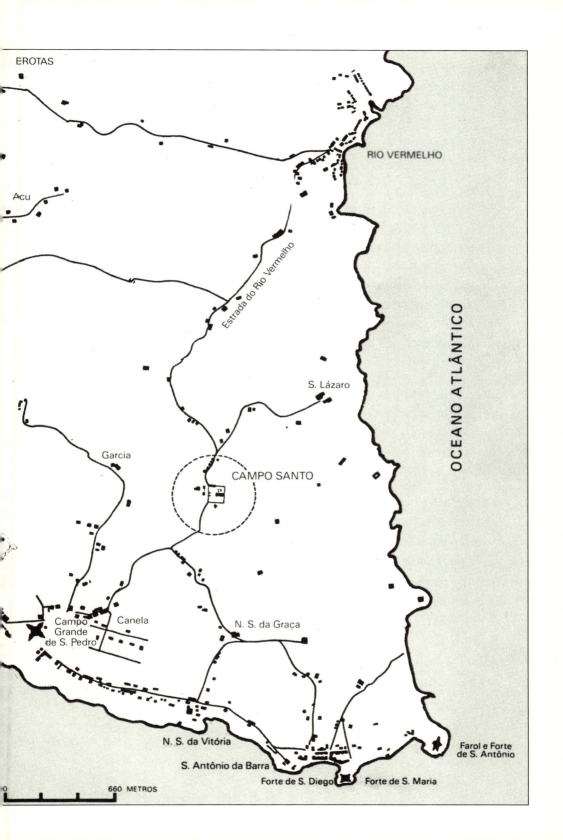

Irmandades, padres, sacristãos, negociantes de artigos funerários teriam insuflado um povo ignorante e supersticioso contra o Campo Santo, com o único objetivo de defender seus interesses econômicos. Foi nesses termos, aliás, que a Cemiterada foi entendida por seus críticos contemporâneos.

Ora, a questão econômica pode e deve ser invocada para se entender a revolta, mas não numa ótica que atribua aos opositores do cemitério um puro pragmatismo material. O fator religioso também não deve ser entendido como mero derivado de interesses econômicos, e é insuficiente descartar a atitude popular como fruto de uma falsa religiosidade ou de superstição.

Já se disse que superstição é a religião do outro; a nossa superstição é que seria a verdadeira religião. Aqueles autores, que realmente não aprofundaram suas pesquisas, viram o conflito como uma disputa entre a civilização — representada pelo novo cemitério — e a barbárie — refletida no comportamento dos que se opuseram a ele. A violência da reação ao cemitério é sem dúvida surpreendente, o que nos obriga exatamente a refletir sobre por que foi assim.

ESTE LIVRO

O historiador que hoje estuda um episódio como a Cemiterada tem a vantagem de pertencer a um tempo em que a historiografia nos permite formular, e talvez responder, questões mais complexas. Já não há temas tabus para o historiador, que ajudado por outras disciplinas, como a antropologia, por exemplo, arrisca-se à investigação de aspectos muitas vezes obscuros do passado. A historiografia passou a investigar as atitudes em relação ao gosto culinário, o amor, a religiosidade popular, as mais diversas formas de sensibilidade física e espiritual. Os franceses chamaram essa abordagem de história das mentalidades, outros estudiosos preferiram falar de história da cultura. Todos, entretanto, buscaram perscrutar a alma dos seus antepassados. Foi assim que se chegou a uma história das atitudes dos europeus em relação à morte.[28]

28. Essa bibliografia será devidamente referida ao longo do livro.

No Brasil, a historiografia sobre ritos funerários era escassa em 1991, quando foi publicada a primeira edição deste livro. Havia contribuições pioneiras, por exemplo um capítulo de *Vida e morte do bandeirante*, de Alcântara Machado, publicado em 1929, que estudou testamentos e inventários coloniais e neles levantou questões pertinentes às atitudes diante da morte no período. Havia ainda o livro de Clarival do Prado Valladares, sobre a evolução da arte cemiterial, e as obras de sociólogos, antropólogos e sobretudo folcloristas, com informações preciosas a respeito dos costumes funerários.[29] Numa importante coletânea organizada por José de Souza Martins, e publicada em 1983, um capítulo da lavra de Maria Luiza Marcílio apontaria a insuficiência de nossa historiografia quanto ao "tema da morte na História, em suas linhas e concepções mais atualizadas". E acrescentava: "Nossos historiadores pouco se voltaram para o assunto. São, sobretudo, os nossos cientistas sociais que tomam a frente, os antropólogos primeiro, seguidos dos sociólogos e psicólogos, que vão desbravando as primeiras veredas". A autora fez uma pequena demonstração de como os testamentos, fonte predileta dos historiadores franceses da morte, serviriam a um tratamento do tema no Brasil.[30]

Maria Luiza Marcílio tinha razão. Porém, na Bahia, a historiadora Katia Mattoso já demonstrara, num trabalho de 1979, como estudar as atitudes diante da morte a partir dos testamentos de escravos libertos. Pouco depois Maria Inês Côrtes de Oliveira utilizava, em sua dissertação de mestrado depois publicada, os testamentos de libertos de maneira semelhante a Mattoso. Mais tarde, já se podia contar com os trabalhos de Adalgisa A. Campos sobre a morte barroca mineira. A festa visual do funeral barroco, aliás, já tinha sido estudada por Affonso Ávila. Acrescente-se

---

29. Alcântara Machado, *Vida e morte do bandeirante* (Belo Horizonte e São Paulo, 1980), pp. 210-228; e Clarival do Prado Valladares, *Arte e sociedade nos cemitérios brasileiros* (Rio de Janeiro, 1972). A contribuição dos folcloristas será devidamente reconhecida ao longo deste livro.

30. Maria Luiza Marcílio, "A morte de nossos ancestrais", in José de Souza Martins (org.), *A morte e os mortos na sociedade brasileira* (São Paulo, 1983), p. 64. Esta coletânea inclui outros trabalhos de natureza histórica: Nanci Leonzo, "O culto dos mortos no século XIX: os necrológios", pp. 76-84; José Sebastião Witter, "Os anúncios fúnebres (1920-40)", pp. 85-89. Outras contribuições, embora tratando de fenômenos mais recentes, fazem incursões ao passado mais remoto.

a dissertação de Sandra Camargo Guedes sobre São Paulo, de 1986, talvez o primeiro trabalho que buscou replicar entre nós o projeto da historiografia europeia sobre a morte, discutindo testamentos e as reformas cemiteriais do Oitocentos.[31]

Desde que publiquei *A morte é uma festa*, em 1991, o interesse sobre a história da morte, e em particular a reforma cemiterial, cresceu muito no Brasil. A produção a respeito do tema está presente em dissertações de mestrado e teses de doutorado, artigos em revistas especializadas, capítulos de livros e livros.[32] Desde 2004 acontecem no Brasil e outros países latino-americanos — México, Colômbia, Argentina, Peru — congressos organizados pela Associação Brasileira de Estudos Cemiteriais, por exemplo. Em 2011 foi criado um grupo de pesquisa internacional registrado no CNPq, *Imagens da Morte: a morte e o morrer no mundo ibero-americano*. Este grupo, liderado pela historiadora Claudia Rodrigues (UNIRIO), tem periodicamente reunido em eventos específicos estudiosos da história da morte. Principal pesquisadora do tema no Brasil, Rodrigues esteve à frente da fundação e ainda dirige o periódico interdisciplinar *Revista M. Estudos sobre a morte, os mortos e o morrer*.[33]

De maneira seletiva, e sempre que pertinente, esses novos estudos serão aqui referidos, mas não se espere uma exposição sistemática ou exaustiva de

31. Katia Mattoso, *Testamentos de escravos libertos na Bahia no século XIX: uma fonte para o estudo de mentalidades* (Salvador, 1979); Inês Oliveira, *O liberto: o seu mundo e os outros* (São Paulo, 1988); Adalgisa A. Campos, "Considerações sobre a pompa fúnebre", RDHUFMG, nº 4 (1987), pp. 3-24; idem, "A presença do macabro na cultura barroca", RDHUFMG, nº 5 (1987), pp. 83-90; idem, "Notas sobre os rituais de morte na sociedade escravista", RDHUFMG, nº 6 (1988), pp. 109-122; Affonso Ávila, *O lúdico e as projeções do mundo barroco* (São Paulo, 1971), pp. 187-196. Ver ainda Sandra P. L. de Camargo Guedes, "Atitudes perante a morte em São Paulo (séculos XVII ao XIX)", dissertação de Mestrado, Universidade de São Paulo, 1986.

32. Para não dizer que abandonei totalmente o tema desde 1991, ver João José Reis, "O cotidiano da morte no Brasil oitocentista", in Luiz Felipe de Alencastro (org.), *História da vida privada no Brasil* (São Paulo, 1997), pp. 95-141; e idem, *Death Is a Festival: Funeral Rites and Rebellion in Nineteenth-Century Brazil* (Chapel Hill e Londres, 2003), que é uma versão em inglês levemente revista da primeira edição deste livro.

33. Sobre o itinerário dessa pesquisadora, escrita por ela mesma, ver Claudia Rodrigues, "A morte por companheira na construção de uma trajetória no campo das religiões e das religiosidades", in Mario Dillmann e Cairo Mohamah Ibrahim Katrib (orgs.), *História e religiosidades no Brasil: a construção de um campo a partir das narrativas de historiadores* (Curitiba, 2017), pp. 181-208.

suas contribuições nesta nova edição de *A morte é uma festa*. Acrescido de novas fontes primárias, o livro segue, então, seu roteiro original.

Começo por uma apresentação da Bahia onde aconteceu a Cemiterada, algo de seu modo de vida, de sua população, hierarquias sociais, conjuntura econômica e de seus movimentos sociais. Entre as instituições que ajudavam os baianos a viver — e a morrer — estavam as confrarias religiosas, que tomaram a frente na resistência contra o Campo Santo. Por isso, dedico um capítulo a elas, em que discuto suas bases sociais, sua organização interna e trato da dimensão lúdica que deram à devoção de seus santos padroeiros.

Em seguida discuto os trabalhos sobre história da morte feitos na Europa, realçando os aspectos que interessam à compreensão do que se passou na Bahia em 1836. Encruzilhada em que se encontraram várias culturas, a Bahia e o Brasil eram, entretanto, parte de um Ocidente cristão que vinha experimentando mudanças importantes em sua visão da morte, ao longo dos séculos XVIII e XIX. Tanto na Europa como no Brasil ocorreram reações a essas mudanças, em particular em relação ao fechamento de igrejas e cemitérios paroquiais aos mortos. Pois o enterro nas igrejas era visto pelos católicos como uma das estratégias de salvação da alma.

Essa e outras estratégias de bem morrer usadas pelos baianos são discutidas nos capítulos seguintes. A primeira delas é a preparação para a morte, os diversos gestos propiciatórios que vão da feitura do testamento ao rito da extrema-unção. Procuro mostrar que as pessoas presidiam sua própria morte com certo temor, mas diligentemente, e quando o fim se aproximava recebiam a ajuda solidária de parentes, confrades e amigos sempre presentes. Com a chegada da morte se preparava o morto para o funeral. Nessa hora um dos aspectos mais importantes era a escolha da mortalha, que discuto em detalhe. Depois vinham a armação da casa para o velório, os convites para o enterro, as primeiras manifestações de luto.

Os funerais eram pomposos, e para isso contribuía o número de participantes no cortejo, de padres, confrades, pobres, músicos, parentes, amigos, conhecidos e estranhos. Os funerais dos pobres e dos escravos eram mais econômicos, simbólica e materialmente, mas há evidências de que os negros frequentemente desejavam e recebiam grandes enterros. Alguns destes eram verdadeiras festas africanas, que em geral terminavam em templos de irmandades negras. Embora negros e brancos pudessem ser enterrados nas mesmas igrejas, a maioria dos escravos de Salvador era levada a um cemitério de indigentes. Como a vida, a morte produzia a desigualdade. Havia uma geografia social dos mortos, mesmo quando enterrados no interior das igrejas. Mas a escolha do local de sepultura obedecia também a outras regras, como o desejo de enterro entre confrades e parentes, ou junto aos altares.

As irmandades eram o local predileto de sepultura daqueles que deixavam testamento, embora essa atitude estivesse em declínio à época da Cemiterada. Alguns já não se importavam tanto com o destino do corpo, concentrando seus cuidados no destino da alma. Raros, aliás, os que não se preocupavam em facilitar a entrada no Paraíso mediante pedidos de missas e da intercessão de santos. Mas, se a ajuda dos santos podia ser gratuita, as numerosas missas necessárias à salvação eram custosas. Dedico todo um capítulo à discussão da economia funerária na Bahia, revelando quanto custava fazer um funeral e salvar uma alma, e quais os agentes desse mercado especializado na morte. Quem não gosta de números pode pular esse capítulo, mas ele ajuda a melhor entender os fundamentos materiais do morrer e quem perderia, economicamente, com o monopólio dos enterros pelos proprietários do Campo Santo.

Os funerais de outrora, e em particular os enterros nas igrejas, revelam a enorme preocupação de nossos antepassados com seus próprios cadáveres e os cadáveres de seus mortos. Por razões diferentes, os médicos da época da Cemiterada se preocupavam com o mesmo objeto. Eles viam os enterros no interior dos templos e mesmo dentro dos limites da cidade, além de outros costumes funerários, como altamente prejudiciais à saúde dos vivos. Mortos e vivos deviam estar separados, pregavam eles. A novidade vinha da Europa, e foi divulgada no Brasil independente por meio de uma campanha que fazia dos higienistas a vanguarda da civilização.

O estudo da literatura médica da época permite entender melhor o conflito de mentalidades em 1836. Os legisladores seguiram os doutores, procurando reordenar o espaço ocupado pelo morto na sociedade, e instituir uma nova geografia urbana da relação entre mortos e vivos. Esse movimento iria refletir-se em leis municipais que, em todo o Brasil, proibiam os enterros nas igrejas e ordenavam a construção de cemitérios fora das cidades. Na Bahia, uma lei provincial que concedia o monopólio dos enterros em Salvador culminou no movimento de protesto aqui estudado.

Discuto detalhadamente aquela lei, desde a proposta dos empresários do cemitério, sua discussão na Assembleia Legislativa Provincial e sua aprovação. Nada foi feito à revelia da Igreja, que desempenhou um papel relevante em sua elaboração, regulamentação e legitimação. Igreja e Estado estiveram juntos, embora tanto dentro da Igreja quanto do Estado se levantassem vozes contra o cemitério e/ou as condições de sua concessão. Identifico essas vozes dissidentes. Nesse ponto as irmandades reaparecem como personagens centrais do livro. Elas elaboraram minuciosos manifestos em que expunham as razões da oposição ao Campo Santo. Mas a oposição não se restringiu às irmandades. A Cemiterada produziu seu manifesto geral, um documento que revela um movimento mais amplo, de uma população que recusou deixar que uma companhia privada gerisse um aspecto tão importante de sua visão deste e do outro mundo.

# 1. O cenário da Cemiterada

O comandante naval inglês sir Robert Wilson, que conhecia muitas terras e mares, ao entrar em 1805 na baía de Todos-os-Santos, escreveu extasiado: "A vista desta Baía [...] é talvez a mais magnífica no mundo". E deixou a cidade de São Salvador da Bahia, ou simplesmente Cidade da Bahia, com a impressão de ser impossível descrever sua exuberante natureza, lamentando que não se tratasse de mais uma colônia britânica. O francês Claude Dugrivel, que visitou a Bahia em 1832-33 numa viagem que definiu de "passeio sentimental", viu de seu quarto no Hotel Universo, no largo do Teatro (atual praça Castro Alves), o que considerou "um dos mais belos pontos de vista do mundo". "É um verão perpétuo", escreveu esse estrangeiro que imaginava ter afinal encontrado o "paraíso terrestre" que romanticamente buscava.[1]

Salvador era de fato uma cidade de grande beleza. Era também rica, mas

---

1. Sir Robert Wilson, "Memoranda of S. Salvador of Bahia (1805)", in H. Randolph, *Life of General Sir Robert Wilson* (Londres, 1862), I, pp. 342, 348; sir Robert Wilson, "Letter from Bahia, 10/11/1805", in ibidem, p. 275; Claude A. Dugrivel, *Des bords de la Saône à la baie de S. Salvador* (Paris, 1843), p. 361, 382, 384. Estas são as impressões de dois visitantes estrangeiros menos conhecidos. Praticamente todos os visitantes concordariam com eles: ver Moema P. Augel, *Visitantes estrangeiros na Bahia oitocentista* (São Paulo, 1980), passim, o melhor guia para a literatura de viagem na Bahia do século XIX.

uma riqueza concentrada nas mãos de poucos, dentre estes muitos estrangeiros. Uma cidade cujo povo era pobre, em grande parte escravizado, mas povo inquieto e frequentemente rebelde.

## GEOGRAFIA HUMANA

Situada numa das extremidades da baía de Todos-os-Santos, Salvador tinha uma vocação marítima por excelência. Do alto de suas colinas se abria o mar, interrompido ao longe por ilhas, entre as quais se destacava a de Itaparica. Além das ilhas, abraçando a baía, ficava a região do Recôncavo, onde floresceu uma das mais importantes economias canavieiras do hemisfério. Pelo porto de Salvador escoava-se para a Europa e outras terras a produção de açúcar, mas também a de fumo, algodão, couro e mais produtos primários. A cidade crescera junto com a economia atlântica, tendo sido capital do Império Português nas Américas até 1763, quando foi substituída pelo Rio de Janeiro.

Uma topografia acidentada dividia Salvador em Cidade Alta e Cidade Baixa, tal como Lisboa. A ligação entre os dois planos se fazia por íngremes ladeiras que os brancos geralmente subiam e desciam carregados por negros em cadeiras de arruar. O trajeto era especialmente difícil nas estações chuvosas, que causavam desabamentos e inundações. Mesmo em tempos normais, a parte baixa da cidade logo apagava a boa impressão que os viajantes tinham ao observá-la, desde o navio, com suas casas, igrejas e conventos pintados de branco, em contraste com uma exuberante vegetação. Ao desembarcar, as primeiras decepções assaltavam os viajantes. As ruas eram estreitas, irregulares, mal calçadas, sujas, com esgotos correndo a céu aberto, dentro dos quais se lançava todo tipo de dejetos. Eram também mal iluminadas por lampiões de azeite de baleia que frequentemente apagavam, deixando os habitantes na maior escuridão nas noites sem lua. Nessas ocasiões, as pessoas usavam de archotes para encontrar o caminho.[2]

2. Sir Wilson, "Memoranda," p. 273, 277; Gustav Beyer, "Ligeiras notas de viagem", *RIGHSP*, nº 12 (1908), p. 276; James Prior, *Voyage Along the Eastern Coast of Africa* (Londres, 1819), pp. 100-102; George Gardner, *Travels in the Interior of Brazil* (Londres, 1846), p. 74; Kidder, *Sketches*, II, p. 19; Dundas, *Sketches of Brazil; Including New Views of Tropical and European Fever* (Londres, 1852), pp. 202-203; e James Wetherell, *Brazil. Stray Notes from Bahia* (Liverpool, 1860), p. 7, 145.

A cidade se dividia administrativamente em dez freguesias, cada qual associada à sua igreja matriz, uma organização que refletia a união entre o poder civil e o eclesiástico.

O comércio se concentrava nas freguesias de Nossa Senhora do Pilar e principalmente Nossa Senhora da Conceição da Praia, na Cidade Baixa. O bairro da Praia, como se chamava a área do porto, era o coração do distrito comercial. Ao largo ancoravam navios brasileiros e portugueses, ingleses, norte-americanos, franceses, alemães, suecos, dinamarqueses; nos ancoradouros atracavam as canoas, lanchas e saveiros que transportavam fardos e pessoas dos ou para navios mas, sobretudo, traziam produtos agrícolas do Recôncavo para Salvador.

Numa rua estreita que separava o mar dos trapiches e sobrados, amontoavam-se caixas de açúcar, tonéis de aguardente, fardos de algodão, fumo e piaçava, sacas de café e mesmo de cacau, prontos para a exportação; ali também se amontoavam os produtos chegados da Europa, sobretudo de Portugal e da Inglaterra, artigos industrializados de todo tipo e tamanho, tecidos, ferramentas, utensílios domésticos, sapatos, barris de cerveja, de farinha de trigo ("do reino"), caixas de vinho, de manteiga, de azeite doce, de bacalhau. Na rua dos Ourives, dezenas de lojas se dedicavam exclusivamente à venda de pedras preciosas e semipreciosas. Essas e outras lojas eram pontos de encontro, onde se liam alto as notícias de jornais e se discutiam política local e nacional, a economia atlântica e a vida alheia. Muitos armazéns alojavam e expunham nas portas negros recém-chegados da África, pois Salvador, até a proibição de 1831, foi um dos dois principais terminais do comércio transatlântico de gente nas Américas; o outro terminal, o mais importante, era o Rio de Janeiro. Logo ao desembarcar em Salvador, Dugrivel se chocou com a cena de negros e negras seminus oferecidos à venda.

Havia também dois grandes mercados, o principal chamado de Santa Bárbara. Produtos diversos eram ali expostos à venda, sendo neles possível comprar importados ingleses mais baratos do que na Inglaterra, segundo sir Wilson, que os comparou favoravelmente ao de Billingsgate. Mas o viajante sueco Gustav Beyer certamente exagerou quando escreveu que nossas docas e fábricas eram "tão boas como na Inglaterra". Pois, à exceção do grande arsenal naval, nossas fábricas não passavam de pequenas manufaturas de tecido ordinário, velas, vidro, sabão, charuto e rapé, a maior parte localiza-

2. *A baía de Todos-os-Santos e a Cidade do Salvador*

das na Praia e arredores. O cheiro de tabaco era uma característica da Cidade Baixa; o fumo, uma marca da cultura baiana que chamou a atenção de diversos estrangeiros. Os baianos fumavam muito, inclusive as mulheres. Mas o grosso da produção fumageira seguia para a Europa, o fumo de melhor qualidade, ou para a África, o chamado refugo, que era usado na troca por cativos.[3]

Nas ruas e no cais se apinhavam negras mercadejando tecidos, quinquilharias africanas e toda sorte de alimentos crus e cozidos: peixes, frutas, legumes, bolos, mingaus, carne de baleia moqueada. O príncipe Maximiliano viu negras, com seus fogareiros sempre acesos, alinhadas de um e outro lado da rua da Praia, cozinhando e assando comida. Os barbeiros, santeiros, alfaiates,

---

3. Sobre os dois últimos parágrafos: Katia Mattoso, *Bahia: Salvador e seu mercado* (São Paulo, 1978); Dugrivel, *Des bords de la Saône*, pp. 342, 361-362; Thomas O'Neill, *A Concise and Accurate Account* (Londres, 1809), p. 51; Beyer, "Ligeiras notas de viagem", p. 276; sir Wilson, "Memoranda", pp. 343-344; Prior, *Voyage*, pp. 102, 104-105; Wetherell, *Brazil*, pp. 32, 86-87, 148; e "Commercial Report, Bahia, 1836", NAUK/FO, 13, 139, fl. 44.

trançadores de cestos e chapéus de palha trabalhavam a céu aberto. Os barbeiros também cortavam cabelos, curavam com sangrias e sanguessugas e tocavam nas afamadas bandas que reuniam os daquela ocupação. Os negros, escravos e libertos, se agrupavam nas esquinas à espera de fregueses que os contratassem para carregar grandes fardos e barris, ou para transportá-los nas cadeirinhas de arruar. Trabalho duríssimo e desumano, na avaliação de sir Wilson: "é quase impossível imaginar um trabalho mais penoso do que carregar uma dessas enormes caixas de açúcar montanha acima num calor de 32 graus". O calor, é claro, podia ser ainda maior. Esses negros, de porte atlético incomum, tentavam facilitar a vida trabalhando a passos ritmados e ao som de canções de suas terras.[4]

Os escravos urbanos dividiam a faina diária entre a casa e a rua. Os que trabalhavam só na rua, como *ganhadores,* em geral contratavam com os senhores uma soma diária, ou mais comumente semanal, embolsando o que sobrava. O pecúlio acumulado durante anos de trabalho permitia a muitos a compra da alforria, às vezes paga a prestação. Em 1836 residiam em Salvador pelo menos cinco mil libertos e libertas africanos. Trabalhar na rua, sobretudo trabalhar no porto, facilitava essa difícil passagem à liberdade. Os ganhadores muitas vezes moravam fora da casa do senhor, provendo sua própria moradia, alimentação e outros gastos pessoais, a sujeição se limitando ao pagamento das diárias ou da semana.[5]

As freguesias do Pilar e da Conceição da Praia também tinham sobrados residenciais, ocupados sobretudo por famílias de comerciantes e caixeiros portugueses. Os baianos chamavam os portugueses de "praístas", uma alusão ao predomínio desses estrangeiros no bairro comercial. No Pilar moravam detentores de grandes fortunas feitas do negócio de exportação e importação. Mas em ambas as freguesias portuárias, como de resto em todo o perímetro

---

4. Maximiliano, *Viagem ao Brasil* (São Paulo, 1940), II, pp. 450-451; sir Wilson, "Memoranda", p. 344, e "Letter from Bahia", p. 273; Wetherell, *Brazil,* pp. 21, 33, 53-54, 128; Dugrivel, *Des bords de la Saône,* p. 365; e Kidder, *Sketches,* II, pp. 20-21.

5. Sobre trabalho escravo urbano na Salvador oitocentista, ver, entre outros títulos, Maria José Andrade, *A mão de obra escrava em Salvador, 1811-88* (São Paulo, 1988); Ana de L. Costa, "*Ekabó!*. Trabalho escravo e condições de moradia e reordenamento urbano em Salvador no século XIX", dissertação de Mestrado, UFBA, 1989; e João José Reis, *Ganhadores: a greve negra de 1857 na Bahia* (São Paulo, 2019), esp. caps. 2 e 3.

urbano de Salvador, ricos e pobres moravam lado a lado. No Pilar, o censo de 1855 detectou a mais alta proporção de gente escravizada entre os moradores. O mercado de trabalho nas atividades portuárias atraía um grande número de pessoas, que terminavam por ocupar sobrados coloniais transformados em apinhados cortiços. Casas miseráveis da Praia abrigavam "mulheres de fácil acesso", segundo Prior.[6]

A Cidade Alta era mais limpa e calma. Era um bairro mais residencial e administrativo, não deixando de ter pequenas lojas dedicadas ao varejo de chapéus, tecidos, tabaco, remédios. Lá residia a maior parte dos habitantes da cidade, principalmente na populosa freguesia da Sé, que era também o centro político e eclesiástico da cidade. Foi nessa vizinhança que a Cemiterada teve início. Na praça do Palácio ficavam a Câmara Municipal, o Tribunal da Relação, a Casa da Moeda e o palácio do governo, este ocupado pelo governador colonial até a Independência, e a partir daí pelo presidente da província. A poucos metros se encontrava a Santa Casa de Misericórdia, um conjunto arquitetônico que abrigava a sede da distinta irmandade, sua igreja e hospital. Vizinha, levantava-se imponente a catedral, edifício já bastante arruinado nos anos de 1830. Mais adiante, no Terreiro de Jesus, estava a magnífica igreja dos jesuítas, ao lado da Faculdade de Medicina, esta inaugurada nos primeiros anos da década de 1830 para se tornar um polo da campanha em favor dos cemitérios extramuros. Outras igrejas disputavam com suas torres o céu dessa parte da cidade.

Mas a Sé era também residencial. Famílias de ricos senhores de engenho, comerciantes, funcionários civis e eclesiásticos dividiam as mesmas ruas com negros escravizados e libertos. Estes, porém, habitavam os subsolos, as chamadas *lojas* de sobrados cujos andares superiores abrigavam as famílias mestiças e brancas. Segundo o censo de 1855, somente 8% dos habitantes das lojas eram brancos. Na Sé e em outras freguesias do centro — freguesias do Passo, Santo Antônio Além do Carmo, Santana, São Pedro —, se encontravam também casas humildes, feitas de adobe, térreas, de porta e janela, levantadas em terrenos foreiros, ocupadas por famílias negras livres e libertas, que se dedicavam ao pequeno artesanato, ao comércio ambulante,

6. Costa, "*Ekabó!*", p. 158; e Prior, *Voyage*, p. 102.

ao transporte de cadeiras, à lavagem de roupa. Essa população humilde, quase indigente, já começava a afugentar os mais privilegiados para outras freguesias, principalmente para a Vitória, ao sul da cidade, onde belas mansões cercadas de jardins eram ocupadas por ricos comerciantes brasileiros e estrangeiros, ingleses principalmente.[7]

A Vitória dessa época, mais precisamente o corredor da Vitória, era uma periferia de luxo. Havia outras periferias. Na própria fronteira entre a Vitória e o mar, ficavam os povoados da Barra e, mais adiante, do Rio Vermelho, cujos moradores viviam da pesca, do cultivo doméstico e algum artesanato. Em 1827, o cônsul inglês William Pennel passou alguns dias no Rio Vermelho, onde contou residirem cinquenta brancos, cinquenta escravos, quarenta mulatos e cabras, e novecentos negros libertos. Uma povoação principalmente de negros pescadores, que viviam em palhoças quase sem mobílias e pescavam com jangadas. Eram pobres, mas de uma pobreza que o cônsul considerou digna, talvez para valorizar sua campanha em prol do trabalho livre.[8]

Outras povoações pesqueiras se localizavam no litoral norte, em Itapuã, por exemplo, mas ali era maior o número de escravos que trabalhavam nas armações pesqueiras. A pesca da baleia, a atividade econômica mais lucrativa do litoral, acontecia entre junho e setembro. O povoado de Itapuã já era freguesia de Brotas, cujo território mais populoso quase cercava a cidade com seus montes e matas, onde os moradores, majoritariamente negros livres e libertos, trabalhavam a terra para abastecer Salvador de frutas, tubérculos e legumes. Ali as grandes chácaras conviviam com pequenos terrenos, e eram frequentes arranjos de meação entre proprietários e lavradores. A freguesia de Santo Antônio, que era comprida, tinha um pé na cidade outro no campo, este com as mesmas características de Brotas, a pequena produção agrícola, mas a ela não banhava o mar.

A freguesia de Nossa Senhora da Penha, na península de Itapagipe, completava o rol de freguesias periféricas. A maioria dos habitantes da Penha se dedicava à pesca e ao pequeno cultivo, e muitos trabalhavam como artesãos

---

7. Costa, "'Ekabó!'", pp. 204-205, e passim. Quase todos os estrangeiros elogiaram as residências da Vitória, por exemplo, Dundas, *Sketches of Brazil*, p. 248.

8. Pennel a Canning, 9/1/1827, NAUK/FO, 84, 71, fl. 136, documento também usado por Pierre Verger, *Flux et reflux de la traite des nègres entre le golfe de Bénin et Bahia de Todos os Santos* (Paris, 1968), pp. 528-530.

nos estaleiros da Ribeira. Ali ficava a já famosa igreja do Bonfim, lugar de romarias devotas, em cujas imediações os citadinos faziam estações de banhos de mar e veraneavam à sombra das mangueiras frondosas que impressionaram o superintendente do jardim botânico do Ceilão, George Gardner.[9]

Brotas e parte de Santo Antônio, de um lado, e a península de Itapagipe, do outro, desempenhavam um papel importante na história social e cultural da cidade. Sua numerosa população negra e a situação de fronteira favoreciam a formação de quilombos e de terreiros de candomblé. As cerimônias religiosas africanas, recriadas no cativeiro, e as frequentes revoltas ali concebidas faziam desses locais territórios de conflito e disputa. No início do século xix, o conde da Ponte, governador da Bahia muito atento à rebeldia negra, colocou sua polícia no encalço de escravos fugidos, indo encontrar um grande número deles nos matos daqueles subúrbios. Lá, segundo o governador, eles eram

> dirigidos por mãos de industriosos impostores [que] aliciavam os crédulos, os vadios, os supersticiosos, os roubadores, os criminosos e os adoentados, e com uma liberdade absoluta, danças, vestuários caprichosos, remédios fingidos, bençãos e orações fanáticas, folgavam, comiam e regalavam com a mais escandalosa ofensa de todos os direitos, leis, ordens e pública quietação.[10]

Muitos anos depois, nas décadas de 1820 e 1830, os pais e mães de santo, a quem o conde chamara "industriosos impostores", continuavam a merecer a confiança dos destituídos da Bahia, que os procuravam em busca de soluções para problemas do corpo e do espírito. O juiz de paz de Brotas, Antônio de Abreu Guimarães, dedicava boa parte de suas atividades policiais à repressão de negros que, segundo ele, contra a lei divina e a humana, viviam "adorando publicamente seus Deuses". Numa ocasião, em 1826, um candomblé no Cabula, em território de Brotas, esteve ligado a uma rebelião escrava.[11]

9. Dundas, *Sketches of Brazil*, pp. 237-240; Kidder, *Sketches*, ii, p. 88; Wetherell, *Brazil*, pp. 47-48; sir Wilson, "Memoranda", p. 348; e Gardner, *Travels*, p. 77.

10. Conde da Ponte apud João José Reis e Eduardo Silva, *Negociação e conflito* (São Paulo, 1989), p. 38.

11. Reis e Silva, *Negociação e conflito*, cap. 3; Wetherell, *Brazil*, p. 4, sobre *"black doctors"*. Ver também João José Reis, *Domingos Sodré, um sacerdote africano* (São Paulo, 2008).

Mas em toda a parte, no centro e na periferia, negros e brancos desenvolviam atividades mais inocentes do que a veneração de deuses africanos e a conspiração antiescravista. Tinham as extraordinárias festas de irmandade, tratadas num outro capítulo. Outras festas podiam acontecer cotidianamente nas ruas e praças da cidade: as exibições de negros capoeiristas, os sambas de roda e os lundus que chamaram a atenção dos viajantes estrangeiros. Nem todos os brasileiros gostavam dessas exibições, que eram proibidas por posturas municipais. Em setembro de 1832, *O Descobridor de Verdades,* um periódico local, publicou a queixa de um contramestre de barco contra dois grupos de negros e negras que, reunidos num domingo sob os arcos do mercado de Santa Bárbara, faziam "com seus batuques um barulho insuportável". O queixoso criticou a permissividade do juiz de paz, exigindo providências.[12]

Os passatempos dos brancos e mestiços eram mais bem aceitos. As famílias ricas vestiam suas melhores roupas para frequentar as alamedas do Passeio Público, na entrada da Vitória. Com sua bela vegetação, a colina de São Lázaro, perto do cemitério destruído em 1836, era um dos lugares favoritos da colônia estrangeira para passeios a cavalo. Segundo o príncipe Maximiliano, "só ao findar do dia é que a sociedade elegante sai de suas casas, para gozar o fresco da tarde; ouvem-se então os cantos e os sons dos violões". As serenatas, que não seriam atividade apenas dos elegantes, se faziam particularmente frequentes nas noites de lua cheia. As pessoas se sentavam sobre esteiras em suas portas, cantando canções como esta, anotada por Spix e Martius pouco antes da Independência:

*Foi-se Josino e deixou-me*
*Foi-se com ele o prazer*

12. *O Descobridor de Verdades* (13/9/1832), exemplar da BNRJ. Para descrições contemporâneas de danças negras, Thomas Lindley, *Narrative of a Voyage to Brazil* (Londres, 1805), pp. 276-277; Wetherell, *Brazil,* pp. 5, 6, 119-120; Dugrivel, *Des bords de la Saône,* pp. 375-376, 378, entre outros. Ver também João José Reis, "Tambores e tremores: a festa negra na Bahia na primeira metade do século XIX", in Maria Clementina P. Cunha (org.), *Carnavais e outras f(r) estas: ensaios de história social da cultura* (Campinas, 2002), pp. 101-155.

*Eu que cantava ao lado*
*Hoje me sinto a morrer.*

Depois da Independência e da abdicação de Pedro I, o repertório se enriqueceu com o protesto político, conforme registro de Dugrivel, em 1833, de um trecho do hino à Independência da Bahia:

*Nunca mais! Nunca mais!*
*O despotismo regerá, regerá nossas ações.*

Foi-se Josino, foi-se o colonizador, ficaram os baianos a cantar suas mágoas pessoais e esperanças políticas.[13]

Além das cotidianas serenatas, lundus e sambas de roda, as pessoas festejavam nas ruas da cidade o Entrudo, nosso antigo Carnaval de rua. A festa se caracterizava por batalhas de talco e de água — às vezes água suja ou líquidos ainda menos nobres — lançada por meio de enormes seringas e "laranjas", sendo estas espécie de bolas de cera que se rompiam ao atingir o alvo. Apesar de proibido, os foliões sempre arranjavam um jeito de brincar o Entrudo.

O único teatro da cidade, o São João, inaugurado em 1812, fora concebido para proporcionar "uma bem dirigida distração [...] da mocidade", segundo o conde da Ponte, governador durante sua construção. Quando o visitaram, em 1818, Spix e Martius anotaram a programação: leves comédias, dramas franceses e espanhóis e operetas italianas. Os atores eram negros e mulatos, exceto os que faziam papel de estrangeiros. As noites de gala lotavam as três fileiras de camarotes com cavalheiros elegantes e mulheres cheias de joias, enquanto a plateia acomodava homens de várias qualidades e cores. Em 1805, sir Wilson notara que homens e mulheres sentavam em lados diferentes da plateia de uma casa de ópera anterior ao teatro São João, as brancas vestidas à francesa e com véus que só deixavam aparecer os olhos. Esses recatados véus ainda eram usados na década de 1830, mas agora os olhos femininos viam peças que, segundo um crítico, despertavam o "desenfreio das paixões". No

13. Dundas, *Sketches of Brazil*, p. 219; Maximiliano, *Viagem ao Brasil*, II, p. 450; J. B. von Spix e C. F. P. von Martius, *Viagem pelo Brasil* (Belo Horizonte/São Paulo, 1981), II, p. 299; e Dugrivel, *Des bords de la Saône*, p. 384.

3. Largo do Teatro

ano da Cemiterada, o sensual lundu já subira ao palco e o São João, agora mais divertido, deixaria de ser frequentado pelos elegantes.[14]

## DEMOGRAFIA

O oficial inglês Thomas O'Neill comentou sobre Salvador em 1809: "É uma cidade grande, populosa e bem construída, muito além do que eu esperava".[15] Salvador era, depois do Rio de Janeiro, o mais importante centro urbano do Brasil na primeira metade do século XIX. A Cemiterada aconteceu

---

14. AHMS, *Livro de posturas, 1829-59*, v. 566, fl. 114 (posturas contra o Entrudo). Sobre proibição no Rio, *Jornal do Commercio* (22/2/1835); e Sandra L. Graham, *House and Street* (Cambridge, 1988), p. 70; APEB, *Cartas do governo, 1801-09*, v. 145, fl. 177, para citação do conde da Ponte; Spix e Martius, *Viagem*, II, p. 150; sir Wilson, "Memoranda", p. 345; Dugrivel, *Des bords de la Saône*, p. 358; *Diário da Bahia* (19 e 21/5/1836) (lundu e crítica ao teatro). Ver também Prior, *Voyage*, p. 102, 104; e Wetherell, *Brazil*, pp. 28, 71-72.
15. O'Neill, *A Concise and Accurate Account*, p. 51.

numa época de aumento de sua população. Os setores livres pobres, especialmente os mestiços e negros, vinham crescendo com rapidez desde pelo menos a segunda metade do século XVIII. Somados aos escravos, eles constituíam a maioria da população.

Embora os dados sejam imprecisos, é possível ter uma ideia da população de Salvador na época. Um censo da capital e treze freguesias da província (excluindo as populosas Cachoeira e Santo Amaro, e todo o Sul da então capitania), feito em 1808, totalizou quase 250 mil pessoas, 63% livres e 37% escravizadas. Entre os não escravizados, os brancos apareciam como 20%, e a maioria dos habitantes, os negros e mestiços livres ou alforriados, formavam 43%. Um censo da capital em 1775 encontrou 34 253 habitantes, dos quais 36% brancos, 22,5% pardos e negros livres ou libertos, e 42% negros e pardos escravizados. Outro censo, de 1807, que não distingue entre livres e escravos, contou 51 112 habitantes, 28% brancos e os demais pardos e negros. Para se ter uma ideia da imprecisão dos dados demográficos na época, um ano depois o governador conde da Ponte — que encomendara o censo — estimou em mais de 60 mil a população da capital, talvez para impressionar seu interlocutor, El Rei, sobre a importância da parte do império colonial que governava.[16]

Entre 1775 e 1807, um período de 32 anos, a cidade cresceu pelo menos 31%. A população africana e afro-baiana, incluindo escravos e livres, aumentou 39%, e sua proporção em relação ao total de habitantes pulou de 64% para 72%. Possivelmente, o número de brancos seria ainda menor, se contados com os olhos especializados de "brancos legítimos", como os alemães Spix e Martius, para quem era "difícil determinar o limite entre os de cor e os brancos legítimos, e contar-lhes o número".[17]

Pena que nos faltem dados, mesmo incompletos, sobre a evolução da população de Salvador entre 1807 e 1836, o ano da Cemiterada. Existem cálculos, mas seriam exagerados. Maximiliano, na Cidade da Bahia em 1817, calculou a população da capital em 100 mil pessoas. No ano seguinte, seus conterrâneos Spix e Martius estimaram 115 mil habitantes — o que superava a estimativa que fizeram da população do Rio de Janeiro, talvez porque vissem

---

16. João José Reis, *Rebelião escrava no Brasil: a história do levante dos malês em 1835* (São Paulo, 2017), pp. 20-27, sobre a população de Salvador; e APEB, *Cartas do governo*, v. 145, fl. 177.

17. Spix e Martius, *Viagem*, II, p. 149.

a soteropolitana circulando numa área menor, acrescida, na zona portuária, de uma formidável população flutuante de marinheiros, viajantes a negócio e negros novos. Em 1832, 80 mil almas seria a estimativa de um médico baiano para Salvador, a mesma população da Corte dez anos antes. Em 1836, o cônsul inglês escreveu que a população da cidade e área adjacente "dizem que é cerca de 120 mil". Resultados bastante diversos, como se vê. Minha própria estimativa, talvez conservadora, para 1836 é de aproximadamente 66 mil habitantes, supondo a mesma taxa de crescimento verificada entre 1775 e 1807. Dessa população, 42% seriam escravos e os demais livres e forros. Quanto à cor, mestiços e negros representariam uma formidável maioria de quase 72%.[18]

Os habitantes da Bahia se dividiam entre os nascidos no Brasil e os estrangeiros. Entre os últimos, a grande maioria eram os africanos escravizados e forros. Os estrangeiros brancos, cujo número não foi possível estabelecer, vinham quase todos da Europa, sobretudo de Portugal, naturalmente, mas havia também ingleses, franceses, alemães, norte-americanos e outros, que na sua grande maioria se ocupavam no comércio.

Um dos meios de crescimento dessa população foi a imigração, espontânea, no caso dos europeus, forçada, no caso dos africanos. Os imigrantes portugueses vinham principalmente do Norte de Portugal, a região de Entre-Douro e Minho. Esse padrão imigratório predominou sempre. Segundo uma amostragem feita por Carlos Ott, entre 1655 e 1816 entraram na Bahia 190 oficiais mecânicos oriundos daquela região, e apenas 104 de todas as demais. Essa tendência se manteve até pelo menos meados do século XIX. Entre 1827 e 1836, o livro de habilitações do consulado português na Bahia registrou a entrada de 1430 portugueses — que ali se empregaram principalmente como caixeiros, comerciantes e marítimos —, 74% vindos de Entre-Douro e Minho.

---

18. Mattoso, *Bahia*, pp. 116 ss, discute a população de Salvador, que estima em 68 mil pessoas em 1836 (p. 138), e chama a atenção para sua população flutuante (pp. 141-147). Já Anna Amélia V. Nascimento, *Dez freguesias da cidade de Salvador* (Salvador, 1986), p. 65, sugere cerca de 51 mil. Outras referências deste parágrafo: Maximiliano, *Viagem ao Brasil*, II, p. 449; Spix e Martius, *Viagem*, II, p. 149; Manuel Maurício Rebouças, *Dissertação sobre as inhumações em geral* (Salvador, 1832), p. 58; sobre a população carioca, Mary Karasch, *Slave Life in Rio de Janeiro* (Princeton, 1987), p. 62; sobre a estimativa do cônsul inglês, "Commercial Report, Bahia, 1836", fl. 47v. Thales de Azevedo, *O povoamento da cidade do Salvador* (Salvador, 1968), pp. 191-193, indica estimativas que variam entre 35 631 e 40 932 habitantes.

Só da área do Porto e Braga, e suas imediações, se registraram 787 pessoas. De Lisboa vieram apenas 127. Esses brancos de além-mar reproduziriam na Bahia muitos aspectos de sua cultura regional, inclusive suas atitudes diante da morte, dos mortos e do morrer.[19]

O tráfico de africanos acelerou a partir da década de 1790, mantendo-se num patamar alto durante as três primeiras décadas do século XIX, em sintonia com a expansão da economia açucareira. Estima-se o número de africanos desembarcados em solo baiano entre 1800 e 1850 em 423 500, equivalente a 20% e fração de toda a importação para o Brasil no período, avaliada em 2,1 milhões. Na década de 1830, apesar da proibição de 1831, Dugrivel ainda notou uma intensa atividade negreira, importando cativos que vinham principalmente da Costa da Mina, região do golfo de Benim, povos que habitavam o antigo Daomé — hoje República do Benim — e a atual Nigéria, pertencentes aos grupos gbe-falantes, iorubás, haussás, nupes, entre outros. Aqui eles eram conhecidos como minas, jejes, nagôs (falantes de iorubá), haussás (também grafado hauçás, ussás ou uçás) e tapas (nupes), denominações que muitas vezes já traziam da África. (Os iorubás, por exemplo, chamavam os nupes de tapas.) Continuava também a chegar gente de Angola, Benguela, Moçambique e outras partes da África Centro-Ocidental e Oriental, tradicionais fornecedoras de cativos para o Brasil. Nem todos esses escravos ficavam na Bahia, sendo reexportados para outras regiões. Além dos que morriam na travessia, outros muitos morriam nos primeiros dias de Novo Mundo, e entre os que sobreviviam as taxas de mortalidade eram altas.[20]

Num livro sobre a morte, convém mais algumas palavras sobre mortalidade. Os historiadores que têm estudado a dinâmica da população baiana no século XIX encontram muitos obstáculos para estabelecer as taxas de mortalidade. O principal é a falta de dados fidedignos sobre o total da população, sua distribuição etária e por sexo, e seus índices de crescimento.

---

19. Carlos Ott, *Formação étnica da cidade do Salvador* (Salvador, 1955), I, pp. 43 ss., II, pp. 51-52, 77-89.

20. Sobre o volume do tráfico para a Bahia, ver detalhes em João José Reis, "'Por sua liberdade me oferece uma escrava': alforrias por substituição na Bahia, 1800-50", *Afro-Ásia*, 63 (2021), pp. 232-290 (esp. 238-240 e tabela 2). Sir Wilson, "Memoranda", pp. 344-345, entre outros viajantes, comentou o alto índice de mortalidade escrava.

Johildo Athayde verificou três picos de mortalidade entre as décadas de 1820 e de 1850. Um em 1823-24, que se relaciona com a conjuntura da guerra luso-baiana, e diz respeito não só aos tombados diretamente no conflito, mas especialmente aos mortos em decorrência da crise de abastecimento e consequente aumento de preços do período, o que teria piorado os já deficientes padrões de alimentação dos baianos. Um segundo pico, em 1830, esteve ligado a um surto de varíola, que se refletiu em todas as dez freguesias da cidade. Acrescente-se, para o início de 1831, um pequeno surto de cólera, registrado pelo cônsul John Parkinson: "tivemos vários casos de cólera neste lugar, dois dos nossos marinheiros morreram no porto em 31 horas, um outro está morrendo". O terceiro, em 1837-38, se explica pela guerra da Sabinada e epidemias de varíola e rubéola. Finalmente, o pico equivalente à grande epidemia de cólera em 1855-56, que Athayde considera ter sido "sem nenhuma dúvida o mais dramático de todo o século XIX".[21]

Mas, à parte o que ocorreu em 1855, a grande maioria das pessoas morria de doenças endêmicas, cuja identificação exata nem sempre é possível. Os livros paroquiais de óbitos registram que a maioria delas morria de "moléstia interna". Essa expressão abrangente decerto era usada quando não se podia associar os sintomas do falecido a uma enfermidade conhecida. Muitas vezes os padres registravam um nome descritivo para a causa da morte, como "ataque de peito". Nesse caso, porém, sabemos pelo menos que se tratava de uma doença das vias respiratórias. Estas eram as que mais matavam depois da "moléstia interna", principalmente a tuberculose, chamada "tísica" na época. Outras causas comuns de morte eram apoplexia (enfarto), hidropisia, sarampo, escorbuto, erisipela e "febre maligna", que podia abarcar um conjunto de doenças tropicais, como tifo, malária, febre amarela, entre outras. Muita gente era registrada como tendo morrido "de repente", como se a morte inesperada — uma típica "má morte" — fosse uma espécie de doença.[22]

21. Johildo L. de Athayde, "La ville de Salvador au XIXᵉ siècle", tese de Doutorado, Université de Paris X, 1975, pp. 362-364; e Parkinson a Bidwell, 30/3/1831, NAUK/FO, 13, 88, fl. 57. O melhor estudo sobre a epidemia do cólera na Bahia é de Onildo Reis David, *O inimigo invisível: epidemia na Bahia no século XIX* (Salvador, 1996).

22. Andrade, *A mão de obra escrava*, pp. 155-161, observou que a erisipela e as "doenças do peito" estavam entre as enfermidades mais encontradas na população escravizada, só perdendo para os vários tipos de mutilações e outras doenças "ocupacionais" comuns entre os ganhado-

*Tabela 1*

IDADE E CONDIÇÃO DAS PESSOAS MORTAS EM SALVADOR EM 1836

| Idade | Condição | | | |
|---|---|---|---|---|
| | *Livre (%)* | *Escravo (%)* | *Liberto (%)* | *Total (%)* |
| Menos de 11 | 114 (30,7) | 51 (47,2) | 1 (3,3) | 166 (32,6) |
| 11 a 20 | 31 (8,3) | 8 (7,4) | 1 (3,3) | 40 (7,9) |
| 21 a 30 | 57 (15,4) | 15 (13,9) | 1 (3,3) | 73 (14,3) |
| 31 a 40 | 39 (10,5) | 9 (8,3) | 3 (10,0) | 51 (10,0) |
| 41 a 50 | 31 (8,4) | 13 (12,0) | 5 (16,7) | 49 (9,6) |
| 51 a 60 | 34 (9,2) | 4 (3,7) | 5 (16,7) | 43 (8,4) |
| Mais de 60 | 65 (17,5) | 8 (7,4) | 14 (46,7) | 87 (17,1) |
| Total | 371 (100) | 108 (100) | 30 (100) | 509 (100) |

Essas doenças ceifavam a vida dos baianos quando ainda jovens. A tabela anterior apresenta uma amostra de 509 pessoas registradas nos livros de óbito das paróquias de Salvador em 1836, cuja idade e condição social (livre/ forro/ escravo) consegui estabelecer com alguma precisão.

Esses dados indicam uma alta taxa de mortalidade infantil em Salvador. Mais de 32% dos que morriam não haviam alcançado a idade de onze anos. Essa a faixa etária de maior risco.[23] Por outro lado, poucos morriam velhos, apenas cerca de 17% com mais de sessenta anos. Mais da metade não conseguia alcançar 31 anos e 65% morriam antes de completar 41.

Não incluí nessa amostragem os escravos enterrados fora das igrejas pela Santa Casa, que formavam a maioria dos cativos mortos em Salvador. Se considerarmos que os enterrados pelos senhores nas igrejas eram em vida melhor tratados do que os enterrados pela Santa Casa, devemos concluir que o perfil de mortalidade da maioria dos escravos era pior do que aqui

---

res e ganhadeiras. Ver também, sobre doença escrava, Tânia S. Pimenta e Flávio Gomes (orgs.), *Escravidão, doença e práticas de cura no Brasil* (Rio de Janeiro, 2016).

23. Johildo Athayde, "Filhos ilegítimos e crianças expostas", *Revista da Academia de Letras da Bahia*, nº 27 (1979), p. 22, encontrou índices de quase 80% (1835-39) de mortalidade entre as crianças abandonadas na roda de expostos da Santa Casa.

apresentado. E este era certamente pior do que o da população livre. Quase a metade dos escravos mortos não alcançou onze anos de idade. E enquanto 17,5% dos livres conseguiram ultrapassar os sessenta anos, apenas 7,4% dos escravos o fizeram. Cerca de 77% destes morreram antes dos 41 anos; 65% dos livres morreram antes dessa idade, uma diferença de 12% em favor dos últimos.

Quanto aos forros, não surpreende que apenas 3,3% tenham morrido em criança, pois a grande maioria recebia alforria já adultos. (Os africanos não estão aqui representados porque poucos chegavam ao Brasil ainda crianças e os adultos recém-chegados só tinham suas idades precariamente estimadas por alguns párocos na hora do batismo). Também não surpreende que tantos tenham morrido com mais de 61 anos. Esses libertos longevos indicam a longa espera vivida pelos escravos que conseguiam comprar a liberdade, afinal adquirida quase na hora da morte. Ou então, no caso de alforrias gratuitas, prova da desumanidade de senhores que libertavam cativos já velhos, deixando-os desprotegidos ao final de longo cativeiro.

A CIDADE DESIGUAL

A distribuição díspar da mortalidade refletia a desigualdade social de Salvador. Em primeiro lugar, havia a escravidão, que punha nas costas de milhares de africanos e seus descendentes o peso maior da produção e circulação de riquezas. Entre os homens e mulheres livres, as diferenças também eram muito grandes. A pobreza era muito grande.

Uma cena comum, embora não tanto quanto em nossos dias, era a circulação pelas ruas de numerosas crianças, a maior parte negras, seminuas, de barriga inchada, que viviam da caridade pública. Quando as autoridades policiais as apreendiam, em geral recolhiam-nas ao orfanato de São Joaquim, que ficava fora da cidade, no caminho da Penha. Mas nem todos eram órfãos. Em 1831 um juiz de paz encontrou um menino vadio e acusou os pais de lhe negarem "a precisa educação". No mesmo ano um menino de dez anos foi encontrado vagando sozinho na Conceição da Praia — o pai não é mencionado, a mãe estava na prisão. Estes são apenas exemplos tirados ao acaso da documentação policial. A situação do menor abandonado era grave o bastante para que os rebeldes federalistas se dirigissem a ela no manifesto do movimento de 1833.[24]

O desamparo dos pequenos era apenas a face mais feia da pobreza urbana em Salvador e vilas do Recôncavo. A riqueza estava concentrada nas mãos de poucos. Entre as pessoas que ao morrerem tiveram seus bens inventariados — portanto, pessoas que não estavam entre as mais miseráveis —, as 10% mais ricas controlavam 67% da riqueza; as 30% mais pobres só detinham 1%. Katia Mattoso estima que cerca de 90% da população de Salvador no século XIX vivia "no limiar da pobreza". No início do século XIX, Lindley achou a cidade povoada de mendigos, que se aglomeravam nas portas dos conventos em busca de comida em número nunca inferior a quinhentos. Cerca de vinte anos depois, Prior considerou os habitantes "aparentemente pobres e esquálidos".[25]

Os pobres eram principalmente negros e pardos, foi a impressão de Dugrivel quando escreveu que "os poucos brancos que aqui encontramos nas ruas estão muito bem-vestidos e segundo as modas europeias". Os milhares de despossuídos se viam frequentemente perseguidos pela polícia sob suspeita de desocupados. Em 1835, uma autoridade de Cachoeira chegou a escrever que lá era "infinito o número de vadios e vagabundos". O governo achava que a solução era empregá-los, mas numa sociedade escravista as chances de emprego para o trabalhador livre não eram grandes. E além disso havia o preconceito contra o trabalho manual, considerado coisa de escravo e negro. Wetherell registrou o curioso costume de os homens brancos criarem longas unhas para significar que não trabalhavam com as mãos.[26]

Quem conseguia escapar da miséria, no fim da vida podia ter algum bem para deixar à família. A tabela da página seguinte dá uma ideia da hierarquia social em Salvador, de acordo com o valor médio dos bens inventariados de 253 pessoas, aqui agrupadas por ocupação.

24. Prior, *Voyage*, p. 102; Wetherell, *Brazil*, p. 66; Juiz da C. da Praia para o presidente da província, 26/11/1831, e juiz de paz de S. Pedro para o presidente, 17/10/1831, APEB, *Juízes de paz, 1831*, maço 2689; e Inácio Accioli de C. e Silva, *Memórias históricas e políticas da província da Bahia* (Salvador, 1933), IV, p. 369 (manifesto de 1833). Sobre crianças e outros pobres, ver Walter Fraga Filho, *Mendigos, moleques e vadios na Bahia do século XIX* (São Paulo, 1996).

25. Mattoso, *Bahia*, p. 235, nº 477; Lindley, *Narrative*, pp. 268-269; e Prior, *Voyage*, p. 102.

26. Dugrivel, *Des bords de la Saône*, pp. 344, 385-386; Wetherell, *Brazil*, pp. 132-133; e APEB, *Juízes. Cachoeira, 1834-37*, maço 2272.

## Tabela 2
### HIERARQUIA ECONÔMICO-OCUPACIONAL DE SALVADOR, 1800-50
#### (EM MIL RÉIS)

| Ocupação | Valor médio da riqueza total | Valor médio da propriedade urbana | Valor médio da propriedade em escravos |
|---|---|---|---|
| Senhor de engenho | 82 980 | 10 878 | 12 360 |
| Negociante | 19 731 | 4764 | 1467 |
| "Vive de rendas" | 11 291 | 6582 | 1171 |
| Senhorio | 10 273 | 7248 | 973 |
| Fazendeiro | 9469 | 1618 | 2691 |
| Funcionário/pl* | 9118 | 3333 | 1302 |
| Alugador de escravos | 5328 | 3725 | 2600 |
| Lavrador | 4102 | 688 | 1341 |
| Religioso | 4029 | 2248 | 627 |
| Oficial militar | 2523 | 1232 | 241 |
| Pequeno comerciante | 1948 | 638 | 247 |
| Artesão | 931 | 162 | 548 |
| Média total | 9727 | 2967 | 1489 |

(*) PL: profissional liberal — médico, advogado etc.

Além de dominarem o cenário rural, os senhores de engenho se destacavam como o grupo economicamente mais poderoso da capital e vilas do Recôncavo. Eles formavam a nata da elite, não só econômica, mas também política — eram vereadores, deputados, senadores, presidentes de província. A maioria possuía mais de cinquenta escravos e suas famílias ocupavam confortáveis sobrados em Salvador. No outro extremo da hierarquia social, a maior parte dos artesãos possuía até dez escravos no máximo. Se com o valor médio dos bens deixados pelos artesãos se compravam, em 1824, 20 079 litros de farinha de mandioca, com o valor dos bens dos senhores de engenho se comprava 1,8 milhão de litros.[27] Os senhores de engenho "valiam" noventa vezes

27. Cálculos baseados em "An account of the prices of several sorts of corn and grain [1824]", NAUK/FO, 63, 281, fl. 72.

4. *Praça da Piedade: tipos sociais da vida urbana de Salvador, c. 1825.*

mais do que os artesãos. A posição pouco favorável dos militares, pequenos comerciantes e artesãos na sociedade baiana explica, em grande parte, por que muitos se envolveram em movimentos contra o status quo nessa primeira metade do século XIX.

Frequentemente cor e posição social se confundiam. A elite era ou se considerava branca, apesar de os portugueses e outros europeus verem os brancos da terra como uma raça inferior. Sir Wilson chegou a dizer que nossos brancos eram "semi-homens na aparência, e uma desgraça à dignidade dos Europeus". Às vésperas da Independência, os portugueses saíam às ruas gritando que o governo provisório da Bahia, ocupado por nativos de destaque, era formado por cabras (termo usado para pessoas de cor entre negra e parda, um mulato escuro). Os brancos baianos ou de além-mar discriminavam cabras, pardos e pretos, apesar de muitos realmente terem algum sangue africano. O preconceito contra os mestiços dificultava suas carreiras no funcionalismo público e especialmente no Exército, onde estavam bem representados numericamente. Antes e depois da Independência houve muita inquietação nos quartéis devido a essa discriminação. Spix e Martius observaram que o preconceito contra os mestiços era tamanho que, no registro de batismo e outros documentos, as famílias procuravam camuflar a mestiçagem declarando seus filhos como brancos. Eram os "brancos disfarçados", expressão comum na época. Mas eram os pretos, sobretudo os de origem africana, as maiores vítimas dessa estrutura racial desigual, decerto por estarem mais imediatamente associados à condição de escravizados e de pobres. Fossem escravos ou libertos, deles se exigia que baixassem a cabeça para os brancos, o que nem sempre era conseguido.[28]

Porém, a sociedade baiana não era impermeável à mobilidade social. Embora difícil, a saída da escravidão era comum mediante doação e sobretudo a compra de alforrias. A maioria dos libertos ia engrossar a fileira dos despossuídos da sociedade livre, mas alguns libertos e até escravizados chegaram a prosperar o suficiente para se tornarem, eles próprios, donos de escravos. Os mestiços, apesar do preconceito, conseguiam, por meio de mecanismos clientelistas, ascender a cargos públicos, frequentar universidades, ter assento na Câmara Municipal e na Assembleia Provincial. Mas alcançar o topo da elite política, recrutada principalmente entre os senhores de engenho, era praticamente impossível. Para ascender socialmente, laços de parentesco, consanguíneos ou fictícios, como o compadrio, sempre ajudavam. Era comum que pais brancos reconhecessem filhos tidos de aventuras com negras escravizadas e libertas. Em alguns casos, esses filhos legitimados vinham a herdar parte ou todos os bens de pais negociantes, fazendeiros e senhores de engenho. Para um grande número, entretanto, era a educação que servia de alavanca à ascensão. Muitos mestiços eram médicos, advogados e professores.[29]

28. Sir Wilson, "Letter from Bahia", p. 273; Reis e Silva, *Negociação e conflito*, pp. 84-86, sobre preconceito português contra baianos brancos; Spix e Martius, *Viagem*, II, p. 149; Reis, *Rebelião escrava*, pp. 445-446, sobre o ideal do preto submisso. Os estudos de Hendrik Kray sobre a inquietação nos quartéis são fundamentais. Ver, por exemplo, *Race, State, and Armed Forces in Independence-era Brazil: Bahia, 1790's-1840's* (Stanford, 2001); idem, "'As Terrifying as Unexpected': The Bahian Sabinada, 1837-38", *HAHR*, 72 (1992), pp. 501-527; e idem, "'Em outra coisa não falavam os pardos, cabras, e crioulos': o recrutamento de escravos na guerra da independência na Bahia," *Revista Brasileira de História*, v. 22, nº 43 (2002), pp. 109-128.

29. Sobre alforria em Salvador, ver Stuart B. Schwartz, "The Manumission of Slaves in Colonial Brazil: Bahia, 1684-1745", *HAHR*, v. 57, nº 1 (1974), pp. 603-635; Katia Mattoso, "A propósito de cartas

Às vésperas da Cemiterada essa estrutura social estava sendo sacudida por uma conjuntura econômica de crise e por movimentos sociais de vários tipos.

## A CONJUNTURA ECONÔMICA

A Bahia vivia da exportação do açúcar produzido nos engenhos do Recôncavo por braços escravizados. A economia canavieira experimentou um surto de prosperidade a partir do final do século XVIII, após cinco décadas de marasmo. No plano externo, a expansão econômica pode ser explicada pelas reformas pombalinas, que dinamizaram os mecanismos comerciais, e principalmente pela destruição da economia canavieira do Haiti por uma revolução escrava que retirou do mercado europeu esse formidável competidor do açúcar brasileiro e outras colônias europeias, principalmente no Caribe. Na Bahia, os engenhos se multiplicaram, as exportações cresceram, o preço do açúcar subiu — e também subiram os preços dos alimentos em geral, em decorrência da diminuição da área para seu cultivo.

Quando visitou a Bahia em 1813, James Prior achou que ela tinha tudo para dar certo:

> São Salvador tem internamente os meios de se tornar a mais rica e poderosa região do Brasil; sua localização central, seus produtos, população, um extenso intercâmbio com outras partes da América, além da Europa e África, um bom porto e meios ilimitados de aumentar todas essas vantagens com um mínimo de esforço de um governo sábio e liberal, apontam-na como a verdadeira capital do país.[30]

---

de alforria", *Anais de História*, nº 4 (1972), pp. 23-52; Ligia Bellini, "Por amor e por interesse", in João José Reis (org.), *Escravidão e invenção da liberdade* (São Paulo, 1988), pp. 73-86; Mieko Nishida, "Manumission and Ethnicity in Urban Slavery: Salvador, Brazil, 1808-88", *HAHR*, v. 73, nº 3 (1993), pp. 387-391; e Reis, 'Por sua liberdade me oferece uma escrava'". Fundamentais para entender a estratificação social de Salvador no período é Katia Mattoso, *Bahia, século XIX: uma província no Império* (Rio de Janeiro, 1992). Ver também sobre o parágrafo F. W. O. Morton, "The Conservative Revolution of Independence", tese de Doutorado, University of Oxford, 1974, pp. 46-58.

30. Prior, *Voyage*, pp. 105-106; e Keila Grinberg, *O fiador dos brasileiros: cidadania, escravidão e direito civil no tempo de Antonio Pereira Rebouças* (Rio de Janeiro, 2002).

Mas a região começou a dar errado uma década depois da visita do viajante inglês.

A prosperidade durou até a Independência, seguindo-se uma crise aguda. Nas décadas de 1820 e 1830, os preços do açúcar no mercado internacional caíram, em parte pela entrada da grande produção cubana, em parte pela extração do açúcar de beterraba, na própria Europa. A produção de fumo e algodão, dois importantes produtos de exportação, também declinou. O algodão era plantado no interior, a muitos quilômetros da costa, e a inexistência de boas estradas encarecia seu transporte, tornando-o um fraco competidor para o algodão estadunidense no mercado europeu. A produção de fumo, grande parte da qual era trocada por escravos na África, decaiu como resultado das leis que proibiam o tráfico transatlântico de gente.

A guerra da Independência na Bahia, em 1822-23, e o clima antiportuguês que se seguiu aprofundaram a crise econômica. Com a ocupação da capital pelos portugueses, os negócios de exportação pelo porto de Salvador praticamente cessaram. Ao mesmo tempo, os barões do açúcar desviaram recursos para o enfrentamento bélico. No decorrer do conflito muitos engenhos foram queimados. Com o fim da guerra, grande número de comerciantes portugueses fugiu, desorganizando temporariamente o comércio externo.

Nessa época os portugueses já tinham de competir com os negociantes ingleses, mas sem dúvida eram ainda um elemento-chave na economia agrário-exportadora da Bahia. Negociante e português eram sinônimos, embora também houvesse grandes negociantes nacionais. Apesar de não ser possível avaliar com exatidão os efeitos da evasão de portugueses, o impacto parece ter sido considerável. Especialmente por acontecer num momento de queda dos preços do açúcar no mercado internacional, e diante de uma classe proprietária nativa decidida a manter as linhas mestras da parceria comercial dos tempos coloniais.

A economia escravista experimentou outros reveses. Como resultado da proibição e da perseguição inglesa ao comércio transatlântico de africanos, especialmente depois de 1831, os engenhos passaram a experimentar escassez de mão de obra. E agora a Bahia tinha de competir com polos econômicos mais dinâmicos no sudeste do país, que estavam sugando cativos de outras regiões por meio do tráfico interno. O preço médio dos escravos aumentou muito, passando de 175 mil réis em 1810 para 450 mil réis em 1840, efeito da proibição do tráfico transatlântico em 1831. A produção nos engenhos foi também comprometida por uma epidemia que atingiu o gado baiano em 1828.[31]

Apesar das dificuldades, a agricultura canavieira manteve em níveis altos sua produção nesses anos de crise. Os engenhos, que haviam se multiplicado nos anos de prosperidade, continuaram a operar durante os anos de recessão. Isso significa que os canaviais não cederam terreno à agricultura de alimentos, cuja produção permanecia insuficiente para suprir as necessidades de uma população crescente. Ademais, alguns problemas atingiram os setores de exportação e de alimentos igualmente. A epidemia de gado, por exemplo, diminuiu o número de animais de tração nos engenhos, mas também reduziu a oferta de carne. Ocorreram secas severas no Nordeste em 1824-25 e durante quatro anos consecutivos, entre 1830 e 1833. Multidões fugiram da estiagem para Salvador e vilas do Recôncavo. Em fins de 1833, o presidente da Bahia implorava ao governo imperial a remessa de alimentos para diminuir a fome do povo.[32]

O preço da farinha de mandioca e de outros alimentos bateram recordes nos centros urbanos da Bahia. Em 1833, o presidente escrevia à Corte que os habitantes "gemem com o peso da carestia". Em março de 1834, a Câmara Municipal de Cachoeira, a segunda maior urbe da província, escrevia ao presidente que tinha chegado "ao último excesso o preço da farinha [...] não podendo por isso a classe menos abastada deixar de sofrer fome, da qual já tem resultado a morte de algumas pessoas". Dois anos depois, no ano da Cemiterada, um juiz de paz de Salvador denunciava que a situação havia se tornado "vexatória porque os vendedores dos gêneros de primeira neces-

---

31. Os melhores trabalhos sobre altos e baixos da economia açucareira baiana são Stuart B. Schwartz, *Sugar Plantations in the Formation of Brazilian Society* (Cambridge, 1985); e B. J. Barickman, *Um contraponto baiano: açúcar, fumo, mandioca e escravidão no Recôncavo, 1780- -1860* (Rio de Janeiro, 2003). Sobre comerciantes, ver Catherine Lugar, "The Merchant Community of Salvador, Bahia: 1780-1830", tese de Doutorado, New York University, 1980; preços de escravos, em Katia Mattoso, *Être esclave au Brésil* (Paris, 1979), pp. 108-109; sobre a pouco conhecida epidemia no gado, Morton, "The Conservative Revolution", p. 324; e "Fala do presidente visconde de Camamu", 28/2/1829, AN, IJJ⁹, 335, fls. 44-44v, onde se lê: "a atual colheita dos nossos produtos não corresponderá talvez ao aumento, que devia ter comparativamente aos passados anos, em consequência de extraordinária mortandade de bois de lavoura ocasionada por uma terrível praga, que continua na mais espantosa destruição de gado vacum".

32. APEB, *Correspondência*, v. 681, fl. 41.

sidade e taverneiros levantaram iminentemente os preços de todos os gêneros". "Aqui", dizia ele referindo-se à freguesia de Santo Antônio Além do Carmo, "todos os momentos aparecem desordem e clamores, principalmente [entre] os pobres que vivem atualmente exasperados." Neste mesmo ano, o presidente da província pediu explicações à Câmara Municipal de Salvador sobre a razão de haver o preço da carne verde "subido ao extraordinário preço atual". Os vereadores responderam que os conflitos sociais, o crescimento da população e as secas no Piauí e Goiás, tradicionais fornecedores do produto, explicavam a escassez e os altos preços. Mas os atravessadores seriam também inúmeras vezes mencionados como corresponsáveis pela crise de abastecimento. Na Bahia de 1836 estava tão difícil viver quanto morrer.[33]

A escalada dos preços recebeu estímulo adicional da circulação de uma enorme quantidade de moedas falsas. O problema havia sido criado durante a guerra pelo governo provisório, que para fazer face às despesas com as tropas introduziu no meio circulante moedas feitas com cobre ordinário, de fácil falsificação. Com o fim do conflito, nenhuma medida foi tomada para remover o dinheiro ruim da praça. Pelo contrário, a Bahia se tornou um paraíso para os falsários, que não tiveram dificuldade de fabricar moedas a partir de placas de cobre comumente usadas na indústria naval e nos engenhos de açúcar. Só no final da década de 1820 o governo decidiu resgatar as moedas falsas. Nessa ocasião, o presidente da província comentaria que a alta de preços provocada pela crise no meio circulante, "além de ameaçar a fortuna de todos os seus habitantes, oferece a funestíssima perspectiva de quebra da pública tranquilidade se o mal não tiver pronto e radical remédio". A operação de resgate era vista por ele como a única maneira de se "prevenir uma anarquia". O cônsul inglês, William Pennel, qualificou de "calamitosa" a situação e recomendou que seu país suspendesse o embarque

---

33. APEB, *Correspondência*, v. 681 fls. 41-41v; APEB, *Câmara de Cachoeira, 1824-35*, maço 1269; APEB, *Juízes de paz*, maço 2686; e AHMS, Ofícios *ao governo, 1835-40*, v. 111.9, fls. 77 ss., fls. 106v ss. Quando esteve na Bahia, em 1837, Gardner, *Travels*, p. 78, foi informado de que, anos antes, a fome não se disseminara entre a população negra porque esta recorreu às abundantes frutas locais, principalmente à jaca. Sobre a evolução dos preços dos alimentos, ver também Barickman, *Um contraponto*, caps. 2 e 3; e Richard Graham, *Alimentar a cidade: das vendedoras de rua à reforma liberal (Salvador, 1780-1860)* (São Paulo, 2010), pp. 321-331, e passim.

de mercadorias para a Bahia, ou então que todas as transações com esta praça fossem feitas por troca direta ou o pagamento em moeda de prata.[34]

Mas a substituição das moedas, feita em 1828, não foi bem-sucedida. Desconfiados, os feirantes, taverneiros e outros comerciantes se negavam a receber o dinheiro do governo, enquanto os falsários continuavam em plena atividade. Ao longo da primeira metade da década de 1830, as autoridades consideraram o problema da moeda falsa como o principal motivo da insatisfação popular. Os rebeldes, por seu turno, não se esqueceram de incluir em seus manifestos a promessa de solucionar o problema. Finalmente, em 1834, o Império patrocinaria outra operação de resgate que, embora mais bem-sucedida, não extirpou completamente o mal. Um relatório de 1836 do cônsul inglês informava que metade das moedas de cobre em circulação ainda eram falsificadas.[35]

Com a inflação, os salários se deterioravam rapidamente. Eram frequentes, por exemplo, os pedidos de melhor remuneração pelos que trabalhavam para o governo. Em 1829, numa petição com 62 assinaturas, os guardas da alfândega reclamaram dos "poucos vencimentos que percebem para acudir as precisões da vida", e reivindicavam um aumento de 56% sobre o salário diário de 640 réis. Em 1830, os oficiais militares também pediram aumento. Aliás, muitas das revoltas militares desse período incluiriam na pauta de reivindicações a melhoria salarial. Diante da inquietação na caserna, o Conselho Geral da Província, em 1834, recomendou ao presidente que aumentasse a ração diária dos soldados, considerando a "excessiva e nunca vista carestia".

Se a crise achatava os salários de uns, lançava outros ao desemprego. A queda da lucratividade no setor açucareiro tirou o trabalho de muitos artesãos, ferreiros, carpinteiros, pedreiros, ganhadores de rua. O setor público, que empregava boa parte da mão de obra livre urbana, se enfraqueceu com as dificuldades financeiras do Império. Muita gente foi dispensada do arsenal da marinha e outras instalações militares. O mesmo aconteceu nas repartições civis. Em novembro de 1830, os artífices da Casa da Moeda foram despedidos de empregos que consideravam vitalícios. No começo do ano seguinte peticionaram ao governo imperial "por se sentirem agravados em seus direitos" e acreditarem ter sido desrespeitadas "não só as leis pátrias, como até o direito

---

34. APEB, *Correspondência*, v. 677, fl. 96, 130v; e NAUK/FO, 84, 71, fls. 68-68v.

35. "Commercial Report, Bahia, 1836", NAUK/FO, 13, 139, fl. 46.

geral e universal estabelecido entre todas as Nações". E reivindicaram seus empregos de volta, ameaçando não aceitar pacificamente a situação. Nesse mesmo ano de 1831 ocorreram várias revoltas populares, que apesar de girarem em torno do antilusitanismo, foram também expressão de outras tensões, inclusive o ronco da barriga vazia do povo.[36]

## A SOCIEDADE EM MOVIMENTO

A Cemiterada aconteceu num período agitado da vida da província. Antes dela, a população livre e escravizada da Cidade da Bahia já provocara dezenas de levantes.

Conspirações e levantes escravos vinham acontecendo desde o início do século XIX, tanto na capital como no Recôncavo. Eram feitos por africanos escravizados, com frequência em aliança com africanos libertos. Vindos de regiões da África ocidental em grandes números, os nagôs e haussás foram as principais, embora não as únicas nações étnicas responsáveis pela inquietação nas senzalas. A identidade étnica e, em muitos casos, o fervor muçulmano funcionaram como elementos de coesão e mobilização nesses movimentos, que tiveram lugar em Salvador e nas áreas canavieiras, às vezes mais de um por ano, entre 1807 e 1835. Levantes, conspirações e a formação de quilombos menos conhecidos e de menor vulto aconteceram em outros locais do interior baiano, tornando a rebeldia escrava uma preocupação permanente de autoridades e senhores. A rebeldia escrava se intensificou após a Independência, paralelamente a outros movimentos sociais protagonizados pelo povo livre.

O mais espetacular dos levantes escravos foi o de 1835, em Salvador, organizado por muçulmanos nagôs, conhecidos como *malês*. Os malês teceram uma vasta rede conspirativa, que alcançou o Recôncavo, ao longo dos meses que antecederam a revolta de 25 de janeiro daquele ano. Nesse dia, tiveram de sair às ruas antes do momento previsto devido a uma denúncia. Apesar disso, lutaram durante algumas horas em vários pontos da cidade, enfrentando milícias civis e soldados, até serem batidos por uma tropa de cavalaria quando já

36. Dois últimos parágrafos baseados em Reis, *Rebelião escrava no Brasil*, pp. 40-42.

fugiam da cidade em direção aos engenhos. Cerca de seiscentos africanos participaram da rebelião, mais de setenta morreram em combate ou posteriormente, em decorrência de ferimentos recebidos. Mais de trezentos foram julgados, sendo quatro executados por fuzilamento, centenas condenados a chibatadas, prisão e deportação. Na revolta de 1835 e em outras revoltas do período, muçulmanos e adeptos de religiões étnicas, como era o candomblé, parecem ter se unido contra os senhores brancos. Uniram-se também escravos e libertos, bem como uns poucos africanos de diversas origens étnicas, embora predominassem largamente os nagôs. Não se rebelaram, entretanto, escravos nascidos no Brasil, nem os numerosos africanos das nações jeje e angola. Nascer no Brasil ou nascer na África era, em particular, um grande divisor de águas no sistema de alianças da política escrava. Daí ficarem os africanos isolados quando se rebelavam.

Enquanto isso, homens e mulheres livres de todas as classes e cores sabiam se unir contra os levantes escravos. Eles tinham interesses na continuidade do escravismo, um sistema sustentado por grandes e pequenos senhores. Muitas pessoas relativamente pobres possuíam pelo menos um cativo. Os muito pobres — inclusive libertos e até escravizados — chegaram a possuir escravos, sobretudo até que a proibição do tráfico em 1831 fez aumentar seriamente seus preços. Assim, a Bahia abrigava uma larga base de interessados na escravidão mobilizados contra a resistência escrava. Contaram, ao mesmo tempo, quando não com a ajuda, pelo menos com a neutralidade dos escravos crioulos (pretos brasileiros) e pardos diante da rebeldia africana. Os livres, mesmo quando pobres e donos de escravo algum, fizeram frente às rebeliões africanas até por um sentimento de autopreservação, uma vez que os africanos faziam suas revoltas não apenas contra seus senhores e desafetos imediatos, mas contra os brasileiros em geral.[37]

Contudo, a mesma gente livre que pegava em armas contra os escravos se rebelou em diversas ocasiões durante aqueles conturbados anos.

Os movimentos levados a cabo pelas camadas livres da Bahia tiveram origem nas lutas pela Independência, em 1822-23. Nessa ocasião, liderados pela aristocracia do açúcar, os baianos pegaram em armas contra as tropas portuguesas

---

37. Ibidem, sobre as revoltas escravas baianas.

que se recusavam a abandonar a capital, mesmo após o príncipe Pedro declarar a separação do Brasil de Portugal. Embora unidos contra os portugueses, as fileiras baianas abrigavam diferentes projetos de país independente, diferenças muitas vezes baseadas em clivagens sociorraciais. Em muitos casos, os elementos mais radicais, aqueles que vislumbravam um Brasil republicano, ou pelo menos federalista, eram pardos egressos de famílias pobres ou remediadas.[38]

Vencida a guerra, as tensões existentes no campo patriótico logo floresceram em conflitos. Herança direta do clima antiportuguês, quase todos os distúrbios, conspirações e revoltas tiveram um discurso e, quando oportuno, uma prática antilusa. Logo após o encerramento da guerra, a plebe de Salvador e das vilas do interior iniciou a caça aos portugueses, geralmente comerciantes odiados por uma impaciente população de consumidores vítimas da especulação. Um movimento mais sério estourou em Salvador, em 1824, capitaneado por um batalhão de pardos, que terminou com o assassinato do comandante militar da Bahia. Durante meses as ruas da cidade ficaram nas mãos dos rebeldes, os quais, junto com civis, atacaram os europeus que não tiveram a sorte de deixar a capital com as forças portuguesas derrotadas. A falta de liderança, de objetivos políticos e de organização derrotou essa revolta. Dois suboficiais foram mais tarde condenados à morte por um tribunal militar chefiado pelo brigadeiro José Egidio Gordilho de Barbuda, futuro visconde de Camamu e presidente da província da Bahia.[39]

Camamu impôs ordem, mas fez muitos inimigos, alguns poderosos. Seu governo se dedicou à repressão dos escravos rebeldes (elaborou para isso um eficiente plano de militarização do Recôncavo), dos assaltantes de estrada e dos moedeiros falsos. Em 1828, descobriu-se uma conspiração contra o sistema imperial, resultando na prisão de alguns militares e civis. Dois anos depois, o visconde de Camamu seria morto por um cavaleiro solitário no largo

---

38. Sobre os envolvidos nesses levantes, ver João José Reis, "Cor, classe, ocupação etc: o perfil social (às vezes pessoal) dos rebeldes baianos, 1823-33", in João José Reis e Elciene Azevedo, *Escravidão e suas sombras: ensaios de um grupo de pesquisa* (Salvador, 2012), pp. 279-320; e para uma síntese dos movimentos, Reis, "A elite baiana face os movimentos sociais: Bahia, 1824-40", *Revista de História*, nº 108 (1976), pp. 341-384.

39. Luís Henrique Dias Tavares, *O levante dos Periquitos* (Salvador, 1990); e João José Reis e Hendrik Kraay, 'The Tyrant Is Dead!' The Revolt of the Periquitos in Bahia, 1824", *HAHR*, v. 89, nº 3 (2009), pp. 399-434.

do Teatro, um dos locais mais movimentados de Salvador, crime jamais solucionado. E com isso teve início a época de movimentos de rua, revoltas militares e levantes contra o regime político.

O ano de 1831 foi talvez o mais conturbado. Em abril, os baianos receberam notícias de conflitos entre brasileiros e portugueses no Rio de Janeiro, notícias que imediatamente incendiaram seus espíritos. Ao rumor, nunca confirmado, de que um português assassinara um brasileiro, a população foi às ruas e deu início ao ataque contra os portugueses e suas propriedades. A cidade mergulhou num frenesi nacionalista, ao qual logo se associaram energias coletivas de outra ordem. Os republicanos pediam a cabeça do imperador, os negros e mulatos pediam o fim dos privilégios dos brancos, os soldados pediam menos disciplina e mais promoções e comida nas casernas. A notícia da queda de d. Pedro I e a abdicação do trono imperial acalmaram a cidade por um momento. Mas a mudança não solucionava os problemas da tropa, não instaurava a cidadania dos baianos de cor, não instituía a república desejada pelos reformadores políticos. Entretanto, esses grupos foram sendo um a um controlados pelas novas forças que se estabeleceram na província durante a Regência. Antes disso, a Bahia testemunharia outras agitações ainda mais sérias do que as de 1831.

No ano seguinte, 1832, os republicanos, travestidos de federalistas, fizeram um levante em Cachoeira, no Recôncavo Baiano, com o apoio de tropas rebeldes dissolvidas em Salvador no ano anterior. A revolta durou alguns dias, mas foi sufocada pelas armas dos bem-organizados senhores de engenho, sob a liderança do visconde de Pirajá, sólido bastião da reação na província, personagem central da futura Cemiterada. Ao contrário de outras revoltas, esta apresentara um programa de governo que propunha a independência federativa da Bahia, reformas sociais, medidas contra o monopólio português do comércio, combate à corrupção da Justiça e aos privilégios dos senhores de engenho. Esse programa foi revisto e aumentado por esses mesmos rebeldes, em 1833, quando os presos políticos da fortaleza do Mar organizaram mais um levante. Este se limitaria à tomada da fortaleza pelos prisioneiros e o bombardeio de Salvador, onde esperavam adesões que nunca vieram. Isolados, logo se renderam.[40]

---

40. Lina Aras, "O movimento federalista de 1832", dissertação de Mestrado, UFPE, 1989; e idem, "A Santa Federação Imperial: Bahia, 1831-33", tese de Doutorado, USP, 1995.

Após três anos de repetidas comoções sociais, a província experimentou um breve período de paz, rompido em 1835 com a revolta dos malês. No ano seguinte aconteceu a Cemiterada e em 1837 a Sabinada, a mais séria das rebeliões do período. Este movimento, assim chamado em alusão a seu chefe, o médico pardo Francisco Sabino da Rocha Vieira, resultou na ocupação de Salvador pelos rebeldes durante quatro meses. Dele participaram oficiais militares, profissionais liberais, empregados do governo, artesãos e pequenos comerciantes; apoiou o movimento a população negra e mestiça de Salvador, que formava a maioria de seus habitantes. Ponto alto — e último — da longa série de revoltas federalistas, a Sabinada sintetizou os diversos níveis de conflito do período: pugnou pela separação da Bahia durante a menoridade de Pedro II, combateu a aristocracia baiana, defendeu os direitos de cidadania das pessoas de cor livres, recompensou com promoções e melhor remuneração aos militares e chegou a ensaiar uma tímida proposta de abolição da escravidão, restrita aos negros crioulos que apoiassem o movimento. Tudo foi por água abaixo numa derrota em que não faltaram cenas cruéis de justiçamento sumário perpetrado pelos vencedores. O número oficial de mortos foi 1258, e o de prisioneiros chegou a perto de 3 mil.[41]

Este o ambiente onde nasceu a Cemiterada. A Salvador de 1836 era uma cidade bela e cheia de problemas urbanos e sociais, uma sociedade escravista cujo povo livre era na sua grande maioria pobre. Uma cidade cuja população crescia — sobretudo a população negra e mestiça — enfrentando uma dura crise econômica. Essa crise, as desigualdades estruturais, o preconceito racial, as ideologias religiosas, liberais e nacionalistas da época explicam os movimentos sociais que tomaram a Bahia nas décadas de 1820 e 1830. A Cemiterada, apesar de seu caráter peculiar, mobilizou um povo já acostumado à rebeldia.

---

41. Luiz Vianna Filho, *A Sabinada (a república bahiana de 1837)* (Salvador, 2008); Paulo César Souza, *A Sabinada. A revolta separatista da Bahia* (São Paulo, 1987); Douglas Guimarães Leite, *Sabinos e diversos: emergências políticas e projetos de poder na revolta baiana de 1837* (Salvador, 2007); Juliana Sezerdello Crispim Lopes, *Identidades políticas e raciais na Sabinada (Bahia, 1837-1838)* (São Paulo, 2013); e Kraay, "'As Terrifying as Unexpected'".

# 2. As irmandades e o catolicismo barroco

A Cemiterada foi um episódio que teve como motivação central a defesa de concepções religiosas sobre a morte, os mortos e em especial os ritos fúnebres, um aspecto importante do catolicismo barroco. Um catolicismo que se caracterizava por elaboradas manifestações externas da fé: missas celebradas por dezenas de padres, acompanhadas por corais e orquestras, em templos cuja abundante decoração era uma festa para os olhos, e sobretudo procissões cheias de alegorias e funerais grandiosos, com cortejos de que participavam centenas de pessoas. Talvez tenha razão Pierre Verger quando escreveu que o barroco baiano foi principalmente "um barroco de rua". E aqui se destacavam, além dos funerais, as festas das confrarias católicas, em que música, dança, mascaradas, banquetes e fogos de artifício alegravam os fiéis em apoteóticas homenagens aos santos de devoção. Os principais protagonistas dessa religiosidade festiva eram as confrarias católicas.[1]

As confrarias, divididas principalmente em irmandades e ordens ter-

---

1. Pierre Verger, "Procissões e Carnaval no Brasil", *Ensaios/Pesquisas*, 5 (1984), p. 1. Sobre o catolicismo barroco na Bahia nos séculos XVII e XVIII, ver Humberto José Fonsêca, "Vida e morte na Bahia colonial: sociabilidades festivas e rituais fúnebres (1640-1760)", tese de Doutorado, UFMG, 2006.

ceiras, existiam em Portugal desde o século XIII pelo menos, dedicando-se a obras de caridade voltadas para seus próprios membros ou para pessoas carentes não associadas. Tanto as irmandades quanto as ordens terceiras, embora aceitassem religiosos em seus quadros, eram formadas sobretudo por leigos, mas as últimas estavam ligadas a ordens religiosas conventuais (franciscana, dominicana, carmelita), daí se originar seu maior prestígio. As irmandades comuns foram bem mais numerosas. Da metrópole o modelo básico dessas organizações se espraiou para o Império Ultramarino português, o Brasil inclusive.[2]

Para que uma confraria funcionasse, precisava encontrar igreja que a acolhesse, ou construir a sua própria, e ter aprovado seu estatuto ou *compromisso* pelas autoridades políticas e eclesiásticas.[3]

Em geral cada templo acomodava diversas irmandades, que veneravam seus santos patronos em altares laterais. Existiam irmandades com a mesma denominação espalhadas pelas igrejas do Brasil e mesmo de cada província ou cidade. Os templos que ocupavam representavam um marco fundamental de identidade, pois neles não funcionava mais de uma confraria com a mesma designação. Dizia-se, por exemplo, nos antigos documentos: "Irmandade de São Benedito ereta no Convento dos religiosos franciscanos na freguesia da Sé da Bahia", ou "Irmandade de Nossa Senhora do Rosário ereta na Matriz da Conceição da Praia". Na Bahia, confrarias de São Benedito existiam também nas igrejas da Conceição da Praia e do Rosário da Penha, além de outras em Salvador e vilas do interior. Quase todas as igrejas matrizes da Bahia — *matriz* significando templo-sede de freguesia — possuíam irmandades do Santíssimo Sacramento e do Rosário. Também as igrejas conventuais e mesmo as capelas abrigavam simultaneamente diversas irmandades.

Muitas irmandades que iniciaram sua carreira de maneira tímida, em altares laterais de uma certa igreja, com o tempo levantaram recursos para a construção de seus próprios templos. A Ordem Terceira de São Domingos, por exemplo, funcionou, a partir de sua fundação em 1723, no mosteiro de São

2. Sobre os diversos tipos de confraria, ver Caio César Boschi, *Os leigos e o poder* (São Paulo, 1986), pp. 12-21.

3. D. Sebastião Monteiro da Vide, *Constituiçoens primeyras do arcebispado da Bahia* (Coimbra, 1720), c. 867 ss., que regulamentavam as confrarias.

Bento, depois mudou-se para o hospício da Palma, e em 1732 inaugurou sua igreja em destacado local, o Terreiro de Jesus. (Esta ordem terceira não estava associada à ordem de religiosos dominicanos, que só se instalaria no Brasil no final do século XIX.) A trajetória da Irmandade de Nossa Senhora do Rosário das Portas do Carmo é bem conhecida. Fundada em 1685 na Sé Catedral, seus membros forros e escravizados construíram um templo nas Portas do Carmo (atual Pelourinho), no início do século XVIII. Com a criação da freguesia do Passo — que, ainda sem sua matriz, se desmembrou da freguesia da Sé em 1718 —, a igreja dos pretos foi-lhes praticamente tomada, até 1726, quando uma carta régia obrigou o vigário do Passo a devolvê-la. Ao longo de sua história, essa igreja abrigou várias outras irmandades negras, em diferentes ocasiões, como a do Senhor Bom Jesus dos Martírios, Santa Efigênia, São Benedito e Nossa Senhora da Soledade Amparo dos Desvalidos.[4]

A administração de cada confraria ficava a cargo de uma *mesa*, presidida por juízes, presidentes, provedores ou priores — a denominação variava —, e composta por escrivães, tesoureiros, procuradores, consultores, mordomos, que desenvolviam diversas tarefas: convocação e direção de reuniões, arrecadação de fundos, guarda dos livros e bens da confraria, visitas de assistência aos irmãos necessitados, organização de funerais, festas, loterias e outras atividades. A cada ano se renovavam, por meio de votação, os integrantes da mesa, e as *Constituições primeiras* (c. 872) proibiam expressamente a reeleição, o que nem sempre era respeitado.

Além de regularem a administração das irmandades, os compromissos estabeleciam a condição social, ocupacional ou racial exigida dos sócios, seus deveres e direitos. Entre os deveres estavam o bom comportamento e a devoção católica, o pagamento de anuidades, a participação nas cerimônias civis e religiosas da irmandade. Em troca, os irmãos tinham direito à assistência médica e jurídica, ao socorro em momento de crise financeira, em alguns casos empréstimo para a compra de alforria e, muito especialmente, direito a

---

4. AOTSD, *Livro II do tombo. 1829*, 98, fls. 2 ss.; Maria V. de N. Camargo, "Os terceiros dominicanos em Salvador", tese de Mestrado, UFBA, 1979, p. 11; Luís Monteiro da Costa, "A devoção de Nossa Senhora do Rosário na cidade do Salvador", *Revista do Instituto Genealógico da Bahia*, nº 10 (1958), pp. 105-106; e Carlos Ott, "A Irmandade de Nossa Senhora do Rosário dos Pretos do Pelourinho", *Afro-Ásia*, nº 6-7 (1968), pp. 122-125.

enterro decente para si e membros da família, com acompanhamento de irmãos e irmãs de confraria, e sepultura na capela da irmandade.

## IRMANDADE E SOCIEDADE

As irmandades eram associações corporativas, de ajuda mútua, no interior das quais se teciam solidariedades fundadas nas hierarquias sociais do mundo ao redor.

Havia irmandades poderosíssimas, cujos membros pertenciam à nata da elite branca colonial. No topo estavam as Santas Casas de Misericórdia que, no caso da Bahia e de algumas outras regiões do Brasil, controlavam vasta rede filantrópica de hospitais, recolhimentos, orfanatos e cemitérios. Desenvolviam uma caridade principalmente para fora, para os destituídos da sociedade, uma vez que seus irmãos eram os socialmente privilegiados, eram, na expressão de Russell-Wood, os "fidalgos" da colônia. O compromisso de 1618 da Misericórdia de Lisboa, que regia a da Bahia, estabelecia que seus membros fossem alfabetizados e "abastados de fazenda", proibindo expressamente a entrada de trabalhadores manuais. Seus membros se dividiam em *nobres* ou *irmãos maiores* — os aristocratas portugueses titulados ou nossos fidalgos sem título (senhores de engenho, grandes negociantes, altos funcionários) — e *oficiais* ou *irmãos menores* — aqueles que prosperaram nas profissões "mecânicas" (ourives, por exemplo).[5]

Também as ordens terceiras, destacando-se as de São Francisco e do Carmo, com presença em Salvador e no Recôncavo, eram, nas palavras de Germain Bazin, "verdadeiros redutos aristocráticos". No Carmo, exigia-se do candidato a irmão que "possuísse bens". Já da direção da ordem franciscana participavam, na expressão de sua historiadora, "figuras destacadas do meio

5. A. J. R. Russell-Wood, *Fidalgos and Philantropists: The Santa Casa da Misericórdia of Bahia, 1550-1755* (Londres, 1968), pp. 96-98, 125-126. Apesar de várias tentativas de reforma, o compromisso seguido pela Santa Casa da Bahia era, nos anos de 1830, basicamente aquele de 1618 de sua similar portuguesa, reeditado em Lisboa duzentos anos depois. Um exemplar dessa última edição faz parte do acervo do ASCMB e foi publicado em fac-símile: "Compromisso da Santa Casa de Lisboa [1618]", in Neuza R. Esteves (org.), *Catálogo dos irmãos da Santa Casa de Misericórdia da Bahia* (Salvador, 1977).

5. Em primeiro plano, igreja do Rosário dos Pretos das Portas do Carmo, no largo do Pelourinho.

social" baiano, entre elas, em épocas diversas, os governadores Luís César de Meneses e Afonso Furtado de Mendonça, os riquíssimos proprietários coronel Domingos Pires de Carvalho e Albuquerque e Pedro Rodrigues Bandeira, membros das famílias Lisboa, Sá, Ávila, Muniz Barreto etc.[6]

Nas viagens que faziam, ou quando mudassem de domicílio, os "terceiros", como eram chamados esses primeiros da sociedade, tinham seus direitos protegidos por convênios entre ordens da mesma denominação estabelecidas em diferentes vilas, cidades, capitanias, províncias, países e continentes. Bastava o viajante ou imigrante apresentar sua carta patente para receber os serviços da ordem local ou ser nela admitido, pagando apenas parte da joia de entrada e evitando os rituais de iniciação a que estavam obrigados os noviços. Para o imigrante português, essas associações certamente foram fator de integração na América. Numa festa ou reunião de confrades, o recém-chegado,

6. Germain Bazin, *A arquitetura religiosa barroca no Brasil* (Rio de Janeiro, 1983), I, p. 161; Socorro T. Martinez, "Ordens terceiras: ideologia e arquitetura", tese de Mestrado, UFBA, 1979, p. 17, 78; Alves, *História da venerável Ordem Terceira*, p. 14.

ávido por fazer-se na vida, conhecia aquele irmão, negociante estabelecido, que o iniciaria nos segredos econômicos da colônia. Frequentemente, os negociantes portugueses encorajavam seus caixeiros a se filiarem a suas irmandades, como acontecia na Ordem Terceira de São Domingos. Nesses casos, as ordens, além de congregarem a elite, também serviam como redes clientelares e canais de ascensão social.[7]

A elite não se associava apenas às ordens terceiras. Por exemplo, na igreja da Graça, dos beneditinos de Salvador, funcionava a Irmandade de Nossa Senhora da Graça, fundada por Diogo "Caramuru" Álvares Correa e Catarina Paraguaçu, e frequentada por famílias tradicionais. Uma outra irmandade "aristocrática", da qual faziam parte governadores e arcebispos, era a de Nossa Senhora da Piedade, com assento no convento da Piedade, dos capuchinhos italianos.[8]

Muitas confrarias agregavam mormente indivíduos da mesma profissão. Maria Helena Flexor mostra que os oficiais mecânicos de Salvador organizavam-se durante a colônia em torno das "confrarias dos mesteres", dedicadas aos santos patronos de cada ofício. Havia na Bahia a de São Jorge, que reunia ferreiros, serralheiros e ocupações afins; a de São Crispim, dos sapateiros e celeiros; a de São José, dos carpinteiros, pedreiros, canteiros e torneiros. Outros grupos ocupacionais também possuíam suas confrarias, como a de Santo Antônio da Barra, cujos membros eram comerciantes dedicados ao tráfico de escravos. As irmandades do Rosário da igreja da Ajuda e a do Senhor Bom Jesus da Cruz, da igreja da Palma, abrigavam principalmente militares negros e pardos. Da mesma forma, o estudo de Martinez indica que, entre 1789 e 1807, eram militares 47% dos pardos reunidos na poderosa confraria de Nossa Senhora da Conceição do Boqueirão, abrigando-se também ali grande número de religiosos e oficiais mecânicos. Já a Irmandade de Santa Cecília, localizada na igreja da Conceição da Praia, era formada por músicos. As próprias ordens terceiras também continham significativa concentração ocupacional.

---

7. Sobre as irmandades como meio de integração de comerciantes e caixeiros recém-chegados, ver Lugar, "The Merchant Community of Salvador", p. 222, 224. Camargo, "Os terceiros dominicanos", cap. VI, esp. p. 99, contesta por isso que a OTSD fosse elitista.

8. Manuel S. Cardoso, "The Lay Brotherhoods of Colonial Bahia", *Catholic Historical Review*, v. 33, nº 1 (1947), pp. 22-23.

Na de São Francisco, entre 1761 e 1770, 73% dos membros eram comerciantes; na da Santíssima Trindade, na segunda metade do século XIX, 74% se ocupavam igualmente do comércio. Da mesma forma, durante a primeira metade do século XIX, 85% dos irmãos da Ordem Terceira de São Domingos, a maioria de origem portuguesa, viviam de negócio. Enfim, entre 1801 e 1823, 75% dos mesários da Santa Casa negociavam, proporção que caiu após a Independência, certamente em função da revoada de portugueses da Bahia.[9]

As irmandades tinham dessa maneira a função implícita de representar socialmente, se não politicamente, os diversos grupos sociais e ocupacionais da Bahia. Na ausência de associações propriamente de classe, elas ajudavam a tecer redes de solidariedade fundamentadas na estratificação social, e algumas não faziam segredo disso em seus compromissos, quando exigiam, por exemplo, que seus membros possuíssem, além de adequada devoção religiosa, bastantes bens materiais. Mas o critério que mais frequentemente regulava a entrada de membros nas confrarias não era ocupacional ou econômico, mas étnico-racial.

IRMÃOS DE COR E CLASSE

Havia irmandades de brancos, de pretos e de pardos. As de brancos podiam se dividir entre aquelas cujos membros eram de preferência portugueses, como a Irmandade de Nossa Senhora das Angústias e, em especial, a Ordem Terceira de São Domingos, e aquelas, mais numerosas, nas quais predominavam brasileiros natos. As mais prestigiosas em geral exigiam de seus membros, além de sucesso material, que fossem brancos.[10]

9. Maria Helena Flexor, *Oficiais mecânicos na cidade do Salvador* (Salvador, 1974), p. 22, e passim; Mattoso, "Au Nouveau Monde", v, p. 563; Patricia Mulvey, "The Black Lay Brotherhoods of Colonial Brasil", tese de Doutorado, City University of New York, 1976, p. 194; Cardoso, "The Lay Brotherhoods", p. 20, nº 31; e Martinez, "Ordens terceiras", pp. 66-67, 126-128, 132-133 (reforça a tese de que a maioria dos terceiros da Bahia eram comerciantes o fato de seus membros residirem na Cidade Baixa, bairro comercial por excelência). Ver também Camargo, "Os terceiros dominicanos", caps. VI e VII; e Lugar, "The Merchant Community of Salvador", pp. 222, 225-256.

10. Pierre Verger, *Notícias da Bahia* (Salvador, 1981), p. 65; Martinez, "Ordens terceiras"; e Camargo, "Os terceiros dominicanos", p. 121, por exemplo.

O primeiro critério de aceitação na Santa Casa de Misericórdia era ser "limpo de sangue, sem alguma raça de Mouro, ou Judeu, não somente na sua pessoa, mas também sua mulher". A Ordem Terceira de São Domingos, fundada por bem-sucedidos imigrantes do Porto, de Viana do Minho (mesma Viana do Castelo) e de Lisboa, barrava índios, negros, judeus e brancos pobres. Seu compromisso de 1771 vetava o ingresso de quem não fosse "limpo de sangue, sem alguma raça de Judeu, Mouro, Mulato ou qualquer infecta nação", bem como de quem "sirva ou tenha servido na República ofício vil". Em 1763, um irmão seria expulso "para fazer cessar o grande rumor e fama que corre nesta venerável Ordem e fora dela contra a limpeza do [seu] sangue". Muitos anos depois, às vésperas da Cemiterada, o livro de entrada da ordem ainda registrava um de seus ritos de iniciação:

A 26 de outubro de 1834, nesta Igreja de nossa Venerável Ordem Terceira do Patriarca São Domingos, recebeu o nosso Santo Hábito o Irmão Antonio da Silva Alvares Pereira, tendo precedido as indagações de costume sobre sua conduta e limpeza de sangue [...] e declarou ser natural do Porto, filho legítimo [...] etc.

O compromisso dominicano de 1839 manteve o critério de pureza racial. Também os brancos brasileiros e europeus da Ordem Terceira de São Francisco exigiam de seus associados prova de "limpeza de sangue".[11]

A partir da Independência, brancos de todas as origens passaram a frequentar as mesmas confrarias. Segundo Verger, a Irmandade de Nossa Senhora da Conceição da Praia, por exemplo, inicialmente de portugueses, no Império passou a admitir brancos da terra e mais tarde até negros. Na primeira metade do século XIX, apesar de ainda preferirem a Ordem Terceira de São Domingos e as várias irmandades do Santíssimo Sacramento, os portugueses se espalhavam por numerosas irmandades, inclusive, embora raramente, as de negros e mulatos. Na década de 1830, o rico negociante português José Coelho Maia, natural do Porto, pertencia a sete irmandades, entre as quais a de Nossa Senhora do Guadalupe, de homens pardos. Na mesma época, o pe-

11. Martinez, "Ordens terceiras", p. 30, 48, 52, 98, 125; Camargo, "Os terceiros dominicanos", p. 71; AOTSD, *Livro de termos de entrada de irmãos, 1816-34*, fl. 169v; e AOTSD, *Livro II do tombo*, v. 98, fl. 2.

dreiro português Manuel Antônio da Costa Rodrigues participava de oito irmandades, tendo ocupado cargos de direção em pelo menos quatro delas; era também irmão remido de duas irmandades nas quais predominavam pretos, Nosso Senhor dos Martírios (igreja da Barroquinha) e São Benedito (igreja da Conceição da Praia). Os brancos barravam negros e mulatos em suas irmandades, em especial nas suas ordens terceiras, mas eram aceitos pelas irmandades "de cor", interessadas em aumentar seu prestígio e coletar gordas doações. Muito claramente, tratava-se de arranjos de proteção, subordinação e dependência que entrelaçavam indivíduos de diferentes condições sociais.[12]

Mais numerosas, as irmandades de cor tradicionalmente se dividiam entre as de africanos, crioulos (pretos nascidos no Brasil) e mulatos ou pardos. Como as demais confrarias, essas também tiveram seu modelo institucional derivado de Portugal, onde já existiam desde pelo menos meados do século XVI — com suspeitas de que existissem antes até —, refletindo o crescimento do número de africanos escravizados na metrópole.[13]

Os trabalhos de Katia Mattoso e Inês Oliveira sobre os libertos da Bahia — africanos na sua maioria — mostram a importância das irmandades na administração de suas vidas e mortes. Entre 1790 e 1830, apenas 21,6% dos libertos e 18,5% das libertas que deixaram testamentos não pertenciam a irmandades. Muitos eram membros de mais de uma, de quatro, cinco, sete. A africana Maria da Conceição Cruz pertencia a oito quando escreveu seu testamento, em 1804. As mais citadas pelos testadores negros foram São Benedito do Convento de São Francisco, Nossa Senhora do Rosário das Portas do

---

12. Verger, *Notícias da Bahia,* pp. 73-74; APEB/IT, v. 34, doc. 4, fls. 91-94; v. 31, doc. 5, fls. 42-51 (estas são referências de uma catalogação antiga dos inventários *post-mortem,* mas é possível localizá-los, em catálogo próprio, pelos nomes dos inventariados).

13. Exatamente devido às regras de "limpeza de sangue", negros e mestiços foram segregados em suas próprias irmandades na metrópole, transformando-as em canais de expressão de identidades étnicas. Didier Lahon, "Da redução da alteridade à consagração da diferença: as irmandades negras em Portugal (séculos XVI-XVIII)", *Projeto História,* nº 44 (2012), pp. 53-83; Renato da Silveira, "Antecedentes europeus nas irmandades do Rosário dos pretos da Bahia colonial", in João José Reis e Elciene Azevedo (orgs.), *Escravidão e suas sombras: ensaios de um grupo de pesquisa* (Salvador: EDUFBA, 2012), pp. 15-64; Lucilene Reginaldo, *Os Rosários dos angolas: irmandades de africanos e crioulos na Bahia setecentista* (São Paulo, 2011), cap. 1; e Jorge Fonseca, *Religião e liberdade: os negros nas irmandades e confrarias portuguesas (séculos XV a XIX)* (Ribeirão, 2014).

Carmo, Bom Jesus das Necessidades e Redenção, Nossa Senhora do Rosário da Conceição da Praia, Jesus Maria José, Nossa Senhora do Rosário de João Pereira, Nosso Senhor dos Martírios, São Benedito da Igreja do Rosário das Portas do Carmo. Oliveira lista 36 irmandades que abrigavam libertos ao longo do século xix. A quase totalidade delas era de pretos.[14]

O compromisso de 1795 da Irmandade da Conceição dos Homens Pardos de Santana do Camisão, em Cachoeira, no Recôncavo baiano, admitia brancos e negros livres, libertos e escravizados, mas os negros só podiam exercer, no máximo, o cargo de mordomo, o responsável pela organização de festas e outras atividades. Na capital, os mulatos se mostraram ainda mais restritivos. A Irmandade do Boqueirão, também de pardos, não aceitava escravos, mesmo como simples membros. Aceitava brancos, embora não na mesa. Em 1831, o governo imperial proibiria qualquer tipo de discriminação no Boqueirão, num despacho em que se lê: "poderão ser admitidos a Irmãos, e nomeados para os cargos da Confraria, todos os que forem Cidadãos, sem distinção de cor". Ficavam assim excluídas pessoas escravizadas de qualquer origem, além de libertos africanos, cujas alforrias não lhes garantiam a cidadania brasileira. Mas é provável que essa ordem não tivesse sido obedecida, como não fora em outras confrarias.[15]

Todas as irmandades exigiam que o cargo máximo de juiz ou presidente — ou prior, no caso das ordens terceiras — fosse ocupado por alguém "da raça". Irmandades de brancos eram presididas por brancos, de pardos por pardos, de pretos por pretos. Na Irmandade do Rosário dos Pretos de Camamu se previa, além disso, que um de seus dez juízes teria sempre ascendência sobre os demais: "Os juízes serão homens pretos, entre os quais deve um deles, o de mais discurso, falar por si e também por todos" — e por "mais discurso" leia-se o bom orador, mais articulado verbalmente. Entretanto, os es-

---

14. Mattoso, *Testamentos de escravos libertos*, p. 23; Oliveira, *O liberto*, pp. 83, 86-87. Como é sabido, as irmandades do Rosário eram mui difundidas no Brasil. Sobre as origens do Rosário como devoção negra, ver Silveira, "Antecedentes europeus nas irmandades do Rosário", especialmente pp. 15-30; e Leonara Lacerda Delfino, "Senhora das conquistas e das missões: origens da devoção da Virgem do Rosário como mãe protetora dos pretos no ultramar", *Ars Historica*, nº 6 (2013), pp. 107-127.

15. "Compromisso da Irmandade da Conceição dos Homens Pardos de Santana do Camisão [1795]", cap. ii, *Requerimentos: ordens religiosas, irmandades, igrejas e capelas*, ahu, *Baía*, caixa 162; e Martinez, "Ordens terceiras", p. 52, 125.

cravos, mesmo que tivessem o dom da oratória, só podiam exercer o cargo de juízes se fossem "dotados de capacidade, posses e liberais", entendendo-se por "liberais" os que gostassem de gastar com a irmandade. Raros os escravos capazes de preencher esses requisitos. Nas irmandades negras baianas geralmente se proibia o acesso dos escravos à direção.[16]

As irmandades de africanos se subdividiam, grosso modo, de acordo com suas nações, havendo, por exemplo, aquelas em que predominavam angolanos, jejes ou nagôs. Imaginadas como veículo de acomodação e domesticação do espírito africano, elas na verdade funcionaram como meios de afirmação étnico-cultural. Do ponto de vista das classes dirigentes, isso foi interessante no sentido de manter as rivalidades étnicas entre os negros, prevenindo alianças perigosas. Ao mesmo tempo, do ponto de vista dos negros, impediu-lhes a uniformização étnico-racial, que poderia levar a um controle social ainda mais rígido. Com o passar do tempo as irmandades funcionaram como espaço de alianças interétnicas, ou pelo menos como canais de administração das diferenças étnicas no interior da comunidade negra.

A dificuldade que tinham os africanos escravizados, e mesmo os libertos, de formar famílias pode explicar por que na Bahia eles redefiniram a abrangência semântica da palavra *parente* para incluir todos da mesma nação: o nagô se dizia "parente" de outro nagô, jeje de jeje, angola de angola etc. O africano inventou aqui o conceito de "parente de nação". Aliás, a intensidade com que os escravos produziam parentescos simbólicos ou fictícios revela o grande impacto que representou o tráfico e o cativeiro sobre homens e mulheres vindos de sociedades baseadas em estruturas de parentesco complexas, nas quais o culto aos ancestrais tinha uma dimensão im-

---

16. "Compromisso da Irmandade do Rosário dos Pretos de Camamu [1788]", cap. VI, AHU, *Cód. 1925*, doc. 13094. Impedimento de escravos nos cargos de direção: "Compromisso da Irmandade do Senhor Bom Jesus da Cruz dos Crioulos da Freguesia de São Gonçalo [1800]", fl. 1, AINSR, não catalogado; "Compromisso da Irmandade de Nossa Senhora do Rosário dos Pretos das Portas do Carmo, 1820", fl. 20, AINSR, não catalogado e já analisado por Jeferson Bacelar e Maria C. de Souza, *O Rosário dos Pretos do Pelourinho* (Salvador, 1974); um exemplo pernambucano: Mulvey, "The Black Lay Brotherhoods", p. 122, nº 47. Ver ainda Lucilene Reginaldo, "Em torno de um registro: o livro de irmãos do Rosário das Portas do Carmo (1729-1826)", in Evergton Sales Souza, Guida Marques e Hugo R. Silva (orgs.), *Salvador da Bahia: retratos de uma cidade atlântica* (Salvador e Lisboa, 2016), pp. 203-234.

portantíssima. Já na travessia do Atlântico, nos porões dos fétidos tumbeiros, nasciam os primeiros laços de uma fictícia família escrava, representada na relação profunda de solidariedade entre os companheiros de viagem, que dali em diante tornavam-se *malungos* uns dos outros, instituindo um compromisso para toda a vida.[17]

Da mesma forma, a "família de santo" dos candomblés substituiria importantes funções e significações da família consanguínea desbaratada pela escravidão e dificilmente reconstituída na diáspora.[18] Foi na mesma brecha institucional que a irmandade penetrou. Os irmãos de confraria formavam uma alternativa de parentesco ritual. Cabia à "família" de irmãos prover a seus membros, além de um espaço de comunhão e identidade, o socorro nas horas de necessidade, o apoio para conquista da alforria, a voz de protesto contra os abusos senhoriais e, não menos, rituais fúnebres dignos.

Em Salvador, os jejes tinham desde 1752 sua própria Irmandade do Senhor Bom Jesus das Necessidades e Redenção, que funcionava na igreja do Corpo Santo, na Cidade Baixa. Os nagôs reuniam-se na igreja da Barroquinha, em torno da Irmandade de Nossa Senhora da Boa Morte, designação que evoca a relevância do ritual fúnebre para seus fundadores. Os angolas se acomodavam em muitas irmandades, tendo sido provavelmente os primeiros a criar confrarias, pois foram os primeiros africanos a serem trazidos em grande número para a Bahia.[19]

Ao contrário da mais resistente divisão baseada na cor da pele (branco/pardo/preto), o particularismo étnico entre os pretos foi paulatinamente de-

---

17. Robert W. Slenes, '"*Malungu Ngoma* vem!': África encoberta e descoberta no Brasil", *Revista USP*, nº 12 (1991-92), pp. 48-67.

18. Sobre o assunto, ver o excelente estudo de Vivaldo da Costa Lima, *A família de santo nos candomblés jejes-nagôs da Bahia* (Salvador, 2003).

19. Segundo Russell-Wood, algumas irmandades eram etnicamente mais exclusivas do que outras: A. J. R. Russell-Wood, *The Black Man in Slavery and Freedom* (Nova York, 1982), pp. 156-157. Entre outros, ver também João José Reis, "Identidade e diversidade étnicas nas irmandades negras no tempo da escravidão", *Revista Tempo*, nº 3 (1997), pp. 7-33; Reginaldo, *Os Rosários dos angolas*; Anderson Oliveira, *Santos pretos e catequese no Brasil colonial* (Rio de Janeiro, 2008), para o caso dos devotos de Santa Efigênia e Santo Elesbão; Ott, "A Irmandade de Nossa Senhora do Rosário" (mas na p. 120, erra sobre ter sido de nagôs a Irmandade do Bom Jesus das Necessidades). Trajetórias de membros jejes dessa irmandade foram traçadas por Luís Nicolau Parés, "Milicianos, barbeiros e traficantes numa irmandade católica de africanos minas e jejes (1770-1830)", *Revista Tempo*, nº 20 (2014).

clinando, não sem dificuldades e ajustes. Em 1770, os irmãos de São Benedito do Convento de São Francisco declararam abolidos os privilégios étnicos, ao definirem que "crioulos, angolas e toda a mais qualidade de pretos" podiam dirigir a sociedade. Os critérios passavam a ser, além da negritude, o "serviço e antiguidade que cada um tiver na Irmandade". Atitudes como essa dos devotos de São Benedito não se difundiram senão muito tempo depois.[20]

Da Irmandade do Rosário da Conceição da Praia participavam irmãos e irmãs angolas, crioulos e crioulas, na época de seu primeiro compromisso, em 1686, e só crioulos e angolas eram mencionados como elegíveis, em números iguais, a cargos de mesa. Da mesma forma, a Irmandade de Santo Antônio de Categeró, fundada em 1699 na igreja matriz de São Pedro, aceitava pessoas de qualquer condição, embora só angolas e crioulos pudessem ocupar cargos de direção: "os ditos oficiais acima referidos serão Crioulos [e] os segundos serão os Angolas, que para isso se farão duas Eleições em que os ditos oficiais irão divididos, e da mesma sorte será feita a Eleição das Crioulas, e outra das Angolas". Esse sistema de representatividade étnica, comum nas irmandades de cor, permitia aos grupos hegemônicos melhor administrar suas diferenças e melhor controlar os irmãos de outras nações. O sistema na verdade instaurava, na irmandade das Portas do Carmo, a subordinação dos demais aos angolas e crioulos. A democracia dos irmãos tinha seus limites.[21]

As alianças entre angolas e crioulos eram corriqueiras. A importante Irmandade do Rosário das Portas do Carmo, fundada em 1685 provavelmente por negros de Angola, já contava com crioulos, jejes e outras nações africanas entre seus membros na virada do século XIX. Os jejes constituíam, inclusive, a maioria dos que entravam na instituição nesse período, mas nem por isso os angolas e crioulos, mais velhos na confraria, abriram mão de monopolizar a mesa diretora. Apesar de africanos, os angolas privilegiavam as relações com negros nascidos no Brasil e não com os numerosos jejes.[22]

20. "Compromisso da Irmandade de São Benedicto erecta no convento de São Francisco [1770]", ANTT, *Ordem de Christo*, v. 293.

21. *Compromisso da Virgem Sanctissima May de Deus Nossa Senhora do Rosário dos Pretos da Praya: anno de 1686*, cap. VI, ACP, não catalogado; e Cardoso, "The Black Lay Brotherhoods", p. 25.

22. "Compromisso da Irmandade do Rosário das Portas do Carmo", cap. 5, fls. 17-17v; Bacelar e Souza, *O Rosário dos Pretos do Pelourinho*, pp. 17-19; Reginaldo, *Os Rosários*, pp. 346-356;

A investigação sobre a política étnica dos membros de irmandades de cor revela interessantes estratégias de alianças, ao lado de fortes hostilidades. Se os angolas, em detrimento dos jejes, preferiram aliar-se aos crioulos no Rosário das Portas do Carmo, na Irmandade do Rosário da Rua de João Pereira, os benguelas, vindos da região ao sul de Angola, dividiam com os jejes os cargos de sua mesa diretora em 1784. Por outro lado, os jejes da Irmandade do Senhor Bom Jesus dos Martírios, de Cachoeira, expressaram sem rodeios sua animosidade em relação aos crioulos no compromisso de 1765, admitindo-os se pagassem uma joia dezesseis vezes maior e proibindo-os de exercerem cargo de mesa. Mas essas regras não valiam para as mulheres crioulas: "nesta proibição se não entende as Irmãs Crioulas, que estas poderão servir todos os cargos, e gozar todos os privilégios da Irmandade sem reserva". Independentemente de suas origens, as mulheres eram desejadas nas irmandades africanas talvez para aumentar o reduzido mercado afetivo dos homens. As mulheres eram pouco numerosas na comunidade africana, principalmente em seu setor escravizado. Em Salvador, a proporção de homens na população escravizada era de 56%, na primeira metade do Oitocentos, subindo para 61% se considerados apenas os africanos. No Recôncavo da segunda metade do Setecentos — época do compromisso dos irmãos do Martírio de Cachoeira — a distribuição entre os sexos resultava quase a mesma.[23]

As irmandades e ordens terceiras de um modo geral aceitavam mulheres. No século XVII elas compunham 30% dos que ingressavam na Ordem Terceira do Carmo, proporção que subiria para 39% no século seguinte. Na Ordem Terceira de São Francisco, entre 1760 e 1770, 35,2% dos novos filiados eram

---

Ott, "A Irmandade de Nossa Senhora do Rosário", pp. 120-121, argumenta, sem tentar prová-lo, que os crioulos "mandavam e desmandavam" nessa irmandade, aproveitando-se — e agora vem a pior parte — do "complexo de inferioridade cultural" dos angolanos. Sobre taxa de masculinidade entre os escravos em Salvador, ver Reis, *Rebelião escrava*, p. 27; e no Recôncavo, Luís Nicolau Parés, "O processo de crioulização no Recôncavo baiano (1750-1800), *Afro-Ásia*, nº 33 (2005), pp. 87-132. Estudo importante sobre a dinâmica étnica em confrarias negras é o de Mariza de Carvalho Soares, *Devotos de cor: identidade étnica, religiosidade e escravidão no Rio de Janeiro, século XVIII* (Rio de Janeiro, 2000).

23. "Parecer do desembargador ouvidor Geral do Crime a d. Rodrigo José Nunes, 9/11/1784", APEB, *Cartas ao Governo, 1780-84*, maço 176; e Mulvey, "The Black Lay Brotherhoods", p. 265. Sobre escassez de mulheres na população africana, ver Schwartz, *Sugar Plantations,* pp. 346-350; e Reis, *Rebelião escrava*, pp. 25-27, entre outros.

6. *Altar de São Benedito, da irmandade negra do mesmo nome, na igreja do convento de São Francisco.*

mulheres. Já na ordem dominicana, entre 1816 e 1850 entraram poucas, uma para cada oito homens, expressão do perfil sexual da imigração portuguesa, na qual predominava largamente o sexo masculino. Talvez a refletir uma tendência entre as irmandades de cor, na de Nossa Senhora dos Pardos do Boqueirão o ritmo de adesão feminina foi grande entre 1789 e 1807, quando a média de ingresso anual contava 43 homens e quarenta mulheres, diferença desprezível entre uns e outras. Nesse período, foram registrados 1568 associados, 48,6% dos quais mulheres. Mas, de acordo com Socorro Martinez, na maioria das vezes as mulheres entravam acompanhadas dos maridos. Essa autora observa que sua extensa pesquisa na documentação das antigas ordens terceiras e na Irmandade do Boqueirão não revelou a presença de mulheres com profissão, e conclui: "Eram, portanto, inteiramente dependentes do marido, daí a importância de sua entrada nas ordens, pois [...] em caso de viuvez e indigência, estava garantido um pequeno seguro em forma de pensão". Como exemplo, quando da mudança de mesários da Ordem Terceira de São Francisco, em 1835, nove irmãs pobres escreveram "pedindo a continuação da esmola mensal que percebem por concessão das mesas transatas". A nova mesa concordou, e as irmãs continuaram a receber mensalmente, três delas, 5 mil réis, 3$200 (leia-se 3 mil e 200 réis) e 2 mil réis, respectivamente, as demais um mil réis por mês.[24]

A historiadora Patricia Mulvey estimou que as mulheres não representavam mais de 10% dos associados das irmandades de cor, mas podiam ocupar cargos. Podiam ser, ao lado dos reis, rainhas dos festivais anuais, juízas, procuradoras encarregadas de assistir aos irmãos necessitados, coletoras de esmolas e mordomas responsáveis pela organização de festas. As irmandades negras, via de regra, tinham uma mesa composta de mulheres e outra de homens. O compromisso de 1820 do Rosário das Portas do Carmo rezava: "se elegerão as Juízas que forem suficientes de uma e outra nação", quer dizer, angolas e crioulas. Mas esta e outras confrarias de pretos e de brancos discriminavam politicamente a ala feminina. A regra dos irmãos do Rosário que proibia a escravos de serem juízes, procuradores e mordomos, fazia exceção às mulheres escravas porque "pela qualidade do sexo não exercitam ato de

---

24. Martinez, "Ordens terceiras", pp. 82 ss., 128; Camargo, "Os terceiros dominicanos", p. 104; e AOTSF, *Livro de despachos da mesa, 1832-41*, fl. 39.

Mesa". Isso sugere que os cargos de juíza, e outros permitidos às mulheres, não passavam de honoríficos.[25]

Os homens pretos do Rosário de Camamu apresentaram armas clássicas do patriarcalismo no tratamento de suas mulheres. Em seu compromisso de 1788 decidiram atribuir às irmãs procuradoras tarefas que lhes pareceram femininas: "lavar a roupa branca, preparando-a com toda a limpeza para o uso das Missas [...] e cosendo-as e reformando-as, para que fiquem consertadas e sãs". Além disso, dividiriam com os homens o trabalho de coletar ou dar do próprio bolso esmolas para o "aumento da irmandade".[26]

As irmandades não trabalhavam de graça por seus membros. Elas eram mantidas por meio de joias de entrada, anuidades, esmolas coletadas periodicamente, loterias, aluguéis de imóveis e legados em testamento. Os recursos auferidos dessas várias fontes eram gastos nas obrigações para com os irmãos e irmãs e em caridade pública; na construção, reforma e manutenção de suas igrejas, asilos, hospitais e cemitérios; na confecção, compra e conserto de objetos do culto, como imagens, roupas, bandeiras, insígnias; na folha de pagamento de capelães, sacristãos, funcionários; nas despesas corriqueiras e, não pouco, nas despesas extraordinárias com as festas anuais.

A VIDA É UMA FESTA

As irmandades, sobretudo mas não exclusivamente as negras, foram, pelo menos até boa parte do século XIX, os principais veículos do catolicismo popular. Nelas os santos muitas vezes ganhavam precedência sobre o Deus Todo-Poderoso, e este se contentava com o estatuto de grande santo. As irmandades eram organizadas como um gesto de devoção a santos específicos, que em troca da proteção aos devotos recebiam homenagens em exuberantes festas.

25. Mulvey, "The Black Lay Brotherhoods", pp. 130-132; "Compromisso da Irmandade do Rosário das Portas do Carmo", caps. 8 e 16, fls. 20, 26; e AINSR, *Livro de eleições, 1830-?*, fl. 11, sobre a composição da mesa de 1836.

26. "Compromisso da Irmandade do Rosário de Camamu [1788]", cap. XII, AHU, cód. 1925, doc. 13094.

É conhecida a relação de barganha, de troca simbólica, embutida na prática da "promessa a santo", que Laura de Mello e Souza chamou "economia religiosa do toma lá dá cá", uma relação familiar a portugueses e africanos em suas culturas originais. A atitude em relação aos santos refletia tanto uma preocupação com o destino da alma após a morte quanto uma busca de proteção no dia a dia, em particular proteção do corpo, estratégia de enganar a morte. Por exemplo, no prólogo do compromisso da Irmandade do Rosário das Portas do Carmo, e de outras confrarias negras, se lê que os devotos da santa queriam "sua intercessão" tanto para "o aumento da Divina Graça como também para remédio de muitas enfermidades corporais que continuamente padecemos". A devoção cobrava seu preço.[27]

As irmandades se adaptaram e foram também veículos de um catolicismo profundamente influenciado por práticas pagãs. E na Bahia — no Brasil, como bem mostra o trabalho de Laura de Mello e Souza — práticas mágicas não eram peculiaridade negra. Thomas Lindley observou ser comum entre os brancos o uso de escapulários como amuletos — e de outros tipos de amuletos — contra "alguma doença particular, ou para aliviar uma aflição severa". Foi também esse protestante que, atento às invenções católicas, percebeu um generalizado "fetichismo" na relação entre os baianos e seus santos de devoção. "É impressionante", escreveu Lindley, "ver a veneração que essas imagens criam entre o povo, que realmente as adora tão devota e abjetamente como se contivessem a essência da própria Divindade, baixada nesta ocasião *in propria persona* [...]." Cerca de quatro décadas depois, James Wetherell anotou que, entre as camadas populares, brancos e pretos usavam rosários como talismãs, além de *bentinhos* contendo rezas impressas em papel e exteriormente ornamentados com o retrato da virgem, de algum santo de devoção ou emblemas mágicos. Os mais precavidos usavam um bentinho no peito, outro nas costas, para maior proteção. Até as fitas do Senhor do

---

27. Entre outros títulos, ver Laura de Mello e Souza, *O Diabo e a Terra de Santa Cruz* (São Paulo, 1986), p. 115 e passim; Oliveira, *Santos pretos e catequese*; Karin Barber, "How Man Makes God in West Africa", *Africa*, v. 51, nº 3 (1981), pp. 724-725, sobre relações de barganha entre os iorubás e seus deuses; "Compromisso da Irmandade do Rosário das Portas do Carmo", fl. 11; e ver também o Prólogo do "Compromisso da Irmandade da Conceição dos Homens Pardos de Santana do Camisão [1795]".

Bonfim já existiam. Os homens também usavam anéis e braceletes de prata como amuletos contra mordida de cobra.[28]

Em 1831, um jornal noticiava que na ladeira do Alvo, perto do convento da Providência, morava o espanhol Agostinho, especialista em "fechar o corpo da gente para não entrar diabos, nem feitiços". Pelo preço de 10 mil réis os enfeitiçados eram curados com uma bebida na qual o milagreiro mergulhava a coroa de uma imagem de santo. No mesmo ano, a pouca distância da matriz da Conceição da Praia, um juiz de paz invadiu uma casa que, segundo denúncia de vizinhos, era um centro de bebedeira, prostituição e vidência. Lá se acharam várias imagens usadas nas sessões de adivinhação, inclusive "um Santo Antônio enforcado em uma corda, breves, Santos Senhor falsos, e outras coisas". Santo Antônio, como se sabe, é o padroeiro dos adivinhos, ajuda a encontrar coisas e pessoas perdidas e até nunca tidas, como maridos e esposas. Enforcado, podia estar pagando por algum trabalho malfeito, ou a retirada do laço aguardava o bom resultado da encomenda contratada. O dono da casa, Manuel das Virgens, ao que tudo indica, era branco ou pardo, e ali vivia com a mulher e uma prostituta e sua filha de treze anos. A menina, segundo as más línguas dos vizinhos, tivera sua virgindade levada a leilão para "quem mais desse por sua defloração". Não houve lances antes da intervenção do juiz, que achou melhor levá-la para a casa de José Joaquim Ribeiro, "varão casado e probo". E lá se fora talvez a última virgem abusada por Manuel, que desconheço ter respondido por seus crimes.[29]

Numa tradição que já vinha da colônia, religiosidade popular, festa e sexualidade se misturavam no imaginário coletivo da Bahia de Todos-os-Santos. Mesmo sob o olhar de quem veio a ser o maior de seus santos, a cidade desenharia uma fronteira altamente permeável entre salvação e perdição. Tendo ido a uma festa de Natal na colina do Senhor do Bonfim, Lindley depois comentou que os baianos em geral — brancos, pretos e pardos —, após "limparem a consciência de velhos pecados, ali mesmo cometem novos". Wetherell chamou de verdadeira orgia a festa do Bonfim. Religiosidade e sensualidade frequentemente se avizinhavam dentro das próprias igrejas. Em 1817 Tollenare se surpreendeu com os quadros de "lindos assuntos eróticos"

28. Lindley, *Narrative*, pp. 55-57, 92; Wetherell, *Brazil*, pp. 18-19, 114, 122.

29. *Nova Sentinela da Liberdade* (15/9/1831), da coleção da BNRJ; e APEB, *Juízes de paz, 1ª vara*, 1830-31, maço 2681.

pendurados na parede da sacristia de uma igreja paroquial, e observou: "Esta singular mistura do profano e do sagrado só era notada pelos estrangeiros". Um outro viajante francês, Dugrivel, em 1833 achou singularmente ousadas as cenas de flerte entre os jovens dentro das igrejas, um dos poucos lugares públicos frequentados pelas moças de família. Os olhares de sedução destas, lançados por sobre véus que lhes cobriam quase todo o rosto, impressionaram e até intimidaram o supostamente casto europeu. Wetherell tinha a impressão de que as pessoas iam à igreja para "olhar e serem olhadas".[30]

Não há dúvida sobre o compromisso dos baianos com o catolicismo, não o de Roma, certamente, mas aquele que apreendia o mundo através do pensamento mágico, impregnado de paganismo e sensualismo, uma religião em que o corpo participava dançando da salvação da alma, e desse modo abraçada pelo povo e mesmo membros da elite. Um catolicismo ligado de maneira especial aos santos de devoção.


### FESTA DE SANTO


Em novembro de 1813, o experiente viajante inglês James Prior visitou a Bahia. Como a maioria dos estrangeiros, impressionou-o a mistura entre o sagrado e o profano nas festas religiosas baianas. Conta ele que, enquanto no interior da igreja os padres rezavam missas "com a maior solenidade", do lado de fora tiros de "mosquete, fogos de artifício, tambores, tamborins, clarinetas e gritos do povo formam um coro constante [...] em louvor ao céu". Com ironia bem inglesa, o viajante chamou os habitantes da Bahia de "católicos ortodoxos", concluindo: "lembra-nos o prelúdio a um show de marionetes". De um dos raros baianos críticos da fanfarra religiosa, ele ouviu: "Se fogos de artifício e música representam passaportes para o Céu, o povo de São Salvador pode estar

---

30. Lindley, *Narrative*, pp. 120-121; L. F. de Tollenare, *Notas dominicais* (Salvador, 1956), p. 321; Dugrivel, *Des bords de la Saône*, pp. 371-372; Wetherell, *Brazil*, p. 94, 122. Ver também Spix e Martius, *Viagem*, II, p. 144. Sobre a cobertura do lado profano da festa do Bonfim pelo jornal satírico *O Alabama*, na segunda metade do Oitocentos, ver Mariângela de Mattos Nogueira (seleção, apresentação e comentários), *Lá vai verso: a Lavagem do Bonfim n'O Alabama (1863--71)* (Salvador, 2021).

seguro da salvação".[31] E a ideia era exatamente essa: celebrar com esmero e entusiasmo os santos de devoção representava um investimento ritual no destino após a morte — além de tornar a vida mais interessante e segura.

A data máxima do calendário das irmandades era a festa do santo de devoção, quando irmãos e irmãs saíam das confrarias aparatados com suas vestes de gala, capas, tochas, bandeiras, andores, cruzes e insígnias, em pomposas procissões, seguidas de banquetes e, no caso das negras, amiúde danças tocadas a tambor. Foi assim desde o início, tanto que, já em 1707, as *Constituições primeiras* recomendaram em vão que as irmandades fizessem menos gastos com "comer e beber, danças, comédias e cousas semelhantes", e mais com "ornamentos e peças para as Confrarias" (c. 874).

Sobre os irmãos do Rosário das Portas do Carmo, o padre Manuel de Cerqueira Torres descreveu a festa que produziram da padroeira no dia 12 de outubro de 1760. Na ocasião também se celebrava na colônia, com enorme mobilização festiva, o esponsório da princesa da Beira, d. Maria, com o infante d. Pedro. Torres relatou:

> No domingo doze [de outubro] ocorreu a festa de Nossa Senhora do Rosário da confraria dos Pretos, na sua igreja sita às portas do Carmo, com majestosa pompa festejaram o sempre vitorioso Rosário de Maria Santíssima, estava a capela ricamente ornada. Houve missa solene com música, sacramento exposto e sermão. De tarde saíram com sua procissão com igual aceio e primor. E sendo esta uma das procissões mais plausíveis que faz esta cidade, pelo muito em que se empenha esta devota confraria, nesta ocasião muito mais se esmerou.[32]

Evidentemente a Igreja via com bons olhos a celebração de festas religiosas por escravos e libertos, sobretudo africanos. Afinal, elas pareciam provas vivas de almas conquistadas e pacificadas.

---

31. Prior, *Voyage*, p. 103.

32. "Narração panegyrico-historica das festividades com que a Cidade da Bahia solemnizou os felicissimos despozorios da Princeza N. Senhora com o Serenissimo Sr. Infante D. Pedro, offerecida a El-Rei Nosso Senhor por seu author o Reverendo P. Manuel de Cerqueira Torres, Bahiense, Sacerdote do Hábito de São Pedro, Mestre em Artes, Theologo, Protonotario", AHU, CU, *Brasil. Baía*, Cx. 27, d. 5098. Este documento foi também analisado por Fonsêca, "Vida e morte na Bahia colonial", pp. 189-193.

O compromisso de 1842 de uma irmandade mineira, a do Rosário de São João del Rei, assim definia a importância das festas para a saúde das confrarias: "tendo a experiência de longos anos mostrado que a base sustentadora das corporações religiosas é o culto pomposo que se dedica ao seu orago [...]", e prosseguia anunciando para a segunda oitava de Natal a data de sua festa.[33]

Contudo, a "semiologia" dessas manifestações de fé não poderia ser melhor enunciada do que foi, em 1851, numa correspondência dirigida ao arcebispo da Bahia por três irmandades — uma de brancos, uma de pardos e outra de pretos — de Inhambupe, no interior baiano: "Sem os emblemas, a impressão era somente ideológica, sem as festividades os Emblemas nada explicariam; logo está evidentemente reconhecido que os Emblemas e as festividades são dois elementos primordiais da Religião que professamos".[34]

Nessa visão barroca do catolicismo, o santo não se contentava com a prece individual. Sua intercessão será tão mais eficaz quanto maior a capacidade dos indivíduos de se unirem para homenageá-lo de maneira espetacular. Para receber força do santo, devia o devoto fortalecê-lo com as festas em seu louvor, festas que representam exatamente um ritual de intercâmbio de energias entre homens e entes celestiais. Enquanto ideologia, a religião era coisa para doutores da Igreja, cabia aos irmãos promover o lado emblemático e festivo da religião, e assim encantar o mundo em que viviam.

No final do século XVIII, o professor de grego Luís dos Santos Vilhena escreveu que todas as "inumeráveis" irmandades de Salvador, "ainda as mais pobres, fazem as suas festividades com grandeza e asseio". A tradição vinha de longe. Em 1686, os irmãos do Rosário da Conceição da Praia definiram o segundo domingo de outubro como a data de sua festa, "a qual festa se fará com sua missa cantada e sermão e seu ofício na segunda-feira, de que se mandarão dizer vinte missas [...] de que assistirão os ditos Irmãos confrades da dita Irmandade". Além disso estabelecia que todo primeiro domingo do mês haveria uma procissão em torno da igreja com a presença de mesários e irmãos carregando

---

33. "Compromisso da Irmandade de Nossa Senhora do Rosário dos Pretos de São João del Rei [1842]", cap. 10, mss. ACS, *Irmandades e capelas, 1808-97*, doc. 7.

34. "Carta das irmandades do Santíssimo Sacramento, N. Sra. da Conceição dos Pardos, Rosário dos Pretos e mais habitantes de Inhambupe para o arcebispo, 7/5/1851", ACS, *Irmandades e capelas, 1808-97*, doc. 10.

86

tochas acesas. O compromisso de 1820 da Irmandade de Nossa Senhora do Rosário dos Pretos da freguesia de São Bartolomeu, na vila Maragojipe, previa que em todo dia 26 de setembro se faria a festa da padroeira, "com missa e música cantada, sermão e procissão e assistirão todos os Irmãos com capas brancas e tochas luminadas e da mesma forma acompanharão outra qualquer procissão".[35] Isso, sem dúvida, é o que se podia escrever num documento oficial como eram os compromissos, mas por detrás dessas palavras — embora não relegada aos bastidores — celebrações deveras heterodoxas tinham lugar.

## A CARNAVALIZAÇÃO NEGRA DA RELIGIÃO

Nas celebrações das confrarias negras, o sagrado e o profano frequentemente se justapunham e às vezes se entrelaçavam. Além de procissões e missas solenes, a festa se fazia de comilanças, mascaradas e elaboradas cerimônias, não mencionadas nos compromissos, em que se entronizavam reis e rainhas negros devidamente aparatados com vestes e insígnias reais. Esses monarcas ocupavam cargos que eram reconhecidos e gozavam de prestígio político no interior da comunidade negra. Mas o único compromisso que conheço que registra rei e rainha como cabeças de mesa diretora é o de 1842 da Irmandade do Rosário de São João del Rei, em Minas Gerais.[36]

Vários autores já estudaram essas festas, que de tempo em tempo eram proibidas por autoridades civis ou eclesiásticas.[37] O poeta Gregório de Matos

35. Luís dos Santos Vilhena, *A Bahia no século XVIII* (Salvador, 1969), II, p. 453; *Compromisso da Virgem Sanctissima May de Deus N. S. do Rosário da Praya* [1686], caps. V e XVIII; e ACS, *Compromisso da Irmandade da Sacratíssima Virgem N. Sra. do Rozário dos Pretos* [...] *de Maragogipe*.

36. "Compromisso da Irmandade de N. S. do Rosário dos Pretos de São João del Rei [1842]", cap. 2. Ver o caso de uma disputada eleição para rei, que requereu intervenção policial, em Leila Mezan Algranti, "Costumes afro-brasileiros na corte do Rio de Janeiro", *Boletim do Centro de Memória Unicamp*, v. 1, nº 1 (1989), pp. 17-21; e outro caso em Soares, *Devotos de cor*, pp. 204-213.

37. Um bom exemplo é o livro de Elizabeth Kiddy, *Blacks of the Rosary: Memory and History in Minas Gerais, Brazil* (University Park, 2005), sobre a evolução das celebrações do Rosário em Minas Gerais, onde elas ainda mantêm uma considerável força. Ver também, entre outros títulos, Célia Maia Borges, *Escravos e libertos nas irmandades do Rosário: devoção e solidariedade em Minas Gerais — séculos XVIII e XIX* (Juiz de Fora, 2005), cap. 5.

deixou notável testemunho sobre a Bahia das artimanhas dos devotos de Nossa Senhora do Rosário para burlar a repressão e comemorar a seu modo — com mascarada, dança e cachaça — a santa no século XVII:

> Senhor, os negros juízes
> Da Senhora do Rozário
> Fazem por uso ordinário
> Alarde nestes paízes:
> Como são tão infelizes,
> Que por seus negros pecados
> Andam sempre enmascarados
> Contra as leis da polícia,
> Ante vossa senhoria
> Pedem licença prostrados
>
> A um General-Capitão
> Suplica a Irmandade preta,
> Que não irão de careta,
> Mas descarados irão.
> Todo o negregado irmão
> Desta Irmandade bendita,
> Pede que se lhe permita
> Ir o alarde enfrascados,
> Calçados de geribita.[38]

Em 1786, em seguida a mais uma proibição, um grupo de irmãos negros pediu à rainha d. Maria de Portugal permissão para realizar suas tradicionais mascaradas, danças e cantos em idioma de Angola. Não lograram êxito.[39]

38. Gregório de Matos apud Fernando da Rocha Peres, "Negros e mulatos em Gregório de Matos", *Afro-Ásia*, 4 (1967), p. 73.

39. Pedido de 1786 citado por Costa, "A devoção de Nossa Senhora do Rosário", p. 109; e sobre ser negado pela Coroa, Maria Inês Côrtes de Oliveira, "Retrouver une identité: jeux sociaux des africains de Bahia (vers. 1750-vers. 1890)", tese de Doutorado, Université de Paris — Sorbonne, 1992, p. 445.

7. *Resistência da tradição: Sr. Júlio Silva, membro da Irmandade (atual Ordem Terceira) do Rosário das Portas do Carmo, c. 1990.*

Ao longo do século XIX prosseguiram as negociações entre os negros e os novos poderes do Brasil Império. Em 14 de janeiro de 1835, às vésperas da revolta dos negros muçulmanos, um certo Vicente Pires e outros africanos pediram licença à Câmara Municipal de Salvador "para festejarem o Senhor do Bonfim, usando de suas danças e tabaques". Os vereadores negaram. No dia seguinte, voltaram os africanos à carga e, hábeis negociadores que eram, dessa vez omitiram as danças do texto do requerimento. Os vereadores agora concordaram, desde que antes se apresentassem ao juiz de paz do distrito do Bonfim.[40]

A atitude das autoridades diante dessas manifestações afrocatólicas oscilava entre a repressão e a permissão. Uma denúncia feita em 1846, pelo juiz municipal Francisco Xavier de Sousa Figueiredo, registra que, na vila de Cairu, no Baixo Sul da Bahia, havia mais de cinquenta anos que existia uma irmandade de São Benedito que funcionava na igreja franciscana local. Protegida pelos frades, ela organizava anualmente "um reinado no dia santo". Do ato faziam parte "um Rei com calamagua [camalha?], coroa e cetro, e uma rainha com as mesmas reais insígnias, acompanhados de danças e muitas pessoas que até fazem promessas por ocasião de moléstias". Continua:

> e dirigindo-se ao dito convento, ali são recebidos pelo guardião paramentado de capa de aspergir e dá-lhes ductos e água benta e os acompanha até um trono com degraus que está colocado no corpo da igreja matriz [...] em ocasião do Evangelho se lhes dão velas de libra e ductos e as vezes até pelo Diácono [...] Acabada a festa principiam os Reis acompanhados da Irmandade com capuz e de grande concurso de povo a beber de casa em casa até horas de procissão solene com Sacramento, a que eles acompanham rodeados da Irmandade, acabado este ato religioso continuam até alta noite no passeio com dançarinos e grande multidão de povo em cujas ocasiões tem havido muitas desordens.[41]

Grande festa!

---

40. AHMS, *Atas da Câmara, 1833-35*, v. 9. 41, fls. 164v, 166v (festa do Bonfim). Outras proibições de danças na segunda metade do século XVIII em Flexor, *Oficiais mecânicos*, p. 224; e no século XIX, Reis, "Tambores e tremores".

41. Francisco Xavier Figueredo para o presidente da província, 30/11/1846, APEB, *Juízes de paz*, maço 2296.

*8. Coroação de reis e rainhas negros:
ritos de inversão simbólica da ordem.*

O juiz municipal informou que, em 1832, um visitador eclesiástico, "observando atos tão indecorosos de cativos cingirem vestes que imitam as reais e a obstinada bebedeira", proibira a festa, obrigando que a interdição constasse do compromisso da irmandade. Mas nem tudo o que dizia o compromisso era para ser exatamente seguido. A narrativa do juiz indica bem as alianças possíveis, entre negros e homens da Igreja, contra autoridades repressivas, alianças que ajudaram a manutenção de importantes tradições afrocatólicas. A denúncia de Francisco Xavier contra os franciscanos também evidencia que a Igreja nem sempre teve uma relação nefasta com a cultura lúdico-religiosa dos negros.

Lindley se surpreendeu com a ativa participação negra nos rituais religiosos de rua na Bahia, acreditando que isso explicava serem os escravos "impudentes e licenciosos". Porém, se o caráter extraordinário dessas celebrações vazava para o cotidiano, elas representavam sobretudo uma fuga da vida diária por meio de rituais de inversão simbólica da ordem social, espécie de protocarnaval negro, em que, aproveitando a fórmula do antropólogo Victor Turner, "o fraco encena a fantasia da superioridade estrutural". Os reinados negros podem ter representado lembranças diretas da África. Thomas observa ter sido comum entre vários povos africanos a inversão das hierarquias durante as celebrações realizadas entre a morte de um rei e a posse do próximo. Num grupo étnico da Costa do Marfim, os descendentes de cativos — como no passado seus ancestrais — encenam a tomada do poder e "se lançam a uma paródia-sacrilégio do aparato real, designando o mais hábil dentre eles como soberano, dando-lhe uma rainha, servidores, carregadores de liteira". Enquanto os membros da elite se submetem a uma série de restrições durante o período de transição ao novo governo, tudo, em princípio, se permitiria aos celebrantes. Em Uidá, Daomé e decerto outros reinos da Costa da Mina, tinha lugar "um período de caos, roubos e instabilidade social após o anúncio da morte do rei, seguido da restauração da calma com a promulgação da escolha do novo monarca", escreve Luis Nicolau Parés.[42]

### A CARNAVALIZAÇÃO BRANCA DA RELIGIÃO

Mas a carnavalização das celebrações religiosas baianas não foi obra apenas de africanos e seus descendentes. A invasão mundana do sagrado não tinha cor. A execução de danças e mascaradas no espaço da festa religiosa fazia parte de uma antiga tradição portuguesa, ligada à permanência de fortes elementos pagãos no catolicismo da península Ibérica. Visitando Portugal em 1466, um europeu de país mais frio incluiu a realização de danças nas igrejas em sua lista de estranhezas portuguesas. Apesar dos protestos dos puristas, essa vivência festiva e mesmo erótica da religiosidade sobreviveria à Reforma católica e seria transladada para a América portuguesa. Aliás, tanto neste como no Velho Mundo esse catolicismo lúdico, cantado e dançado, que não poupava celebrações de Corpus Christi, era por vezes ratificado pelo Senado da Câmara e coproduzido por corporações de ofício, adrede mobilizadas para a fabricação — segundo as habilidades inerentes a cada uma — dos equipamentos da festa. Esse modelo

---

42. Lindley, *Narrative*, p. 270; Victor Turner, *The Ritual Process* (Londres, 1969), p. 168; Louis-Vincent Thomas, *La mort africaine* (Paris, 1982), pp. 173-174; e Luis Nicolau Parés, *O rei, o pai e a morte: a religião vodum na antiga Costa dos Escravos na África Ocidental* (São Paulo, 2016), p. 77 (citação) e 80, por exemplo. Ver também, sobre o catolicismo negro, o clássico de Roger Bastide, *As religiões africanas no Brasil* (São Paulo, 1971), I, esp. cap. v; Karasch, *Slave Life*, cap. 9; Julita Scarano, *Devoção e escravidão* (São Paulo, 1975); e Oliveira, *Santos pretos*, entre outros títulos.

barroco de religião decerto favoreceu a adesão dos africanos, que por seu lado abriram novos canais para seu desenvolvimento.[43]

A título de exemplo, vamos acompanhar os fatos festivos narrados numa correspondência à Corte portuguesa da junta interina que governava a Bahia em 1765. O assunto ali tratado era a Folia do Divino Espírito Santo daquele ano, em Salvador.[44] Segundo ele, um grupo de "ilhéus" — decerto imigrantes dos Açores, onde a festa era muito popular —, congregados em torno de uma Irmandade do Espírito Santo, se esquentavam para a grande festa com autos públicos que percorriam as diversas freguesias da cidade, visitando uma a cada domingo. O clímax se dava na freguesia de Santo Antônio Além do Carmo. Durante os preparativos semanais, nos quais se coletavam esmolas, iam "andando uns vestidos de foliões com tambor, e pandeiros pelas ruas, acompanhados de alguns mulatos, que entre si admitiam para as cantigas e facécias de palavras, e de obras, e um fazendo a farsa de Imperador". O entronado Imperador do Divino era por certo o patrocinador da festa, também chamado de festeiro, cargo em geral ocupado por diferentes pessoas a cada ano — nos mesmos moldes que outros cargos de irmandade.[45]

A junta governativa temia sobretudo a participação de negros e mulatos, que formavam "a ínfima plebe desta Cidade", recomendando que só os ir-

---

43. José Sasportes, *História da dança em Portugal* (Lisboa, 1970), cap. 3 (não por acaso o assunto é tratado num livro sobre história da dança); A. C. Saunders, *A Social History of Black Slaves and Freedmen in Portugal* (Cambridge, 1982), p. 150; Fonsêca, "Vida e morte na Bahia colonial", caps. III e IV, particularmente pp. 219-224, sobre o que o autor também chama de "carnavalização da sociedade barroca".

44. "Officio do Governo interino para o Conde de Oeiras", 15/6/1765, AHU, *Conselho Ultramarino, Brasil, Baía*, cx. 37, doc. 6907. O documento foi publicado na íntegra por Ott, *Formação étnica*, II, pp. 111-114, com alguns erros de transcrição. Em 1765, o governo interino da capitania – formado após a morte do marquês de Lavradio em 1760 — tinha como membros o arcebispo Manoel de Santa Inês, o chanceler do Tribunal da Relação José Carvalho de Andrade e o coronel Gonçalo Xavier de Barros e Alvim, que assinaram o ofício aqui citado. Agradeço a Daniele Santos Souza por este esclarecimento e a Moreno Pacheco por compartilhar uma cópia do ofício fisgada do Projeto Resgate.

45. Numa Folia do Divino mais recente, no interior de Goiás, apesar de ter sua importância diminuída, o imperador mantém as mesmas atribuições: Carlos R. Brandão, *Memória do sagrado* (São Paulo, 1985), pp. 186-187. Ver ainda Mônica M. da Silva, "As Folias do Divino Espírito Santo: sociedade, Igreja e romanização em Pirenópolis (1910-50)", *Estudos de História*, v. 7, nº 1 (2000), pp. 89-105; e Vera Irena Jukevics, "Festas religiosas: a materialidade da fé", *História: Questões & Debates*, nº 43 (2005), pp. 73-86.

mãos brancos fossem admitidos à Folia do Divino. Mas estes desobedeceram, mobilizando pelo contrário mais integrantes "de cor" dessa grande aliança lúdica, financiada também pelos comerciantes locais, ocupação, aliás, representada pela irmandade no Reino e na colônia. Os organizadores da folia, com o imperador à frente, levaram o movimento a outras partes da cidade, elaborando regras e ritos que já desafiavam com desmedida ousadia os poderes civil e eclesiástico.

> Animados com o bom sucesso, iam aos domingos a várias freguesias fazer cantar com música uma Missa, saindo a comitiva numerosa: e o homem, que fazia o papel de Imperador coroado, ao qual os sinceros párocos vinham receber com capa pluvial à porta da Igreja, lançando água benta ao dito e fazendo-lhe vênia o iam conduzindo até o fazer assentar em uma cadeira de braços, tendo-lhe armado, e levantado espaldar para mais decência; e com a mesma solenidade os vinham acompanhando à saída até a porta.

Na igreja do Pilar, na Cidade Baixa, o Imperador obrigou um padre a descer do púlpito, alegando que em sua presença ninguém devia ocupar a tribuna. A folia continuava a crescer, com o Imperador a percorrer as ruas exigindo de todos, "sem excetuar as pessoas nobres", que o saudassem com o devido respeito. Finalmente, a fantasia bateria à porta do próprio palácio do governador, que recebeu ordens do monarca do Divino para instruir a guarda palaciana a apresentar armas em sua honra e à de seu séquito. Os membros do governo interino consideraram a troça o cúmulo do desrespeito, e assombrados ficaram que aquela encenação do poder "tão apressadamente tomasse o voo tão arrebatado".

Os foliões do Divino, por seu turno, estavam apenas nos preparativos. A festa mesma, financiada por "quantias grossas", ocorreria no dia do Espírito Santo, acompanhada de vinho e comida abundantes. Haveria "um banquete esplêndido", para o que já se tinham alugado várias casas, cujas paredes foram derrubadas "a fim de estender as mesas, e caber-lhe os convidados". Nas ruas seriam também postas mesas para se oferecer um grande jantar aos pobres da cidade, e já reservadas várias pipas de vinho para a ocasião. Pois como diziam com propriedade os versos populares:

*O divino Espírito Santo*
*É um grande folião,*
*Amigo de muita carne,*
*Muito vinho e muito pão.*[46]

De acordo com os planos traçados, a celebração finalizaria com a visita do Imperador à cadeia, com o objetivo de pagar as fianças e soltar os presos por débitos atrasados. Com o gesto de solidariedade se pretendia aliviar a barra de comerciantes endividados.

O governo temeu a quebra da ordem que pudesse resultar de tal manifestação multiétnica e pluriclassista, em que os prazeres da carne e do álcool se sobrepunham aos deveres devocionais. Preocupou-se em particular com as consequências políticas de se permitir que o título de imperador, insígnias e autoridade reais fossem usados, mesmo se na forma de farsa. Ainda mais preocupante era o fato de a festa mobilizar a numerosa classe perigosa da Colônia. Ele insistiu várias vezes nesse ponto. Para os sisudos governantes, a reunião de "mulatos insolentes e pretos brutos" tornaria a desordem "inevitável".

Antes que o controle das ruas em festa lhes escapasse, as autoridades decidiram impor-se. Com ameaças de deportação para Angola, ordenou que a festa só se realizasse sob a condição de que o séquito fosse reduzido a apenas doze irmãos brancos do Espírito Santo, pois que era "aquela função da rua uma farsa galhofa, e nada mais". Chamado ao palácio para ser repreendido, o imperador sustentou que procurara apenas imitar exatamente as folias do Divino que se faziam em Lisboa. Segundo o relatório enviado a Lisboa,

Dissemos-lhe que em Lisboa não se lhe disfarçava tanto, como eles empreenderam na Bahia: além de que em Lisboa ainda a ínfima plebe se compunha de homens brancos criados entre o temor, e o respeito das leis, e da Cristandade: o

---

46. Esses versos mui divulgados no Brasil do Oitocentos foram registrados, entre outros, por Manuel Antônio de Almeida, *Memórias de um sargento de milícias* (Rio de Janeiro, s/d [orig. 1854]), p. 92; e Melo Morais Filho, *Festas e tradições populares* (Rio de Janeiro, 2005 [orig. c. 1895]), p. 37. O melhor estudo que conheço sobre a Folia do Divino oitocentista é o de Martha Abreu, *O Império do Divino: festas religiosas e cultura popular no Rio de Janeiro, 1830-1900* (Rio de Janeiro, 1999).

que não sucedia na Bahia, onde a ínfima plebe era de mulatos insolentes e presumidos, e de pretos brutos sem consideração alguma.

Segundo os homens do governo baiano, o problema dos organizadores e participantes da festa na Bahia era que disfarçavam tão bem que faziam a fantasia parecer excessivamente real, o que subvertia uma expectativa hierárquica e uma estrutura colonial cuja estabilidade dependia em grande parte de uma relação simbólica potente entre os súditos da Colônia e seus distantes soberanos europeus. Mediadores elevados dessa relação, os governantes temiam que a imaginação fértil dos personagens da "ínfima plebe" negro-mestiça pudesse tirar lições políticas inconvenientes desses rituais de inversão da realidade social, pondo o mundo colonial, concretamente, de ponta cabeça.

Não atinaram aquelas autoridades para que farsas populares daquele gênero, se bem digeridas pela sociedade colonial, iriam alimentar a acomodação dos súditos locais. Predominavam nelas a função de descompressão social, como as consideravam, por exemplo, os governadores da capitania de Pernambuco. Estes não apenas permitiam que ali acontecessem cerimônias de coroação de reis negros como as presidiam. Mas Lisboa optou por adotar o rigor de seus representantes na Bahia ao invés da largueza do colega de Pernambuco, e ao mesmo tempo que aprovou os primeiros, ordenou a este último mo que suspendesse aquele modo paternalista de governar.[47]

## AS IRMANDADES COMPETEM

Episódios como este refletiam o esforço das irmandades para superar as demais na homenagem a seus santos de devoção. O prestígio delas, a capacidade de recrutar novos membros e a possibilidade de estes se destacarem socialmente dependiam da competência lúdica de cada uma.

A Ordem Terceira da Santíssima Trindade prometia fazer sua festa "com a mais solene pompa que possa ser". Havia alguns anos desativada, a procissão do

---

47. Para uma descrição da Folia do Divino — ou festa do Império do Espírito Santo, em Portugal —, ver Sasportes, *História da dança*, pp. 65-66. Sobre Pernambuco, Claudia Viana Torres, "Um reinado de negros em Estado de brancos", dissertação de Mestrado, UFPE, 1997.

Triunfo, no Domingo de Ramos, seria retomada em 1829 pela Ordem Terceira de São Domingos porque era, nas palavras da mesa diretora, "uma das coisas que sempre influiu muito para o Esplendor desta Venerável Ordem". A procissão contava com coreografia e alegoria cuidadosamente elaboradas, incluindo diversas alas representando personagens bíblicas, além de diversas insígnias, bandeiras e andores. Numa das bandeiras, destacava-se a mensagem triunfalista: "Este é o triunfo com o qual a nossa fé venceu o mundo". Naquele momento a irmandade se apresentava em público como representante do cristianismo vencedor, e por associação triunfava ela própria perante suas concorrentes.[48]

A imprensa costumava publicar notícias, críticas e anúncios relativos a procissões, festas e novenas. A Irmandade do Senhor Bom Jesus da Cruz, formada por pardos, convidou pelos jornais de 1829 irmãos e devotos para o início do ciclo de novenas na igreja da Palma, que culminariam numa festa solene em 27 de setembro. A presença dos fiéis, segundo os confrades, visava "não só tornar o ato mais Pomposo, como melhor solenizar os louvores a que se propõem". Em 1830, um leitor de *O Bahiano* criticou duramente a ausência dos comendadores e cavaleiros da Ordem de Cristo na procissão do Senhor Morto, observando que tinham por obrigação do título abrilhantar o ato carregando o andor principal. Em 1832, *O Precursor Federal* publicou aviso da Ordem Terceira do Carmo convidando irmãos e "ordens aliadas" para a procissão do Enterro. Pediu também para que os moradores das ruas percorridas pelo cortejo mandassem limpar a fachada de suas casas "em testemunho do quanto respeitamos a Religião Cristã."[49]

Festas como a da Conceição da Praia e do Bonfim, que depois se destacaram entre as mais populares na Bahia, tiveram sua origem em celebrações de confrarias. Os irmãos pardos de Nossa Senhora do Boqueirão asseguravam festejar o 8 de dezembro "com a maior solenidade, aplauso, e louvor, que possível for à direção da Mesa". Estes irmãos tinham templo próprio na freguesia de Santo Antônio Além do Carmo, mas a grande festa dessa devoção baiana acontecia na igreja da Conceição da Praia sob a direção da irmandade predominantemente branca do mesmo nome.

---

48. Martinez, "Ordens Terceiras", p. 50; AOTSD, *Livro 3 de accordãos*, v. 99, fls. 8 ss.; João da Silva Campos, *Procissões tradicionais da Bahia* (Salvador, 1941), pp. 39-48.

49. *O Bahiano* (1º/9/1829 e 15/6/1830); e *O Precursor Federal* (1º/4/1832), ambos da coleção da BNRJ.

Preso na fortaleza do Mar (atual forte São Marcelo), em 1802, Lindley acompanhou por um telescópio uma procissão na Conceição que exibia "uma profusão de bandeiras, cruzes prateadas, imagens e ornamentos", com o cortejo de diversas irmandades e um regimento de cavalaria. Cerca de quinze anos depois, Spix e Martius tiveram o azar de desembarcar em Salvador, cansados de longa viagem, no dia da Conceição. Contaram que foram insistentemente convidados a participar da festa por um irmão pardo, vestido de capa vermelha, que eles tomaram por sacristão. O incidente revela o orgulho do mestiço baiano em mostrar uma das maravilhas de sua terra àqueles brancos estrangeiros, mais preocupados em livrarem-se da fedentina do lixo acumulado nas ruas da Praia. As ruas podiam estar sujas, mas o céu brilhava dos fogos de artifício. Em 1821, Maria Graham comentaria serem "*enormous*" os gastos anuais com a pirotecnia que iluminava a Senhora da Conceição e animava o espírito de seus devotos. Em 1831, uma outra irmandade, a do Santíssimo Sacramento de Santo Antônio Além do Carmo, gastaria com exibições pirotécnicas 100 mil réis, metade do preço de um escravo naquela altura.[50]

Já descansados da viagem, Spix e Martius puderam apreciar melhor a complexidade de nossa cultura religiosa de rua, e escreveram:

> atraem o observador as particularidades das diferentes classes e raças, que se manifestam, quando, acompanhando uma procissão religiosa, passam pelas ruas da Bahia. O vistoso préstito de inúmeras irmandades de gente de todas as cores, que procuram à porfia sobressair com a riqueza de suas opas, bandeiras e insígnias, alas alternadas de beneditinos, franciscanos, agostinhos, carmelitas calçados e descalços, mendicantes de Jerusalém, capuchinhos, freiras e penitentes, escondidos estes sob capuzes, e além desses, as tropas portuguesas de linha, com o seu porte marcial, e as milícias da capital de aspecto pouco militar, a gravidade e unção dos padres europeus e a suntuosidade do culto romano antigo, no meio do barulho selvagem de negros espantados, poder-se-ia dizer quase pagãos, e cercados pelos mulatos alvoroçados: tudo isso constitui um dos mais imponentes quadros de vida que o viajante possa encontrar.[51]

50. Martinez, "Ordens terceiras", p. 50; Lindley, *Narrative*, p. 91; Spix e Martius, *Viagem*, II, p. 144; Maria Graham, *Journal of a Voyage to Brazil* (Londres, 1824), p. 154; e AHMS, *Câmara. Requerimentos, 1830-33*.

51. Spix e Martius, *Viagem*, II, p. 152.

Festas e procissões religiosas eram a maneira mais comum de celebração da vida entre os antigos baianos. Por trás da produção desses eventos estavam as irmandades, que se contavam às centenas. Esse catolicismo lúdico, espetacular, esse catolicismo barroco, seria também o principal veículo de celebração e significação da morte. E também aqui o papel das irmandades foi enorme, uma vez que um de seus principais objetivos era propiciar um funeral digno a seus associados. Nas irmandades a solidariedade grupal se tecia da festa ao funeral. Na economia simbólica da confraria, a produção fúnebre seguia a lógica da produção lúdica.

# 3. Atitudes diante da morte

Freud afirmou, de modo incisivo, que "o objetivo derradeiro da vida é sua própria extinção".[1] Que seja; contudo, existem maneiras cultural e historicamente situadas de homens e mulheres encararem seu destino derradeiro. Os historiadores, antropólogos e outros estudiosos têm se preocupado justamente em investigar a diversidade regional e as mudanças no tempo das atitudes diante da morte. Os estudos elaborados, principalmente na França, são numerosos o bastante para que seja possível fazer um mapeamento básico do tema. Como disse antes, também no Brasil a historiografia da morte prosperou muito nas últimas décadas. Esses estudos nos ajudam a entender que o que ocorreu na Bahia não foi um fenômeno isolado, apesar de obedecer a ritmos e lógicas culturais próprios.[2]

1. Sigmund Freud, "O valor da vida: uma entrevista rara de Freud", in Paulo César Souza (org.), *Sigmund Freud & o gabinete do dr. Lacan* (São Paulo, 1989), p. 121.
2. No capítulo 10 discuto, especificamente, a influência da França sobre nossos reformadores funerários, os médicos em particular.

O EXEMPLO FRANCÊS

Em seu admirável livro sobre atitudes diante da morte, o historiador Philippe Ariès mostra que entre a Idade Média e meados do século XVIII, aproximadamente, predominou no Ocidente católico, e na França em particular, uma cultura de proximidade entre vivos e mortos. Nesse período prevaleceu o que ele denominou de "morte domesticada". Parentes, amigos, irmãos de confrarias e vizinhos acompanhavam no quarto dos moribundos seus últimos momentos e, uma vez finados, a partir do século V, os enterravam nas igrejas que haviam frequentado ou em cemitérios contíguos absolutamente integrados à vida da comunidade. Cemitérios que, embora contra as leis municipais e a decência religiosa, com frequência serviam como local para pastagem de animais, feiras livres, bailes, jogos, atalhos, depósito de lixo, sanitário público, namoros clandestinos e morada de mendigos. Jacques Heers associa igrejas e cemitérios paroquiais a locais de integração entre o sagrado e o profano, espaços onde aconteciam festas populares e carnavais franceses. "Uma sociedade em que coabitam os vivos e os mortos, em que o cemitério se confunde com a igreja no coração da cidade", escreveu Vovelle comentando o trabalho de Ariès.[3]

Como é comum nas sociedades tradicionais, não havia separação radical, como hoje prevalece, entre a vida e a morte, entre o sagrado e o profano, entre a cidade dos vivos e a dos mortos. Não é que a morte e os mortos não inspirassem temor. Temia-se, e muito, a morte sem aviso, sem preparação, a morte repentina, trágica, pestífera e sobretudo sem funeral e sepultura adequados. Tal como se temiam os mortos que assim morriam. Mas desde que os vivos cuidassem bem de seus mortos, enterrando-os segundo os ritos adequados, eles não representariam perigo espiritual ou físico especial. Tais ritos eram vivenciados por vivos e mortos de maneira a marcar com ênfase a passagem

3. Philippe Ariès, *The Hour of Our Death* (Harmondsworth, 1981), pp. 62-69; idem, *História da morte no Ocidente* (Rio de Janeiro, 1977), esp. cap. VI; John McManners, *Death and the Enlightenment* (Oxford, 1981), pp. 304-305; Jacques Heers, *Fêtes des fous et carnavals* (Paris, 1983), pp. 38-51; François Lebrun, *Les hommes et la mort en Anjou* (Paris, 1971), pp. 477-480; Michel Vovelle, "Les attitudes devant la mort", *Annales: ESC*, v. 31, nº 1 (1976), p. 126. Além deste artigo sobre as pesquisas francesas em história da morte, ver, do mesmo autor, *Ideologias e mentalidades* (São Paulo, 1987), pp. 127xo.

para o outro mundo. Em Paris, em 1625, 345 irmandades cuidavam com desvelo dos funerais e das missas pelas almas dos seus associados. Os ricos, sobretudo, inspirados na morte dos soberanos, faziam de seus funerais e missas fúnebres um espetáculo de "profusão barroca", para usar a expressão de Vovelle, e especificavam tudo, cuidadosamente, em testamento. O funeral barroco se caracterizava pela pompa: o luxo dos caixões, dos panos funerários, a quantidade de velas queimadas, o número de participantes no cortejo — de padres, pobres, confrarias, músicos, autoridades, convidados, aderentes eventuais —, a solenidade e o número das missas de corpo presente, a decoração da igreja, o prestígio do local escolhido para sepultura.[4]

De um modo amplo, podemos dizer que uma mentalidade desse tipo ainda predominava no Brasil às vésperas da Cemiterada. Já na França de 1836, e desde algum tempo, as coisas eram diferentes.

Na França, uma nova atitude diante da morte e dos mortos se delineou ao longo do século XVIII, no rastro do Iluminismo, da ascensão do pensamento racional, da laicização das relações sociais, da secularização da vida cotidiana. Analisando em detalhe os testamentos da região da Provença, Sul da França, nesse período, Vovelle detectou um processo de descristianização: declinaram os pedidos de missas, as invocações de santos, as instruções para pompa funerária, enfim, o conteúdo religioso daqueles documentos. Os funerais se tornaram mais econômicos, menos suntuosos e barrocos. O ritmo das mudanças variou de região para região. Em Paris, segundo Pierre Chaunu, a virada mental ocorrera um pouco antes, já no final do século XVII, e na cidade de Rouen (Normandia) Phillippe Goujard observou que nunca predominara um modelo barroco de morrer, exceto de uma minoria privilegiada que viria a abandoná-lo na segunda metade do século XVIII. Em Anjou, segundo François Lebrun, a virada se deu em meados da década de 1770. Duvidando que os testamentos possam dar uma indicação definitiva da tendência à maior simplicidade dos funerais,

---

4. Michel Vovelle, *Piété baroque et déchristianisation en Provence au XVIIIe siècle* (Paris, 1978); idem, *Mourir autrefois* (Paris, 1974); Chaunu, *La mort à Paris* (Paris, 1978), p. 215, refere-se às irmandades parisienses. Sobre o temor causado por certos mortos, Jean Delumeau, *História do medo no Ocidente* (São Paulo, 1989), pp. 84-96; Keith Thomas, *Religion and the Decline of Magic* (Harmondsworth, 1978), pp. 711-724; e sobretudo Jean-Claude Schmitt, *Os vivos e os mortos na sociedade medieval* (São Paulo, 1999).

9. *Longa fila de religiosos acompanha o morto à sepultura: modelo de cortejo fúnebre numa vinheta francesa de fins do século XVI ou início do século XVII.*

John McManners ainda assim concorda que durante o Iluminismo "as despesas mais extravagantes e as atitudes barrocas estavam sendo eliminadas". As pessoas mudavam o comportamento diante da morte, e também diante dos mortos. Segundo Ariès os vivos agora silenciavam em relação à própria morte, em verbas testamentárias por exemplo, ao mesmo tempo que passavam a falar muito da morte alheia: "Exalta-a, dramatiza-a, deseja-a impressionante e arrebatadora". Era a época da morte romântica, em sua dimensão literária, mas que no cotidiano doméstico desejava-se privada, recôndita. Os mortos nesse período começaram a ser encarados como um tabu público, passando pouco a pouco a serem velados e enterrados privadamente, pelo círculo íntimo da família. Ariès cunhou a expressão "morte selvagem" para definir essa nova mentalidade, que outros autores chamaram de individualista.[5]

---

5. Vovelle, *Piété baroque*, esp. pp. 322-326; Chaunu, *La mort à Paris*; Philippe Goujard, "Echec d'une sensibilité baroque", *Annales: ESC*, v. 3, nº 1 (1981), pp. 26-41; Lebrun, *Les hommes et la mort*, pp. 452-453; McManners, *Death and the Enlightenment*, p. 300; e Ariès, *História da morte*, caps. III e IV.

Verificou-se, entre outras coisas, uma redefinição das noções de poluição ritual: pureza e perigo agora se definiam a partir de critérios médicos, mais do que religiosos. Durante o século XVIII se disseminou uma atitude hostil à proximidade com o moribundo e o morto, que os médicos recomendavam fossem evitados por razões sanitárias. Os médicos chegaram a conclusões frequentemente inacreditáveis, como um certo dr. Leclerc, que prevenia sobre a ameaça à comunidade representada pelos cadáveres das pessoas obesas, "tal a rapidez e força com que se decompõem". Um outro médico, Hugues Maret, relatou em 1773 o caso de um desses mortos, cuja sepultura fora aberta prematuramente e causou a morte do cura e mais trinta pessoas! Só havia uma solução: proibir os enterros nas igrejas, transferir os cemitérios paroquiais para fora das cidades e vilas, criar cemitérios extramuros.[6]

Essa nova atitude se fundamentava na doutrina dos *miasmas*, desenvolvida pela ciência do século XVIII e ainda vigente no século seguinte. Não tinha a ver com um suposto avanço da ciência, como escreve Thomas Laqueur: "O momento e a insistência do desafio que o cemitério colocava [...] tinha mais a ver com a revolução dos valores culturais e da escatologia presentes no reino da imaginação".[7] Imaginava-se que matérias orgânicas em decomposição, especialmente de origem animal, sob a influência de elementos atmosféricos — temperatura, umidade, evaporação, direção dos ventos — formavam miasmas daninhos à saúde, por infectar o ar que se respirava. Escrevendo sobre o século XVIII na França, Robert Favre percebeu que "fugir do ar viciado ou dissipá-lo foi uma das grandes ideias" do Século das Luzes. No tempo de Luís XVI, às vésperas da Revolução Francesa, a preocupação com a salubridade pública ameaçada pela atmosfera miasmática das cidades foi assim descrita por um contemporâneo citado por Favre:

---

6. Sobre poluição ritual, Mary Douglas, *Pureza e perigo* (São Paulo, 1976); muitos autores referem-se a essas passagens da campanha médica, por exemplo, McManners, *Death and the Enlightenment*, p. 310; e para o caso inglês sobretudo, o livro admirável de Thomas Laqueur, *The Work of the Dead: A Cultural History of Mortal Remains* (Princeton, 2015), esp. cap. 5. A fonte contemporânea mais importante talvez seja a edição francesa que fez Vicq d'Asyr da obra de Scipion Piatoli, *Essai sur les lieux et les dangers des sépultures* (Paris, 1778). Consultei o exemplar da British Library.

7. Laqueur, *The Work of the Dead*, p. 214.

Jamais sob um reinado cuidou-se mais de abrir ruas, levantar pontes, construir embarcadouros, expandir e multiplicar os mercados públicos, transferir os cemitérios, regulamentar os matadouros, a coleta de lixo, em uma palavra, fazer circular o ar, secar o solo, proteger dos efeitos perigosos dos vapores de matérias pútridas: todas estas precauções favorecem cada vez mais a salubridade da cidade.[8]

O suor, a urina, as fezes, animais mortos eram algumas das fontes de "infecção do ar", segundo os médicos higienistas. Os cadáveres humanos contavam entre as principais causas de formação de miasmas mefíticos, e afetavam com particular virulência a saúde dos vivos porque depositados em igrejas e cemitérios paroquiais dos centros urbanos. Com a descoberta dos miasmas veio a descoberta do mau cheiro provocado pela decomposição cadavérica, que substituía o odorato piedoso da fase barroca anterior. Uma queixa recorrente na época se dirigia contra o cheiro fétido que exalava das sepulturas, perturbando os narizes, repentinamente sensíveis, dos que frequentavam as igrejas e dos que moravam próximos aos cemitérios. Nesse período, sugere Alain Corbin, uma nova "sensibilidade olfativa" surgiria na Europa. Os odores urbanos seriam capturados em laboratório, selecionados, definidos e classificados pela literatura médica. Os higienistas recomendavam aos cidadãos uma permanente "vigilância olfativa". Recomendavam, em especial, a intolerância em relação ao odor do cadáver decomposto. Por estes e outros serviços em prol da salubridade pública, entre cerca de 1760 e 1840, "o higienista é promovido à categoria de herói", conforme Corbin. Ariès demonstra que não foram esses médicos os primeiros a observarem a existência de miasmas letais, só que antes deles seus malefícios eram entendidos nos termos de uma racionalidade agora considerada superstição.[9]

---

8. Robert Favre, *La mort dans la littérature et la pensée françaises au Siècle des Lumières* (Lyon, 1978), p. 246 (cit. do autor) e 248 (cit. da fonte). Mais sobre miasmas no cap. 10 adiante.

9. McManners, *Death and the Enlightenment*, p. 306; Thibaut-Payen, *Les morts, l'Église et l'État* (Paris, 1977), pp. 228-233, 406-407 e passim; Alain Corbin, *Le miasme et la jonquille* (Paris, 1986), pp. 71, 33 ss., 62, 68; e Ariès, *História da morte*, cap. IX. Os gases existem: metano, gás carbônico, azoto, amoníaco, hidrogênio sulfurado, trimethylamina. Não havendo por onde escapar, eles podem fazer explodir o caixão: Louis-Vincent Thomas, *Le cadavre* (Brussel, 1980), p. 24.

No que diz respeito aos cemitérios, as autoridades municipais e nacionais francesas intervieram, em geral com a anuência das autoridades eclesiásticas, procurando reviver velhas e esquecidas leis que proibiam os enterros nas igrejas e recomendavam a transferência dos cemitérios para fora das cidades. Um inquérito de 1763 levaria a uma ordem do Parlamento de Paris interditando enterros nas igrejas, exceto de párocos, superiores de conventos, membros de famílias fundadoras de capelas (desde que fossem nestas enterrados), e de quem se dispusesse a pagar a fortuna de 2 mil libras. Proibia também os cemitérios paroquiais e recomendava a construção de oito cemitérios fora da cidade, com covas comuns (*fosses communes*) e individuais.[10]

Entretanto, nada aconteceria até a famosa ordem régia de 1776, que é estudada com minúcia por Thibaut-Payen. Basicamente, reafirmava-se a lei anterior, ampliando, entretanto, sua jurisdição geográfica e incluindo a proibição de enterros nas capelas de mosteiros e conventos. Todavia, restou uma grande brecha, pois os cemitérios só seriam transferidos dos centros urbanos "se as circunstâncias permitissem", segundo o texto legal. A tarefa não seria fácil. No final do antigo regime, Paris sozinha, com seus 600 mil habitantes, possuía 290 cemitérios espalhados por igrejas paroquiais, abadias, mosteiros, conventos, colégios, seminários e hospitais.[11]

Somente após uma vigorosa campanha médica — em que não faltaram novos e extraordinários relatos de pessoas morrendo às dezenas por se exporem a "vapores mefíticos" — o governo decidiu agir com determinação. Caso exemplar foi o do antigo cemitério parisiense de Saints Innocents, uma dessas veneráveis necrópoles incrustadas no coração da cidade, que servia a mais de vinte paróquias. As casas dos vivos quase tocavam os túmulos dos mortos, e os mercadores de tecidos, livros, ferragens, cavalos e forragem espalhavam suas mercadorias entre as sepulturas. Uma área de cerca de 120 por sessenta metros (pouco mais que um campo de futebol), Les Innocents — como se conhecia popularmente esse cemitério — formava uma espécie de anexo do vizinho mercado de Halles. Do Halles, por sinal, "se elevam vapores quase tão infectos quanto os do próprio cemitério", escreveu

10. Ver, por exemplo, Thibaut-Payen, *Les morts*, pp. 214 ss., que faz uma análise detalhada da legislação.

11. Dados sobre Paris em Chaunu, *La mort à Paris*, p. 213.

*10. Cemitério dos Inocentes, Paris, planta do século XVI.*

Felix Vicq d'Asyr, professor da Faculdade de Medicina de Paris e combatente ferrenho dos enterros intramuros.[12]

"Traço de união com o passado" (Chaunu), Les Innocents recebia pobres e ricos havia oito séculos, dizia-se que seu solo consumia os cadáveres com fantástica rapidez (daí ser conhecido como *mange-chair* ou "come-carne") e que seu ossuário continha os restos mortais de 1 milhão de parisienses. Vários relatórios oficiais elaborados ao longo do século XVIII denunciaram suas más condições sanitárias, principalmente como foco potencial de epidemias. Mas foi só quando as paredes de uma fossa comum começaram a ruir e liberar "vapores insalubres", infectando, incomodando e assustando os moradores vizinhos, que a municipalidade, alarmada e sob pressão, fechou-o em 1780. Não sem antes ouvir a opinião especializada de alguns doutores, e apesar de certa resistência — uma reação tardia, segundo Thibaut-Payen — por parte de alguns padres. Cinco anos depois o cemitério foi desmontado (o que levaria

---

12. Felix Vicq d'Asyr, "Réflexions sur plusieurs articles des ordonnances et arrêts qui viennent d'être cités", in Scipion Piatoli, *Essai*, p. CLII.

dois anos), os restos de seus mortos transferidos para longe dali e, uma vez ouvidas as autoridades sanitárias e eclesiásticas, em seu lugar se levantou um mercado público.[13]

Les Innocents desapareceu às vésperas da Revolução Francesa. E esta não teve tempo para discutir o destino dos mortos, que segundo alguns testemunhos não foram tratados com decência pelo novo regime. Passado o interregno revolucionário, em 1801 a Academia de Arquitetura Francesa promoveria um concurso de projetos sobre cerimônias funerárias e organização de cemitérios. Os concorrentes foram unânimes na crítica à cova comum e no elogio ao túmulo individual e jazigos de família, uma reação ao coletivismo revolucionário anterior coerente com a mentalidade de devoção familiar burguesa que começava a florescer. Os projetistas imaginaram cemitérios gramados e arborizados, cemitérios-jardins para serem visitados como lugar solene de serena meditação, e onde fossem erigidos túmulos vistosos que marcariam um novo tipo de culto aos mortos.[14]

Um decreto de Napoleão, ainda de 1801, contrastava com as ideias reformistas por manter as covas comuns, decerto a serem ocupadas pelos mais pobres. Em 1803 foi fundado o famoso cemitério de Père-Lachaise, que mais tarde se tornaria o local de sepultura de cidadãos ilustres da França, inclusive artistas e intelectuais. Em 1804, um novo decreto estabeleceria detalhadas regras de enterro, reafirmando a proibição de sepulturas dentro das igrejas, abolindo as covas comuns, ordenando a distância entre os cemitérios e a cidade, e a distância entre as sepulturas dentro dos cemitérios. O fim das covas comuns representou, segundo Ariès, "uma ruptura completa com o passado", embora por uma questão de economia de espaço se continuasse a utilizá-las em alguns lugares, mas sempre com os cadáveres acondicionados em caixões. Assim, na França, durante a primeira década do século XIX se montou o mo-

---

13. Heers, *Fêtes des fous et carnavals,* pp. 49-50. O cemitério dos Inocentes e sua destruição são assuntos obrigatórios dos que tratam da morte na França desse período: Vovelle, *Piété baroque,* pp. 100-101; McManners, *Death and the Enlightenment,* pp. 308-316; Thomas, *Le cadavre,* p. 40; Chaunu, *La mort à Paris,* pp. 442-445. Ver principalmente Thibaut-Payen, *Les morts,* pp. 221-226; Madeleine Foisil, "Les attitudes devant la mort au XVIIIᵉ siècle", *Revue Historique,* v. 98, nº 251 (1974), pp. 303-330; e Owen e Caroline Hannaway, "La fermeture du cimetière des Innocents", *Dix-Huitième Siècle,* nº 9 (1977), pp. 181-191.

14. McManners, *Death and the Enlightenment,* pp. 308-316, 362-365.

delo básico de sepultamento que vigoraria até o final do século. Este o modelo que inspiraria nossos reformadores cemiteriais.[15]

## CONTRAPONTO INGLÊS

As atitudes diante da morte e a relação entre vivos e mortos não estão separadas de processos históricos mais amplos, daí porque cada país — talvez cada "região cultural" — apresentou uma cronologia própria das mudanças.

Clare Gittings mostra que na Inglaterra a Reforma protestante apressou, a partir do século XVI, o declínio dos funerais mais elaborados, do cuidado ritual com o cadáver, das preces e missas de encomenda da alma, enfim, formas de bem morrer herdadas da tradição católica. Para isso foi decisiva a doutrina reformista da predestinação — Deus decide sozinho quem são seus eleitos — e a consequente abolição do Purgatório como estágio temporário da alma que podia ser abreviado por preces, missas e a intercessão de santos e mortos. Muito antes dos franceses, os ingleses definiram um modo privado de morrer, coerente com a voga individualista estabelecida pelo protestantismo.[16]

Essas novas ideias foram abraçadas com especial radicalismo pelos chamados puritanos, os adeptos do calvinismo. Calvino criticou duramente a doutrina do Purgatório, criação medieval que, segundo ele, só servia para engordar a algibeiras dos padres. Recomendava a seus seguidores um enterro decente, livremente escolhido pelo morto ou seus familiares, livre também do que considerava superstições papistas. Segundo Calvino, a extrema-unção católica, por exemplo, era uma dessas superstições, que em nada beneficiava a alma. Com a abolição do Purgatório, tornavam-se também inúteis as preces dos vivos em favor das almas que ali penassem. Os anglicanos e especialmente os puritanos, por sua crença na predestinação, não viam como a multiplicação de gestos rituais na hora da morte pudesse modificar o destino já traçado dos indivíduos. "Por decreto de Deus, para manifestação de sua glória,

---

15. Ariès, *The Hour of our Death*, pp. 516-517, 531.

16. Clare Gittings, *Death, Burial and the Individual in Early Modern England* (Londres, 1984); e Laqueur, *The Work of the Dead*, cap. 4. Não deve ser esquecido que os huguenotes franceses acompanharam a doutrina protestante: Lebrun, *Les hommes et la mort*, pp. 469-471.

alguns homens e anjos são predestinados à vida eterna e outros são predestinados à morte eterna", rezava um documento protestante do século XVII. Daí optarem os protestantes por enterros simbolicamente econômicos, por funerais minimalistas, à exceção dos suntuosos funerais da aristocracia inglesa, por exemplo, verdadeiras cerimônias de Estado.[17]

A crítica protestante à cultura católica da morte influenciou dissidentes no mundo católico, inclusive entre o povo comum, como o moleiro italiano Menocchio que, inspirado na literatura reformista, contestava o Purgatório e apontava a inutilidade da missa pela alma dos mortos. Também para ele, os funerais católicos eram fonte de usura de padres e frades: "não querem defunto receber/sem antes ter na mão todo o dinheiro", diziam versos provavelmente lidos com aprovação pelo moleiro. Ele preferia pensar diretamente no Paraíso, que imaginava ser "uma festa que não acabava mais". Mas Menocchio era uma personagem excepcional no mundo católico, alguém que, embora refletisse vários aspectos de uma cultura camponesa secular, pensava o mundo de modo particular. Nas regiões dominadas pelo catolicismo, as visões e atitudes em relação à morte e os rituais fúnebres tradicionais persistiram e até se fizeram mais elaborados, no rastro da Contrarreforma católica.[18]

Mesmo no mundo protestante, o tradicionalismo funerário desafiou os reformadores da fé. Na Inglaterra, as autoridades anglicanas e os pastores calvinistas por muito tempo foram obrigados a enfrentar a resistência do povo à simplificação ritual dos funerais, ao desprezo pelo corpo morto, à desvalorização do local de enterro. Exemplo disso é que os cadáveres geralmente deixaram de ser enterrados no interior das igrejas, mas permaneceram ocupando seus adros, os *churchyards*, sinal de resistência ao distanciamento entre vivos e mortos. Essa a regra para a maioria, porque a aristocracia continuava a ser enterrada nas igrejas, e não nos referimos apenas aos membros da família real e aos cortesãos que repousam suntuosamente na abadia de Westminster ou na

---

17. Gittings, *Death, Burial and the Individual*, esp. cap. 8, sobre funerais aristocráticos ingleses; Laqueur, *The Work of the Dead*, passim; referências a Calvino em *John Calvin, Selections from his Writings* (Garden City, 1971), p. 101, 208, 239; documento reformista apud Max Weber, *A ética protestante e o espírito do capitalismo* (São Paulo, 1967), p. 71. A crença no Purgatório, entretanto, sobreviveu em certos meios ingleses: Thomas, *Religion and the Decline of Magic*, p. 718, por exemplo.

18. Carlo Ginzburg, *O queijo e os vermes* (São Paulo, 1987), pp. 77-78, 169.

catedral de Saint Paul, ambas em Londres. Fora da capital, além de cadáveres aristocráticos, foram enterrados burgueses, professores e médicos de prestígio. No chão da igreja de Saint Botolph, em Cambridge, podemos ler inscrições como estas: "Aqui descansa na esperança de uma feliz ressurreição o corpo de Thomas Bourn, que partiu desta vida em 8 de novembro de 1741, aos 65 anos". O jazigo da família Hayles, no mesmo templo, guarda os restos mortais de várias gerações entre 1754 e 1804. A reforma cemiterial na Inglaterra urbana, que expulsaria os mortos das igrejas e seus adros, ocorreria depois das reformas francesas. Só em meados da década de 1830, por exemplo, foi construído o histórico cemitério de Highgate, no alto de uma colina, conforme os padrões de higiene da época.[19]

As concessões se fizeram mesmo entre os mais radicais dos puritanos, aqueles que fundaram a Nova Inglaterra em terras americanas. No início seus cemitérios eram na sua maioria afastados da "Casa de Deus", e seus cortejos fúnebres iam diretamente de casa para o cemitério, dispensando-se a presença do pastor; algumas gerações mais tarde, já no século XVIII, a maioria dos cemitérios se aproximou dos templos, à maneira inglesa, e os funerais, antes de chegarem ao cemitério, paravam na igreja, onde o pastor fazia um sermão fúnebre conclamando os presentes a abandonarem seus pecados. Da mesma forma, os mortos das comunidades congregacionalistas, batistas e quacres do século XVIII, em maior ou menor grau, habitariam nas proximidades do templo e em cemitérios localizados em meio às casas dos vivos, embora tivesse sido entre os congregacionalistas que os ritos fúnebres ganhariam maior importância. Entre os batistas, a iniciação batismal foi uma dominante tão forte que reduziu a quase nada a cerimônia fúnebre. Mas isso não vale para os funerais de escravos batistas, cuja pompa evocava a importância que os negros atribuíam a esse último rito de passagem.[20]

---

19. Gittings, *Death, Burial and the Individual*, esp. caps. 2 e 3; Laqueur, *The Work of the Dead*, cap. 4 (sobre enterros nos *churchyards*), mas o livro é todo ele dedicado a essas transformações na longa duração. Minhas anotações de campo em Cambridge e Londres, em 1987-88, também ilustram esse parágrafo. Persistiu também, entre o povo e setores da elite, a crença em fantasmas, que em geral seriam espíritos de mortos: Thomas, *Religion and the Decline of Magic*, cap. 9.

20. John L. Brooke, "Enterrement, baptême et communauté en Nouvelle-Angleterre", *Annales: ESC*, 3 (1987), pp. 653-686; David Charles Sloane, *The Last Great Necessity: Cemeteries*

De volta à Inglaterra, o século XIX reviveria ali a importância dos funerais na ordem social. A era vitoriana, com efeito, os produziu grandes e pomposos. Não que fossem agora vistos como benéficos às almas dos defuntos, o que caracterizaria um retorno ao modelo católico barroco. Não foi isso, pois em seu julgamento dos homens Deus continuaria indiferente à intercessão humana. Segundo Thomas Laqueur, o funeral vitoriano representou, ao contrário, o julgamento que a sociedade fazia de seus mortos. Significava uma celebração de sua posição econômica, seu prestígio social, ou sua projeção política; ou significava uma representação da insignificância do morto em um mundo cada vez mais preso ao dinheiro e ao que ele pudesse comprar. O mercado funerário inglês se expandiu junto com o capitalismo, e se sofisticou, multiplicando os serviços e objetos oferecidos à venda pelos comerciantes do ramo. Os grandes não poupavam recursos na hora da morte. Isso não significa que só o burguês ou o aristocrata pudessem ter funerais pomposos. Líderes sindicais, religiosos e políticos tiveram oportunidade de baixar à sepultura em grande estilo. Os conflitos sociais característicos dessa fase da história inglesa eram dramatizados nos funerais, refletindo-se no tamanho e na pompa dos cortejos que levavam adversários de classe ao cemitério.

Ter um funeral minimamente decente tornou-se importante mesmo para o proletário comum. Desde o final do século XVIII os negros livres e libertos norte-americanos criaram *burial societies* para organizar seus funerais, associações que nesse aspecto funcionavam à maneira das irmandades leigas dos países católicos. Com a mesma finalidade, muita gente pobre se filiava nas sociedades funerárias na Inglaterra oitocentista. Segundo Laqueur, "se a classe trabalhadora vitoriana poupava para alguma coisa, ela poupava para a morte". Os destituídos buscavam assim participar de uma respeitabilidade burguesa que lhes havia sido negada em vida.

---

*in American History* (Baltimore e Londres, 1999), cap. 2; Eugene Genovese, *Roll, Jordan, Roll: The World the Slaves Made* (Nova York, 1974), p. 197; John W. Blassingame, *The Slave Community: Plantation Life in the Antebellum South* (Nova York e Oxford, 1979), pp. 41-45; Mechal Sobel, *The World They Made Together: Black and White Values in Eighteenth-Century Virginia* (Princeton, 1987), cap. 16; e Jason R. Young, *Rituals of Resistance: African Atlantic Religion in Congo and the Low Country South in the Era of Slavery* (Baton Rouge, 2007), cap. 4.

Tendo vivido no limiar da miséria, procuravam fugir da triste sina de um funeral de indigente.[21]

Na "Era do capital", os funerais dos indigentes ingleses, daqueles completamente derrotados em vida, foram simplificados a ponto de tornarem-se abjetos. Os mortos eram carregados por funcionários municipais frequentemente bêbados, em caixões frágeis e ordinários, sem acompanhamento de espécie alguma, para finalmente repousarem em covas comuns. As paróquias, que antes procuravam dar alguma decência aos enterros de seus pobres, agora contratavam agentes e administradores que mantinham as despesas num nível mínimo, resultando num trabalho porco. A vergonha final da morte indigente veio com os *Anatomy Acts* (Leis de Anatomia), de 1832, que permitiam aos médicos se apossarem, por uma pequena taxa, dos que morriam nas oficinas públicas de trabalho cujos cadáveres não fossem reclamados por familiares para enterro. Escreve Laqueur: "Ser um indigente significava não apenas contemplar seu enterro com indignidade, tendo sua vida publicamente marcada com a mais profunda das derrotas, mas também tendo o próprio corpo, que nada valia em vida, vendido para a dissecação até mesmo quando deixava de possuí-lo".[22] Mas o povo pobre inglês, como veremos em breve, não suportou passivamente essa ignomínia, e não o fez, como pretende Laqueur, apenas por motivações morais ligadas a este mundo, mas também por razões religiosas ligadas à passagem para o outro mundo.

## RESISTÊNCIAS

Tal como na Bahia, na Europa houve resistência a legislações que pretenderam mudar as regras funerárias. Em verdade, à exceção de um importante levante em Portugal e um incidente na França, sério mas localizado, os estu-

---

21. Laqueur, "Bodies, Death, and Pauper Funerals", p. 110. Sobre *burial societies* afro-americanas, Ira Berlin, *Many Thousands Gone: The First Two Centuries of Slavery in North America* (Cambridge, MA: The Belknap Press, 1998), pp. 251-252.

22. Laqueur, "Bodies, Death, and Pauper Funerals", p. 125. Thomas Laqueur aprofunda essas questões, e a relação entre capitalismo, desigualdade e cultura funerária, em *The Work of the Dead*, especialmente pp. 312-336.

dos sobre a Europa não relatam qualquer agitação popular significativa contra a proibição de enterros nas igrejas e a transferência de cemitérios para além dos limites das cidades e povoações. A demolição do cemitério dos Inocentes, em Paris, levou um autor contemporâneo a temer uma reação popular violenta, mas, escreveu Ariès, "o povo de Paris aceitou a destruição do 'cemitério de seus ancestrais' com total indiferença". Como sugere Chaunu, a indiferença fora precedida pelo desinteresse dos parisienses em serem ali enterrados, o que de resto refletia um menor cuidado com o destino de seus restos mortais nessa época.[23]

Se a França urbana aceitou as novas regras de sepultamento passivamente, o mesmo não aconteceu em algumas comunidades rurais. É o que mostra a historiadora Jacqueline Thibaut-Payen, corrigindo seus colegas franceses "que consideram que as populações se desinteressam por seus cemitérios no final do século XVIII ou que, se elas se opõem à mudança, é unicamente por razões financeiras". Segundo ela, razões religiosas foram também muito importantes na resistência à lei de 1776, que ordenava a transferência dos cemitérios para fora das cidades e povoações. Thibaut-Payen distingue três métodos de resistência. O primeiro seria o recurso à Justiça contra a nova legislação; o segundo método implicava protelar, sob os mais diversos pretextos, a efetivação das proibições e transferências; finalmente, eram utilizados "métodos subversivos ou de intimidação". Exemplificando estes últimos, ela relata alguns incidentes de violência verbal e física em várias vilas. O mais sério aconteceria na pequena Hamel-sous-Corbie, na diocese de Amiens, em 1778.[24]

O bispo de Amiens aceitara de uma aristocrata de Hamel, madame Lefort, a proposta de ela doar um terreno fora da vila para a nova necrópole, em substituição ao velho cemitério incomodamente situado ao lado de seu castelo. Os habitantes discordaram de seu bispo e recusaram a ideia, ameaçando o pároco de impedir pela força a sacralização do novo local. O padre nada pôde fazer. O próprio arcediago foi então enviado para resolver a celeuma, protegido por quatro cavalarianos e uma ordem escrita do procurador real de Amiens. Um relato contemporâneo conta que "duzentas pessoas, tanto homens como mulheres, das quais uma parte estava armada de cacetes, de foices

---

23. Ariès, *The Hour of Our Death*, pp. 499-500; e Chaunu, *La mort à Paris*, p. 442.
24. Thibaut-Payen, *Les morts*, pp. 417 ss., 425-426.

e de pedras ameaçaram o Sr. arcediago e o Sr. cura de matá-los se saíssem da igreja para benzer o cemitério". As autoridades foram vaiadas, insultadas, a igreja ameaçada de incêndio, e os manifestantes garantiram preferir a morte a permitir a transferência do cemitério. O enviado do bispo acabou também desistindo, mas não foi tudo.[25]

No que seria a parte do movimento mais próxima de nossa Cemiterada, à noite os manifestantes se dirigiram ao novo cemitério, serraram a cruz para lá transferida do antigo, derrubaram seus muros e no retorno saquearam as macieiras do castelo de madame Lefort e do quintal do pároco. Depois escreveram ao procurador-geral do rei: "a dama [Lefort] do local quer lhes tirar à força o antigo cemitério para aumentar o quintal de seu castelo. A veneração pelas cinzas de seus pais [os] anima [...]. Eles gemem sob a maldição cruel de uma proibição local [...]. Os mortos se enterram indignamente quando à distância [...]". O procurador condenou a violência, mas acolheu os argumentos dos rebeldes, recomendando a suspensão da transferência do cemitério, o que muito irritou as autoridades de Amiens.[26]

McManners também relata um pequeno incidente em Lille, no extremo Norte da França, não longe de Amiens. Inspiradas na ordem régia de 1776, as autoridades municipais adquiriram um novo cemitério e proibiram enterros no de Sainte-Catherine, após um surto de tifo em 1778. Mas os administradores do velho cemitério permitiram que um funeral fosse ali realizado, o que levou a polícia a desenterrar o cadáver e transferi-lo para o novo cemitério. Na mesma noite houve um levante e os carros funerários do município foram completamente destruídos; um homem foi mais tarde punido com chibatadas por liderar a revolta. No mesmo ano, na pequena vila de Erigné, a polícia seria enviada para dispersar um grupo de mulheres que, aos prantos, tentava impedir a transferência da cruz do velho para o novo cemitério. Essa patética reação à dessacralização de um cemitério local foi o único incidente encontrado por Lebrun em suas pesquisas sobre a região de Anjou.[27]

Não temos conhecimento de que movimentos semelhantes tivessem ocorrido na Inglaterra, até porque, como vimos, os protestantes veneravam menos

---

25. Ibidem, p. 420.
26. Ibidem, p. 421.
27. McManners, *Death and the Enlightenment*, p. 313; e Lebrun, *Les hommes et la mort*, p. 486.

que os católicos o local da sepultura. Entretanto, foi comum ali um outro tipo de revolta relacionada a tradições funerárias. A partir da segunda metade do século XVIII, tornou-se comum o confisco pelo Estado, ou a usurpação ilegal por particulares, dos cadáveres de indigentes e sobretudo criminosos executados. Como escreveu Laqueur, "a faca era imaginada como uma ameaça existencial específica dos cadáveres dos pobres". Os cadáveres eram cedidos ou vendidos para uso de estudantes e professores de anatomia, o que subtraía aos executados o direito a um enterro decente. Amigos, parentes, patrícios e companheiros de trabalho dos condenados costumavam disputar à força seus cadáveres, provocando frequentes e às vezes grandes distúrbios ao pé da forca erguida na praça de Tyburn, em Londres. Como sugere Ronald Grimes, "o fracasso em providenciar um funeral decente para um parente ou um amigo é um insulto ritual."[28]

Peter Linebaugh chama a atenção para o conflito entre as práticas médico-científicas do período e a atitude tradicional diante do cadáver:

> Com o avanço dos estudos de anatomia e o correspondente desenvolvimento do comércio privado de cadáveres, encontramos no começo do século XVIII uma mudança significativa da atitude em relação ao corpo humano morto. O cadáver se torna uma mercadoria com todos os atributos de propriedade [...]. Podia ser comprado e vendido. Um valor fora imposto ao cadáver, não medido pelas graças do céu nem o fogo do Inferno, mas expresso quantitativamente em listas de preços. Os rituais e hábitos acumulados por séculos de religião e superstição foram deixados de lado enquanto fator na produção científica do saber.[29]

A anatomização do cadáver do condenado foi imaginada pelo legislador como um castigo adicional à pena capital. E o que era pena para os enforcados, era prêmio para médicos e professores de anatomia. A oposição à dissecação, como sugere Linebaugh, revela a "suprema importância da morte" na cultura popular inglesa do século XVIII. Circulavam entre o povo ideias sobre

---

28. Laqueur, *The Work of the Dead*, p. 347 (citação), e pp. 336-361 sobre dissecação de cadáveres dos condenados; e Ronald L. Grimes, *Deeply Into the Bone: Re-Inventing Rites of Passage* (Berkeley, Los Angeles e Londres, 2000), p. 218.

29. Peter Linebaugh, "The Tyburn Riots Against the Surgeons", in D. Hay et alii (orgs.), *Albion's Fatal Tree* (Londres, 1975), p. 72.

11. *Crítica à anatomização dos destituídos: Inglaterra, 1751.*

a boa morte e histórias sobre o retorno de mortos para perturbar os vivos, caso estes falhassem em garantir-lhes um enterro digno. Muitos condenados ameaçavam do cadafalso seus inimigos, superiores, carrascos, médicos e ladrões de cadáveres com juras de persegui-los depois de mortos; outros pediam a amigos e parentes que os enterrassem com decência, sob pena de retornarem para persegui-los. A crença na vida após a morte "estava ligada a ideias de justiça, direitos e o valor da vida". Continua Linebaugh: "Apesar de diferenças regionais e de classe, pode-se dizer que uma regra simples governava o folclore, o ritual e a superstição em torno da morte e do enterro: a atenção meticulosa a formas adequadas de enterramento era requerida para garantir a partida pacífica do morto". Não era pedir muito, somente "o desejo simples, direto de um enterro cristão decente, com sua preocupação com a ordem, correção e o traslado pacífico da alma desta vida para a próxima".[30]

30. Ibidem, p. 109, 115.

Além dos conflitos junto à forca londrina, Ruth Richardson relata movimentos de protesto coletivo em várias cidades da Inglaterra contra ladrões de cadáveres, distribuidores de brochuras de anatomia, consultórios médicos, enfermarias, hospitais. Certa feita a multidão chegou a demolir uma escola de anatomia. Em 1832, durante um surto de cólera, a enfermaria de um hospital em Manchester foi demolida pedra por pedra porque devolvera à família o cadáver de uma criança sem a cabeça, que havia sido substituída por um tijolo. Sob pressão da multidão, a polícia vasculhou o estabelecimento e encontrou o órgão roubado no quarto do farmacêutico. No dia seguinte o cadáver, agora completo, foi enterrado em seguida a um cortejo fúnebre acompanhado por centenas de pessoas, a grande maioria mulheres. Tem origem nesses movimentos contra a anatomização do cadáver do pobre a conhecida cena da multidão atacando a casa do cientista barão de Frankenstein. As disputas pela posse de cadáveres foram, entre outras coisas, um aspecto dos conflitos de classe durante a formação do capitalismo inglês.[31]

As observações de Linebaugh, confirmadas e ampliadas por Laqueur e Richardson, dão conta de que as concepções populares sobre o corpo do morto, práticas funerárias e a vida além-túmulo resistiram à ideia de desprezo do cadáver preconizada pela Reforma protestante, mantendo por muito tempo antigas tradições medievais. É provável que a significativa presença de irlandeses católicos entre a população pobre de Londres e outros centros urbanos — e entre os próprios condenados à forca — tenha contribuído para a persistência dessas tradições na Inglaterra.

Contudo, foi mais perto de nós, em Portugal, que ocorreu um movimento semelhante ao da Bahia. Trata-se da denominada Revolta da Maria da Fonte.

---

31. Ruth Richardson, *Death, Dissection and the Destitute* (Londres, 1987), pp. 228-229 e passim. Ver também Gittings, *Death, Burial and the Individual*, pp. 76-78; e Laqueur, "Bodies, Death, and Pauper Funerals", p. 124; idem, *The Work of the Dead*, pp. 351-361. Durante o surto de cólera de 1832, foi grande a resistência da população pobre a medidas sanitárias que, entre outras coisas, separavam os doentes das famílias, obrigavam o enterro imediato das vítimas, prejudicando as cerimônias fúnebres apropriadas, e forçavam o sepultamento em locais não consagrados: ver R. J. Morris, *Cholera 1832* (Londres, 1976), cap. 6.

A CEMITERADA PORTUGUESA

A exemplo do que já ocorrera na França havia muito, o governo português, somente em 1835 — observem a coincidência cronológica com a Bahia —, baixou uma lei proibindo os enterros nas igrejas e instruindo as autoridades locais a construir cemitérios fora dos limites urbanos, no prazo de quatro anos. Além disso os cadáveres deveriam ser enterrados em covas individuais, e os padres que permitissem enterros fora dos cemitérios públicos perderiam seus empregos. A lei também indicava as administrações municipais como responsáveis pela cobrança das taxas de enterro ou de "covato". Essa lei nunca foi respeitada pela população — nem mesmo em Lisboa —, que prosseguiu enterrando seus mortos nas igrejas e cemitérios paroquiais.

Segundo Maria de Fátima Sá e Mello Ferreira, as câmaras municipais escreviam ao governo central pedindo o adiamento da execução da lei por falta de fundos para a construção de novos cemitérios, mas na verdade estavam cedendo à pressão popular ou, como diziam, "à repugnância dos povos" em relação às novas medidas sanitárias. Isso lembra o "método protelatório" de que fala Thibaut-Payen em relação à França.[32] Mas Mello Ferreira também relata, exatamente no ano de 1836, o que poderíamos apelidar de minicemiteradas acontecidas em alguns sítios do meio rural. Em junho, numa paróquia de Sertã (Beira Baixa), houve um pequeno motim, logo debelado, no início da construção do cemitério local. As obras continuaram após ameaça de convocação de tropas. Na mesma ocasião, no distrito de Aveiro (Beira), a população destruiu os muros já erguidos do novo cemitério. Mais tarde, no mesmo ano, num distrito do Porto, o tumulto começou já no momento em que a paróquia cuidava de escolher o local do cemitério. Incidente semelhante se repetiu na paróquia de Alvarães, em Viana do Castelo, onde os conselheiros foram ameaçados de morte.[33]

32. João Pina-Cabral & Rui Feijó, "Conflicting Attitudes to Death in Modern Portugal", in Feijó et alii (orgs.), *Death in Portugal* (Oxford, 1983), p. 25, 32; Maria de Fátima Sá e Mello Ferreira, "Formas de mobilização popular no liberalismo— o 'cisma dos mônacos' e a questão dos enterros nas igrejas", in M. H. Pereira et alii (orgs.), *O liberalismo na península Ibérica* (Lisboa, 1982), p. 166; e Paula André, "Modos de pensar e construir os cemitérios oitocentistas de Lisboa: o caso do cemitério dos Prazeres", *Revista de História da Arte*, nº 2 (2006), pp. 66-105.

33. Maria de Fátima Sá e Mello Ferreira, *Rebeldes e insubmissos: resistências populares ao liberalismo (1834-44)*, Porto: Afrontamento, 2002), p. 431.

As autoridades voltariam à carga em 1844, com a Lei de Saúde Pública, promulgada pelo governo liberal de António Bernardo da Costa Cabral. A nova legislação renovou as disposições da legislação anterior e criou uma rede de autoridades sanitárias responsáveis por vigiar as práticas de sepultamento, passar certidões de óbito e cobrar o tributo de covato. O povo resistiu, especialmente as populações rurais da região do Minho, Norte de Portugal, donas de uma sensibilidade religiosa que incluía uma devoção aos mortos toda especial. Em março de 1846, soldados enviados de Braga a Póvoa de Lanhoso prenderam algumas mulheres acusadas de realizarem um enterro ilegal. Pouco depois, uma multidão em que a participação feminina era também numerosa tomou de assalto a cadeia e libertou as presas. Seguiram-se dezenas de incidentes desse tipo na região, que se misturaram a protestos contra o recadastramento de terras e finalmente extravasaram para os conflitos políticos entre liberais e miguelistas (seguidores de d. Miguel). Estes últimos, sem dúvida, aproveitaram-se da Maria da Fonte para fortalecer sua oposição aos "cabrais" no poder. Quanto aos enterros nas igrejas, embora em declínio, ainda continuariam na segunda metade do século XIX.[34]

É interessante ressaltar que no início do movimento, enquanto não passava de contestação à Lei de Saúde, as mulheres, armadas inclusive, estiveram sempre à frente, os homens no máximo coadjuvando a uma certa distância com sua segurança. O próprio nome da revolta, Maria da Fonte, seria referência a uma líder mítica, provável arquétipo da mulher comum que participou do levante, embora um relato contemporâneo aponte como líder do assalto à cadeia uma mulher chamada Maria, moradora na freguesia de Fonte de Arcada, na ocasião vestida de vermelho. Feijó lembra, por seu lado, o peso do poder feminino no lar minhoto, que levou Oliveira Martins a chamá-lo de "matriarcal". Mas chama a atenção para o fato de que a participação feminina fora comum em movimentos sociais da Europa pré-industrial. Por seu papel no âmbito da reprodução, as mulheres foram, por exemplo, participantes ativas de levantes do tipo *food riots*, como em língua inglesa se chamam as manifestações contra a carestia ou a escassez de alimentos. Como vimos há

---

34. Sobre a participação popular nos movimentos do período, ver a obra detalhada de Ferreira, *Rebeldes e insubmissos.*

12. *Enterro no interior de uma igreja portuguesa.*

pouco, as inglesas de Manchester e as francesas de Hamel-sous-Corbie foram também ativistas de protestos fúnebres.[35]

Mas Mello Ferreira apontou fatores mais específicos no caso português. O movimento da Maria da Fonte aconteceu em meio ao chamado "cisma dos mônacos", episódio ligado à recusa do governo liberal em reconhecer as autoridades eclesiásticas indicadas pelo derrotado d. Miguel, e que levou ao rompimento de relações diplomáticas entre Portugal e a Santa Sé. Influenciadas pela Ordem dos Missionários Apostólicos, as mulheres do campo passaram a boicotar os rituais religiosos — inclusive missas — realizados por pa-

---

35. Para uma descrição da Maria da Fonte ver, além dos títulos na nota 32, Rui Feijó, "Mobilização rural e urbana na 'Maria da Fonte'", in Pereira et alii (orgs.), *O liberalismo*, pp. 183-193; e Fernando Catroga, "Descristianização e revolução dos cemitérios em Portugal", in Osvaldo Coggiola (org.), *A revolução francesa e seu impacto na América Latina* (São Paulo, 1990), pp. 107-131. Para um relato contemporâneo, ver padre Casimiro José Vieira, *Apontamentos para a história da revolução do Minho em 1846 ou da Maria da Fonte, escritos pelo padre Casimiro finda a guerra em 1847* (Lisboa, 1981 [orig. 1847]), onde, nas pp. 25-28 e 77-79, por exemplo, atribui origem do nome do levante a uma de suas supostas líderes.

dres nomeados pelo governo. A lei de 1844 parecia-lhes mais uma tentativa de interferência indevida do Estado liberal no âmbito religioso.[36]

O comportamento das mulheres do chamado "partido beato" estaria também relacionado ao papel que elas desempenhavam no mundo rural minhoto. Teria havido uma convergência entre um movimento de exacerbação da devoção religiosa e a função tradicional das mulheres como intermediárias do sagrado e manipuladoras do mundo mágico. Mais diretamente, pode-se ainda vincular a participação das mulheres no Maria da Fonte a sua relevante função nos ritos fúnebres, como rezadeiras e carpideiras profissionais, por exemplo, responsáveis por espantar os maus espíritos que tentavam (e naquelas plagas ainda tentam) aproximar-se do falecido.[37]

Ora, a paz — paz relativa, como adverte Thibaut-Payen — com que na França se operou a transição para os cemitérios extramuros sugere que lá as atitudes diante da morte mudaram em ritmo semelhante nas várias classes sociais. Michel Vovelle observa que, vista pelo ângulo do comportamento em relação à morte, a irreligiosidade da Revolução Francesa apenas se sobrepôs a um processo em curso.[38]

Não seria este o caso de Portugal na época da reforma liberal das décadas de 1830-40, quando elite dirigente moderna, povo ordinário e outros setores tradicionalistas colidiram. Na Bahia operou-se uma disjunção semelhante à portuguesa, embora historicamente independente desta, no sentido de que a Cemiterada de lá — nem as antes aludidas minicemiteradas — não inspirou a daqui, que foi anterior. Mas em outros sentidos a relação histórica pode ser buscada. Na Bahia, como vimos, a maioria dos imigrantes portugueses veio do Minho e certamente trouxe de lá seus modelos de comportamento relacionados à morte e aos mortos. É no mínimo intrigante que nessas duas regiões do mundo lusitano tenham acontecido os movimentos mais radicais de resis-

---

36. Ferreira, "Formas de mobilização popular no liberalismo"; e idem, *Rebeldes e insubmissos*, cap. 6, sobre participação popular nos movimentos cismáticos, especificamente.

37. Ferreira, "Formas de mobilização", p. 165; João Pina-Cabral, "Cults of Death in Northeastern Portugal", *JASO*, v. 11, nº 1 (1980), pp. 2-3, sobre o papel das mulheres nos ritos fúnebres portugueses. Na França do século XVIII, também havia mulheres especialistas no tratamento dos defuntos, que sabiam exatamente como banhá-los e amortalhá-los: McManners, *Death and the Enlightenment*, p. 270; e Lebrun, *Les hommes et la mort*, p. 459.

38. Michel Vovelle, *Religion et révolution: la déchristianisation de l'an II* (Paris: Hachette, 1976).

tência às reformas funerárias que marcariam, no Ocidente, a transição para novas atitudes diante da morte e dos mortos. Usando os termos de Ariès, baianos e minhotos adeptos da "morte domesticada" resistiram com o mesmo ardor aos avanços da "morte selvagem".

# 4. A hora da morte: modos de bem morrer

Em seu clássico estudo sobre os ritos de passagem, Arnold Van Gennep dividiu as cerimônias funerárias em *ritos de separação* entre vivos e mortos, e *ritos de incorporação* destes últimos a um destino no além. Entre a separação e a incorporação, o morto ficaria no limite entre o aqui e o além, uma espécie de parêntese existencial a ser ritualmente preenchido pelos vivos.

São exemplos de ritos de separação a lavagem e o transporte do cadáver, a queima de objetos pessoais do morto, cerimônias de purificação, de sepultamento, rituais periódicos de despacho do espírito do morto da casa, da vila, enfim, do meio dos vivos, o luto e tabus em geral. Ritos de incorporação seriam aqueles dirigidos a propiciar a reunião do morto com aqueles que seguiram antes, como, por exemplo, a comida servida para sua viagem, a extrema-unção católica, o enterro do cadáver. Os ritos de separação e incorporação frequentemente se superpõem e até se confundem. Nesses casos talvez devamos atribuir a eles o que Victor Turner observou em relação aos símbolos, ou seja, "o fato de que eles possuem muitas significações simultâneas".[1] Os ritos fúnebres de passagem seriam então polissêmicos.

---

1. Arnold van Gennep, *The Rites of Passage* (Londres, 1960), p. 164; e Turner, *The ritual process*, pp. 41-42.

Muitas são as sociedades nas quais prevalece a noção de que a realização de rituais funerários adequados é fundamental para a segurança espiritual de mortos e de vivos. Nelas a morte não é, como lembra Robert Hertz, "um ato instantâneo"; ela não é vista como mera destruição, mas como transição. Van Gennep assim resume as dificuldades criadas quando o morto não consegue alcançar o seu melhor destino:

> as pessoas para quem não se observam os ritos funerários são condenadas a uma penosa existência, pois nunca podem entrar no mundo dos mortos ou se incorporar à sociedade lá estabelecida. Estes são os mais perigosos dos mortos. Eles desejam ser reincorporados ao mundo dos vivos e, porque não podem sê-lo, se comportam em relação a este como forasteiros hostis. Eles carecem dos meios de subsistência que outros mortos encontram em seu próprio mundo e, consequentemente, devem obtê-los à custa dos vivos. Ademais, esses mortos sem lugar ou casa às vezes possuem um desejo intenso de vingança.[2]

Ao contrário, se o morto passa ao outro mundo feliz e plenamente, ele poderá interceder pelos vivos junto aos deuses, inclusive facilitando-lhes a futura incorporação na comunidade dos mortos. Daí terem as pessoas todo interesse em cuidar bem de seus mortos, assim como da própria morte.

A Bahia da primeira metade do século XIX tinha uma cultura funerária com as características que acabo de descrever. E era assim em grande parte por suas raízes em Portugal e na África. Em ambos os lugares encontramos a ideia de que o indivíduo devia se preparar para a morte arrumando bem sua vida, cuidando de seus santos de devoção ou fazendo sacrifícios a suas divindades e seus ancestrais. Tanto africanos como portugueses eram minuciosos no cuidado com os mortos, banhando-os, cortando seu cabelo, barba e unhas, vestindo-os com as melhores roupas ou com mortalhas ritualmente significativas. Em ambas as tradições aconteciam cerimônias de despedida, vigílias durante as quais se comia e bebia, com a presença de sacerdotes, familiares e membros da comunidade. Tanto na África como em Portugal, os vivos — e quanto maior o número deles, melhor — muito podiam fazer pelos mortos,

---

2. Robert Hertz, *Death and the Right Hand* (Aberdeen, 1960), p. 48; e Gennep, *The Rites of Passage*, p. 160. Ver também Roberto DaMatta, *A casa e a rua* (São Paulo, 1985), pp. 115 ss.

tornando sua viagem para o além mais rápida, confortável, definitiva, até divertida, e assim defendendo-se de serem atormentados por suas almas insatisfeitas. Espíritos errantes de mortos circulavam tanto em terras portuguesas como africanas. Para protegerem-se e protegerem seus mortos dessa sina infeliz, portugueses e africanos produziam elaborados funerais, o que os tornava mais próximos uns dos outros do que, por exemplo, os católicos dos protestantes, estes últimos adeptos de funerais ritualmente econômicos.

O culto dos mortos tinha uma relevância muito maior na tradição africana, embora não estivesse de modo algum ausente da portuguesa. Entre os angolanos, os espíritos ancestrais chegavam mesmo a influir mais no dia a dia dos vivos do que as próprias divindades. Os africanos, de um modo geral, tinham meios rituais mais complexos do que os cristãos de comunicação com os mortos, como o culto iorubá dos eguns, com estrutura ritual e sacerdócio específicos. Enquanto isso, à doutrina da Igreja não interessava especificamente cultuar os mortos, concentrando-se em salvá-los. Os vivos, é verdade, podiam interceder pelos mortos mediante orações e missas, mas os mortos, por ignorarem as coisas do mundo no momento em que aconteciam, pouco podiam fazer pelos vivos, segundo a doutrina estabelecida mas nem sempre reconhecida. Os mortos ganharam importância no catolicismo popular, ainda impregnado de componentes de um passado pagão. Nessa tradição figuravam como personagens poderosas, capazes de atormentar ou de socorrer os vivos. Porém, mesmo aí careciam de um culto elaborado, como conseguiram entre os africanos. Pode-se dizer que os africanos controlavam melhor seus mortos, e por isso podiam exigir mais deles. No catolicismo, por exemplo, ao contrário das religiões africanas de possessão espiritual, não existia nada semelhante à possibilidade de se provocar ritualmente a presença de espíritos ancestrais — e dos próprios deuses — entre os vivos.[3]

---

3. Sobre a morte na África: Geoffrey Parrinder, *West African Religion* (Londres, 1961), p. 106; Thomas, *La mort africaine*; Parés, *O rei, o pai e a morte*; Samuel Johnson, *The History of the Yorubas* (Londres, 1921), pp. 137-140 (funerais); Peter Morton-Williams, "Yoruba R esponses to the Fear of Death", *Africa*, v. 30, nº 1 (1960), pp. 34-40; J. Omosade Awolalu, *Yoruba Beliefs and Sacrificial Rites* (Londres, 1979), esp. p. 55; S. F. Nadel, *Nupe Religion* (Nova York, 1970), p. 120; M. L. Rodrigues Areia, *L'Angola traditionnel* (Coimbra, 1974), pp. 152-168; Georges Balandier, *Daily Life in the Kingdom of the Kongo from the 16th to the 18th Century* (Londres, 1968), pp. 245-253; J. A. Cavazzi de Montecúccolo, *Descrição histórica dos três reinos Congo, Matamba e Angola* (Lis-

No que dizia respeito à vida além-túmulo, encontramos diferenças e semelhanças entre portugueses e africanos. Ambos acreditavam numa espécie de julgamento ou, como definiu Thomas, "um princípio de exclusão": a concepção moral de que os espíritos dos bons e dos maus teriam destinos diferentes. Entre os portugueses, existiam três possibilidades, o Inferno, o Purgatório e o Céu. A escatologia africana variava de um povo para outro. Uma das mais complexas era a iorubá, muito bem representada na Bahia oitocentista. Para começar, os iorubás— os nossos nagôs, não esquecer — têm um ditado que vem de longe: "Tudo que fazemos na terra, teremos depois que dar contas nos portais do céu". De forma bastante simplificada, para os iorubás haveria dois além-mundos ou *Orun*, um chamado de *Orun Rere, Orun Funfun*, ou *Orun Baba Eni* ("Bom Orun", "Orun Branco" ou "Orun de Nossos Pais"); outro conhecido por *Orun Buburu* ou *Buruku* e *Orun Apadi* ("Orun Ruim" e "Orun dos Cacos de Vasos de Barro"). Há a hipótese de que esse quadro foi influenciado pelo Islã. A depender do merecimento, os mortos podiam seguir para uma dessas duas regiões celestiais, penar em regiões específicas da Terra ou reencarnar. Mesmo em relação ao Paraíso, reaparecem diferenças entre africanos e europeus. Os portugueses morriam para viver entre santos, anjos e Deus na glória celeste, e secundariamente para reencontrar seus antepassados; já os africanos morriam para se reunir aos ancestrais, que frequentemente retornavam reencarnados na mesma família. Predominava entre os iorubás uma noção "cíclica" (vida-morte-vida) da relação com o além, como sugere John Peel. Segundo ele os iorubás viam a morte como um momento de reunião com os ancestrais, "enquanto estes revisitavam a terra regularmente, fosse na forma de espíritos [dos mortos] Egungun e Oro, ou como renascidos nas pessoas de seus descendentes".[4]

---

boa, 1965), I, passim, esp. pp. 131-133, 212. Quanto a Portugal, ver Rui Feijó et alii (orgs.), *Death in Portugal* (Oxford, 1983); João Pina-Cabral, "Cults of Death in Northeastern Portugal", *JASO*, v. 11, nº 1 (1980), pp. 1-14; Ana Cristina Araújo, *A morte em Lisboa: atitudes e representações, 1700-1830* (Lisboa, 1997); e para um relato do início do Oitocentos, A. P. D. G., *Sketches of Portuguese Life, Manners, Costume, and Character* (Londres, 1826), cap. XIII.

4. Thomas, *La mort africaine*, p. 128; Johnson, *The History of the Yorubas*, p. 26 (ditado iorubá); E. Bolaji Idowu, *Olodumare* (Londres, 1962), pp. 197-201; J. D. Y. Peel, *Religious Encounter and the Making of the Yoruba* (Bloomington e Indianapolis, 2000), pp. 171-186 (citação p. 174). A doutrina católica de separação entre mortos e vivos é didaticamente apresentada por santo Agostinho, *O cuidado devido aos mortos* (São Paulo, 1990).

Como será visto adiante, há evidências de que os africanos mantiveram no Brasil muitas de suas maneiras de morrer, mas também incorporaram as maneiras portuguesas ou luso-brasileiras. Isso se deveu em grande parte ao controle e repressão da religião africana no Brasil escravocrata, sem perder de vista que os rituais fúnebres portugueses se aparentavam em diversos aspectos com aqueles dos africanos. Acrescente-se, conforme Claudia Rodrigues sugere, que a catequese colonial em cima dos africanos escravizados teria enfatizado o pecado e a penitência, aproximando-os das atitudes católicas de bem morrer.[5]

Por outro lado, os imigrantes portugueses permaneceram fiéis a estilos funerários ligados ao catolicismo do Reino, e não há indícios de haverem adotado práticas africanas de bem morrer, a não ser, excepcionalmente, se aderissem ao candomblé, por exemplo. Os brasileiros natos, fossem crioulos, brancos ou mestiços, continuaram e decerto aprofundaram as sínteses culturais, mas o que a documentação *escrita* sugere é que prevaleceu entre nós o modelo funerário ibérico.

Pina-Cabral e Feijó adotaram a expressão "visão pré-liberal da morte" para descrever como o português no passado — e talvez ainda hoje no Minho rural — encarava a morte. A visão pré-liberal da morte faz parte do que Ariès chamou "morte domesticada" e Vovelle "morte barroca". São todas boas expressões para definir aquele jeito de morrer, mas esta última — morte barroca — talvez represente melhor o ideal de boa morte no Brasil de outrora. Pois se tratava de uma morte marcada por uma extraordinária mobilização ritual, coerente com um catolicismo que enfatizava as manifestações exteriores de fé: a pompa, as procissões festivas, a decoração elaborada dos templos. Esses gestos tinham equivalentes nos ritos fúnebres. Mas antes de chegar a esse ponto, cumpria ao indivíduo organizar-se para a hora de sua morte.[6]

---

5. Claudia Rodrigues, "Apropriações da morte católica por africanos e seus descendentes no Rio de Janeiro setecentista", *Especiaria: Cadernos de Ciências Humanas*, v. 10, nº 18 (2007), pp. 427-467; e um resumo sobre morte escrava da mesma autora em "Morte e rituais fúnebres", in Lilia M. Schwarcz e Flávio Gomes (orgs.), *Dicionário da escravidão e liberdade* (São Paulo, 2018), pp. 322-327. Ver também Felipe Tito Cesar Neto, "Estratégias para 'bem morrer': testamentos e rituais funerários de alforriados (Mariana, Minas Gerais, c. 1727-c. 1783)", dissertação de Mestrado UFRRJ, 2019.

6. J. Pina-Cabral e R. Feijó, "Conflicting Attitudes to Death in Modern Portugal", p. 25; Philippe Ariès, *História da morte*; idem, *The Hour of Our Death*; Vovelle, *Piété baroque*; e idem, *Mourir autrefois*.

## A PREPARAÇÃO PARA A MORTE

Em 1675, no apogeu do barroco colonial, a Bahia foi palco de um funeral espetacular. O morto era o governador Afonso Furtado de Mendonça. O autor de seu longo panegírico fúnebre — gênero literário muito comum tanto no Reino como na Colônia — comentou que tão logo sentiu a proximidade da sua morte, Mendonça procurou "assegurar a vida eterna com uma boa partida". Ao longo de seus dias de agonia, o governador dera ordens, fizera consultas e reuniões com as muitas pessoas que cercavam todo o tempo seu leito de morte. Ele cuidou de coisas do Estado, indicando uma junta sucessora, de coisas privadas, garantindo o pagamento de seus empregados, e de coisas da alma, confessando, ordenando missas, distribuindo esmolas, orando. Em meio a muita atividade, o moribundo presidiu nos mínimos detalhes o seu fim.[7]

Um século e meio depois, em 1826, a jovem imperatriz Leopoldina também morria cercada de gente. A agonizante reuniu a certa altura seus criados para perguntar se os havia ofendido, ao que eles responderam negativamente e "derramando lágrimas sinceras".[8] Cenas como essas constituíam modelos a serem seguidos. Aquela maneira solene de morrer não era apenas um costume dos poderosos. A morte de reis e santos, descrita em panegíricos, narrada pela tradição oral, publicada nas hagiografias ou retratada em estampas, pinturas e esculturas era paradigmática, inspirava e instruía a morte dos homens e mulheres comuns.[9]

No passado as pessoas se preparavam diligentemente para a morte. A boa morte significava que o fim não chegaria de surpresa para o indivíduo, sem que ele prestasse contas aos que ficavam e também os instruísse sobre como dispor de seu cadáver, de sua alma e de seus bens terrenos. Um dos meios de se preparar, principal, mas não exclusivamente entre as pes-

---

7. Juan Lopes Sierra, *The Funereal Eulogy of Afonso Furtado de Castro do Rio de Mendonça*, ed. e anot. Por Stuart B. Schwartz (Minneapolis, 1979), pp. 97 ss. Sobre funerais dos poderosos na Bahia colonial, ver Fonsêca, "Vida e morte na Bahia colonial", pp. 271-284.

8. Jean Ferdinand Denis, *O Brasil* (Salvador, 1955), I, pp. 27-28.

9. Vovelle, *Mourir autrefois*, pp. 87-97. A representação iconográfica da morte dos santos ajudou a difundir essa forma de morrer: Philippe Ariès, *Images de l'homme devant la mort* (Paris, 1983), pp. 100 ss. Claudia Rodrigues, *Nas fronteiras do além: a secularização da morte no Rio de Janeiro (séculos XVIII e XIX)* (Rio de Janeiro, 2005), cap. 1, faz um balanço da bibliografia sobre a "arte de morrer".

13. *A morte dos santos estabelece modelo de morte assistida.*

soas mais abastadas, era redigir ou ditar um testamento. Essa providência pode ser entendida como um primeiro rito de separação. Numerosos baianos testavam.

As fórmulas variavam, mas a maioria dos testamentos tinha algum preceito religioso logo na abertura — "Em nome de Deus, amém" era o mais comum —, seguido da encomendação da alma a Deus e do apelo à proteção de santos. Em seguida vinha quase sempre uma espécie de pequena ficha pessoal — o testemunho da passagem do testador pelo mundo — na qual se declarava naturalidade, estado civil, filiação (e se filho natural ou legítimo), os nomes do cônjuge e dos filhos, inclusive ilegítimos se apostassem na sinceridade como meio de salvação. Depois indicava-se duas ou mais pessoas para testamenteiros, ou seja, executores das últimas determinações do testador. Passava-se então à distribuição dos bens, quase sempre justificando doações feitas aos que não fossem herdeiros diretos e às vezes mesmo as feitas a estes. Mas a vontade do morto tinha limites estabelecidos em lei. Segundo a legislação luso-brasileira, o testador podia legar a quem lhe aprouvesse um terço dos seus bens — denominava-se "sua terça" —, o restante ficava, forçosamente, para os herdeiros obrigatórios. Essas regras valiam tanto para homens como para mulheres.[10]

Esse roteiro básico do documento era frequentemente enriquecido por declarações sobre as mais diversas situações envolvendo testadores, seus familiares, cativos e outras pessoas. Quem morria cuidava tanto de preparar sua morte quanto em deixar arrumada, no que de si dependesse, a vida dos que lhe eram próximos. Como escreveu Allan Kellehear, quiçá com algum excesso, "na tradição da boa morte [...] é obrigação da pessoa que está morrendo deixar bens para os que lhe sobrevivem, de modo a que ele ou ela não deixe para trás o caos e a desordem neste mundo."[11] Bens, que se frise, podiam ser qualquer coisa, inclusive um vestido usado, um talher, a imagem de uma santa, coisinhas que gente pobre e até escravizada podia possuir. Contava mais o gesto.

Em geral ditados pelo testador a alguém — raros os testamentos feitos de próprio punho —, esses documentos têm por isso limitações enquanto expressão dos valores, sensibilidades, da subjetividade, enfim, de seus titulares. Porém, por maior que tenha sido a influência dos escrivães, párocos e outras pessoas em redigi-los, eles revelam uma parte importante da alma de quem os ditava. No mínimo, representam um aspecto importante da mentalidade de uma época, com a vantagem de não obedecerem a "fórmulas fixas ou estereotipadas", como percebeu a historiadora Katia Mattoso. Os motivos que levavam as pessoas a testar confirmam que o ato era tido como um instru-

---

10. João José Reis, "Fontes para a história da morte na Bahia do século XIX", *Caderno CRH*, nº 15 (1991), pp. 111-122; Claudia Rodrigues, "O uso de testamentos nas pesquisas sobre atitudes diante da morte em sociedades católicas de Antigo Regime", in Roberto Guedes, Claudia Rodrigues e Marcelo da Rocha Wanderley (orgs.), *Últimas vontades: testamento, sociedade e cultura na América ibérica* (Rio de Janeiro, 2015), pp. 17-49. O roteiro básico do testamento foi estabelecido, no século XVII, pelo manual de bem morrer do padre Estevão de Castro. Esse manual foi estudado, no Brasil, por Rodrigues, *Nas fronteiras do além*, pp. 59-72, que o situa entre outros congêneres. Confira também João Paulo Berto, "Liturgia da boa morte e do bem morrer: práticas e representações fúnebres na Campinas oitocentista (1760-1880)", dissertação de Mestrado, Unicamp, 2014, pp. 49-51. Sobre vários aspectos formais dos testamentos e perfis de testamenteiros em Lisboa, ver Araújo, *Morte em Lisboa*, cap. 2.

11. Allan Kallehear, *A Social History of Dying* (Cambridge, 2007), p. 88

mento de salvação, mas em torno dessa preocupação básica é possível descobrir subtemas.[12]

Uma cartilha católica de meados do século XIX recomendava como regra de bem viver que os fiéis fizessem seus testamentos enquanto gozassem de boa saúde. Um artigo publicado na imprensa baiana, exatamente em 1836, listava os diversos estágios da vida das pessoas, localizando a "velhice" na faixa entre 64 e 70 anos, caracterizada pela preparação para a morte por meio do "Rosário à noite, testamento e missa diária".[13]

Mas era principalmente por ocasião de enfermidades graves que a morte passava a ser temida, ou pelo menos lembrada com maior intensidade. O padre Bernardo José P. de Queirós ensinou que a doença era uma prova do empenho de Deus pela salvação do fiel, "porque se assim não fosse, ele [...] mandaria uma morte repentina."[14] Eu não fiz as contas para Salvador, mas em seu balanço de 430 testamentos do Rio de Janeiro, entre os séculos XVIII e XIX, Claudia Rodrigues encontrou que 54% dos testadores morriam dentro de até um mês após a confecção do documento. Destes, 31,6% o faziam em até sete dias e, no outro extremo, apenas em 7,9% dos casos o intervalo entre um e outro acontecimento ultrapassava cinco anos. Ou seja, a maioria dos testadores do Rio não demonstraram pressa em se preparar para a morte. Na Bahia houve casos em que o testador conseguiu enganá-la por muitos anos após a crise de saúde ou de consciência que o levaria a redigir um testamento, como Matias Gomes de Amorim (Tabela 3, caso nº 1), que só veio a falecer quinze anos após ditar o seu. Já o português Manuel dos Santos Ferreira (caso nº 14), apesar da "perfeita saúde" que desfrutava no dia de testar, morreu apenas dois meses depois. Ele "pressentiu" seu fim, coisa mui útil a um bom morrer em geral atribuída à

---

12. Mattoso, *Testamentos de escravos libertos*, p. 9. Os testamentos baianos se encontram em dois conjuntos documentais do APEB: *Inventários* (aqui referidos IT), muitos dos quais incluem testamentos; e, mais especificamente, os *Livros de registro de testamentos* (doravante LRT). Um estudo importante do testamento como recurso de salvação no Recôncavo Baiano é Tânia Maria Pinto de Santana, "*Charitas et misericordia*: as doações testamentárias em Cachoeira no século XVIII", tese de Doutorado, UFBA, 2016.

13. *Cartilha da doutrina christã* (Porto, 1861), p. 327; e *Diario da Bahia* (7/6/1836). Em Lisboa não se esperava tanto para a confecção de testamentos, segundo Araújo, *A morte em Lisboa*, pp. 46-49.

14. Pe. Bernardo José P. de Queirós, *Prácticas exhortatorias para soccoro dos moribundos* (Lisboa, 1802), p. 193.

## Tabela 3
### MOTIVOS ALEGADOS PARA A REDAÇÃO DOS TESTAMENTOS

| Data | Número | Motivo |
|---|---|---|
| 1800 | 1 | "[...] temendo-me da morte e querendo por minha alma no caminho da salvação [...]" |
| 1805 | 2 | "[...] estando molestado mas sempre de pé, e caminhando meu exercício, e temendo-me da morte por não saber como nem quando há de ser [...] e desejando salvar a minha alma na bem-aventurança [...]" |
| 1809 | 3 | "[...] temendo da hora em que Deus Nosso Senhor será servido chamar-me a juízo [...]" |
| 1810 | 4 | "[...] estando em perfeito juízo e saúde que Deus foi servido dar-me, temendo a morte e ignorando a hora dela, para minha alma seguir o verdadeiro caminho da salvação [...]" |
| 1811 | 5 | "[...] molesta de cama... e pelo conhecimento da pouca segurança das coisas humanas e incerteza da vida [...]" |
| 1813 | 6 | "[...] estando enferma mas em meu perfeito juízo, temendo a morte, e desejando por Jesus Cristo por minha alma no caminho da salvação por não saber o que Deus de mim quer fazer [...]" |
| 1814 | 7 | "[...] estando enferma de cama, e temendo a morte, e não saber quando Deus Nosso Senhor me queira levar para sua companhia [...]" |
| 1814 | 8 | "Declaração que faço de minha última vontade sobre os bens que possuo [...]" |
| 1815 | 9 | "Declaro por me achar gravemente enfermo, e estar em meu perfeito juízo, que quero fazer este meu testamento [...]" |
| 1818 | 10 | "[...] e lembrando-me da morte e desejando ordenar e dispor o que me pertence para o temporal, e para a eternidade [...]" |
| 1818 | 11 | "[...] temendo-me da morte, e desejando por a minha alma no caminho da salvação, e não saber o que Nosso Senhor queira fazer de mim e ser servido levar-me para si [...]" |
| 1819 | 12 | "[...] estando gravemente enferma, pretendo fazer as declarações seguintes [...]" |
| 1819 | 13 | "[...] temendo-me da morte, e da hora em que serei levada desta para melhor vida [...]" |
| 1820 | 14 | "[...] achando-me de perfeita saúde, e entendimento certo, mas receioso do infalível momento em que Deus será servido chamar-me desta vida para a eternidade [...]" |

| Data | Número | Motivo |
|---|---|---|
| 1821 | 15 | "[...] por ignorar o dia do meu falecimento e última hora que terminarão os meus dias, passo a dispor de meus bens [... ]" |
| 1823 | 16 | "[...] estando doente de cama [...] e temendo-me da morte [...]" |
| 1823 | 17 | "[Perfeita saúde] mas temendo-me da morte a que anda mais arriscado quem como eu tem o costume e vida de embarcar, incerto de quando em terra, ou no mar em alguma destas viagens faça minha alma a última para vir à presença do Altíssimo Redentor que a criou [...]" |
| 1823 | 18 | "[...] estando de cama com doença que Deus foi servido dar-me... e querendo estar aparelhada, para quando Deus me queira levar desta presente vida [... ]" |
| 1829 | 19 | "[...] temendo-me da morte, por ignorar o dia em que possa dar contas ao Criador, muito principalmente achando-se meu marido [...] fora de minha companhia por se achar na Costa da Mina a seus negócios [... ]" |
| 1830 | 20 | "[...] unicamente por temer a morte e não por moléstia grave [...] mas sim pelo que dito fica do temor da morte que para estar pronto é necessário ter a consciência limpa e sã [... ]" |
| 1831 | 21 | "[...] estando eu com saúde, e perfeito sizo, e querendo declarar minha última vontade [... ]" |
| 1833 | 22 | "por me achar enfermo de cama e temendo a morte que esta é verdadeiramente certa [... ]" |
| 1835 | 23 | "[...] considerando a incerteza do fim da minha vida..." |

providência divina. Saudáveis ou enfermos, quase todo mundo temia a morte, alguns a temiam muitíssimo (caso nº 20), sobretudo que ela chegasse de surpresa, fosse porque quisessem deixar organizada a vida de seus familiares antes de partir ou, principalmente, porque acreditavam ser preciso preparar-se para a vida depois da morte passando à limpo a própria consciência.[15]

A morte era certa, "verdadeiramente certa", segundo Antônio de Moura Rolim (caso nº 22). Incerta era a vida, como todas as coisas humanas, na opinião da ex-escrava angolana Josefa da Silva (caso nº 5). A vida ficara mais in-

15. APEB, *IT*, nº 04/1732/2202/04; nº 04/1732/2202/09; e APEB, *LRT*, nº 22, fls. 38v-39; e Rodrigues, *Nas fronteiras*, p. 124. O medo da morte súbita era grande na França: ver, por exemplo, Lebrun, *Les hommes et la mort*, pp. 442-444.

segura para Maria da Encarnação Rodrigues, com a viagem do marido para a África (caso nº 19). Indeterminada seria também a hora da "viagem" para a eternidade, na metáfora do viajante Joaquim Luís de Araújo (caso nº 17), e duvidoso o destino final do morto, conforme a maioria dos testadores. Mesmo os mais otimistas, que declaravam estar sendo levados para a companhia de Deus, não viam a morte sem alguma apreensão. A vida eterna poderia ser uma vida melhor do que esta (caso nº 13), mas só depois do julgamento junto ao Tribunal Divino.

Quase todos e todas lembravam, ao testar, o julgamento que imediatamente seguiria à morte — ou pelo menos ao enterro, não passando de expressões de desejo as referências ao chamamento do bom Deus. Sincera foi Ana Francisca do Sacramento, que confessou conformada (ou desolada?) "não saber o que Deus de mim quer fazer" (caso nº 6). Esse o Deus predominante, um Deus com desígnios indecifráveis, que podia ser severo e tornava a hora da morte um momento de grande tensão.[16]

O temor da morte, no entanto, não deve ser visto como um medo sem controle, paralisante. O grande medo era morrer sem um plano, o que para muitos incluía a feitura do testamento, ou a simples comunicação oral dos últimos desejos. A preparação facilitava a espera da morte e aliviava a apreensão da passagem para o além-túmulo.

Mesmo aos que deram apenas uma justificativa secular — a disposição de bens — para a elaboração de seus testamentos, nem sempre lhes faltou um significado religioso. Num sentido mais direto, o patrocínio de instituições pias, igrejas, irmandades, devoções e pobres era testemunho de piedade cristã altamente valorizado como expediente de salvação. Porém, muito importante era também saber escolher os beneficiados. Em seu manual de assistência aos agonizantes, escrito para uso dos colegas de trabalho, o padre português Bernardo Queirós recomendava que na hora da morte os católicos não se esquecessem de seus parentes mais necessitados: "muitos por esta causa lá estão ardendo nas eternas chamas, sem huma só gota de água para refrigério da sua abrazada língua", ele escreveu como se fora testemunha ocular de cenas tais. Evitar o fogo do Inferno era decerto uma das razões por que tantos senhores libertavam, na

---

16. APEB, *LRT*, nº 3, fl. 81v; APEB, *IT*, nº 04/1523/1992/07; nº 04/1721/2193/03; e nº 03/1056/ 1525/32.

hora da morte, alguns escravos cujas vidas haviam infernizado. Embora sempre um ato piedoso, às vezes a doação da alforria insinuava o pensamento mágico do doador, como no caso de João de Melo Rocha, que em 1810 libertou um escravo "por ser o primeiro que comprei e pelos bons serviços". Esse escravo, além de bons serviços, lhe dera sorte, pois ao morrer seu senhor possuía outros dezenove cativos, mais gado, numa fazenda em Monte Gordo, no litoral norte baiano. Demorou muito para o finado recompensar aquele seu primeiro cativo.[17]

Com muita frequência a concessão da alforria vinha amarrada à condição de o forro contribuir para a salvação da alma do dono, de outra forma que não apenas como paciente da caridade implícita no gesto senhorial. Era o caso dos senhores que pediam missas aos seus alforriados. Em 1825, o crioulinho Joaquim ganhou sua alforria sob duas condições: acompanhar a senhora, Agueda da Conceição, até a morte desta, bem como "será obrigado a mandar dizer por minha alma uma capela de missas [50 missas], e gozará de sua liberdade como se livre nascera [...]". Foram oito anos de espera até a dona morrer em 1833.[18]

O padre Queirós também aconselhava que não se morresse deixando qualquer bem indevidamente adquirido, "pois que ninguém pode entrar no Céu sem que primeiro restitua o alheio". Velha tradição portuguesa, na verdade velha tradição medieval europeia. No Minho rural, quem usurpava terra alheia, quando morresse virava *avantesma*, a alma penada de lá. Le Goff menciona uma historinha medieval de edificação cristã em que a personagem pena no Purgatório por morrer sem ter pago uma dívida, e então sua alma visita a família para pedir que a quitasse. O historiador comenta que o Purgatório se tornou, assim, "um instrumento de salvação ao mesmo tempo que um regulador da vida econômica aqui embaixo". No sertão baiano almas penadas, até pelo menos a década de 1970, continuavam (e talvez continuem) a exigir dos vivos que saldassem dívidas aqui deixadas.[19]

17. APEB, *LRT*, nº 3, fl. 30 (testamento de João de Melo Rocha); e Queirós, *Prácticas exhortatorias*, pp. 228-229. Outros três manuais portugueses de bem morrer, publicados entre os séculos VII e XVIII, são apresentados em Berto, "Liturgia da boa morte", pp. 37-80; e uma longa lista desses manuais se encontra em Araújo, *A morte em Lisboa*, pp. 462-469.

18. APEB, *LNT*, nº 247, fls. 25-25v.

19. Queirós, *Prácticas exhortatorias*, p. 228; Patricia Goldey, "The Good Death", pp. 6-7; Jacques le Goff, *La naissance du Purgatoire* (Paris, 1981), p. 422; e Cândido da Costa e Silva, *Roteiro de vida e de morte* (São Paulo, 1982), pp. 24-25.

Nossos testadores também deixavam insistentes instruções para o pagamento a credores. Dívidas antigas, e já esquecidas até por credores, eram lembradas na hora da morte. Em 1816, o capitão português Manuel Pinto da Cunha confessou uma dívida de 100 mil réis à poderosa casa dos Saldanha, "por olvidação minha, que agora mais bem conferida venho no conhecimento do engano, e por isso é da minha última vontade que se pague esta dívida". Adiante ainda incluiria outras dívidas, cujos credores "não me têm pedido talvez por ignorarem que eu lhes sou devedor". Além de estimular a memória, a morte corrigia os declaradamente desonestos. Também português, o caixeiro Manuel dos Santos Ferreira confessou que durante anos negociara indevidamente com o dinheiro da patroa, a viúva Ana Joaquina de Santo Anselmo. Por esse motivo, e "por desencargo de minha consciência", como escreveu ao testar em 1820, Manuel deixou para ela uma parte de sua terça e a fez sua principal testamenteira, como a lhe querer dar uma chance de desforra.[20]

Longe estamos, na Bahia do século XIX, dos testamentos medievais e dos parisienses do século XVI, que justificavam religiosamente a própria aquisição dos bens, considerados dádiva de Deus.[21] Mas numa sociedade tão mercantil quanto católica como era a nossa, as relações de negócio tinham na real algo de religioso. Muitos negociantes encomendavam missas pelas almas daqueles com quem haviam tido alguma transação comercial em vida, querendo com isso recompensá-los por possíveis prejuízos. A própria troca simbólica entre devotos e santos, característica das promessas e ex-votos, denotavam transações econômicas. Nesse sentido, aliás, é esclarecedor que muitos testadores listassem, lado a lado, dívidas a humanos e dívidas a santos de devoção. Em 1802, por exemplo, o capitão Antônio Marinho de Andrade, senhor de engenho em Santo Amaro, depois de nomear todos os seus credores de carne e osso, acrescentou: "Devo mais ao Senhor do Bonfim da Bahia por promessa 50$000 [...], a Nosso Senhor Sacramentado do Convento de Santa Teresa, por crédito, 20$000".[22]

---

20. APEB, *IT*, nº 1/67/84/2, fl. 4; e nº 04/1732/2202/09, fl. 10. Fazer testamento e pagar dívidas eram também importantes para uma boa morte na França seiscentista: Vovelle, *Mourir autrefois*, p. 66.

21. Ariès, *História da morte*, pp. 73-74; e Chaunu, *La mort à Paris*, p. 301.

22. APEB, *IT*, nº 03/1079/1548/4, fl. 92.

Todavia, em questões de dívida, várias eram as formas de servir ao Senhor. A africana liberta Brígida de Santa Rita Soares, que morreu em 1826 sem dever a ninguém, decidiu perdoar àqueles que lhe deviam, declarando: "por serem pobres lhes perdoo pelo amor de Deus". Qualquer tipo de caridade era uma expressão de amor a Ele, portanto gesto indispensável à salvação. Mas ao perdoar seus devedores, Brígida de Santa Rita estabelecia com muito atino uma equivalência mais direta com o perdão de Deus.[23]

Poucos testamentos tiveram um conteúdo estritamente secular, e eles podiam ser ditados tanto por mulheres como homens. Em 1828, Ana Miquelina de Sousa Marques, sem família imediata, nada mencionou sobre como e onde queria ser enterrada, sobre missas fúnebres ou intercessores celestes. Apenas, estando doente, quis estabelecer sua "última e derradeira vontade", deixando forros quatro escravos, "pelo amor que lhes tenho" (e não a Deus...), e nomeando seu sobrinho como herdeiro. Também o professor de medicina, poeta e eminente político do Império, José Lino Coutinho, alegou apenas doença — e nada sobre salvação da alma — para fazer seu testamento. De religião, só declarou ser casado segundo o rito católico. Homem ilustrado, talvez o médico tivesse se desiludido com a religião tanto quanto se desiludira com a vida pública. Em um testamento político que escreveu, dizia ter sido feliz, abastado e estimado enquanto fora só médico, mas como homem público, "depois de um estádio espinhado de inquietação e desgosto, morro pobre e sem o amor e as lágrimas de todos os que foram meus amigos".[24]

Testamentos políticos não foram raros, embora o estilo de alguns tivesse sido incomum. O revolucionário pernambucano Domingos José Martins, antes de ser executado na Bahia por participar do movimento de 1817, redigiu um poema-testamento em que combinou afetividade pessoal com patriotismo:

*A Pátria foi o Numen primeiro,*
*A esposa depois o mais querido*
*Objeto do desvelo verdadeiro;*

---

23. APEB, *LRT*, nº 13, fl. 27.

24. APEB, *IT*, nº 05/2034/2505/05, fl. 4 e 01/105/157/04, fl. 20; e Licurgo Santos Filho, *História da medicina no Brasil* (São Paulo, 1947), p. 289, nº 10 (testamento político de Coutinho). Mais sobre Lino Coutinho no Capítulo 10, que aliás não morreu assim tão pobre porque acabara de casar-se com uma herdeira rica.

*E na morte entre ambos repartido*
*Será de uma o suspiro derradeiro,*
*Será de outra o último gemido.*[25]

Para a maioria dos mortais, a separação da pátria não era tão penosa quanto a separação de entes queridos, frequentemente lembrados com carinho na hora da morte.

Afastada de sua pátria havia muitos anos, a liberta Marianna Joaquina da Silva Pereira Etra, africana de nação jeje, ao preparar-se para a morte em 1811 aproveitou para lembrar a boa vida que desfrutara ao lado do marido, o barbeiro José Antônio de Etra, também africano liberto. Ela o fez herdeiro de sua terça, não só por reconhecer que os bens do casal haviam sido adquiridos por ele, mas também "em atenção ao amor, fidelidade e zelo com que sempre me tratou, e a boa união que sempre fizemos". Formavam um casal próspero, com mais de dez escravos quando ele faleceu, em 1828. Um outro africano, Francisco Nunes Morais, barbeiro e músico como Etra, prematuramente preocupado com a morte (fez seu testamento em 1790, mas só veio a faleceu em 1817), também escreveu sobre "o amor e a boa sociedade" que o unira à mulher, Ifigênia Maria da Trindade, a quem confiou que escolhesse como seria seu funeral.[26]

## ACERTOS DE FAMÍLIA

Além da expectativa da separação e da preocupação em fazer justiça na distribuição dos bens da terça, alguns testadores se consumiam com apreensões sobre os rumos da família e de outras pessoas próximas. A viúva Joaquina de Santana da Cruz, mãe de nove filhos (dois mortos), penou uma longa enfermidade até decidir fazer seu testamento, em 1819. Do leito de morte lançou um patético apelo à união da família:

> Peço a meus filhos e herdeiros que se conservem todos na mesma boa união em
> que viveram até agora, morando nesta nossa casa, zelando e tratando de seus ir-

---

25. Apud J. Teixeira Barros, "Execuções capitaes na Bahia", *RIGHBA*, v. 24, nº 43 (1918), p. 106.
26. APEB, *LRT*, nº 3, fls. 32 e 34v.

mãos menores de tenra idade e destes nomeio tutor o meu primeiro testamenteiro [e filho] Joaquim da Cruz Soledade por ter toda a capacidade para os reger, e
educar, e ser maior de 25 anos.

Infelizmente, o filho traiu a confiança da mãe, sendo acusado por uma
irmã de falsificar recibos para beneficiar-se na partilha dos bens.[27]

Uma das preocupações mais comuns entre os pais era nomear o tutor
certo para sua prole. Se o moribundo deixava vivos mulher e filhos menores,
devia esclarecer que a nomeava tutora — como podia nomear outra pessoa.
Lino Coutinho, por exemplo, nomeou a mulher para tutora da filha de dois
anos com a condição de que ela não se casasse de novo, circunstância em que
a tutoria passaria ao concunhado, ou seja, o marido da irmã da mulher. Apesar da cilada patriarcal, o doutor estabelecia uma solução matrilinear, uma vez
que a autoridade sobre a filha ficaria com um parente masculino da mãe. Ele
confiava na mãe para educar a filha, mas não para escolher seu padrasto. Além
disso, o tio, um parentesco já consagrado, não ameaçaria o lugar do pai na
memória da filha. Todas boas razões para camuflar talvez um sentimento
mais profundo: o desejo de Coutinho de assegurar a fidelidade conjugal da mulher, mesmo depois de morto.[28]

Num outro exemplo de excesso de zelo, agora zelo maternal, a viúva Ana
Joaquina do Vale não se deu conta da contradição de nomear a amadurecida
neta Carolina como principal executora de seu testamento, e ao mesmo tempo nomear uma amiga como segunda executora e *tutora* da neta, acrescentando um pedido à amiga: "a quem rogo fazer as funções de mãe". Às vezes o
desvelo com a família se estendia a escravos estimados. Muitos destes, como
já foi dito, recebiam alforria na hora da morte do dono. Mas cabiam outros
cuidados. A mesma testadora que há pouco se preocupou com a união da
família, quis que o menino escravizado José, sua estimada primeira cria, fosse
incluído entre os bens herdados pelo filho mais velho, "atendendo ser seu
afilhado de batismo, para usar com ele toda a caridade".[29]

Era bastante comum, entre os que preparavam a alma para a salvação,

27. APEB, *IT*, nº 03/1350/1819/04, fls. 30, 56-57v.
28. APEB, *IT*, nº 01/105/157/04, fl. 20.
29. APEB, *IT*, nº 1/67/85/5, f. 4; e 03/1350/1819/04, fl. 30v.

emendarem-se dos pecados da carne, aos quais chamavam "fragilidade humana", reconhecendo filhos bastardos, ou confirmando reconhecimento já feito. O poderoso coronel Garcia d'Ávila Pereira de Aragão, morgado da Casa da Torre, denunciado como torturador de seus escravos, casou-se duas vezes, mas não teve filhos legítimos. Ao testar em 1805, cinco meses antes da morte, reconheceu sete bastardos tidos de duas escravas suas, decerto obrigadas a relações sexuais com o grande senhor; e fez dois dos filhos executores de seu testamento, sinal de que os havia educado para cumprir a tarefa. Vigilante cuidadoso de todos os passos de seus cativos — e não menos de suas cativas — o coronel não tinha dúvidas sobre a paternidade dos rebentos. Semelhante a João Gomes de Sousa, que em 1814 explicou por que reconhecia seu ilegítimo: "por ter razão para o reputar [filho], por nunca saber fama em contrário, por cuja razão é meu herdeiro". Nem todo filho teve a sorte de ter pai certo.[30]

De fato, muitos testadores negaram com veemência a paternidade de filhos tidos publicamente como seus. Foi o caso do capitão Manuel Alves da Costa, falecido em 1826, que declarou ser falsa a alegação de Josefa da Fonseca, já defunta, de que Luís e Manuel, já adultos, fossem seus filhos. Ele realmente os havia tomado para criar "por comiseração", mas os meninos teriam crescido desonestos, desobedientes e desconsiderados. Um deles havia fugido com a prima da esposa legítima do capitão, que não acreditava em amor. O capitão reconhecia que realmente havia frequentado a cama de Josefa, mas para "cópula ilícita", ou "cópula vaga e incerta", ou ainda, "um coito incerto e duvidoso", à época em que Josefa morava em... São José dos Bem Casados (provavelmente na vizinhança de uma capela dedicada a este santo, no atual bairro do Barbalho). Porém, o mesmo tipo de relação, sustentou o capitão, ela mantivera com outros homens, por ser "mulher dama prostituta", que "dava acesso a quantos a pretendiam". Para que pudesse reconhecer os filhos como seus, ele estabelecia várias premissas consagradas do direito costumeiro: "é mister que a concubina tenha guarda de ventre, que seja vigiada, zelada, honesta, que more com seu mancebo em uma mesma casa e que não dê acesso a outrem [...]". Enfim, concluía definitivo, "nunca a tive por minha manceba e Barri-

---

30. Sobre a denúncia contra Aragão, Luiz Mott, "Terror na Casa da Torre", in Reis (org.), *Escravidão e invenção da liberdade*, pp. 17-32; e seu testamento em APEB, LRT, nº 1, fl. 15, e nº 4, fl. 73.

gã". E ficaram os dois rapazes sem pai, que parece ter inventado uma longa história para deserdar filhos ingratos.[31]

Ficaram na mesma situação três meninas, duas de Maria Senhorinha e outra de Josefa de Tal, supostas filhas de Luís Pedro de Carvalho. Este, em 1835, anulou um testamento feito onze meses antes em Santo Amaro, no qual teria reconhecido a paternidade das filhas. Não sei por que mudara de ideia. Segundo Luís Pedro, ele havia assinado o documento sem conhecer seu conteúdo, embotado pela enfermidade que então padecia. Seu argumento para negar as filhas foi semelhante ao do capitão Costa: as mães seriam ambas prostitutas. Carvalho, entretanto, acrescentou uma justificativa irrecorrível para suas negativas: "Se minhas filhas fossem", escreveu agora, "eu não ocultaria, e muito menos na hora em que estou próximo a dar contas ao Criador". Dois dias depois de assim testar, ele haveria de resolver a questão com seu Criador.[32]

A história contada pelo africano Francisco Nunes Morais não é menos complicada. Como vimos há pouco, ele vivia feliz com a esposa legítima, a africana Ifigênia Trindade. Era próspero barbeiro e músico, assistido nessas ocupações por cinco escravos, e possuía mais duas escravas. Mas não tinha filhos, coisa altamente valorizada pelos africanos. Talvez por isso, mas também por piedade e "amor de Deus", adotara a menina crioula Maria, comprando sua alforria após lhe morrer a mãe. Tinha planos para ela: "a trouxe para minha companhia na qual devendo viver honradamente para merecer de mim e de minha companheira dar-lhe estado de casada". Mas a menina terminou decepcionando o africano, pois "se desonestou com pessoa mui desigual a ela" — um escravo? —, nascendo-lhe daí dois filhos. Por "amor de criação", Francisco deixou em testamento 50 mil réis para a mãe e 40 mil para cada filho dela, mas advertiu:

> E porque muitas vezes costumam estas pessoas a quem a gente por amor de Deus beneficia arguir que são filhos dos seus benfeitores, como nesta terra é costume [na África devia ser diferente], Eu declaro que tal filha não é, e que quando tal intente por si ou por outrem se lhe não dê os referidos legados deixados a ela e seus filhos.[33]

31. APEB, *LRT*, nº 17, fls. 78v-79.
32. APEB, *LRT*, nº 23, fl. 80.
33. APEB, *LRT*, nº 3, fls. 34v-35.

Na ausência de um casamento legítimo, havia o amancebamento reconhecido socialmente e com frequência legitimado na hora da morte, mesmo não havendo filhos. Inocêncio da Silva Tavares perdeu a mulher em 1817, mesmo ano em que se casaram. Ao morrer em 1836, aos 59 anos, deixaria como herdeira de seus bens, entre os quais cinco casas, uma certa Arsênia Maria Barreto, "com quem vivo de porta adentro". Já o galego Francisco de Mera foi mais longe e antes de morrer casou-se com a ex-escrava angolana Cecília Maria do Sacramento, fazendo-a sua herdeira. Ele explicou, em 1812, dois anos antes de se finar, que assim o fazia por "desencargo de minha consciência e estar vivendo com ela de porta adentro, e ser quem me tem ajudado a viver", por um período de dezesseis anos. Na hora da morte o testador se corrigiu do pecado de relação ilícita e recompensou quem o ajudara a viver, e agora a morrer.[34]

Uns cônjuges eram reconhecidos, outros rejeitados. D. Cândida Felipa da Silva Ferraz, com a morte da mãe, fora obrigada pelo padrinho e tutor a casar com Vicente Ferreira Braga, mas se manteve, segundo ela, "no Estado de donzela [...] não querendo eu com ele consumar Matrimônio". As razões foram várias, uma delas que o marido, em pleno banquete de núpcias, "teve a menoridade [sic] de apresentar na mesa sua amázia perante todo aquele público que ali se achava [...]". Ela morreu em 1828, em meio a um processo de anulação do casamento que pedia ao irmão levasse às últimas consequências, evitando que "aquele ingrato" continuasse a gozar dos bens que ela levara para o consórcio.[35]

Acertadas as contas com a vida, passava-se à espera quase sempre curta da morte.

## OS CUIDADOS COM O MORIBUNDO

Nesse estilo de morte, o indivíduo administrava seu fim fazendo valer suas palavras. A tradição popular considerava esta uma "morte bonita". Mas morrer assim representava um esforço coletivo. Uma boa morte era sempre

---

34. APEB, *LRT*, nº 4, fls. 30-30v; e nº 24, fl. 35.
35. APEB, *LRT*, nº 18, fl. 179.

acompanhada por especialistas em bem morrer e espectadores solidários e engajados na mesma tarefa. Nesses termos, o passamento não podia ser vivido na solidão.[36]

Hildegardes Vianna lembra que na Bahia já foi assim: ao primeiro sinal de que alguém estava "se concluindo", os vizinhos vinham reunir-se ao agonizante e sua família. As mulheres se lançavam a muitas tarefas, cozinhavam, lavavam, ferviam e passavam roupa para o doente, costuravam ou cerziam sua mortalha. Ajudavam também no elaborado banho de água misturada a cachaça e álcool, no abanar e mover o acamado. Em meio à fumaça de incenso, os homens se reuniam na sala a conversar sobre doença e morte. Havia doentes "sem forças para morrer", que necessitavam de um empurrãozinho dos vivos, como a queima de velas, rezas, certas beberagens. Uma das rezas talvez fosse o "ofício da agonia", de que fala Alceu Araújo.[37]

Em 13 de agosto de 1802, Thomas Lindley visitou em Porto Seguro, no sul da Bahia, o sr. Rodrigues da Fonte, vítima de ataque de apoplexia. À vista do funeral que teve dois dias depois, era um homem querido e de prestígio naquela comunidade onde nascera o Brasil português. Cercado de gente, o enfermo ocupava uma cama colocada a um canto, num pequeno quarto absolutamente fechado. Apenas uma vela iluminava o ambiente. Por razões de saúde, Lindley se queixou da falta de luz natural e das janelas fechadas, mas podia haver razões maiores para a ambientação. Talvez a ideia fosse impedir a entrada de uma visita indesejada. "Da porta cerrada o Diabo retorna", dizia o ditado português do século XVIII. A vela era sem dúvida um instrumento propiciatório, que iluminava outras sombras que não apenas a do quarto.[38]

O modelo vinha de Portugal. Um inglês que lá viveu no início do Oitocentos, e mui experiente nos costumes locais, deu seu testemunho sobre a invasão da moradia dos moribundos na hora de receberem a extrema-unção. Era uma multidão de estranhos, e ele se espantou sobretudo com a presença

---

36. Sobre "morte bonita", Luís da Câmara Cascudo, *Dicionário do folclore brasileiro* (Brasília, 1972), I, p. 573.

37. Hildegardes Vianna, *A Bahia já foi assim* (Salvador, 1973), p. 53, 55; e Alceu M. Araújo, *Ritos, sabença, linguagem* (São Paulo, 1964), p. 55.

38. Lindley, *Narrative,* pp. 18-19; ditado português apud Francisco Rolland, *Adagios, proverbios, rifãos e anexins da lingua portugueza* (Lisboa, 1780), p. 89.

de pessoas que ele chamou de "ralé". Ao contrário dos ingleses, que preferiam "a decência de morrer pacífica e quietamente", os portugueses "deduzem consequências vantajosas da numerosa coleção de pessoas em volta do leito do doente." Pois é, estavam todos ali para ajudar o doente a morrer bem.[39]

O conterrâneo desse britânico foi mais detalhado sobre o que testemunhara em terras baianas. Além dos objetos já descritos, outros também zelavam pelo doente que vira finar. "Sobre a cabeceira da cama", observou Lindley, "estavam colocadas várias imagens, uma perna e um pé, uma pequena espada, outras relíquias e uma coroa de galhos retorcidos sempre suspensa sobre ele: o conjunto formando uma mui curiosa mistura de doença, estupidez e superstição". A reação do inglês, neste e outros episódios fúnebres por ele observados na Bahia, sintonizava com sua crença protestante, que considerava tudo aquilo superstição papista. Mas o que ele viu não foi exatamente a religião de Roma em ação. Imagens de santos, ex-votos, espadim, coroa de louros parecem mais objetos de cura relacionados com a religiosidade popular, talvez sinais de que o moribundo ainda lutava pela vida, ou, também luta, já se preparava para uma boa morte. E nisso ele não estava sozinho. Rodrigues tinha sua mulher e uma outra mulher de plantão, "acocoradas" ao lado da cama, e elas passavam a toda hora por cima do doente por uma ou outra razão prática ou propiciatória. Além delas, o quarto se achava "cheio de parentes, visitantes e fâmulos" — além do próprio visitante estrangeiro —, que o tornavam "imensamente quente e pequeno". Exemplo típico de morte domesticada, assistida, barroca.[40]

O que Lindley testemunhou em Porto Seguro se repetia na capital. Os cinco filhos do comerciante de bebidas e proprietário de casas de aluguel Manuel Correa Meireles não eram muito unidos — morto este, passaram a brigar por migalhas da herança —, mas acompanharam unidos a doença que matou o pai em 1818. Assim que sentiu a proximidade do fim, Manuel pediu-lhes que

39. A. P. D. G., *Sketches of Portuguese Life*, p. 239.

40. Lindley, *Narrative*, p. 19. Observe-se a semelhança com o que escreveu sobre seu país o médico francês Vicq d'Asyr, no final do século XVIII: "desde que alguém caia enfermo, fecha-se a casa, acendem-se os lampiões e todos se reúnem em torno do enfermo", apud Ariès, *História da morte*, p. 27, nº 15. O leito de morte numa região rural da França, no século XVIII, é discutido por Emmanuel le Roy Ladurie, *Love, Death and Money in the Pays d'Oc* (Harmondsworth, 1984), parte 2.

colocassem à sua vista uma imagem de santo e a iluminassem com quatro bugias — pequenas velas —, que ficaram acesas durante os oito dias que precederam seu óbito. Na falta de parentes e serviçais, contavam vizinhos e companheiros de trabalho. Os operários que acompanharam, na enfermaria do Arsenal da Marinha, a agonia do carpinteiro João Batista de Sousa, provavelmente a seu pedido, depois de morto o levaram imediatamente para ser velado em casa, entre os seus parentes.[41]

A solidariedade para com os doentes e agonizantes era um dever cristão às vezes recompensado em moeda corrente. D. Ana Maria da Encarnação, por exemplo, em meados da década de 1810, acolheu em casa o padre Salvador de Santa Rita, que ali se quedou aos cuidados da filha dela, Rita Teresa de Jesus. Ao escrever seu testamento, o padre deixou 320 mil réis para esta última comprar um casebre, "em remuneração do grande trabalho que tem tido com as minhas moléstias e impertinências". Deixou algo também para a mãe, por "me recolher em sua casa [...] e me tratar e servir com toda a caridade e amor do próximo". É possível que a caridade das duas refletisse interesse pelo dinheiro do padre (seus bens foram avaliados em cerca de bons três contos), mas isso não vem ao caso — o importante é que as pessoas de então recebiam doentes em casa para morrer. A relação de compadrio entre o comerciante português João Antônio da Silveira, viúvo, pai de um filho menor, e a baiana Maria da Conceição, foi fortalecida pela solidariedade na agonia. Poucos dias antes de morrer, em agosto de 1823, ele recompensou com 10$080 réis o "amor e caridade" com que ela o "assistiu na minha enfermidade". Vimos antes que os testadores reconheciam quem os ajudara a viver, aqui os encontramos premiando quem os ajudasse a morrer. Temendo não alcançar seu destino, ao retornar em 1788 de uma viagem a sua terra, o português José Gonçalves Teixeira tomou o cuidado de deixar uma recompensa "àquele que comigo tiver o trabalho de me ajudar a bem morrer" no mar. Por sorte ele só viria a falecer 26 anos depois, e em terra firme.[42]

Uma liberta, a africana jeje Maria da Conceição, já idosa, em 1836 deixou um comovente testemunho de solidariedade na hora da morte. Ela ditou seu testamento sentada em uma cadeira e cercada por pessoas, uma das quais de-

41. APEB, *IT*, nº 01/66/82/02, fl. 235; e ACS/*LRO*, *Conceição da Praia, 1834-47*, fl. 46.
42. APEB, *IT*, nº 04/1848/2319/07, fls. 4, 6; e nº 02/747/1210/07, fl. 5.

clarou que "ditava as suas disposições com todo o desembaraço". Sem filhos ou outros parentes vivos, deixou como herdeira universal de seus bens (entre os quais contavam cinco escravos e uma casa) "a minha muito leal e verdadeira amiga, a parda Roza Eufrásia da Conceição [...] porquanto há mais de quatorze anos que temos amizade, sempre me tratou com muita delicadeza em todas as minhas enfermidades [...]". A africana morreu tranquilamente no dia seguinte, em companhia da parda. Não era comum tamanha amizade entre africanos e gente da terra.[43]

Os próprios médicos compactuavam com essa maneira solidária e gregária de morrer. Em Salvador, as famílias de recurso contratavam juntas médicas que disputavam o espaço em volta do leito de morte com parentes e amigos dos doentes — todos alheios às regras de salubridade ditadas pela medicina de além-mar. Antes de morrer em janeiro de 1818, d. Joaquina Máxima de Sousa e Passos, mulher do coronel José Antônio de Passos, foi assistida por cinco médicos. O doutor inglês Robert Dundas, que viveu na Bahia entre 1819 e 1842, se surpreendeu com o ritual que acompanhava esse tipo de consulta. O número de médicos era raramente inferior a três ou quatro, os quais, após examinar o enfermo, apresentavam seus diagnósticos em discursos quase solenes, chamados exatamente de "conferências", recebidos pelos ouvintes com gritos de "apoiado" ou de "não, não... ". O inglês criticou esse ritual de socialização da agonia, não percebendo que fazia parte da arte baiana de morrer bem, em boa companhia, inclusive na companhia de homens de ciência. Aliás, essa aproximação entre os sãos e os doentes graves podia ser experimentada mesmo entre alguns estrangeiros. Em 1853, um filho do cônsul americano em Salvador morreu, aparentemente de moléstia contagiosa, nos braços do príncipe alemão Alexandre de Württemberg, que estava na ocasião hospedado na casa do cônsul durante sua visita à Bahia.[44]

Morrer acompanhado era especialmente importante quando a morte não dava aviso prévio. Pelo menos sete pessoas, entre elas dois padres, cercavam Bernarda Maria, solteira, quando ela morreu em 1763 na paróquia de

---

43. APEB, *LRT*, nº 24, fls. 89-89v.

44. APEB, *IT*, nº 01/66/83/01, fl. 37; Dundas, *Sketches of Brazil*, pp. 385-387 (trecho também citado por Augel, *Visitantes estrangeiros*, p. 56); e Paulo A. Württemberg, "Viagem do príncipe Paulo Alexandre de Württemberg à América do Sul", *RIHGB*, nº 171 (1936), p. 12.

Nossa Senhora da Penha, em Salvador. Elas foram testemunhas de seu testamento oral, ou nuncupativo, ditado às pressas. Houve tempo suficiente, porém, para que a moribunda instruísse que deixava para sua sobrinha um tear, um oratório com duas imagens, um baú contendo seis camisas, três lençóis de algodão e uma saia de baeta preta. Para sua afilhada legou uma saia nova de linho azul. Três voltas e um par de brincos de ouro seriam aplicados nas despesas de seu funeral. E finalmente fazia "sua alma por herdeira", quer dizer, o que sobrasse de suas pequenas posses seria investido em missas que beneficiassem sua alma. Bernarda morreu cercada de pessoas, nenhuma delas parente, que fariam cumprir suas instruções. Morreu segura. E ainda viveu o suficiente para receber os últimos sacramentos.[45]

OS ÚLTIMOS SACRAMENTOS

Segundo as regras da Igreja, ao enfermo se devia ministrar a comunhão, se sua condição física permitisse, e a extrema-unção. A extrema-unção era uma espécie de empurrão final para fora do ciclo da vida. A Igreja assim explicava sua função: "auxílio na hora da morte, em que as tentações de nosso comum inimigo costumam ser mais fortes, e perigosas, sabendo que tem pouco tempo para nos tentar". O sacramento perdoava os pecados pendentes do enfermo, culpas esquecidas durante a confissão, mas podia, ademais, resultar em sua recuperação física, "quando assim convém ao bem da alma". O ato, os objetos e os atores eram também definidos. Só um pároco ou, em seu impedimento, um "sacerdote aprovado" podia administrar a extrema-unção. Os objetos do rito eram "sobrepeliz, e estola roxa, levando nas mãos os Santos Óleos em sua âmbula com toda a decência". Acompanhavam o pároco ajudantes — entre os quais podiam se incluir outros clérigos — que carregavam uma cruz, a caldeira de água benta e um livro do ritual romano. Desse modo preparados, deixavam a igreja rumo à casa do doente, formando a procissão do viático, assim chamada por levar a (última) comunhão eucarística "como provisão espiritual e mística da viagem para a eternidade", conforme a definiu

45. ACS, LRO, *Penha, 1762-1806*, fl. 10.

Thales de Azevedo. Procissão do Nosso Pai, uma referência à eucaristia, era uma outra expressão usada.[46]

Quando esteve no Brasil na década de 1820, o pintor Jean-Baptiste Debret retratou uma elaborada procissão do viático, pomposa mesmo: seguia o pároco sob um pálio (espécie de toldo) carregado por seis irmãos de uma confraria do Santíssimo Sacramento; outros irmãos na frente carregavam uma cruz ladeada por tocheiros; ainda mais à frente, um homem de capa agitava uma campainha; na retaguarda vinham soldados, uns com as armas voltadas para o chão em sinal de luto, outros a tocarem tambores; além disso, uma surpreendente banda de músicos negros tocava instrumentos de sopro e percussão. Debret explicou que na corte do Rio havia pelo menos três tipos de cortejo do viático. Este que acabei de descrever seria o mais completo.[47]

Melo Morais Filho também descreveu a passagem triunfal do Nosso Pai, acrescentando novas informações. As ruas e a entrada da casa do enfermo foram atapetadas por folhas de cravo, canela e laranjeira, as casas iluminadas com lanternas e castiçais, os acompanhantes carregavam tocheiros acesos e cantavam rezas apropriadas à ocasião. Quando a procissão passava, os transeuntes se ajoelhavam, tiravam os chapéus e batiam sobre o peito; nas casas onde havia doentes, estes eram ajudados a se sentar na cama contritamente. Coisa mui parecida foi testemunhado em Lisboa por um viajante estrangeiro na década de 1820, mais um indício de presença da cultura lusitana da morte no Brasil.[48]

É provável que na Bahia também acontecessem procissões assim elaboradas. Já uma gravura de Henry Melville retrata em Salvador uma cerimônia sem grande pompa, embora com duas cruzes e duas tochas, à passagem da qual algumas pessoas se ajoelham em atitude semelhante à descrita por Melo Morais, enquanto outras olham com um ar indiferente. A devoção e a indiferença religiosas pareciam em combate na Bahia às vésperas da Cemiterada. Em 1834, um jornal defendeu a devoção denunciando os cortejos que saíam da igreja dos

---

46. Vide, *Constituiçoens*, pp. 86-89; e Thales de Azevedo, *Ciclo da vida* (São Paulo, 1987), p. 61.

47. Jean-B. Debret, *Viagem pitoresca e histórica ao Brasil* (São Paulo, 1940), pp. 170-173. Um bom guia sobre ritos funerários cariocas nos relatos de viajantes é Miriam L. Moreira Leite et alii, *A mulher no Rio de Janeiro no século XIX* (São Paulo, 1982), pp. 43-46.

48. Morais Filho, *Festas e tradições populares*, pp. 162-166; e A. P. D. G., *Sketches of Portuguese Life*, pp. 237-239.

*14. Animada procissão do viático, segundo Debret.*

Aflitos para levar a comunhão e a unção aos doentes "sem cruz e com o sagrado Vaso da Unção entregue a seculares". Chamou a cena de "escândalo público e falta de respeito à Eucaristia". Enquanto isso, no Rio de Janeiro, as bandas de música misturavam impunemente valsas, alemandas e lundus, entrecortados de litanias de Nossa Senhora! "Afirma-se", anotou Debret, "que muitas vezes a eloquência feliz e caridosa do padre vale-se desse barulho, embora bárbaro, para persuadir o moribundo de que já o céu se abre para recebê-lo e os anjos o anunciam com seu concerto harmonioso!" A morte como motivo de festa parecia ter adeptos em todas as camadas sociais. O barulho, e não o silêncio, acompanha os ritos fúnebres em diversas sociedades, nas quais ele é visto como facilitador da comunicação entre os humanos e o sobrenatural. Entre os africanos, por exemplo, a morte silenciosa configura má morte.[49]

Debret parece não ter penetrado na casa do moribundo, deixando apenas

---

49. *O Democrata*, 4/10/1834 (exemplar da BNRJ); Debret, *Viagem pitoresca*, p. 171. Sobre o barulho na morte africana em geral, Thomas, *La mort africaine*, pp. 164-166; e exemplo de badaladas para o viático, APEB, IT, nº 04/1766/2236/08.

*15. O viático desce a ladeira de São Bento em Salvador.*

a vaga impressão de residentes afogados na fumaça de incenso. Possivelmente, tal como cá fora, lá dentro a cerimônia acrescentava novos elementos àqueles prescritos nos livros.

As *Constituições do arcebispado da Bahia* (c. 200) descreviam assim a extrema-unção:

> posto o óleo sobre huma mesa, que para isso deve estar aparelhada com toalha limpa, e ao menos húa vela acesa, dada a Cruz a beijar ao enfermo, querendo-se elle reconciliar, o ouça: e logo continuará o mais do Ritual, lendo por elle as Preces, e não as dizendo de cor: e ungirá logo ao enfermo com os ritos e cerimonias ordenados pela Santa Igreja.

Estando o doente à beira da morte, o padre devia abreviar o ritual untando os olhos, orelhas, nariz, boca e mãos — os instrumentos dos cinco sentidos, instrumentos de pecado. Em seguida eram untadas outras partes do corpo, evitando-se por pudor os seios e costas das mulheres. Interrompida a vida em meio à unção, esta seria também imediatamente suspensa.

No caso de o moribundo ser escravizado, seu senhor ou um padre devia prepará-lo para a morte fazendo-o memorizar a seguinte fórmula:

O teu coração crê tudo o que Deos disse?
R. [Resposta] Sim.
O teu coração ama só a Deos?
R. Sim.[50]

Amar *só* ao Deus cristão era uma precaução contra a intromissão de divindades africanas, não mais que disfarces do Anjo do Mal em campanha para conquistar a alma do agonizante.

Os padres baianos também se orientavam por manuais de assistência aos agonizantes vendidos pelos livreiros da Bahia. Um *Methodo d'ajudar a bem morrer* fazia parte do catálogo de 1811 da livraria de Manuel Antônio da Silva Serva. Circulava também em Salvador o manual do padre português Bernardo José Pinto de Queirós, que referimos atrás, publicado em 1805 em Lisboa. Nesse livro a hora da morte é explicada ora como a metáfora da guerra, ora com a alegoria do julgamento. Os padres são comparados a instrutores militares, já que devem treinar a alma do moribundo para "entrar em hum combate" contra as forças do Mal. As armas são os sacramentos, cuja eficácia é ensinada aos doentes: "Fortalecei-vos com elles [os sacramentos] para resistir com valentia aos cruéis ataques dos vossos inimigos, que raivosos por lhe escapar a preza do laço, hão de procurar todos os meios, e tomar todas as medidas a fim de desafogarem a sua cólera". Mas o doente devia resistir até "por em fugida a todos os vossos inimigos, e ficar só no campo de batalha, rindo, e zombando de todas as suas [de Lúcifer] cavilosas intenções [...] Vós sem dúvida ficareis rodeado de exércitos de Anjos [...]". À frente dessas forças, também chamadas "milícia celestial", estaria o arcanjo Miguel, detentor da alta patente de "General da Santa Igreja", santo celebrado em irmandades especificamente criadas para celebrar sua função de salvador de almas. Ao lado dos sacramentos, a palavra se fazia arma poderosa: era necessário aprender a invocar os santos e anjos para intercederem junto a Deus, porque não bastava

50. Vide, *Constituiçoens*, p. 233.

repelir o "soberbo Lúcifer"; era preciso ser aceito pelo "Deus Padre Onipotente". O sacerdote devia ensinar o doente a obter do Senhor um lugar a seu lado por meio de exortações piedosas. Enfim, anunciava o autor da obra, a alma podia ser salva a depender da habilidade do padre em fazer-se "hum perito advogado que a defenda" — e aqui a metáfora já se torna judicial. Lindley viu em ação um padre que lhe garantiu ter salvo "o pecador de toda influência demoníaca".[51]

A disputa entre as forças do Bem e do Mal pela alma do moribundo era tema frequente de estampas piedosas em toda a cristandade. Nessas ilustrações, anjos e demônios substituíam ou faziam companhia a padres, parentes, amigos e serviçais em torno do leito de morte, agora transformado em campo de batalha nessa hora considerada "tragicamente decisiva" pelos especialistas em bem morrer. Toda uma vida de pecados podia ser corrigida nesse instante; toda uma vida correta podia igualmente ser desperdiçada.[52] Era, porém, mais comum que nessa hora os justos se entregassem aos emissários celestiais do Bem, os pecadores pertinazes aos emissários infernais do Mal. É essa a lição representada em dois painéis de meados do século XIX, pendurados em lados opostos logo na entrada da igreja do Bonfim, em Salvador.

A Igreja mandava que ao doente que recusasse a extrema-unção, "por desprezo, ou contumácia", fosse-lhe negada sepultura em solo consagrado. Era uma forte razão para que as pessoas não a negligenciassem. Em 1831, a Câmara da vila de Barcelos fundou uma irmandade do Santíssimo Sacramento, "afim de que seus habitantes gozassem de tão alto benefício na prompta administração do sagrado viático", e pediu ao governo provincial que aprovasse a destinação de um terço das rendas das terras municipais para a asso-

---

51. "Notícia do catalogo de livros que se achão à venda em casa de Manoel Antônio da Silva Serva... [1811]", edição fac-símile apud Rubens B. de Moraes, *Livros e bibliotecas no Brasil colonial* (Rio de Janeiro/São Paulo, 1979), Apêndice; Queirós, *Prácticas exhortatorias*, pp. 7-9, 46, 47, 280; compare-se com os manuais estudados por Berto, "Liturgias da boa morte", e com manuais espanhóis dos séculos XVIII e XIX citados por José A. Rivas Alvarez, *Miedo y piedad* (Sevilla, 1986), p. 109; Lindley, *Narrative*, p. 29. As irmandades de São Miguel e outras facetas da relação do santo com a morte foram detidamente estudadas por Adalgisa Arantes Campos, *As irmandades de São Miguel e as Almas do Purgatório: culto e iconografia no setecentos mineiro* (Belo Horizonte, 2013).

52. Vovelle, *Mourir autrefois*, p. 82; e Kellehear, *A Social History*, pp. 100-102.

*16. A morte do justo...*

ciação. As irmandades do Santíssimo presidiam essa parte dos ritos fúnebres. Todas as paróquias deviam ter uma dessas irmandades, entre cujas atribuições estava acompanharem os padres às casas dos enfermos. Para isso, havia sempre irmãos plantonistas nas sacristias, a quem, logo que solicitado, cabia despachar o sineiro para reunir a irmandade. Se os irmãos não aparecessem, soldados podiam escoltar o viático, como a formarem um batalhão terreno da milícia celestial. Ao ceder para esta finalidade homens em armas, o Estado fazia sua parte na batalha pela salvação das almas de seus cidadãos.[53]

Quando moradores do interior reivindicavam que se nomeassem padres para suas povoações, quase sempre expressavam o desejo de proteção espiritual na hora da morte. Numa petição de 1835 ao governo da província, os habitantes de Santana de Serrinha queixaram-se da "extrema necessidade que padecem do Pasto espiritual", pois, visto viverem em lugar remoto, os párocos

---

53. APEB, *Legislativa. Representações, 1834-1925*. As *Constituiçoens* (Liv. 1, Tit. LX, 869) recomendavam que todas as igrejas criassem irmandades do Santíssimo Sacramento e das Almas do Purgatório. Sobre o tema em Portugal, ver Norberto Tiago Gonçalves Ferraz, "O Purgatório e a salvação da alma na Braga de setecentos", *Revista M.*, v. 1, nº 2 (2016), pp. 295-319.

*17. ... e a morte do pecador na igreja do Bonfim, em Salvador.*

"não podem socorrer [...] com os Sacramentos de vivos, e de mortos com aquela prontidão que exige o ofício paroquial". E insistiam: "sucede falecer muitos sem o sacramento da penitência, e outros sacramentos de mortos". Não sei se foram atendidos.[54]

No mesmo ano, os moradores das ilhas dos Frades, Bom Jesus, Vacas, Santo Antônio, Ilhote e Itapipuca, na baía de Todos-os-Santos, pediram a criação de uma freguesia independente da de Madre de Deus, que ficava no continente. Motivo: "A total privação, em que por causa dessa mesma distância, se acham dos socorros espirituais, chegando ao ponto de morrerem os fiéis sem sacramentos". Os ilhéus queixaram-se de que as famílias acabavam sendo punidas duplamente: a perda do parente e a angústia de vê-lo partir sem os sacramentos. A petição vinha assinada por dúzias de pessoas e encabeçada pela assinatura do padre Fernando dos Santos Pereira. Eles se referiram a direitos garantidos pela Constituição do Império. E advertiram, eloquentes: "importa muito à República não deixar esfriar o zêlo pela Religião, tão necessário à permanência dos Impé-

---

54. APEB, *Legislativa. Representações, 1834-1925.*

rios". Mas o bispo d. Romualdo Seixas indeferiu o pedido, alegando ser fruto de "vingança e intriga" contra o pároco de Madre de Deus. E aqueles habitantes da baía de Todos-os-Santos continuaram a morrer sem os últimos socorros.[55]

Na capital, a extrema-unção estava mais prontamente ao alcance dos doentes, embora os fiéis também enfrentassem seus problemas. Em 1834, por exemplo, na mesma edição em que criticava o cortejo desfalcado do viático, *O Democrata* (4/10/1834) publicou um apelo ao vigário da extensa freguesia da Vitória, para "não deixar morrer suas ovelhas sem administração dos Sacramentos", permitindo que outros padres da paróquia, além dele, socorressem os agonizantes. Esse embaraço não existia para os residentes da Conceição da Praia, freguesia menor, cujo pároco providenciara a assistência de outros sacerdotes. Contudo, mesmo na Conceição da Praia morria-se sem o viático, dependendo do lugar que o indivíduo ocupava na hierarquia social. Joaquina Maria da Boa Morte não providenciou a tempo um padre para sua escrava nagô, Benedita, que morava numa casa à ladeira da Preguiça e se foi em 18 de julho de 1835. E além disso, morta aos 21 anos, Benedita não teve aquela vida longa, sinal de vida boa e morte afortunada que todo iorubá, e portanto todo nagô, ardentemente almejava. Já a liberta jeje Rosa Barbosa morreu sem sacramentos em fevereiro do mesmo ano, tendo porém vivido mais de noventa anos, velha como os jejes faziam questão de morrer.[56]

Muita gente morria sem os "sacramentos dos mortos" devido às circunstâncias da morte. Nenhuma chance teve o pardo Manuel da Silva Távora, trinta anos, vítima de uma facada em agosto de 1835. Ou o marinheiro português Manuel Antônio de Alcântara, que também foi esfaqueado no beco do Grelo às dez horas da noite de 12 de janeiro do mesmo ano. "Duas mortes sofre, quem por mão alheia morre", dizia o ditado português setecentista que podia significar o acúmulo de morte física e espiritual, a condenação eterna, enfim. Mas não era esse tipo de morte o único a representar a perdição. Quantos marinheiros e

---

55. APEB, *Legislativa. Abaixo-assinados, 1831-35*. Ver pedido semelhante em Silva, *Roteiro*, pp. 20-21.

56. ACS/LRO *Conceição da Praia, 1834-47*, fls. 35v, 45v. Sobre a relação entre longa vida e boa morte entre os iorubás, Idowu, *Olodumare*, pp. 184-189; Morton-Williams, "Yoruba Responses to the Fear of Death", pp. 34-36, discute o medo da morte entre jovens e adultos (os velhos não a temem); entre os jejes, ver Melville Herskovits, *Dahomey: An ancient West Africa Kingdom* (Evanston, 1967), I, pp. 394-396. Não se deve esquecer a longevidade bíblica enquanto sinal de graça.

viajantes tiveram má morte, falecidos longe de casa e dos seus, muita vez de alguma peste no mar, sem qualquer possibilidade de o viático lhes ser administrado. Mesmo no porto podia acontecer, como aconteceu a William Haires (Harris?), um "preto Inglês Americano Católico Romano" — segundo anotação do pároco da Conceição da Praia —, marinheiro da fragata *Bahiana*, morto sem sacramentos de "moléstia interna", aos trinta e tantos anos, em fevereiro de 1835. Mais sorte tiveram quatro marinheiros da fragata *Imperatriz* — dois portugueses, um crioulo pernambucano, um mulato maranhense — que, apesar de morrerem de escorbuto longe de casa, tiveram tempo de confessar e receber a extrema--unção, em janeiro de 1836, alguns meses antes da Cemiterada.[57]

Como, enfim, prever a morte repentina dos relativamente jovens? Por exemplo, a do pardo Francisco Pereira da Fonseca Calmon, 35 anos, da freguesia da Sé, "que faleceu repentinamente" em 17 de fevereiro de 1835. O infeliz João Batista, solteiro, 26 anos, "morreu de sua bebedice sem sacramento", anotou severo o cura da Sé, João Thomas de Sousa. Por outro lado, a morte não quis dar mais tempo à viúva Maria da Conceição, que se foi sem aviso e sem sacramentos aos cem anos de idade. Melhor sorte teve a africana Ana Maria Moreira, moradora da povoação pesqueira do Rio Vermelho, que driblou a morte durante 103 anos e, já quase um antepassado, ainda teve tempo de receber a extrema-unção antes de morrer na véspera do São João de 1836, quiçá sob salvas de fogos de artifícios.[58]

A maioria das pessoas morria sem a extrema-unção. Um levantamento de 712 óbitos de pessoas maiores de dez anos em 1835 e 1836 indica que 52% dos que morreram não tinham recebido qualquer sacramento (no Rio, apenas em torno de 5% para a primeira metade do século XIX!), 39% receberam todos os sacramentos, 8% apenas a extrema-unção e 1,4% apenas a penitência.[59] As mulheres recebiam ou procuravam assistência espiritual mais do que os homens, mas não muito mais — 46% contra 43,7%. Pelo ângulo da condição social dos mortos, verifica-se que 51% dos homens e mulheres livres e apenas 37% dos homens e mulheres escravizados morreram com algum socorro reli-

---

57. ACS, *LRO/Sé, 1831-40*, fl. 307v; e ACS, *LRO/C. da Praia*, fls. 35, 59. O ditado português apud Rolland, *Adagios, provérbios, rifões*, p. 173.

58. ACS, *LRO/Sé, 1831-40*, fls. 301, 319, 327v; e ACS, *LRO/Vitória, 1810-35*, fl. 187.

59. Números completos para o Rio de Janeiro em Rodrigues, *Nas fronteiras*, pp. 136-137 (para o cálculo sobre o Rio, eliminei os "sem referência" da Tabela 6 de Rodrigues).

gioso desse tipo. Tal resultado indica o desleixo dos senhores em cuidar da morte de seus cativos, mesmo se o enterravam numa igreja. Quando alcançavam alforria, os escravos não negligenciavam os sacramentos dos mortos. Com efeito, 46% dos libertos morreram com algum sacramento, proporção mais próxima dos livres do que dos escravizados.

Na presença de parentes, amigos, vizinhos, se possível padres — assim morria-se antigamente. Quando a pessoa sentia a proximidade da morte, "uma manifestação social começa em seu quarto, em torno de sua cama" (Ariès), ou mais ainda: "a cena do leito de morte ficava saturado tanto com ritos de morte específicos quanto com drama social ritualizado"(Grimes).[60] Hoje morre-se sozinho, na reclusão hospitalar. Naquele tempo havia uns poucos hospitais de caridade, mas morrer neles era considerado um mau morrer. Se a morte surpreendesse alguém hospitalizado, no caso de ser membro de irmandade, esta armava severa vigilância para impedir que, morrendo a solitária morte hospitalar, o irmão tivesse um enterro solitário. Acontecia muito aos escravos. Se senhores piedosos cuidavam daqueles gravemente doentes e, inclusive, na hora da morte providenciavam um padre para os confessar e ungir, não poucos abandonavam escravos velhos e doentes ao hospital da Santa Casa para morrerem desamparados. Contra isso, o compromisso da Irmandade do Rosário dos Pretos das Portas do Carmo advertia a seus procuradores que ficassem atentos para que os irmãos hospitalizados fossem imediatamente socorridos tão logo viessem a óbito.[61]

---

60. Ariès, *Images*, p. 110; e Grimes, *Deeply into the Bone*, p. 221. Sobre morrer em casa, José de Souza Martins, "A morte e o morto: tempo e espaço nos ritos fúnebres da roça", in Martins (org.), *A morte e os mortos*, p. 263, escreve: "A moradia é o lugar da morte porque é, também, socialmente, o lugar da família, dos vizinhos, dos amigos, daqueles que podem ajudar uma pessoa a bem morrer e que podem pôr em prática os ritos funerários indispensáveis à proteção da casa e da família".

61. AINSR, *Compromisso da Irmandade de Nossa Senhora do Rosário dos Homens Pretos*, cap. 23, AINSR, não catalogado. Em sua pequena e útil introdução ao estudo da morte, José L. de S. Maranhão, *O que é a morte* (São Paulo, 1987), pp. 7-19, compara o morrer antigo com o atual. No final da década de 1980, o então bispo de Taubaté parecia preconizar um retorno ao modo antigo de morrer quando recomendou que, durante a unção, os agentes pastorais deveriam preparar o ambiente criando um clima de confiança, alegre, quase festivo, e mais: "reúna-se a família, alguns amigos e vizinhos, formando uma pequena comunidade". D. Antônio Afonso de Miranda, *O que é preciso saber sobre a unção dos enfermos* (São Paulo, 1987), pp. 35-36. Desde então o livro ganhou numerosas edições.

# 5. A hora do morto: ritos fúnebres domésticos

Eliminados talvez os detalhes, à época da Cemiterada as coisas podiam se passar como contam nossos costumbristas. O primeiro anúncio de luto era dado por carpideiras, amiúde profissionais experientes que com seus choros convulsivos tornavam público o ocorrido. "Ataque de nervos", brinca Hildegardes Vianna. Essa tradição — mais que portuguesa, mediterrânea, e também africana e indígena — funcionava como uma convocação, prontamente atendida pelos vizinhos, sempre solidários nessas horas.[1]

---

1. Vianna, *A Bahia já foi assim*, p. 55, 57, 61. Carpideiras em Portugal: Isabel dos Guimarães Sá, *O regresso dos mortos: os doadores da Misericórdia do Porto e a expansão oceânica (séculos XVI-XVII)* (Lisboa, 2018), p. 81; Pina-Cabral, "Cults of Death in Northeastern Portugal", p. 2; na Grécia: Loring M. Danforth, *The Death Rituals of Rural Greece* (Princeton, 1982); entre os haussás: Abdurrahman I. Doi, *Islam in Nigeria* (Zaria, 1984), p. 104; entre os nupes: Nadel, *Nupe religion*, p. 125, 126; entre povos do golfo do Benim: Alfred B. Ellis, *The Ewe-Speaking Peoples of the Slave Coast* (Chicago, 1965), p. 157; Richard e John Lander, *Journal of an Expedition to Explore the Course and Termination of the Niger* (Nova York, 1837), I, p. 71; entre ibos, ver William Allen, *Narrative of the Expedition Sent by Her Majesty's Government to the River Niger in 1841* (Londres, 1848), I, p. 263; na Senegâmbia toda a ritualística fúnebre é mesmo conhecida como "choro": Clara A. L. Pereira, "Se alguém morreu, alguém matou: religião Yran na Senegâmbia nos séculos XV e XVI", dissertação de Mestrado, UFMG, 2021, pp. 183-190; ainda o Choro, agora na Guiné-Bissau: Maria Clara Saraiva, "Rituais funerários entre os Papéis da

Como em Portugal, havia carpideiras profissionais, que não podiam faltar a um funeral bem arranjado. Críticas a esse estilo de morrer existiam tanto dentro como fora da Igreja. O padre Lopes Gama, escrevendo de Pernambuco em 1832, atacou essas mulheres, que apesar de não serem profissionais, eram "capazes de chorar incessantemente, de pura mágoa de quanto defunto elas nunca viram, nem conheceram." E concluía: "E um enterro, quanto mais chorado é, maior fama adquire." Um artigo de polêmica política, publicado em 1857 no *Jornal da Bahia,* se refere de passagem, e acidamente, ao trabalho dessas senhoras: "Como viveriam as carpideiras sem defuncto que fossem pranteados? [...] Choram por conta de quem as pagam, pouco se lhes dando com as lágrimas que vertem, e mais chorarão pelo malvado, se maior espórtula esperarem".[2]

Havia, é claro, o choro emocionado das mulheres da família e vizinhas, que expressava a dor da perda, ou a solidariedade na dor. Mas, tal como as profissionais do ramo, essas carpideiras espontâneas, digamos, também representavam um sentimento obrigatório de luto, além de fazerem uma obrigação ritualística. O comportamento objetivava, por exemplo, afastar os maus espíritos de perto do morto e a própria alma para longe dos vivos. Se acontecia como no Minho, a lamentação era ainda mais vigorosa quando o falecido fosse jovem, aumentando em intensidade se a morte fosse violenta. As portas e janelas, fechadas durante a agonia do moribundo para evitar a entrada do Inimigo, agora se abriam para facilitar a saída do espírito do morto. Thomas Ewbank, contudo, observou o inverso no Rio de Janeiro, onde se fechavam portas e janelas, "sendo essa, ao que se diz, a única ocasião que é fechada a porta de entrada de uma residência brasileira". Estaria ele se referindo ao comportamento de uma elite urbana?[3]

---

Guiné-Bissau" (Parte I e Parte II), *Soronda: Revista de Estudos Guineenses,* nº 6 (Nova Série, 2003), pp. 179-201, 109-133 (agradeço essas duas últimas referências a Vanicléia S. Santos); entre indígenas do Brasil, Fernão Cardim, *Tratado da terra e gente do Brasil* (Belo Horizonte/São Paulo, 1980), p. 94.

2. *O Carapuceiro,* nº 23 (22/9/1832), in Padre Lopes Gama, *O Carapuceiro,* organização de Evaldo Cabral de Mello (São Paulo, 1996), p. 78; e *Jornal da Bahia* (17/6/1857), p. 2, da coleção da BCEB.

3. DaMatta, *A casa e a rua,* p. 118; Pina-Cabral, "Cults of Death in Northeastern Portugal", p. 2; Azevedo, *Ciclo da vida,* p. 62; e Ewbank, *Vida no Brasil,* p. 58.

Primeira providência: preparar o defunto para o velório e dar início aos preparativos do funeral. O cuidado com o cadáver era da maior importância, uma das garantias de que a alma não ficaria por aqui penando. Cortavam-se cabelo, barba, unhas. O banho não podia tardar, sob pena de o cadáver enrijecer, dificultando a tarefa. Os nagôs acreditavam que a falta dessa cerimônia impedia o morto de encontrar seus ancestrais, tornando-o um espírito errante, um *isekú*. Tal como entre os iorubás, o defunto baiano devia estar limpo, bonito, cheiroso para o velório, esse último encontro com parentes e amigos vivos, e o primeiro com seus ancestrais. Em 1823, Teresa Maria de Jesus, apesar da guerra luso-baiana em curso, lembrou-se de recrutar um barbeiro para seu marido, cuja barba progredira com a doença que o consumiu. Quanto ao perfume, imaginamos que muitos africanos continuavam usando suas infusões de ervas ou, como outras pessoas, usavam o que tinham de cheiro em casa, mas os inventários quase sempre omitem gastos com esse item. Quando aparecem, a preferência recai sobre a alfazema, contudo, encontramos um caso em que a alfazema fora reforçada pelo benjoim. Enquanto isso, se queimava incenso para aromar e proteger o ambiente.[4]

A memória colhida pelos folcloristas atribui importância especial à escolha de quem fazia a toalete do cadáver. Pessoa comum, não iniciada no lidar com a morte, não podia tocá-lo, sob pena de também morrer. Tal como na África e Europa, havia os especialistas em manipular defuntos, rezadores profissionais, segundo João Varela. "Nem todos têm o direito de tocar no cadáver", garantia Câmara Cascudo. Carecia serem mulheres e homens probos, honestos, especialistas da arte de bem morrer. Pessoas que se fizessem ouvir e atender pelo morto, a quem chamavam pelo nome, instruindo-o: "dobre o braço, Fulano, levante a perna, deixe ver o pé! [...] Fulano, feche os olhos para o mundo e abre-os para Deus". Hildegardes Vianna contava ter sido praxe pedir ao pé do ouvido do defunto muito duro, ou muito mole, que cooperasse.[5]

---

4. Awolalu, *Yoruba Beliefs*, p. 55; Ott, *Formação étnica*, I, p. 189; APEB, *IT*, nº 04/1591/2060/08, fl. 38; recibos de alfazema podem ser encontrados nos inventários baianos, por exemplo nº 04/1449/1918/04, fl. 18; e nº 03/1238/1707/10, fl. 89.

5. João Varela, *Da Bahia do Senhor do Bomfim* (Salvador, 1936), p. 125; Cascudo, *Dicionário*, I, p. 199; Cascudo, *Anúbis e outros ensaios* (Rio de Janeiro, 1983), p. 15; e Vianna, *A Bahia já foi assim*, p. 56, 61.

Sobre esses usos, só tive confirmação parcial nos manuscritos que consultei. Nestes, a figura que mais frequentemente aparece vestindo cadáveres são especialistas em vestir vivos: os alfaiates. Quando seu pai morreu, em 1815, Joaquim da Cruz Soledade contratou "um alfaiate para cozer um hábito e vestir". Mas eles não faziam isso como simples prolongamento do trabalho de costura. Vestir cadáver era um serviço à parte. O alfaiate João de Macieira, por exemplo, não costurou os paramentos com que, por regra eclesiástica, fora sepultado o padre José Alves Barata, em 1831. Ele recebeu 960 réis apenas "pelo trabalho que tive de vestir o defunto", como se lê no recibo que passou. O alfaiate era um especialista em vestir defunto. Mas às vezes encontramos nos inventários recibos que não especificam a atuação de alfaiates, a exemplo de "um pardo que vestiu o falecido" corregedor dr. Antônio Jourdan, presidente do Senado da Câmara, em março de 1819, e recebeu seiscentos réis pelo serviço. Menos frequentemente, executavam essa tarefa as mesmas pessoas encarregadas de decorar a casa e a igreja para velório e enterro, os *armadores*. Em 1836, Maria Úrsula da Assunção foi amortalhada pelo armador Pedro Celestino, caso raro de homem a vestir mulher.[6]

Mas com que roupa vestir o cadáver? Por sua complexidade o guarda-roupa fúnebre exige uma discussão à parte.


A ESCOLHA DA ROUPA MORTUÁRIA

Na época da Cemiterada, a roupa fúnebre mais utilizada eram as mortalhas de vários tipos. Os que escreviam testamentos deixavam instruções específicas sobre como desejavam vestir-se para o funeral. Alguns exemplos: Ana Rita de França escreveu, em 1829: "Meu corpo será envolto no hábito do Patriarca São Francisco"; a africana de Benguela, Rita Maria de Jesus, em 1828: "meu corpo será amortalhado de hábito branco com véu preto"; o coronel Inocêncio José da Costa, português, em 1804 pediu duas roupas, o hábito da Ordem do Carmo, sua confraria, e "por cima se vestirá o vestido e mais insígnias da Ordem de Cavaleiro [de Cristo], e as mais insígnias como é uso". Esse aí morreu estamental.

---

6. APEB, *IT*, nº 03/1350/1819/04, fl. 39; 01/101/148/13, fl. 92v; 1/67/84/1, fl. 45; e 05/1956/2428/10, fl. 51.

A maioria das pessoas que escolhia a própria mortalha deixava que parentes ou executores testamentários cuidassem de comprá-la ou de mandar fazê-la. Mas, para se ter tudo ao gosto, podia-se descer a minúcias, como o padre José Custódio Pinto de Almeida o fez em 1810:

> Declaro que o meu corpo será amortalhado nas vestes sacerdotais e meu testamenteiro comprará uma alva velha em qualquer Igreja e um ornamento velho, e não achando para comprar verá algum alfaiate destes que fazem ornamentos para ver se arma algum com eles e no caso de não poder [...] armar coisa alguma comprará dois côvados e meio ou três [1 côvado = 66 cm] de durante roxo ou preto e galão de seda amarelo e fará um meio ornamento para paramentar o meu corpo e nunca pedirá ornamento emprestado para meu corpo levar [...]

O padre era meticuloso como poucos. João Gomes de Sousa, confrade do padre Custódio, não deu trabalho a ninguém, pois se fez vestir com "o hábito do Carmo que tenho em meu poder".[7]

Os africanos não ficavam alheios ao protocolo. Dos libertos que testaram entre 1790 e 1826, estudados por Katia Mattoso, 34% dos homens e 43,3% das mulheres escolheram usar a mortalha dos frades franciscanos. A segunda escolha mais comum, a mortalha branca, foi indicada por 30% dos homens e 22,6% das mulheres. Mattoso também relata que 32% dos homens e 26,4% das mulheres africanas não especificaram o tipo de mortalha. Trabalhando com um maior número de casos do mesmo período (1790-1830), Inês Oliveira encontrou homens libertos que, na sua maioria (uma pequena maioria de 38 a 32 testadores), preferiram mortalhas brancas ao hábito de são Francisco, mas entre as mulheres a preferência foi nitidamente pelo hábito franciscano (cinquenta a vinte).[8]

Vejamos agora o que se passava com os testadores de um modo geral, não importando cor da pele, sexo ou condição social (escravo, liberto ou livre). De uma amostra de 220 testamentos feitos entre 1800 e 1836, a maioria por gente livre (apenas cerca de 15% por africanos libertos), 69 (ou 31%) não indicaram

---

7. Referências para os dois últimos parágrafos: APEB, *IT*, nº 05/2131/2600/01, fl. 54; APEB, *LRT*, nº 17, fl. 14; nº 1, fl. 2v, nº 3, fl. 90; e nº 4, fl. 73v.

8. Mattoso, *Testamentos de escravos libertos*, p. 25; e Oliveira, *O liberto*, p. 96.

*18. São Francisco resgata almas do Purgatório.*

qualquer mortalha, 58 (26%) indicaram a de são Francisco, 34 (15%) a mortalha branca e os demais uma variedade de outras mortalhas. Esses números mostram que a *ordem de preferência* dos africanos libertos se assemelhava à dos testadores em geral, mas entre os primeiros havia realmente uma tendência maior ao uso da mortalha branca: nas contas de Mattoso, 27% entre os libertos e libertas juntos; nas nossas contas, 15% entre todos os testadores somados.[9]

Qual a razão da preferência por esses dois tipos de mortalha, a franciscana e a branca?

Como outros usos funerários brasileiros, o uso da mortalha franciscana era uma herança ibérica. Data da Idade Média o costume de as pessoas em Portugal

---

9. Se as mortalhas franciscanas eram as preferidas por testadores na Salvador oitocentista, no Recôncavo (pelo menos em Cachoeira) setecentista elas eram ainda mais, sendo pedidas por 61,2% dos testadores, numa amostra de 93. Santana, "*Charitas et misericórdia*", pp. 92-93. A popularidade do hábito franciscano era generalizada. Em São Paulo, a preferência variou de 33% a 40% entre o final do século XVIII e início do seguinte, segundo Guedes, "Atitudes perante a morte em São Paulo", pp. 57-58.

pedirem em testamento que seus cadáveres fossem amortalhados com o hábito de São Francisco. A iconografia franciscana adverte que o santo tinha um lugar destacado na escatologia cristã. Na cidade da Bahia, uma pintura no teto da desaparecida catacumba do convento de São Francisco — um dos locais mais usados para o enterro dos que residiam na freguesia da Sé na primeira metade do século XIX — retrata o santo resgatando almas do Purgatório, lugar por ele visitado periodicamente com essa finalidade. Um quadro do século XVIII, na parede do consistório da igreja desse mesmo convento, repete o drama, e neste as almas tentam se salvar agarrando-se ao cordão do hábito do santo. De acordo com uma tradição sertaneja, que provavelmente já foi também litorânea, o cordão "afasta o Inimigo e serve aos anjos para puxarem o finado" para fora das tormentas purgatoriais. Santo que deixou a vida faustosa de filho de comerciante para viver pobremente, sua mortalha representava simplicidade cristã, atitude que ajudava a conquistar a morte serenamente. O próprio Francisco de Assis deu boas-vindas à "irmã morte" em seu *Cântico ao irmão Sol*.[10]

São Francisco aparece numa oração popular de origem portuguesa como portador de uma carta de Madalena, a pecadora arrependida, para Cristo. Nessa mesma oração, que nada menciona sobre morte ou julgamento divino, há uma alusão, em tom afetivo e sem nexo aparente, à roupa do santo: "Ele vai vestidinho?/ Vestidinho de burel [...]". Não devemos atribuir ao acaso que seu hábito se encontre citado num contexto que o coloca como intermediário privilegiado entre Cristo e uma pecadora.[11]

A difusão das mortalhas franciscanas em Salvador foi favorecida por um outro fator: os frades franciscanos mantinham um próspero comércio de mortalhas, que discutiremos mais adiante. Por enquanto é suficiente dizer que só no ano de 1822 eles venderam 150 delas, e 73 entre julho e setembro de 1823. A simplicidade do santo não impedia que o traje franciscano variasse de qualidade: havia os *hábitos* de burel ("Vestidinho de burel..."), os de serapilheira e

---

10. A. H. de Oliveira Marques, *A sociedade medieval portuguesa* (Lisboa, 1974), p. 211; Silva, *Roteiro*, p. 25 (tradição sertaneja); poema citado por Eric Doyle, *Francisco de Assis e o cântico da fraternidade universal* (São Paulo, 1985), pp. 54-55, 184. A preferência pelo hábito franciscano, principalmente de segunda mão, era muito grande em Sevilha em todas as classes sociais: Rivas Alvarez, *Miedo y piedad*, pp. 118-124.

11. Silvio Romero, *Cantos populares do Brasil* (Rio de Janeiro, 1954), II, p. 660.

as simples *túnicas* feitas de algodão. No Rio de Janeiro, segundo Debret, a mortalha mais comum era de sarja preta, feita por alfaiates negros a serviço dos religiosos do convento franciscano de Santo Antônio. Assim, no Brasil, os franciscanos da Bahia não estavam sozinhos nesse próspero ramo de confecções. E, mesmo na Bahia, outros conventos vendiam seus hábitos, como os do Carmo e de São Bento, embora seu mercado fosse bem mais reduzido do que o dos frades de São Francisco.[12]

Quanto à mortalha branca, Oliveira já lembrou que o branco é a cor funerária do candomblé. Se seguiam suas tradições, também os muçulmanos nagôs, chamados *malês* na Bahia, eram levados à sepultura envoltos em mortalha branca. Na verdade, várias nações africanas da Bahia faziam do branco a cor mortuária. Para os edos do Reino do Benim — não confundir com a República do Benim, o país —, o branco simbolizava pureza ritual e paz, *ofure* na língua local. Entre os nagôs estava associado ao orixá Obatalá ou Oxalá, senhor da criação e zelador da vida, cuja cor-símbolo é o branco. Os jejes tinham o mesmo costume. Entre diversos povos da África banto, o mundo dos mortos estava povoado por espíritos brancos e se chamava o reino branco.

Uma descrição detalhada do costume dá uma ideia mais precisa da manipulação do pano branco entre os nagôs em sua própria terra. Trata-se de informação que o etnólogo francês Marie-Armand d'Avezac recolheu de entrevistas feitas em Paris, nos anos 1830, a Osifekunde, nativo do país Ijebu, nação iorubá na Bahia conhecida como nagô-jabu ou simplesmente jabu. Aqui vai:

> O cadáver é antes lavado com sabão e uma decocção de folhas [...]; em seguida se embrulha com panos brancos enrolados como as faixas das múmias egípcias; nesta operação, os braços são colados ao longo do corpo [...] de maneira que as mãos estejam juntas e os polegares amarrados juntos. Se continua a enrolar pano sobre pano até que o cadáver se torna um grosso volume, proporcional ademais à riqueza e ao poder do personagem [...].

Não é possível saber quanto desse complexo método de "embrulhar" o cadáver os nagôs, máxime os jabus, puderam reproduzir na Bahia. O certo é

---

12. ACSF, *Livro de contas da receita e despeza, 1790-1825*, fls. 36 ss.; Debret, *Viagem pitoresca*, pp. 213-214.

que, deste lado do Atlântico, o uso do pano branco permaneceu, em larga escala, como a roupa fúnebre por excelência dos membros da nação nagô, os quais, como já dito, formavam a maioria entre os africanos.[13]

Mas se o branco é a típica cor funerária africana, ele também se relaciona simbolicamente com a morte cristã. Huntington e Metcalf observaram: "O branco é às vezes usado nos funerais cristãos para simbolizar a alegria da vida eterna, que a Ressurreição promete a cada crente". Turner compara o uso do branco entre os ndembus, que simbolizam nessa cor a "ordem da natureza", com a tradição cristã, em que o branco "ajuda a revelar a ordem da bem-aventurança".[14]

No caso das mortalhas, havia uma relação mais direta com o branco do Santo Sudário, o pano que envolveu o cadáver de Cristo e com o qual ele mais tarde ressuscitou e ascendeu ao Céu. Há referências explícitas a esse respeito nos testamentos baianos. Em 1802, o capitão Antônio Marinho de Andrade, senhor de engenho em Santo Amaro, pediu para ir ao túmulo sem pompa e amortalhado em "um lençol de cor branca da em que foi sepultado Nosso Redentor". Vinte anos depois, Manuel Siqueira, solteiro, dono de 42 escravos, também pediu que seu corpo fosse "amortalhado em um lençol branco à imitação de Nosso Senhor Jesus Cristo". À imitação de Cristo, esses senhores de escravos planejavam ressuscitar para a vida eterna no final dos tempos, se não antes.[15]

Todavia, a maioria dos baianos não deixava testamento, muitos por razões óbvias, como, por exemplo, as crianças, os escravos, os pobres e os que morriam subitamente. E, entre os que testavam, outros tantos confiavam à família ou ao testamenteiro a escolha da roupa mortuária. Como Florência de

---

13. Marie-Armand Pascal d'Avezac, *Notice sur le pays et le peuple des Yebous en Afrique* (Paris, 1845), p. 65. Branco como cor fúnebre africana: Oliveira, *Os libertos*, p. 96; Thomas, *La mort africaine*, p. 215; Herskovits, *Dahomey*, i, p. 353; e Bradbury, *Benin Studies*, p. 218. No candomblé, ver, por exemplo, Santos, *Os nagô e a morte*, passim; Rodrigues, *Os africanos*, p. 238; e Jean Ziegler, *Os vivos e a morte* (Rio de Janeiro, 1977), pp. 28-29.

14. Huntington e Metcalf, *Celebrations of Death*, p. 45; e Victor Turner, *Revelation and Divination in Ndembu Ritual* (Ithaca, 1975), p. 197.

15. Oliveira, *O liberto*, p. 96; APEB, *IT*, nº 04/1764/2234/03, fl. 4; e APEB, *IT*, v. 731, doc. 1 (em alguns poucos casos citaremos os inventários usando o antigo sistema de catalogação do APEB; nesses casos, a documentação nos tinha sido gentilmente cedida por Katia Mattoso, sendo esta a codificação usada na época em que ela fez suas pesquisas). Oliveira Marques, *A sociedade medieval portuguesa*, p. 216, observa que a roupa branca foi em Portugal a "insígnia de luto durante toda a Idade Média", talvez uma herança mourisca.

Bittencourt Aragão Pitta, nascida em berço de ouro no engenho Capemirim, em Sergipe do Conde, que escreveu simplesmente: "meu corpo será amortalhado conforme o puder o meu testamenteiro, de quem confio tudo quanto puder fazer a bem de minha alma". Seu testamenteiro principal era o cunhado, capitão Cristóvão da Rocha Pires, que decerto podia fazer o que a testadora pedia. Não sei como ela foi enterrada. Mas sei como foi o senhor de engenho José Inácio Acciavoli de Vasconcelos Brandão, que em 1822 instruiu querer o "meu corpo amortalhado em pobre mortalha", mas, ao morrer em 1826, seria levado, segundo seu registro de óbito, "amortalhado à maneira de Cavaleiro", isto é, com o rico hábito da Ordem de Cristo.[16]

Por essas razões, para fazer uma ideia mais precisa de como se vestiam os cadáveres baianos na primeira metade do século XIX, devemos abandonar momentaneamente as instruções testamentais e examinar os livros de óbitos das paróquias de Salvador. Essa documentação nem sempre esclarece o tipo de roupa usada pelo defunto, mas selecionei informações a esse respeito de 738 pessoas falecidas em 1835 e 1836.

A primeira constatação que se faz é que as mortalhas variavam bastante. Havia mortalhas brancas, pretas, coloridas, vermelhas. Havia mortalhas que imitavam roupas de santos, como a franciscana, as de várias invocações de Nossa Senhora, as de são João, são Miguel, são Domingos, santo Agostinho, santa Rita, santa Ângela. Os padres se enterravam de batina, os soldados fardados, muitas pessoas com os hábitos de suas confrarias. Um senhor foi à sepultura vestido de casaca e um menino de nove anos, de farda escolar.

Com efeito, encontrei 34 tipos diferentes de vestuário. A mortalha mais comum entre essa população heterogênea era a branca, usada por 44% dos mortos baianos; a de são Francisco, campeã nos testamentos, se colocou num distante terceiro lugar, com 9% da preferência, contra os 15,7% para a mortalha preta, o segundo lugar. Os números confirmam que o uso do hábito franciscano se concentrava na freguesia da Sé, onde se erguia o convento de São Francisco: das 66 mortalhas franciscanas da amostra, 46, ou 70%, foram usadas por pessoas que moravam e morreram na Sé. Mesmo aí, entretanto, as mortalhas mais utilizadas foram as brancas e as pretas. Cerca de 36% dos fregueses da Sé foram sepultados de branco, 17% de preto e apenas 13% com a roupa de são Francisco. Para efeito

---

16. APEB, *IT*, v. 755, doc. 1, v. 750, doc. 9; e ACS, *LRO/São Pedro, 1823-30*, fl. 83.

de comparação, desenhei uma pequena amostra de noventa mortalhas usadas em 1799-1800 nas freguesias da Sé, no centro urbano, e da Penha, no subúrbio, com o seguinte resultado: 49 mortalhas brancas, 26 franciscanas, cinco pretas, dezesseis outras mortalhas. Tanto a mortalha branca como a franciscana eram mais usadas no final do século XVIII do que em 1835-36, mas a grande mudança entre um período e outro foi a maior difusão das mortalhas pretas, que se encontravam a caminho de vencer as brancas como as mais desejadas.

Em 1835-36, não se observa qualquer diferença notável quanto ao uso das mortalhas brancas e franciscanas por homens e mulheres. No entanto, elas vestiam-se de preto mais do que eles. Quase 80% das mortalhas pretas cobriram cadáveres femininos. Visto de um outro ângulo, 22,6% das mulheres e apenas 9% dos homens foram à sepultura vestidos de preto, o que talvez signifique que entre elas a noção do preto como cor funerária estivesse mais difundida do que entre eles. Na relação tão frequente entre sexualidade e morte, lembramos a tradição de que, perdida a virgindade, quem morre deve ser vestida de preto na hora da morte, e as mulheres podem ter sido mais obrigadas a esse costume no passado. Já o branco, nesse registro, seria a cor da pureza virginal e a cor que, para a mulher, marca um outro importante ritual da vida, o casamento, cerimônia de despedida da virgindade e de abertura à procriação. Em 1846 Thomas Ewbank observaria no Rio que o preto era a cor funerária das mulheres casadas, se calando acerca dos homens.[17]

O uso de mortalhas de santos representava um apelo para que eles ajudassem os mortos assim vestidos. A escolha dessas mortalhas dependia do sexo do morto. Via de regra, os homens se vestiam de santos e as mulheres de santas. Por exemplo, usar mortalha preta e crucifixo como santa Rita, a padroeira dos que muito sofrem, era próprio das mulheres. Mas havia mortalhas como a franciscana, que vestiam a todos, talvez em função da importância do santo no imaginário da morte católica. O mesmo se dava com as mortalhas de Nossa Senhora do Carmo e são Domingos, o que se explica pela participação de pessoas de ambos os sexos nas respectivas ordens terceiras.[18]

---

17. Ewbank, *Vida no Brasil*, p. 58.

18. Ninguém na Bahia, nos anos 1830, parece ter vestido duas mortalhas de santo, como pediu, num excesso típico da piedade barroca, Francisco Rodrigues Pinto, em 1696. Ele quis ser amortalhado simultaneamente como são Francisco e Nossa Senhora do Carmo, sendo terceiro

*19. São Miguel Arcanjo,
general dos exércitos de anjos,
pune pecadores com o fogo do Inferno.*

As mortalhas de santo variavam de acordo com o sexo e também a idade, mas, ao contrário do que sugere Ewbank para o Rio, não apenas as crianças vestiam-se de santo. Elas se vestiam de determinados santos mais que de outros, isto sim. De são Miguel Arcanjo, por exemplo, como nove crianças da amostra, todas do sexo masculino e menores de dez anos. Era apropriado vestir os meninos com a roupa de um santo anjo, uma vez que pela tradição eles se transformavam em anjos logo depois de mortos. A indumentária representaria esse novo estado da criança morta. Ewbank descreveu a fantasia mortuária nos seguintes termos: "uma túnica, uma pequena saia curta presa por um cinto, um capacete dourado (de papelão dourado) e apertadas botas vermelhas, com a mão direita apoiada sobre o punho de uma espada". Trata-se do uniforme de são Miguel.[19]

---

desta última ordem: APEB, IT, nº 04/176/2236/08, fl. 1v. Desconheço se tal atitude era comum no século XVII baiano.

19. Ewbank, *Vida no Brasil*, p. 59. Sobre como os viajantes noticiaram a morte infantil no século XIX, ver Luiz Lima Vailati, "Os funerais de 'anjinhos' na literatura de viagem", *Revista*

As altas taxas de mortalidade infantil tornavam a sobrevivência das crianças uma preocupação fundamental das famílias baianas. Toda família tinha pelo menos um anjinho no Céu. Algumas mortalhas infantis parecem evocar mitos de fertilidade, como as de Nossa Senhora da Conceição e de são João.

À exceção de uma, todas as 57 mortalhas de Nossa Senhora da Conceição por mim encontradas vestiram crianças do sexo feminino, o que interpretei pela relação desta santa com a procriação. Imagino que vestir o cadáver de uma filha com a mortalha da Conceição equivalia a um rito de fertilidade, uma medida para que filhos futuros sobrevivessem. Perder uma filhinha significava a perda de uma vida e ainda de alguém que, quando adulta, geraria mais vida. Nossa Senhora é o arquétipo cristão da mãe, mas sua qualidade de conceber, de gerar vida é o aspecto aqui invocado. A Senhora da Conceição era uma espécie de deusa brasileira da fecundidade. Expilly comentou ser ela "a padroeira por excelência deste país bem pouco povoado". E vale lembrar a falta de ênfase da devoção popular quanto ao aspecto de "imaculada" da santa, humanizando-a, aproximando-a ainda mais dos problemas de concepção de suas devotas. Ela presidia simbolicamente o nascimento e a morte das crianças no Brasil.[20]

Estudando a flutuação mensal do número de batismos no século XIX baiano, Johildo Athayde constatou que o mês de dezembro era quando mais se batizavam crianças, e o dia 8 desse mês, dia da Conceição, a data mais concorrida. Ainda hoje, nesse dia ou no seguinte, a igreja da Conceição da Praia se enche de crianças para o batismo. A santa frequentemente servia — e ainda serve — de madrinha. Maria Felipa de São José Araújo, mãe de um dos donos do cemitério destruído em 1836, escreveu em seu testamento de 1821 que fora batizada na igreja de Nossa Senhora da Conceição da Praia e, continua ela, "foram meus Padrinhos a mesma Nossa Senhora da Conceição e meu tio João

---

*Brasileira de História*, v. 22, nº 44 (2002), pp. 36592; e mais amplamente, do mesmo autor, ver *A morte menina. Infância e morte infantil no Brasil dos oitocentos (Rio de Janeiro e São Paulo)* (São Paulo, 2010); e Denise Aparecida Sousa, "Em vida inocente, na morte 'anjinho': morte, infância e significados da morte infantil em Minas Gerais (séculos XVIII-XIX)", tese de Doutorado, UFMG, 2018.

20. Expilly, *Le Brésil*, p. 100; idem, *Les femmes et les moeurs* (Paris, 1864), p. 33; Luiz Mott, *O sexo proibido* (São Paulo, 1988), cap. 3, estuda a contestação da virgindade mariana no Brasil colonial; ver também Souza, *O Diabo*, esp. pp. 115-118.

da Costa Xavier". Por sinal, Maria Felipa foi mãe prolífica, dando à luz 23 filhos, uma afilhada-modelo da santa da fertilidade. Ao sentir aproximar-se a morte, pediu para ser amortalhada no hábito das freiras concepcionistas da Lapa e enterrada na mesma igreja da Conceição em que se batizara, e assim foi. Esse extraordinário exemplo de fidelidade devocional expressa estruturas mentais profundas, em que se inscrevem signos de vida e de morte.[21]

As mortalhas de são João eram usadas por crianças do sexo masculino. Mas qual são João? Pode ter sido o Batista ou o Evangelista. No primeiro caso, temos um santo nascido de mãe já idosa e até então considerada estéril, e de um pai que sempre desejara procriar. Era filho de Zacarias e Isabel, cuja gravidez correu paralela à de sua prima Maria, que esperava Jesus. João e Jesus se comunicaram ainda nos ventres de suas respectivas mães, no episódio da Visitação (Lucas I: 5-45). Isabel anunciou com uma fogueira o nascimento do filho a Maria, do filho que seria o Batista, o patrono do sacramento que introduz o pagão na cristandade. Sua festa no meio do ano (24 de junho) — uma das poucas que comemora o nascimento e não a morte de um santo — se relacionava com o ciclo agrícola, marcando o fim da safra de cana na Bahia dos engenhos, época das chuvas (elemento feminino) recebidas com o fogo junino (elemento masculino). O santo é um herói popular da virilidade, tradição já existente na Colônia, um são João namorador, protetor dos amantes, promotor de casamentos.[22]

Tal como o 8 de dezembro, a véspera e o dia de são João eram no século XIX um período bastante concorrido para a realização de batizados. Inclusive a encenação de batizados de meninos que morriam pagãos, segundo contam antigas parteiras: "Nesse dia, à boca da noite, acende-se uma vela em louvor a São João. A que tiver de ser madrinha, reza defronte da vela um 'Creio-em--Deus-Padre' na intenção do anjinho e diz: 'Eu te batizo, Fulano, eu te batizo em nome de Deus Padre Todo-Poderoso' [...] Se não se batizar, todas as noites ele

---

21. Athayde, "La ville de Salvador au XIXe siécle", p. 151; e APEB, IT, nº 04/1740/2210/05, fls. 4, 4v.

22. Schwartz, *Sugar plantations,* pp. 104-105, relaciona o fim da safra canavieira com as festas juninas; e João B. Lehmann, *Na luz perpétua* (Juiz de Fora, 1935), I, p. 529, observa que são João é dos raros santos cujo nascimento é festejado; sobre são João namorador e casamenteiro, Souza, *O Diabo,* pp. 119-120; e Fausto Teixeira, *Estudos de folclore* (Belo Horizonte, 1949), pp. 35-36.

*20. São João Batista,
menino pastor barroco.*

chora na cova."[23] Neste caso temos o Batista diretamente associado a um tipo de morte. Como motivo de mortalha, são João representava a morte prematura, estabelecendo, como no caso da Senhora da Conceição, uma relação dinâmica entre vida e morte.[24]

Mas a mortalha de são João vista por Ewbank no Rio foi certamente a do Evangelista: "Quando se veste de São João o cadáver de um menino, coloca-se

---

23. Hildegardes Vianna, *As aparadeiras e sendeironas* (Salvador, 1988), p. 34; e Athayde, "La ville de Salvador", p. 151, sobre batismos no São João.

24. Também no Rio de Janeiro, contando todo o século xix, N. Sra. da Conceição vestia crianças do sexo feminino e São João do masculino: Rodrigues, *Lugares dos mortos*, p. 211; já em São Paulo, a mortalha branca predominava largamente para todas as crianças, sobretudo na primeira metade do século xix: Vailati, *A morte infantil*, pp. 133-138.

uma pena em uma das mãos e um livro na outra".[25] Neste caso a relação com o tema fúnebre era mais direta, lembrando as dramatizações anuais da Paixão de Cristo na Semana Santa, ocasião em que as crianças representavam personagens bíblicas, entre as quais os apóstolos. João ocupa um lugar de destaque entre estes por ser o mais próximo de Cristo e, mais importante, o único que assistiu a sua morte ao lado de Nossa Senhora. Além do quarto Evangelho, teria sido autor do Apocalipse, livro fundamental da escatologia cristã, onde anuncia o fim dos tempos, a destruição dos ímpios, o reino de Deus para os bons.

Porém, a mortalha mais usada pelas crianças do sexo masculino está registrada nos livros de óbitos como *vermelha* ou à cardeal. Vários viajantes comentaram que o vermelho se destacava entre as cores fúnebres infantis, decorando caixões, panos e carros mortuários. O uso da mortalha vermelha — cor associada a atributos reprodutivos — pode também ser interpretado como uma ritualística relacionada à fertilidade, ou a sua perda. Marshall Sahlins considera a cor vermelha como "carregada de sexualidade e virilidade", mas em várias culturas está também associada a perigo. Huntington e Metcalf lembram que o vermelho é a cor fúnebre dos povos de Madagáscar: "O vermelho é usado nesses funerais para representar 'vida' e vitalidade em oposição à morte". Deve ter sido o mesmo no Brasil, onde, porém, a significação recaía sobre um tipo particular de morte, a morte infantil masculina. É também possível associar o costume à liturgia católica, que pinta de encarnado os paramentos usados pelo sacerdote no 28 de dezembro — o dia dos santos Inocentes, que celebra as crianças que Herodes mandou assassinar.[26]

Meninos e meninas também usavam mortalhas com estampas e listras coloridas. Esse vestuário festivo significava que a morte da criança não era tão grave quanto a de um adulto ainda ativo. Conforme discutido num capítulo adiante, seus funerais beiravam a festa. A criança, sobretudo o recém-nascido, ainda não era considerada parte da sociedade civil, por isso transformava-se

25. Ewbank, *Vida no Brasil*, p. 59.

26. Expilly, *Les femmes*, p. 31; Robert Minturn Jr, *From New York to New Delhi* (Nova York, 1859), p. 15; Georges Raeders, *Le comte de Gobineau au Brésil* (Paris, 1934), p. 42; Marshall Sahlins, *Culture and Practical Reason* (Chicago, 1976), p. 198, 199; Huntington e Metcalf, *Celebrations of Death*, p. 45. Thomas, *La mort africaine*, discute a profunda relação entre vida e morte nos mitos e ritos fúnebres africanos. Ver também Parés, *O rei, o pai e a morte*, pp. 69-70, e passim.

em anjo logo ao morrer, desde que fosse batizada. É certo que a profusão de cores também pode significar caos e incerteza. O contentamento que a mortalha colorida porventura transmitia devia-se menos à morte da criança do que à certeza de que sua inocência lhe garantia um bom lugar no mundo dos mortos. Pode ser que o estado de pureza ritual dos pequenos explique por que seus restos mortais fossem utilizados como ingredientes de bolsas de mandinga e outras práticas mágicas no Brasil.[27]

As mortalhas, provavelmente, fazem parte do rol de objetos simbólicos que, segundo Turner, "podem literal ou metaforicamente se relacionar com um grande leque de fenômenos e ideias".[28] Embora não tenhamos informações precisas sobre os múltiplos sentidos atribuídos às mortalhas por nossos antepassados, o certo é que não eram um elemento neutro na trama da morte. Seu uso exprimia a importância ritual do cadáver na integração do morto a seu mundo e de ressurreição quando este mundo aqui tivesse fim. Era uma representação do desejo de graça junto a Deus, especialmente a mortalha de santo, que de alguma forma figurava a reunião à corte celeste. Ao mesmo tempo que protegia com a força do santo invocado, a mortalha servia de salvo-conduto na viagem rumo ao Paraíso. Pode-se até pensá-la como uma espécie de disfarce de pecador. Seja qual for o ângulo, ela representa a glorificação do corpo em benefício da glorificação do espírito, uma das evidências mais fortes da analogia que se fazia entre o destino do cadáver e o destino da alma. Vestir o cadáver com a roupa certa podia significar, se não um gesto suficiente, pelo menos necessário à salvação.

Vimos que isso era verdade para os africanos também. Mas para muitos deles o sentido de salvação podia ser outro, ainda que relacionado com à roupa da morte. Comentando um levante ocorrido na Bahia em 1830, atribuído aos nagôs, o cônsul francês Armand Marcescheau escreveu que aqueles eram negros fortes, destemidos "e capazes de confrontar a morte colocando alguns deles suas melhores roupas, na crença de que isto é um meio de rever a sua pátria". É possível que o cônsul estivesse se referindo ao *agbada*, o camisão branco usado por negros muçulmanos. Não creio que os nagôs tivessem se rebelado apenas

---

27. Luiz Mott, "Dedo de anjo e osso de defunto", *D. O. Leitura*, 8: 90 (1989), pp. 2-3, estuda o uso de restos mortais por "feiticeiros" coloniais.

28. Victor Turner, "Symbols in African Rituals", in M. Freilich (org.), *The Pleasures of Anthropology* (Nova York, 1983), p. 366.

por um retorno espiritual à África, até porque a transmigração da alma não era uma característica da ideologia religiosa deles. Os nagôs lutavam para viver, mas, se morressem na luta, queriam garantir o feliz encontro com seus antepassados e com Alá, e para esse momento sublime vestiam-se adequadamente.[29]

As mortalhas tinham também o que podemos chamar de funções mágicas marginais, quer dizer, periféricas ao ritual funerário em si. Por exemplo, Luiz Mott colheu informações sobre diversos usos que os acusados de feitiçaria no Brasil colonial davam às agulhas com que se confeccionavam mortalhas. Um africano as usava para marcar a palma das mãos ou a sola dos pés de quem desejasse ter sorte no jogo. Uma crioula de Minas Gerais confessou que aprendera com um branco a prender seu homem costurando a roupa dele com uma dessas agulhas.[30]

A mortalha falava pelo morto, protegendo-o na viagem para o além, e falava do morto como surpreendente fonte de poder, mas também enquanto sujeito social. Dizia de sua idade e sexo, como vimos, dizia de sua posição na sociedade, como passamos agora a ver.

MORTALHA E CORPO SOCIAL

Como variava o tipo de mortalha, segundo a condição social do morto? Eliminadas as pessoas cujo status não foi possível identificar, chegou-se ao seguinte quadro:

*Tabela 4*

MORTALHAS SEGUNDO A CONDIÇÃO SOCIAL DO MORTO, 1835-36

| Condição social | Mortalha | | | | |
|---|---|---|---|---|---|
| | *Franciscana* | *Branca* | *Preta* | *Outras* | *Total* |
| Livre | 51 | 154 | 90 | 182 | 477 |
| Liberto | 6 | 42 | 6 | 1 | 55 |
| Escravo | 3 | 114 | 15 | 40 | 172 |
| Total | 60 | 310 | 111 | 223 | 704 |

29. AMRE, *Correspondance politique. Brésil*, v. 12, fls. 206-207; e Idowu, *Olodumare*, p. 200.
30. Mott, "Dedo de anjo e osso de defunto", p. 3.

Salta aos olhos que as pessoas livres tinham um leque de opções bem maior do que as escravizadas e mais ainda do que as libertas. Os livres usavam muito a mortalha branca (32,3%), mas a maioria (38%) foi à sepultura usando um variado guarda-roupa fúnebre, que incluía as diversas mortalhas de santo, fardas, batinas sacerdotais e até roupas comuns. O francês Jean Batou morreu em 23 de janeiro de 1835 e "seu corpo foi envolto nas vestes que usava quando vivo", segundo registro da paróquia da Vitória. Um foi de casaca e dois "à cavalheiro", onze com fardas militares, um com farda de inspetor de quarteirão, cinco com batinas.

Segundo regras estabelecidas pelas *Constituições primeiras* (c. 827), os sacerdotes deviam usar como mortalha a mesma roupa com que celebravam missas, os monges "revestidos nos vestidos comuns", os diáconos e subdiáconos com roupas mais elaboradas. Os militares nem sempre usavam suas fardas, como o sargento-mor Joaquim Alves de Araújo que, segundo a cuidadosa conta do padre anotador, morreu com oitenta anos, três meses e dez dias, no Natal de 1835, e foi "envolto em hábito preto sepultado na Misericórdia com todos os sacramentos". Ou o alferes Faustino José de Alvarenga, morto a facadas em 9 de junho de 1835, cuja farda foi substituída pela mortalha branca talvez para fazer um contraponto à sua morte violenta, e vestido com a cor da paz deu-se-lhe sepultura na igreja de Guadalupe. Mas, geralmente, os militares vestiam-se de guerreiros para essa ocasião. Aliás, militares e sacerdotes eram as duas categorias ocupacionais cujos membros se enterravam quase sempre com roupas do ofício.[31]

Os dois casos de mortos "vestidos à cavalheiro" podem referir-se a roupas civis de gala ou, mais provavelmente, ao hábito de cavaleiro da Ordem de Cristo. Thomas Lindley viu um poderoso coronel de Itaparica vestido assim para seu funeral: "um roupão branco de tafetá, com uma capa curta e cachecol de cetim escarlates, borzeguins vermelho-marroco, um capacete ornamentado de prata, com luvas em suas mãos (a direita segurando uma rica espada)". Em 1839, o alfaiate que vestiu de cavaleiro o comendador Francisco José Lisboa usou borlas, alamares e cachecol.[32]

Cerca de 19% dos livres foram enterrados com mortalhas pretas e 32,3% com mortalhas brancas, a mais usada entre os livres. A mortalha branca tam-

---

31. ACS, *LRO/Sé, 1831-40*, fls. 304v, 315.
32. Lindley, *Narrative*, p. 119; e APEB, *IT*, nº 03/1211/1680/01, fl. 76.

bém vestiu 66,3% dos escravos, a preta 8,8% e uma variedade de outras mortalhas vestiu 23,3%. Mas foi entre os libertos, na grande maioria africanos, que o branco se fez mais presente como a cor mortuária, cobrindo o cadáver de 76,4% deles. Quando contamos apenas os africanos escravizados, essa proporção sobe para 91%. Se considerarmos todos os africanos juntos — escravizados e libertos —, a proporção ainda se mantém alta: 84,2%. Mesmo considerando que as mortalhas brancas fossem escolhidas por serem as mais baratas, proporções tão altas podem significar também a adesão a valores culturais trazidos da África, como sugeriu Oliveira. Isso fica ainda mais evidenciado quando se observa que, entre libertos e escravos nascidos no Brasil, o branco foi a cor mais usada por apenas 54% dos mortos.[33]

A tabela seguinte resume a distribuição percentual das mortalhas segundo o grupo etnicorracial dos mortos livres/libertos:

*Tabela 5*

MORTALHAS SEGUNDO A ORIGEM ETNICORRACIAL DE LIVRES/LIBERTOS, 1835-36

| | Mortalhas | | | | | |
|---|---|---|---|---|---|---|
| Origem/cor | Franciscana % | Branca % | Preta % | Outras % | Total % | N |
| Brancos | 12,6 | 18 | 24 | 45,4 | 100 | 135 |
| Pardos | 7,1 | 42,8 | 17,3 | 32,8 | 100 | 98 |
| Crioulos | 3 | 54,5 | 18,2 | 24,3 | 100 | 33 |
| Africanos | 12,2 | 73,5 | 12,2 | 2,1 | 100 | 49 |

Essa distribuição mostra que as chances de escolha de mortalhas variadas ("outras") declinam de acordo com o grau de "africanidade" do usuário, alcançando apenas 2,1% entre os africanos, o que deve indicar uma integração menor destes na sociedade "livre" da Bahia do século XIX. Nenhum africano, por exemplo, foi à sepultura vestindo farda de militar ou batina de padre, e muito poucos

---

33. Enquanto isso, em Mariana (MG) do século XVIII, o hábito de São Francisco tinha disparada preferência dos libertos, e sobretudo das libertas, sobre a mortalha branca. Ver Cesar Neto, "Estratégias para 'bem morrer'", p. 85, sugerindo que a devoção aos santos pelos ex-escravos seria muito mais forte em terras mineiras.

com roupas de santo, à exceção da mortalha franciscana. Seus filhos crioulinhos e pardinhos, entretanto, usaram mortalhas de Nossa Senhora da Conceição, mortalhas multicores, vermelhas e de são João, em sintonia com os costumes locais de indumentária fúnebre infantil. No extremo superior da hierarquia social, os brancos são os mais bem representados na categoria das "outras" mortalhas.

O uso da mortalha branca cresce à medida que nos afastamos dos brancos. Esse tipo de mortalha era tanto mais usada quanto mais "africano" fosse o morto. Essa ordem reflete basicamente a hierarquia socioeconômica baiana do século XIX, e provavelmente a maior preferência por mortalha branca traduzia menor poder aquisitivo. Ou seja, mortalhas brancas, feitas talvez com tecido grosseiro de algodão, estavam mais ao alcance dos que morriam pobres, entre eles os africanos. Nesse caso, o uso do branco por esses pretos, além do apego a tradições funerárias africanas, refletiria, por um lado, o baixo poder de compra do grupo, por outro, a menor integração social referida anteriormente. O que pode ter ocorrido é que tradições culturais africanas tivessem sido reiteradas na Bahia por fatores econômicos e sociais.

A mortalha preta era mais usada pelos brancos do que por qualquer outro segmento racial. Apesar de variar em intensidade, os demais grupos vestiam principalmente o branco. Enfim, o preto como cor fúnebre prevalecia entre os brancos — e mais ainda, como já vimos, entre as mulheres brancas. No entanto, uma boa parcela de membros de outros grupos também adotou a mortalha preta, mesmo africanos. É possível que pardos, crioulos e africanos fossem à sepultura assim vestidos porque suas famílias ou amigos quisessem distinguir-se ou distingui-los socialmente na hora da morte, adotando um costume mais comum aos brancos. Para isso era preciso ter recursos, uma vez que o pano preto custava mais. A senhora parda Maria da Boa Morte dos Anjos morreu aos 65 anos protegida por seu próprio nome e por todos os sacramentos, indo à sepultura na igreja do Boqueirão vestida de "hábito preto" e acompanhada por quatro padres. Além da mortalha preta, os quatro padres contratados para acompanhar a defunta indicam capacidade de investimento no protocolo fúnebre.[34]

Embora a simbologia dos variados tipos de mortalha não possa ainda ser inteiramente esclarecida, é indiscutível que condição social, sexo, idade, dife-

---

34. ACS, *LRO/Passo, 1797-1844*, fl. 224v.

renças etnicorraciais eram características que influíam na escolha do guarda-
-roupa dos mortos.

Aparentemente, as irmandades não tinham orientação definida quanto ao tipo de mortalha usado por seus membros. Nenhum compromisso, por exemplo, obrigava ou mesmo recomendava ao irmão esta ou aquela mortalha. As irmandades negras forneciam mortalhas aos irmãos pobres e a do Rosário das Portas do Carmo chegou a mencionar no compromisso de 1820 que "lhe dará pelo amor de Deus uma mortalha branca", a típica roupa fúnebre de pobre. Mas, de um modo geral, os irmãos desta e de outras irmandades eram sepultados com a mortalha que eles ou seus familiares decidissem ou pudessem adquirir. Os dois mortos de 1835-36 que encontramos com hábitos de irmandades eram portugueses, um da Ordem Terceira do Carmo, outro da Ordem Terceira da Santíssima Trindade. Alguns irmãos do Carmo e de são Domingos foram à sepultura vestidos de mortalhas respectivamente de Nossa Senhora do Carmo e de São Domingos, em óbvia alusão aos santos patronos de suas confrarias.[35]

A Ordem Terceira de São Francisco parece ter sido um caso à parte. Seus irmãos eram tradicionalmente enterrados com mortalha franciscana. As contas de julho de 1823 do convento de São Francisco, por exemplo, registram o fornecimento de onze hábitos de burel àquela ordem. Uma resolução de 1835 da mesa diretora dos terceiros sugere que eles estavam submetidos a alguma espécie de contrato que os obrigava a usar a mortalha franciscana. Nessa resolução se requeria ao capítulo provincial daqueles religiosos "permissão de serem os Irmãos sepultados com seus próprios Hábitos de Terceiros e conduzidos diretamente os cadáveres para a Capela de Nossa Igreja".[36]

Decidida a escolha da mortalha, tarefa nem sempre simples como acabamos de ver, seguiam-se outras medidas necessárias ao despacho do morto. Além da mortalha, quem tinha recursos usava meias, sapatos e outros artigos comprados especialmente para a ocasião. Em 1819, Josefa Maria da Conceição foi vestida de mortalha branca, como pedira em testamento, mas também

---

35. "Compromisso da Irmandade de Nossa Senhora do Rosário dos Homens Pretos das Portas do Carmo", cap. 23; ACS, LRO/*São Pedro, 1830-38*, fl. 121; e ACS, LRO/*Pilar, 1834-47*, fl. 14v.

36. ACSF, *Livro de contas da receita e despeza, 1790-1825*, fl. 301; e 6ª Sessão, 8/11/1835, AOTSF, *Livro de deliberações*, fl. 4, não catalogado.

usou um véu branco e sapatos novos. Falecida em 1836, Maria Úrsula da Assunção vestiu uma mortalha de lila preta, calçou meias e sapatos novos e teve seu cadáver coberto por um pano preto de escumilha. A cobertura total do corpo não era comum, sendo mais usado, para as mulheres, apenas um véu. Era um costume das baianas brancas usar véu quando saíam à rua, e assim partiam para a outra vida. Se acontecia como na corte do Rio de Janeiro, pelo menos as crianças eram fortemente maquiadas, de ruge sobretudo, e enfeitadas com flores, laços e bijuterias.[37]

## O VELÓRIO

Enquanto uns preparavam o morto, outros cuidavam de arrumar a casa para o velório e de tomar outras providências relacionadas ao enterro. Geralmente um parente masculino organizava o funeral. Em 1831, Maria dos Anjos do Sacramento morava em casa de Ana Joaquina de Oliveira, mas escreveu em seu testamento: "tenho um primo por nome Felicianno Joaquim, o qual não me procura, e que no caso de eu morrer se me mande chamar a ele para fazer o meu funeral e sufrágios para a minha alma [...] pois para cujo fim o deixo encarregado na sua consciência". O primo afastado era o parente mais próximo de Maria dos Anjos e ela o instruiu sobre onde e como queria ser enterrada. Quanto à arrumação do velório, escreveu: "será feito a vontade da dona [da casa] pois é quem tem obrado de caridade com o meu cadáver, pois que não tenho Mãe nem Pai senão a sua proteção dela". Ela já confundia corpo com cadáver — e no dia seguinte morreu. Era hora de contratar o armador para "armar a casa".[38]

"Armar a casa" significava decorá-la com os símbolos do luto. O filho de Antônio Vieira de Azevedo, falecido em 1813, contratou João Francisco de Sousa para fazer a "armação da casa para o dia do enterro do defunto seu Pai". Na decoração se usava muito pano cortinado, frisado, armado com varas. O armador Caldas afirmou ter "forrado de fazenda" — expressão de resto muito

37. APEB, *IT*, nº 1/67/85/7, fl. 10; 05/1956/2428/10, fl. 44; M. J. Arago, *Souvenirs d'un aveugle* (Paris, 1840), I, p. 103; e Ewbank, *Vida no Brasil*, p. 59.

38. APEB, *LRT*, nº 21, fl. 45v.

frequente — a casa da finada Maria Úrsula. Os documentos sugerem que os veludos, baetas, belbutinas, galões ornamentavam a sala onde ficava o cadáver durante a sentinela e, no outro extremo do enterro, a igreja onde se lhe dava à sepultura. Para o funeral de uma recolhida dos Perdões, fez-se a "armação do salão onde se depositou o corpo", no ano de 1814.[39]

Na entrada da casa, capelas, ramos fúnebres ou panos cortinados avisavam aos transeuntes sobre a presença da morte naquele local. No Rio de Janeiro se colocava um pano preto decorado em ouro se o defunto fosse casado, lilás e preto, se solteiro, branco ou azul e dourado, se criança.[40] Havia outras formas de anunciar a morte, como os gritos chorosos das carpideiras. Muitas vezes a família mandava rezar uma "missa de notícia", dobrar os sinos da igreja da paróquia e, em alguns casos, também os da Catedral.

Além dos dobres, as famílias mais abastadas avisavam por meio de "cartas-convites" distribuídas por escravos, fâmulos ou pessoas especialmente contratadas para a tarefa. Antes das tipografias instaladas no Brasil depois da vinda da corte portuguesa, essas cartas eram escritas à mão. Em 1801, na lista de despesas com o funeral de Antônia Rodrigues da Conceição Limpa, seu filho incluiu gastos "por papel para as cartas que se escreveram". Mais tarde, sobretudo a partir da Independência, apareceram as cartas impressas, que se tornaram produtos frequentes em anúncios de jornais. "Vende-se cartas de convite para enterramento e ofício na Typographia Imperial", anunciou *O Bahiano* na sua edição de 2 de maio de 1828 e, novamente, em 6 de junho do ano seguinte. Com o tempo, os convites se sofisticaram e, em 1837, o artista Bento José Rufino Capinam oferecia convites "tanto de homens, como de anjos", todos decorados "com suas alegorias próprias às pessoas e ao caso". O anúncio apareceu durante a ocupação de Salvador pelos revolucionários da Sabinada, em *O Sete de Novembro* (5/12/1837), jornal fiel tanto ao movimento rebelde como às tradições baianas de bem morrer.[41]

Não encontrei nos inventários alusão a convites manuscritos para enterro que tivessem sido distribuídos no período anterior à Cemiterada, mas é provável que as cartas então feitas à mão se assemelhassem àquela escrita, em

39. APEB, *IT*, nº 04/1713/2183/01, fl. 28; e nº 01/80/109/6, fl. 16.
40. Ewbank, *Vida no Brasil*, p. 58.
41. APEB, *IT*, nº 03/1263/1732/07, fl. 24. Os periódicos citados fazem parte da coleção da BNRJ.

1856, por uma viúva de Salvador ao vice-cônsul inglês, James Wetherell, convidando-o para o enterro do marido:

Na mais dolorosa hora de sua existência, Dona S. de A. V. R. implora informar-lhe que o Criador foi bondoso o bastante para chamar à Sua eterna glória seu mui amado marido, Comendador J. J. R., e como seu corpo será enterrado esta tarde [...] ela espera que o Senhor não recusará assistir este ato piedoso e religio-so [...].[42]

O inglês recordou que na Bahia convites desse tipo eram enviados a todos os conhecidos da família enlutada, mas a família mesma não participava da parte pública do funeral, o que pode ter sido um costume das classes privilegiadas. Mesmo ausente, os parentes do morto procuravam garantir uma boa comitiva fúnebre.

E não era um costume apenas da capital. Em 1859, uma viúva de Alagoinhas, interior da Bahia, escreveria a um convidado:

D. Custodia Maria de Jesus e Motta faz sciente a V. Sa. que foi Deus servido levar desta vida presente para a eternidade seu marido João Manoel da Motta, e que seu corpo há de ser dado à sepultura amanhã às oito horas da noite na Igreja do S. S. C. de Maria e para que seja por ato de [rasurado] o enterramento brilhantado roga a assistência de V. Sa., além do acompanhamento de sua Fazenda às quatro horas da tarde para o arraial.[43]

Observe-se o sentido explícito de espetáculo dos funerais de outrora: o convidado fora convocado a "abrilhantar" o lúgubre ritual.

As famílias se esforçavam por fazer dos enterros de seus membros um importante acontecimento social, expedindo dezenas, às vezes centenas de convites. O futuro dono do cemitério Campo Santo, José Antônio de Araújo, enviou duzentas "cartas impressas" convidando para o funeral da mãe, em 1821, pelas quais pagou 8 mil-réis, valor de quatro boas laranjeiras listadas em seu inventário. Cem pessoas foram convidadas para o funeral do padre Jerô-

42. Wetherell, *Brazil*, p. 111.
43. APEB, *Saúde. Falecimentos, etc.*, maço 5402.

nimo Vieira da Piedade, em 1832. Quinhentas para o de João Correa de Brito, em 1836, defunto que, aliás, pedira em testamento um enterro sem pompa. Por todo o século XIX, persistiu no Brasil o costume de as famílias buscarem uma numerosa audiência para seus funerais, conforme ensina uma personagem de Machado de Assis, que expediu oitenta convites para o enterro da filha e ficou desolada quando só conseguiu contar doze pessoas presentes.[44]

Esperava-se que pelo menos parentes e amigos mais íntimos acorressem ao velório. Para o velório armava-se na sala da casa uma tarimba, espécie de estrado alto, ou uma essa (mais comum nas igrejas), sobre a qual se depositava o corpo. Ao que parece, durante a vigília o morto dispensava caixão, só usado em seu transporte para a sepultura. A depender do cabedal da família, usavam-se castiçais de prata ou de madeira para iluminar o cadáver e afastar os maus espíritos que costumavam rondá-lo. Para o velório do corregedor Antônio Jourdan, em 1819, foram alugados seis castiçais de prata e outros tantos de madeira. E se gastava muita vela — eram *velórios*. Em 1808, no velório de José Pires de Carvalho e Albuquerque, patriarca da Casa da Torre, no Solar do Unhão, foram consumidos pelo menos um brandão, noventa velas e seis tochas, entre aquelas que iluminaram o cadáver e as distribuídas aos participantes do evento. Exatos 266.640 réis foram derretidos junto com a cera, equivalentes a mais da metade do valor de um sobrado de dois andares listado no inventário de Carvalho e Albuquerque.[45]

Segundo nossos folcloristas, a posição correta do cadáver no espaço do velório era receita certa de eficácia simbólica: "sempre com os pés voltados para a rua e quando é carregado no féretro conserva-se a direção. Sai para a sepultura com os pés, ao inverso de como entrara no mundo" (Câmara Cascudo). Toda uma simbologia de espaço e movimento assegurava a passagem sem percalços do defunto para o território da morte. Conheciam-se outras práticas associadas à ideia de viagem. Os sapatos deviam estar limpos de poeira e areia, elementos do mundo dos vivos — "levando qualquer areia a alma volta, saudosa, atraída

---

44. APEB, *IT*, nº 04/1740/2210/05, fl. 157; 01/265/504/14, fl. 20; 05/1963/2435/04, fl. 35; e Machado de Assis, *Memórias póstumas de Brás Cubas* (várias edições [orig. 1881]), cap. CXXVI. Na França se faziam verdadeiros *posters*, de 45 × 35 cm, que eram distribuídos pelas casas dos convidados e afixados nas igrejas: Lebrun, *Les hommes et la mort*, p. 462.

45. APEB, *IT*, nº 1/67/84/1, fls. 41, 45; e nº 01/97/141/02, fl. 50.

21. *Além de rezas pelo morto,
poemas para o morto ajudavam os vivos
a enfrentar solidariamente
a visita da morte.*

pela recordação da família", advertia Cascudo. Talvez por isso (além do dever de apresentar bem seus falecidos) as famílias mais ricas lhes compravam sapatos, meias, véus, tudo novo, evitando deixar qualquer pista que facilitasse o seu retorno. Ainda para a viagem, os mortos prósperos levavam uma moeda de prata portuguesa, costume mediterrâneo, já conhecido na antiguidade grega — mas encontrado também na Inglaterra, onde se colocava um *penny* na boca para ser entregue a são Pedro, guardião da entrada do céu. As mãos eram amarradas com rosários — rosários pretos para homens e mulheres casados, azuis para as virgens, brancos para as crianças, roxos para as viúvas. Entre as mãos, uma vela acesa para iluminar os caminhos que levavam à bem-aventurança, ou então um crucifixo, para lembrar o sacrifício do Salvador.

Quem chegava para visitar o morto, saudava-o com água benta. Em Portugal acreditava-se que, se fosse possível olhar pelos olhos do finado a quem faltasse água benta, não se veria a luz do dia, tamanha a quantidade de demônios reunidos em sua volta a lhe espreitar a alma. Lá como cá, as mulheres presentes ao velório rezavam padre-nossos, ave-marias e credos, desfiavam rosários e ladainhas. Tristes incelências (orações em verso) e benditos eram recitados aos pés do morto, mais uma referência a movimento, a separação segura. E atuavam também as vizinhas carpideiras, "velhas devotas de lágrima fácil e gestos teatrais" — segundo Cascudo de novo — que choravam com veemência para afastar a alma dali. João Varela lembrou-se com pavor da "gritaria estridente daquellas quadras fúnebres". Estilo também africano. Da África dos nagôs nos vem a informação de que as carpideiras começavam seu labor antes mesmo da passagem do moribundo, quando, segundo os irmãos Lander, "a primeira mulher na fila começa a gritar e é instantaneamente seguida pelas outras vozes; as notas de abertura da lamentação são bem baixas e sentidas, as últimas selvagens e penetrantes".[46]

No Brasil, ao longo da vigília, à saída do morto de casa, durante o enterro e na hora do sepultamento, as gritadeiras, como também eram conhecidas as carpideiras, mantinham-se acesas. Apesar do barulho que faziam, o recém-falecido conseguia ouvir recados de vivos para mortos que ele breve encontraria — pedidos que visavam a cura de doenças e a solução de outros infortúnios, e às vezes pedidos de vingança celeste contra algum desafeto entre os vivos. Mas o bom comportamento prevalecia: enquanto exposto o cadáver, familiares e conhecidos não recusavam esmolas. Ou um comportamento alegre, divertido, "sinal de que o morto não queria tristezas", segundo Hildegardes Vianna.[47]

O defunto atravessava a noite na companhia de parentes e conhecidos, para os quais se providenciava comida e bebida, com o fito de mantê-los alertas, de *sentinela*, como também se chamava com muita adequação ao velório. Sobre comida e bebida para a ocasião há um absoluto silêncio nas contas das

---

46. Lander e Lander, *Journal of an Expedition*, I, p. 112. Outras referências deste e do parágrafo anterior: Pina-Cabral, "Cults of Death in Northeastern Portugal", p. 3, sobre água benta; idem nos Açores, Luís Ribeiro, *Obras* (Angra do Heroísmo, 1982), I, p. 681; Cascudo, *Dicionário*, p. 751; idem, *Anúbis*, pp. 15-17, 18; e Varela, *Da Bahia do Senhor do Bomfim*, p. 125. Entre os gregos, se colocava uma moeda na boca do morto, para o pagamento ao barqueiro Caronte pela travessia do Aqueronte (o pântano), rumo ao reino dos mortos: Pierre Grimal, "Greece: Myth and Logic", in P. Grimal (org.), *Larousse World Mythology* (Londres, 1973), p. 136; na Grécia rural as moedas são postas sobre o cadáver, Danforth, *The Death Rituals of Rural Greece*, foto n. 6; e também na Inglaterra, Gittings, *Death, Burial and the Individual*, p. 111.

47. Vianna, *A Bahia já foi assim*, p. 56, 60, 65; e Azevedo, *Ciclo da vida*, p. 62.

despesas funerárias anexadas aos inventários oitocentistas baianos. Tampouco os viajantes estrangeiros mencionaram comida durante o velório ou após o enterro. Dos que consultei, o único que trata do assunto é Ewbank, para dizer que não se comia nos funerais brasileiros. Isso intriga, pois a memória coletiva de nossa morte antiga registra com insistência esse hábito, que herdamos de Portugal e da África, e ainda comum em nosso meio rural. Como escreve pitorescamente Vianna: "defunto sozinho era presa fácil do demônio". Cabia aos vivos zelar para que maus espíritos não se aproximassem neste momento decisivo; cabia-lhes fortalecer sua alma com rezas e outros gestos; tocava à família cuidar para que parentes, amigos e vizinhos não fraquejassem e enfrentassem a noite com os olhos abertos e o espírito elevado, daí a distribuição de comes e bebes, inclusive bebida espirituosa, além de café forte. No período colonial as ordenações manuelinas legislavam sobre esses banquetes fúnebres, proibindo-os no interior das igrejas, que também serviam de lugar de velório, o que ampliava o sentido público da morte barroca. As leis, no entanto, silenciavam sobre o que se passava no ambiente doméstico colonial, e assim continuaria no período imperial.[48]

O último ritual de despedida do morto do ambiente doméstico — ou pelo menos de seu cadáver, uma vez que sua alma podia retornar — era a encomendação, feita pelo pároco à saída do funeral. Com frequência, este momento era acompanhado por músicos que tocavam mementos. "Música em casa e na igreja" são expressões que amiúde encontramos nas listas de despesas funerárias anexadas aos inventários do período. Era uma manifestação de especial deferência e carinho da família para com o morto, gesto que solenizava sua saída definitiva de casa rumo ao mundo dos mortos, e sinal de pompa fúnebre. Foi com música em casa que a órfã Carolina Emília do Vale se despediu, em 1819, de uma avó que a criara com desvelo e a fizera única herdeira. No caso de Bernardina Rodrigues da Fonseca, finada em 1814, foi sua sobrinha e herdeira universal quem pediu ao padre João José de Sousa Requião, testamenteiro da defunta, que contratasse músicos para a encomendação no recolhimento dos

---

48. Cascudo, *Anúbis*, p. 15; Ott, *Formação étnica*, I, p. 189; Varela, *Da Bahia do Senhor do Bomfim*, p. 125; Vianna, *A Bahia já foi assim*, pp. 58-60; Ewbank, *Vida no Brasil*, p. 59. Sobre comida nos funerais rurais, ver, por exemplo, Renato da S. Queirós, "A morte e a festa dos vivos", in Martins (org.), *A morte e os mortos*, p. 249.

Perdões, onde morrera e fora velada. Uma das coisas pedidas em 1831 por Maria dos Anjos do Sacramento a seu primo afastado foi que seu cadáver fosse "encomendado tanto em casa como na Igreja, com sua música".[49]

Pode-se ver — e era tudo feito para ser visto — que não era pouca a energia gasta pela família e pessoas próximas no momento doméstico do funeral. A tudo isso se somava o próprio luto.

## O LUTO

O luto doméstico seguia uma série de preceitos com múltiplas funções: expressar prestígio social, demonstrar a dor, defender a família enlutada de um retorno do defunto. Exatamente como em Portugal, não se dizia o nome de quem morria, falava-se do Morto, do Defunto, do Falecido. A viúva, especialmente, não pronunciava o nome do marido de jeito algum, referindo-se a ele como "meu defunto", para reafirmar a nova posição deste na ordem do universo. Câmara Cascudo esclareceu: "O nome pertence ao homem e participa de sua substância [...]. Chamá-lo, pronunciando-o em voz perceptível, é evocá-lo, sugerir-lhe presença imediata, quase irresistível pela magia poderosa do nome. O espírito do morto obedecerá e comparecerá, na forma corpórea do defunto."[50]

Tendo saído o enterro, procurava-se apagar os rastros da morte em casa. As roupas do defunto, especialmente suas roupas de cama, e o colchão (no que sono e morte figuram associados), eram destruídos ou descartados. Varria-se a casa cuidadosamente, lançando a poeira pela porta da frente, que permanecia semicerrada como sinal de luto e para facilitar a saída da alma do morto, caso ainda por ali rondasse. Uma outra tradição diz: fechavam-se portas e janelas durante oito dias, evitando assim o retorno do morto. Ambas as atitudes previam a insistência do morto em permanecer entre os vivos. Em ambas a casa devia ser preparada para o início do luto, nova fase da liminaridade instalada pela morte.[51]

---

49. APEB, *IT*, nº 1/67/85/5, fl. 21; 01/80/109/6, fl. 16; e APEB, *LRT*, nº 21, fl. 45v.

50. Cascudo, *Anúbis*, p. 14; e também Vianna, *A Bahia já foi assim*, p. 69.

51. Vianna, *A Bahia já foi assim*, p. 58, 65; Ott, *Formação étnica*, I, p. 190. Segundo Ewbank, *Vida no Brasil*, p. 59, a casa ficava fechada por sete dias, quando o morto era parente imediato,

Hora de os vivos substituírem o guarda-roupa convencional por um período que variava conforme o grau de parentesco com o morto. O luto, segundo a legislação civil colonial, devia ser usado durante seis meses por cônjuges, pais, avós, bisavós, filhos, netos e bisnetos. Durante quatro meses por sogros, genros e noras, irmãos e cunhados. Dois meses por tios, sobrinhos, primos e irmãos apenas por parte de pai ou mãe. Somente quinze dias por parentes mais distantes. No século XIX, sobretudo no Brasil imperial, essas regras provavelmente estavam em desuso, se é que foram algum dia seguidas com rigor. Ewbank registrou, em meados daquele século, regras muito precisas de luto: um ano por falecimento de pai, mãe, cônjuge, filhos; quatro meses por irmãos; dois meses por primos e tios; um mês por primos de segundo grau; cinco a oito dias por outros parentes. Na tradição colhida pelos costumbristas, as viúvas, por exemplo, mantinham "luto fechado" até o fim da vida (como ainda é comum em algumas regiões do Mediterrâneo), ou podiam "aliviar" o luto a partir do terceiro aniversário da morte. Numa evocação do sono e do leito conjugal como memória viva do morto, à noite a roupa preta devia ser substituída, para evitar sofrimento à alma do falecido. Os homens deixavam crescer a barba por sete ou mais dias depois da morte, a depender do grau de parentesco com o morto.[52]

Os inventários do século XIX registram despesas com as roupas do luto. Gertrudes Maria do Coração de Jesus comprou para o luto por morte de seu marido, falecido em 1833, 29 côvados de chita preta, dez de chita de lila, três de baeta, dois pares de meias e quatro lenços pretos. Lenços e meias — o pesar chegava a detalhes do vestuário. Muita vez roupas velhas eram tingidas de preto para se adequarem às circunstâncias. O marido de Rita Angélica de Aguiar Cardoso, falecida em 1835, mandou tingir dois pares de meias de seda

---

e quatro quando era colateral. Ver também James Fletcher e Daniel Kidder, *Brazil and the Brazilians* (Boston, 1879), p. 204.

52. Legislação colonial sobre o luto: Lei Pragmática de 24/5/1749, AHMS, *Provisões Reais, 1744-61*, liv. 126.4, fl. 105v. Essa legislação parecia confirmar outra mais antiga, como uma provisão de 1735, do Rio de Janeiro, que condenava a dois anos de degredo quem usasse luto por mais de seis meses: Eduardo Tourinho, *Autos e correções de ouvidores do Rio de Janeiro* (Rio de Janeiro, 1931). Eram leis antiluxo, que proibiam também a decoração lutuosa de carruagens, palanquins, montarias e até chapéus de sol. Agradeço a Luiz Mott essas referências. Outras referências desse parágrafo: Ott, *Formação étnica*, I, pp. 190-191; Vianna, *A Bahia já foi assim*, pp. 63, 69, 71-73; e Cascudo, *Anúbis*, pp. 20-21.

brancas e dois de meias de algodão também brancas. E comprou um chapéu e fumo para pôr em sua aba. Para a filha, treze côvados de lila e — o luto não dispensava vaidades — um par de brincos pretos. Lenços, leques, brincos, véus, granada para o pescoço, manta, meias de seda fizeram parte do enxoval de luto da viúva do traficante de escravos José Pereira de Almeida, falecido em 1811. Muito pano foi também comprado para a família, que incluía cinco filhos menores. Para confecção das roupas foram pagos 52 mil réis ao alfaiate Francisco Fernandes de São Boaventura.[53]

Mas naquela época não apenas a família enlutava. Os serviçais e sobretudo os escravos do defunto participavam do drama fúnebre, um antigo costume português que, no Brasil, ao ritualizar uma relação familiar entre escravo e senhor, servia à dominação paternalista característica da escravidão doméstica. Solteiro, sem família para enlutar, Teodoro Ferrão morreu em 1832 e seus escravos, aos quais deixara forros, vestiram por luto um côvado de holanda, duas varas e meia de madrasto, cinco côvados de baeta, uma peça de chita roxa, três côvados e meio de sarja e até contas pretas. A viúva de José Dias Andrade, morto em 1817, gastou 14$720 réis apenas com o alfaiate que costurou roupas pretas para seus 22 escravos. Os exemplos são muitos. Às vezes o desejo de que os escravos enlutassem era consignado em testamento. A noviça Antônia Joaquina do Bonfim, ao escrever o seu, em 1817, deixou forros quatro escravos e seis escravas, a quem distribuiu dinheiro e objetos pessoais. Além disso, deixou 4 mil réis a elas e 3 mil réis a eles "para adjutório do seu luto". Deixou para o mesmo fim 2 mil réis a uma sua ex-escrava, Ludovina. Precavida, acrescentou: "para melhor declaração, deixo um rol assinado por mim, que a minha escrava Gertrudes entregará" ao testamenteiro.[54]

Assim como se desejava muita gente nos velórios e funerais, era sinal de prestígio e um bom augúrio deixar muita gente vestida de preto e outras cores mortuárias.

---

53. APEB, *IT*, nº 04/1590/2059/08, fl. 43; nº 05/2015/1486/02, fl. 48; e nº 04/1710/2180/05, fl. 79-79v.

54. APEB, *IT*, nº 04/1590/2059/05, fl. 41; nº 04/1538/2007/02, fl. 72; e nº 01/65/81/02, fl. 6. Marques, *A sociedade medieval portuguesa*, p. 217, sobre o uso do luto por serviçais doméstico em Portugal no medievo; e Araújo, *A morte em Lisboa*, p. 241, sobre o mesmo assunto, mas no Setecentos.

Todavia, as manifestações de luto não eram recíprocas, pois não consta que senhores se cobrissem dele por seus escravos. Eles podiam ordenar missas pelas almas de seus finados cativos ou pagar por funerais decentes, mas não encontrei um sequer que enlutasse. Isso reforça a ideia de que o luto escravo funcionava como mais um mecanismo de dominação, uma expressão de poder e prestígio senhoriais. O escravo morto ficava sem quem expressasse publicamente seu passamento, quer por não deixar bens para tal, quer por não deixar parentes, sobretudo os africanos, ou por ambos os motivos. Quando liberto, podia ser diferente. O liberto João Pedro do Sacramento, finado em 1833, foi um desses raros africanos que conseguiram reencontrar, neste lado do Atlântico, parentes seus também lançados na escravidão. Ao fazer seu testamento, ele legou 20 mil réis à irmã Maria Ifigênia para que ela se pusesse de luto em sua memória.[55]

Com as exceções e as desigualdades que caracterizavam outros aspectos da vida e da morte, o luto vestia as famílias, seus agregados e escravos. Mas a preocupação em formar o guarda-roupa definitivo do período lutuoso aguardaria o fim dos funerais, aonde ainda não chegamos.

55. APEB, *IT*, 05/2005/2476/03, fl. 4v.

# 6. A morte como espetáculo: antigos cortejos fúnebres

Os temas fúnebres ocupavam lugar de destaque no imaginário da Bahia de outrora. Autor de um diário escrito entre 1809 e 1828, Francisco da Silva Barros anotou sobre morte, mortos, execuções públicas, funerais, procissões do Senhor Morto e dos Passos em 45 das 190 entradas do seu diário. Confirmando o interesse baiano pela morte, Thomas Lindley escreveu que entre os "principais divertimentos dos cidadãos" se contavam os "suntuosos funerais" e as festas da Semana Santa, celebrados "com grandes cerimônias, concerto completo e frequentes procissões". Também o príncipe Maximiliano, que esteve na Bahia em 1827, referiu-se a serenatas, procissões religiosas e cortejos fúnebres num mesmo parágrafo de seu diário. Para os baianos morte e festa não se excluíam.[1]

Embora muitas das principais festas religiosas da Bahia tematizassem a morte, aparentavam celebrações da vida. No primeiro domingo da quaresma acontecia a procissão do Senhor dos Passos, que ia da igreja da Ajuda à Catedral. A vigília que acompanhava o beija-pé da imagem de Cristo morto

---

1. Francisco da Silva Barros, "Chronica dos acontecimentos da Bahia, 1809-1828", *Anais do Arquivo Público do Estado da Bahia* 26 (1938), pp. 46– 95; Lindley, *Narrative*, p. 275; e Maximiliano, *Viagem ao Brasil*, II, p. 450.

parecia um animado acampamento. Famílias inteiras superlotavam a igreja, levando esteiras, cobertores, comida e até penicos; do lado de fora, vendedores ambulantes se misturavam a pessoas que cantavam e tocavam flauta, violão, cavaquinho e harmônica. Na Sexta-Feira Santa ocorria a procissão do Enterro do Senhor, capitaneada pela Ordem Terceira do Carmo e acompanhada por numerosas irmandades, autoridades civis, eclesiásticas e militares, a tropa, o corpo consular e uma multidão que externava sua devoção de forma irreverente e barulhenta. Era a maior procissão da Bahia. O esquife do Senhor Morto ia do Carmo à matriz da Sé — distante um quilômetro — e retornava sob uma chuva de fogos de artifício.

Em agosto, Nossa Senhora da Boa Morte era festejada por várias irmandades e conventos, sendo a festa maior e mais pomposa aquela organizada pelas irmandades negras da Boa Morte e do Senhor dos Martírios, na igreja da Barroquinha. A procissão carregava o esquife da Senhora Morta até o convento das Mercês e voltava, um percurso de quatro quilômetros, ida e volta. Sobre a festa que se seguia, escreveu Silva Campos: "Uma prodigalidade de gastos [...] com orquestra numerosa, pregadores de fama, custosa decoração e iluminação do templo e do adro, foguetes, bombas, tracaria, fogueiras, balões, música no palanque, e fogo de artifício". Além disso, armava-se um grande banquete — com muita comida, vinhos e licores — para acompanhar o velório da santa, à semelhança das sentinelas domésticas.[2]

Festas em torno de imagens de cadáveres, essas procissões parecem ter servido de modelo para os antigos funerais brasileiros, verdadeiros espetáculos. As procissões do Enterro, em especial, teatralizavam o funeral apoteótico de um Deus vitorioso, a quem os fiéis desejavam reunir-se quando mortos. Imitando-as, os cortejos fúnebres encenavam a viagem rumo a esse reencontro. A pompa dos funerais — e por que não chamá-los de festas fúnebres? — antecipava o feliz destino imaginado para o morto e, por associação, promovia esse projeto.

2. Sobre os dois últimos parágrafos, Martinez, "Ordens Terceiras", p. 25, 81; Alves, *História, arte e tradição*, pp. 141-143; e principalmente Campos, *Procissões tradicionais*, pp. 89-90, 150-151, 174-195, 239-243; as *Constituiçoens primeyras* (Liv. 4, Tit. XXIX e XXX) proibiram em vão que no interior e adros das igrejas se fizessem feiras, mercados, contratos, farsas e jogos profanos, ou se comesse, bebesse e dormisse. Ver também Fonsêca, "Vida e morte na Bahia colonial", pp. 141-162, sobre Corpus Christi.

Mas a produção fúnebre interessava sobretudo aos vivos, que por meio dela expressavam suas inquietações e procuravam dissipar suas angústias, e em muitos casos demonstrar poder. Pois, embora variando em intensidade, a morte produz algum caos para quem fica. Morte é desordem e, por mais esperada e até desejada que seja, representa ruptura com o cotidiano. Embora seja seu aparente contrário, a festa tem atributos semelhantes. Entretanto, se a ordem perdida com a festa retorna com o final da festa, a ordem perdida com a morte se reconstitui por meio do espetáculo fúnebre, que preenche a falta da pessoa morta ajudando os vivos a reconstruir a vida sem ela. Para Urbain, confrontados "com o inominável, com este insuportável parâmetro orgânico da morte", os vivos procuram lhe dar uma "significação positiva" no funeral. Conhecedor das profundezas da mente humana, Sigmund Freud também sugeriu que, como o ser humano "não podia se conceber como morto", através dos funerais e do luto em geral ele "negava [à morte] o significado de aniquilação."[3]

Os personagens deste estudo sobre a morte não ignoravam esse fenômeno mui humano. Inspirado em santo Agostinho, em 1826 Luís Gonçalves dos Santos, o famoso padre Perereca, chegaria perto de uma explicação: "As pompas funerais, os mausoléus, as músicas, e as armações etc., etc., mais são consolações dos vivos do que alívio dos mortos".[4] O funeral antigo era vivido como um ritual de descompressão tão mais eficaz quanto maior fosse a difusão de signos, quanto mais gestos e objetos simbólicos fosse capaz de mobilizar. E quanto mais gente pudesse acompanhá-lo. Quando Lindley o associou a distração, captou um aspecto importante do comportamento da época. O espetáculo fúnebre realmente distraía o participante da dor, ao mesmo tempo que chamava o espectador a participar da dor alheia. Reunidos solidários para despachar o morto, os vivos recuperavam algo do equilíbrio perdido com a visita da morte, afirmando a continuidade inevitável da vida.

---

3. Jean-Didier Urbain, *L'archipel des morts* (Paris, 1989), p. 27; Sigmund Freud, "Reflections Upon War and Death", in Phillip Rieff (org.), *Sigmund Freud, Collected Papers* (Nova York, 1963), p. 127. Sobre a ideia de morte-espetáculo característica da piedade barroca, ver Vovelle, *Mourir autrefois*, esp. p. 8; e idem, *Piété baroque*, esp. cap. 2. Em Portugal medieval, "cantos e danças assinalavam os funerais": Marques, *A sociedade medieval portuguesa*, p. 215.

4. Luís Gonçalves dos Santos (padre Perereca), *Dissertação sobre o direito dos catholicos de serem sepultados dentro das igrejas* (Rio de Janeiro, 1839), p. 15. Ver também santo Agostinho, *O cuidado devido aos mortos*, pp. 26-27, e passim.

Lindley, nosso inesgotável informante, registrou em seu diário o funeral do sr. Rodrigues, cujos últimos momentos acompanhamos dois capítulos atrás:

Rodrigues morreu antes da meia-noite e neste dia os sinos fizeram um barulho constante, preparando para seu enterro. Cerca de oito horas [da noite], aconteceu. A bandeira da igreja, encimada por uma grande cruz prateada, foi primeiro seguida de pequenas cruzes prateadas e os principais habitantes da cidade (cerca de 150), cada um carregando uma vela acesa, com três padres, coristas da igreja, música etc. O corpo repousava num caixão aberto, com a face exposta, e vestido no hábito cinza de franciscano, com seu cordão etc. A procissão parava a intervalos e mementos com coro completo eram cantados.[5]

Em nome da boa morte, os fiéis rompiam com as normas da Igreja, que proibiam os funerais noturnos, além dos insistentes dobres de sinos e a música que acompanhavam o cortejo fúnebre. Vários outros aspectos desse funeral confirmam os costumes da época nesse canto distante da capitania da Bahia, a vila meridional de Porto Seguro. A bandeira que Lindley atribuiu à "igreja", era decerto um estandarte da irmandade à qual pertencia o falecido. Já sua mortalha confirma a popularidade de São Francisco como guia competente para o morto alcançar o Paraíso.

James Wetherell, que viveu em Salvador nas décadas de 1840 e 1850, confirmou que os cortejos fúnebres aconteciam ao anoitecer, sendo acompanhados por um grande número de pessoas, encabeçadas por padres, cada uma levando um tocheiro ou uma vela coberta com lanterna de papel. Ferdinand Denis achou peculiar que não apenas parentes e amigos acompanhassem os funerais: "todo indivíduo vestido com decência, que ante a casa do falecido passa, é convidado a pegar uma tocha e a seguir assim o enterro". O horário dos enterros, à noite, talvez representasse um fator de integração do morto em seu novo mundo, enquanto a queima de velas simbolizava a vida que se extinguia e a iluminação do caminho para a vida eterna. Um rico emaranhado simbólico orientava o cortejo. Em 1848, uma africana de 70 anos pediu em testamento para ser carregada até a sepultura por doze esmoleres, e cada um

5. Lindley, *Narrative*, p. 20.

deveria receber uma vela para "iluminar meu cadáver." Diz a tradição que quem carregava o defunto na saída de casa se obrigava a entrar com ele no local de sepultura, sob pena de morte próxima. Se o cortejo parasse em frente a uma residência, um azar fatal poderia atingir seus moradores, lembrando rituais africanos de acusação de feitiçaria. Ao se afastar o defunto, o dono da casa jogava água em sua direção e dizia: "Eu te esconjuro! Deus te leve".[6]

Havia mortos que pesavam menos na consciência e nos braços dos vivos. Assim eram as crianças. Luccock percebeu um clima alegre e participativo nos funerais infantis cariocas do início do século XIX. Certa feita, estando ele distraído à porta de uma igreja carioca, os carregadores do caixão de uma menina passaram-lhe de surpresa uma de suas alças. Ainda não aclimatado ao Brasil, o inglês logo livrou-se do ônus, mas depois raciocinou não ter sido gentil recusar o gesto de "deferência para com o defunto e uma gratificação para seus amigos". Em 1817 aconteceu coisa parecida com Arago, abordado na rua por um desconhecido que o convidaria a "acompanhar um pequeno Jesus ao Céu". Ele concordou e seguiu o homem a uma casa afluente, onde foi levado até uma sala iluminada por centenas de velas. "O dono da casa veio beijar-me as mãos e me dar uma vela", escreveu o viajante, que foi sentar-se ao lado de mulheres bem-vestidas e falantes. Logo saiu o anjo para uma igreja próxima, onde depois de algumas rezas ficou sobre o altar-mor, e as pessoas se retiraram. Durante todo o tempo Arago procurou em vão por lágrimas a escorrerem das faces dos presentes, mas saiu com a impressão de ter sido "o mais piedoso dentre os assistentes".[7] Era o enterro de uma criança, não carecia de lágrimas.

Não houve região do Brasil que não conhecesse esses funerais sem lágrimas. O mercenário alemão Carl Seidler contou sua experiência quando em campanha no interior do Rio Grande do Sul, durante a crise cisplatina, em

6. Wetherell, *Brazil,* p. 111; Denis, *O Brasil,* p. 265; Maximiliano, *Viagem,* II, p. 450 (funerais noturnos na Bahia); Cascudo, *Anúbis,* pp. 17-18; e Ott, *Formação étnica,* I, p. 190. O uso de velas na liturgia católica é "símbolo da vida que se extingue em honra a Deus, prefigurando a vida eterna", escreve Juan Sanchez Lopez, *Muerte y confradias de pasión en la Málaga del siglo XVIII* (Málaga, 1990), p. 119. Na França provençal os enterros também eram noturnos, realçando o "espetáculo barroco" das chamas: Vovelle, *Piété baroque,* p. 88. Ver interessante interpretação sobre o uso das velas nos funerais sertanejos em Martins, "A morte e o morto", p. 265.

7. John Luccock, *Notes on Rio de Janeiro* (Londres, 1820), p. 57; e Arago, *Souvenirs,* I, pp. 102-103.

196

22. *Cadeiras de arruar e taboleiros enfeitados de flores levam crianças à sepultura.*

fins da década de 1820. Tendo morrido uma criança de família importante da vila de Serrito, seu batalhão, ali estacionado sem ocupação, foi convidado e compareceu ao enterro, levando banda de música. O cadáver estava vestido de anjo e sendo velado numa cama coberta de flores e coroas. Os soldados receberam um brandão aceso cada. Durante o cortejo ao cemitério, a banda militar tentou um repertório solene, mas a certa altura o padre pediu um *miudinho* e outras peças alegres, para escândalo dos oficiais prussianos. Enfim, como Kidder observou, no funeral infantil "a ocasião era de júbilo e a procissão triunfal". O costume adentrou o século XX, como se via no interior do Ceará, onde a morte do recém-nascido era recebida com tiros e foguetes, comida, bebida e música — uma festa em que se "dançava para o anjinho".[8]

Na Bahia, o cortejo infantil seguia o modelo nacional. Ferdinand Denis notou que tanto lá como no Rio as crianças eram enterradas "com uma pom-

---

8. Carl Seidler, *Dez anos no Brasil* (Belo Horizonte/São Paulo, 1980), pp. 156-157; Kidder, *Sketches*, p. 174; Cascudo, *Anúbis*, cap. 24. Também na Argentina, a morte dos *"angelitos"* motivava *"alegres exteriorizaciones"*. Em 1829, a carruagem usada nos funerais de crianças era tão colorida e enfeitada que um inglês a comparou a um carro de circo: Luiz F. Nunez, *Los cementerios* (Buenos Aires, 1970), pp. 38-40.

pa entre nós ignorada, e nada têm de fúnebres". Nas ruas dessas cidades era comum se encontrarem "dessas criaturinhas rodeadas de flores artificiais e postas num pequeno ataúde envolto em pano bordado". Wetherell achava que o baiano não via como infortúnio a morte da criança, cujo cadáver era "adornado com cuidado particular", coberto de flores artificiais e transportado numa cadeira de arruar. "As cortinas da cadeira", escreveu, "são levantadas e presas com fitas coloridas e o pequeno 'anjo' é carregado na cadeira para visitar os amigos da mãe [...]". Nenhuma outra fonte descreve essa "exibição" do miúdo morto. Talvez se tratasse de um rito de inversão — ao invés de receber visitas, os defuntinhos visitavam, talvez por lhes faltarem velórios, que segundo Kidder eram raros para crianças.[9]

Os funerais da maioria dos escravos eram feitos pela Santa Casa e sem solenidade. Mas, quando esteve na Bahia na primeira metade da década de 1820, Rugendas retratou um cortejo fúnebre mais cerimonioso, embora modesto, de um negro pobre, talvez escravizado. À exceção do padre e talvez de dois encapuzados, as mais de vinte personagens da gravura são negras, todas de pés no chão. Puxando o grupo, um menino leva o que parece ser uma matraca, seguido de outro com uma cruz, dois com tocheiros (que parecem conversar animadamente) e outro maior com a bandeira mortuária. O padre lê o livro do ritual romano, ladeado por sacristãos que incensam o caminho com seus turíbulos. Exceto o menino da campainha, vestido em roupa comum, as pessoas desse primeiro grupo usam roupas litúrgicas simples.

O morto vem em seguida, de mortalha branca, carregado num pobre esquife sem alças por seis homens, uns bem, outros malvestidos. À cabecei-

9. Wetherell atribuiu o que vira a crioulas orgulhosas por terem dado à luz crianças de pele clara, o que parece um despropósito: Wetherell, *Brazil*, pp. 85-86. Outras referências do parágrafo: Kidder, *Sketches*, p. 175; ver também W. Detmer, *Botanische Wanderungen in Brasilien* (Leipzig, 1897), p. 154, para uma data posterior (1895). Agradeço esta última referência a Moema Parente Augel. Jurandir Costa, *Ordem médica e ordem familiar* (Rio de Janeiro, 1989), pp. 160-162, relaciona o caráter festivo dos antigos funerais infantis a que, no registro mental dos adultos, a criança da época pertencia à "ordem natural" e não, ainda, à ordem social. Em Anjou, França, a morte da criança era considerada, no plano religioso, uma "libertação", e no plano humano, "um acidente quase banal": Lebrun, *Les hommes et la mort*, pp. 423-424. Dois estudos, antes registrados (cap. 5, nota 19), devem ser de novo referidos sobre o tema no Brasil: Duarte, "Em vida inocente, na morte 'anjinho'"; e Vailati, *A morte menina*.

*23. Cortejo fúnebre de um negro.*

ra do féretro uma mulher, talvez a mulher do morto, talvez uma carpideira, dá as mãos a uma criança que chora, que podia ser o filho do morto ou apenas personagem imaginado pelo artista. Logo atrás dois encapuzados, que seriam irmãos de alguma irmandade das Almas ou, mais provavelmente, membros da Santa Casa em missão penitente. Seguem outros acompanhantes meio escondidos pela vegetação luxuriante, um dos quais, de chapéu na cabeça, parece bem vestido. À passagem do funeral, uma mulher e dois homens negros se ajoelham, descobrindo a cabeça o que tinha chapéu. Do lado oposto, duas negras param de conversar, mas não parecem muito interessadas no cortejo. Uma delas dá a impressão de trocar olhares com um dos sacristãos. A cena se passa possivelmente no bairro do Tororó, de onde se avista ao longe a igreja da Piedade com sua imponente cúpula. Dificilmente o séquito se dirige àquele templo de brancos. Talvez siga para o cemitério de escravos vizinho ao Tororó, sendo mais provável que vá à matriz de Santana, ali perto, ou a alguma irmandade negra um pouco mais distante. O padre decerto sabe o endereço.

## FUNERAIS E PADRES

Entre os integrantes dos funerais, os padres se destacavam. Afinal, eles eram especialistas em salvação. Na tradição registrada por Câmara Cascudo, a presença de sacerdotes no funeral prevenia a transformação do morto em alma penada.[10] O povo derivava esse costume da doutrina da Igreja segundo a qual os padres velavam o corpo para salvar a alma do Inferno, se possível do Purgatório. As *Constituições* (c. 812, 813) obrigavam a participação dos párocos — ou, em seu impedimento, de outros padres — na encomendação, acompanhamento e sepultamento de seus paroquianos. Estes deviam ser assistidos na morte pelo mesmo sacerdote que os havia assistido em vida.

Mas um só padre podia ser insuficiente para evitar o descaminho da alma. É o que sugerem os registros de óbitos de Salvador.

*Tabela 6*

NÚMERO DE PADRES NOS FUNERAIS SEGUNDO A IDADE DO MORTO, 1835-36

| *Número de padres* | *Idade* | | | | | | |
|---|---|---|---|---|---|---|---|
| | *até 10* | *11-20* | *21-30* | *31-40* | *41-50* | *+ de 50* | *Total* |
| 1 | 162 | 22 | 48 | 46 | 28 | 79 | 385 |
| 2-5 | 23 | 9 | 25 | 14 | 13 | 29 | 113 |
| 6-10 | 9 | 10 | 7 | 8 | 9 | 23 | 47 |
| 11-15 | 1 | 1 | 6 | 4 | 6 | 16 | 34 |
| 16-20 | — | 1 | 1 | — | — | 2 | 4 |
| mais de 20 | 2 | 1 | — | — | 2 | 5 | 9 |
| Total | 197 | 44 | 87 | 72 | 58 | 154 | 592 |

OBS.: Excluí todos os casos em que a presença de padres não foi registrada por suspeitar de falha nos registros paroquiais.

A menor gravidade do funeral infantil se expressava na ausência ou na presença de escassos padres. Em 1835-36, das 197 crianças de nossa amostra falecidas com menos de onze anos, apenas cerca de 18% foram conduzidas por dois ou mais

10. Cascudo, *Anúbis*, pp. 17-18.

padres, proporção que cai para 6% quando contamos mais de cinco padres. Talvez os padres não tivessem muito a fazer pelas almas de inocentes que, não chegando a pertencer plenamente à ordem social, na morte se integravam automaticamente à ordem divina, tornando-se "anjos". Para eles podia bastar um sacristão, cargo frequentemente ocupado por um membro júnior do clero.[11]

O número de sacerdotes nos funerais aumentava com a idade do morto. Entre os falecidos com mais de cinquenta anos, cerca de 49% foram assistidos por dois ou mais padres e 30% por pelo menos seis. Essas proporções não são radicalmente diferentes das dos adultos com menos de cinquenta anos, a não ser quando consideramos o número de sacerdotes a partir de onze. Com efeito, 51% dos funerais acompanhados por mais de dez padres foram de pessoas com mais de cinquenta anos, embora só 15% destas desfrutassem de tal privilégio. Os mais velhos foram afinal os mais beneficiados com a presença de clérigos, como se, devido à longa vida, tivessem mais pecados a expiar. Ou, visto sob outro ângulo, como se a sociedade homenageasse os longos anos vividos por esses mortos escoltando-os à sepultura com muitos padres.

A contratação de padres extras custava dinheiro, era sinal de pompa fúnebre, de que o morto não era um joão-ninguém. No século XVIII, os ricos exageravam nas contas, quer porque lhes pesassem mais os pecados na consciência, quer porque desejassem assim mostrar ao mundo sua superioridade entre os mortais. Em 1759, por exemplo, d. Florência Cavalcanti e Albuquerque, viúva do capitão-mor José Pires de Carvalho e Albuquerque, ambos fidalgos do Solar do Unhão, foi à sepultura no convento do Carmo acompanhada de seu pároco e mais cem sacerdotes. No mesmo ano, foi levado ao convento de São Francisco por cem padres o sargento-mor Raimundo Maciel Soares, natural de Viana do Minho, em Portugal. Na altura da Cemiterada, essas grandes pompas clericais, excepcionais em qualquer época, estavam reduzidas à metade. Com efeito, em 1835-36, quem mais se fez acompanhar de padres não ultrapassou a marca de cinquenta, como o português João Teixeira Barbosa, de sessenta anos.[12]

Uma visão de conjunto da estratificação social dos acompanhamentos cleri-

---

11. Exemplo de sacristão que encomenda criança: ACS, *LRO/Penha*, *1829-49*, fl. 56v. 12. ACS, *LRO/Sé*, *1734-59*, fls. 241v, 243; e ACS, *LRO/Sé*, *1831-40*, fl. 326v.

12. ACS, *LRO/Sé*, *1734-59*, fls. 241v, 243; e ACS, *LRO/Sé*, *1831-40*, fl. 326v.

cais nos anos de 1835-36 mostra que as pessoas livres, por óbvio, lideraram na arregimentação de sacerdotes, 41,4% acompanhadas por dois ou mais padres. Entre os libertos, 37% foram enterrados por mais de um, 14% por mais de cinco padres. Fazia parte deste grupo Caetano Carlos Teixeira, haussá, dono de quatro cativas, casado com a angolana Maria Francisca e falecido em 2 de abril de 1835, com cerca de setenta anos. O haussá morava no beco do Nagô, na Conceição da Praia, Cidade Baixa, onde "foi no dia seguinte solenemente encomendado pelo Pe. Antonio Thomas de Aquino e o sacristão e mais onze clérigos, por todos acompanhado [por ladeiras, ruas e praças] até a Igreja do Convento de São Francisco, onde foi sepultado". Morreu bem o liberto, mas o batalhão de padres convocado para protegê-lo a caminho da cova se justificava, pois declarou em testamento seu grande medo do "infernal Dragão". É também notável que 11% dos escravos contassem com pelo menos dois clérigos em seus funerais. Quem mais padres teve foi a africana Maria, escrava da viúva Rita Maria da Silva, falecida de facadas sem sacramentos. Talvez penalizada com essa morte trágica, sua senhora contratou treze padres, que somados ao pároco e o sacristão acompanharam-na do hospital de Caridade à sepultura na vizinha igreja da Sé.[13]

Se encontramos escravos, raros que fossem, acompanhados por muitos padres à sepultura, também encontramos gente livre e de boa posição social levada à igreja sem qualquer acompanhamento clerical. A filha de dezoito anos do professor de anatomia da Faculdade de Medicina da Bahia, Jonathas Abott, órfã de mãe, "foi clandestinamente conduzida depois das oito horas da noite para o convento das Mercês", repreendeu o pároco da Conceição da Praia, Manoel Dendê Bus, em 1835. Aparentemente, ela cometera suicídio jogando-se à praia da sacada do segundo andar do sobrado onde morava, na ladeira da Preguiça. Neste caso, tanto a regra da encomendação quanto a do horário do transporte fúnebre foram desrespeitadas, provavelmente para contornar o escândalo da circunstância da morte. Outra explicação seria uma possível atitude anticlerical do professor de Medicina.[14]

Funerais clandestinos como esse representavam o oposto do funeral espetáculo, produzido exatamente para ser visto. No funeral-espetáculo contava

13. ACS, *LRO/Conceição da Praia, 1834-47*, fl. 39; APEB, LRT, vol. 23, fls 118v-121; e ACS, *LRO/Sé, 1831- 40*, fl. 321v.

14. ACS, *LRO/Conceição da Praia, 1834-47*, fl. 38.

o número de padres, mas também a maneira como o pároco se vestia. Nas cerimônias mais modestas ele enfiava apenas a sobrepeliz, uma veste branca usada sobre a batina, e a estola. Nas encomendações e acompanhamentos solenes vestia capa de asperges, também chamada pluvial, uma sobrecapa roxa. Atrás dos padres vinham os irmãos.

## IRMANDADES E CORTEJOS FÚNEBRES I

Foi com algum pesar que, em 1817, Maria das Mercês do Coração de Jesus determinou que seu funeral se realizasse segundo "parecer a meu testamenteiro, visto que não tenho Irmandade alguma". Como Maria das Mercês não era pobre, teve no final um funeral pomposo, acompanhado por 33 padres, além do pároco com pluvial. As confrarias cuidavam que seus membros, ricos ou pobres, tivessem enterros solenes, embora os ricos as usassem com frequência para tornar mais opulentos os seus funerais.[15]

A pompa fúnebre fazia parte da tradição cerimonial das confrarias, formando, ao lado das festas de santo, importante fonte de seu prestígio. Todas as irmandades se comprometiam a acompanhar solenemente seus membros à sepultura e, em muitos casos, também os parentes deles. Elas existiam para evitar o que aconteceu ao defunto Antônio José Coelho, ex-prior da Ordem Terceira do Carmo. Ele morreu em 1834 em casa do "sobrinho por afinidade", o tabelião José Tavares de Oliveira. Este não participou o fato à ordem, conforme o registro indignado de seu secretário, "mandando o seu Cadáver para a Matriz de Santa Anna [...] conduzido por quatro Pretos Escravos do morto [...]". Morrera assim o prior pobremente, com escravos substituindo os irmãos que deveriam carregá-lo à sepultura. Uma morte indigna. O secretário consignou a ocorrência em ata "para constar e salvar a honra e dever" da ordem. Só restava dobrar os sinos e rezar as missas a que tinha direito como irmão remido.[16]

---

15. APEB, *IT*, nº 01/02/02/06, fls. 4-4v, 63v ss. Ariès, *História da morte*, pp. 78-79, registra que as irmandades europeias passaram a incluir os funerais entre suas atividades caritativas com o objetivo de solenizar os enterros dos pobres.

16. Russell-Wood, *Fidalgos and Philanthropists*, p. 207; e AOTC, *Livro de óbitos, 1821-92*, v. 1-2-9, fls. 39v-40.

Em condições normais, a morte de Antônio Coelho teria imediatamente mobilizado a confraria. Todos os irmãos vivos eram obrigados a comparecer às cerimônias fúnebres, aparatados com as vestes, velas, tochas e os vários emblemas da irmandade. Esse ritual de solidariedade para com o morto se associava à noção de que a boa morte não podia ser uma morte solitária e desprovida de cerimônia. As confrarias levavam muito a sério esse dever.

Assim, o compromisso de 1771 da Ordem Terceira de São Domingos obrigava o comparecimento de todos os irmãos a seus funerais. A ordem acompanhava o irmão morto de casa à sepultura na igreja de São Domingos. O regulamento interno de 1840 detalhava em nove parágrafos as normas de acompanhamento fúnebre. A morte era anunciada pelos sinos, avisando da reunião às seis da tarde. O compromisso previa a saída para a casa do morto às sete da noite. Puxava o cortejo o "irmão diretor" (um sacerdote) e um outro irmão, que levavam a água benta e o livro usados na encomendação. Depois seguia a cruz da irmandade entre dois tocheiros conduzidos por noviços ou, na falta destes, por irmãos professos. Atrás se arrumavam os confrades em duas fileiras, com seus tocheiros.

Após a encomendação do cadáver pelo pároco, o irmão vigário do Culto Divino escolhia entre os noviços os carregadores do caixão, fazendo dessa tarefa, vejam bem, um exercício iniciático. O mesmo chefe de cerimônias "irá administrando as mudas quando forem pedidas". Imediatamente atrás do féretro seguiam os irmãos, à frente de convidados, familiares e outras irmandades. Só no caso de o defunto pertencer a uma confraria do Santíssimo Sacramento, os dominicanos abriam mão de o carregarem sozinhos, dividindo o esforço com os irmãos dessa confraria. Chegando à igreja, o cadáver era recebido pelo capelão da ordem, cujas obrigações incluíam dar a extrema-unção ao irmão em casa, fazer sua encomendação na igreja (que se somava à do pároco em casa) e o acompanhar com pluvial até a sepultura. Segundo os termos do contrato de um capelão escrito em 1830, ele também tinha, sempre que saísse para acompanhar enterros, de deixar seis velas acesas no altar-mor da irmandade e mais duas em cada altar lateral. Era mais um gesto que beneficiaria a alma do defunto por meio da intervenção dos santos assim acionados.[17]

---

17. Camargo, "Os terceiros dominicanos", p. 80; AOTSD, *Regimento interno de 1840*, v. 89, fls. 15-16; e AOTSD, *Livro 3 de accordãos, 1829-1930*, v. 99, fls. 18v-19.

*24. Irmandade leva irmão à sepultura.*

As confrarias negras, desde as primeiras aqui fundadas, se esforçaram por equiparar seus funerais àqueles das irmandades brancas. O primeiro compromisso, de 1686, do Rosário da Conceição da Praia, tratava dos funerais e missas dos irmãos mortos em sete de seus 21 capítulos. A irmandade exigia dos membros que participassem desses atos em "maior procissão", ou seja, no maior número possível, e "com suas tochas acesas". Com o tempo alguns compromissos se tornaram mais exigentes. Em 1770, o de São Benedito do Convento de São Francisco determinou que, quem não conduzisse os irmãos mortos, "quando morrer não será acompanhado da Irmandade". Como ninguém queria um cortejo vazio para si, a advertência funcionava.[18]

A Irmandade do Rosário dos Pretos das Portas do Carmo compôs regras as mais diversas sobre o cuidado de seus mortos. O compromisso de 1820 rezava:

18. "Compromisso da Irmandade do Rosário da C. da Praia [1686]", esp. caps. 17 e 20; "Compromisso da Irmandade de São Benedicto Erecta no Convento de São Francisco... [1770]", cap. 11, ANTT, *Ordem de Christo*, v. 293. Margarida Maria Moura, "A morte de um rei do Rosário", in Martins (org.), *A morte e os mortos*, pp. 228-247, descreve o "funeral-festa" mais recente de um irmão negro, no interior de Minas Gerais, episódio, no entanto, excepcional.

Quando qualquer irmão falecer, e for enterrado no ato da Irmandade, se convocará esta no maior número que puder ser, e todos com suas capas e velas em duas alas com o Esquife, guião, e manga, irão buscar para a Capela onde será enterrado; e não faltará sair com o Esquife o Capelão ou outro qualquer sacerdote a seu rogo, e os Juízes com os mais Irmãos que puderem e se acharem no dito ato cobrirão a Irmandade levando capas e tochas distintas.

O capítulo sobre os juízes lembrava que a presença deles era uma obrigação do cargo, como também um ato de caridade, que "se deve praticar como último benefício que recebem [os mortos] dos que ficam vivendo". Nesta como em outras irmandades, o sucesso de um funeral se media sobretudo por "um numeroso acompanhamento". Para aumentar sua eficácia neste aspecto, os confrades do Rosário criaram um corpo de *irmãos zeladores,* espécie de agentes de mobilização para os funerais, a quem se recomendava: "se esmerem em convocar bastantes Irmãos [...] evitando a desculpa que pode haver da ignorância por falta de aviso".[19]

As confrarias negras tentaram superar muitos limites para dar uma boa morte a seus associados. As irmandades do Rosário espalhadas pelo Brasil chegaram a criar uma espécie de serviço fúnebre intermunicipal e até nacional, contratando entre elas o enterro de membros que morressem longe de casa. Um irmão do Rosário de Salvador que morresse em Minas Gerais "tinha assegurado um enterro decente e a celebração de missas por sua alma", exemplifica Russell-Wood. A proposta de um convênio desse tipo entre Salvador e a vila de Coração de Maria, no interior baiano, chegou à mesa da Irmandade do Rosário das Portas do Carmo em 1833.[20]

Embora variando aqui e ali, as irmandades de todas as cores foram unânimes quanto à necessidade de proporcionar funerais decentes aos seus confrades, e com frequência aos familiares destes e mesmo a não associados. A estes últimos, elas ofereciam serviços de acompanhamento por preços em

19. "Compromisso da Irmandade do Rosário dos Pretos das Portas do Carmo [1820]", caps. 9, 12 e 15.

20. Russell-Wood, *The Black Man in Slavery and Freedom*, p. 157; e Mesa da Irmandade de Nossa Senhora do Rosário da Vila de Coração de Maria à Mesa da Irmandade do Rosário das Portas do Carmo, setembro de 1833, AINSR, mss. não catalogado.

*25. A tumba dos irmãos da Santa Casa.*

geral módicos. Nenhuma irmandade, entretanto, pôde equiparar-se neste aspecto à poderosa Santa Casa, detentora por muito tempo de privilégios funerários que chegaram a ameaçar o bom desempenho das demais confrarias.

A Santa Casa de Salvador, além de enterrar seus irmãos com muita pompa, fazia funerais de ricos e pobres. Ela detinha, desde o início do século XVII — em Portugal desde 1593 —, o privilégio exclusivo de usar e alugar esquifes ou tumbas em que eram obrigatoriamente transportados os mortos à sepultura.[21] Vários eram os tipos de tumba, a melhor delas, um pesado esquife de madeira de lei, usada pelos próprios irmãos da Misericórdia, e a mais ordinária, o chamado *banguê*, utilizado para a condução de indigentes e escravos. A origem do banguê é incerta. Segundo informação do provedor da Misericórdia em 1830, o banguê resultou de um contrato com os senhores para levar os cadáveres de seus escravos à sepultura nas igrejas, pelo preço de quatrocentos réis.[22] Como veremos num outro capítulo, o destino

---

21. Sobre Portugal, Sá, *O regresso dos mortos*, p. 87.
22. ASCMB, *Livro 3º de registros, 1817-31*, fls. 182v-183.

da maioria dos escravos não era uma igreja e sim um cemitério mantido pela Santa Casa.

Desde o final do século XVII, as irmandades e ordens terceiras de Salvador tentaram acabar com o monopólio de tumbas da Santa Casa, fosse para evitar gastos, fosse para melhor solenizar seus funerais. As mais bem sucedidas nesse movimento foram as confrarias negras. Em várias ocasiões elas pediram e alcançaram do governo de Lisboa o direito de possuir esquifes próprios. Em 1735, por exemplo, os irmãos de São Benedito do convento de São Francisco acusaram a Santa Casa de cobrar caro pelo aluguel de seus melhores esquifes e de transportar indignamente os escravos. Segundo eles os cadáveres destes eram

> levados à sepultura cobertos todos de um pano desprezível, e para servir ordinariamente para enterros de pretos cativos não há mais que um chamado esquife fabricado rudemente de uns tocos com três varas, um para adiante e dois para trás, o qual, conforme os corpos que lhe meter dentro, que sucede às vezes serem dois ou três juntos, carregam dois ou três negros quase totalmente nus, sem mais vestido que uma tanga na cintura, servindo ao mesmo esquife de cobertura um pano mui vil, ao qual esquife ou padiola lhe chamam Banguê, tão ludibrioso e ridículo que serve de irrisão e galhofa pública aos rapazes.

Um cortejo muito diferente daqueles previstos nos compromissos das irmandades. Além disso, acusaram ser frequente que os cadáveres de negros transportados pela Misericórdia fossem abandonados a caminho da sepultura, só ali chegando quando outras irmandades completavam o transporte por caridade.[23]

O rei de Portugal concedeu o que pediam os irmãos pretos.

Os membros de uma outra irmandade que funcionava no convento de São Francisco, a de Santa Ifigênia, em 1764 pediram ao governo metropolitano licença para ter o seu "Ataúde ou Esquife perpétuo". Justificaram que, sendo eles escravizados, libertos e, minoritariamente, negros livres,

---

23. Mulvey, "The Black Lay Brotherhoods", pp. 168-713, 197-199; e ACS, *Registros de ordens, cartas imperiaes*, fls. 26v-27v.

sucede que no fim da vida se acham muitos deles indigentes e miseráveis, que não têm com que por morte sejam sepultados com modéstia e competente decência, e como pede a fé com que se devem crer os artigos da imortalidade de suas almas e da futura ressurreição de seus corpos, por cuja razão desejam os Suplicantes fazer-lhes ato de enterro com guião, e cruz em corpo de comunidade, e com este devoto, honesto e humilde funeral os conduzir à Igreja do mesmo convento e nela dar sepultura a seus corpos com piedade Cristã e caridade fraternal.[24]

Os irmãos expressaram com precisão a concepção de que o tratamento adequado do cadáver implicava benefícios para a alma, além de ser uma preparação para o Juízo Final.

A Santa Casa se defendia afirmando que realizava gratuitamente o enterro de qualquer morto comprovadamente pobre e informando que, naquele momento (1764), já possuíam esquifes as irmandades do Rosário de todas as freguesias de Salvador, a de São Benedito do convento de São Francisco e a de Nossa Senhora do Amparo dos Pardos da Sé. O presidente do Tribunal da Relação apoiou a Santa Casa, denunciando o pedido dos devotos de santa Ifigênia como "piedade mal-entendida".[25] Dessa feita os irmãos pretos perderam.

Em 1781 a irmandade de Santa Ifigênia voltaria à carga em petição a d. Maria I de Portugal. Além de renovar as justificativas anteriores, ela repetia o argumento dos colegas de São Benedito de que cadáver insepulto prejudicava a alma. E pedia para ter tumba própria ou permissão para usar a de São Benedito. A Santa Casa reagiu com vigor, negando sua omissão quanto ao enterro dos pobres, lamentando a paulatina perda de seu monopólio, que já se refletia na diminuição de seus rendimentos, e advertindo que, perdendo para os irmãos de Santa Ifigênia, teria de ceder às pressões que as ordens terceiras faziam para também possuírem tumbas. A Coroa novamente acolheu os argumentos da Santa Casa.[26]

O protesto contra as condições dos enterros no banguê foi incorporado

---

24. Apud Mulvey, "The Black Lay Brotherhoods", p. 204, nº 24.

25. Mulvey, "The Black Lay Brotherhoods", pp. 190-196, 197, 205-206.

26. APEB, *Ordens régias, 1767-83*, v. 75, doc. 109 e 109-A; e ACS, *Registro de ordens, cartas imperiaes*, fls. 28v-30v.

a versos populares que criticavam a Santa Casa por servir os cadáveres pretos aos urubus:

*Negro véio quando morre*
*Vai na tumba do banguê*
*Os parentes vão dizendo:*
*"Urubu tem que comê".*[27]

A vitória de algumas irmandades negras em se verem livres do esquife da Santa Casa incentivou confrarias brancas e pardas a agir. Na década de 1760, os pardos de Nossa Senhora da Conceição do Convento do Carmo reivindicaram um esquife, fundamentando o pedido com os precedentes das confrarias de pretos e a escalada de preços dos serviços funerários. Da mesma forma, os irmãos brancos do Santíssimo Sacramento da igreja da Penha queixaram-se à Coroa dos custos dos funerais da Santa Casa e solicitaram direito a esquife. Pediram privilégio igual ao da Irmandade do Rosário dos Pretos da mesma igreja da Penha, que já possuía esquife próprio.[28]

Não sabemos a data exata, mas as irmandades de brancos, pretos e mestiços, bem como as pessoas privadamente, terminaram por conseguir a substituição do monopólio por uma espécie de imposto funerário em benefício da Santa Casa. Seria pago o equivalente ao uso da tumba por quem fosse levado em caixão particular ou alugado, ou, ainda, em esquife de irmandade. Por exemplo, em 1819 a africana liberta Josefa Maria da Conceição Alves dos Reis foi levada à sepultura num caixão próprio, mas também pagou a tumba da Misericórdia. O esquema fica mais claro na lista dos gastos funerários de Teresa Luísa da Rosa, em 1818, na qual seu filho anotou a feitura de um caixão e o pagamento à Misericórdia "pelo costume da tumba". Pagava-se agora "pelo costume", não pelo serviço. A chamada "esmola de tumba" era recolhida pelo provedor de resíduos no ato de abertura do testamento ou, na falta deste, pelo pároco na hora do enterro, ou era pago diretamente à secretaria da

---

27. Citado por Edison Carneiro, *Ladinos e crioulos: estudos sobre o negro no Brasil* (Rio de Janeiro, 1964), p. 55. Briga semelhante contra o monopólio dos esquifes pela Santa Casa foi empreendida por irmandades negras no Rio de Janeiro. Ver Soares, *Devotos de cor*, pp. 143-154.

28. Mulvey, "The Black Lay Brotherhoods", pp. 186, 189-190.

Santa Casa. Dela estavam isentos apenas os pobres e os irmãos do Rosário, de São Benedito do convento de São Francisco e de Nossa Senhora de Guadalupe, que tinham adquirido direito de tumba.[29]

Entre os acessórios funerários, aquele em que se conduzia o cadáver era o que melhor definia a dignidade da morte. Não foi sem razão que as irmandades negras combateram o uso exclusivo da tumba pela Santa Casa, nem à toa a escolha por esta da tumba como objeto de monopólio, que implicava impor limites à pompa dos destituídos. A disputa em torno da tumba simbolizava desigualdades e tensões sociais profundas, que nem a morte podia apagar. Os negros venceram uma batalha localizada, mas nem por isso negligenciável, porque conseguiram preservar um aspecto fundamental de sua visão de mundo: o respeito aos mortos expresso na decência dos ritos fúnebres.[30]

## DA TUMBA AO CAIXÃO

Com o fim do monopólio de tumba da Santa Casa, os funerais passaram pouco a pouco a ser feitos em caixões. No início da década de 1790 começaram a aparecer com grande frequência registros de caixões funerários na própria documentação dessa irmandade. Exemplo: "Em 17 de julho de 1793 faleceu Micaella Maria da Encarnação, vai a sepultar em Caixão a sua Ordem Seráfica". Quando em 1800 a Santa Casa resolveu substituir sua tumba por um caixão — alegando que o grande peso daquela andava afastando os irmãos dos funerais —, a mesa escreveu: "e querendo qualquer Irmão, dos que vem a enterrar a esta Casa no ato da Irmandade, fazer caixão à sua custa mais asseado ou por querer ser levado nele à sepultura, nesse

---

29. APEB, *IT*, nº 1/67/85/7, fls. 9v, 14, 16; nº 01/65/80/01, fl. 48; e ASCMB, *Livro 3º de registros, 1817-31*, fls. 143, 182v-183.

30. Essa não era uma preocupação apenas dos negros no mundo luso, mas dos destituídos em geral, mesmo na metrópole. A degradação era típica dos enterros de gente pobre feitos pela Santa Casa de Misericórdia em Portugal. Ver um testemunho da época: A. P. D. G., *Sketches of Portuguese Life*, pp. 248-249. Em Portugal também houve disputas contra o monopólio da tumba da Misericórdia. Ver, por exemplo, Marta Maria Lobo de Araújo, "A morte e a concorrência entre as confrarias de Braga (séculos XVII-XVIII)", *Revista M.*, v. 2, nº 3 (2017), pp. 173-191.

caso não irá o caixão da Irmandade e será conduzido no que fizer". Em alg	uns casos, a tumba transportava caixão e, dentro dele, o morto. Em 1798 o português do Minho, Manuel Ferreira, instruiu que queria ser sepultado "com caixão coberto de Preto [...] conduzido na Tumba da Santa Casa a quem se dará a esmola costumada".[31]

O desejo de Manuel Ferreira era o de um homem rico. Pouca gente podia ser enterrada com caixão, em geral usado apenas para o transporte do cadáver, não para descer com ele à sepultura. Seu uso se expandiu ao longo do século XIX, mas até 1836 ainda predominava o esquife. Naquele ano, o cura da igreja do Pilar teve o cuidado de anotar os mortos "conduzidos em caixão", apenas cerca de 10% dos ali enterrados, mas sem esclarecer se enterrados com ou sem os caixões. Supomos que não na maioria dos casos, que incluíam alguns mortos escravizados.[32]

Irmandades e armadores agora já operavam com caixões. Desde 1817, pelo menos, a Ordem Terceira de São Domingos transportava seus irmãos em um decorado com galões de ouro. Lindley descreveu nossos caixões, cujo desenho estranhou: "são separados no centro das laterais e ao longo da tampa: as laterais têm dobradiças e se abrem de ambos os lados, e sobre a tampa há uma fechadura. Eles são geralmente cobertos com um pano preto e ornamentados com largos galões de ouro". Essa descrição se assemelha à de outros viajantes, por exemplo os retratados na figura 25. Jean-Baptiste Debret ainda falou das cores e do tipo de pano, que variavam segundo a idade, o sexo e o dinheiro do morto: o branco e o rosa cobriam caixões de crianças; o azul-celeste, os de moças; o preto, de adultos. Os panos podiam ser tafetá, seda e veludo, decorados com galões de prata ou ouro. Charles Expilly anotou outras cores: vermelho decorado de dourado para crianças, roxo para mulheres de vinte a 25 anos e amarelo com linhas pretas para idosos de ambos os sexos. Robert Minturn Jr. deu vermelho para crianças, azul para jovens, preto para

31. ASCMB, *Livro 9º da tumba, 1769-1812*, fl. 248; ASCMB, *Livro 5º de accordãos 1791-1834*, fls. 63-63v; e Testamento de Manuel Ferreira, 31/3/1798, AOTSD, *Papéis diversos, 1767-1829*, v. 72.

32. ACS, LRO/*Pilar, 1834-47*, fls. 10 ss. Sobre a prática do sepultamento sem caixão no Brasil da época, ver Luccock, *Notes on Rio de Janeiro*, pp. 55-57; Ewbank, *Vida no Brasil*, p. 88; e Kidder, *Sketches*, p. 175. Ver também o próximo capítulo.

adultos. Apesar das divergências, há quase sempre a relação entre idade, sexo e cor. Além disso, segundo Debret, alguns caixões traziam uma sofisticação técnica: "tiras destinadas a retirar o corpo para enterrá-lo ou depositá-lo no jazigo". Já para John Luccock as tiras seriam para impedir que durante o cortejo o morto escorregasse do caixão.[33]

Nos inventários baianos, temos descrições geralmente sumárias feitas pelos armadores dos caixões que preparavam para seus clientes, sempre adultos. Havia caixões sem tampa e com tampa (ou "de abrir"), estes últimos obviamente mais finos. Eles podiam ser comprados prontos ou armados a pedido, mas, em todos os casos, só na hora do acerto do serviço eram forrados e cobertos de veludo, belbutina, glória ou outros panos pretos, e decorados de galão dourado ou prateado, falso ou fino, às vezes galão importado da França. Havia caixões bem luxuosos, como aquele feito para o presbítero secular José Barbosa de Oliveira, que custou 180 mil-réis, o preço de uma tonelada e meia de açúcar, em 1824. Para espanto de críticos do livre-comércio, não faltaram na Bahia caixões decorados para crianças importados da Inglaterra.[34]

Encontrei algumas especificações quanto ao tipo dos caixões mencionados nos testamentos. A africana Ana Maria dos Prazeres escreveu, em 1810, que o seu seria "coberto de ruão [linho de Rouen, França] preto com sua guarnição de galão"; a baiana Joaquina Roriz pediu, em 1824, "um caixão feito de novo, e este fechado"; o comerciante português, Antônio Álvares Moreira, membro de onze irmandades, em 1813 encomendou o seu "de ruão preto, com cadarços brancos" e decorado com cordões de anafaia. Na década que antecedeu 1836, foram raros os testadores que mencionaram caixões, silêncio cúmplice dos usos de então, em que o caixão contava como um elemento de pompa fúnebre.[35]

O fim do monopólio da Santa Casa democratizou os funerais baianos, ao

---

33. AOTSD, *Livro 2 do Tombo, 1829*, v. 98, fl. 8; Lindley, *Narrative*, p. 176; Debret, *Viagem pitoresca*, pp. 213-214; Ewbank, *Vida no Brasil*, p. 88; Expilly, *Les femmes et les moeurs*, p. 31; Luccock, *Notes on Rio de Janeiro*, p. 56; e Minturn Jr., *From New York to New Delhi*, p. 15.

34. APEB, *IT*, nº 1/67/84/1, fl. 79; nº 04/1710/2180/05, fl. 79; nº 05/2200/2669/02, fl. 30v; nº 04/1492/191/02, fl. 25v; e nº 01/100/147/02, fls. 71-71v. Francisco de Sierra y Mariscal, "Idéas geraes sobre a revolução do Brazil e suas consequências", *ABNRJ*, nº 43-44 (1920-21), p. 56, sobre importação de caixões ingleses.

35. APEB, *LRT*, nº 13, fls. 20, 38; nº 4, fl. 64.

26. *Modelos de caixões brasileiros.*

permitir que muitas irmandades pobres conduzissem seus membros em esquifes próprios, evitando o inaceitável banguê. Ao mesmo tempo, abriu caminho para a difusão dos caixões, que vieram a estabelecer novos estilos de pompa funerária e de estratificação da morte. A mudança sem dúvida serviu também para marcar o advento de uma atitude mais individualista diante da morte. Os mais ricos agora podiam ser enterrados em caixões próprios, abandonando os esquifes coletivos de irmandades e os caixões de aluguel. Ao mesmo tempo, o enterro no caixão eliminava o contato direto do cadáver com a terra, elemento de união orgânica entre os mortos. Esse resultado certamente não foi previsto pelas irmandades quando combateram o monopólio da Santa Casa.[36]

36. Sobre a relação entre o uso do caixão e um contexto cultural individualista, ver Gittings, *Death, Burial and the Individual*, pp. 102, 114-116.

IRMANDADES E CORTEJOS FÚNEBRES II

Não é fácil dimensionar com exatidão a participação das irmandades na totalidade dos funerais baianos. O certo é que, por mais populares que fossem, não houve nenhum período em que a maioria dos habitantes da Bahia pertencesse a elas. E na conjuntura da Cemiterada há fortes indícios de que essa participação estivesse em declínio. Os testadores, por exemplo, pediam cada vez menos a presença delas nos funerais. Dos 110 testamentos feitos entre 1800 e 1823 que examinei, 67 (61%) mencionaram irmandades; dos 110 feitos entre 1824 e 1836, apenas 41 (37%) as mencionaram. Oliveira também encontrou um declínio na filiação de libertos a irmandades a partir da década de 1830. Isso quer dizer que, às vésperas do levante contra o cemitério, as confrarias baianas não viviam seus melhores dias.[37]

Outras fontes confirmam essa tendência. Refiro-me aos livros de óbitos das freguesias, nos quais as irmandades aparecem em registros como este de 1831 do pároco da Sé, João Thomas de Sousa: "faleceu com todos os sacramentos [...] Leopoldina Theodora Ferreira, parda solteira idade quinze anos: foi Encomendada de cruz, Estola pelo Revdo. Cura, sacristão, sepultada em Guadalupe, *no ato de sua Irmandade,* amortalhada de Preto". De uma amostra de 1040 dessas anotações em 1835-36, observa-se a participação de onze irmandades em 27 delas, ou seja, 3,5%. As irmandades mais mencionadas foram a do Santíssimo Sacramento de várias freguesias, oito vezes, e a de Nossa Senhora do Guadalupe, cinco vezes.

É provável que os padres tivessem frequentemente omitido nos livros a presença das irmandades, pois parece inverossímil que apenas 3,5% desses enterros se fizessem acompanhar por elas. Mas essa mesma invisibilidade pode ser tomada como um sintoma de declínio. A esse propósito, fiz o levantamento de 131 funerais acontecidos em 1799 nas freguesias da Sé, Conceição da Praia e Nossa Senhora da Penha, duas urbanas e uma suburbana. Também nessa data as irmandades aparecem numa minoria de funerais, mas uma considerável minoria de 39%. As mais ativas, presentes em 25% dos enterros, foram três irmandades negras: Rosário das Portas do Carmo, Rosário da Igreja da Conceição da Praia e São Benedito do Convento de São Francisco.

37. Oliveira, *O liberto*, pp. 83-84.

Talvez tenhamos de buscar uma explicação para a pouca presença das confrarias nos funerais da época da Cemiterada no afastamento dos negros dessas entidades, embora o fenômeno, como sugerem os testamentos, não se restringisse aos negros. Estes, entretanto, podem ter sido mais sensíveis à crise econômica que se abateu sobre a Bahia a partir da Independência, sobretudo na década de 1830. Essa explicação econômica, que Mattoso usou para a segunda metade do século, pode valer para esse momento anterior.[38] Mas pode-se pensar em outras explicações, que discutiremos oportunamente. Por enquanto, retornemos aos funerais e seus protagonistas, inclusive as irmandades.

### MORTOS E VIVOS NA PRODUÇÃO FÚNEBRE

O desejo de pompa fúnebre está registrado nos testamentos de um grande número de pessoas, situadas em variados níveis da escala social. Ao se preparar para a vida eterna em 1827, o português José Barbosa Cabral desejou ser conduzido à sepultura na igreja do Pilar pelas irmandades do Santíssimo Sacramento e das Almas, das quais era membro, e acompanhado pelo cura, sacristão e "sacerdotes". No mesmo ano, o africano liberto José Gomes da Conceição pediu para ser amortalhado à são Francisco e, além do pároco vestido com pluvial e vinte sacerdotes, encomendou música para seu funeral.[39]

A pompa fúnebre estava na ordem do dia tanto na tradição portuguesa como na africana. Oliveira descobriu que 52,7% dos forros e 65,4% das forras que deixaram testamento entre 1790 e 1830 quiseram ser enterrados com pompa, e Mattoso observou que, no período de 1790-1826, 27,6% dos homens e 36% das mulheres que deixaram o cativeiro pediram grande pompa em seus enterros. Nas contas de Mattoso, apenas 4,2% dos homens e 7,4% das mulheres explicitamente pediram a ausência de pompa ou calaram sobre o assunto.[40]

Mas não encontrei nenhum africano que tivesse sido enterrado como o comerciante José Antônio da Silva, português do Porto, em 1817. Ele era solteiro

---

38. Mattoso, *Testamentos de escravos libertos*, p. 27.

39. APEB, *IT*, v. 755, doc. 1; v. 691, doc. 5.

40. Oliveira, *O liberto*, pp. 91, 92, 93; e Mattoso, *Testamentos de escravos libertos*, p. 25.

e sem filhos, mas tendo vivido só não quis ser assim enterrado. Mandou contratar vinte padres e convocar os irmãos da Ordem Terceira de São Francisco e das irmandades do Santíssimo Sacramento, Nossa Senhora da Conceição da Praia e Senhor dos Passos, das quais era membro. Sua maior extravagância, entretanto, foi pedir o acompanhamento de quinhentos pobres, a 170 réis por cabeça. O português morava na Conceição da Praia, como muitos de seus patrícios. De lá o féretro saiu acompanhado por essa multidão que, empunhando velas e tochas, subiu pesadamente a ladeira da Conceição da Praia, atravessou o largo do Teatro (atual praça Castro Alves), a rua Direita (atual Chile) e a praça do Palácio (atual Tomé de Sousa), passou pela Sé, o Terreiro de Jesus, até alcançar a igreja de sua ordem terceira, onde foi sepultado. O homem morreu em grande estilo, sobretudo pela presença daquelas centenas de pobres.[41]

Os pobres engrandeciam os funerais dos ricos, dando-lhes ainda a oportunidade de lavarem a alma com um ato de caridade. A contratação desses homens e mulheres, que se contavam aos milhares em Salvador, era regulamentada pela Câmara Municipal, que nomeava um "capataz dos pobres da cidade" responsável por receber e distribuir as esmolas deixadas em testamento. Os pobres, que imaginamos rondarem a cidade em busca de funerais, tinham o compromisso implícito de acompanhar o morto até a igreja e assistir à missa de corpo presente. Suas preces eram tidas como especialmente benéficas. A distribuição da esmola com frequência era feita após a missa, e às vezes apenas entre pessoas com certas características, como pediu Antônia Joaquina do Bomfim em 1818, especificando no seu testamento que os miseráveis presentes a seu funeral fossem principalmente cegos, aleijados e velhos. Já Joana Teresa de Jesus, em 1828, mandou dar 180 réis "a cada menino pobre" que a acompanhasse. Fugindo à regra de distribuir dinheiro, José Antônio Ferreira repartiu comida, um costume português, no dia do enterro da mulher, em 1825.[42]

---

41. APEB, *LRT*, nº 6, fls. 25v-26.

42. APEB, *IT*, nº 01/65/81/02, fl. 4v; APEB, *LRT*, nº 17, fl. 47v; e APEB, *IT*, nº 04/1654/ 2123/06, fls. 23-24. Sobre o costume português de distribuir comida — bacalhau, pão ou queijo no fim do funeral, ver Goldey, "The Good Death", p. 4. Na Bahia não parece ter existido a prática, comum na Europa, de se contratarem crianças internadas em instituições pias para acompanharem funerais em troca de legados a estas: Vovelle, *Piété baroque*, pp. 91-93; e Sanchez Lopez, *Muerte y confradias*, p. 118.

Alguns pediam, além de padres, pobres e confrades, o acompanhamento de músicos, que formavam pequenas e grandes orquestras. Eles tocavam mementos à saída do funeral de casa (na encomendação), e seguiam silenciosos o cortejo, carregando seus instrumentos em uma das mãos e uma vela ou tocha na outra. Durante a missa de corpo presente, voltavam a tocar, amiúde aumentados em número, agora incluindo organista e coro. São inúmeros os recibos passados "pela música em casa e na igreja", nenhum mencionando música no cortejo. Não duvidamos, porém, que uns acordes fossem tirados também na rua, conforme Lindley ouviu em Porto Seguro.

Entretanto, o ruído fúnebre mais comum era a percussão dos sinos. O som percussivo, observam Huntington e Metcalf, serve para "dividir e pontuar o tempo", sendo por isso um símbolo ideal para marcar a morte, uma mudança temporal irreversível. Segundo a legislação eclesiástica brasileira, os dobres visavam fazer com que os fiéis se lembrassem da morte, pois assim "nos reprimimos e abstemos dos pecados". Mas a Igreja receitava parcimônia no seu uso, para que de recurso didático não virassem sinal de pompa e vaidade. Deviam ser feitos apenas três sinais breves para o defunto homem, dois para mulher e um para crianças entre sete e catorze anos, que seriam tocados em três ocasiões: logo após a morte, na saída do cortejo fúnebre de casa e na cerimônia de sepultamento. Os sinos dobrariam apenas na igreja frequentada em vida pelo morto, ou onde fosse sepultado. Os arcebispos e dignitários da Igreja recebiam sinalização mais profusa, definida pelo ritual romano.[43]

Esse regulamento era sistematicamente desrespeitado, como se as pessoas quisessem enterrar os seus com o mesmo protocolo de um bispo, como se quisessem alertar o mundo para a importância do morto. Para os que morriam nas freguesias do centro urbano, as famílias contratavam os serviços do sineiro da Sé, um toque extra de pompa permitido pelas *Constituições do arcebispado*. Em 1813, o padre Jerônimo Vieira da Piedade pagou ao sineiro Ângelo José da Costa 1$920 réis "procedidos dos sinais feitos nos sinos da Sé por alma do falecido Senhor seu Pai", que foi sepultado por 24 padres na igreja de Santana. Contava

---

43. Huntington e Metcalf, *Celebrations of Death*, p. 49; e Vide, *Constituiçoens primeyras*, c. 828, 830. As Constituições de Sevilha, Espanha, eram mais liberais, permitindo dobres durante uma hora pela manhã, uma hora à tarde e durante o ofício de enterramento: Rivas Alvarez, *Miedo y piedad*, pp. 112-113.

o lugar, mas sobretudo o número de badaladas. Foram 55 sinais no enterro do coronel José Pires de Carvalho e Albuquerque, em 1808. Luísa Perpétua do Espírito Santo mandou bater o sino 58 vezes para o marido, morto em 1820. Frequentemente, várias igrejas tocavam para o morto no momento em que este passava por sua frente, como no caso de Ana Maria do Sacramento, moradora nos Currais Velhos, assim saudada em 1827 pelas igrejas de Santo Antônio Além do Carmo, dos Perdões e do Boqueirão, onde foi finalmente sepultada. Havia também os sinais das irmandades para seus membros. O comerciante português Antônio Moreira exigiu muito barulho em 1813, instruindo que avisassem suas onze irmandades para fazerem "os sinais do costume".[44]

Havia uma relação direta entre o barulho fúnebre e a importância do morto. Nos funerais de Estado, os dobres de sinos se misturavam aos estampidos da tropa. Quando morreu assassinado, em fevereiro de 1830, o visconde de Camamu, presidente da Bahia e marechal do Exército, foi saudado a cada quinze minutos por tiros de canhão. Além disso, as bandeiras das repartições públicas ficaram a meio pau. Seu funeral foi acompanhado por uma multidão que lotou a praça em frente à igreja da Piedade, onde foi sepultado. Uma salva concentrada de tiros da tropa ultimou suas exéquias.[45]

Ao governo provincial cabia fornecer tropas e tiros não só para os funerais de seus servidores diretos, mas também para os enterros dos grandes do Império que residiam na Bahia. Em 13 de dezembro de 1835, por exemplo, Augusto Ricardo Ferreira da Câmara informou ao presidente da província sobre a morte do pai, o senador e dignitário da Ordem de Cristo, Manuel Ferreira da Câmara: "amanhã pelas dez horas no Convento dos Religiosos Franciscanos se tem de lhe fazer ofício de corpo presente, rogo por isso a V. Exa. haja de dar as necessárias providências para se lhe fazerem as honras militares que lhe competem como dignitário".[46] A pompa militar era devida ainda a bispos, oficiais militares e suas esposas. Ao celebrar a morte dos poderosos tão distintamente, o Estado ajudava a preservar as distinções sociais entre os vivos.

---

44. APEB, *IT*, nº 04/1713/2183/01, fl. 31; nº 01/97/141/02, fl. 93; nº 04/1702/2172/01, fl. 27; nº 04/1732/2202/04, fl. 47; e APEB, *LRT*, nº 4, fl. 64v.

45. AMRE, *Correspondance politique. Brésil*, v. 11, fl. 101.

46. APEB, *Saúde. Falecimentos, sepultamentos, 1831-85*, nº fl.

FUNERAL SOBRE RODAS

O fator humano, representado por parentes, padres, confrades, músicos, pobres, soldados e convidados, compunha o esqueleto dramático da pompa fúnebre. O funeral sofreria uma mudança, diria, estrutural com a introdução de um fator técnico: os carros funerários. Estes tornaram mais impessoal e privativo o transporte do cadáver, substituindo a procissão de pessoas pela de carruagens. Não sabemos exatamente quando elas começaram a ser usadas para esse fim na Bahia, mas já as encontramos em atividade no final do século XVIII. Nessa época o defunto não ia em carros propriamente funerários, mas em veículos convencionais, particulares ou de aluguel, as seges. A Igreja via como excepcional esse tipo de cortejo, tanto que ainda no início do século XIX exigia licença especial do arcebispado para permiti-lo. Mais tarde o liberou, ou foi atropelada pela disseminação da novidade.[47]

No Rio de Janeiro já havia, nos anos 1820 após a Independência, carros mortuários, puxados por dois cavalos, em que, segundo Debret, "a riqueza se manifesta no número de galões e franjas dos panos funerários". Mas eram também usadas carruagens comuns. Nos anos 1840, Ewbank acompanhou no Rio o funeral de uma condessa, levada numa "elegante carruagem" puxada por quatro cavalos, o caixão se projetando desalinhado para fora de suas portas. Esse carro seguia numa longa fila, à frente de outros ocupados por convidados e criados vestidos com solenidade, inclusive um boleeiro e lacaios usando "enormes chapéus triangulares com penas vermelhas". Para o sóbrio pastor estadunidense, acostumado a funerais protestantes minimalistas, toda a cena lhe pareceu positivamente festiva: "Exceto pelo caixão e as velas, não havia nada a indicar que se tratasse de um funeral." Alguns funerais levavam até meia hora para passar, como o de um antigo colaborador de João VI que Expilly viu passar, contando 125 carros. Kidder observou que os cavalos e os porta-tocheiros iam sempre vestidos de preto, o que não coincide com a descrição de Ewbank. Ambos, porém, estranharam o excesso das pompas fúnebres que viram na Corte.[48]

47. Ver exemplos de anotações sobre licença para condução de defunto em seges, ACS, LRO/ Sé, 1797-1816, fls. 26, 28, 31, 35v, todos de 1799.

48. Debret, *Viagem pitoresca*, p. 30; Expilly, *Les femmes et les moeurs*, p. 43; Ewbank, *Vida no Brasil*, p. 58; e Kidder, *Sketches*, p. 174.

27. *Vários tipos de funerais sobre rodas.*

Como todo veículo de rodas, as seges funerárias eram mais comuns na corte. A topografia montanhosa da Bahia inibia esse meio de transporte, mas na década de 1830, embora os cortejos a pé predominassem, alguns poucos mortos seguiram para a sepultura em seges. Dos 1040 defuntos baianos de nossa amostra de 1835-36, apenas dezenove percorreram as ruas da cidade sobre rodas. Quem eram? Todos livres, brancos e adultos, à exceção de três crianças; onze eram mulheres, oito homens. Quatro faziam parte da Santa Casa de Misericórdia. O tipo de morto transportado em sege sugere ostentação funerária.

Não temos muita informação sobre os funerais de sege baianos. No caso do cortejo de d. Joaquina Máxima de Sousa Passos, em 1818, quatro seges, equipadas com boleeiros e lacaios, foram alugadas pela família para seguirem o carro funerário que, além do cadáver, levou o pároco envergando capa de aspergir e o sacristão. Nesses funerais, a pompa clerical e musical, quase sempre presentes nos cortejos a pé, se transferia para a encomendação em casa e as cerimônias na igreja. Morto em novembro de 1816, o marechal José Antônio Gonçalves, fidalgo da corte, foi amortalhado com armadura da Ordem de

São Bento de Avis, encomendado em casa pelo pároco da Sé e dez padres, em seguida conduzido em sege pelo pároco e o sacristão para a igreja da Misericórdia. Maria Antônia de Almeida, viúva do capitão Caetano da Costa Brandão, possuía, ao morrer em 1833, peças de ouro, prata e pedras preciosas, seis escravos, um sobrado e uma casa. Pelo número de escravos que possuía, não chegava a pertencer à nata da sociedade soteropolitana. No entanto, foi levada em caixão particular por uma sege até a igreja de Santana, onde a recebeu sua Irmandade do Santíssimo Sacramento, havendo em seguida missa de corpo presente iluminada por muitas velas e acompanhada por músicos. No ano da Cemiterada, d. Ana Maria Angélica, 97 anos, vestiu mortalha preta e foi conduzida em sege pelo pároco e sacristão à igreja do Pilar, onde a esperavam dezoito sacerdotes.[49]

Raríssimas as pessoas que pediram em testamento para serem transportadas de sege, em geral uma decisão da família. Uma delas foi a rica noviça de Santa Clara do Desterro, Antônia Joaquina do Bonfim, que em 1818 encomendou um funeral aparatoso — missa solene com música, muitos padres, frades e pobres, os membros de três confrarias (entre elas a prestigiosa Ordem Terceira do Carmo), todos carregando centenas de velas, mil missas de corpo presente. A noviça fez de sua morte um ritual de repartição de riqueza, beneficiando escravos, servas, irmãs de hábito, pobres, irmandades, oragos, parentes próximos e distantes. E instruiu que seu corpo fosse "conduzido em sege" à Ordem Terceira de São Francisco.[50]

Ainda mais raros os testadores que proibiram seus testamenteiros de os conduzirem em sege. Jacinta Teresa de São José pediu em 1828 para ser amortalhada com o hábito do Carmo e colocada num caixão fechado. E acrescentou mui positiva: "não quero ser carregada por Burros". Ela não especificou quem a carregaria, mas quis que fosse gente. Essa atitude sugere, mais do que um gesto de repúdio à pompa, um compromisso com um certo estilo de cortejo fúnebre, quiçá visto por ela como mais salutar à alma.[51]

---

49. APEB, *IT*, nº 01/66/83/01, fls. 41, 44; nº 05/2010/2481/05, fls. 4, 17 ss.; ACS, *LRO/Sé, 1797-1816*, fl. 343v; e ACS, *LRO/Pilar, 1834-47*, fl. 14.

50. APEB, *IT*, nº 01/65/81/02, fls. 4 ss.

51. APEB, *LRT*, nº 17, fl. 162v.

CONFLITO DE VONTADES

Alguns testadores recomendavam explicitamente um enterro simples, recomendações que — como sugere Vovelle para sua Provença — indicavam, pela negativa, a voga do exibicionismo mortuário em nossa província. Filha obediente da Igreja, a crioula Jacinta Custódia do Sacramento, em 1836, exigiu ser sepultada "sem pompa alguma, que nada aproveita a alma e só serve para a grandeza do mundo, que é o que não quero e sim sufrágios". Com frequência, a opção pela simplicidade se referia aos acessórios fúnebres. O dr. João Ramos de Araújo recomendou em 1827 a sua mulher que seu enterro fosse "sem pompa alguma, em um caixão sem ornato", e o rico comerciante Antônio Vaz de Carvalho, em 1831, pediu ao testamenteiro que a essa para ele armada na igreja de Santana fosse "pequena e sem algum fausto".[52]

Substituir a pompa do enterro pela celebração de missas, como fez Jacinta, representava uma interpretação mais fiel dos ensinamentos da Igreja, que prometia recompensar a humildade e punir a vaidade: "se os soberbos foram precipitados do Céu, só os humildes podem ser exaltados àquela Celeste Pátria", advertiu o padre Queirós em seu manual de bem morrer. Ou ainda, segundo comentários mais diretos de um outro padre: "Embora muitos servos e amigos fação à vista dos homens dispendiosas exéquias ao rico [...] muito mais magnífico hé o triunpho com que os Anjos levarão para o seio de Abraham o pobre e chagado Lasaro".[53] Ajustar-se a esse modelo significava transitar para uma morte menos barroca. Em 1836 ainda predominava a atitude inversa entre os testadores, mas sobretudo entre os responsáveis por seus funerais. Pedidos de simplicidade funerária, aliás, podem ser encontrados ao longo das três décadas que antecederam a Cemiterada. O interessante é contrapor, em diversas datas, a modéstia de muitos testadores com a "soberba" de seus familiares e amigos. Pois era comum que os pedidos de simplicidade dos mortos fossem contrariados pelos vivos.

O capitão Teodoro Ferrão, solteiro e sem filhos, em 1817 pediu a seu ami-

---

52. Vovelle, *Piété baroque*, p. 86; Oliveira, *O liberto*, p. 92 (crioula Jacinta); APEB, IT, nº 04/1709/2179/06, fl. 4; e APEB, LRT, nº 21, fl. 51v.

53. Queirós, *Práticas exhortatorias*, p. 181; e Santos, *Dissertação sobre o direito dos católicos*, p. 15.

go e testamenteiro, Manuel Jorge da Cruz, para ser "conduzido em um pobre caixão" à igreja de sua Irmandade de Nossa Senhora do Boqueirão, uma confraria de pardos, e acrescentava: "e me acompanharão aqueles amigos que me quiserem fazer o obséquio acompanhar". O testador viveria entre seus amigos mais do que esperava, pois só veio a falecer quinze anos depois. (E morreu lutando, pois dele cuidaram um barbeiro que lhe aplicava sanguessugas, o cirurgião Manços e o dr. Rebouças, este formado em Paris, que será melhor apresentado num futuro capítulo.) Uma vez finado, o testamenteiro do capitão, talvez para celebrar uma velha amizade, não admitiu um enterro simples: Teodoro teve música em casa e na igreja do Boqueirão, onde foi sepultado na presença do vigário solenemente vestido, tendo sido conduzido num rico caixão, acompanhado por dez padres e por amigos que iluminaram com tochas sua passagem para o além.[54]

Duas semanas antes da Cemiterada, o cônego João Antônio de Brito claramente explicou: "Declaro que quero ser sepultado na Freguesia da Sé Catedral d'esta Cidade sem pompa alguma, pois desejo que seja feito o meu enterro pobremente e até carregado por pobres se possível for, aos quais se dará uma pequena esmola, visto que não desejo enterro pomposo". O sacerdote, português de 71 anos, chantre da Sé, talvez quisesse compensar, pela demonstração de humildade, sua "fragilidade humana", como definiu seu relacionamento com d. Ana Joaquina de São José, com quem teve três filhos. Mas, quando morreu quatro dias depois, família e Igreja se uniram para a produção de um grande funeral. Pelo menos quinhentos convites de enterro foram expedidos. Para o velório em casa, armou-se uma essa sobre a qual ficou o caixão, e foram gastos, entre outros materiais decorativos, quatro metros de belbutina preta ornados com nove metros de galão francês. O vigário da freguesia de Santana, onde o cônego morava, encomendou-o de pluvial e acompanhou-o até a Catedral à frente de doze padres que cantavam mementos. Aí foi recebido pelos colegas do cabido, o coletivo de cônegos da Sé, e depositado sobre uma urna. Os participantes empunharam mais de 165 tochas e 114 velas durante as cerimônias na igreja, onde estavam presentes também músicos, pagos para homenagear pela última vez o maestro.[55]

54. APEB, *IT*, nº 04/1590/2059/05, fls. 6v, 35 ss.
55. APEB, *IT*, nº 05/1963/2435/04, fls. 4, 26 ss.

Um cônego devia prever que não lhe cabia um funeral simples. Mais ainda um governador colonial. Num gesto de humildade impossível, o conde da Ponte ordenou em 1809 "a menor pompa possível" em seu funeral. Mas sendo ele governante, não era senhor de sua morte. O seu foi um enterro de Estado. O autor da "Chronica dos acontecimentos" anotou em seu diário:

> Em 24 de Maio [de 1809], em dia quarta-feira, morreu o Senhor Conde da Ponte, Capitão Governador desta Cidade, em sua Casa em que ele estava doente defronte do Forte de São Pedro, sendo no dia 25 do mesmo mês depositado para o Convento de N. S. da Piedade, já se sabe a grandeza, e a maior solenidade que se devia fazer a um Governador desta Cidade, acompanhamento de todas as tropas de Linha, e Milícia, e ordem maior, os Camaristas da Câmara, enfim em muita riqueza, e no dia mediato fez-se lhe um solene ofício.

O narrador considerava parte da ordem natural das coisas que um governador da Bahia tivesse um grande e solene funeral. A expressão "enterro público", então usada para os funerais de Estado, alerta para que eles não podiam ser definidos privadamente, pela família. Assim foi definido, no registro de óbito de 1816 da freguesia da Sé, o funeral de d. Francisco de São Damásio Abreu, arcebispo da Bahia e primaz do Brasil.[56]

Desta forma, parentes e amigos dos mortos, a própria Igreja e até o Estado terminavam por definir mais do que os próprios mortos o feitio dos funerais. Os funerais pertenciam aos vivos, que neles projetavam sua dor, insegurança e culpa, mas também seus valores culturais, hierarquias sociais, ideologias políticas e religiosas, relações de poder. As famílias enlutadas faziam desses enterros uma oportunidade de demonstrar seu prestígio, proporcionando aos convidados e demais participantes um espetáculo fúnebre equivalente, ou se possível superior, à sua posição social. A Igreja e o governo enterravam seus dignitários em cerimônias de exibição de poder, fazendo-as lições de aceitação da ordem. Se divergisse dos objetivos da família, da Igreja ou do Estado, a voz do morto podia dar com ouvidos moucos.

Escrevendo sobre os negros libertos, Oliveira sustentou que os funerais

---

56. APEB, *IT*, nº 01/89/127/01, fl. 7; Barros, "Chronica dos acontecimentos", pp. 49-50; e ACS, *LRO/Sé, 1797-1816*, fl. 343.

representavam "um ritual de nivelamento social". A morte era uma das poucas chances, e a última, de estabelecer simbolicamente a igualdade entre brancos e negros, escravos e senhores, ricos e pobres. Viver mal, mas morrer bem, seria o lema. O pobre que consumia economias ou entrava numa irmandade para ser enterrado com dignidade talvez desejasse se igualar aos poderosos pelo menos uma vez na vida.[57] Mas os poderosos, repetidamente, faziam da hora da morte uma ocasião para reafirmar a distinção social em que viveram, contratando inclusive os pobres para esse fim.

## ENTERROS AFRICANOS DE AFRICANOS

Os testamentos e outros documentos escritos permitem perceber os funerais de escravos e libertos apenas pelo ângulo dos rituais católicos, silenciando sobre aspectos estranhos a estes.[58] Vale tentar preencher um canto que seja desse vazio, que só seria ocupado naqueles documentos, e em poucos casos, quando já se caminhava para o final do Oitocentos. Em 1889, por exemplo, o africano Duarte Soares, sacerdote de Xangô com o nome de Arabonam, declarou em testamento que a missa de sétimo dia "será feita conforme os costumes africanos", para o que deixava uma quantia de 100 mil-réis.[59]

Todavia, antes dessa época, não faltaram aos adeptos do candomblé ritos fúnebres específicos — eles apenas mantinham segredo sobre isso nos testamentos que mandavam fazer, instruindo oralmente a familiares e correligionários sobre o assunto. Algumas pistas: os instrumentos descritos numa devassa do final do século XVIII contra um *calundu* — como se chamava o candomblé colonial — em Cachoeira se assemelham àqueles de ritos fúnebres dos jejes na África, e ainda usados em candomblés jejes-nagôs e angolas na Bahia. O atual bairro do Acupe, em Salvador, teve seu nome derivado de *Acú*, que pode estar relacionado com *Ikú*, morte em iorubá. É possível que nesse local, onde havia vários centros de culto africano nas décadas de 1820 e 1830,

57. Oliveira, *O liberto*, p. 90.
58. Ibid, pp. 89-90; Mattoso, *Testamentos de escravos libertos*, p. 28.
59. Testamento de Duarte Soares, APEB, Judiciária, nº 7/1345/1814/9; e Reis, *Domingos Sodré*, p. 124, 135.

houvesse também um ou mais terreiros dedicados aos mortos. Estes são indícios sem dúvida superficiais, mas nem por isso insignificantes, da presença da morte africana na Bahia antiga.[60]

Na ilha de Itaparica existe uma sociedade *egungun* de culto dos ancestrais, cuja origem pode remontar à primeira metade do século XIX, quando grande número de iorubás aqui desembarcaram como escravos nagôs. Juana e Deoscoredes dos Santos, baseados na tradição oral dos candomblés da Bahia, afirmam ter identificado cinco terreiros dedicados a esse culto, todos talvez fundados naqueles anos. Esses templos, na sua maioria, se localizavam em Itaparica. O historiador Wellington Castellucci desvendou parte dessa história em sua reconstrução da genealogia do fundador de um desses terreiros dedicados aos mortos nagôs. Assim, em 1836 a Bahia teria vários centros especializados no culto dos mortos e de ancestrais africanos, ou já baianos.[61]

Na segunda metade do Oitocentos, o jornal baiano *O Alabama* com frequência reportava a realização de cerimônias para mortos africanos em candomblés jejes e nagôs. Em 1865, o jornal denunciou um preto curandeiro de ter "o poder de evocar os mortos para virem fazer revelações".[62] Esse serviço era oferecido não apenas à comunidade africana, mas também aos brancos. O mesmo jornal, quatro anos depois, noticiou que

> as vendedeiras de peixe na Preguiça encasquetaram de que as almas das companheiras falecidas andavam atrasando-lhes o seu comércio e por isso reuniram-se ontem, mandaram celebrar doze missas, alugaram um armazém [no mercado] em Santa Bárbara e aí fizeram um serviço extraordinário, onde ferveu tabaque

---

60. João J. Reis, "Revisitando 'Magia jeje na Bahia'", in Flávio dos Santos Gomes e Valéria Costa (orgs.), *Religiões negras no Brasil escravista e no pós-emancipação* (Rio de Janeiro, 2016), pp. 13-40; Reis e Silva, *Negociação e conflito*, pp. 32 ss. O antropólogo Vivaldo da Costa Lima sugeriu-me a possível relação entre Acú e Ikú.

61. Juana E. dos Santos e Deoscoredes M. dos Santos, "O culto dos ancestrais na Bahia", in Carlos Moura (org.), *Oloorisa* (São Paulo, 1981), pp. 158-162, 170; e Wellington Castellucci, "A árvore da liberdade nagô: Marcos Theodoro Pimentel e sua família entre a escravidão e o pós-abolição. Itaparica, 1834-1968", *Revista Brasileira de História*, v. 38, nº 78 (2018). https://doi.org/10.1590/1806-93472018v38n78-10.

62. *O Alabama* (11/7/1865).

até seis horas, para afugentar as almas que não são mais deste mundo, e não virem atrapalhá-las.[63]

Para não sobrar suspeita sobre o grande empenho das ganhadeiras em apaziguar as almas das companheiras que já haviam feito a passagem, foram acionados recursos salvíficos junto à Igreja católica tanto quanto junto ao candomblé. O importante era não economizar investimento ritual para satisfazer aquelas pobres almas penadas, que se deixadas à toa podiam perturbar sem dó os negócios dos vivos. Não se duvide que essas mulheres estivessem, pelo menos algumas delas, organizadas numa sociedade geledé — cuja etimologia denota sossegar gentilmente as mulheres —, que entre outros atributos cuidam dos rituais da morte feminina, em específico.[64]

Enraizados no passado escravista, os candomblés hoje dedicados ao culto dos orixás — que não devem ser confundidos com aqueles especializados no culto dos mortos — possuem cerimônias fúnebres próprias, o *axexê*, que são rigorosamente cumpridas. Muitos costumes mortuários da África foram mantidos pelos africanos escravizados no Brasil e seus descendentes, apesar das mudanças que neles se foram operando ao longo da escravidão, inclusive os empréstimos do cerimonial católico. Hoje em dia — e esta tradição provavelmente está bem fincada no passado —, as pessoas de candomblé são enterradas segundo normas católicas e normas africanas, com o sacrifício da missa e de animais.[65]

No passado escravista, é possível que uma dualidade entre o público (ritual católico) e o privado/secreto (ritual africano) tivesse caracterizado os funerais negros. Nem por isso o lado público de muitos deles deixou de se desviar das regras católicas. Nas Minas Gerais de 1726, por exemplo, o bispo d. Antônio de Guadalupe protestou que escravos africanos faziam "ajuntamento de noite com vozes e instrumentos em sufrágio de seus falecidos ajuntando-se em algumas vendas, onde compram várias bebidas e comidas, e depois de comerem

63. *O Alabama* (28/4/1869).

64. Henry John Drewal e Margaret Thompson Drewal, *Gelede: Art and Female Power among the Yoruba* (Bloomington, 1990).

65. Para uma interpretação simbólico-estruturalista da morte iorubá, Juana E. dos Santos, *Os Nagô e a morte* (Petrópolis, 1976). Ver também Ziegler, *Os vivos e a morte*; Júlio Braga, *Ancestralité et vie quotidienne* (Strasbourg, 1986); Roger Bastide, *Estudos afro-brasileiros* (São Paulo, 1973), cap. 6; e Sérgio F. Ferreti, *Querebentan de Zomadonu* (São Luís, 1985), pp. 157-160.

lançam os restos nas sepulturas".[66] O prelado dava assim testemunho da tradição africana de que os mortos devem levar à sepultura oferendas propiciatórias, participando do banquete festivo de despedida dos vivos.

Faltam para a Bahia as excelentes descrições, feitas por Daniel Kidder e sobretudo Jean-Baptiste Debret, por exemplo, de funerais negros observados no Rio de Janeiro. Neles, do velório à porta da igreja, se não mais além, predominavam largamente os elementos africanos.

Debret descreveu, com riqueza de detalhes, os cortejos fúnebres de uma negra moçambicana e do filho de um rei negro. No primeiro caso, só acompanhavam o funeral mulheres, à exceção de dois homens carregando o cadáver numa rede, um "mestre de cerimônias" e um tocador de tambor. Este último puxava o cortejo, ora adiantando-se, ora detendo-se para tocar. Na igreja de Nossa Senhora de Lampadosa, o mestre de cerimônias, vestido com um tipo de gibão colorido, ordenou que o cortejo parasse, ao tempo em que a porta da igreja se abria. Neste momento o tambor entrou em ação e as negras puxaram cantos fúnebres, acompanhados por palmas. Algumas mulheres colocaram as mãos sobre a mortalha e diziam: "estamos chorando o nosso parente, não enxergamos mais, vai em baixo da terra até o dia do juízo, hei de século seculorum amém". Não faltou um latinório básico a esse ritual, ou assim entendeu o artista francês. Além da mistura de línguas, se misturaram também o som dos sinos ao do tambor. Nada de velas, caixão, padres, orquestras, mas ainda assim um enterro pomposo a seu modo.[67]

É irresistível a comparação com os Estados Unidos, onde os funerais de escravos eram também noturnos e festivos. Os historiadores de lá especulam que o horário dava aos escravos — cujas horas diurnas dedicavam ao trabalho para o senhor — oportunidade de participar de pompas fúnebres tocadas por bandas de jazz. Segundo o historiador Richard Wade, nas cidades sulistas um verdadeiro "espírito de Carnaval" dominava essas cerimônias muito estimadas pelos negros. Eugene Genovese destacou a importância da participação

---

66. Apud Campos, "Considerações sobre a pompa fúnebre na capitania das Minas", p. 14.

67. Debret, *Viagem pitoresca*, pp. 184-185. Segundo Morais Filho, *Festas e tradições populares*, p. 188, a Irmandade de Nossa Senhora de Lampadosa era de mulatos, mas que sua igreja servia de "necrópole fidalga dos africanos desta cidade" do Rio. A informação não combina com a de outros autores, por exemplo, Soares, *Devotos da cor*, p. 139, 154, 156 etc.

*28. Pompa africana reinventada no Novo Mundo:
funeral de negra moçambique...*

escrava na festa funerária e sugeriu que tanto a festa quanto seu horário possivelmente estavam ligados a tradições africanas.[68]

No Brasil, outros elementos entravam na reconstituição pelos escravos de suas tradições originais. Por exemplo, o cativeiro não eliminou na comunidade africana daqui as hierarquias trazidas da África. Objeto de muita reverência em vida, os fidalgos africanos no exílio brasileiro recebiam funerais de dignitários. Foi assim com o filho de um suposto rei da África falecido no Rio de Janeiro. Durante o concorrido velório, o morto foi cerimoniosamente visitado por delegações das várias nações africanas que compunham a população escrava carioca. Desde a manhã cedo reinava um clima de festa, com dança e música tocada com instrumentos africanos, acompanhados de palmas. As palmas "constituem-se de duas batidas rápidas e uma lenta ou de três rápidas

---

68. Leslie Owens, *This Species of Property* (Oxford, 1976), p. 161; Richard Wade, *Slavery in the Cities* (Oxford, 1964), pp. 169-170; Albert Raboteau, *Slave Religion* (Oxford, 1978), pp. 230-231, por exemplo; Sterling Stuckey, *Slave Culture* (Oxford, 1987), pp. 12, 93-94; Genovese, *Roll, Jordan, Roll*, pp. 196-197. Funerais noturnos podem ter sido tradição africana, mas era também portuguesa e inglesa: A. P. D. G., *Sketches of Portuguese Life*, p. 241; e Gittings, *Death, Burial and the Individual*, p. 93.

*29. ... e de "príncipe" africano.*

e duas lentas, geralmente executadas com energia e conjunto", escreveu Debret. Vez por outra soltavam-se bombas juninas.[69]

Essas atividades se estenderam até seis ou sete horas da noite, quando teve início o cortejo fúnebre. Aqui também havia um mestre de cerimônias, que a bengaladas abria caminho entre a multidão para a passagem do defunto, levado numa rede coberta com um pano mortuário, sendo nessa hora saudado por fogos de artifício e as acrobacias de quatro africanos. O morto foi solenemente escoltado por amigos e pelas deputações africanas, seguidos por outros negros empunhando bengalas e, mais atrás, gente que Debret chamou de "curiosos". Chegando à igreja, enquanto do lado de dentro acontecia a cerimônia de sepultamento, do lado de fora homens e mulheres soltavam bombas, batiam palmas, tocavam tambores, cantavam canções africanas. Certamente um magnífico enterro ao estilo africano.

No final da década de 1830, Daniel Kidder teve oportunidade de ver o que chamou de "costumes pagãos" funerários entre escravos cariocas. Num sábado, chamaram-lhe a atenção "altos e longos gritos" vindos da rua. "Olhando pela

---

69. Debret, *Viagem pitoresca*, pp. 181-186. Sobre a reverência dos negros a "príncipes" africanos escravizados na Bahia, ver Wetherell, *Brazil*, p. 5.

janela", observou, "se via um negro carregando na cabeça uma bandeja de madeira, sobre a qual estava o cadáver de uma criança, coberta com um pano branco decorado de flores, um buquê delas amarrado às mãos". Atrás seguiam, em passos ritmados e cantando em língua africana, duas dezenas de negras e numerosas crianças "adornadas a maioria com tremulantes fitas vermelhas, brancas e amarelas". O homem que levava o anjinho negro parava de vez em quando, "girando sobre os pés como dançarino", gesto ainda hoje comum nos funerais dos iniciados no candomblé. Chegando à igreja, o cadáver foi entregue ao padre e o cortejo retornou, cantando e dançando mais intensamente do que antes. A cena se repetiria muitas vezes durante a estadia do estrangeiro no Engenho Velho do Rio.[70]

Desconheço descrição tão detalhada relativa à Bahia, mas há indícios de que os africanos ali residentes sabiam festejar com cerimônias semelhantes seus mortos. O *Correio Mercantil* de 10 de dezembro de 1836 publicaria a carta de um leitor que soubera com certo temor de um desses funerais. "Consta-nos", escreveu aborrecido, "que na noite do dia 8 do corrente houveram coulianças [sic], e boatos sobre rusgas de pretos. A causa de um tal boato parece ter sido o enterro de um preto *Nagô*, ao qual assistiram para mais de duzentos pretos com seus archotes." Outra notícia na mesma edição do jornal dava conta de que o dia 8, uma quinta-feira, fora de "copiosa chuva", tanto que se cancelou o espetáculo *As astúcias do calote*, que seria exibido no teatro São João. O temporal não impediu que os nagôs fizessem seu espetáculo funerário. O fato despertou preocupação no correspondente do *Correio*. Lembrou-lhe a revolta dos negros no ano anterior, e ele pediu providências da polícia para evitar a aglomeração de escravos sob qualquer pretexto, citando conhecido rifão: "faísca desprezada, excitou o incêndio".[71]

Alguns anos depois, em 1841, o formando de medicina Antônio José Alves comentou, nos mesmos termos que a nota do *Correio Mercantil*, que os funerais africanos em Salvador eram frequentes, muitos os participantes e grande a "algazarra" que faziam. Os numerosos archotes que iluminavam esses cortejos, uma vez enterrado o morto, eram queimados na rua em grandes e assustadoras fogueiras. Muitos desses mortos eram sacerdotes jejes e nagôs,

70. Kidder, *Sketches*, p. 177.
71. Alves, *Considerações sobre os enterramentos*, pp. 9-10.

cujas cerimônias fúnebres se prolongavam por sete dias após o falecimento. Numa ocasião, em 1843, "mais de 2000 indivíduos de ambos os sexos e de todas as idades [...], concorrerão a solemnisar a morte de um magnata dos seos, que fallecera ha pouco tempo; a grita foi horrenda e como nunca [...]". Eram ocasiões de "estrepidosas folganças e batuques", denunciou o *Correio da Bahia*, pedindo providências à polícia.[72] Como no Sul escravista dos Estados Unidos, no Brasil havia quem temesse que funerais africanos terminassem em revoltas escravas. Para os brancos, esses funerais barulhentos, concorridos, ritualizados, não apenas subvertiam a normalidade simbólica do mundo, como ameaçavam a ordem social que dominavam.[73]

Os baianos faziam outras aproximações entre morte e poder.

## DOIS FUNERAIS FICTÍCIOS

Funerais sem cadáveres: essa a definição de funerais fictícios. Ocorriam e ainda ocorrem com frequência na África, quando o indivíduo morre longe de casa, por exemplo, e a comunidade "enterra" um ou vários objetos que lhe pertençam e o representem. Ou na Inglaterra do século XVII, onde os corpos de aristocratas que resistiam ao embalsamamento eram enterrados às pressas, mas as cerimônias fúnebres definitivas só aconteciam dias depois, às vezes com efígies tomando o lugar dos cadáveres.[74]

Entre nós, quando morria um monarca na Metrópole, a Colônia organizava suntuosas exéquias. Talvez nenhuma morte tenha sido tão grandiosamente celebrada no Brasil colonial como a de d. João V, em 1750. Na Bahia, os sinos não pararam de bater em todas as igrejas durante três dias. Uma armação coberta "de veludo negro, agaloado, e franjado de ouro" foi levantada na Sé, acima da qual foi colocado o retrato do monarca, iluminado por quinhentas velas, dezesseis archotes e 32 tocheiros. O ofício fúnebre foi celebrado pelo bispo, o cabido e 150 padres; a música contou com um coro de 180 sacerdotes. Em longa procissão, as autoridades, fidalgos e nobres da terra chegavam ao

---

72. *Correio Mercantil* (24/10/1843).
73. Sobre os Estados Unidos, Genovese, *Roll, Jordan, Roll*, p. 194.
74. Thomas, *Le cadavre*, pp. 46-48; e Gittings, *Death, Burial and the Individual*, pp. 167-168.

mausoléu e "fazião huma profunda reverencia ao Retrato de S. M., que nelle se offerecia aos olhos de todos, para mayor incentivo da magoa". Do lado de fora da Catedral, o povo se comprimia, distante do soberano mesmo na morte, mesmo em imagem. Também em outras igrejas paroquiais se construíram "Túmulos magníficos, Música excellente, e Panegyricos elegantes" para lembrar o morto e sua monarquia. Sabemos dessas e muitas outras coisas dessas barroquíssimas cerimônias porque fazia parte da morte dos grandes escreverem-se longos "panegíricos", louvando em prosa e verso a vida (sempre exemplar) do defunto e descrevendo detalhadamente cada aspecto do seu funeral.[75]

Sete décadas mais tarde, quando em junho de 1816 a Bahia soube da morte da rainha-mãe, d. Maria I, conta o autor da "Chronica dos acontecimentos", a Câmara de Salvador solicitou "que todo o Povo se botasse de luto por um ano fechado, e os seis meses aliviado, o Povo assim o cumpriu, cada um conforme as suas posses". Morta a rainha na corte do Rio, a cidade da Bahia participou com grande brilho das exéquias à distância, que incluíram uma solene procissão fúnebre e a armação de uma grande tumba encenando a presença do cadáver real.

A primeira cerimônia oficial de luto aconteceu em 5 de junho, a leitura na Câmara da carta do governador-geral transmitindo a notícia. Em seguida, o presidente da Câmara e juiz de fora Antônio Jourdan, ele próprio enterrado com muita pompa três anos depois, quebrou a vara símbolo de seu cargo, no que foi acompanhado pelos vereadores, o procurador, o escrivão, o meirinho da cidade, o do campo e os demais meirinhos. Nenhum deles portariam suas varas "até outra ordem". A cerimônia simbolizava o vácuo de poder instaurado pela morte da soberana, até a entronização de seu sucessor.[76]

Dois dias depois, teve lugar um elaborado cortejo, para o qual a Câmara

---

75. João Borges de Barros, *Relação panegyrica das honras funeraes às memorias do muito alto, e muito poderoso senhor rey Fidelissimo d. João V* (Lisboa, 1753) (exemplar do CEB), p. 9, 24 e passim. Ver também Fonsêca, "Vida e morte na Bahia colonial", pp. 271-285, sobre essa morte e as de outros poderosos no mundo luso de ambos os lados do Atlântico. Sobre as exéquias de d. João V em Minas Gerais, ver Ávila, *O lúdico*, pp. 187-196; e Campos, "Considerações sobre a pompa fúnebre", pp. 6-10.

76. Sobre este e os dois parágrafos seguintes, Barros, "Chronica dos acontecimentos", p. 60; AHMS, *Provisões Régias, 1811-29*, liv. 126.4, fls. 94-95v (essa cerimônia era praxe em funerais reais: nas exéquias de d. João V, ver Barros, *Relação panegyrica*, pp. 8 ss.); sobre o enterro de Jourdan, APEB, *IT*, nº 1/67/84/1, fls. 31-42.

convocou "todos os Cidadãos e mais Nobreza" da cidade, devidamente enlutados. À frente seguiu o escrivão da Câmara "num cavalo branco coberto de grande luto", conforme sua própria descrição, levando na cabeça um chapéu de abas caídas decorado com tarja preta (um sinal habitual de luto) e na mão direita o estandarte da instituição inteiramente coberto de preto. Atrás dele, divididos em duas alas, desfilaram os porteiros do Conselho da Câmara, os meirinhos, todos os escrivães, tabeliães, distribuidores e demais empregados da justiça, os cidadãos e a "nobreza local". Atrás do cortejo, três vereadores levavam os escudos das armas reais pintados em fundo negro, voltados para baixo, como se a morte da rainha pusesse o Reino de ponta-cabeça. Por fim, vinham o presidente da Câmara, dr. Jourdan, e o procurador do Conselho de Governo, Tomé Afonso de Moura.

No trajeto da comitiva, estavam armados três "teatros" — uma mesa sobre um palanque, ambos forrados de baeta preta —, o primeiro ao lado do palácio do governo, em frente à sede da Câmara; outro na esquina detrás da igreja da Sé; o terceiro na esquina do Terreiro de Jesus, ao lado da igreja do Colégio dos Jesuítas, agora servindo de Catedral, onde aconteceria o principal ofício fúnebre. Essa distribuição espacial dos teatros parecia marcar a unidade entre poderes civil e eclesiástico, encabeçados até ali pela rainha morta. Chegando ao primeiro teatro, todos pararam e o escrivão proferiu as seguintes palavras: "Chorai Povo chorai pela morte da Rainha D. Maria, Primeira deste Nome, Nossa Senhora Natural que nos governou por 39 anos, 25 dias, mantendo todos os seus vassalos em paz, e justiça, e alcançando contra os inimigos da coroa de Portugal gloriosas vitórias, chorai Povo chorai." Não importava que a rainha, havia muito acometida por doença mental e portanto socialmente morta, já não reinasse, e sim seu filho, o príncipe regente d. João. Ato contínuo, o vereador mais velho aproximou-se do teatro e bateu o escudo que trazia contra a mesa por três vezes, quebrando-o na última. Era o fim de um reinado. Na mesma ordem as pessoas foram ter ao segundo e ao terceiro teatro, onde se repetiria a cena. Daí o cortejo retornou e se recolheu à Câmara.

A cerimônia maior, com a presença do governador-geral, todas as autoridades baianas, clero e tropas de artilharia só aconteceria alguns dias depois. A luxuosa decoração da igreja do Colégio, o desfile militar do lado de fora, as salvas de canhão — tudo para celebrar o "funeral da nossa Rainha" — impressionaram profundamente o homem simples que escreveu a "Chronica", apesar de sua familiaridade com outras grandiosas cerimônias fúnebres de potentados locais. Refletiu ele:

> Nada mais posso dizer, por não poder de repente compreender tantas formalidades de tantas coisas vistas, pois só o pano que cobria o Tumbo [a Tumba] dizem importara para mais de 6 mil crusados, e que de feitio teve o bordador 600 mil réis, estando toda Igreja forrada de belbutina preta, o chão ou corpo da dita Igreja todo alcatifado de baetão azul-escuro, e do mesmo todos os bancos e cadeiras, e enfim deve ter-se gasto em todo aquele funeral para mais de cem mil cruzados.

Habitante de uma praça comercial, Francisco Barros contava a pompa fúnebre em moeda corrente.[77]

Havia também a moeda política, bem mais valiosa, a se considerar. Não precisava ter corpo presente para concluir — acompanhando Ana Cristina Araújo sobre funerais na Lisboa setecentista — que "a morte dos grandes, com seu aparato cerimonial, constituía motivo de atracção popular."[78] A celebração do funeral da rainha em Salvador intimidava, fazia ainda menor o comum mortal e imortalizava a monarquia aos olhos dos súditos coloniais. Um ritual barroco da ordem, magnífico espetáculo visual: "cousa nunca vista nesta Cidade", escreveu extasiado o pobre cronista. Eis o testemunho de um homem simples sobre a ênfase da sensibilidade visual na cultura barroca, que Ávila discutiu tão bem.[79]

Do funeral sem morto, passemos ao funeral sem morte. Pois há funerais fictícios em que o "morto" continua vivo. Quem de nós nunca "enterrou" desse modo uma autoridade, um governante, um general?

Também político, mas um ritual subversivo, foi o enterro simbólico de Antônio Vaz de Carvalho, juiz de fora da vila de Cachoeira, no Recôncavo Baiano. Já o apresentei páginas atrás, quando pediu em testamento para ser

---

77. Barros, "Chronica dos acontecimentos", p. 60, 61. Cem mil cruzados seria o equivalente a 200 escravos em 1820. Mattoso, *Être esclave au Brésil*, p. 108.

78. Ana Cristina Araújo, "Morte, memória e piedade barroca", *Revista de História das Idéias*, nº 11 (1989), p. 134.

79. Ávila, *O lúdico*, pp. 197 ss.

enterrado sem pompa. Mas não faltaria pompa a seu funeral simbólico, acontecido três anos antes de sua morte verdadeira. Aconteceu no 1º de abril, o dia da farsa, de 1829. Segundo queixa ao presidente da província, cerca de oitenta pessoas participaram de "um público e noturno enterro ao dito juiz", no qual "faziam subir aos ares repetidos foguetes, e ao som de instrumentos entoavam chulas atacantes" e gritavam "morra Turco, morrão os camelos", alusão a uma suposta simpatia do juiz ao absolutismo do imperador Pedro I, neto da rainha cujos funerais acabamos de acompanhar. A autoridade considerou aquilo um "estado de perfeita anarquia" e exigiu a abertura de uma devassa.[80]

O inquérito revelou que um grupo de pessoas influenciadas pelo juiz de paz local, Joaquim do Couto Ferraz, e do qual participava o futuro rebelde federalista Miguel Guanaes Mineiro, resolveu celebrar a transferência do juiz de fora apelando para a metáfora da morte. O pardo Joaquim da Rosa, alcunhado Joaquim Bobó, sineiro da matriz, depôs que fora contratado por quatro patacas para tocar dobres fúnebres. O pardo Manuel Álvares de Andrade também confessou:

> Como responsável de abrir as portas e acender as velas da Igreja, a esta se encaminhara quando ouvira tocar o sino do sacramento, mas demorando-se duas horas no adro não ouvira correr campa ou vira preparativos para sacramento [...] e que então ouvira dizer que o toque era motivado em ação de graça pela saída do Dr. Antonio Vaz de Carvalho.

Outra testemunha disse que o sino badalara depois da meia-noite, desobedecendo a regras policiais e eclesiásticas de silêncio noturno.

Segundo o acusado Joaquim Ferraz, a coisa não passara de inocente divertimento, sem enterro nem insultos. Apenas contrataram "por dinheiro a alguns Professores de Música, para tocarem, e cantarem, os quais aparecendo depois das Ave Marias tocaram vários quartetos, e sinfonias, cantaram o hino constitucional, e deram-se vivas a Vossa majestade Imperial". Mas outros depoentes menos comprometidos lembraram que, armados de rabeca, violão e pequenos

---

80. Sobre todo o episódio, ver devassa em APEB, *Revolução, 1827-29*, maço 2855.

ossos (restos mortais servindo de instrumentos musicais…), os manifestantes cantaram mementos fúnebres para o juiz de fora. Também cantaram chulas de despedida, como as que diziam "Deitei meu boi na serra", ou "Periquito vai", ou "Eu tenho uma carapuça, você tem duas carapuças". A intervalos, Antônio Cigano soltava foguetes. Sobre os participantes do funeral fictício, um depoimento esclareceu terem sido "gente limpa acompanhada de moleques", ou seja, brancos misturados com jovens negros. O juiz era tão malquisto que conseguira uma inusitada aliança interclasse, interétnica e interetária contra si.

Porém, qual o motivo exato para a alegoria fúnebre? Já mencionei razões de política nacional: o suposto apoio do juiz ao chamado Partido Absolutista. Em sua réplica o outro juiz, o de paz, enumerou razões ligadas à política do cotidiano cachoeirense. Segundo ele, com a saída de Carvalho, o povo de Cachoeira devia

se regozijar por terem desaparecido os nebulosos dias de tristeza, amarguras e insultos feitos aos honrados, e pacíficos cidadãos e a uma matrona, a quem prendera, e perseguira injustamente, e haverem cessado as lágrimas das desvalidas viúvas, e inocentes órfãos, que prejudicou e perseguiu, das míseras ganhadeiras, que lançou na enxovia por causa do espanto do cavalo de seu carrinho, dos negros, que açoitou pelo mesmo motivo, e por outras arbitrariedades, assoalhadas nas folhas públicas.

Com o enterro fictício os fracos de vária condição social festejavam a queda de um déspota local.

No funeral fictício da ordem — as exéquias de d. Maria —, um monarca morto exerce seu derradeiro ato de poder, reafirmando o Estado dinástico/colonial e legitimando as autoridades e hierarquias sociais locais. No funeral fictício subversivo, a autoridade é morta simbolicamente numa comemoração por sua saída da cidade, ou seja, festeja-se sua exclusão do grupo, uma forma de morte. Mas as autoridades temem o desdobramento de tal funeral, temem, exageradamente sem dúvida, a "morte" do Estado ou, nas palavras do morto encenado em efígie, o "estado de perfeita anarquia".

Ambos os funerais testemunham, igualmente, o fascínio de nossos antepassados pelo tema fúnebre. Não satisfeitos em produzir e participar de funerais de verdade, ainda inventavam os falsos. De forma solene ou jocosa, ou ainda de outras formas, a morte perpassava o cotidiano e o extraordinário de suas vidas.

# 7. O espaço sagrado do morto:
# o lugar da sepultura

Uma das formas mais temidas de morte era a morte sem sepultura certa. E o morto sem sepultura era dos mais temidos dos mortos, pois morrer sem enterro significava virar alma penada sempre pronta a atormentar os vivos. Morrer afogado, por exemplo. Na Polônia da segunda metade do século XIX, os afogados representavam a categoria de mortos mais frequentemente transformados em demônios. No interior do Brasil se reza "pras arma das onda do má", ou seja, pelos que morreram afogados. É um costume certamente aprendido do litoral, onde, no passado, não era doce morrer no mar. O negociante carioca Joaquim Luís de Araújo, residente na Bahia, fazia frequentes viagens a Lisboa e temia morrer no trajeto. Em seu testamento, de 1823, escreveu: "espero, na Misericórdia divina, eu morrer em terra". Três anos depois morreu no mar, tornando-se mais uma alma penada a rondar sobre o Atlântico.[1]

Era desejável morrer em terra firme, não para ser enterrado em qual-

---

1. Delumeau, *História do medo*, pp. 95-96; Araújo, *Ritos, sabença*, p. 63; Lia Garcia Fukui, "O culto aos mortos entre os sitiantes tradicionais do sertão de Itapecerica", in Martins (org.), *A morte e os mortos*, p. 255; APEB, IT, n⁰ 04/1721/2193/03, fls. 2, 8, 8v.

quer lugar, mas em local sagrado. Durante muito tempo, entre os habitantes de Salvador, esse local seriam as igrejas. As igrejas se destacavam na arquitetura da cidade da Bahia, a desenhar com suas torres os pontos mais altos da silhueta urbana. "Os mais belos edifícios são as igrejas, pois Deus passa e deve passar à frente de tudo", escreveu em 1833 o viajante francês Claude Dugrivel.[2] Todavia, não só Deus e sua corte de santos nelas habitavam, mas também os mortos. Afinal, a morte definitiva existiria apenas se a alma fosse condenada ao fogo do Inferno, do contrário a morte não significava senão uma passagem à vida eterna. Por isso, nos registros de óbito de Salvador, com frequência encontramos a expressão "faleceu da vida *presente*", não para a futura.

Assim como os cortejos fúnebres se identificavam com as procissões que tematizavam o enterro de Cristo, as sepulturas eram associadas com o local onde Cristo residia e era senhor. As igrejas eram a Casa de Deus, sob cujo teto, entre imagens de santos e de anjos, deviam também se abrigar os mortos até a ressurreição prometida para o fim dos tempos. A proximidade física entre cadáver e imagens divinas, aqui embaixo, representava um modelo da contiguidade espiritual que se desejava obter, lá em cima, entre a alma e os seres divinos. A igreja era uma das portas de entrada do Paraíso.

Ser enterrado na igreja consistia também numa estratégia de não romper com o mundo dos vivos, inclusive para que estes, em suas orações, não esquecessem dos que haviam partido. Os mortos se instalavam nos mesmos templos que tinham frequentado ao longo da vida. Eles se instalavam no centro de decisões da comunidade, decisões que testemunhavam e que talvez propiciassem. Pois as igrejas brasileiras de então serviam de salas de aula, de recinto eleitoral, de auditório para tribunais de júri, discussões e decisões políticas.[3] Ali se celebravam os momentos maiores do ciclo da vida — batismo, casamento e morte. Ali, no interior daqueles altivos edifícios barrocos, os mortos estavam integrados à dinâmica da vida.

2. Dugrivel, *Des bords de la Saône*, p. 370.
3. Ver várias atas de eleições lavradas no recinto de igrejas baianas em AN, IJJ⁹, 337.

## AS REGRAS DE SEPULTURA ECLESIÁSTICA

Para a Igreja, o lugar em si da sepultura não devia ser tomado pelos fiéis como recurso salvífico, em detrimento de suas boas obras em vida e dos sufrágios por suas almas na morte. As *Constituições* sinodais definiam as sepulturas no interior e adro dos templos católicos como um "costume pio, antigo, e louvável", assim justificado:

> como são lugares, a que todos os fiéis concorrem para ouvir, e assistir as Missas, e Ofícios Divinos, e Orações, tendo à vista as sepulturas, se lembrarão de encomendar a Deos nosso Senhor as almas dos ditos defuntos, especialmente dos seus, para que mais cedo sejão livres das penas do Purgatório, e se não esquecerão da morte, antes [...] será aos vivos muito proveitoso ter memoria della nas sepulturas... (c. 843).

A Igreja patrocinava a aproximação física entre mortos e vivos com base na doutrina do Purgatório, destino da maioria dos que enfrentavam o julgamento individual, que acontecia logo após a morte.

As *Constituições* não relacionavam o lugar de enterro com a ressurreição dos corpos após o julgamento universal, por ocasião do fim do mundo, embora o tema da ressurreição constasse, por exemplo, de um catecismo para escravos mandado redigir por d. Sebastião Monteiro da Vide e incluído no texto sinodal (c. 579). E, em meados do século XVIII, o padre Manuel Ribeiro da Rocha admoestava os senhores a cuidarem piedosamente dos cadáveres de seus escravos, ensinando: "quando honramos com a mortalha, com a sepultura, e com os funerais, os corpos dos defuntos, entende-se que tudo isto fazemos protestando, e dando testemunho da fé, com que cremos na sua ressurreição: logo o não lhe fazer estes devidos benefícios [...] é não dar testemunhos dessa mesma fé". No mesmo espírito, os irmãos de Santa Ifigênia, como vimos no capítulo anterior, reivindicavam enterros decentes em nome "da imortalidade de suas almas e da futura ressurreição de seus corpos". Se o corpo ressuscitaria, ele precisava estar espiritualmente íntegro, embora fisicamente decomposto. E para essa integridade contava o local de sepultura. A preocupação desses católicos com o destino do cadáver passava ao largo do pensamento agostiniano de que "pouco importa que um corpo

241

sem vida esteja aqui ou lá [...] pelo menos no que se refere à integridade de sua ressurreição".[4]

Segundo as leis do arcebispado da Bahia, todo católico tinha o direito de ser enterrado na igreja de sua escolha. Era tamanha a importância desse direito que as autoridades eclesiásticas ameaçavam com a severa pena de excomunhão os religiosos que, por algum motivo, induzissem alguém a optar por sua igreja, capela ou convento. Se o indivíduo não tivesse indicado preferência em vida, ao morrer seria automaticamente enterrado em sua matriz paroquial, ou na "sepultura de seus avós, e antepassados", caso a família possuísse jazigo próprio. As viúvas seriam sepultadas junto aos maridos, junto ao último marido "se forem duas, ou mais vezes casada" (c. 843, 845).

Os escravos foram motivo de particular preocupação de Monteiro da Vide ao organizar essas normas. Ele ameaçou de excomunhão e outras penalidades os senhores que continuassem a "enterrar os seus escravos no campo, como se forão brutos animais" (c. 844). A Igreja continuava às voltas com atitudes semelhantes cem anos depois de escritas essas palavras. Em 1813, o coronel Francisco Duarte da Silva seria denunciado em Ilhéus porque "não cuidou que seu escravo Matias, preto batizado, tivesse sacramentos e este morreu no desamparo, não o encomendou mas deixou ao tempo, de sorte que os cães e urubus o comeram junto à porta do dito senhor", o que fora "público e notório".[5] Enquanto isso acontecia a escravos, os senhores podiam adquirir sepulturas especiais nas igrejas. Normalmente, as sepulturas acolhiam vários cadáveres ao longo dos anos, sendo reabertas à medida que eles se desintegravam. Essas covas eram anônimas, sem marcas que identificassem os mortos (sempre plural), que a ocupavam pagando uma "esmola", ou gratuitamente em caso de enterro no adro (c. 854). Apenas o templo onde jazia o morto era sempre registrado no livro de óbitos de cada freguesia.

---

4. Manuel Ribeiro da Rocha, *Etíope resgatado, empenhado, sustentado, corrigido, instruído e libertado* (Petropolis, 1992[orig. 1758]), p. 143; sobre a petição da Irmandade de Santa Ifigênia, ver capítulo anterior; Agostinho, *O cuidado devido aos mortos*, pp. 32-33. Cf. interessante sermão sobre o Juízo Final, de c. 1837, em d. Romualdo Seixas, "Sermão pregado na Sé Metropolitana, na primeira Dominga do Advento, sobre o Juízo Universal", in *Colleção das obras* (Pernambuco, 1839-58), II, pp. 211-228.

5. ACS, *Livro de devassas da comarca de Ilhéus* (1813), fl. 6v. Agradeço a Luiz Mott por esta referência.

Entretanto, havia covas que não eram anônimas: os jazigos individuais ou de família adquiridos em caráter permanente. As *Constituições* do arcebispado as mencionam em várias passagens. As sepulturas perpétuas eram intransferíveis e só podiam ser concedidas pelo arcebispo da Bahia, passando provisão "em que se declare, que lhe fazemos graça daquella sepultura para elle, seus herdeyros, e descendentes, ou para limitadas pessoas, na forma que melhor nos parecer, e que dê o tanto de esmola, ou acostumada, ou taxada por Nós [...]". Privilégio ainda maior, o prelado podia permitir que esses jazigos se localizassem na capela-mor, ainda mais próximos de Deus (c. 855). A abertura de sepulturas nas igrejas devia ser feita com licença dos párocos, entre outras razões para que não acontecesse enterrarem-se cadáveres estranhos em jazigos perpétuos (c. 849).

Porém, se a Igreja, em troca de esmolas polpudas, cedia à "vaidade humana", também impunha limites. Proibia, por exemplo, que se levantassem "túmulos de pedra ou madeira" sobre as sepulturas: "somente se poderá por huma campa de pedra, contígua com o mais pavimento, e tendo letreiro, ou armas [isto é, brasões], serão abertos na mesma campa, de maneyra que não fiquem mais altos que ella". Daí não termos em nossas igrejas, pelo menos até meados do século XIX, os túmulos monumentais encontrados em templos europeus. Eram regras para a periferia colonial. Além disso, se coibia o desenho, sobre a pedra tumular, de cruzes, imagens de anjos, santos, os nomes de Cristo e Maria, "pela reverencia que se lhes deve, para que não suceda fazer-se-lhe desacato, pondo-se-lhes os pés por cima". Finalmente, nada que expressasse "vaidade ou indecência" seria escrito sobre a sepultura (c. 852, 853, 854).

Nem todos os mortos tinham direito à sepultura no interior dos templos. Ela era terminantemente proibida aos judeus, heréticos, cismáticos, apóstatas, blasfemos, suicidas, duelistas, usurários, ladrões de bens da Igreja, excomungados, religiosos enriquecidos (se tinham profissão de pobreza), aos refratários à confissão e à extrema-unção, infiéis, crianças e adultos pagãos. Os incluídos em uma ou algumas dessas categorias só teriam sepultura eclesiástica caso reparassem material e/ou espiritualmente suas faltas. As interdições tinham um claro objetivo pedagógico: "para que vendo os vivos, que a Igreja castiga aos que commeterão em vida tão graves, e enormes peccados, separando-os depois de mortos da comunicação, e ajuntamento dos fiéis, se abstenhão de commeter semelhantes casos [...]". Por outro lado, o sínodo recomendava cuidadoso inquérito nos casos em que se devia negar o direito de sepultura, porque, explicava, "assim como hé de muyta honra o conceder-se, assim hé de grande escândalo o negar-se" a qualquer cristão (c. 857, 205).

Além das preces diárias dos devotos, os mortos seriam beneficiados todas as segundas-feiras com procissão de cruz alçada e o aspergir de água benta sobre seus túmulos, fossem estes no interior ou no adro da igreja. Assim rezavam as *Constituições*. Nas freguesias em cujas igrejas não houvesse frequência durante os dias de semana, as procissões seriam transferidas para os domingos. Em todos os casos, tais celebrações fúnebres não deviam chocar-se com dias de festas religiosas — um cuidado para separar o culto dos mortos do culto divino —, sendo transferidas para o dia seguinte (c. 864, 865).

Outras partes do regulamento diziam respeito a enterros em capelas particulares, à exumação de cadáveres para investigação judicial ou traslado de ossos de uma sepultura a outra. Em todos os casos exigia-se licença especial do arcebispo (c. 850, 851, 856).

A desobediência a essa legislação implicava em penas pecuniárias e outras, até a excomunhão em alguns casos. Entretanto, concebidas no início do século XVIII, as regras foram sendo mudadas aqui e ali pela ação do tempo. Na época da Cemiterada, a própria Igreja baiana já condenava os enterros em seus templos, no que se colocava contra a vontade de seu rebanho. Mas, antes de chegar a esse impasse, um longo caminho seria percorrido.


AS COVAS NO CHÃO

Naquele tempo as igrejas não eram mobiliadas com bancos ou cadeiras, exceto alguns poucos, às vezes, que ficavam encostadas à parede. Os documentos falam de bancos levados pelos interessados para cerimônias de corpo presente — o que devia se repetir em outros eventos, como casamentos e batizados, até missas —, mas logo em seguida retirados. Os frequentadores das igrejas oravam e assistiam a missas de pé ou ajoelhados e, quando cansados ou apropriado, sentavam-se no chão, isto é, sobre as sepulturas. Sintonizado noutra sensibilidade funerária, abandonada havia pouco em sua terra natal, monsieur Jacques Arago escreveu, com algum sarcasmo, que no Brasil, durante as cerimônias religiosas, "os vivos passeiam sobre os mortos". Estes fi-

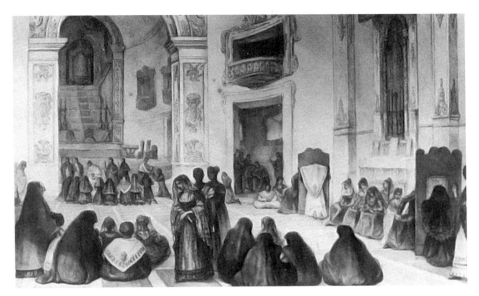

30. *"Os vivos passeiam sobre os mortos..."*

cavam em covas retangulares, com oito a seis palmos de profundidade, cobertas com pedra de lioz, mármore ou madeira. As covas eram numeradas, para evitar que se abrissem aquelas recentemente usadas. Para apressar a decomposição, cobria-se os cadáveres com cal. Em seguida jogava-se terra, que era socada com pesadas calceteiras, conforme censuraram vários visitantes do Rio. Na Bahia, Maximiliano não chegou a ver esses pilões em ação, o que não significa que inexistissem.[6]

De um modo geral, pessoas de qualquer condição social podiam ser enterradas no interior das igrejas, mas havia uma hierarquia do local e do tipo de sepultura.[7] Uma primeira divisão se fazia entre o *corpo da igreja*, ou parte

---

6. Arago, *Souvenirs*, I, p. 103; Denis, *O Brasil*, I, p. 266, que cita Walsh; Maximiliano, *Viagem ao Brasil*, II, p. 450. Ver também Luccock, *Notes on Rio de Janeiro*, p. 56; e Kidder, *Sketches*, p. 175. Um médico baiano escreveu, em 1853, que cada cova recebia "quase sempre [...] três e mais cadáveres": Dinorah Berbert de Castro, "Ideias filosóficas nas teses inaugurais da Faculdade de Medicina da Bahia", tese de Mestrado (UFBA, 1973), p. 117.

7. Para o mesmo fenômeno alhures, ver Milra Nascimento Bravo, "A morte hierarquizada: os espaços dos mortos no Rio de Janeiro colonial (1720-1808), *Revista do Arquivo Geral da Cidade do Rio de Janeiro*, nº 8 (2014), pp. 307-329.

interna do edifício, e o *adro*, a área em sua volta. A cova no adro era tão desprestigiada que podia ser obtida gratuitamente. Ali se enterravam escravos e pessoas livres muito pobres. Eis uma pequena amostra referente à matriz da freguesia de Nossa Senhora da Penha:

*Tabela 7*

ENTERROS NA IGREJA DA PENHA, 1834-36

| Local | Livres | Escravos | Total |
|---|---|---|---|
| Corpo | 20 | 9 | 29 |
| Adro | 2 | 16 | 18 |
| Total | 22 | 25 | 47 |

Apenas duas pessoas livres, ambas negras, foram enterradas no adro. Cadáveres de escravos podiam ficar no corpo da igreja, mas 64% deles tiveram covas do lado de fora. Até pelo menos 1819-20, fazia-se exceção para as crianças escravizadas, sempre enterradas no interior da matriz. Quinze anos depois já não encontramos a mesma atitude: independentemente da idade, defunto escravizado seguia para o adro.

Mas sob o chão no interior das igrejas os mortos também se dividiam de maneira a refletir a hierarquia social dos vivos. Uma primeira divisão se dava com a delimitação de locais específicos para os enterros promovidos pelas irmandades. Em 1731, frei Álvaro da Conceição Guimarães escreveu que, na igreja do convento de São Francisco, a irmandade negra de São Benedito tinha "sua capela no corpo da mesma Igreja e sepulturas próprias para todos os Irmãos, tudo com muito asseio e perfeição". Tanto esses pretos como os da Irmandade de Santa Ifigênia usaram bastante o solo de São Francisco para enterrar seus confrades. Às vésperas da Cemiterada, os irmãos de São Benedito informavam, numa petição à Câmara Municipal, que possuíam túmulos também no consistório daquela igreja, "aonde enterravam os Cadáver dos seus Irmãos falecidos".[8]

8. Mulvey, "The Black Lay Brotherhoods", p. 199, nº 6; ACSF, *Livro de contas da receita, e despeza, 1790-1825*, fls. 3 ss.; e Representação da Irmandade de S. Benedito à Câmara Municipal, s.d., AHMS, *Câmara. Requerimentos, 1835-37*.

Da mesma forma, as irmandades negras do Recôncavo demarcavam o território de seus mortos dentro dos templos católicos. A do Senhor Bom Jesus dos Martírios possuía sepulturas no convento do Carmo de Cachoeira. Seu compromisso de 1761 chegou a especificar o local exato designado para enterro dos irmãos, "quatro Sepulturas [...] do Altar do Senhor [dos Martírios] para baixo [...]". O prior carmelita se comprometia a designar outras áreas para enterro dos irmãos, caso essas sepulturas se tornassem insuficientes com o tempo.[9]

Mas as próprias irmandades, bem como as paróquias, podiam fazer outras divisões do espaço a elas destinado. Os pretos do Rosário da Conceição da Praia, em seu compromisso de 1686, recompensavam com sepultura "das grades para dentro" os "irmãos zelosos e benfeitores da Irmandade [...] ou algum que deixe esmola suficiente". A expressão "das grades para dentro" significa além das grades que separam o corpo da igreja do espaço próximo ao altar, no caso o altar da padroeira da irmandade. Ser enterrado "além das grades" representava o privilégio de ficar mais perto dos santos de devoção ou mesmo de Cristo Redentor no altar-mor. Lê-se num registro da freguesia da Penha, de 1830, que, após receber todos os sacramentos, a viúva Luísa Maria da França morreu aos noventa anos. Vestiu-se-lhe uma mortalha branca e ela foi "sepultada nesta Matriz de N. S. da Penha *da grade para cima*, encomendada por mim, paramentado com pluvial roxo, pelos dois sacristãos, e dois sacerdotes mais, no ato da Irmandade do Santíssimo Sacramento, da qual era Irmã". D. Luísa cumpriu todos os preceitos de uma boa morte, desde morrer em idade avançada a ser sepultada em local privilegiado. E, ainda antes de finar, aliviou a alma libertando seus escravos e fazendo-os seus herdeiros.[10]

Ser enterrado próximo aos altares era um privilégio e uma segurança a mais para a alma, atitude relacionada à prática medieval de valorizar a sepultura posicionada próxima aos túmulos de santos e mártires da cristandade. Como escreve Michel Lauwers, "a santidade que estava ligada a pessoas e suas relíquias foi transferida e identificada aos edifícios que as abrigavam [...]".[11] Acreditava-se

9. Mulvey, "The Black Lay Brotherhoods", pp. 271-272.

10. *Compromisso da Virgem Sanctissima May de Deus N. S. do Rosario dos pretos da praya*, cap. 19; e ACS, *LRO/Penha, 1829-49*, fl. 17.

11. Michel Lauwers, *O nascimento do cemitério: lugares sagrados e terra dos mortos no Ocidente medieval* (Campinas, 2015), p. 76. Ver também Laqueur, *The Work of the Dead*, esp. cap. 1.

31 e 32. *Sepulturas reabertas em 1976, durante a reforma da igreja do Rosário dos Pretos das Portas do Carmo (Pelourinho).*

que essa intimidade contaria no momento do Juízo Final, além de favorecer a alma por ocasião do julgamento pessoal que se seguia à morte. Os pecadores renitentes podiam morrer mais descansados, mas tinham de ser pecadores com algum recurso. Os "irmãos zelosos e benfeitores", mencionados no Compromisso do Rosário da Praia, seriam aqueles que investissem consideráveis somas na irmandade, especialmente para a realização das festas anuais da padroeira.

As autoridades eclesiásticas tiveram uma atitude ambígua em relação a esse tipo de privilégio. Em 1766, a Irmandade do Santíssimo Sacramento de São Pedro, da vila de Nossa Senhora do Bomsucesso das Minas Novas (MG), fez petição pedindo para ter oito sepulturas junto ao altar do Santíssimo, para lá enterrarem seus provedores e escrivães, e quatro no corpo da Igreja, para os irmãos comuns. A resposta foi negativa, mas a irmandade insistiu, alegando que o mesmo havia sido concedido à confraria de uma vila vizinha. E acrescentou que seu objetivo era, além de aumentar o "fervor e devoção", incentivar candidatos aos cargos de direção, recompensando-os pelos "grandes dispêndios que nela fazem". Apesar da oposição do vigário-geral, a irmandade terminou obtendo seis sepulturas no corpo da igreja para os irmãos e três para os mesários dentro da capela, mas "com declaração expressa, que serão abertas em distância de três côvados do último degrau do altar". A arquidiocese concedia, mas abatia no número de sepulturas e regulava a distância entre os mortos e a Divindade.[12]


## NOVAS DIVISÕES NO ESPAÇO DA MORTE

A confraria de Nossa Senhora da Conceição do Boqueirão dos homens pardos, em Salvador, incentivava a ocupação do cargo de juiz concedendo-lhe o direito de "dar sepultura ou carneiro ao defunto que lhe parecer, assim como mulher e filhos".[13] Os carneiros nasceram como outro mecanismo de estratificação espacial da morte.

Desde meados do século XVIII, algumas igrejas de irmandades mais abastadas introduziram carneiros para depósito de seus mortos. Com eles, as sepulturas se transferiram dos pavimentos para cavidades longitudinais

---

12. ACS, *Irmandades e capelas, 1703-1888*, doc. 51.
13. Apud Martinez, "Ordens terceiras", p. 134.

que formavam paredes, geralmente nos subsolos das igrejas. Além de abolir a proximidade entre mortos socialmente diferentes, os carneiros acabavam com o contato entre o cadáver e a terra, um procedimento já iniciado com o enterro em caixão. A mudança representava uma revolução na ideia de equivalência do cadáver à terra como pó original, matéria primeira, concepção ainda comum no Brasil quando Ferdinand Denis nos visitou, entre 1816 e 1819.[14]

O carneiro redefiniu o lugar dos mortos no espaço sagrado e a relação entre vivos e mortos nesse espaço. Os mortos deixariam de ser lembrados diariamente pelos frequentadores das igrejas, tornando-se reclusos, ocultos àqueles que não se lembrassem de visitá-los naqueles subsolos. Longe das vistas dos vivos, os mortos agora também se separavam de seus santos de devoção e do senhor do altar-mor. A mudança marcava o afastamento entre o culto dos mortos e o divino, o que foi do interesse da Igreja, nunca tranquila com a inconveniente mistura de ambos os cultos na mente e no comportamento dos fiéis. Embora mantendo-se fisicamente parte do templo, os carneiros representaram, sem dúvida, um passo importante na transição para o cemitério extramuros e para uma nova sensibilidade funerária.

*Carneiro* vem do latim *carnarium,* depósito de carne. Num galicismo forte, em 1829 o escrivão da Ordem Terceira de São Domingos escreveu *charneira,* do francês *charnier.* A nomenclatura funerária longe estava de ser homogênea no período estudado, período de transição. Na Bahia, inicialmente, carneiro designava o conjunto dessas sepulturas, passando na primeira metade do século XIX a designar as próprias sepulturas. O mesmo conjunto podia receber o nome de *catacumbas,* por lembrar os cemitérios subterrâneos dos primeiros tempos da era cristã. Com frequência, o recinto dos carneiros também possuía covas no chão. Os registros da igreja do Pilar distinguem cuidadosamente "carneiros" de "pavimento dos carneiros" como locais de sepultura.[15]

---

14. Denis, O *Brasil,* I, p. 266.

15. Martinez, "Ordens terceiras", p. 193; e AOTSD, *Livro II do Tombo, 1829,* fl. 26. Ver a respeito da nomenclatura cemiterial, Valladares, *Arte e sociedade nos cemitérios brasileiros,* I, p. 149, 156 (em Minas Gerais, por catacumbas entendiam-se os carneiros *fora* das igrejas). Em Málaga, e talvez no resto da Espanha, *carneros* eram enormes fossas comuns, feitas fora da cidade para sepultar vítimas de surtos epidêmicos: Sanchez Lopez, *Muerte y confradías de pasión,* p. 98, nº 78.

Os carneiros da Santa Casa foram construídos na década de 1770, por baixo da sacristia, onde até então funcionava uma enfermaria do hospital da irmandade. Em 1767, o provedor da Casa propusera que ali "se devia construir um carneiro de sepulturas pelas paredes, com seu cemitério de abobada no pavimento, em que se lançassem as ossadas [...]". O "cemitério de abobada" (ou coberto) era onde se lançavam os ossos retirados dos carneiros, que assim desocupados recebiam novos cadáveres; outros documentos designam esses ossuários como *sumidouros*. O que restasse de individualidade do cadáver desaparecia — não sei se com alguma cerimônia — entre os restos mortais da coletividade. Mas também isso estava mudando. Ao longo do século XIX foi-se difundindo o costume de as famílias abastadas guardarem os ossos dos seus mortos em pequenas urnas funerárias, às vezes levadas para casa (ver Fig. 32). Era mais comum que as urnas ficassem nas igrejas, em cujos adros se expunham à visitação no dia de Finados. Essa apropriação pelos vivos dos restos de seus mortos, agora reduzidos a ossos, parecia marcar a integração definitiva daqueles a seu mundo, algo semelhante ao "segundo enterro" estudado por Hertz.[16]

Todas as ordens terceiras da Bahia construíram seus carneiros ao longo do século XVIII. Sobre a Ordem Terceira de São Francisco, frei Jaboatão informaria: "não lhe faltando todas as oficinas necessárias, como são cemitério ou carneiro de abobada por baixo da capela mor". Entretanto, em 1787, a mesa dessa ordem terceira decidiria transferir seus carneiros para um armazém desativado localizado sob a sacristia. Antecipando-se às ideias higienistas na Bahia, os irmãos assim justificavam a mudança: "a fim de se fecharem as sepulturas da Igreja e ficar esta com mais asseio". Favorecendo a ideia de separação entre culto divino e culto fúnebre, os terceiros diziam querer se aproximar das práticas então em voga na Europa, onde tinham "as Igrejas os seus respectivos Cemitérios ficando mais puras para o Culto do Senhor".[17] "Mais puras": essa expressão, que parece referir-se apenas à limpeza do espaço físico, deve ser também tomada no sentido de pureza ritual.

No início do século XIX, Thomas Lindley fez uma descrição detalhada dos carneiros da ordem franciscana, elogiando sua organização:

16. Alves, *História da venerável Ordem Terceira*, p. 277; ASCMB, *Livro 4º de accordãos, 1745-91*, fl. 206; Kidder, *Sketches*, pp. 175-176; e Hertz, *Death*, passim, pp. 47-48, por exemplo.

17. Alves, *História da venerável Ordem Terceira*, pp. 19, 277-278.

é notável por seu arrumado cemitério, consistindo em duas fileiras de pequenos carneiros emoldurados, três camadas cavadas superpostas, cada carneiro destinado a conter um caixão, que uma vez ali depositado, as extremidades do carneiro são lacradas. Os carneiros são numerados e caiados, e suas molduras realçadas com limpa coloração: um largo corredor pavimentado em mármore preto e branco os atravessa e ao fundo está uma tapeçaria com uma imagem de Religião. O conjunto é mantido notavelmente limpo e bem ventilado pelas janelas perto do teto, que se abrem para o jardim; ao mesmo tempo, a folhagem das bananeiras afasta os raios de sol e lança uma luz solene sobre esta tristemente agradável morada da morte.[18]

O contrabandista inglês demonstrou genuíno entusiasmo a respeito dessa necrópole tropical, nem as exóticas bananeiras faltaram a seu relato.

A Ordem Terceira de São Domingos construiu seus carneiros em alguma data entre 1737 e 1748. Em 1817, eles foram remodelados depois que a velha, estreita e íngreme escada de acesso desmoronou sob os pés de irmãos que carregavam a tumba, "com bastante detrimento em semelhante ato", segundo relato do escrivão em 1829. Resolveu-se então consertar "a indecência em que se achava o referido carneiro", fazendo uma reforma geral. Os ossos foram retirados das sepulturas e depositados no sumidouro da irmandade, as molduras dos carneiros foram recuperadas, a velha escada de madeira foi substituída por uma mais segura feita de pedra, o arco da porta foi ampliado para permitir maior claridade, se construíram um altar e uma urna para cerimônias de sepultamento e a porta foi substituída por uma grade para favorecer a circulação de ar.

Nos carneiros se sepultavam os irmãos dominicanos, mas a nave da igreja continuaria a receber cadáveres. Um inventário dos bens da irmandade, feito em 1829, incluía "uma tampa pintada de botar por cima das sepulturas".[19]

Os carneiros foram concebidos como um tipo de sepultura privilegiada. Os carneiros da Santa Casa seriam construídos para o enterro de seus defuntos "porque hoje se experimenta serem enterrados no claustro, nas mesmas sepulturas em que se sepultam os pobres enfermos do Hospital, de tão várias condi-

---

18. Lindley, *Narrative*, pp. 241-243.
19. AOTSD, *Livro II do Tombo, 1829*, fls. 3v, 7v, 26.

33. *Carneiros da Ordem Terceira de São Domingos.*

ções", escreveram seus dirigentes em 1767. O objetivo dos carneiros então seria pôr fim a essa promiscuidade social entre os mortos da Santa Casa. Em 1823, a exclusividade do uso dos carneiros pelos irmãos da Misericórdia foi reiterada, por ocasião de se ter ali enterrado equivocamente uma residente do recolhimento feminino da instituição. Lembrou então a mesa que todas as recolhidas, inclusive as superioras do recolhimento, teriam sepultura no claustro. Por outro lado, se em 1767 se admitia o enterro dos doentes pobres do hospital no claustro, com o tempo eles passaram a ser encaminhados ao cemitério do Campo da Pólvora. O claustro ficou só para as recolhidas doravante.[20]

Mas conforme o plano de 1767, dentro dos próprios carneiros da Santa Casa haveria uma reclassificação dos mortos, pois os cadáveres dos provedores ocupariam aqueles situados ao lado do oratório. Atitude semelhante seria adotada vinte anos mais tarde pelos terceiros de São Francisco, cujo planejado carneiro teria "com distinção seis sepulturas para os Irmãos que houvessem de ter servido o cargo de Ministros".[21] Os confrades assim transferiam para o

---

20. ASCMB, *Livro 4º de accordãos, 1745-91*, fl. 206; e ASCMB, *Livro 3º de registros, 1817-31*, fls. 84-85.
21. ASCMB, *Livro 4º de accordãos, 1745-91*, fl. 206; e Alves, *História da venerável Ordem*, p. 277 e 278.

*34. Igreja do Pilar...*

túmulo, com implicações para o além-túmulo, as hierarquias de suas comunidades religiosas.

As igrejas paroquiais e conventuais seguiriam com o tempo a trilha das irmandades. A de São Francisco, por exemplo, desde pelo menos o final do século XVIII, enterrava os mortos tanto no pavimento como em carneiros. Pelos altos preços registrados em seu livro de contas, os carneiros eram para os mortos de classe mais abastada. Também na matriz da Vitória se enterravam os mortos em pavimentos e carneiros. Infelizmente não temos os preços, mas o livro de óbitos registra que os funerais mais solenes terminavam em carneiros. Por exemplo, em setembro de 1835, uma mulher casada, amortalhada de preto, foi acompanhada por treze sacerdotes, além do vigário de pluvial, e "enterrada nos carneiros da Freguesia da Vitória". Quinze dias depois foi também ali enterrado por nove padres o comandante do forte da Barra, tenente Manuel Cardoso Tavares.[22]

---

22. ACSF, *Livro de contas da receita e despeza, 1790-1825*, fls. 2, 3, 297v; e ACS, LRO/*Vitória, 1810-35*, fls. 185v, 187.

35. ... *e seus carneiros.*

Os carneiros da matriz de Nossa Senhora do Pilar foram concebidos nos últimos anos do século XVIII "para melhor decência e asseio da dita igreja", conforme decisão da mesa da Irmandade do Santíssimo Sacramento local. Sua localização e sua planta se distinguem das outras na Bahia. A necrópole foi levantada, em 1802, no adro em frente ao templo e decorada por um conjunto neoclássico de colunas. Assim, em 1835-36 não se enterravam mais os mortos dentro da igreja do Pilar, cujo chão tinha sido ladrilhado e fechado a eles, desde a primeira década do século. O novo cemitério se dividia em "pavimento dos carneiros", "carneiros da fábrica da matriz" e "carneiros da Irmandade" do Santíssimo Sacramento, divisão que respeitava uma hierarquia: no pavimento se enterravam os pobres, nos carneiros os abastados. Em 14 de maio de 1836, um marinheiro português registrado apenas como José, morto a bordo do patacho *Farol do Porto* aos sessenta anos de idade, "depois de encomendado como pobre pelo Padre e sacristão foi sepultado no Pavimento dos Carneiros". Já no dia 4 de janeiro de 1836, Francisco Inácio de Cerqueira Nobre, branco, casado, fora acompanhado

255

faustosamente por 27 padres até sua sepultura nos carneiros da irmandade do Santíssimo.[23]

Mas os verdadeiramente poderosos iam ocupar jazigos perpétuos.

### SEPULTURAS PERPÉTUAS

Os jazigos perpétuos são dos poucos testemunhos in loco da antiga tradição de enterros no interior das igrejas. Sua posse era, como bem colocou Clarival do Prado Valladares, "privativa de uma elite mandatária absoluta". Uma inscrição na igreja da Vitória, feita tempos depois do sepultamento, identifica a sepultura do genro de Diogo Alvares, o Caramuru: "Aqui jaz Affonso Roiz natural de Obidos o primeiro homem que cazou nesta igreja no anno de 15... com Magdalena Alvares filha de Diogo Álvares Correia, primeiro povoador desta capitania. Falleceo o dito Affonso em 1561". Lá também encontrou sepultura João Marante, marido de d. Isabel Rodrigues, neta de Caramuru. Na antiga Sé, já demolida, tiveram jazigos perpétuos muitos arcebispos da Bahia, como o organizador das *Constituições primeiras*, d. Sebastião Monteiro da Vide, falecido em 1722.[24]

A concessão de jazigos perpétuos frequentemente recompensava doações feitas ao templo. Assim foi com os fundadores de capelas, benfeitores de templos e obras pias. Um jazigo de família na capela da Vitória, depois matriz da freguesia do mesmo nome, traz a inscrição: "Sepultura do Capm. Francisco de Barros fundador desta capela e igreja e de seos herdeiros, falecido a 9 de novembro de 1621". Na atual Catedral, antiga capela do Colégio dos Jesuítas, ainda podemos ler: "Sepultura do Governador Mem de Sá que faleceo aos 2 de março de 1572, insigne benfeitor deste collegio". Muitas vezes, ao privilégio de sepultu-

---

23. Carlos Ott, *Atividade artística nas igrejas do Pilar e de Santana da cidade do Salvador* (Salvador, 1979), pp. 36-37, 38, 112, 115; e ACS, LRO/Pilar, 1834-47, fls. 10, 14.

24. Valladares, *Arte e sociedade nos cemitérios brasileiros*, I, p. 123. Algumas lápides da antiga Sé, demolida em 1933 [ver Fernando da Rocha Peres, *Memória da Sé* (Salvador, 1974)], estão hoje expostas no Museu de Arte Sacra. Muitas dessas e outras lápides — algumas hoje desaparecidas — foram reproduzidas em fotografia por Valladares e em desenhos por Fellipe Scarlata, *Inscrições lapidares da cidade do Salvador*, tese ao Primeiro Congresso de História da Bahia (1949), ms. da biblioteca do AHMS.

ra perpétua se juntava o de enterro próximo ao altar-mor, como o do coronel Domingos José de Carvalho "e seus parentes", no mesmo templo jesuítico, cova que a Irmandade do Santíssimo Sacramento local "lhe designou pelos muitos benefícios que sempre lhe fez". Da mesma forma, em frente ao altar-mor do recolhimento de Nossa Senhora dos Perdões foi enterrada d. Ana de Sousa de Queirós Silva, "viúva do mestre de campo Theodosio Gonçalves Silva que forão benfeitores deste Recolhimento e faleceu em 1 de abril de 1812 e [a sepultura] pertence mais aos seus parentes que nella quizerem descansar".

São muitas as lápides decoradas com brasões de família, como a de Bernardino José Cavalcanti Albuquerque de Aragão, falecido em 1813, e de "sua mulher, seus filhos e descendentes", na igreja do convento de Santa Teresa, atual Museu de Arte Sacra, em Salvador. Além dos brasões nobiliárquicos, colocavam-se os títulos estamentais e funcionais, com evidente objetivo de glorificação do morto. Aos que lhe pisavam todos os dias, o defunto Bernardino José anunciava ter sido cavaleiro da Ordem de Cristo e coronel de regimento das milícias das três vilas de Cachoeira, Maragojipe e Jaguaripe. Philippe Ariès observou, a propósito, que esse tipo de epitáfio não é "o signo do lugar do enterro, mas a comemoração do defunto, imortal entre os santos e célebre entre os homens".[25]

Contudo, alguns proprietários dessas sepulturas especiais, poderosos em vida, faziam inscrever sobre suas lápides expressões de humildade. Morto em 1721, o ocupante de uma sepultura do mosteiro de São Bento implora aos que passam: "Aqui jaz João José de Sáa Mendonça, diz hum Padre Nosso e Húa Ave Maria pela sua alma". Na sepultura ao lado, o historiador e senhor de engenho Gabriel Soares de Sousa confessa secamente: "Aqui jaz um peccador". Alguns registram suas armas e títulos junto a locuções piedosas, como o inquilino de uma cova na capela-mor da igreja de Santa Teresa: "Jaz aqui o grande pecador Francisco Lamberto. Indigno Provedor Mor da Fazenda Real deste estado. E das mais ocupasois que nela servio do ano de 1682 thé o de 1704 em que faleceu pede a Quem passar se lembre de sua alma". E assim ficamos sabendo que além de ser grande pecador, Lamberto fora um grande homem, digno de não ser esquecido.

A maioria das lápides é pobre em informação sobre seus ocupantes,

25. Ariès, *História da morte*, p. 75.

36. A elaborada lápide da sepultura,
na antiga Sé, do arcebispo dom Luiz de Figueredo, 1735.

parecem apenas títulos de propriedade. O único antigo jazigo privado da igreja do Rosário dos Pretos, no Pelourinho, informa simplesmente: "Sepultura perpétua do R. Pe. José Vieira da Mota Anno D. 1758". Nenhum morto defendeu a exclusividade de seu túmulo com tanta ênfase quanto aquele enterrado próximo ao altar-mor do convento de Santa Teresa no ano de 1775: "Sepultura própria do Rdo. Conego o Dr. Desembargador José Correa da Costa, aqui não se enterrará pessoa alguma". A lápide do desembargador se destaca enquanto atitude de isolamento estamental na morte.

Esses epitáfios esclarecem, eloquentemente, aquilo que todo morto enterrado no interior das igrejas — e falo sobretudo dos enterrados em sepulturas anônimas — desejavam: serem lembrados pelos vivos em suas orações.

OS PEDIDOS DE SEPULTURA

Muitos baianos, antes de morrer, designavam em testamento a igreja onde desejavam ser enterrados. A tabela 8 exibe a distribuição dos pedidos de sepultura em Salvador, nas três décadas e meia que antecederam a Cemiterada, segundo os últimos desejos de 210 testadores. Divididos em dois períodos, com 1823 (ano da independência baiana) marcando a linha divisória, temos o seguinte resultado:

*Tabela 8*

TIPO DE TEMPLO PEDIDO PARA SEPULTURA, 1800-36

| Tipo de templo | Primeiro período 1800-23 (%) | | Segundo período 1824-36 (%) | | Total (%) | |
|---|---|---|---|---|---|---|
| Irmandade | 47 | (44,8) | 34 | (32,4) | 81 | (38,6) |
| Igreja matriz | 17 | (16,2) | 24 | (22,9) | 41 | (19,5) |
| Outros | 23 | (21,9) | 20 | (19,0) | 43 | (20,5) |
| Sem indicação | 18 | (17,1) | 27 | (25,7) | 45 | (21,4) |
| Total | 105 | (100) | 105 | (100) | 210 | (100) |

Os números indicam que a irmandade se manteve como importante ponto de referência tumular por todo o período, apesar de forte tendência ao declínio. Ainda que não se encontrassem em seus melhores dias à época da Cemiterada, as irmandades continuavam sendo o local mais desejado para sepultura. Ademais, embora não explicitassem, os testadores muitas vezes escolhiam ser enterrados em igrejas matrizes e conventuais porque lá estavam eretas as suas irmandades. Muitos libertos, por exemplo, escolhiam as igrejas da Conceição da Praia, de São Francisco e do Carmo porque nelas funcionavam importantes irmandades de cor.[26]

Somados aos pedidos de sepultura em capelas de irmandades, os pedidos de sepultura nas matrizes paroquiais, que cresceram entre um período e outro, revelam que o espírito de comunidade se projetava para além da morte. As pessoas queriam ser enterradas em território conhecido, no ambiente em que viveram, próximas daqueles com quem compartilharam a vida. D. Jerônima Maria dos Santos foi enfática, em 1836: "Declaro que quero ser sepultada na Igreja Matriz do Passo, que é minha freguesia [...]". Jacinta Teresa de São José quis ser enterrada na mesma freguesia em que vivera (na rua da Gameleira), sobretudo a mesma em que nascera: "Quero que meu corpo seja sepultado na Freguesia de São Pedro Velho, por me ter batizado nela", ditou em 1828. Nascimento e morte, começo e fim, convergiam para o mesmo lugar, marcando o fechamento do círculo do tempo com uma promessa de reinício.[27]

A escolha de outras igrejas parece estar ligada a devoções específicas, mas aqui também encontramos a demarcação de uma territorialidade doméstica. O capitão José Pestana de Paiva, fazendeiro em Açu da Torre, em 1826, apresentou duas opções, o convento do Carmo, se morresse em Salvador, ou a capela que estava construindo em sua fazenda, se ali morresse. Num ou noutro caso, registrou com clareza a vontade de ser sepultado "perto da minha morada". Em 1828, Antônia Severina de Barbuda Lobo escolheu para sepultura a igreja da Piedade, vizinha a sua casa. E d. Ana Francisca da Purificação, viúva, ditou em 1814: "que o meu corpo amortalhado em hábito branco seja sepultado na Matriz de Nossa Senhora da Vitória ou em outra qualquer igreja que ficar mais perto [...]". A valorização da proximidade entre casa e cova sugere que a morte era entendida como continuidade e não ruptura. Morria-se para a vida eterna, que se desejava alcançar pelo caminho mais curto. Em

---

26. Mattoso, *Testamentos de escravos libertos*, p. 25.
27. APEB, *LRT*, nº 24, fl. 65; nº 17, fl. 162v.

1832, Zeferino dos Santos Filgueiras não quis percorrer muito chão até a sepultura, que seria "naquela Igreja que estiver mais perto do lugar em que eu falecer". Em 1836, um padre escreveu: "na Igreja em que falecer".[28]

Alguns testadores, além de escolher a igreja, cuidaram de indicar o exato local de sua sepultura nela. Uns fizeram disso um gesto de humildade, uns optaram pela reunião familiar, outros pela associação com o sagrado. O africano liberto João Pedro do Sacramento, dono de um escravo e um casebre na rua dos Ossos, tendo sido escravo do convento das Mercês, quis ali ser enterrado. Em 1833, instruiu que seu corpo fosse amortalhado de branco e conduzido, sem qualquer pompa, para lá ser "sepultado no lugar mais inferior". Acontece que, nas Mercês, qualquer lugar talvez fosse bom demais para o cadáver de um africano, e João Pedro terminou sepultado na Irmandade do Rosário dos Quinze Mistérios, igreja de pretos da freguesia onde residia.[29]

Outro que parece ter feito um voto de humildade na escolha da sepultura foi o padre Salvador de Santa Rita, aquele que no capítulo anterior quis ser enterrado "ocultamente". Sua cova, pediu ele, seria na porta da igreja do Passo. Nessa fronteira entre a Casa de Deus e a cidade dos homens, o padre seria pisado diariamente pelos fiéis, mostrando-se indigno de um convívio mais próximo com o sagrado. Mas quem sabe imaginasse que sua modéstia seria recompensada, não só diretamente por Deus, mas pela mediação dos fiéis que, chegando à igreja, poderiam beneficiar com suas orações o primeiro morto sobre cuja sepultura pisassem. A estratégia não era segredo de padre. Em 1828, Francisco Gonçalves de Castro recomendou medida semelhante: "Declaro que meu corpo será amortalhado em hábito branco e sepultado da parte de fora na porta principal de minha freguesia", na ilha de Itaparica.[30]

Outros testadores fizeram o caminho inverso, buscando a intimidade com o divino. A expressão "das grades para cima" frequentou alguns testamentos. Rita Constância dos Anjos foi mais original. Em 1829, pediu ao marido, um senhor de engenho, um funeral sem as "pompas do mundo" e uma

---

28. APEB, *IT*, v. 753, doc. 7; APEB, *LRT*, nº 17, fl. 168; nº 4, fl. 43; nº 21, fl. 67v; e nº 24, fl. 77.

29. APEB, *IT*, nº 05/2005/247/03, fls. 4, 4v, 28.

30. APEB, *IT*, nº 04/1848/2319/07, fls. 3-3v; e APEB, *LRT*, nº 17, fl. 63. Esse tipo de pedido foi também comum na França, a sugerir um certo padrão em todo o mundo católico: Vovelle, *Piété baroque*, p. 105.

cova debaixo da pia de água benta da igreja de São Francisco. Provavelmente, pensava em lavar a alma nos respingos que cairiam sobre sua sepultura. Mais comum eram as solicitações de enterro próximo a santos de devoção. Membro da Irmandade de Nossa Senhora da Lapa, entre muitas outras, Antônio Álvares Moreira pediu em 1813 para ser enterrado em sua capela, "debaixo do altar da mesma Senhora". Seis anos depois, a noviça Antônia Joaquina do Bonfim quis reunir-se aos pais, sem esquecer que a sepultura deles ficava junto ao altar de Santa Isabel, na Ordem Terceira de São Francisco. Ela quis repousar na companhia dos pais e da santa.[31]

Filhas solteiras desejavam juntar-se aos pais, um retorno à origem, já que não originaram novas gerações. D. Inácia Pereira de Macedo Pitta quis ser enterrada na matriz de Matoim, "na mesma sepultura em que foi enterrada minha mãe", conforme instruiu a seu irmão, em 1810. E pais seguiam atrás de filhos que, idos antes deles, haviam rompido o fluxo normal do ciclo de vida familiar. O português Francisco Joaquim Pereira Caldas determinou em 1836 que, morrendo em Salvador, seria "sepultado na catacumba em que se acha minha filha Dona Emília Rosa Moreira, ou em outra qualquer se ocupada estiver ao tempo do meu falecimento". A filha, observe-se, não ocupava jazigo de família, mas uma cova comum registrada na memória do pai e em um caderno do pároco.[32]

Os pedidos de reunião familiar na morte eram comuns entre os testadores mais abastados, cujos túmulos estampavam emblemas de linhagens poderosas, que se pretendiam perpétuas. "O túmulo patriarcal", escreveu Gilberto Freyre, "o jazigo chamado perpétuo [...] o que mais exprime é o esforço, às vezes pungente, de vencer o indivíduo a própria dissolução integrando-se na família, que se presume eterna através de filhos, netos, descendentes, pessoas do mesmo nome." O caso do morgado da Casa da Torre, coronel Garcia d'Ávila Pereira de Aragão, é interessante por ele cogitar de uma alternativa à cova clânica. Casado duas vezes, mas sem herdeiros legítimos, ele nem chegaria a viver com a segunda mulher, preferindo a companhia de suas escravas. Ao testar em 1801, declarou: "se falecer na cidade da Bahia quero ser sepultado no convento de N. Sra. do Carmo e na sepultura de minha primeira mulher, sem embargo de ter jazigo no convento de São Francisco, e sendo nesta casa na mesma sepultura em que

---

31. APEB, *IT*, nº 04/1723/2193/03, fl. 13; APEB, *LRT*, nº 4, fl. 64v; e APEB, *IT*, nº 01/65/81/02, fls. 4v.
32. APEB, *LRT*, nº 3, fl. 4v; nº 24, fl. 50v.

se acha jazendo meu pai". O coronel morreria na cidade, mas a família desobedeceu a sua determinação, enterrando-o em São Francisco. Entre afetividade pessoal do morto e tradição familiar, esta última acabou prevalecendo. Seu sucessor, José Pires de Carvalho e Albuquerque, seguiu a tradição, e determinou que seria enterrado na igreja de São Francisco, "na sepultura da Casa".[33]

Eram frequentes os pedidos de maridos e esposas para serem enterrados juntos, aliás, seguindo orientação da Igreja. Em 1818, Joaquina Inácia da Silva Freire declarou: "meu corpo será sepultado na sepultura que tem o dito meu marido na Igreja do Convento de Nossa Senhora do Monte do Carmo". O marido, dr. Diogo Ribeiro Sanches, ainda vivia e foi eleito testamenteiro pela mulher. Em 1823, João Antônio da Silveira deixou que a sogra definisse tudo sobre seu funeral, exceto que deveria ser sepultado das grades para cima, na cova 55 da Ordem Terceira de São Francisco, jazigo de sua finada esposa. Em 1835, um irmão e ex-mesário da Ordem Terceira do Carmo, abdicando de seu lugar entre outros irmãos mortos, seria enterrado ali perto, na matriz do Passo, "para onde pedia que o queria ser por ali também achar-se o cadáver de sua mulher", lamentou o escrivão da ordem.[34]

Viúvo três vezes, o traficante de cativos, tenente-coronel Inocêncio José da Costa, português, em 1804 indicou para seu enterro a Ordem Terceira do Carmo, "donde se acham sepultadas as minhas mulheres com quem fui casado". Mas não foi tudo o que ordenou sobre o assunto. Ele abriu a alma como nenhum outro testador. Tendo sido prior de sua ordem por vários anos, não se furtou a usar disso para tentar abrir uma sepultura no chão do carneiro, "junto a em que foi enterrada a última minha consorte D. Rita Gomes da Silva, para demonstração do muito que de mim foi estimada". Sua última esposa era uma ex-escrava parda, famosa por sua vida de luxo, a quem o traficante havia recentemente enterrado com grande pompa. Caso sua vontade para se enterrar ao lado de Rita não pudesse ser cumprida por resistência dos irmãos terceiros, ele

---

33. Gilberto Freyre, *Sobrados e mocambos* (Rio de Janeiro, 1968), I, p. XI. Ver também Freyre, *Casa grande & Senzala* (Rio de Janeiro, 1987), pp. XVIII-XIX; APEB, *LRT*, nº 1, fl. 15 (o epitáfio do coronel em São Francisco foi registrado por Scarlata, *Inscrições lapidares*, fl. 242); e APEB, *IT*, nº 01/97/141/02, fl. 5.

34. APEB, *IT*, v. 718, doc. 1; APEB, *IT*, nº 02/747/1210/07, fl. 4v; e AOTC, *Livro de óbitos, 1825-92*, fl. 42v.

recusava um outro lugar na ordem ou em outras irmandades de que era membro, inclusive a Santa Casa. Seu corpo deveria ser então enterrado na capela dos Aflitos, "em uma sepultura que fique no meio da porta principal da igreja para quem entrar nela se lembrar da minha fragilidade, e de que não fui nada neste mundo". As palavras do tenente-coronel português oscilam entre a afetividade pessoal, a que deu primazia, e a humildade cristã, que tomou como consolação. Parecem sinais divergentes. Se se tratava de buscar a salvação, a segunda opção afigurava-se mais segura, mas o traficante decidira que conquistar a glória seria reencontrar sua estimada última mulher no outro mundo.[35]

Às vésperas da Cemiterada, a família já definia com mais frequência o funeral dos testadores. É o que sugere o crescimento de 17,1% para 25,7% daqueles que não indicaram onde seriam enterrados, deixando a escolha para testamenteiros, em geral parentes. A atitude, em muitos casos, estava ligada à confiança cultivada no afeto, e não era novidade do século, nem moda europeia. "O meu funeral e enterramento", escreveu em 1790 o africano Francisco Nunes Morais, "deixo todo à eleição da dita minha mulher por que confio do seu amor e da boa sociedade que sempre fizemos, obrará por mim aquilo mesmo que eu obraria por ela se a sobrevivesse." A cumplicidade e a reciprocidade conjugais são alusões constantes nos testamentos. Mas nessa hora também contavam as amizades fortes, como a que havia catorze anos unia a velha africana Maria da Conceição e a parda Rosa Eufrásia da Conceição, amigas e, pelos nomes exibidos, irmãs de devoção. A africana indicou como testamenteira a parda, que "sempre me tratou com muita delicadeza em todas as minhas enfermidades", e instruiu que seria sepultada "na igreja que minha testamenteira quiser".[36]

Fosse na irmandade, na igreja paroquial ou devocional, numa escolhida por parente ou amigo querido, as pessoas desejavam, depois de mortas, morar nos templos de suas cidades ou vilas. Destino certamente inesperado e indesejado foi o de Joaquina Maria de São José, que teve morte repentina numa

---

35. APEB, *LRT*, nº 1, fl. 3. Sobre Rita Gomes da Silva, conhecida como Rita Sebola, ver Anna Ribeiro Bittencourt, *Longos serões do campo* (Rio de Janeiro, 1992), I, pp. 49-51. Para um estudo sobre a personagem, ver Alanna Perônio Bacelar Pereira, "Procura-se Rita Sebola: escravidão, casamento e mobilidade social na trajetória de Rita Gomes da Silva (1760-1805)", TCC, Universidade Estadual de Feira de Santana, 2020.

36. APEB, *LRT*, nº 3, fl. 34v; e nº 24, fls. 88v, 89.

viagem a Santo Amaro, no Recôncavo, e precisou ser ali enterrada. Ela era associada à Irmandade de Jesus Maria José, no convento do Carmo de Salvador, onde pediu para ser sepultada em 1819. Também deu azar o capitão de navio negreiro Luís Pereira Franco, "don Luís" em Porto Rico, no Caribe. Aqui ele aportou enfermo e logo veio a falecer, mas teve tempo para ditar um testamento em que encomendava seu corpo "a la tierra de que fue educido, el cual quando cadaver será sepultado en el lugar destinado en esta plaza para este efecto [...]". Nascido em Portugal, o capitão vivia entre o mar e a Bahia, porto onde tinha família. Morto em território estranho, entre igrejas estranhas, não importava em qual delas seria enterrado, restando-lhe apenas o consolo da comunhão universal no pó: "la tierra de que fue educido[...]".[37] Tendo sequestrado tantas almas de suas pátrias africanas, o traficante teve seu cadáver enterrado longe de casa, onde sua alma não teria o benefício das orações de amigos e familiares e a proteção de conhecidos santos de devoção. Don Luís deve ter se tornado uma alma penada.

## A DISTRIBUIÇÃO DOS MORTOS ENTRE AS IGREJAS

Em 1835-36, os 3060 mortos de Salvador foram enterrados em 41 igrejas, um antigo cemitério de escravos mantido havia muito pela Santa Casa, e outros pequenos cemitérios criados ao longo da era colonial e principalmente após a Independência. A tabela 10, no final deste capítulo, detalha a necrogeografia (Laqueur) soteropolitana, e confirma que a maior parte da população livre e liberta teve sepultura nas matrizes paroquiais e confrarias. As igrejas conventuais enterravam pouco na época da Cemiterada, com exceção daquela vinculada ao convento de São Francisco.

A grande maioria dos baianos era enterrada nas igrejas de suas próprias freguesias. Tomemos a freguesia da Sé como exemplo. Em 1835-36, a Sé sepultou 71,3% de seus habitantes em sua matriz e na igreja de São Francisco: esta recebeu 31%, aquela 40,3%. Num distante terceiro lugar vinha a hoje desaparecida igreja dos Pardos de Nossa Senhora de Guadalupe (demolida em 1857),

---

37. APEB, *IT*, nº 01/67/85/2, fls. 4, 5v; e nº 01/03/03/01, fl. 14v.

com 7%.[38] A lista das outras igrejas usadas pelos fregueses da Sé é grande: Ordem Terceira de São Francisco, Santa Casa de Misericórdia, São Pedro dos Clérigos, Ordem Terceira de São Domingos. Igrejas fora da freguesia foram também usadas pelos fregueses da Sé: Rosário dos Pretos das Portas do Carmo, São Pedro, Santana, convento e Ordem Terceira do Carmo, Conceição da Praia, Piedade, Aflitos, Rosário de João Pereira, Barroquinha. A busca por igrejas de fora da freguesia era relativamente comum, mas não ameaçava a primazia daquelas localizadas na própria freguesia.

Exatamente porque havia a possibilidade de trânsito entre uma freguesia e outra, a igreja de São Francisco aparece como a que mais enterrou gente na freguesia da Sé naqueles dois anos. Se a matriz acolheu a maioria de seus paroquianos, foi São Francisco que mais recebeu mortos porque, aos paroquianos da Sé, se somaram outros de fora. Assim, esta igreja recebeu 44,5% dos cadáveres sepultados na freguesia, enquanto a matriz recebeu 33,1%.

Na maioria das freguesias, cabia à sede paroquial receber a maior parte dos mortos, mas as proporções variavam. As matrizes de São Pedro e do Passo enterraram respectivamente 72,9% e 57,3% das pessoas dessas freguesias. As matrizes de Brotas e da Conceição da Praia enterraram 100%, caso excepcional por serem as únicas igrejas naquelas paróquias, exceto a pequena capela do Corpo Santo, na Conceição, casa de importante irmandade negra. Como a opção nesta última freguesia era pouca, 16% dos cadáveres de seus paroquianos seguiram para igrejas de fora, a maioria para São Francisco. Entre as matrizes, as que sepultaram menos, proporcionalmente, foram as de Santo Antônio e de Nossa Senhora da Penha. Em ambos os casos, dois pequenos cemitérios abrigaram a maioria dos mortos, o do Rosário dos Quinze Mistérios e o da Massaranduba, sendo o primeiro vinculado à irmandade negra do mesmo nome.

As irmandades de pretos e pardos despontam como os locais mais procurados para sepultura, depois das matrizes, o que era natural numa cidade majoritariamente negra. Na freguesia do Passo destacava-se o templo da irmandade do Rosário dos Pretos (Pelourinho); na da Sé, o de Nossa Senhora dos Pardos de Guadalupe; na freguesia de Santo Antônio, o do Rosário dos Pretos dos Quinze Mistérios e o de Nossa Senhora dos Pardos do Boqueirão;

---

38. A igreja de N. Sra. do Guadalupe foi demolida em 1857, segundo o *Jornal da Bahia* (8/6/1857), p. 1, exemplar da BPEB.

na de São Pedro, as igrejas do Rosário dos Pretos de João Pereira e a de Nossa Senhora da Barroquinha. Essas seis igrejas sepultaram dez vezes mais gente do que todas as ordens terceiras e a igreja da Misericórdia reunidas, mais uma medida do caráter elitista destas.

O lugar de sepultura era um aspecto importante da identidade do morto. Falar de funeral incluía sempre dizer quem era o morto, quando tinha morrido e onde fora enterrado. Um cronista contemporâneo registrou onde foram enterrados tanto as personalidades da cidade quanto seus conhecidos e parentes, inclusive o pai e a mãe. A mesma igreja de São Pedro Velho que recebeu o general Congominho de Lacerda em 1811, abriu suas portas para o campeiro (fabricante de pedras tumulares) Antônio Muniz Barreto, única vítima do bombardeio da cidade pelos rebeldes do forte do Mar, em 1833. A Sé sepultava bispos e pobres, São Francisco enterrava senhores de engenho e escravos. Como nos cemitérios modernos, o que sobretudo definia o mapa social do espaço funerário não era a igreja em si, mas o local específico e o tipo de cova no seu interior: se no adro ou no corpo do templo, se sepultura perpétua ou comum, de irmandade ou não, perto ou longe dos altares, em carneiros ou no chão.[39]

No entanto, havia também uma estratificação entre os templos. É evidente, por exemplo, que na maioria das freguesias as irmandades negras sepultavam proporcionalmente mais escravos do que as outras igrejas. Algumas igrejas serviam mais a livres, outras a libertos. Igrejas como a Sé, São Francisco, São Pedro, Conceição da Praia, a maioria das matrizes, enterravam mortos de toda extração social, inclusive escravizados. Na Sé, por exemplo, pesquisas arqueológicas descobriram que não apenas foram ali enterrados escravos e libertos, mas estes iam à sepultura levando consigo adereços rituais significativos.[40]

Quanto às igrejas menos frequentadas pelos mortos, visitemos algumas delas. Há fortes indícios de que a igreja do convento da Piedade, na freguesia de São Pedro, em regra recrutava mortos endinheirados. Lá funcionava a aristocrá-

---

39. Barros, "Chronica dos acontecimentos", pp. 53, 59, 65, 72-73, 76, 94; e APEB, *Sublevação do forte do Mar, 1833*, maço 2853, doc. 1, fl. 7.

40. Aurea Conceição Pereira Tavares, "Vestígios materiais nos enterramentos na antiga Sé de Salvador", dissertação de Mestrado, UFPE, 2006. Sobre notícias contemporâneas de tais práticas, que da África migraram para a Bahia, ver, por exemplo, Clapperton, *Journal of a Second Expedition*, pp. 141-142; e Frederick E. Forbes, *Dahomey and the Dahomans* (Londres, 1851), p. 28.

tica Irmandade de Nossa Senhora da Piedade. De uma amostra de dezessete pessoas ali enterradas em 1835-36, apenas uma era escravizada, nenhuma liberta. Entre as pessoas livres, só uma criança de quatro meses, filho legítimo, era parda; as demais, brancas. Entre estas, os franceses Fernando Cícero, 21 anos, residente na freguesia da Sé, que morreu afogado no Dique e foi à sepultura acompanhado por cinco padres; e Luís Frederico Gomes, cinquenta anos, também da Sé, morto de apoplexia e também enterrado por cinco padres. A relativa afluência dos que receberam sepultura na Piedade se reflete em que doze dos dezessete mortos foram acompanhados por cinco sacerdotes ou mais. Quatro mobilizaram mais de dez padres. Um português, casado, mais de cinquenta anos, amortalhado de são Domingos, foi acompanhado à Piedade pelo pároco vestido de pluvial e vinte padres, em 19 de março de 1835.[41]

Por outro lado, o enterro numa capela de irmandade negra podia ser bom para a alma, embora não fosse socialmente prestigioso, vista da perspectiva dos homens e mulheres livres e brancos. Talvez tenha sido essa a razão por que, em 8 de agosto de 1834, a patriótica Sociedade Federal trasladou "processionalmente", da igreja do Rosário das Portas do Carmo para a matriz de Santana, os "ossos do Benemérito Tenente Aguiar, morto em defesa da Pátria na luta da nossa Independência".[42] O tenente José Nunes de Souza Aguiar tivera uma morte trágica e heroica na batalha de Itapuã, em dezembro de 1822. Ele lutara na Divisão da Esquerda sob as ordens do coronel Felisberto Gomes Caldeira. Ignacio Accioli de Cerqueira e Silva, historiador e veterano da mesma guerra, escreveu sobre o tenente: "official bravo, mas supersticioso, pois sendo dez vezes mandado retirar pelo coronel Felisberto, recusou obedecer a esta ordem, e foi a peito descoberto insultar o inimigo, por estar persuadido, de que uma oração que ele trazia, o tornava impenetravel às balas e a qualquer outra ofensa physica".[43] Em seus versos de celebração dos personagens relevantes do conflito, o poeta Ladislau dos Santos Titára definiu Aguiar como "bravo", "valerosíssimo",

---

41. ACS, *LRO/Sé, 1831-40*, fls. 328v, 329; e ACS, *LRO/São Pedro, 1830-38*, fl. 127. No Sul da França, as igrejas conventuais eram as preferidas pela nata da sociedade, como seria o caso da Piedade na Bahia, mas não a de São Francisco. Ver sobre a França, Vovelle, *Piété baroque*, p. 101, 107 e cap. 5.

42. APEB, *Militares. Funerais, 1834-88*, maço 3787; e AHMS, *Atas da Câmara, 1833-35*, v. 9. 41, fl. 118v.

43. Silva, *Memórias históricas e políticas*, III, pp. 410-411. Agradeço a Hendrik Kraay por chamar minha atenção para esta fonte.

"sempiterno", entre outros títulos, mas se calou sobre sua crença.[44] O tenente acreditara que, protegido por seu amuleto, ele estaria de corpo fechado, ele podia desafiar a morte, mas a morte terminou vencendo-o.

Como tivera sepultura na igreja da irmandade de pretos do Rosário, Aguiar seria um homem preto. Nem por isso seus préstimos à pátria foram esquecidos. Entre as autoridades presentes a seu segundo enterro estavam os vereadores de Salvador. O novo funeral seria um ato político por outras razões. O grupo que o organizou era formado por militares federalistas que, daí a três anos, participariam ativamente na Revolta da Sabinada, em 1837-38. O convite feito ao palácio presidencial para ser representado na cerimônia fora assinado por três futuros rebeldes sabinos, todos militares como Aguiar. Eram eles o tenente Sérgio Velloso, o capitão Domingos Mondim Pestana e o major Inocêncio Eustáquio Ferreira de Araújo.[45]

O traslado dos restos mortais de Aguiar, do Rosário a Santana, é um bom exemplo da estratificação social dos mortos em Salvador. Mas Santana nem era o epítome do exclusivismo funerário fundado na classe e na raça. A freguesia de Santo Antônio Além do Carmo apresenta talvez o perfil mais segregacionista da cidade:

*Tabela 9*

ENTERROS NA FREGUESIA DE SANTO ANTÔNIO, 1835-36

| Igrejas | Livres/Libertos | Escravos | Total |
| --- | --- | --- | --- |
| Quinze Mistérios | 92 | 71 | 163 |
| Boqueirão | 127 | 4 | 131 |
| Matriz | 13 | 5 | 18 |
| Outras | 5 | 1 | 6 |
| Total | 237 | 81 | 318 |

Quase 90% dos mortos escravizados foram enterrados na capela dos Quinze Mistérios, e os não escravizados eram libertos na sua maioria. Segundo dados não incluídos na tabela 9, a distribuição por cor/etnia dos mortos de

---

44. Ladislau dos Santos Titára, *Paraguassú, poema épico* (Bahia, 1837), v, p. 22, nº 2, 28, nº 1, 40 etc.

45. Souza, *A Sabinada*, p. 129, 131, 136.

Santo Antônio revela forte tendência à concentração dos enterros de brancos no convento do Carmo, na vizinha freguesia do Santíssimo Sacramento da Rua do Passo, os enterros de pardos no Boqueirão e de negros na capela dos Quinze Mistérios. Só identifiquei um crioulo (preto brasileiro) enterrado no Boqueirão, enquanto o Carmo, por exemplo, enterrou dois crioulos e dois africanos que residiam em Santo Antônio. No Rosário dos Quinze Mistérios, só reconheci um branco e quatro pardos; os demais eram pretos libertos.[46]

Os poucos brancos enterrados em igrejas negras, em 1835-36, eram provavelmente pobres. Porém, dez anos antes, em 1826, a igreja do Rosário de João Pereira recebeu um branco de peso, o marechal José Inácio Acciavoli de Vasconcelos. Poderoso negociante da praça da Bahia, senhor do engenho Boa Vista em Itaparica, dono de pelo menos 209 escravos que em 1822, mesmo ano em que escreveu seu testamento, se rebelaram em protesto contra a nomeação de um feitor malquisto, Acciavoli procurou a salvação pedindo para ser sepultado numa igreja de negros, por cuja padroeira tinha "especial devoção". "É da minha vontade", determinou, "que o meu corpo amortalhado em pobre mortalha seja conduzido sem pompa alguma e sepultado na Capela de Nossa Senhora do Rosário sita na minha Freguesia de São Pedro." Adiante acrescentou que deixava um conto de "esmola de sepultura" para a capela, uma considerável doação, valor de uns quatro a cinco escravos na época. A generosidade foi retribuída pelos irmãos do Rosário com a concessão de um jazigo perpétuo na capela-mor, sobre cuja lápide escreveram: "Aqui os restos mortais de nosso irmão e benfeitor Marechal Joze Ignacio Acciavoli Fallecido em 9 de Fevereiro de 1826". O marechal era também irmão da Irmandade do Rosário, que o recebeu como senhor. Senhor de escravos, irmão de escravos. Tais armadilhas paternalistas, mais talvez do que o chicote, explicam o vigor e a longevidade de nossa escravidão — e o insucesso dos escravos rebeldes.[47]

É possível que Acciavoli pertencesse a várias irmandades, mas escolheu a

46. Também no Rio setecentista, o convento e a igreja do Carmo, juntos, figuram como lugar de sepultura quase exclusivamente de pessoas livres. Ver Bravo, "A morte hierarquizada", p. 312.

47. APEB, IT, v. 750, doc. 9. A lápide de Acciavoli desapareceu mas foi antes registrada por Scarlata, *Inscrições lapidares*, p. 405. Sobre a rebelião em seu engenho, ver Reis, *Rebelião escrava no Brasil*, p. 95. Atitude semelhante à de Acciavoli foi adotada em Pernambuco por dois irmãos do poderoso clã Albuquerque, que quiseram ser enterrados na Irmandade de Nossa Senhora do Guadalupe dos Homens Pardos: Renê Ribeiro, *Religião e relações raciais* (Rio de Janeiro, 1956), p. 73.

*37. e 38. Igreja da Irmandade dos Pardos do Boqueirão
e igreja da Ordem Terceira do Carmo, vendo-se ao lado entrada
independente para sua catacumba.*

mais humilde para receber seu cadáver. Quem fazia parte de várias confrarias geralmente escolhia, ou a família escolhia, aquela mais prestigiosa. Essa atitude é perceptível nos livros de óbitos da Ordem Terceira do Carmo. A carmelita Josefa Joaquina de Santana, por exemplo, foi levada para os carneiros da Santa Casa, de onde também era membro, "por assim preferirem os seus Parentes".[48]

Se a escolha da igreja e do tipo de túmulo podia variar, havia uma atitude comum a todos: o desejo de enterro no interior de um templo católico. Ser enterrado fora era um sinal de grande infortúnio. Os vivos tudo faziam para que a seus mortos fosse dada uma sepultura eclesiástica. Isso deve ter contado para que Jonathas Abbot levasse clandestinamente a sua filha suicida, de dezoito anos e órfã de mãe, para uma igreja longe de sua freguesia e dos rumores de vizinhos. Em 1840, também se suicidou, por envenenamento, José Maria de Almeida Pinto, da Ordem Terceira de São Domingos, e nem por isso seus irmãos lhe negaram sepultura na ordem.[49] Os suicidas não tinham direito ao sepultamento eclesiástico,

---

48. AOTC, *Livro de óbitos, 1825-92*, v. 1-2-9, fl. 40.
49. ACS, LRO/C. da Praia, 1834-47, fl. 38v; e AOTSD, *Livro de óbitos, 1839-1943*, v. 106, fl. 93.

a não ser que fossem loucos. E os vivos se empenhavam em proteger seus mortos dessa desgraça adicional, mesmo sendo estes simples escravos. Em 10 de abril de 1825, o escravo africano José se enforcou, mas seus proprietários, os irmãos pardos do Boqueirão, alegaram que "na tarde do dia do suicídio deu mostras de alunação mental". As autoridades eclesiásticas aceitaram a explicação e José foi enterrado na própria irmandade em que servia, com o acompanhamento de sete padres, num esforço dos vivos de salvar a alma do suicida. O perdão aos suicidas não era raro, como não eram raros os escravos que acabavam com a própria vida. Dez anos após a morte de José, o crioulo João, do rico comendador Pedro Rodrigues Bandeira, "faleceu suspenso em um laço que com as próprias mãos armou", mas lhe foi permitida uma cova no Rosário dos Quinze Mistérios.[50]

## ENTERROS EM CEMITÉRIOS

O destino mais comum dos suicidas, criminosos, indigentes e escravos era o vergonhoso cemitério do Campo da Pólvora. E também dos rebeldes. Uma sepultura eclesiástica teria sido negada ao padre Roma, revolucionário pernambucano fuzilado na Bahia em 1817 e declarado infame, cujo cadáver teria ido para aquele cemitério não fosse um pequeno complô para enterrá-lo eclesiasticamente. Uma tradição colhida por Fellipe Scarlata na década de 1940, do pároco da matriz de Santana, perto do hoje largo do Campo da Pólvora, afirma que o rebelde branco foi secretamente ali enterrado, próximo ao altar de São Benedito, santo negro.[51]

Os mortos do Campo da Pólvora eram transportados no banguê da Santa Casa, que também administrava o cemitério. A origem do cemitério é incerta. Várias posturas da Câmara de Salvador, desde a primeira década do

---

50. ACS, LRO/Santo Antônio, 1819-27, fls. 165v, 199v. A punição dos que se suicidavam não era novidade para os africanos. Segundo o mercador inglês John McLeod, A Voyage to Africa (Londres, 1820), pp. 48-49, que esteve no início do século XIX no Daomé, de onde José pode ter vindo, os africanos da região castigavam os suicidas lançando seus cadáveres aos animais selvagens.

51. Scarlata, Inscrições lapidares, fl. 385. Já Barros, "Chronica dos acontecimentos", p. 67, afirma que o padre Roma foi enterrado no cemitério do Campo da Pólvora, que era o transcrito público do que aconteceu.

século XVIII, mencionam que o "Campo [...] saindo do portão da casa da Pólvora" se destinava ao enterro de "negros pagãos". Elas encarregavam os responsáveis pela limpeza pública de ali enterrar esses cadáveres, frequentemente abandonados pelos senhores, para evitar a "corrupção nos ares, ou os cães despedaçarem os corpos como se tem achado por várias vezes".[52]

Dessas informações podem-se deduzir várias coisas.

Em primeiro lugar, fica claro que se considerava o Campo da Pólvora como um local interditado ao enterro de cristãos, mesmo se escravizados. Cemitério de escravo batizado, como o de gente livre, era, nessa época, a igreja ou seu adro. Aliás, o termo *cemitério* sequer foi usado nessas posturas. Por outro lado, pelo menos nas duas primeiras décadas do século XVIII, o local ainda não se encontrava sob jurisdição da Santa Casa e sim da Câmara, mais especificamente do almotacé ou inspetor da limpeza pública. O enterro de africanos pagãos equivalia, sem meias palavras, a remoção de lixo. A preocupação em enterrá-los bem não objetivava dar-lhes sepultura decente, mas evitar a disseminação de doenças.

Com o passar do tempo, o Campo da Pólvora, já sob o comando da Santa Casa, se tornaria o destino da maioria dos escravos mortos na Bahia, fossem pagãos ou não. Ali também seriam enterrados outros destituídos e desviantes da sociedade. Com a intensificação de seu uso, devido ao crescimento da população escravizada da cidade, o lugar deixaria de ser solução para se tornar problema de higiene pública.

O cemitério possuía valas comuns e superficiais, ficando os cadáveres à mercê de animais famintos. No final do século XVIII, Luís dos Santos Vilhena, homem ilustrado de seu tempo, preocupou-se com a salubridade do ar que respirava. Em busca dos culpados de sempre, o professor de grego escreveu que o cemitério era cuidado por negros que "não somente deixam os cadáveres na flor da terra por preguiça de afundar as sepulturas, como por dias deixam alguns por sepultar, além de ser ele tão pequeno, que impossível é não estarem em pilha os cadáveres". Ao que tudo indica, como no cemitério da Misericórdia do Rio, nenhuma cerimônia religiosa precedia o enterramento. Nenhum documento menciona a existência de capela.[53]

---

52. AHMS, *Livro de posturas*, v. 119.1, fls. 63-63v, 103; v. 104, fl. 24.

53. Vilhena, *A Bahia no século XVIII*, I, p. 155; Russell-Wood, *Fidalgos and Philanthropists*,

3. Centro de Salvador e suas igrejas

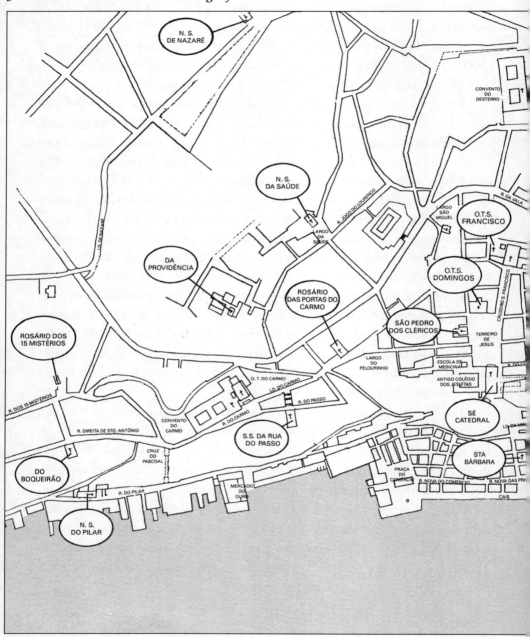

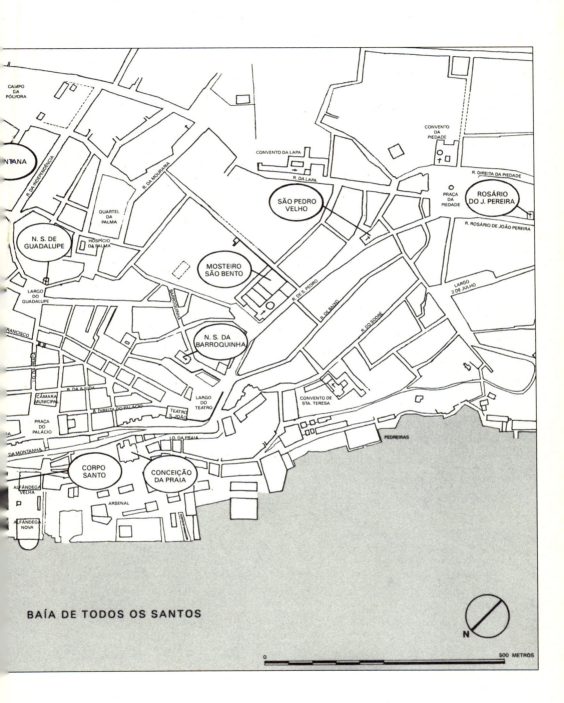

Para evitar o enterro em tal lugar, e confiantes na piedade de párocos e irmandades, os pobres, segundo Vilhena, depositavam seus mortos "de noite embrulhados em uma esteira nos adros de todas as igrejas, e capelas". Se confirmavam, assim, as denúncias feitas pela Irmandade de São Benedito cinquenta anos antes. Nos registros da Santa Casa do tempo de Vilhena, lemos: "Faleceu no adro de São Domingos um cabrinha, e sepultou-se por caridade" (1787); "Faleceu no adro de N. S. da Conceição da Praia um pobre, e sepultou--se por caridade" (1789); "Faleceu no adro de Santa Bárbara um preto, e se mandou sepultar por caridade" (1781). Muitos foram os cadáveres abandonados no adro de Santa Bárbara, a protetora dos repentinamente mortos, e daí levados desde o distrito portuário até o Campo da Pólvora, subindo e descendo íngremes ladeiras.[54]

Um grande número de inquilinos do Campo da Pólvora eram africanos novos que não tinham sobrevivido à quarentena que antecedia ao desembarque dos tumbeiros. Em maio de 1817, por exemplo, foram enterrados 113 africanos trazidos no navio *Alexandre,* de Domingos José de Almeida Lima e Antônio Ferreira Coelho. Ali também se enterravam os condenados à morte — a forca estava convenientemente erguida no Campo da Pólvora —, como os líderes da rebelião pernambucana de 1817, entre os quais Domingos José Martins. Sobre este fato, aliás, um contemporâneo lamentou que, após o fuzilamento, os corpos tivessem sido "tratados com o maior desprezo, e abandono possível".[55]

Dezenas de africanos tombados durante a Revolta dos Malês, em 1835, foram sepultados no Campo da Pólvora, e de modo tão precário que um vereador, temendo uma epidemia, pediu ao provedor-mor da Saúde que inves-

---

p. 228. O cemitério da Santa Casa do Rio de Janeiro foi descrito, entre outros viajantes, por Luccock, *Notes on Rio de Janeiro*, pp. 56-57; Seidler, *Dez anos no Brasil*, pp. 329-330; e Kidder, *Sketches*, I, pp. 176-177. Sobre o Rio é inevitável também lembrar o cemitério dos negros novos. Ver Júlio César M. da Silva Pereira, *À flor da terra: o cemitério dos pretos novos no Rio de Janeiro* (Rio de Janeiro, 2007).

54. Vilhena, *A Bahia no século XVIII*, I, p. 155; e ASCMB, *Livro do banguê, 1780-92*, v. 1263, fls. 20v, 36, 126, 309v.

55. ASCMB, *Livro do banguê*, v. 1264, fls. 386v-387; Damásio, *Tombamento dos bens da Santa Casa*, p. 55; Barros, "Chronica dos acontecimentos", p. 67; Amaral, *Recordações históricas*, p. 85; e Barros, "Execuções capitaes na Bahia", pp. 104-107.

tigasse. Já mortos, os malês continuavam ameaçando os brancos. Alguns deles foram registrados em 25 de janeiro de 1835, o dia seguinte à revolta, no *Livro do banguê* da Santa Casa: o escravo Roque, "que foi morto de um tiro"; o escravo Manuel, nagô, "que faleceu de um tiro"; a escrava Gertrudes, nagô, "que morreu de um tiro de bacamarte". Na trilha da revolta, alguns cometeram suicídio, como Baltasar e Cípio — de modo que, se não fossem parar no Campo da Pólvora por rebeldes ou pagãos, teriam sido para lá levados como suicidas que eram.[56]

Rebeldes ou pacíficos, os escravos eram na sua maioria enterrados fora das igrejas. Mais da metade dos 1201 cativos falecidos em Salvador em 1835-36 foram parar no Campo da Pólvora.

Todavia, se esse cemitério era o mais antigo e o que, na década de 1830, recebeu o maior número de cadáveres, existiam outros cemitérios menores. Vilhena mencionou um, afastado da cidade, na Quinta dos Lázaros, destinado aos leprosos; outro, nos fundos da casa do capelão de Santo Antônio da Mouraria, perto do Campo da Pólvora, onde se enterravam soldados do Segundo Regimento. O primeiro, contudo, era um cemitério reservado aos portadores de uma doença estigmatizada, e o segundo não passava de um recurso de urgência devido à exiguidade do espaço interno da capela militar. Este último já não funcionava em 1836.[57]

Mais organizado era o cemitério a céu aberto, estilo *graveyard*, da Irmandade dos Quinze Mistérios. Construído em 1825 para o enterro dos irmãos, situava-se atrás da igreja, em terreno murado. Em 1835-36, provavelmente acolhia também pessoas não associadas à irmandade, pois, como vimos, 38% dos mortos na freguesia de Santo Antônio ali encontraram sepultura, e suponho que nem todos fossem irmãos. Todavia, este era um cemitério "decente", segundo um parecer do pároco de Santo Antônio, em 1836.[58]

Não parece ter sido este o caso do cemitério de Bom Jesus da Massaranduba, em atividade nos anos de 1835-36. Também pertencia a uma confraria,

56. AHMS, *Livro de atas, 1833-35*, v. 9.41, fls. 168v-169; e ASCMB, *Livro do banguê, 1825-37*, v. 1266, fls. 337v, 338, 338v.

57. Vilhena, *A Bahia no século XVIII*, I, p. 155, 169.

58. Petição da Irmandade do Rosário dos Quinze Mistérios, 1836, APEB, *Assembleia Legislativa Provincial. Petições, 1837*, ms. não catalogado.

a Ordem Terceira da Santíssima Trindade, que o estabelecera no início da década de 1830. Em artigo de 1931, intitulado "Extinctas capellas da cidade do Salvador", J. Teixeira Barros incluiu a capela de Bom Jesus da Massaranduba, "erigida no velho e abandonado cemitério do mesmo nome e pertencente à S. S. Trindade". Scarlata registrou que, ao pé do altar de N. S. da Piedade da "capela da Massaranduba", havia dois jazigos, um deles do fundador da ordem, José Joaquim de Sá, falecido em 27 de maio de 1836. Assim, naquele ano o cemitério tinha capela. Mas não fora erigido para os irmãos da Santíssima Trindade. Como os demais cemitérios de Salvador, ali se enterravam indigentes e escravos: em 1835-36 foram sepultados 24 escravos e 23 libertos e livres, desses últimos apenas quatro brancos. Pelo menos dezoito africanos foram ali recolhidos, como Margarida, que o pároco da freguesia da Penha mandou enterrar em novembro de 1835, com a observação: "aqui apareceu mendigando".[59]

O medo de acabarem em cemitérios precários como esse, levou muitos escravos a se associarem a irmandades, com vistas a desfrutarem de um local mais decente para sepultura. Não era decerto o mesmo que um túmulo na própria casa, no pátio ou no quintal, como acontecia em terras dos nagôs, dos jejes, haussás e tapas, nações bem representadas, sobretudo a primeira, entre os africanos da Bahia na época da Cemiterada. Os iorubás, por exemplo, diziam para seus mortos: "Vivemos com você enquanto você está vivo, por que não podemos viver com você depois de você morrer?"[60] No ritmo de redefinição da noção de parentesco, também se transformaram as noções de espaço doméstico, e a irmandade substituiria a casa de linhagem deixada do lado de

59. J. Teixeira Barros, "Extinctas capellas da cidade do Salvador", *RIGHBA,* nº 56 (1931), p. 351; Scarlata, *Inscrições lapidares,* fl. 329; e ACS, *LRO/Penha, 1829-49,* fl. 61.

60. Ex-escravo iorubá Oluale Kossola, em depoimento recolhido em 1927 por Zora Neale Hurston, *Barracoon: The Story of the Last "Black Cargo"* (Nova York, 2018 [orig. 1931]), p. 33 (citação). Comentam o costume dos enterros em casa entre as nações aqui listadas as seguintes fontes: Parés, *O rei, o pai e a morte,* p. 74, 85 ("as casas [...] se assentavam, literalmente, sobre os ancestrais"); Awolalu, *Yoruba Beliefs,* p. 56; Nadel, *Nupe Religion,* p. 123; Ellis, *The Ewe-Speaking Peoples,* p. 158; Hugh Clapperton, *Journal of a Second Expedition into the Interior of Africa from the Bight of Benin to Soccatoo* (Londres, 1966 [orig. 1829], pp. 49, 89, 141-142, 213. Verger, *Flux et reflux,* foto nº 28, documenta a sepultura católica do famoso traficante africanizado, Francisco Félix de Sousa, o Chachá, dentro de sua residência em Uidá.

lá do Atlântico. Para o africano, viver entre parentes reais tornara-se praticamente impossível devido ao trauma do tráfico e da escravidão, mas morrer numa família ritual, e com ela passar ao além, tornou-se possível por conta da irmandade. A Irmandade do Rosário das Portas do Carmo, numa longa lista de queixas feitas à coroa no início do Oitocentos, denunciou que muitos párocos de Salvador "enterravam os pretos escravos nos matos contíguos às suas paroquias querendo-os supor adstrito dos adros; a qual indecência já não experimentam por terem as suas sepulturas dentro desta Igreja".[61] O túmulo coletivo da confraria de negros no Brasil substituiria, embora imperfeitamente, o túmulo doméstico da África, salvando seus mortos da ignomínia de serem descartados nos malditos cemitérios da cidade.

*Tabela 10*

DISTRIBUIÇÃO ESPACIAL DOS ENTERROS EM SALVADOR, 1835-36

| Igrejas | Livres/Libertos | Escravos | Ignorado | Total |
|---|---|---|---|---|
| *Freguesia da Sé* | | | | |
| São Francisco | 129 | 13 | 15 | 157 |
| Sé | 84 | 33 | 14 | 131 |
| N. Sra. Guadalupe | 23 | 3 | 3 | 29 |
| Misericórdia | 18 | - | - | 18 |
| O. T. S. Domingos | 10 | - | - | 10 |
| O. T. S. Francisco | 7 | - | - | 7 |
| S. Pedro dos Clérigos | 1 | - | - | 1 |
| | 272 | 49 | 32 | 353 |
| *Freguesia do Passo* | | | | |
| Matriz do Passo | 71 | 63 | - | 134 |
| Convento do Carmo | 55 | 8 | 1 | 64 |
| Rosário P. do Carmo | 23 | 11 | 1 | 35 |
| O. T. Carmo | 1 | - | - | 1 |
| | 150 | 82 | 2 | 234 |

61. Petição dos Irmãos de Nossa Senhora do Rosário dos Pretos das Portas do Carmo ao Rei, c. 1802, ms. BNRJ, II-33, 22, 44.

*Freguesia de Santo Antônio*

| | | | |
|---|---|---|---|
| Rosário Quinze Mistérios | 92 | 71 | - | 163 |
| N. Sra. do Boqueirão | 127 | 4 | - | 131 |
| Matriz | 13 | 5 | - | 18 |
| Perdões | 4 | 1 | - | 5 |
| Quinta dos Lázaros | 1 | - | - | 1 |
| | 237 | 81 | - | 318 |

*Freguesia de São Pedro*

| | | | |
|---|---|---|---|
| Matriz de S. Pedro | 280 | 77 | - | 357 |
| Rosário de J. Pereira | 58 | 8 | - | 66 |
| Piedade | 45 | 1 | - | 46 |
| Barroquinha | 9 | 3 | - | 12 |
| Convento Sta. Tereza | 4 | - | - | 4 |
| Recolhimento S. Raimundo | 1 | 1 | - | 2 |
| Mosteiro de S. Bento | 1 | 1 | - | 2 |
| Convento das Mercês | 1 | - | - | 1 |
| | 399 | 91 | - | 490 |

*Freguesia de Santana*

| | | | |
|---|---|---|---|
| Cemitério C. Pólvora | 6 | 639 | - | 645 |
| Matriz de Santana | 213 | 32 | 1 | 246 |
| Palma | 4 | - | - | 4 |
| N. Sra. Nazaré | 1 | - | - | 1 |
| | 224 | 671 | 1 | 896 |

*Freguesia da Vitória*

| | | | |
|---|---|---|---|
| Matriz da Vitória | 14 | 7 | 2 | 23 |
| Aflitos | 6 | 2 | - | 18 |
| Rio Vermelho | 15 | 3 | - | 18 |
| | 45 | 12 | 2 | 59 |

*Freguesia da Conceição da Praia*

| | | | |
|---|---|---|---|
| Matriz da C. Praia | 210 | 53 | - | 263 |

*Freguesia do Pilar*

| | | | |
|---|---|---|---|
| Matriz do Pilar | 119 | 75 | - | 194 |
| O. T. Trindade | 2 | - | - | 2 |
| Órfãos S. Joaquim | 1 | 1 | - | 2 |
| | 122 | 76 | - | 198 |

*Freguesia da Penha*

| | | | | |
|---|---|---|---|---|
| Cemit. Massaranduba | 23 | 24 | - | 47 |
| Matriz da Penha | 8 | - | - | 8 |
| Rosário da Penha | 17 | - | 2 | 19 |
| N. Sra. Mares | 11 | 1 | - | 12 |
| Capela de S. Caetano | 1 | - | - | 1 |
| | 60 | 25 | 2 | 87 |

*Freguesia de Brotas*

| | | | | |
|---|---|---|---|---|
| Matriz de Brotas | 47 | 38 | - | 85 |

*Freguesias fora de Salvador*

| | | | | |
|---|---|---|---|---|
| N. Sra. do Ó | 1 | - | - | 1 |
| N. Sra. de Maré | 1 | - | - | 1 |
| Madre de Deus | 1 | - | - | 1 |
| | 3 | - | - | 3 |
| *Local ignorado* | 49 | 23 | 2 | 74 |
| Total | 1818 | 1201 | 41 | 3060 |

FONTE: ACS, LRO/*Paróquias de Salvador.*

# 8. A caminho da glória: missas fúnebres e advogados divinos

As cerimônias em torno do cadáver cessavam após o enterramento, exceto nos casos de translado de ossos. Mas ter sepultura em território sagrado não era suficiente para alçar ao Céu. Havia de se pensar especificamente na alma.

O destino da alma esteve durante muito tempo circunscrito ao Céu ou ao Inferno. O Purgatório surgiu no século XIII como uma terceira região na geografia celeste, um "Inferno temporário", segundo Jacques Le Goff, "uma antessala quase necessária do Paraíso", conforme François Lebrun. Para lá seguia a imensa maioria das almas salvas do Inferno, mas não suficientemente puras para entrar de imediato na glória do Paraíso. O tempo de purgação podia ser abreviado pelos vivos por meio de orações e missas, e pela intervenção direta, junto a Deus, de santos, anjos e almas benditas, num esforço a ser empreendido antes, durante e depois do julgamento da alma do morto. Esse julgamento individual, peça indispensável da doutrina do Purgatório, ganhou grande relevância na escatologia católica, particularmente a partir do século XVI, quando "quase apagou totalmente" (Chaunu) o Julgamento Universal (ou Final) das preocupações da Igreja. Era a resposta do catolicismo à revolução individualista do protestantismo. "Admirável economia da salvação", foi como, em seu manual de bem morrer, o padre Bernardo Queirós se referiu à admirável trama envolvida nesse tribunal divino.[1]

E revelou-se de fato admirável a eficácia política e ideológica da doutrina do Purgatório. Pierre Chaunu sugere três razões que explicam sua criação pela Igreja: conciliar, no seio do povo, a tensão estabelecida entre tempo de purgação (fase temporária) e tempo eterno; fornecer um mecanismo lícito de comunicação entre vivos e mortos, por meio de orações e missas dirigidas às almas do Purgatório; e reforçar o poder de mediação da Igreja entre vivos e mortos e vivos e santos — tudo junto promovia a solidariedade dos fiéis no esforço da salvação.[2] Deve-se acrescentar que a crença no Purgatório foi também útil às finanças da Igreja, uma vez que incentivava as doações pias, a compra de missas e de outros serviços eclesiásticos.

A doutrina do castigo purgatorial, entretanto, se incorporou ao imaginário popular sem eliminar antigas concepções. Por exemplo, se no discurso eclesiástico as almas penavam no Purgatório, uma longa tradição que entre nós remonta a Portugal, sugere que elas podiam circular entre o Purgatório — esse "grande reservatório de fantasmas" (Delumeau) — e a Terra; ou vagar sem rumo entre os vivos. Essa inquietude errante atormentava o morto, e representava uma punição ainda mais dura do que o Purgatório. Mais dura, tanto para os vivos quanto para os mortos, porque fazia chocar mundos e seres essencialmente antitéticos. Essa radical alteridade marcava com o conflito as relações entre vivos e mortos, estes sempre a exigirem favores daqueles por métodos às vezes implacáveis.[3]

O mundo dos vivos no Brasil era antigamente habitado por fantasmas e almas penadas, que jornais como o *Diário da Bahia* tentavam em vão provar ser produto do medo, da imaginação e da superstição: "O medo", lê-se na edição de 12 de julho de 1836, "hé muito engenhoso em acreditar em fantasmas. Parece que os está vendo, e logo assevera positivamente que os vira. A

---

1. Le Goff, *La naissance du Purgatoire*, passim; Lebrun, *Les hommes et la mort*, p. 448; Chaunu, *La mort à Paris*, pp. 244ss; e Queirós, *Prácticas exhortatorias*, p. 11.

2. Chaunu, "Mourir à Paris", p. 38.

3. Sobre a circulação entre os vivos de almas do Purgatório, ver principalmente Schmitt, *Os vivos e os mortos*; e também Le Goff, *La naissance du Purgatoire*, pp. 391, 393-394; em Portugal, Feijó et alli orgs., *Death in Portugal*, passim; e quanto ao medo dos mortos, além de Schmitt, ver Delumeau, *História do medo*, pp. 84-96; e DaMatta, *A casa e a rua*, p. 134.

história passa de boca em boca; ordinariamente a pintam de brilhantes cores, e quanto mais absurda hé, tanto mais se comprazem em a acreditar. Os homens [...] supersticiosos se cobrem com ela como se fosse uma égide." Naquele tempo, explicações racionalistas desse tipo eram certamente menos lidas do que as histórias fantasmagóricas eram ouvidas e vividas em casa e na rua. E não faltavam explicações fascinantes para as aparições.

Acreditava-se que podiam virar almas penadas os que morressem devendo promessa a santos e dinheiro a vivos, e os que ficassem insepultos, aqueles cujas famílias não se pusessem em luto, sobretudo os que fizessem a passagem em circunstâncias trágicas, ou subitamente, ou sozinhos, sempre sem a devida assistência religiosa, sendo condenados a errarem pela terra como fantasmas. Apesar das histórias de casas mal-assombradas, os espíritos atormentados eram mormente fantasmas de rua que apareciam quase sempre próximo ao local onde haviam encontrado a morte. Daí a importância de, à maneira de Portugal, colocar-se, também no Brasil, uma cruz nesse local, facilitando o recolhimento da alma a seu mundo. Cenotáfios, são chamados esses pequenos monumentos fúnebres. Até recentemente, numa região do interior de São Paulo, levantava-se uma cruz onde quer que fosse detectada a aparição de alma penada. E em todo lugar no Brasil, cruzes à beira da estrada são erigidas para marcar o lugar onde pessoas morreram de acidente de carro. Esses marcos funcionavam e ainda funcionam como um pedido de ajuda aos vivos que por ali circulassem. Georg Freyss, em 1814-15, observou que em Minas Gerais esse costume, generalizado no Brasil, lembrava aos vivos sobre a obrigação de rezar padre-nossos com o objetivo de resgatar do Purgatório as almas de pessoas mortas sem o viático. No Nordeste se marcava cada oração feita com uma pedrinha posta na base da cruz, uma herança que Cascudo atribuiu a Portugal, embora o uso esteja difundido entre outros povos, europeus ou não.[4]

As almas penadas podiam exigir de tudo dos vivos, mas seus pedidos em geral se concentravam nas coisas simples e essenciais à salvação eterna, e às quais tinham direito: sepultura adequada, orações e principalmente missas.

---

4. Luís da Câmara Cascudo, *Antologia do folclore brasileiro* (São Paulo, 1956), p. 72; Cascudo, *Anúbis*, cap. 24, e p. 19; Cascudo, *Dicionário*, I, p. 43, 46; Mattoso, "Ao Nouveau Monde", v, p. 553, 554; Carlos Rodrigues Brandão, *Os deuses do povo* (São Paulo, 1980), pp. 187-188; Araújo, *Ritos, sabença*, pp. 62-63; Martins, "A morte e o morto", p. 268; Kidder, *Sketches*, I, p. 284.

Nesse sentido, a tradição popular se encontrava com a doutrina da Igreja, que prescrevia o sacrifício da missa como o recurso mais apropriado ao resgate das almas do Purgatório.

## IGREJA, IRMANDADES E MISSAS FÚNEBRES

Como outros aspectos das cerimônias fúnebres, também as missas foram objeto de regulamentação pelas *Constituições primeiras,* em 1707. A função delas era abreviar o tempo passado no Purgatório, ou acrescentar à glória dos que já se encontravam no Paraíso. "Esse tempo mais ou menos longo", escreveu Jean-Claude Schmitt, "concebido e mesmo medido em proporção com o tempo terrestre, é aquele durante o qual se produzem as aparições dos mortos".[5] Ou seja, as missas pacificavam a guerra entre vivos e mortos, beneficiando em grande medida a Igreja. Elas eram um aspecto importante da economia simbólica, mas também material, da Igreja, que recomendava enfaticamente a suas ovelhas que provassem sua devoção deixando em testamento ou em recomendações orais quantas missas pudessem pagar. Aos herdeiros e testamenteiros dos que não pedissem missas, a Igreja aconselhava que corrigissem a falta do morto para benefício de sua alma. Aos párocos desses defuntos falecidos *ab intestato* caberia pressionar as famílias enlutadas para que mandassem rezar um pacote mínimo de, pelo menos, missas de corpo presente, de mês e de ano (c. 836).

Quando o indivíduo pedisse em testamento missas sem eleger o templo de celebração, mandava o regulamento que elas fossem celebradas em sua igreja paroquial. No caso de não ter sido ali enterrado, metade dos sufrágios passaria para a igreja de sepultura, que, sendo a Santa Casa, celebraria todos os sufrágios. No caso de ter solicitado responsos sobre a sepultura, estes seriam feitos pelos padres responsáveis pela igreja onde jazia o morto (c. 841, 842). Fica claro nessas regras uma nítida noção de eficácia ritual ligada ao espaço: sempre que possível, missa e morto deviam estar no mesmo templo. Também aqui, o destino da alma se ligava ao destino do cadáver.

5. Schmitt, *Os vivos e os mortos,* p. 41.

À demarcação do espaço, equivalia a marcação do tempo. Não se permitia que cerimônias dirigidas aos mortos ocorressem simultaneamente àquelas dirigidas a Deus e sua Corte. Ficavam assim proibidas as missas fúnebres aos domingos e dias santos. Se essa proibição visava defender os privilégios divinos, outras proibições visavam defender os privilégios de mortais poderosos. O item que censurava os "excessos da vaidade humana" proibia que as igrejas fossem ornamentadas de luto para as missas fúnebres, ou que nelas se armassem essas e tumbas, exceto nas missas para papas, reis e bispos. Esse tipo de pompa só seria permitido a outras pessoas sob licença especial, "a qual não daremos sem muyta consideração do estado, e qualidade do defunto" (c. 839, 840). A proibição de essas e outros acessórios estava absolutamente em desuso no século xix, conforme temos visto e veremos ainda mais neste capítulo.[6]

A Igreja não esqueceu de recomendar cuidado com as almas dos mais fracos, já que tanto esforço fazia para conquistá-las. Numa idealização da família escravista-patriarcal, chamava à responsabilidade, num mesmo artigo, pais de família e senhores de escravos. Os pais de defuntos maiores de catorze anos deviam mandar rezar pelo menos "missa de corpo presente, e hum officio de três lições". Quanto aos senhores de escravo, recomendava:

> E porque hé alheyo da razão, e piedade Cristã, que os Senhores, que se servirão de seus escravos em vida, se esqueção delles em sua morte, lhes encomendamos muyto, que pelas almas de seus defuntos escravos mandem dizer missas, e pelo menos sejão obrigados a mandar dizer por cada um escravo, ou escrava que lhe morrer, sendo de quatorze annos para cima, a Missa de corpo presente, pela qual se dará a esmola costumada (c. 837).

Na parte que regulamentava o funcionamento das irmandades, as *Constituições* estabeleceram que missas pelas almas dos vivos e defuntos deviam ser regularmente promovidas conforme os recursos de cada uma dessas instituições (c. 875). As irmandades seguiram à risca esta recomendação, e foram além, pois sem exceção promoviam missas pela alma de cada membro falecido.

---

6. Ver ainda Idelfonso Xavier Ferreira, "Appendice para se mostrar em que a Constituição do Arcebispado da Bahia se acha alterada, revogada pelas leis do Império, e modificada finalmente pelos uzos e costumes", in *Constituições do Arcebispado da Bahia* [1707] (São Paulo, 1853), p. 161.

Em meados do século XVIII, os irmãos da Ordem Terceira de São Francisco tinham direito a 178 missas depois de mortos. A ordem mandava rezar pelo menos 5 mil missas anuais pelo conjunto de seus defuntos. Quando somadas às missas extras encomendadas em testamentos e outros ofícios do calendário habitual, o número subia para 20 mil anualmente. A produção massiva de missas fúnebre fazia parte da rotina de todas as irmandades. Na Ordem Terceira de São Domingos, na década de 1830, os irmãos remidos e membros da mesa recebiam 108 missas, os demais apenas sessenta, desde que estivessem em dia com os anuais. A Ordem Terceira do Carmo premiava seus membros remidos com 150 missas fúnebres e os demais confrades com 138. Em 1834, Antônio José Ferreira Sampaio faleceu em Portugal, mas seus irmãos carmelitas da Bahia não deixaram de rezar as missas a ele devidas. Já os noviços não tinham direito a elas. Porém, aos domingos e dias santos, os terceiros carmelitas celebravam missa pelas almas de todos os irmãos vivos e defuntos.[7]

As irmandades, sem exceção, mantinham cuidadoso escrutínio dos membros maus pagadores e, uma vez mortos, suas dívidas eram descontadas em missas. A Ordem Terceira do Carmo registrou em seu livro de óbitos que d. Josefa Joaquina morrera devendo 26 anuidades, tendo direito a apenas 52 de suas 138 missas. A ex-prioresa d. Rosa Maria do Carmo devia cinco anos, só recebendo 135 das 150 a que teria direito. Sobre João de Moura Rolim, o escrivão Manuel Joaquim de Vasconcelos anotou, em 25 de novembro de 1834: "Este Irmão não tem mais que oito missas de sufrágio que se deduzem das oito dos Oitavários, por ficar devendo 42:240$000 de 44 anos de anuais, desde 1790 que não pagou. Aliás não tem sufrágio algum mais do que as Missas do Oitavário". Apesar da cobrança, quatro décadas de ausência não fizeram a ordem esquecer desse irmão na hora da morte.[8]

O compromisso da Santa Casa obrigava cada membro a rezar catorze padre-nossos e catorze ave-marias pela alma do irmão defunto no dia do seu enterro, e o mesmo por ocasião do "ofício inteiro de nove lições", no dia seguinte. Essa missa solene e dez missas de corpo presente constituíam na década de 1820 a regra da Santa Casa, que, no entanto, se via às voltas com a negligência de seus capelães

---

7. Alves, *História da Venerável Ordem*, p. 28; AOTSD, *Livro de óbitos, 1839-1943*, v. 106, fls. 1-3; e AOTC, *Livro de óbitos, 1825-92*, fls. 40-41v, 45v, 197v.

8. AOTC, *Livro de óbitos*, fls. 41, 41v.

em celebrá-las. Em junho de 1820, o escrivão criticou duramente o atraso nas missas fúnebres, no que os irmãos defuntos teriam sido "escandalozamente iludidos". No ano anterior, 130 missas de corpo presente e 130 solenes tinham ficado por se dizer. Para melhor controlar o trabalho dos padres, o escrivão instituiu um *caderno da sacristia,* no qual se registraria o movimento das missas da Santa Casa.[9]

Quando realizadas, as missas solenes da Misericórdia podiam exceder a pompa de praxe, conforme noticiou o jornal *Idade d'Ouro,* em 1817, por ocasião da celebração de um "ofício solene além do costume" pela alma do ex--provedor, Sebastião da Rocha Soares. Essa a recompensa por ter o rico negociante minhoto deixado 41 contos e 800 mil réis para a Santa Casa, com o que se podia comprar mais de duzentos cativos.[10]

Embora não pudessem mandar celebrar tantas ou tão solenes missas quanto as celebradas pelas irmandades de brancos, as confrarias de negros não se descuidaram das almas sob sua responsabilidade.

Os compromissos de 1686 e de 1771 da Irmandade de Nossa Senhora do Rosário da Praia obrigavam seus membros a rezar um terço, e a irmandade se comprometia a celebrar oito missas pela alma de cada irmão morto. Seriam também assim beneficiados os irmãos falecidos fora de Salvador — "e nisso haverá grande cuidado", advertiam. Além dessas missas individuais, na data da festa da padroeira (terceiro domingo de outubro) eram rezadas vinte missas "pelos irmãos vivos e defuntos".[11] Como em todas as confrarias, de pretos ou de brancos, a comunidade ideal enlaçava tanto a vida quanto a morte.

As irmandades se preocupavam em não deixar passar muito tempo entre a morte do irmão e a celebração de suas missas para que — explicavam os confrades de São Benedito do convento de São Francisco — "por falta deste sufrágio não padeça a sua alma". Em 1765, a irmandade jeje de Bom Jesus dos Martírios, da vila de Cachoeira, avisava ao tesoureiro que tivesse "grande cuidado em mandar dizer *logo que falecer* qualquer irmão 25 Missas". Além disso, todas as sextas-feiras haveria missa na intenção dos irmãos mortos e vivos em

---

9. "Compromisso da Misericórdia de Lisboa", p. 49; e ASCMB, *Livro 3º de Registro, 1817-31,* fls. 55v, 56v, 57-58, 76v.

10. Maria Beatriz N. da Silva, *A primeira gazeta da Bahia* (São Paulo, 1978), p. 104.

11. *Compromisso da Virgem Sanctissima May de Deus* [1686], cap. 14; e "Compromisso da Irmandade do Rosario [...] da Conceição da Praya [1771]", cap. 10.

altar especialmente decorado "com incenso e decência devida". Esse compromisso, como quase todos, punia os maus pagadores, mas ao contrário de outras irmandades, não distribuía missas de acordo com o cargo do irmão.[12]

Já os crioulos da Irmandade de Nosso Senhor Bom Jesus da Cruz, de São Gonçalo dos Campos, estabeleciam no compromisso de 1800 uma hierarquia entre os beneficiados por sufrágios fúnebres: presidente, trinta missas; escrivão, tesoureiro, procurador-geral, 25 missas; consultores, dezesseis missas; irmãos e irmãs comuns, dez missas. E privilegiavam até os membros de mesa maus pagadores, garantindo-lhes todos os sufrágios, em atenção "às despesas que fizeram no tempo que serviram os seus lugares". Talvez porque considerassem os homens mais pecadores, esses irmãos também discriminavam a ala feminina da confraria: à irmã procuradora caberiam apenas vinte missas, cinco menos do que o ocupante masculino do mesmo cargo.[13]

As missas ocupavam a maior parte do regulamento funerário da Irmandade do Rosário das Portas do Carmo, em 1820. Todos os membros da mesa encarregavam-se de uma ou outra tarefa relacionada ao despacho das almas. "É da economia do Escrivão", rezava o Capítulo 9, "logo que qualquer Irmão que faleça nada devendo de anuais terá logo cuidado de passar os bilhetes das Missas, e fazer remeter pelo Irmão Procurador ao Irmão Tesoureiro para as mandar dizer e não se demorar com os sufrágios das almas." Apesar desse rito burocrático, exigia-se agilidade, pois não se podia permitir que a alma penasse por falta ou demora dos sufrágios. Ao tesoureiro se recomendava "especial cuidado" no cumprimento desse dever.[14]

Esses devotos negros da Senhora do Rosário também estabeleciam uma hierarquia na distribuição das missas fúnebres: juízes, tendo pago a esmola do cargo, dez missas; escrivão e tesoureiro, oito; procuradores e consultores, sete; o irmão comum, cinco. Todas as missas, a 240 réis cada, seriam em princípio celebradas pelo capelão, que se obrigava a fazer recibo do pagamento pelo serviço prestado.

---

12. "Compromisso da Irmandade de São Benedito erecta no convento de São Francisco... [1770]", cap. 12, ANTT, *Ordem de Christo*, v. 293; compromisso dos Martírios em Mulvey, "The Black Lay Brotherhoods", p. 272, grifo meu.

13. "Compromisso da Irmandade de Nosso Senhor Bom Jesus da Cruz", fls. 7, 15.

14. AINSR, *Compromisso da Irmandade de Nossa Senhora do Rosário dos Pretos das Portas do Carmo, 1820*, caps. 9 e 11.

Os confrades mortos eram lembrados anualmente, no dia de Finados, com missa e procissão sobre suas sepulturas, ocasião em que o capelão, vestido com capa de aspergir, rezava responsos "aplicados pelas almas dos nossos irmãos falecidos". O padre oficiava de cima de "um estrado coberto com quatro luzes, e caldeirinha d'água benta", armado no cruzeiro da igreja do Pelourinho. As cerimônias de Finados estavam entre aquelas a cujo comparecimento o compromisso "muito recomendava". Rezava-se outra missa pelas almas dos defuntos e dos vivos na segunda-feira, após o domingo da festa do Rosário. Em 1849, os irmãos decidiram transferir essas missas para domingos e dias santos, provavelmente para incentivar a frequência. Trinta anos antes, providência semelhante já havia sido tomada pelos irmãos do Rosário de Maragojipe, alegando facilitar a presença de escravos: "por ser este dia Santo [domingo] e poderem assistir todos os Irmãos pretinhos forros, e cativos".[15]

Mas, para que as missas tivessem maior eficácia, era necessário que fossem rezadas em "altar privilegiado", uma concessão obtida de Roma. O privilégio ao altar da igreja do Rosário do Pelourinho fora concedido em 1780 em edital do arcebispo, por licença do papa Pio VI. Nesse documento lemos sobre a preocupação do pontífice para com "a salvação das Almas, para que as mesmas almas, dos Fiéis Defuntos possam alcançar os sufrágios dos Merecimentos de Cristo, e seus Santos, e ajudados deles possam ser tiradas das penas do Purgatório para a Eterna Felicidade da Glória". E concedia o privilégio perpétuo ("enquanto o Mundo durar") ao altar-mor da irmandade, garantindo que as missas nele rezadas pela alma de qualquer irmão "que desta vida passasse unido a Deus em caridade, esta mesma Alma alcançasse Indulgência do Tesouro da Igreja por modo de sufrágio, e valendo os Merecimentos do mesmo Cristo, sua Senhora Mãe e todos os Santos, fosse livre das penas do Purgatório". O privilégio foi estendido aos demais altares do templo, mas nestes valeria apenas nos dias de Finados, ou da morte e enterro do beneficiado.[16]

15. AINSR, *Compromisso da Irmandade de Nossa Senhora do Rosário dos Pretos das Portas do Carmo, 1820*, caps. 20 e 22, AINSR, *Livro de termos* [?], fl. 270 (este livro está bastante danificado, sem capa ou folha de rosto); e "Compromisso da Irmandade da Sacratissima Virgem do Rosário... de Sam Bartolomeo [1820]", cap. 11.

16. Uma cópia impressa e emoldurada desse edital faz parte do acervo da Irmandade do Rosário das Portas do Carmo (Pelourinho).

O privilégio dos altares da Ordem Terceira de São Francisco aconteceria quatro anos depois, conforme inscrição sobre a parede ao lado do altar de São Francisco. Mas, ao contrário dos altares secundários do Rosário, os dessa ordem de brancos receberam o mesmo privilégio que o altar principal. Talvez isso tenha ajudado a dar conta das 20 mil missas anualmente rezadas naquela igreja.[17]

Algumas cartas de privilégio determinavam, além de datas santificadas, prazos precisos em que o altar funcionaria em benefício das almas do Purgatório. Em 1835, o altar da capela da Irmandade de Nossa Senhora do Amparo, em Santo Amaro, foi declarado lugar de "indulgência plenária" para os vivos que a visitassem nos dias da padroeira, de Corpus Christi e dois outros dias santos. Os devotos deveriam, entretanto, "orarem para a concórdia dos Príncipes Cristãos, pela extirpação das heresias, e exaltação da Santa Madre Igreja". O documento, feito em nome do núncio apostólico no Rio, finalizava concedendo ao altar poderes de favorecimento dos defuntos por apenas dez anos.[18]

ENCOMENDAS DE MISSAS

As pessoas não acreditavam que as missas de irmandades bastassem para resgatar suas almas do Purgatório. E ademais havia os que não pertenciam a irmandades.

Se por meio dos pedidos de mortalha, acompanhamento clerical e sepultura as pessoas definiam como desejavam sair do mundo dos vivos, por meio das encomendas de missas e de apelos a santos intercessores elas tratavam da chegada ao mundo dos mortos. Pensavam no julgamento da alma perante o Tribunal Divino, buscando abreviar ou até (os mais otimistas) evitar a passagem quase obrigatória pelo Purgatório. Havia os que partiam sem pedir qualquer providência específica quanto ao cortejo fúnebre, a mortalha e a sepultura, e até sem apelar para intercessores celestes, mas raramente omitiam suas missas fúnebres. Estas podiam ser muitas ou poucas,

17. Scarlata, *Inscrições lapidares*, fl. 249.
18. ACS, *Irmandades e capelas, 1808-97*, doc. 4.

solenes ou simples, e dirigidas a uma plêiade de beneficiários e mediadores da salvação.[19]

Para se ter uma ideia sobre os beneficiários das missas dos testadores, apresento a tabela abaixo, dividida em dois períodos, tal como no caso dos pedidos de sepultura. Advirto que foram contadas apenas as indicações dos destinatários das missas encomendadas por 210 testadores. O número de missas não foi computado.

Percebe-se uma consistência acentuada ao longo dos dois períodos: o principal beneficiado nos pedidos de missas era o próprio testador. A proporção das missas de corpo presente e pela própria alma, sempre importantes, cresceu de um período para o outro. Na maioria dos casos, o primeiro pensamento se dirigia às de corpo presente. Em geral celebradas pouco antes do sepultamento, elas marcavam o momento de desaparecimento *in corpore* do indivíduo de entre os vivos — uma típica cerimônia de separação. Sua colocação entre os pedidos mais frequentes sugere, mais uma vez, a forte crença na relação entre tratamento do corpo e benefício da alma.

*Tabela 11*

PEDIDOS DE MISSA, 1800-36 (NÚMERO DE TESTADORES 210)

| Intenção | Primeiro período 1800-23 (%) | | Segundo período 1824-36 (%) | | Total (%) | |
|---|---|---|---|---|---|---|
| Corpo presente | 62 | (18,0) | 62 | (19,4) | 124 | (18,7) |
| A própria alma | 67 | (19,5) | 71 | (22,3) | 138 | (20,8) |
| Parentes | 68 | (19,8) | 84 | (26,3) | 152 | (22,9) |
| Escravos | 11 | (3,2) | 9 | (2,8) | 20 | (3,0) |
| Parceiros em negócio | 13 | (3,8) | 11 | (3,5) | 24 | (3,6) |
| Almas do Purgatório | 19 | (5,5) | 16 | (5,0) | 35 | (5,3) |
| Outros | 33 | (9,6) | 20 | (6,3) | 53 | (8,0) |
| Santos e anjos | 54 | (15,7) | 32 | (10,0) | 86 | (13,0) |
| Nenhum | 6 | (1,7) | 9 | (2,8) | 15 | (2,3) |
| A critério do testamenteiro | 11 | (3,2) | 5 | (1,6) | 16 | (2,4) |
| Total | 344 | (100) | 319 | (100) | 663 | (100) |

19. Para um estudo sobre o tema em Braga, Portugal, ver Ferraz, "O Purgatório e a salvação da alma".

Missas de sétimo dia, mês e ano quase não aparecem mencionadas explicitamente na documentação testamentária. As missas pela alma deviam, pelo contrário, ser rezadas o mais brevemente possível, preocupação semelhante à contida nos compromissos de irmandades. Muita gente inseriu o termo *logo* para indicar a urgência das missas fúnebres. Uma africana, a liberta da Costa da Mina Luísa Moreira, viúva, foi ainda mais precavida: "Declaro que os meus sufrágios por minha alma já os fiz em minha vida", conforme ditou em 1832, acrescentando, porém, que seu testamenteiro lhe mandasse rezar mais vinte missas de corpo presente. Todos buscavam dar início imediato à contagem regressiva de sua permanência no cárcere purgatorial. O comerciante português José Gonçalves Teixeira certamente tinha esse quadro em mente quando escreveu seu testamento às vésperas de uma viagem ao Porto, em junho de 1788. Se ele morresse no mar, o capelão do navio deveria ali mesmo rezar uma missa de corpo presente, complementada por dezenas de outras missas, distribuídas por várias igrejas, tão logo o navio chegasse a seu destino. Mas a viagem correu sem novidades, e o comerciante só veio a prestar contas a Deus 26 anos depois.[20]

Embora o tempo contasse, às vezes também o lugar da missa merecia atenção. À valorização da sepultura perto de casa equivalia a da missa na igreja de sepultura ou também perto de casa. O africano José Goes da Conceição, em 1813, deu conta dos dois lugares: quis missas na matriz de sua freguesia e na igreja onde seria sepultado. Já Joaquina Inácia da Silva Freire, casada, senhora de dezessete escravos, testou em 1818 que por sua alma queria "uma capela de missas [ou seja, 50 missas] repartidas pelas igrejas e conventos mais próximos à minha morada", na rua de São Bento, longe, portanto, de sua sepultura no convento do Carmo, onde quis jazer ao lado do marido.

Mas as regras de proximidade nem sempre foram seguidas. O comerciante Antônio Vaz de Carvalho, em 1831, fez um surpreendente pedido relacionado à geografia de seus sufrágios. Além de encomendar quinhentas missas de corpo presente na Bahia, ele, apesar de ser baiano, mandou rezar nada menos que doze mil missas por sua alma na cidade do Porto, um oceano

---

20. APEB, *LRT*, nº 22, fl. 49v; nº 8, fl. 62v.

longe de casa. Um pedido enigmático, para cujo cumprimento já fizera embarcar doze caixas de açúcar no valor de dois contos e 400 mil reis.[21]

As missas não eram encomendadas apenas para a própria alma, mas para as de falecidos parentes, amigos, parceiros comerciais e até escravos e senhores. Cuidar da própria morte implicava cuidar dos já mortos, para que estes, em troca, intercedessem em favor do novo finado. E aqui também não havia tempo a perder, sob pena de se perder a alma. A ex-escrava crioula Gertrudes Maria da Conceição, em 1811, dedicou missas ao anjo da guarda e outras forças celestiais, mas deu precedência aos mortos, ordenando "a maior brevidade possível" nas missas dirigidas a seus pais, antigos senhores, um irmão e um defunto de nome Manuel Lopes Moreira.[22]

É notável, sobretudo, a solidariedade entre vivos e mortos fundada no parentesco. Houve, inclusive, um sensível crescimento das encomendas de missas em favor de familiares de um período para outro, na mesma proporção da perda de confiança nos santos, mais uma evidência de que a morte se tornava cada vez mais um assunto de família. Os parentes, em especial os pais, eram sistematicamente lembrados na hora da morte, um sinal de que o culto aos mortos referia-se a noções de ancestralidade. Mas também maridos, esposas, filhos, irmãos, avós, sogros seriam citados, embora bem menos. Alguns pedidos tinham o teor de confissão. Em 1812, Antônio Simão de Sousa, morador em Itaparica, viúvo três vezes, encomendou cinquentas missas "pelas almas de minhas mulheres que fui casado". Só aquelas com quem "foi casado"... Rita Gomes da Silva, última mulher do (também três vezes viúvo) tenente-coronel e traficante português Inocêncio José da Costa, ao morrer lembrou-se do primeiro marido, o capitão Leandro de Sousa Braga. O tenente-coronel, ao testar em 1804, encomendara duzentas missas pela alma do capitão, pois a mulher, "antes do seu falecimento me pediu lhas mandasse dizer". Sob sua inspiração, d. Rita e seus dois maridos formaram um curioso triângulo salvífico.[23]

Muitos preferiram indicar os parentes genericamente. "Meus defuntos", conforme ditou uma testadora em 1813. Maria Gonçalves do Sacramento, mo-

---

21. Para os dois últimos parágrafos, APEB, *LRT*, nº 4, fl. 6v; APEB, *IT*, v. 718, doc. 1; e APEB, *LRT*, nº 21, fl. 51v.

22. APEB, *LRT*, nº 3, fl. 26.

23. APEB, *LRT*, nº fl. 61; e nº 1, fl. 3.

radora em Itaparica, dona de uma fazenda de cocos, em 1817 mandou rezar três capelas pela própria alma, uma pelas almas dos pais e uma "por todos os que me tocarem em parentesco", expressão de generosa abrangência familiar. O mundo dos mortos desses homens e mulheres, na maioria livres, estava povoado de parentes de todos os graus, mesmo se beneficiados de modo desigual.[24]

Não seria o caso dos ex-escravos. Neste conjunto de 210 testadores temos apenas duas dezenas de libertos, mas os estudos de Mattoso e Oliveira se concentram na análise dessa categoria de testadores. E, tal como os livres, eles encomendavam missas fúnebres. Entre 1790 e 1826, Mattoso encontrou apenas 8,5% de libertos e 5,6% de libertas que não fizeram esse tipo de pedido; para o período 1790-1831, Oliveira achou proporções próximas: 9,4% e 7,4%, respectivamente. Além da própria alma, as libertas mandavam rezar missas pelas almas do antigo senhor, da mãe, de padrinhos, filhos falecidos, almas do Purgatório. Os libertos pediam missas de corpo presente e missas pela própria alma e as almas de parceiros comerciais, antigos senhores, padrinhos e, mais raramente, mães. Por fim, tanto libertos quanto libertas honravam seus anjos da guarda com missas.[25]

Ao contrário do que ocorria entre os brancos, os africanos omitiam sistematicamente o pai desses oferecimentos, talvez um comentário sobre o colapso da ancestralidade africana entre eles ou, quem sabe, porque consideravam o pai parte de um outro registro (não católico) de ancestralidade. E ofereciam mais missas para ex-senhores, a quem chamavam *patronos,* do que para parentes deixados na África, o que refletia um compromisso com o paternalismo senhorial e com novas regras (católicas) de descendência, impostas pela escravidão — a descendência simbólica referida ao patrono, expressa também na frequente adoção de seu sobrenome pelo ex-escravo.

Porém, os cônjuges eram os mais beneficiados pelas missas dos libertos. Maridos ou mulheres recebiam mais missas do que senhores. Em 1804, a africana de origem jeje, Quitéria de Assunção, da Irmandade do Rosário das Portas do Carmo, instruiu que, em diversas igrejas da cidade, fossem rezadas

---

24. APEB, *IT*, nº 04/1523/1992/07, fl. 3v; nº 03/1238/1707/10, fl. 5. Fenômeno semelhante ocorreu em Lisboa, entre 1730 e 1830, inclusive o aumento na proporção de missas dedicadas a parentes de vária afinidade. Ver Araújo, *A morte em Lisboa*, pp. 402-403.

25. Mattoso, *Testamentos de escravos libertos*, p. 24; Oliveira, *O liberto*, pp. 176, 177-179.

vinte missas de corpo presente, cem missas por sua alma, cinquenta pela alma do defunto marido, duas pela de uma outra liberta, e quatro pela alma da antiga senhora. Muitos anos antes, 1762, a liberta Maria da Costa morreria deixando como herdeiros seu marido e "sua própria alma", conforme anotação do cura da Penha. Com sua alma seria gasto o suficiente para 350 missas, além de seis de corpo presente, para alegria de seu pároco. Maria da Costa também dedicou missas a seu anjo da guarda e à santa de seu nome. Finalmente, beneficiou os defuntos seu senhor, sua senhora e sua "senhora velha" com duas missas cada; e o defunto seu "senhor moço" com três missas, assim beneficiando várias gerações da família que a escravizara.[26]

Desconfiada, a historiadora Inês Oliveira lembra que talvez a encomenda de missas para ex-senhores estivesse relacionada ao cumprimento de cláusulas de cartas de alforrias. Esse tipo de contrato era realmente muito comum. Em 1832, o padre José Francisco Lima avaliou por baixo, em 32 mil réis, seu escravo Rogério, favorecendo dessa maneira sua alforria. O dinheiro, segundo o padre, era o "valor de duas capelas de missa [100 missas] que mandará dizer dentro em dois anos, a saber uma capela por minha alma, outra pelas almas dos meus falecidos pais". Tais verbas testamentárias eram uma forma de recompensa, mas podiam ser de punição. Não fosse uma escrava rebelde, Maria talvez já gozasse de sua liberdade, pois em 1835 seu senhor escreveu: "por desencargo dos seus maus serviços, me mandará dizer doze missas e me acompanhará até minha morte". Entretanto, essas cláusulas deviam ser executadas *antes* da vigência da alforria, ao passo que os testamentos beneficiando ex-senhores foram feitos por escravos em pleno gozo da liberdade.[27]

A sugestão de Oliveira valeria somente para os casos em que a alforria fosse concedida sem o cumprimento do contrato, que acreditamos terem sido raros. Nessa hipótese, o liberto sofreria uma crise de consciência na hora da morte que o levaria a cumprir sua parte do combinado na negociação da alforria. Mas a hipótese não se sustenta à vista das poucas missas geralmente deixadas aos patronos pelos libertos, missas que certamente não refletem os preços de suas alforrias, mas pequenos gestos de reconhecimento e/ou sujeição. Oliveira observou em alguns testamentos expressões que indicam que os libertos se

---

26. Mattoso, *Testamentos de escravos libertos*, p. 12; e ACS, LRO/Penha, 1762-1806, fl. 2v.
27. APEB, LRT, nº 22, fl. 12; e APEB, LNT, v. 254, fl. 15v.

acreditavam obrigados, em alguns casos pela legislação, a deixar um pequeno legado aos ex-senhores ou seus herdeiros. Muitas vezes as missas foram pensadas nesse contexto. O testamento de 1828 do ex-escravo Manuel Vieira é ilustrativo: "Deixo a meu Senhor, o Reverendo Padre Jeronimo em reconhecimento da sua escravidão, 4 mil réis, o qual se for falecido no tempo do meu falecimento se dará essa quantia a seus herdeiros e caso estes não queiram aceitar por [ser] diminuta quantia se distribuirá em missas pela alma do dito Senhor". A ideologia do sistema estava tão bem montada que esse escravo, decerto bem tratado, agradecia sua escravidão e quiçá desejava-a eternizada no outro mundo.[28]

A ideologia escravista naturalmente se alimentou da ideologia da religião dominante. O capitão de milícias Joaquim Félix de Santana, ex-escravo crioulo, em 1814, dedicou missas aos pais, à mulher, ao anjo da guarda, e também, caso raro, a amigos e inimigos, a bons e maus feitores. Entre os inimigos, talvez estivessem vários senhores sob os quais servira, pois só encomendou missa de agradecimento à "alma da defunta minha senhora que me criou". O capitão crioulo agiu como cristão exemplar, provando morrer sem rancores. E nisso foi pouco convencional, pois, livres ou libertos, a maioria dos testadores endereçavam suas missas a pessoas com quem tiveram relações positivas. O próprio capitão lembrou sua primeira e estimada senhora. Os alforriados que assim agiam haviam gozado de vínculos privilegiados com os senhores, em que o conflito dera lugar à negociação. Eles decerto teriam uma escala de valores em que cabia a noção de boa e má escravidão. Os escravos, porém, na sua maioria, vivenciaram esta última.[29]

Embora mais raros do que libertos que beneficiavam patronos mortos, há não poucos casos de senhores que na hora de pensar na morte pensaram também em seus finados escravos, o que indica um jogo de reciprocidade: na hora da morte, libertos pagavam com missas o bom tratamento de ex-senhores e estes os bons serviços de seus escravos. Ocorria a muitos libertos bem--sucedidos deixarem missas tanto para seus senhores como para seus escravos já falecidos.

Se a Igreja frequentemente negligenciava o tratamento dos escravos quando vivos, procurou distinguir o bom do mau senhor com base em como os

---

28. Oliveira, *O liberto*, pp. 99-100; e APEB, *LRT*, nº 17, fl. 22.
29. APEB, *LRT*, nº 8, fl. 32v.

tratavam quando mortos. Na tradição das *Constituições primeiras*, o padre Manuel Ribeiro da Rocha, por exemplo, em obra de 1758, criticou severamente os senhores que não cuidassem da vida espiritual de seus cativos, particularmente que lhes negassem "sepultura Eclesiástica" para seus cadáveres e missas para suas almas: "o Senhor, ou possuidor do escravo falecido, que lhe não socorre a sua alma com Missas, e sufrágios, mostra negar a fé nas suas obras [...] porque de fé é, que há Purgatório, onde as almas dos fiéis, que morrem em graça de Deus, satisfazem com acerbíssimas penas que padecem, os pecados cometidos nesta vida [...]". Aconselhava aos senhores que beneficiar as almas de seus finados escravos era não só um dever cristão, mas uma tática de salvação, pois mereceriam "grandes prêmios na outra vida".[30]

Na mesma linha, o padre Jorge Benci, meio século antes (c. 1700), já advertira ao senhor que recusasse o viático ao escravo: "que clamores e brados não dará ela [a alma do escravo] no profundo do Inferno, pedindo a Deus vingança contra seu senhor, que por lhe não acudir com a Confissão a tempo, a deixou cair naquele abismo de penas?". Benci imaginou o recinto do Tribunal Divino ocupado por almas vingativas.[31] Se uma alma zangada podia prejudicar, uma alma satisfeita podia ajudar. As almas tinham vontade e poder, também participavam da economia religiosa do toma lá dá cá.

Contudo, muita gente que beneficiava as almas de cativos parecia não acreditar no prestígio delas no mundo dos mortos, pois quase sempre lhes oferecia relativamente poucas missas. O português Antônio José Coelho Maia, por exemplo, assim distribuiu suas numerosas missas: 35 de corpo presente, 150 por sua alma nos dias seguintes ao enterro, dez pelas almas de seus pais, dez pelas dos sogros, dez pela alma da mulher, dez pelas pessoas com quem negociara e apenas cinco "por alma dos meus cativos" mortos. Decerto aproveitaram mais de sua generosidade os escravos vivos, mais de quinze, que foram alforriados em testamento. Poucos os testadores como o comerciante português Joaquim da Silva Sampaio, que em 1810 mandaria rezar, "em altar privilegiado", cinquenta missas pelas almas de seus falecidos escravizados. Ou Antônia Joaquina do Bomfim, que ao morrer em 1819 inundou as igrejas de Salvador com 2550 mis-

---

30. Rocha, *Etíope resgatado*, pp. 142-148.

31. Jorge Benci, *Economia cristã dos senhores no governo dos escravos* (São Paulo, 1977 [orig. 1700]), p. 100, 101.

sas, inclusive trezentas para seus defuntos cativos, além de cem especialmente para sua escrava Úrsula. Já o senhor de engenho capitão Antônio Marinho de Andrade, em 1802, igualou parentes e escravos falecidos — sua família frey-reana —, oferecendo, sem distinção, cinquenta missas pelas almas de ambos os grupos. Esse capitão era um tipo peculiar, chegando a deixar cinquenta missas "pelas almas das pessoas a quem dei ocasião de pecar", assumindo a culpa pelo desvio moral e espiritual talvez de muita gente, inclusive algumas ou muitas mulheres escravizadas obrigadas a lhe servirem sexo.[32]

Mortos apagados da memória reapareciam, ainda que envoltos na penumbra, na hora da morte. Muitos testadores beneficiaram as almas de pessoas com quem haviam tratado de negócios. Numa praça comercial como a Bahia, os pecados econômicos não seriam poucos. Crente de que as almas tinham influência no mercado de salvação, o negociante José Batista, em 1828, deixou missas para os defuntos com quem negociara em vida, "em razão das faltas que em mim houvessem [...] aos quais rogo pelo amor de Deus me queiram perdoar". Era, na prática, uma confissão de desonestidade. A crioula Brízida de Santa Rita Soares, senhora de escravos e próspera mulher de negócios, ao testar em 1825 distribuiu 350 missas com a própria alma, as da mãe, do marido, da ex-senhora, além de 25 encomendadas para as almas das pessoas com quem negociara. E explicou: "por me persuadir que talvez houvesse nos ditos negócios algum encargo de consciência, sendo nestas também contempladas as Almas dos falecidos meus escravos". Dos "encargos de consciência" — bom eufemismo para trapaças — podiam constar, quem sabe, a venda de produtos deteriorados, falsificação de pesos e medidas, trocos errados, burla nas contas com seus escravos de ganho. Mas, se Brízida tinha alguma dúvida sobre seus erros com essa gente, não tinha nenhuma sobre o que devia a uma certa Joaquina. A alma dessa defunta recebeu dela nada menos que 65 missas.[33]

A dúvida da dívida era um aspecto central da "admirável economia da salvação" (Queirós). "Não me ocorre deva restituição alguma", escreveu em 1814 João Moreira da Silva, "e contudo se mandarão dizer dez missas pela alma ou vida de quem eu tenha prejudicado." Ninguém queria arriscar, mas também não queria

---

32. APEB, *IT*, v. 31, doc. 5, fls. 42-51; APEB, *IT*, nº 01/65/81/02, fl. 4v; nº 04/1705/2175/03, fls. 15-15v; e nº 03/1079/1548/04, fls. 75v, 76.

33. APEB, *LRT*, nº 17, fl. 26v; e nº 13, fl. 25v.

fazer más aplicações de missas. Sem saberem se tinham dívidas com os mortos, as pessoas procuravam administrar da melhor forma suas contas com eles. Em 1832, Maria Joaquina de Jesus ofereceu 25 missas "às almas das pessoas a quem eu deva alguma restituição ou encargo de consciência", mas, caso nada devesse, pedia que as mesmas missas fossem "aplicadas pelas almas do Purgatório". Nenhum mortal podia verificar, aqui embaixo, as contas de Maria Joaquina com os mortos; seu pedido parecia uma procuração para que funcionários celestes executassem a alternativa de investimento místico, e também monetário, por ela proposta. Os fiéis sabiam que a missa era a moeda corrente no mercado da salvação.[34]

Contudo, encontramos outras formas de duvidar, mesmo entre testadores que não pareciam ter por que confundir quem colocar na lista de almas favorecidas. Foi assim com Maria Antônia de Almeida — viúva de major, uma filha e seis escravos — que escreveu seu testamento no confuso primeiro semestre de 1831. Em meio a agitações antilusas e revoltas militares, ela pediu que, quando morresse, cem missas fossem rezadas "com toda a brevidade", cinquenta por sua alma, no que foi precisa, e cinquenta "pelas de meus parentes, digo de meus pais no caso delas precisar, aliás ficarão aplicadas pelas almas das pessoas de minha família que se acharem penando no Purgatório". Mesmo um padre podia vacilar nessa hora decisiva. Em seu testamento de 1826, o padre José Alves Barata — "viúvo", cinco filhos vivos (e dois mortos) — nenhuma missa deixou para qualquer parente, nem sua "mulher", mas mandou celebrar duas capelas pela própria alma e outras tantas pela alma de Domingos José Alves, algum parente. Minutos depois, ele voltaria atrás: "somente se mande dizer uma [capela] por alma do dito Domingo José Alves, e que a outra seja dita segundo a minha intenção". O que exatamente se passou na cabeça do padre José nos poucos instantes entre uma e outra aplicação, nós nunca saberemos. O certo é que se mostrou inseguro sobre quantas missas devia ao tal Domingos, e mesmo sobre quantas sua própria alma necessitava para alcançar a glória eterna.[35]

---

34. APEB, *LRT*, nº 8, fl. 47v; nº 22, fl. 9. Ver comentários semelhantes em Araújo, *A morte em Lisboa*, pp. 387-388.

35. APEB, *IT*, nº 05/2010/2481/05, fl. 4v; nº 01/101/148/13, fl. 9. Na sua maioria, entretanto, os padres não pediam missas para suas almas, na crença, talvez, de que para salvarem-se já bastava tê-las rezado tantas vezes: ver Katia Mattoso, "Párocos e vigários em Salvador no século XIX", *Tempo e Sociedade*, v. 1, nº 1 (1982), p. 25.

Difícil questão, aliás, saber quantas missas valia a salvação. Quanto mais melhor, ensinava a Igreja e seguiam os fiéis, sempre segundo suas posses. Valladares reporta o caso extremo do construtor minhoto, Antônio Fernandes de Matos, que no início do século XVIII mandou rezar 120 mil missas pela própria alma e a de sua herdeira. Os exageros continuavam no século XIX. José Joaquim Rodrigues, que ditou suas últimas vontades em 1831, alforriou dois escravos em troca de seiscentas missas por sua alma, e não poupou esforços para agradar os mortos: deixou nada menos que 30 mil missas distribuídas entre os pais, parentes, amigos e as almas do Purgatório.[36]

Muitos testadores deixavam legados para irmandades e paróquias em troca da celebração de milhares de missas. Não havia altar, não havia padre que desse conta, e as missas foram se acumulando. Acumularam-se ao ponto de a Igreja, ela própria responsável pelo problema, desobrigar por decreto as irmandades e outras instituições pias da celebração de parte dos sufrágios contratados com seus benfeitores.

A Santa Casa, sempre ocupada por ricos candidatos à morte, teve muita dificuldade nessa área, porque os legados deixados nem sempre davam para pagar tais missas. Em 1823, por exemplo, o prior do cabido da Sé escreveu à mesa da Santa Casa exigindo a celebração das missas devidas à alma do cônego Manuel Ribeiro da Penha. Ao morrer um século antes, em 1728, o cônego havia deixado 4 mil cruzados (um cruzado = 400 reis), cujos juros seriam aplicados na manutenção da enfermaria daquela instituição. Em troca, exigira uma missa semanal, no altar das almas da Sé, e um ofício de nove lições, no aniversário de sua morte. Ao preço de 1823, apenas o ofício custaria a pequena fortuna de 16 mil réis. A Santa Casa cumpriu o contrato até 1817, quando passou a pagar somente 8 mil réis da missa de aniversário, levando o prior a acusá-la de estar "faltando assim à boa-fé em que descansou o defunto consigo". A mesa respondeu estar respaldada pelo decreto da Igreja que permitia descumprir obrigações tão onerosas.[37]

O dinheiro do cônego era dinheiro velho. Quando o dinheiro era novo, a Santa Casa não hesitava em cumprir integralmente sua parte do contrato.

---

36. Valladares, *Arte e sociedade nos cemitérios brasileiros*, I, pp. 139-140; e APEB, LRT, nº 21, fl. 182v.

37. ASCMB, *Livro 3º de registros, 1817-31*, fls. 83v-84.

Por exemplo, em 10 de janeiro de 1837 mandou celebrar cinquenta missas, a um custo de 32 mil réis, e um ofício solene, pela alma do comendador Pedro Rodrigues Bandeira, morto dois anos antes. Em troca dessas missas de aniversário, ele deixara a fabulosa quantia de 58 contos para a instituição, da qual era membro. Bandeira, que em seu testamento confessara ser um grandíssimo pecador, sabia das dificuldades que o aguardavam no além, pois também ordenara a celebração de quinhentas missas por sua alma nos sete dias imediatos à sua morte. E designou mais 2 mil missas para seus defuntos pais, irmãos, parentes e "pessoas que no momento [não?] me são lembradas", além de quinhentas por suas prováveis companheiras no além: as "almas do Purgatório mais necessitadas deste sufrágio". Foram dois contos de réis só dessas missas, fora as da Santa Casa e de outras confrarias para as quais deixou legados em troca de sufrágios. Senhor de mais de duzentas pessoas escravizadas, Bandeira negligenciou as dezenas, talvez centenas delas, já falecidas.[38]

Deparei com dois casos de recusa, por parte de irmandades, em aceitar legados onerosos. Um, na segunda metade do século XVIII, sobre o qual não encontrei senão uma rápida menção no livro de tombo da Ordem Terceira de São Domingos. Outro, de 1722. Neste ano, José Dias Salomão Mosso deixara 400 mil réis à confraria do Santíssimo Sacramento de Cachoeira para que fosse celebrada por sua alma uma missa por semana até... o Juízo Final. Mas o dinheiro não dava nem para quinze anos de missas, e a irmandade, que esperava que o mundo durasse mais de quinze anos, não aceitou a "doação". O sobrinho de José Dias, que era padre — e quem sabe tivesse um olho na alma do tio e outro no negócio da missa —, foi queixar-se ao arcebispo. Não sei no que deu.[39]

Esse problema talvez fosse mais raro nas irmandades negras, de cujos recursos limitados os membros tinham consciência. Ignacia dos Santos deixou para a Irmandade do Rosário dos Pretos das Portas do Carmo, por falecimento de sua "cria e herdeira", uma casa no Bom Gosto, com a condição de que nunca fosse vendida. Em retribuição, pediu aos irmãos para, "pelo amor de Deus e da mesma Senhora [do Rosário], se lembrarem de minha alma em o dia em que completar ano do meu falecimento, mandando celebrar uma missa por minha alma, no lugar da minha sepultura". Apenas uma

---

38. ASCMB, *Livro 4º de registros, 1832-43*, fl. 117; e APEB, *IT*, nº 01/100/146/03, fls. 5, 6, 6v, e passim.
39. AOTSD, *Livro II do Tombo, 1829*, fl. 4; e ACS, *Irmandades e capelas, 1703-1888*, doc. 6.

302

39. *Caixa de esmolas para as almas do Purgatório.*

missa por ano, ao preço de uma jornada diária de escravo — um pedido razoável, fácil de ser atendido.[40]

Na grande maioria dos casos, as missas tinham destinatários ou grupos de destinatários certos — mortos, santos e anjos que de uma forma ou de outra eram das relações afetivas dos doadores. Se dependessem dos pedidos dos testadores, as incontáveis almas anônimas do Purgatório, por exemplo, penariam por muito tempo. Na tabela 11 anterior, elas só foram mais lembradas do que as almas de escravos e parceiros de negócio. A maioria das missas rezadas pelas almas do Purgatório nas igrejas de Salvador provavelmente era paga com as doações anônimas, depositadas nas igrejas em caixas de esmola decoradas com figuras de alminhas envoltas em chamas. É notável, entretanto, que muitos ex-escravos tivessem lembrado dessas almas sofridas. Em 1790, o africano Francisco Nunes de Morais, próspero músico e barbeiro, incluiu entre os beneficiários de suas missas as "almas do Purgatório que não têm quem delas se condoa". Pode-se supor uma associação entre a experiência do

---

40. AINSR, *Livro de termos e resoluções*, fl. 138.

Purgatório e a da escravidão na mente de pessoas que um dia foram escravizadas. Encontrei um caso em que o liberto relacionou mais diretamente as duas experiências. O capitão crioulo Joaquim Félix — aquele que endereçou missas a amigos e inimigos, bons e maus feitores — lembrou-se também das "almas dos cativos que se encontram no Purgatório".[41]

As missas eram vistas como a mais acertada providência para a salvação da alma. E, se a confiança nos parentes crescia, eram poucos os testadores que confiavam a eles a decisão relativa a esses sufrágios (ver tabela 11). Antônio José Álvares de Azevedo era um desses. Em 1811 ele deixou a critério da mulher "tratar" de sua alma por acreditar que "fará por mim o que eu faria por ela se lhe sobrevivesse". Todavia, não deixou de lembrá-la que mandasse "dizer logo dez missas de corpo presente na minha Matriz", o que ela fez, mas foi tudo o que fez pela alma do marido. Já Maria do Espírito Santo confiou em que o marido iria se "lembrar de minha alma com os sufrágios que puder", em razão do "muito amor e afeição que tenho conhecido no dito". Sem o inventário dos bens da finada ficamos sem saber se o marido fez tudo que pôde em relação a essa demanda.[42]

## A POMPA NAS MISSAS FÚNEBRES

As missas, principalmente as de corpo presente, podiam ser muitas e ocasião para grande pompa, medida por sua solenidade, inclusive o número de padres celebrantes. As missas mais opulentas eram cantadas, acompanhadas por orquestra, e para seu brilho concorriam também a decoração da igreja, o luxo da essa e urna funerárias e a posição do cadáver neste cenário.

Incansável frequentador de funerais brasileiros, Lindley escreveu sobre um "ofício solene" para um "rico coronel da ilha de Itaparica", no convento de São Francisco, em 1802. O corpo foi velado "das grades para dentro", ladeado pelos superiores do convento, "mui suntuosamente vestidos de hábitos de veludo preto" decorados com abundantes galões dourados. À cabeceira da urna, sentavam-se em duas cadeiras dois outros frades em hábitos brancos, os

---

41. APEB, *LRT*, nº 3, fl. 37; nº 8, fl. 32v. Wetherell, *Brazil*, pp. 112-113, descreve as caixas de esmolas para as almas.

42. APEB, *IT*, nº 04/1709/2174/03, fl. 3v, 4; e APEB, *LRT*, nº 8, fl. 54.

primeiros de duas longas filas de religiosos que se projetavam para cada lado do altar, vestidos em hábitos comuns, segurando volumosos missais. Entre os convidados estavam o governador, Francisco da Cunha Meneses, e outros grandes da Bahia. O caixão foi posto sobre uma essa piramidal de quatro níveis, tudo "coberto com veludo preto, bordado com babados duplos de largos galões dourados, e os pilares enlaçados com o mesmo". O cadáver vestia o hábito de cavaleiro da Ordem de Cristo. "A missa foi cantada, um órgão e orquestra completa acompanhando: ao terminar, frades e espectadores, cada um segurando imensa vela, seguiram o corpo até o centro da igreja, onde foi depositado, e as portas foram fechadas."[43]

Cinco anos depois, o convento de São Francisco seria o cenário de outra grandiosa cerimônia fúnebre. Em 1807, o cabeça da Casa da Torre, José Pires de Carvalho e Albuquerque, pediu a bagatela de duzentas missas de corpo presente "e nada mais", deixando à esposa que cuidasse dos detalhes de seu funeral. Quando ele morreu no ano seguinte, d. Ana Maria de São José e Aragão esmerou-se na tarefa. O morto, vestido com o hábito da Ordem de Cristo, como pedira em testamento, saiu de sua residência no Unhão em sege, acompanhado do vigário da Sé. Em São Francisco, foi recebido por 95 religiosos e outros presentes, todos segurando velas, tochas e brandões, cujas chamas devem ter ampliado a "sensação de irrealidade" provocada pela rica decoração em ouro do templo. A missa solene foi acompanhada por 47 músicos, inclusive um organista, os quais se instalaram sobre um coreto que a viúva mandara construir e decorar no interior da igreja. Antes de ser enterrado no jazigo da família, o cadáver repousou sobre uma rica essa. Enquanto durou o ofício fúnebre, dobravam os sinos da Sé e de outras igrejas da redondeza. Durante todo o dia, numerosos padres, espalhados por essas igrejas, se ocuparam em celebrar as duzentas missas encomendadas pelo grande senhor.[44]

As missas de corpo presente, quando tão numerosas como as do magnata da Casa da Torre, tinham necessariamente de ser celebradas em vários altares, de várias igrejas, durante vários dias. Nesses casos, a missa rezada lite-

---

43. Lindley, *Narrative*, pp. 118-119.

44. APEB, IT, nº 01/97/141/02, fl. 5 e fls. 92 ss.; e John Bury, *Arquitetura e arte no Brasil colonial* (São Paulo, 1991), p. 168, sobre a "sensação de irrealidade" provocada pela decoração da igreja de São Francisco.

ralmente em presença do cadáver era mais longa e solene, enquanto as demais eram comuns, duravam no máximo meia hora, podendo por isso ser celebradas por diversos padres, uma atrás da outra. E até celebradas simultaneamente na mesma igreja, uma vez que podiam se distribuir pelo altar-mor, os altares laterais e os da sacristia e do consistório. Mesmo que as missas se prolongassem além do enterramento, se não ultrapassassem o sétimo dia, a Igreja as considerava "de corpo presente".

O inventário de José Dias de Andrade nos permite verificar em detalhe a distribuição de seus sufrágios. Ele era um homem rico, embora não fizesse parte da nata da sociedade baiana. Comerciante, dono de 22 escravos, a maioria empregada no ganho de rua. Andrade morava no Terreiro de Jesus em um sobrado de dois andares, avaliado em doze contos, onde mantinha uma pequena manufatura de velas, sendo, portanto, fornecedor para o mercado funerário baiano. Quando morreu em 1817, sem testamento, sua mulher lhe proporcionou um magnífico funeral. Foi enterrado no convento do Carmo num luxuoso caixão, colocado sobre admirável essa iluminada por mais de 140 tochas e na presença do pároco usando pluvial, cinquenta padres, os frades carmelitas e numerosos pobres contratados para a ocasião. Os sinos da Sé tangeram para anunciar seu enterro e continuaram a tocar durante o ofício solene, com música, de corpo presente. Outras missas de corpo presente foram celebradas nos seguintes templos: quinze na igreja da Ordem Terceira de São Francisco, dez na Misericórdia, quinze na Sé e 25 na Ordem Terceira do Carmo. Além dessas, posteriormente foram celebradas por sua alma 51 missas no convento de São Francisco, 48 na Sé, 26 na Ordem Terceira de São Francisco e dez no convento do Carmo. Finalmente, foi rezado um ofício solene, no dia seguinte ou no sétimo dia (os documentos não esclarecem), no convento de São Francisco, para o qual a viúva mandou construir e decorar um coreto sobre o qual se instalou a orquestra.[45]

A missa solene, com coral e música, era o máximo em termos de pompa. A colocação de essas também satisfazia a "vaidade humana", conforme criticara d. Sebastião nas *Constituições*. O número de padres contava, mas menos, a se crer nas modestas disposições testamentárias do marechal Acciavoli. Ele pediu que sua missa de sétimo dia fosse muito simples, "com assistência de

45. APEB, *IT*, nº 04/1538/2007/02, fls. 50 ss.

*40. Essa armada para missa de corpo presente.*

doze padres tão somente, além do meu Reverendo Vigário e Sacristão". O que se gastaria com a "despeza de música, essa e outras decorações do mundo", instruiu o senhor de engenho, "seja distribuído a pessoas miseráveis no mesmo sétimo dia, porque é da minha vontade que o ofício por minha alma seja recitado em vós submissa pelos doze sacerdotes e sem pompa alguma". Na interpretação de Acciavoli, o indicativo de pompa não estava no número de padres, mas na atitude deles. Os doze sacerdotes, que representavam os apóstolos de Cristo, eram uma citação do Evangelho não muito comum na Bahia. Anote-se, porém, que em lugar de doze os familiares do falecido contrataram quarenta padres para sua missa de corpo presente.[46]

Mesmo as missas cantadas podiam representar um gesto de desapego, mas um gesto oneroso. Eram assim as missas de cantochão, nas quais o coral não se apoiava em acompanhamento instrumental. Foi como desejou ser enterrada na Piedade a portuguesa Antônia Severina de Barbuda Lobo, em 1828. Ela pediu "um ofício de Corpo Presente de Canto Chão, sem fausto, que as-

---

46. APEB, IT, v. 750, doc. 9, fls. 5-5v; e ACMS, *Livro de óbitos da freguesia de São Pedro, 1823-30*, fl. 83.

sistirão os religiosos [capuchinhos] e mais sacerdotes". Mas às vezes um organista coadjuvava esse tipo de ofício. Em 1804, o capitão Henrique José Lopes escreveu seu testamento para "assegurar o negócio da Eternidade", em cujo negócio incluiu: "se cantará [no convento de São Francisco] um ofício por minha alma de Canto Chão ao som de órgão somente e sem a menor pompa, sendo este de corpo presente [...]". Mandou também contratar 250 pobres de ambos os sexos para assistir àquela missa. Saiu tudo por 70 mil réis, uma boa soma. Simultaneamente, outras igrejas se encarregariam de celebrar mais duzentas missas de corpo presente. Não se pode dizer que o capitão tivesse ido à sepultura "sem a menor pompa".[47]

## INTERCESSORES CELESTES

Os mortos dependiam de vivos que orassem e celebrassem missas em benefício de suas almas. Mas eles também acionavam meios mais diretos de propiciação: a intercessão dos santos. Os testamentos são fontes notáveis sobre como as pessoas imaginavam a cerimônia do julgamento divino. As principais personagens desse drama celestial eram a alma do indivíduo, no papel de réu, Deus, no de juiz, e uma plêiade de santos e anjos na função de advogados de defesa. A pena podia ser terrível: Francisco José Vieira Guimarães pediu a intercessão de vários santos "para que o Demônio não triunfe sobre mim, nem me sucumba [...]". A absolvição podia significar a aceitação no "País do Reino da Glória", segundo a bela expressão de Pedro Gonçalves dos Anjos, lavrada em testamento escrito de 1823.[48]

As *Constituições primeiras* recomendavam aos testadores que encomendassem a alma a Deus, à Santíssima Trindade, Cristo, e pedissem a intercessão da Virgem Maria, anjos, espíritos celestiais e santos. As encomendações eram quase rigidamente formais, mas as invocações, apesar de manter um certo formalismo, variavam mais, indicando as preferências devocionais do testador.

47. APEB, *LRT*, nº 17, fl. 168-168v; e nº 3, fl. 87. Os organistas eram um grupo ativo no mercado musical baiano nesse período. Ver Jaime C. Diniz, *Organistas da Bahia, 1750-1850* (Rio de Janeiro e Salvador, 1986).

48. APEB, *LRT*, nº 23, fl. 160; e APEB, *IT*, nº 04/1591/200/08, fl. 10.

Na Bahia, até os ex-escravos invocavam uma legião de santos para ajudá--los a alcançar a glória no Paraíso. Apenas 20% dos libertos estudados por Mattoso não se preocuparam com isso. A africana Rita Maria Joana de Jesus, de nação benguela, invocou em 1828 a Virgem Maria, o santo de seu nome, seu anjo da guarda e toda a corte celeste para que obtivessem o perdão junto ao "Divino Julgador" e ela se visse "livre do Inimigo Infernal". Rita assimilara bem o catecismo. Já a liberta Josefa Maria da Conceição Alves dos Reis, da Costa da Mina, viúva pobre sem filhos, em 1819 fez apelos que revelam uma forma original de apreensão dos ensinamentos cristãos. Ela, em primeiríssimo lugar, encomendou a alma "à santíssima virgem, *que a criou*", uma interpretação matriarcal do mistério da vida. Josefa sabia, entretanto, que sua alma seria julgada pelo "Eterno Padre", e pediu diretamente ao filho ("meu Senhor Jesus Cristo") que fosse seu "intercessor e advogado". Em seguida, citou o Divino Espírito Santo e a Santíssima Trindade entre os "santos da minha especial devoção", e revelou possuir, não um, mas "Anjos da minha Guarda". A todos esses, e ao santo de seu nome, ela suplicou ajuda, "apresentando a minha alma no Tribunal Divino".[49]

Essa invocação registra fórmulas arcaicas em alguns aspectos — por exemplo, nomear Cristo intercessor, associar o Espírito Santo à corte celeste —, fórmulas encontradas na Europa ainda no século XVI. (Até um cônego, José Vieira de Lemos, em 1829 cometeu o confuso arcaísmo de chamar Cristo "nosso advogado", "meu intercessor" e "meu Juiz" na mesma sentença.).[50]

A invocação de Josefa Maria foi mais original em outras passagens, como nomear o Espírito Santo *e* a Santíssima Trindade — esta já sendo Pai, Filho e Espírito Santo —, ou acreditar-se protegida por mais de um anjo da guarda. Mas sua maior originalidade foi atribuir a criação da alma à Virgem Maria, o que rompia com todos os cânones da Igreja, e talvez evocasse certas concepções africanas do sagrado. A liberta era da Costa da Mina, designação vaga de origem que, no século XVIII, quando ela provavelmente veio para a Bahia, abrangia a região do golfo do Benin. Os povos do tronco linguístico gbe ali radicados, nossos jejes, acreditavam que a divindade feminina Mawu, relacio-

---

49. Mattoso, *Testamentos de escravos libertos*, pp. 21-22; APEB, *LRT*, nº 17, fl. 145v; e APEB, *IT*, nº 1/67/85/7, fl. 4 (grifos meus).

50. Chaunu, *La mort à Paris*, p. 306; e APEB, *LRT*, nº 21, fl. 19.

nada com a lua e a noite, era genitora universal, mãe criadora também responsável pela sorte e a morte das pessoas. Mawu e seu companheiro Lísa eram, por sua vez, filhos gêmeos de Nana Buluku, divindade que aparece ora como mulher ora como andrógino. Da mesma forma, há uma tradição iorubá que atribui o gênero feminino a Oduduwa, o primeiro ancestral mítico dos iorubás, nossos nagôs. Concepções como Mawu e Oduduwa podem estar insinuadas nas palavras de Josefa Maria.[51]

Bem ou mal, direta ou indiretamente, foi com os brancos que os negros aprenderam a invocar os santos católicos. E os santos deviam agir rapidamente para evitar a perdição da alma — a mesma concepção de tempo, ou melhor, de urgência de tempo, que encontramos no caso das missas. É o que revelam as palavras da africana Ana Francisca do Sacramento, ao implorar, em 1813, que santos e santas fossem seus "advogados perante Nosso Senhor Jesus Cristo, *logo* que minha alma deste mundo partir".[52]

Mas, fossem os testamenteiros brancos ou negros, escravizados ou livres, quais santos lhes inspiravam maior confiança na hora da morte?

A Virgem Maria era quem mais recebia pedidos de intercessão, sinal de que a Igreja estava sendo respeitada, pois já vimos ser esta a diretriz das *Constituições* do arcebispado. Francisco Xavier de Araújo, pequeno comerciante português, confiava sobretudo nela, a respeito de quem escreveu, em 1811: "peço que seja minha advogada no Tribunal Divino". "Minha advogada e intercessora, agora e na hora da minha morte", reforçou Helena da Silva Sampaio, citando as palavras finais da Ave-Maria, em 1809, sete anos antes de morrer. O poderoso Pedro Rodrigues Bandeira, ao ver a morte se aproximar em 1835, colocou sua alma nas mãos da "Santíssima Mãe a Virgem Nossa Senhora com o Título do Pilar, Minha Madrinha, Advogada, e especial Protetora". Poucos os testadores que, ao pedirem a ajuda da santa, mencionaram uma devoção específica, como fez Bandeira. Mas ele tinha uma razão forte para assim proceder no fato de ter sido "batizado" pela Senhora do Pilar, que, tendo patrocinado seu nascimento, agora presidiria sua morte.[53]

---

51. Herskovits, *Dahomey*, II, pp. 233 ss, 289 ss; e Idowu, *Olodumare*, pp. 25-29, 192.
52. APEB, *IT*, nº 04/1523/1992/07 (grifo meu).
53. APEB, *IT*, nº 04/1707/2177/066, fl. 3; nº 04/1449/1918/04, fl. 4; e nº 01/100/146/03, fl. 5.

*Tabela 12*

NOMEAÇÃO DE INTERCESSORES, 1800-36 (210 TESTADORES)

| Santos | Primeiro período 1800-23 (%) | | Segundo período 1824-36 (%) | | Total (%) | |
|---|---|---|---|---|---|---|
| Nossa Senhora | 71 | (28,3) | 23 | (21,5) | 94 | (26,3) |
| Anjo da guarda | 49 | (19,5) | 10 | (9,3) | 59 | (16,5) |
| Santo do nome | 41 | (16,3) | 12 | (11,2) | 53 | (14,8) |
| Corte celeste | 42 | (16,7) | 12 | (11,2) | 54 | (15,1) |
| Santos de devoção | 17 | (6,8) | 10 | (9,3) | 27 | (7,5) |
| Nenhum | 31 | (12,4) | 40 | (37,4) | 71 | (19,8) |
| Total | 251 | (100) | 107 | (100) | 358 | (100) |

Protetora da vida, a Virgem também cuidava da morte. Quem melhor do que a mãe de Deus? Numerosos testadores, aliás, explicitaram esse parentesco divino como facilitador do trabalho advocatício da santa. Virgem Mãe e outros apelativos maternos foram as invocações marianas mais lembradas. Mãe de Deus e dos homens: "imploro os socorros Maternais da sempre Virgem Maria minha senhora, Mãe e Advogada dos pecadores", escreveu Ana Rita de França, em 1829. É interessante que nenhuma menção tenha sido feita a Nossa Senhora da Boa Morte nas dezenas de testamentos consultados. Como se, ao testarem, os baianos pensassem mais na boa vida celeste do que na boa morte terrena. Na verdade, só na lista de gastos com um funeral, o de Joaquina Máxima de Sousa Passos, falecida sem testar em 1818, encontramos mencionada aquela invocação no recibo de "duas missas a Nossa Senhora da Boa Morte por proteção da defunta" — duas simples missas que o viúvo mandou rezar no convento de São Francisco.[54]

O apelo à Virgem Mãe parece ter sido generalizado na cristandade, como, por exemplo, entre os parisienses do século XVI estudados por Chaunu. Mas o anjo da guarda e os santos patronímicos, mais pessoalmente identificados com os crentes, tinham maior importância em Salvador do que em Paris.

54. APEB, *IT*, nº 05/2131/2600/01, fl. 54; e nº 01/6/83/01, fl. 46.

Essa ênfase na proteção personalizada reproduzia na hora da morte o modelo de relação contratual entre humanos e protetores celestiais, substanciado no costume das promessas, talvez mais forte aqui do que lá. Em 1737, ainda em plena era barroca, Joana de Almeida, viúva do capitão Manuel Correa de Cardoso, pediu proteção a "Maria Senhora Nossa Mãe e a todos os santos da corte do Céu", mas acrescentou: "principalmente ao Anjo da minha Guarda, e a Santa do meu nome, e a todos os mais a quem tenho devoção". Uma oração registrada por Silvio Romero fala da confiança no anjo da guarda na hora da morte:

*Anjo da Guarda*
*Bem-aventurado,*
*Convosco meu Anjo,*
*Tenho-me pegado.*
*Quando eu for chamado*
*De Aquele Senhor,*
*Ajudai-me meu Anjo,*
*No Céu a subir,*
*... Meu Anjo da Guarda,*
*Meu Jesus também,*
*Me levai à glória*
*Para sempre. Amém!*

Mas como a tabela 12 indica, o apelo aos protetores pessoais, à exceção dos santos de devoção, teve seu percentual diminuído entre 1800 e 1836. (Como vimos lá atrás, também os pedidos de missas dirigidas aos santos encolheram numa proporção de 6%).[55]

Na verdade, as nomeações de intercessores diminuíram vertiginosamente ao longo desse período, reduzindo-se de 220 em 1800-23 para apenas 67 em 1824-36. A proporção de testadores que não pediram a intercessão de santos subiu de 12,4% para 37,4% entre um período e outro, embora quase todos continuassem a encomendar missas e a abrir seus testamentos com a fórmula

55. Chaunu, *La mort à Paris*, p. 470; APEB, *IT*, nº 03/1075/1544/06, fl. 4; e Silvio Romero, *Cantos populares do Brasil* (Rio de Janeiro, 1954), II, p. 665.

"Em nome de Deus, amém". Ou seja, continuavam fiéis ao catolicismo, mas menos crentes na capacidade medianeira dos santos. O fenômeno atingiu a sociedade de cima a baixo. Inclusive os libertos. Quando, em 1800, o africano Matias Pires de Carvalho, ex-escravo da Casa da Torre, dispensou a defesa dos santos — apenas afirmando: "Nas mãos de Deus entrego minha Alma" —, ele era uma voz deveras isolada. Na década de 1830, os que assim fizeram constituíam minoria, mas minoria crescente.[56]

O declínio na popularidade dos intercessores celestes serve como mais um indicativo das dificuldades que atravessavam as irmandades na conjuntura da Cemiterada. Afinal, elas existiam em torno da devoção a santos. Assim como pediam cada vez menos o acompanhamento fúnebre de irmandades, os testadores pediam cada vez menos aos santos que acompanhassem as sessões do Tribunal Divino.

O que acontecia com as irmandades? Falei no Capítulo 6 das dificuldades ligadas ao cenário econômico. Outras dificuldades vinham de mudanças na mentalidade dos baianos, que no entanto estavam tão somente acompanhando um fenômeno generalizado no mundo católico. Ocorria na Bahia uma lenta e por vezes sutil transformação nas atitudes dos baianos diante da morte, cujos indícios temos acompanhado ao longo deste livro. Isso afetou as irmandades, parte importante da cultura funerária da Bahia.

Entretanto, fatores diversos se ligavam mais à vida do que à morte, e afetaram não somente as irmandades como a religiosidade de um modo geral. Foi um período de importantes mudanças na sociedade baiana, na sociedade brasileira, e por que não dizer todo o mundo católico?[57] A independência em 1822-23 e as agitações sociais que se seguiram politizaram a cultura, enfraqueceram poderes tradicionais, secularizaram boa parte das instituições e dos comportamentos. As "ideias liberais", tão em voga nos discursos da época, tiveram algum impacto sobre os costumes populares e da elite. Os jornais defendiam a liberdade de palavra, que usavam para divulgar conceitos de cidadania e de representatividade política, tudo inspirado na filosofia iluminista, que era execrada pela hierarquia católica. No teatro da cidade, peças de

---

56. APEB, LRT, nº 3, fl. 23. Sobre declínio das invocações entre os libertos, ver Oliveira, *O liberto*, pp. 78-79.

57. Ver para o caso português, Araújo, *A morte em Lisboa*, esp. parte III.

duvidosa moralidade e apresentações de lundu faziam um contraponto inteiramente profano às encenações piedosas das procissões sacras. O arcebispo d. Romualdo Seixas, personagem que reencontraremos outras vezes adiante, se preocupou muito com a secularização da vida na província. Numa pastoral de 1831 ele relacionaria as ideias do "século das luzes" aos "progressos da irreligião" e da "libertinagem".[58]

No rastro dessas mudanças, as pessoas passaram a se organizar de forma diferente, em associações que aos poucos substituíam pelo menos algumas funções até então desempenhadas pelas irmandades ou pela paróquia. Na década de 1830 surgiram as primeiras entidades de classe, tanto de artesãos como de grandes proprietários de terra. A Sociedade dos Artífices, fundada em 1832, tinha como objetivo a assistência material a seus membros. Outras associações cuidavam das coisas do espírito. Nas páginas dos jornais da época lemos com frequência anúncios convocando seus sócios para reuniões. Havia, por exemplo, a Sociedade Fraternal, a Dramática, a Amigável, a de Instrução Forense e várias sociedades literárias. Surgiram também associações de cunho mais político, como a Sociedade Federal, que no capítulo anterior patrocinou a transferência do cadáver de um herói da independência de uma igreja secundária para uma matriz de freguesia.

Os escravos não ficariam à margem das inovações. Em certo sentido representavam, eles próprios, a mudança. Vimos no Capítulo 1 que, durante as primeiras décadas do século XIX, grandes contingentes de escravos foram trazidos para a Bahia, vindos principalmente do golfo de Benim. Eram os nagôs, haussás, jejes, entre outros. Muito numerosos, esses africanos puderam aqui recriar boa parte de suas tradições religiosas. Os nagôs e sobretudo os haussás islamizados seguramente disputaram com a Igreja as almas dos africanos exilados na Bahia. À sombra da Igreja e ao largo do Islã, cresceu a religião dos orixás iorubanos e dos voduns daomeanos. Tanto os muçulmanos, chamados malês, musulmis e outros termos africanos, como os adeptos do candomblé, se tornaram personagens frequentes das crônicas policiais — indício de forte presença — na primeira metade do Oitocentos. Ambos os grupos se colocaram para os negros como alternativas às irmandades, embora

---

58. Seixas, *Colleção das obras*, I, pp. 143-152.

muitos destes tenham aprendido a frequentar tanto igrejas como terreiros de candomblé, e mesmo grupos muçulmanos, simultaneamente.

A influência das "ideias liberais" e o reforço de tradições religiosas com um pé na África podem explicar, pelo menos em parte, o declínio da devoção católica tradicional ao longo das três primeiras décadas do século XIX. Todavia, insisto, o declínio parece ter sido lento e, em geral, leve. Em 1836 ainda prevalecia o estilo barroco de viver e morrer na religião. A morte continuava a ser celebrada com muito esmero, gestos rituais, amiúde muita pompa. E com muita despesa, o que pode ser constatado no próximo capítulo.

# 9. A morte como negócio: receitas e despesas funerárias

A construção de um cemitério extramuros e a concessão do monopólio de enterros a uma empresa privada provocaram a Cemiterada. A concretização desse plano, se ameaçava um tipo específico de comportamento diante da morte, teria também consequências econômicas para os consumidores, profissionais e instituições envolvidos no mercado funerário. Daí a importância de verificar quais os agentes, as mercadorias, as cifras e os padrões de consumo desse mercado na Bahia oitocentista.

## AS CONTAS DAS IRMANDADES

Um grande número de especialistas atuava na venda de bens e serviços funerários: coveiros, pedreiros, carpinteiros, armadores, campeiros, cirieiros, comerciantes de tecidos, alfaiates, músicos, padres, frades, sacristãos, sineiros. Vejamos alguns exemplos dos livros da Irmandade do Rosário das Portas do Carmo.

Em maio de 1825, a irmandade contratou três oficiais de carpina a 560 réis o dia para serviços no consistório e sepulturas da igreja. Ao final de uma semana pagou-lhes 11$760 (onze mil, setecentos e sessenta reis), dinheiro suficiente para 253 litros de farinha ou de milho. Comerciantes, alfaiates e coveiros estavam na lista de pagamentos do Rosário, conforme o tesoureiro anotou em 1823: 720 réis por "três peças d'alifante para Mortalha da Irmã Roza que faleceu morando no corredor"; 160 réis "a quem coseu e linha"; 120 réis "a quem abriu uma sepultura para a dita Irmã". Uma outra entrada do balancete daquele ano confirma que 120 réis era a remuneração para abertura de cova, com o que se podia comprar treze litros de farinha e menos de um quarto de litro de feijão. Dez anos depois o preço do serviço aumentaria quase três vezes, para 320 réis, ou uma pataca. E, em março de 1842, o tesoureiro anotou: "dei [quatrocentos réis] ao coveiro de abrir e fechar a sepultura do finado Procurador Geral Alexandre Alves Campos".[1]

A Irmandade do Rosário contratava o capelão, que por uma remuneração anual era obrigado a acompanhar o cadáver dos irmãos e dizer missas. Mas pagava separadamente as missas devidas em compromisso às almas de seus mortos. Em 2 de julho de 1828, enquanto a independência era celebrada lá fora, o tesoureiro anotava: "Paguei [7$200] ao Capelão por trinta missas por alma dos Irmãos falecidos". Cada missa saiu a 240 réis, a cifra estipulada no compromisso de 1820. Mas o preço podia variar, pois, em 1824, 1$600 foram pagos ao padre Manoel José Faustino por cinco missas pela alma de um irmão. Nesse caso cada uma saíra por 320 réis, o preço comumente pago por uma missa simples, sem qualquer solenidade.

Comparadas a outras despesas, as despesas funerárias diretas da Irmandade do Rosário não eram negligenciáveis. Em 1823, por exemplo, foram gastos 46$040 na confecção de mortalhas, compra ou aluguel de velas, diárias do coveiro e pagamento de missas fúnebres, o equivalente a 15% de todas as despesas da irmandade naquele ano. Se considerarmos que muitos itens, como salário do capelão e compra de material de construção, também faziam parte dos gastos funerários, poder-se-ia talvez dobrar aquela percentagem.

---

1. Todas as informações sobre esta irmandade se encontram em registros de caixa dos anos mencionados, além de recibos avulsos, documentos não catalogados na época em que se fez a pesquisa no AINSR, em 1990. O título de um registro típico: "Conta da despeza que teve a Irmandade de Nossa Senhora do Rosário das Portas do Carmo que teve princípio a 8 de dezembro de 1822 thé 31 de dezembro de 1823 sendo thesoureiro o irmão falecido João Roiz Ferreira".

Os compromissos das irmandades também informam sobre custos funerários. Em 1765, a Irmandade do Bom Jesus dos Martírios sepultava gratuitamente seus membros no convento do Carmo de Cachoeira, onde funcionava, mas pagava 2 mil réis aos carmelitas "pelo recebimento e encomendação" de cada um. Além disso, pagava-lhes 6 mil réis para rezarem 25 missas pela alma do irmão. Ou seja, só com os padres, a irmandade gastava 8 mil réis por cada morto.[2]

A missa representava o artigo mais caro do mercado funerário, embora seu preço unitário pudesse ser às vezes irrisório, 240 réis apenas. Porém, como visto há pouco, uma só missa não salvava a alma de ninguém. No exemplo que acabamos de ver, elas somaram 70% das despesas com as cerimônias fúnebres. Por isso, todas as irmandades, sem exceção de cor ou classe, puniam os membros devedores descontando nas missas devidas às suas almas. Nenhuma delas ameaçava os maus pagadores com a negação de sepultura e acompanhamento, talvez porque esses serviços, apesar de simbolicamente ricos, custavam relativamente pouco, dependendo mais de mão de obra devota do que de moeda corrente.

As despesas funerárias das irmandades eram cobertas pelas contribuições dos irmãos, esmolas, legados, aluguel de propriedades. Mas algumas irmandades também vendiam serviços fúnebres a não associados. O compromisso de 1686 do Rosário da Praia estabelecia o preço de cinco patacas pelo uso de seu esquife, oferecendo um desconto para quem provasse ser pobre. A Irmandade dos Martírios, de Cachoeira, cobrava 2 mil réis pelo acompanhamento fúnebre de estranhos. O compromisso de 1834 da Irmandade de Nossa Senhora do Amparo dos Homens Pardos, da vila de Sento Sé, anunciava: "falecendo alguma pessoa, que não seja Irmã, e quiser que a Irmandade a carregue e acompanhe, dará 6$400 réis, e querendo que só a acompanhe, dará 4$800 réis". As irmandades também alugavam caixões e esquifes, vendiam velas e sepulturas. O Rosário da Praia alugou uma tarimba e quatro tocheiros para o funeral de Luís Borges da Silva, pequeno negociante de fazendas, em 1818.[3]

2. Mulvey, "The Black Lay Brotherhoods", p. 271, 272.

3. "Compromisso da Irmandade do Rosário da Praia", cap. 17; Mulvey, "The Black Lay Brotherhoods", p. 272; APEB, *Religião/irmandades, 1832-92*, maço 5265; e APEB, *IT*, nº 1/4/4/3, recibo nº 3.

Às vezes as confrarias permitiam, por um alto preço, a filiação de pessoas recém-falecidas a quem os familiares desejassem enterrar sob a proteção dos irmãos. Em 1833, Antônia do Vale Aguiar teve funeral com música, vários padres, dezenas de velas e, além disso, foi inscrita por 40 mil réis — o equivalente a 138 litros de farinha de mandioca — na Irmandade do Santíssimo Sacramento da freguesia de Santana, que a acompanhou até a sepultura. Parte desse valor foi pago em velas, o que era comum. A vela funcionava como uma espécie de moeda no mercado da morte baiana.[4]

Alguns compromissos vendiam sepulturas privilegiadas. No Rosário da Praia se cobrava uma "esmola suficiente" dos irmãos que quisessem cova "das grades para dentro". Pena que não saibamos que cifra era "suficiente". Em Pernambuco, os irmãos do Rosário da vila de Santo Antônio, em 1758, cobravam aos não associados 10 mil réis por enterros no túmulo dos irmãos na capela da irmandade, 8 mil na sacristia e 6 mil no corpo da igreja. Por último, propunha o compromisso, "se quizerem comprar da grade da Capela Maior para dentro, e que hajam de querer para suas Gerações pondo-lhe tampa, cem mil réis". Eis o preço de um jazigo de família perpétuo, em local privilegiado, numa capela negra do interior de Pernambuco. O que não se pagaria por isso numa igreja da capital baiana?[5]

## AS CONTAS FUNERÁRIAS DA SANTA CASA

As rendas funerárias da Santa Casa de Misericórdia incluíam o aluguel de tumbas, esquifes e banguês, e o acompanhamento de funerais. Nas vésperas da Cemiterada, excetuando seus próprios irmãos, esses serviços haviam se reduzido a transportar no banguê os escravos para o Campo da Pólvora. Mas nem sempre fora assim. Na segunda metade do século XVIII, a Santa Casa alugava dois tipos de tumba, pelo que cobrava 4$480 e 8$480 réis. Mais ou menos na mesma época, ela operava "esquifes dos anjos" de

---

4. APEB, IT, nº 04/1600/2069/03, fl. 25. Sobre o preço da farinha em 1833, APEB, *Correspondência presidencial*, v. 681, fl. 41.

5. "Compromisso da Irmandade do Rosário da Praia", cap. 19; e Mulvey, "The Black Lay Brotherhoods", p. 106, 122, nº 48.

vários tipos, cujos alugueis variavam entre 64 reis e 3$200 réis. Por este último valor se alugava o chamado "esquife bom".[6]

Finalmente, o banguê. Foi possível estabelecer a evolução do valor de seu aluguel entre o final do século XVIII e meados do século seguinte. A cifra de oitocentos réis se manteve até exatamente 9 de agosto de 1833, quando subiu para 1$280, sob pressão da elevação geral de preços nos anos 1830. Finalmente, em 1844, o preço subiu de novo e diversificou: 2, 3 e 4 mil réis. A diferença talvez refletisse as distâncias percorridas pelo banguê.

*Tabela 13*

RECEITA DA TUMBA E DO BANGUÊ DA SANTA CASA, 1833-36 (EM RÉIS)

| Anos | Tumba | Banguê | % Banguê | Total |
|---|---|---|---|---|
| 1833 | 241920 | 498160 | 67,3 | 740080 |
| 1834 | 300160 | 627200 | 67,6 | 927350 |
| 1835 | 254305 | 396800 | 60,9 | 651105 |
| 1836 | 268800 | 369360 | 57,9 | 638160 |
| Total | 1065185 | 1891520 | 64% | 2956705 |

No início do século XIX, o esquife dos anjos foi abolido, desaparecendo dos livros da Misericórdia, e o serviço de tumba foi reduzido ao mais barato. Seu valor, na década de 1820 e 1830, tornara-se apenas a taxa de *esmola de tumba*, pago no ato de registro dos testamentos ou ao pároco no ato de sepultamento. Mas na prática a "esmola" caiu em desuso para quem morria sem testar. E mesmo nas dezenas de inventários acompanhados de testamentos que consultei, nem sempre encontramos recibos referentes a seu pagamento. Em 1827, a mesa da Santa Casa, sob pressão do aumento de suas despesas pias, pediu ao presidente da província que obrigasse os párocos a cobrar os 4$480 réis do tributo fúnebre. O presidente tentou em vão. Três anos depois a mesa da Misericórdia voltaria a se queixar do mesmo problema, certamente agravado pela crise econômica que a Bahia então vivia. Em 1833, a situação permanecia inalterada e nova queixa chegou ao palácio.

6. ASCMB, *Livro 9º da tumba, 1769-1812*, fl. 1; e ASCMB, *Livro do esquife dos anjos, 1753-81*, fl. 26.

Nesse ano, apenas 54 esmolas tinham sido pagas, rendendo 241$920 (ver tabela anterior).[7]

Quanto ao banguê, já rendera bem mais no passado. No final do século XVIII, Vilhena soube por um dirigente da Santa Casa que rendia 800 mil réis anualmente. Durante os quatro anos que antecederam a Cemiterada, os enterros de escravos, pagos por seus senhores, foram responsáveis, em média, por 64% da receita funerária da instituição. Decerto, o que se recebia não cobria os gastos, que incluía a remuneração dos carregadores do banguê e dos coveiros do Campo da Pólvora. Infelizmente, não encontrei os valores desses serviços; em 1781, quando protestou contra a concessão da tumba à Irmandade de Santa Ifigênia, a Santa Casa informaria que empregava nove homens "para carregar as ditas Tumbas e mais Insígnias, com os quais dispende de 500 mil réis para cima anualmente". Mesmo se pagasse o mesmo salário cinquenta anos depois, o banguê estaria operando no vermelho. Diante de suas enormes despesas filantrópicas, a receita funerária da Misericórdia era realmente irrisória.[8]

E ainda gastava com os irmãos. Como em todas as irmandades, as missas representavam o grosso das despesas. Segundo o compromisso da Santa Casa, cada irmão defunto tinha direito a dez missas simples e um ofício solene de corpo presente.[9]

## AS CONTAS DO CONVENTO DE SÃO FRANCISCO

O livro de caixa do convento de São Francisco permite uma análise detalhada de suas receitas. Nele o escrivão registrava o pagamento por vários serviços e artigos oferecidos aos defuntos de Salvador: covas, mortalhas, velas, responsos, missas, recebimento de cadáveres, dobres de sino. O livro a que tive acesso lista toda a receita e a despesa mensal dos franciscanos entre abril de 1790 e maio de 1825. Escolhi os anos de 1822, 1823 e os primeiros cinco

---

7. Referências dos últimos parágrafos: ASCMB, *Livros do banguê*, diversos volumes; ASCMB, *Livro 3º de registros, 1817-31*, fls. 143, 147-148, 182v; e ASCMB, *Livro 4º de registros, 1832-43*, fl. 51.

8. Vilhena, *A Bahia no século XVIII*, p. 155; e ACS, *Registro de ordens, cartas imperiaes, despachos e faculdades*, fl. 29v.

9. ASCMB, *Livro 3º de registros, 1817-31*, fls. 57v-58.

meses de 1825 para análise. Deixei de lado 1824 porque o escrivão negligenciou o detalhamento dos itens da receita.[10]

Tabela 14

RECEITA FUNERÁRIA DO CONVENTO DE SÃO FRANCISCO, 1822-25 (EM RÉIS)

| Anos | Receita funerária | Receita total | % Receita total | Despesa total | % Despesa total |
|---|---|---|---|---|---|
| 1822 | 2 487 250 | 7 624 142 | 33% | 7 179 662 | 35% |
| 1823 | 3 003 100 | 6 680 959 | 45% | 6 560 225 | 46% |
| 1825 (até maio) | 1 027 720 | 3 566 141 | 29% | 4 956 152 | 21% |
| Total | 6 518 070 | 17 871 242 | 36% | 18 696 039 | 35% |

A tabela 14 acima compara a receita funerária com outras. A renda funerária dos frades de São Francisco era respeitável. Ela representava, em média, 36% dos recursos que entravam e que incluíam, além dos serviços fúnebres, venda de produtos da horta, contribuições das irmandades que lá funcionavam, aluguel de propriedades, esmolas etc. Alguns exemplos desses últimos ganhos: em abril de 1822, o traficante de escravos Venceslau José de Almeida, que periodicamente dava gordas esmolas a São Francisco, contribuiu com 20 mil réis; em outubro de 1823, um rico devoto anônimo doou 281 mil réis; em maio, a Irmandade de São Benedito deu 64 mil réis para a festa e te-déum, e em setembro a Ordem Terceira de São Francisco pagou 12 mil réis pela cerimônia de iniciação de seis irmãos.

A renda das cerimônias fúnebres cobria boa parte da despesa total dos frades — 35% em média —, que incluía alimentação, roupa, sapato, consertos, decoração da igreja, promoção de festas religiosas etc. Por exemplo, em fevereiro de 1822 foram gastos 79$270 réis na compra de 48 arrobas de carne fresca, 2$240 com um alqueire de feijão, 1$280 com uma arroba de açúcar, 6$400 com cinco pares de sapato e 10 mil réis com uma peça de brim, entre

10. Todas as informações sobre o convento estão contidas em ACSF, *Livro de contas da receita e despeza deste convento de nosso Pe. São Francisco da cidade da Bahia, 1790-1825*, a que tive acesso graças à gentileza de frei Hugo Fragoso.

outras despesas. Em abril do mesmo ano foram gastos 50 mil réis na festa e procissão de São Benedito e em junho 9$600 réis com três dúzias de foguetes.

Escolhemos o ano de 1823 para uma análise mais detalhada da receita funerária de São Francisco.

*Tabela 15*

RECEITA FUNERÁRIA DE SÃO FRANCISCO POR ITEM, 1823

(EM RÉIS)

| Item | Valor | % Valor total |
| --- | --- | --- |
| Mortalhas | 1065280 | 35,5 |
| Missas | 888000 | 29,6 |
| Enterros de anjo | 477240 | 15,9 |
| Enterros de adultos | 311200 | 10,4 |
| Velas e dobres | 172580 | 5,7 |
| Covas de irmandade | 78800 | 2,6 |
| Legados | 10000 | 0,3 |
| Total | 3033100 | 100 |

A venda de mortalhas se destaca como o item mais importante do que apuravam os franciscanos. Vendiam-se vários tipos de mortalha: o hábito de burel custava 6$400 réis, o de serapilha 4 mil réis, a túnica de algodão 2 mil réis. Podia-se, entretanto, encomendar hábitos especiais de até 12 mil réis, como foi o de José Nunes, adquirido em janeiro de 1823. Além do preço padrão, podia-se também pagar outros valores, que flutuavam em função de descontos para pobres, ou acréscimos para compradores desejosos de beneficiar o convento.

Entre as missas, responsáveis por quase 30% da receita funerária, incluímos missa de todo tipo, a maioria fúnebre. Os preços variavam entre 320 réis e dezenas de mil réis. Silvânia Maria da Encarnação foi enterrada com um ofício fúnebre que custou 32 mil réis em janeiro. Certamente, o preço variava em função da pompa: decoração da igreja, número de religiosos, gastos com velas, dobres fúnebres, música. Nos anos de 1820, o ofício de corpo presente mais caro que encontrei custou 150 mil réis (o valor de mais de oitenta arrobas de carne), funeral acontecido em 1824. Às vezes, os preços de ofícios de corpo presente aparecem combinados com os de outros serviços. Em março de 1825, 100 mil réis foram pagos por "um ofício e sepultura no carneiro do tenente Gaspar Lopes Villas Boas". Filho de família importante, esse tenente fora fuzilado por participação na conspiração que resultara no assassinato do comandante das armas, em 1824.[11] Além dos ofícios, que eram missas mais ou menos solenes, havia missas de versos a 2 mil réis e de outros tipos, cujos preços variavam entre 320 e seiscentos réis. Os frades também rezavam responsos sobre a sepultura, cobrando pelo serviço entre 4 mil e 4$800 réis.

Em 1823, os franciscanos receberam quase 500 mil réis, o valor de dois bons escravos, por enterros de crianças, os "anjos". O preço unitário mínimo fora de 4 mil réis, mas enterravam-nas "por diversas esmolas", segundo anotação do escrivão. Os enterros de adultos variavam em torno de valores mais altos. D. Maria de São José foi enterrada por 16 mil réis e José de Meireles Leite por 12 mil réis, em junho de 1823. No mesmo mês, os enterros de um soldado e um pobre custaram 2$880 réis cada. Pouco? Nem tanto, se considerarmos que com esse dinheiro se comprava 30 kg de açúcar branco, ou 25 kg de farinha, ou cerca de 60 kg de arroz, ou ainda 26 kg de feijão.

Suponho que o preço da cova franciscana pudesse variar de acordo com a generosidade dos familiares ou do próprio morto, no caso de este ter estipulado esmola de sepultura ainda em vida. É possível que serviços fúnebres extras, além da concessão de sepultura, estivessem embutidos nos preços mais altos, serviços como o recebimento do cadáver, encomendações especiais, responsos etc. Finalmente, os valores variavam em função do local da sepultura no espaço da igreja. Todas essas pessoas, os anjinhos inclusive, foram enterradas no pavimento da igreja. Em janeiro, Silvânia Maria da Encarnação pagaria 40 mil réis, quantia bem maior, para ser sepultada em carneiro. Esse dinheiro comprava 340 kg de feijão.[12]

11. Sobre a Revolta dos Periquitos, ver Luís Henrique Dias Tavares, *O levante dos Periquitos*. Publicações do Centro de Estudos Baianos, UFBA, 144, Salvador, 1990; e João José Reis e Hendrik Kraay, "'The Tyrant Is Dead!' The Revolt of the Periquitos in Bahia, 1824", *HAHR*, v. 89, nº 3 (2009), pp. 399-434.

12. Sobre preços de alimentos, "An account of the prices of several sorts of corn & grains, flour and other articles [...] as paid at the public market in Bahia... [1 to 8 April, 1824]", NAUK/FO, 63, 281, fl. 72.

As duas irmandades negras que funcionavam no convento de São Francisco, a de São Benedito e a de Santa Ifigênia, tinham um substancial desconto no preço da cova, que se reflete na parca contribuição (2,6%) ao total da receita funerária franciscana. Em janeiro, elas pagaram 6$600 por oito covas, 825 réis cada. Mas oitocentos réis, um preço um pouco inferior, foi pago na quase totalidade dessas transações. Era um valor baixíssimo. Uma pessoa qualificada de "pobre" pelo escrivão, em agosto de 1823, foi enterrada pelo dobro. Porém, as irmandades ajudavam as finanças do convento de outras maneiras, contribuindo com grandes somas para as festas, por exemplo. Por outro lado, os mortos dessas irmandades frequentemente consumiam outros serviços fúnebres oferecidos pelos religiosos. Eram, por exemplo, usuários das velas e dobres com que se recebiam os defuntos na igreja, pelo que pagavam caro.

As contas do convento de São Francisco servem como exemplo dos serviços funerários fornecidos pelas igrejas conventuais baianas. Serviços semelhantes podiam ser desfrutados pelos que eram enterrados na Piedade, em Santa Teresa e sobretudo no Carmo. Os franciscanos, entretanto, representavam um caso especial, não só porque enterravam muita gente, como porque eram os principais fornecedores de mortalhas do mercado funerário baiano. Em 1813, James Prior observou ironicamente que esses frades, embora submetidos ao voto de pobreza, eram tidos como ricos pelos baianos. Se era verdade, boa parte da suposta riqueza vinha de suas rendas funerárias.[13]

O CUSTO DOS FUNERAIS

A documentação mais apropriada para se perceber as despesas funerárias pelo ângulo dos consumidores são os testamentos e inventários. Nestes últimos são listados em detalhe os gastos com o funeral do inventariado, comprovados por recibos passados pelos profissionais da morte. Os recibos atestavam serviços de preparação do cadáver, encomendação da alma, acompanhamento

---

13. Prior, *Voyage*, p. 102. Segundo Kidder, *Sketches*, II, p. 69, dentre os religiosos da Bahia, os franciscanos eram os que tinham maior renda, que em 1839 ele calculou em US$12.500 anuais, ou vinte contos de réis, cifra talvez exagerada.

41. Recibo do pagamento de um enterro
na igreja da Vitória, 1801.

do defunto, missas e dobres fúnebres, música, transporte de objetos, costura de mortalha, aluguel de sege, de tumba, esquife, caixão, castiçais, tocheiros, e a compra de artigos fúnebres, como convites de enterro, incenso, alfazema, mortalha, caixão, velas, tochas, tecidos, galões e outros. Os recibos também descrevem a qualidade dos serviços e a quantidade dos artigos comprados, se encomendação e acompanhamento com ou sem pluvial, número de padres presentes a funerais e missas fúnebres, número de dobres, de velas gastas, tipo e quantidade dos tecidos, modelo dos caixões, de essa e de urna.

Tudo tinha seu preço e seu especialista. Os padres, sobretudo os párocos, podiam se dar bem. Em 1829, o arcebispo chegou a chamar alguns de "indignos mercenários", por recusarem sepultar os cadáveres de pobres, mas defendeu a maioria, que segundo ele era generosa e vivia "quase a mendigar". Uma encomendação podia custar entre 1$561 — como a que fez o vigário Lourenço Marques Cardoso a um escravo em 1822 — e 16$720, pagos em 1835 pela encomendação de Rita Cardoso. Na encomendação desta última, o padre se vestiu com pluvial, mas nem sempre o uso dessa roupa solene custava tanto. Dois anos antes, os familiares do major Manuel Pinto de Assunção só pagaram 4$880 pela encomendação de sua alma pelo pároco de pluvial, acompanhado do sacristão. A este último coubera 960 réis, mas era mais comum que só recebesse duas ou até uma pataca. A pataca (320 réis) era um padrão dos preços: uma pataca comprava a vela comum de 220 g, o dobre de sino, a abertura de cova, a missa comum, o acompanhamento do sacristão.[14]

O salário do padre coadjuvante era igual ao do sacristão. Não era muito — 320 réis equivaliam ao jornal diário de um escravo —, mas a este serviço os padres podiam somar outros, como a celebração de missas. Como estas, o acompanhamento desses padres só encarecia um funeral quando se pretendia grande pompa. Em agosto de 1813, o vigário de Santana, Manuel Coelho de Meneses, recebeu 10$640 réis do reverendo Jeronimo Vieira da Piedade Azevedo, segundo suas palavras, "pela encomendação feita ao corpo do falecido seu Pai Antônio Vieira de Azevedo por mim com Pluvial, 24 padres, e sacristão". Cada padre e o sacristão recebeu sua pataca e o pároco embolsou 2$640 réis. Talvez em função da distância, o dobro fora pago a cada um dos dezessete pa-

---

14. D. Romualdo Seixas, *Colleção das obras*, I, pp. 70-72; APEB, *IT*, nº 04/1732/2202/04, fl. 34; nº 05/2015/2486/02, n. fl.; e nº 03/972/1441/12, fl. 27.

dres que em 1819 encomendaram e acompanharam de Santo Antônio ao Pilar, a viúva Ana Joaquina do Vale. Além disso, constam do recibo 3$280 do pároco pela encomendação e acompanhamento com pluvial, 640 réis do sacristão, que levou a cruz da freguesia, e também 640 por "meia fábrica" da matriz de Santo Antônio. As paróquias cobravam uma "esmola de fábrica" pelo enterro na igreja matriz, 1$280 réis nesse período que estudamos. Quando um freguês ia para fora de sua freguesia, como Ana do Vale, pagava-se "meia fábrica" a esta e meia à freguesia de sepultura. Se o enterro era em local privilegiado, o preço subia. Em 1828, José Batista deixou 8 mil réis para ser enterrado "das grades para dentro", na matriz de Mata de São João, no interior baiano.[15]

Qualquer serviço extra custava uma taxa extra. Na lista de despesas do enterro de Ana Maria Gonçalves do Sacramento, em 1817, lê-se: 4$320 "ao Reverendo Vigário por ser de noite, de Estola, e Missa". O padre aceitou fazer, por algo mais, o enterro noturno, uma prática generalizada. E cobrou também 5 mil réis pelo pluvial que envergou e três mementos que recitou, 12$520 pela celebração do ofício fúnebre, regência de coral, duas missas, uma delas cantada, e três mementos durante o cortejo. Somadas a outras despesas com padres e sacristão, foram gastos 54$440. Se o padre seguisse de sege, cobrava por isso! Para o funeral de Joaquina Máxima de Sousa Passos, em 1818, o padre Manuel Pereira cobrou do viúvo 2$960 por usar pluvial e a remuneração do sacristão, e mais 2$640 para seguirem em sege.[16]

Os padres também organizavam e participavam dos coros e orquestras que acompanhavam os funerais mais pomposos, vendiam velas e alguns poucos alugavam caixões. O vigário Luís José Dias cobrou 21$520 réis pelos seguintes serviços prestados ao defunto Pedro Francisco Gonçalves dos Anjos: encomendação com pluvial e estola, acompanhamento de vinte padres e mais quatro padres "que cantaram o responso". Mas o padre também vendeu 32,5 libras de cera branca ao preço de 18$200 réis. Em junho de 1825, o cônego Manuel Dendê Bus, vigário da Conceição da Praia, recebeu do viúvo de Rosa Vicência Maria do Amor Divino 38$720 réis das despesas com recebimento, encomendação, ofício de corpo presente com 32 padres e missa solene — "tudo pela alma de Rosa Vicência", conforme anotou o padre. E mais 21$440

---

15. APEB, *IT*, nº 04/1713/2183/01, fl. 25; nº 1/67/85/5, fl. 22; e APEB, *LRT*, nº 17, fl. 47.

16. APEB, *IT*, nº 03/1238/1707/10, fl. 89; nº 01/66/83/01, fl. 44; e nº 04/1740/2210/05, fl. 151.

réis por velas de diversos tipos e tamanhos, "tudo cera minha que para o dito funeral vendi", escreveu o cuidadoso Dendê Bus.[17]

As velas comercializadas pelos padres e sacristãos faziam parte do costume de "esmola de cera", que lhes davam os fiéis por ocasião da contratação de algum serviço, inclusive fúnebre. Em 1818, por exemplo, Antônia Joaquina do Bomfim escreveu em seu testamento que queria ser enterrada com um ofício de corpo presente pelos franciscanos, "aos quais se dará a cera de costume [...] e a mesma cera se dará ao Reverendo comissário, e sacristão, e a toda a Mesa [da Ordem Terceira de São Francisco], que se achar presente, e aos mesmos ditos religiosos no ato de recebimento do corpo também se dará a cera do mesmo costume". Teoricamente, essas velas seriam usadas durante as cerimônias, mas sempre sobrava alguma cera, nova ou usada, que vinha a ser depois consumida ou vendida pelos padres e demais participantes dos atos fúnebres. Por isso, aliás, os pobres tinham muito interesse em acompanhar funerais, que lhes rendiam velas, além das esmolas.[18] Em 1843, o comerciante Antonio Francisco Bahia, com loja na rua do Trapiche, pôs um anúncio na *Gazeta Comercial* que dizia: "compro cera queimada e tocos de velas e tochas, e pago por maior preço que outro qualquer." Era inclusive um negócio competitivo.[19]

As velas já gastas adquiridas por Antonio Bahia eram provavelmente revendidas aos cirieiros, que as usavam para a fabricação de novas velas. Os cirieiros constam nos inventários como os principais fornecedores desse item, que, no entanto, forneciam não apenas para os funerais, mas para o uso diário na iluminação das casas. Nas duas décadas que antecederam a Cemiterada, conseguimos identificar dezoito cirieiros atuando em Salvador. Alguns possuíam lojas onde a *cera,* como se dizia na época, era apenas uma parte dos negócios, como *O Império da Conta,* dos irmãos José Francisco e João Francisco Gonçalves (que também assinavam João Francisco Gonçalves & Irmão).

---

17. APEB, *IT*, nº 04/1591/2060/08, fl. 43; e nº 04/1654/2123/06, fls. 28-28v.

18. Seidler, *Dez anos no Brasil*, p. 156, descreveu o funeral infantil de que participou no Rio Grande do Sul: "Alguns soldados que se haviam aproximado por curiosidade também receberam velas [...] Não se fizeram de rogados, pois podiam depois ficar com as velas e na primeira venda barganharem-nas em troca de alguma coisa que lhes apetecesse". Isso deve ter sido comum em todo o Brasil.

19. APEB, *IT*, nº 01/65/81/02, fl. 4v; nº 04/15/90/2059/05, fl. 36; e *Gazeta Commercial da Bahia* (27/1/1843).

Antonio e Domingos da Silva Reis anunciaram em 1829, no jornal *O Bahiano* que vendiam "cera lavrada de libra e meia pelo menor preço que em qualquer loja", em loja situada na rua Guindaste dos Padres, na Cidade Baixa.[20]

Se a maior parte das velas queimadas em nossos funerais era produzida localmente, temos notícia de que uma boa quantidade vinha de fora, o bastante para chamar a atenção dos cônsules britânicos, ávidos observadores de nosso comércio exterior. As velas importadas procediam principalmente dos Estados Unidos. Velas, tecidos, galões, caixões, entre outros itens, conectavam o mercado funerário baiano aos mercados globais.[21]

Muita cera era derretida para iluminar os passos de vivos e mortos nos funerais baianos, que eram, lembramos, funerais noturnos. Conforme escreveu Wetherell, considerava-se "um ponto de honra haver um grande consumo de cera num funeral". As contas dos cirieiros eram detalhadas, o que se justificava porque se pagava o peso (em libra) da cera gasta, devolvendo-se o que sobrasse. Assim, velas já usadas voltavam às mãos de seus fornecedores. Para o funeral de Rita Constância dos Anjos, em 1829, 42 kg de cera foram fornecidos pelo cirieiro Fortunato José de Carvalho, mas somente 32 kg foram queimados, a um custo de 75$860. Com essa quantia podia-se comprar, naquele ano, 160 galinhas, ou 47 perus, ou 273 kg de carne, ou 69 kg de queijo. Muita coisa? Um funeral apenas medianamente iluminado. Vinte anos antes, no funeral de José Pires de Carvalho e Albuquerque, foram derretidos 141 kg de cera e na compra desta e o aluguel de tochas se gastaram 266$640 réis.[22]

Ainda entre as despesas de iluminação, havia aquelas com o aluguel de castiçais, velas especiais de cera preta, archotes, brandões, com o carreto desses objetos para o velório em casa e as exéquias na igreja. Os preços podiam variar se a tocha era nova ou usada e o cliente pagava até por velas roubadas durante o enterro, tudo anotado pelo cirieiro. Vender velas era um excelente negócio na Bahia da Cemiterada.[23]

---

20. *O Bahiano* (23/5/1829).

21. "Commercial Report", 1º/1/1837", NAUK/FO, 13, 139, fl. 44; e "Commercial Report", 29/1/1831", NAUK/FO, 13, 88, fl. 29.

22. Wetherell, *Brazil*, p. 111; APEB, *IT*, nº 04/1723/2193/03, fl. 74; e nº 01/97/141/02, fl. 94, 95. Preços de alimentos: Parkinson a Palmerston, Bahia, 1º/5/1832, NAUK/FO, 13, 96, fl. 89.

23. O cirieiro Domingos Giraldes cobrou 8 mil réis por 11,75 lb de cera furtada por ocasião do funeral do corregedor Antônio Jourdan, em 1819: APEB, *IT*, nº 1/67/84/1, fl. 41.

Mas, provavelmente, não era melhor do que armar casas, vender e alugar caixões, levantar essas nas igrejas. Estas as funções dos armadores. Pelo menos duas dezenas de armadores operavam em Salvador entre o início da década de 1820 e o ano de 1836, em combinação com outros tantos comerciantes de tecidos. O serviço de armação da casa e da igreja com tarimba, essa, coreto e urna, além do caixão, era feito pelo armador com suas próprias madeiras e com panos comprados a outros comerciantes pela família do defunto. À exceção do caixão — quando era próprio e ia à sepultura, ou alugado e voltava ao armador —, desconheço o que se fazia das madeiras e panos após o funeral. Eram as madeiras reaproveitadas pelos armadores? Eram os panos depois usados pela família? Não sabemos.

O aluguel de caixões variava segundo a qualidade. Encontramos cifras como 1$600 (1796), 280 réis (1813), 4 mil réis (1819), 3 mil réis (1821) e 3$520 (1827). Em 1813, o armador João Francisco de Sousa cobrou 4 mil réis pelo "aluguel do caixão de abrir que conduziu o corpo do falecido Sr. Antônio Vieira de Azevedo". Nenhum aluguel superou a marca dos 10 mil réis. Também os caixões para venda podiam variar muito de valor. A lista das despesas do funeral de Joaquim da Silva Sampaio, em 1810, é ilustrativa. Foram gastos 4$600 com "caixão, taboas, feitio e pregos", 160 réis com "cordas para alças do caixão", 320 réis com "duas cartas de alfinetes" para prender o forro, 5$760 com doze varas (13,2 m) de galão para decoração do caixão. Havia caixões luxuosíssimos, como o do presbítero secular José Barbosa de Oliveira. Em 1824, o armador Pedro Rodrigues Guimarães cobrou por ele 180 mil réis e João Rodrigues Ferreira ainda arrancou 44 mil réis pela "armação da casa e cobrir o caixão de abrir". Entre as dívidas do corregedor Jourdan, falecido em 1819, encontramos 34$400 réis "despendidos em dezenove côvados de veludo preto para cobertura do caixão", além de 60$800 por 52,25 metros "de galão de ouro francês para o caixão".[24]

Armar casas e igrejas, como vimos, queria dizer decorar esses recintos com panos cortinados e construir catafalcos de madeira também cobertos por panos fúnebres. Um recibo típico desses itens foi o que passou o armador Sebastião Gomes de Oliveira, em dezembro de 1830, de 16 mil réis "pela arma-

---

24. APEB, IT, nº 04/1713/2183/01, fls. 28, 29; nº 04/1705/2175/03, fl. 52; nº 01/100/147/02, fls. 71-71v; e nº 1/67/84/1, fls. 42, 79.

ção de casa e caixão e urna na igreja de São Francisco, que armei para enterramento do falecido padre José Alves Barata". Gastos relativamente modestos, comparados aos 160 mil réis só pela armação da casa da noviça Antônia Joaquina do Bomfim, em Água de Meninos, em 1819. Havia armações domésticas bem pobres, como a que fez João Francisco da Silva para o padre Jeronimo Vieira de Azevedo, em 1813, pela qual cobrou apenas 3$200 réis. Quando se contratavam músicos para o ofício de corpo presente, frequentemente se armava um coreto para a orquestra. A viúva de José Pires de Carvalho e Albuquerque pagou, em 1808, 180 mil réis ao armador Manuel de Abreu de Lima e Albuquerque (seu parente?) relativos à armação da essa, decoração do coreto e "o mais necessário" para as cerimônias no convento de São Francisco.[25]

Os músicos pesavam muito no orçamento dos funerais baianos. Os padres Luís Antônio Dias e Francisco de Paula de Araújo e Almeida trabalhavam ativamente nas freguesias do centro da cidade. Ali seus principais concorrentes parecem ter sido Félix Procópio e André Diogo Vaz Cunha, que se apresentavam principalmente nas igrejas do Passo, Santana e São Francisco. Mas havia muitos outros chefes de bandas grandes e pequenas. Em 1830, para o enterro de Francisco Dias da Silva, Inácio José Cardim recebeu 9$000 pela "música feita em casa e na Igreja, os mementos do seu funeral", presentes não mais de cinco instrumentistas. Já João de Cerqueira Lima recebeu 60 mil réis, em 1828, "da música que fez para a finada Ana Miquelina". O ativo Félix Procópio cobrou nada menos que 80 mil réis pela música fúnebre de Antônia do Vale Aguiar, em 1833. Nesse caso participaram, provavelmente, entre vinte e trinta músicos.[26]

Os recibos mais detalhados de um funeral bastante pomposo permitem uma avaliação melhor dos gastos musicais. Para o funeral de José Pires Albuquerque, Manuel de Araújo e Aragão apresentou o seguinte recibo: "Memento [em casa], 35 músicos a 1$600 [cada], 56$000; Ofício [na igreja de São Francisco] 39 músicos a 1$920 [cada], 74$780; sete ditos [músicos] a 2$880, 20$160; um organista, 4$000". Total: 155$040 réis. Supomos que o pagamento dos músicos variava de acordo com o tipo de serviço, sua duração sobretudo, e o

---

25. APEB, *IT*, nº 01/101/148/13, fl. 93; nº 01/65/81/02, fl. 55; nº 04/1713/2183/01, fls. 28, 29; nº 04/1717/2187/01, fl. 22; e nº 01/97/141/02, fl. 96.

26. APEB, *IT*, nº 04/1728/2198/04, fl. 28; nº 05/2034/2505/05, fl. 20; e nº 04/100/209/03, fl. 22.

42. *Conta apresentada por Jacinta Joaquina do Amor Divino, referente às despesas com o funeral de seu marido, capitão Anselmo Francisco da Silva, 1832.*

tipo de instrumento que tocavam. Na conta da cera ainda encontramos quarenta velas "para inteirar a conta dos Músicos", perfazendo 35$400 réis. Era comum se pagar com velas parte do cachê dos músicos. Total de gastos com música: 206$440 réis, incluindo 16 mil réis do carpinteiro Timóteo pela construção do coreto.[27]

As despesas com os padres, armadores, cirieiros e músicos formavam o grosso dos investimentos funerários. Encontramos também uns poucos agentes funerários, a quem cabia organizar enterros para as famílias enlutadas. Em 1822, Sebastião José Ferreira passou um recibo de 12 mil réis "pelo funeral que fiz da defunta". E, em 1834, Manuel Dendê Bus recebeu 11$920 réis das mãos de José Joaquim Fernandes, "agente do funeral do falecido".[28]

---

27. APEB, IT, nº 01/97/141/02, fl. 96; e APEB, IT, nº 01/66/83/01, fl. 42. Sobre as atividades musicais de Francisco de Paula de Araújo, Luís Antônio Dias e João Francisco Régis, ver Diniz, *Organistas da Bahia*, pp. 55-70, 93-101, 104-105.

28. APEB, IT, nº 03/1238/1707/10, fl. 43; e nº 05/2022/2493/04, fl. 23.

## A DISTRIBUIÇÃO DOS GASTOS

Vejamos agora alguns exemplos individuais dessas contas funerárias. No funeral de Maria Antônia de Almeida, falecida em 1833, foram gastos 88$410 réis, assim distribuídos: 32$240 com padres e fábrica da matriz de Santana, relativos a encomendação, cova, missas de corpo presente e outras missas; 14$170 com velas; 20 mil réis com armação da casa, caixão e urna; 12 mil réis com música; e 10 mil réis com aluguel de sege. Neste caso, igreja e padres ficaram com a parte de leão, ou seja, 36,5% do total das despesas. Os bens de Maria Antônia somaram 6:656$900 réis, 1,3% dos quais foram para o funeral.[29]

No mesmo ano morreu o africano João Pedro do Sacramento, em cujo funeral foram despendidos 35$320 réis, da seguinte maneira: 9$400 com enterro e missa de corpo presente na matriz de Santo Antônio; 4$120 em velas; 9 mil réis na armação e serviço de amortalhar o defunto; 4$480 em esmola de tumba à Santa Casa; 8$320 pagos a um certo Venâncio José Ribeiro, aparentemente para agenciar o funeral. Neste caso os padres e a fábrica só levaram 26,6% do total gasto e este equivaleu a 6,2% dos poucos bens deixados por João Pedro.[30]

E agora uma visão de conjunto. Somadas as despesas de 32 funerais, com vários graus de pompa, realizados na Bahia entre 1824 e 1836, agregando as contas com padres, armadores, cirieiros, músicos etc., resultou o seguinte: 1:400$940 (21,1%) gastos com padres, missas, direitos paroquiais etc.; 2:412$484 (36,4%) com armação, caixão, tecidos (exceto para luto); 1:033$820 (15,6%) com velas; 1:086$320 (16,4%) com música; 692$582 (10,4%) com outros gastos, inclusive luto. Muitos itens podem ter sido omitidos nos documentos, mas ainda assim o custo total desses 32 funerais, 6:626$146 réis, representa uma cifra considerável para a época. Equivalia, por exemplo, a dois anos de salário do presidente do Tribunal da Relação, maior autoridade judiciária na Bahia. Em média foram gastos 207$067 réis em cada funeral, o equivalente ao salário de nove meses de um oficial de justiça. Mas, repetimos, a soma se refere a funerais com níveis variados de pompa. (Excluí, entretanto, as despesas do extraordinariamente rico Pedro Rodrigues Bandeira, nada menos que

---

29. APEB, *IT*, nº 05/2010/2481/05, fls. 17-25.

30. APEB, *IT*, nº 05/2005/2476/03, fls. 25-29 e passim.

*43. Comendador Pedro Rodrigues Bandeira, falecido em 1835, dono de vários engenhos, fazendas, navios e centenas de escravos, recordista de gastos funerários.*

3:072$520 réis, equivalente à metade do que foi gasto nesses 32 funerais!). O que interessa aqui é estabelecer a destinação das despesas, mostrando o quinhão dos vários agentes do mercado funerário. Nessa disputa, ganhavam de longe os armadores e negociantes de tecido, ou seja, eles dominavam o setor em que as pessoas mais investiam, seguidos dos padres, músicos e cirieiros.

Na França do século XVII, Thibaut-Payen encontrou a mesma ordem de ganhadores, com a diferença de que lá as despesas de fábrica eram muito maiores do que entre nós, superando o que se pagava diretamente aos padres. Na Inglaterra da mesma época, o item que mais pesava nas despesas funerárias era a comida do banquete fúnebre, sempre acompanhada de muita cerveja. Entre nós, esses gastos não se encontram registrados nos inventários, talvez porque a família não deduzia dos bens deixados o que gastava nisso. Ou talvez a oferta de comida fosse tarefa para os vizinhos, como em Portugal.[31]

---

31. Thibaut-Payen, *Les morts, l'Église et l'État*, pp. 71 ss.; e Gittings, *Death, Burial and the Individual*, pp. 157-158.

Um outro ângulo de análise consiste em verificar a proporção dos gastos em relação aos bens deixados pelo morto (ou os "bens do casal", quando casado), o chamado *monte-mor*. Os ricos obviamente gastavam mais, embora, tomando como parâmetro seus recursos, os pobres gastassem proporcionalmente mais. Utilizei para essa análise 48 inventários distribuídos por três períodos, 1810-19, 1820-29 e 1830-40. No primeiro período, a média de gastos ficou em 5,7% dos bens, nos demais 4%. No primeiro período houve uma variação entre 0,4 e 23,7%, no segundo entre 0,7 e 13%, no terceiro entre 0,5 e 19%. Os extremos inferiores dessas percentagens estão mais próximos de mais de 80% dos casos do que os extremos superiores, que são verdadeiramente excepcionais. Vamos conhecer estes últimos.

Francisca Rosa Xavier, por exemplo, que teve 23,7% dos bens que deixou investidos em seu funeral, era branca e morava no recolhimento dos Perdões desde criança. Em 1819 abandonou o recolhimento para casar-se, mas três meses antes do casamento ali retornou para seu funeral. O enterro parece ter sido um tipo de compensação por este azar na vida: teve ofício solene de corpo presente, com música e participação de vários padres, 27 missas pela alma e urna armada na igreja. Ela deixara de herança apenas 433$640 réis, um quarto dos quais sua irmã e única herdeira, também recolhida nos Perdões, achou por bem gastar nas exéquias.[32]

Ainda mais pobre, Ana Maria do Sacramento só tinha na vida alguns móveis e uma pequena casa térrea de taipa na rua da Poeira, onde morava, tudo avaliado em 75$120 réis. Em 1823, quando faleceu, daí foram deduzidos 13% para gastos com uma modesta armação de 3$120, quatro padres que a encomendaram e conduziram ao convento de São Francisco por 2$560 réis, e umas poucas velas e tochas ao preço de 4$020 reis.[33]

Finalmente, João Antônio de Azevedo, que possuía quatro escravos avaliados em 884$620, seus únicos bens inventariados. Quando morreu, em 1834, foram gastos 167$08 réis, 19% daqueles bens, com seu funeral na Ordem Terceira de São Domingos e o luto de seus escravos e família.[34]

Esses três funerais foram todos de pessoas relativamente pobres, uma

32. APEB, *IT*, nº 1/67/85/6, fls. 8-13 e passim.
33. APEB, *IT*, nº 05/2009/2480/02, fls. 10-12 e passim.
34. APEB, *IT*, nº 05/2022/2493/04, fls. 23-24 e passim.

delas, Ana Maria do Sacramento, beirando a miséria. A maioria dos inventariados tinha condições econômicas melhores, daí seus funerais custosos não onerarem seriamente os herdeiros. Com efeito, desses 48 funerais, apenas seis consumiram mais de 10% do montante da herança. Em 52% dos casos, as despesas não passaram de 3% do monte-mor.

E qual a relação das despesas funerárias com a conjuntura econômica da Bahia no período? A crise das décadas de 1820 e 1830 afetou negativamente a economia da morte na Bahia? Parece que não. Com ou sem crise, as famílias continuavam gastando muito com seus mortos, mantendo um equilíbrio através do tempo entre despesa funerária e monte-mor. Como vimos acima, encontramos uma diferença de apenas dois pontos percentuais (de seis para quatro) na relação despesa funerária/monte-mor entre esses anos e a década anterior, o que mostra uma certa estabilidade nos padrões de consumo do mercado funerário baiano. Um mercado competitivo, em que cabia até promoção de descontos, como os 25% abatidos por Araújo & Fonseca dos tecidos e galão vendidos para o funeral de João Correa de Brito, em 1836.[35] Mesmo os preços dos produtos e serviços, apesar da inflação reinante, mantiveram-se na época da Cemiterada em níveis vigentes no início do século. A ressalva que podemos fazer, é que os dados de que dispomos falam dos funerais realizados. A crise pode ter empobrecido muita gente que deixou de fazer o funeral de seus sonhos, mas isso não temos como avaliar.

Fazer um funeral, aliás, não era uma tarefa fácil. Muitos testadores, sabendo disso, especificaram, além de como desejavam ser enterrados, de onde tirar o dinheiro. O tenente João José dos Reis, casado, oito filhos, fez seu testamento na véspera de morrer, em 1832, e quis um enterro solene: mortalha de são Domingos, sete padres, encomenda com música em casa e na igreja, três missas de corpo presente e, três dias após seu enterro, um ofício solene com órgão e "os padres que forem preciso". Tinha de bens apenas três casebres. Sobre as despesas de seu enterro, ditou: "Declara que deixa [...] 110 mil réis em moeda de papel para o seu funeral [...] e caso não seja bastante se tirará de sua terça para satisfação de suas disposições". Esse dinheiro certamente faria falta a sua numerosa família, mas o tenente achou por bem se despedir da vida com estilo.[36]

35. APEB, *IT*, nº 05/1963/2435/04, fl. 31.
36. APEB, *IT*, nº 22, fls. 45-46v.

Outros chefes de família foram mais modestos. Viúva, nove filhos, seis deles menores de dezesseis anos de idade, Inácia Francisca de Santa Rita, em 1819, instruiu o mais velho que alforriasse sua escrava Ana ("atendendo a ela ter criado de leite a duas filhas minhas") por 50 mil réis (cerca de quatro vezes menos que seu valor), "em que estimo para se fazerem as despesas do meu enterramento", escreveu ela. Inácia imaginou um jeito de aliviar a família dos custos de seu funeral e ao mesmo tempo recompensar sua boa escrava. Arranjos de funerais envolvendo alforrias eram comuns na década de 1830. A escravidão, presente em todos os aspectos da vida social, não fazia exceção à morte baiana. Em 1832, Maria Joaquina de Jesus instruiu que seu funeral fosse pago pela escrava Eufrásia, a quem avaliou em 150 mil réis, "que os deverá apresentar em um ano contados do dia do meu falecimento", ditou a senhora. Caso Eufrásia não conseguisse cumprir o prazo, voltaria a "pagar semana", ou seja, a trabalhar no ganho. Não sei se conseguiu.[37]

O negociante de bebidas Manuel Correa Meireles arranjou seu funeral de outra forma. Antes de morrer, em 1818, pediu a João dos Santos Machado 100 mil reis emprestados, a juros de 1,5% ao mês, para suas despesas funerárias. O dinheiro, todavia, não foi suficiente, uma vez que teve enterro verdadeiramente pomposo, com luxuosa armação em casa, música, muitas velas e archotes, acompanhamento de vinte padres, dos frades do Carmo e muitos dobres na Sé, com despesa total de 176$540. Mas o defunto não era pobre, apenas não tinha, quando beirou a morte, moeda corrente em mãos. Seus bens alcançavam 18:660$310, e o funeral não chegou a 1% disso.[38]

Alguns testadores confessavam sua carência financeira e advertiam seus familiares, como a isentá-los da culpa de não poderem realizar enterros solenes. Ana Francisca do Sacramento, em 1813, escreveu: "o meu enterro se faça com a menor despesa à vista dos poucos bens que possuo". Seu viúvo realmente só gastou 18$684, dinheiro que, no entanto, consumiu 6% dos bens do casal. Ana Francisca ainda deu instruções quanto a seu funeral e encomendou cinco missas. Mas Josefa Constança Amélia, mãe de três menores, abatida por longa doença, em 1836 pediu apenas, ao pai ausente de seus filhos, que definisse como seria enterrada, "visto não ter dinheiro para eu o ordenar, e con-

---

37. APEB, *IT*, nº 03/1350/1819/04, fls. 30v, 39v; e APEB, *LRT*, nº 22, fl. 9.
38. APEB, *IT*, nº 01/66/82/02, fls. 137 ss.

fiar nele que relativo a minha alma pratique com a humanidade que é de [se] esperar de sua capacidade". Josefa não tinha dinheiro, mas possuía uma pequena casa de 650 mil réis e uns poucos móveis avaliados em 46$460, bens que ela quis poupar para os filhos.[39]

Houve casos em que os gastos funerários alegados pelos testamenteiros foram contestados pelos herdeiros ou seus representantes. O caso mais interessante aconteceu no conturbado ano de 1822, e diz respeito ao funeral de um escravo. Em agosto de 1820, Luísa Perpétua Rosa do Espírito Santo, nove filhos, perdeu o marido, o português Matias Gomes de Amorim, em cujo funeral gastou perto de 100 mil réis. Dois anos depois, morreu-lhe o escravo Cipriano, 25 anos, nação mina, em cujo funeral gastou 13$240 réis. Ela chamou o padre para lhe dar a extrema-unção, amortalhou-o de branco, mandou fazer uma modesta armação em casa para o velório, providenciou sua encomendação pelo vigário da paróquia, comprou uma vela pequena e uma grande, e pagou para enterrá-lo na capela do João Pereira, onde era irmão. O curador da vara onde corria o processo de partilha dos bens deixados pelo marido contestou esses gastos, alegando que onerava as outras partes interessadas. Ele denunciou ao juiz responsável: "e quanto às encomendações do escravo, armações e outros atos de caridade podia ser trocado em rezas [...]". Um escravo não merecia mais do que isso, opinião, aliás, predominante, visto que a maioria dos escravos era enterrada pela Misericórdia.[40]

Realmente, a viúva podia ter simplesmente pago oitocentos réis — dezesseis vezes menos do que pagou — pelo banguê e enterro no Campo da Pólvora, e ponto final. Anos depois, um senhor que pretendia fazer o funeral de três escravos recebeu de um certo José Dias de Almeida, comerciante pardo, o conselho de que "não o fizesse, e somente os mandasse enterrar no cemitério, sendo conduzidos no Banguê", conforme as palavras deste.[41] A viúva não teria aceito um tal conselho, pelo menos em se tratando de Cipriano, um escravo de "estimação", disse, destacando-o entre seus outros dezesseis escravos. O advogado de Luísa Perpétua escreveu ao juiz: "Não é um dever de piedade Cristã sepultar os mortos? E dever social conduzir o cadáver à sepultura, se-

---

39. APEB, *IT*, nº 04/1523/1992/07, fls. 3v-4, 22v; e nº 05/1957/2429/01, fl. 5.
40. APEB, *IT*, nº 04/1732/2202/04, fls. 32 ss.
41. APEB, *IT*, nº 05/1995/2466/01, fl. 175.

gundo as relações que [com] ele tinha quando vivo?". Como contestar uma pequena despesa feita para o funeral de "um escravo que bem servia o casal"? A viúva "obrara conforme as relações sociais" estabelecidas em vida entre o casal e o escravo, insistiu o advogado. O juiz aceitou o argumento da defesa.

A atitude da viúva Perpétua era a atitude predominante entre os baianos diante dos mortos que estimavam. Oferecer um funeral decente era prova de consideração, além de ser uma forma de estabelecer ou resguardar a dignidade familiar. É claro que havia gradações segundo as "relações sociais" entre quem dava e quem recebia o funeral. Não se podia enterrar um escravo da mesma forma que um marido. Mas a atitude básica era a mesma.

# 10. Civilizar os costumes (1): a medicalização da morte

O enorme investimento material e espiritual no bem morrer, em particular a escolha do lugar da sepultura, tornou-se objeto de crítica dos adeptos de uma outra visão da morte, a visão médica, que rapidamente ganhava corpo no Brasil na década de 1830.

Os médicos viam os enterros nas igrejas por uma ótica radicalmente diferente da que vimos até aqui. Para eles, a proximidade entre mortos e vivos era prejudicial à saúde destes, por motivos que a medicina da época não entendia muito bem mas acreditava que entendia. Diziam os doutores que a decomposição dos cadáveres produzia gases que poluíam o ar, contaminavam os vivos, causavam doenças e proviam epidemias. Os mortos representavam um sério problema de saúde pública. Os velórios, os cortejos fúnebres, o enterro nas igrejas e outros usos funerários seriam focos de doença, só mantidos pela resistência de uma mentalidade atrasada e supersticiosa, que não combinava com os ideais civilizatórios da nação que se formava. Uma organização civilizada do espaço urbano requeria que a morte fosse higienizada, sobretudo que os mortos fossem expulsos de entre os vivos e segregados em cemitérios extramuros, quer dizer, fora das cidades e vilas.

Os médicos do Brasil imperial pensavam a doença dentro das categorias de contágio e flagelo, que constituíam "os elementos essenciais do imaginário da medicina moderna".[1] A doença deixava de ser um castigo de Deus para se transformar num mal natural contagioso, amiúde epidêmico. Mas a identificação do mal dividiu os doutores por longo tempo. De um lado estavam os que acreditavam na existência de um *contagium vivum*, ou seja, o contágio por meio de micro-organismos patológicos. A tese microbiana demorou a se impor, sendo confirmada apenas na segunda metade do século XIX, com os estudos de John Snow — considerado o pai da moderna epidemiologia — sobre o surto do cólera de 1854, em Londres, e posteriormente com as descobertas definitivas de Louis Pasteur e outros cientistas europeus.[2]

A essa tese se contrapunha a teoria dos miasmas, que se consolidou durante o século XVIII. Segundo Abraham e David Lilienfeld, "essa ideia estava baseada na noção de que, quando o ar fosse de 'má qualidade' (um estado que não era precisamente definido, mas supostamente devido à matéria orgânica em decomposição), as pessoas que respirassem este ar se tornariam doentes". A infecção miasmática, ao contrário da infecção microbiana, se dava pela interação direta com o meio ambiente, no caso o ar infectado por gases ou vapores pútridos, ou mais genericamente *miasmas*. Daí a preocupação dos médicos da época em limpar o ar, fazê-lo circular, vigiar seus odores, o que implicava em higienizar o meio ambiente.[3]

1. Madel Luz, *Natural, racional, social: razão médica e racionalidade científica moderna* (Rio de Janeiro, 1988), pp. 86-87.

2. John Snow, *Snow on Cholera* (Nova York, 1965); D. Cameron e I. Jones, "John Snow, the Broad Street Pump and modern epidemiology", *International Journal of Epidemiology*, v. 12, nº 4 (1983), pp. 393-396, discutem o caráter revolucionário das investigações de Snow para a epidemiologia.

3. Abraham e David Lilienfeld, *Foundations of Epidemiology* (Nova York, 1980), p. 25. Entre os epidemiologistas que historiam a evolução da disciplina, as teses miasmáticas são, com frequência, tratadas superficialmente como "período pré-bacteriano", uma vez que veem no "período bacteriano" o estabelecimento da epidemiologia verdadeiramente científica. Ver, por exemplo, John Paul, *Clinical Epidemiology* (Chicago, 1966), pp. 4-26, que garimpa na história médica ensaios pioneiros dentro do paradigma microbiano; ver também o cap. 2 dos Lilienfeld. Os que consideram a poluição ambiental uma das causas do câncer chegam a ser desdenhados como adeptos de uma espécie de teoria miasmática tardia: J. P. Vandenbrouke, "Is 'The Causes of Cancer' a Miasma Theory for the End of the Twentieth Century?", *International Journal of Epidemiology*, v. 17, nº 4 (1988), pp. 708-709.

O MÉDICO BRASILEIRO: UM HERÓI CIVILIZADOR

As teses miasmáticas predominaram entre filósofos e cientistas do Século das Luzes. Nossos médicos do século seguinte os acompanhariam fielmente. São frequentes em seus escritos as alusões à "Era das Luzes", da qual se consideravam representantes nos trópicos. Eles tinham se formado sob influência do racionalismo iluminista, encarando a história como progresso, um movimento de distanciamento em relação à barbárie e à superstição, rumo à civilização e ao predomínio do pensamento racional. Mesmo os de formação católica acreditavam no poder transformador da razão, e na medicina como seu maior aliado. Para eles, só o saber especializado do médico levantaria o Brasil à altura da civilizada Europa.

E na Europa brilhava a França como modelo maior. Nisso, aliás, nossos médicos não estavam sozinhos. O historiador Eric Hobsbawm chama a atenção para a "supremacia mundial da ciência francesa" no período entre a revolução de 1789 e meados do século XIX. Os brasileiros apenas seguiam, e apaixonadamente, as tendências científicas de sua época.[4]

A França representava um "espelho de civilização e progresso", como escreveu em sua tese sobre higiene pública um médico baiano em 1852. Tal como aquele país resolvera combater seus miasmas no século XVIII, o Brasil independente deveria combatê-los como parte de um projeto civilizatório para a nova nação. Escrevendo sobre sepultamentos em 1845, o pernambucano José d'Aquino Fonseca perguntava: "Quem poderá negar que a França é o paiz modelo, e que ahi a sociedade é mais garantida do que a nossa?" A lição foi frequentemente buscada in loco, uma vez que muitos médicos brasileiros se formavam em Montpellier e Paris, como o próprio Fonseca. E eles pretendiam ver aqui repetidas as soluções europeias para o problema dos enterros nas igrejas. Lembravam, como o dr. J. C. da Costa e Oliveira, que os governos das "nações mais cultas seguiam os conselhos médicos", ou, como escreveu o dr. José Passos, que os enterros realizados intramuros — isto é, dentro dos limites das cidades — estavam "estigmatizados pelas nações mais civilizadas".[5]

---

4. Eric Hobsbawm, *The Age of Revolution* (Londres, 1977), p. 338.

5. Manuel J. de Freitas, *Breves considerações acerca da polícia médica da cidade da Bahia* (Bahia, 1852), p. 17; José d'Aquino Fonseca, "Memória acerca das inhumações, sepulturas, e enter-

44. *Terreiro de Jesus: igreja dos Jesuítas e, à direita da foto, prédio da Faculdade de Medicina da Bahia.*

Mas os enterros eram apenas um aspecto das preocupações dos médicos. O Brasil independente viu nascer entre nós a medicina preventiva — outra herança do pensamento ilustrado, especificamente da própria Revolução Francesa — que preconizava uma intervenção abrangente na vida dos grandes aglomerados urbanos, já então vistos como problemáticos do ponto de vista sanitário. A medicina preventiva trabalhava com a ideia de "polícia da cidade", ou seja, um conjunto de normas — e de mecanismos de imposição dessas normas — de salubridade do meio ambiente, em especial da limpeza do ar. "Países policiados" eram aqueles, como os da Europa, onde tais regras funcionavam, prevenindo

---

ros", *Arquivo Médico Brasileiro* (doravante AMB), v. 3, nº 3 (1846), p. 59, 60, 62; J. C. da Costa e Oliveira, "Inconvenientes de se fazerem os enterros dentro das igrejas", AMB, v. 2, nº 2 (1845), p. 32; José F. Passos, *Breves considerações sobre a influência perniciosa das inumações practicadas intra-muros* (Rio de Janeiro, 1846), p. 11. Sobre o "grupo de Montpellier", Pedro Salles, *História da medicina no Brasil* (Belo Horizonte, 1971), cap. IX; e Santos Filho, *História da medicina*, passim, esp. pp. 354 ss., comenta a formação francesa de nossos médicos e a presença de médicos franceses no Brasil do século XIX.

doenças mediante a mudança de comportamentos considerados insalubres. Se queria ser civilizado, o Brasil devia ser um país policiado, higienizado.[6]

A lista de maus hábitos era grande e variada: a disposição de lixo nas vias públicas, a falta de escoamento das águas usadas, o alinhamento desordenado das ruas, a arquitetura inadequada dos prédios, os hábitos alimentares extravagantes, a indisposição para exercícios físicos e para a higiene pessoal. Os médicos propunham uma verdadeira revolução cultural. Para alcançá-la, preconizavam a reorganização e racionalização de algumas instituições básicas, mormente prisões, hospitais, escolas e cemitérios, todas vistas como causadoras de doenças físicas e morais. O programa de domesticação do espírito é resumido no título de uma tese médica de 1839: *A medicina contribue para o melhoramento da moral e manutenção dos bons costumes.*[7] A criação do homem higiênico seria o objetivo de um trabalho pedagógico permanente. Para isso, os médicos se organizaram com eficiência surpreendente.

Na Bahia e no Rio de Janeiro foram criadas faculdades de medicina em 1832, nos moldes da École de Medicine de Paris. A da Bahia foi instalada no mesmo prédio em que vinha funcionando o Colégio Médico-Cirúrgico, no Terreiro de Jesus, em pleno território das igrejas e irmandades, ao lado da imponente igreja dos jesuítas. Segundo o médico inglês Robert Dundas, na época diretor do hospital britânico em Salvador, a faculdade tinha catorze professores permanentes e seis substitutos, chefiados por um diretor e um vice. Estes últimos, escolhidos pelo governo imperial a cada três anos de uma lista tríplice, "constituíam o canal oficial de comunicação com o governo e órgãos públicos, em todos os assuntos relativos a saúde pública, prisões etc.". Os primeiros professores estudaram em Portugal, Escócia, Itália e França. A cada quatro anos um professor era agraciado, por concurso, com uma bolsa

---

6. George Rosen, *Da polícia médica à medicina social* (Rio de Janeiro, 1980), esp. cap. 10 sobre o nascimento da medicina preventiva na França. Sobre o Brasil, ver Roberto Machado et alii, *Danação da norma* (Rio de Janeiro, 1978). Este capítulo deve muito à leitura desse excelente trabalho. Para um apanhado amplo sobre as preocupações e o papel dos médicos na batalha por reformas sanitárias na época, ver Alisson Eugênio, "Reforma dos costumes: elite médica, progresso e o combate às más condições de saúde no Brasil do século XIX", tese de Doutorado, USP, 2008.

7. Thomas A. Abreu, *A medicina contribue para o melhoramento da moral e manutenção dos bons costumes* (Bahia, 1839).

de estudos na Europa. Dundas reconheceu a boa formação de nossos médicos quanto à literatura científica europeia, especialmente a francesa — os manuais adotados eram todos franceses, segundo Licurgo Santos Filho. Do currículo faziam parte catorze disciplinas, entre elas higiene, cursada no sexto e último ano. No final do curso, os estudantes defendiam e publicavam teses em que, entre outros assuntos, discutiam os princípios de saúde pública.[8]

Com vistas a uma intervenção social mais ampla e independente, os médicos brasileiros se organizaram em associações científicas próprias. A mais importante, a Sociedade de Medicina do Rio de Janeiro (SMRJ), exemplifica a influência francesa: foi concebida, em 1829, num encontro na casa de famoso médico francês ali residente, José Francisco Xavier Sigaud. Aliás, dos cinco participantes dessa reunião, dois eram franceses e um italiano. Os brasileiros — o pardo mineiro Joaquim Cândido Soares de Meireles, e o branco gaúcho José Martins da Cruz Jobim, depois senador do Império —, haviam estudado em Paris.[9]

Por meio de jornais médicos (que também proliferaram na Europa nesse mesmo período), palestras públicas e relatórios, a SMRJ (que se tornou Academia Imperial de Medicina a partir de dezembro de 1835) transformou-se num centro de discussão e de divulgação, inclusive em nível nacional, das ideias higienistas. Seus membros eram médicos e cientistas da Corte, e sócios correspondentes espalhados pelo Brasil, incluindo a Bahia. A SMRJ estabeleceu entre seus objetivos a pesquisa médica, a assessoria ao governo em temas de saúde pública, a assistência gratuita aos pobres. Ela se definia como "guarda vigilante da Saúde Pública", criada para "esclarecer as questões numerosas que respeitam a salubridade das grandes Cidades, e do interior das Províncias do Império", ou, ainda, para fazer avançar o "interesse da Humanidade".[10]

Os doutores da época se consideravam a vanguarda civilizatória no Brasil, e por isso patriotas exemplares. Para se legitimarem como tais, procuraram desqualificar outros saberes médicos como charlatanismo. Uma das principais

8. Dundas, *Sketches of Brazil*, pp. 378-382, 391; Machado et alii, *Danação da norma*, p. 176; e Santos Filho, *História da medicina*, p. 355.

9. Santos Filho, *História da medicina*, p. 251.

10. "Estatutos da SMRJ", *Semanário de Saúde Pública* (doravante *SSP*), nº 5 (29/1/1831); Machado et alii, *Danação da norma*, p. 185, 190; e Hobsbawm, *The Age of Revolution*, p. 340, sobre a proliferação de jornais científicos na Europa.

*45. Lino Coutinho, primeiro diretor
da Faculdade de Medicina.*

batalhas da SMRJ foi denunciar quem prometesse curas fantásticas utilizando-se de fórmulas secretas e mágicas. Os membros da SMRJ eram os médicos "legítimos" e legitimadores. Os estatutos da organização enumeravam, entre suas finalidades, "melhorar o exercício da Medicina". Foi a SMRJ, aliás, que elaborou o projeto de organização das faculdades da Bahia e do Rio, "seu maior título de glória", segundo Lycurgo Santos Filho.[11]

O primeiro presidente da SMRJ, o dr. Soares de Meireles, afirmava estar convencido de que "os Médicos em todos os paizes do mundo, tem sido a porção de homens, que mais serviços tenhão feito à causa da humanidade". Isso foi dito num contexto em que ele discutia os meios de "destruir os erros e prejuisos [no sentido de preconceitos] dos povos", fazendo com que a razão triunfasse sobre a superstição. Nessa mesma linha, o autor de uma tese de medicina defendida na Bahia, em 1841, considerava o médico um "benfeitor da humanidade", por ser

---

11. "Estatutos da SMRJ"; Santos Filho, *História da medicina*, p. 252. Sobre a luta contra o "charlatanismo", Machado et alii, *Danação da norma*, pp. 193-213.

"guarda da saúde pública". Outro formando repetia a fórmula: os médicos eram os "verdadeiros amigos da humanidade, e seus guardas vigilantes". Já um terceiro estudante, em 1852, definia o médico higienista como "este homem que possui o conhecimento dos meios, cujo emprego é necessário para pôr a humanidade a coberto de tantos males, que lhe provêm da carência de polícia sanitária".[12]

Os médicos conseguiram vencer, pelo menos em alguns meios sociais, a batalha pela credibilidade. O inglês Dundas admirou-se com o prestígio que tinham no Brasil, atribuindo-o à importância que aqui se dava à sua cultura acadêmica e ao conhecimento do mundo lá fora, atributos que os destacavam diante de uma elite pouco cultivada e provinciana. Os médicos tornaram-se vereadores, deputados provinciais, representantes na Assembleia Geral Legislativa, conselheiros e ministros de Estado. Médicos também foram muitos dos reformadores políticos, e até revolucionários, envolvidos que estiveram em movimentos como as inconfidências mineira e baiana, a Independência e os levantes do período regencial.[13]

Da Bahia se destaca, por exemplo, José Lino Coutinho, formado em Coimbra, com passagem pela França e Inglaterra, autor de obras científicas, primeiro diretor e professor de patologia externa da Faculdade de Medicina da Bahia, sócio honorário da SMRJ. Na política foi deputado às Cortes de Lisboa em 1821, membro da junta provincial baiana à época da Independência, constituinte em 1823, deputado no parlamento nacional, onde se destacou pela oposição ao absolutismo de Pedro I, e ministro do Império após a abdicação deste, em 1831. Político liberal, orador popular, Lino Coutinho também escreveu poesia. Sobre ele, comentou Robert Dundas: "Na religião, um deísta, nos princípios, um republicano, ele era eloquente, fértil em recursos, e nunca deprimia com a adversidade, nem se exaltava com o sucesso". A lista dos livros de sua biblioteca, feita quando morreu em 1836, refletia os variados interesses de um intelectual humanista. Havia obras de história, direito, economia

---

12. J. C. de Soares Meireles, "Discurso [...] sobre os damnos, que causão os dobros de sinos", *Revista Médica Fluminense* (doravante RMF), nº 4 (1835), p. 15; e Oliveira, "Inconvenientes de se fazerem os enterros dentro das igrejas", p. 32. A expressão "verdadeiros amigos da humanidade" frequentou várias dessas teses, por exemplo, Passos, *Breves considerações*, p. 12; e Freitas, *Breves considerações*, p. 1.

13. Dundas, *Sketches of Brazil*, pp. 388-389; Santos Filho, *História da medicina*, pp. 385 ss.

política, clássicos da literatura iluminista francesa, obras de Montesquieu e Voltaire, os discursos de Mirabeau, por exemplo. Dos 147 títulos listados, apenas trinta eram de medicina, entre eles um *Cours d'hygiène* e um *Tractado de polícia médica*, que sugerem o interesse do médico pela saúde pública. Não obstante tanta ilustração, Lino Coutinho era, como outros ilustrados de seu tempo, senhor de escravos e chegou a investir no tráfico negreiro.[14]

Uma especificidade da vida parlamentar de Lino Coutinho deve ser destacada pelo seu interesse para o tema deste livro. Enquanto deputado da Assembleia Geral Legislativa, ele discutiria a lei dos municípios de 1828 (ver próximo capítulo), defendendo um maior protagonismo para os médicos na definição das regras de escolha do terreno e de construção dos cemitérios municipais. Segundo ele, os vereadores, em especial aqueles do interior do Império, não teriam o conhecimento especializado necessário para decidir sobre uma questão que era afeita à higiene pública, território exclusivo do saber médico. Foi porém voto vencido, pois todo poder seria dado aos vereadores nessa matéria.[15]

Também baiano, também político, o médico Francisco Sabino Álvares da Rocha Vieira é mais conhecido como o líder da Sabinada, a grande revolta federalista que ocorreu na Bahia em 1837-38. Sabino era pardo, professor substituto e mais tarde catedrático de cirurgia da Faculdade de Medicina. Combatente da Independência, tornou-se depois um agitador liberal. Dundas o chamou de "um homem de caráter audacioso e desesperado", não só por sua participação

---

14. Augusto V. A. Sacramento Blake, *Diccionario bibliographico brazileiro* (Rio de Janeiro, 1883-1902), v, p. 7; Antonio L. de Souza, *Baianos ilustres* (São Paulo, 1979), pp. 57-58; Dundas, *Sketches of Brazil*, pp. 391-392. Lino Coutinho era um homem rico por ter se casado com a herdeira de um senhor de engenho. Ao morrer, em 1836, o casal possuía 113 escravos e o engenho Trindade. Em Salvador tinham mais dez escravos, que o serviam num grande e confortável sobrado. Dundas erra ao afirmar que ele morreu pobre. Morreu, sim, endividado, aos 52 anos, deixando, porém, uma fortuna de 150 contos de réis. Pagas as dívidas, sobraram mais de 29 contos e 250 francos, uma boa fortuna para a época: APEB, IT, nº 01/105/157/04, inventário de Coutinho. Mais sobre Lino escravista em Reis, *Domingos Sodré, um sacerdote africano: escravidão, liberdade e candomblé na Bahia no século XIX* (São Paulo, 2008), pp. 64, 70-71; e sobre o Lino ilustrado, educador e higienista da mente e do corpo femininos, Adriana Dantas Reis, *Cora: lições de comportamento feminino na Bahia do século XIX* (Salvador, 2000).

15. Ver Pâmela Campos Ferreira, "Pela 'conservação dos homens' e 'decência dos santuários': os debates políticos sobre a construção dos cemitérios extramuros em Minas Gerais (1800-1858)", dissertação de Mestrado, UFOP, 2018, pp. 96-105.

destacada na Sabinada, mas pelos processos por três assassinatos anteriormente, inclusive o de sua mulher, morta em decorrência dos ferimentos recebidos em uma queda na escadaria de sua casa, após tê-lo descoberto mantendo relações sexuais, numa rede, com um jovem negro. Sabino também parece ter sido um bom leitor: possuía uma diversificada biblioteca — aliás, ao que parece sua mais valiosa posse —, na qual livros de medicina se misturavam a obras literárias, filosóficas, econômicas e históricas, principalmente francesas.[16]

Esses médicos, e outros que apresentarei adiante, acreditavam-se capazes de realizar o "progresso da pátria" porque detinham o saber para realizá-lo. O destaque político que tiveram na história do Império evidencia um grupo na luta pela disseminação de um ideário que incluía a higienização do país, embora não se restringisse a isso.

## OS MIASMAS BRASILEIROS

Nossos médicos eram dedicados caça-miasmas. Não consistia em ocupação fácil. Os miasmas eram invisíveis, imprevisíveis e donos de muitos disfarces. Os próprios especialistas lhes davam vários nomes: eflúvios pestilenciais, emanações mefíticas, gases ou vapores pútridos, humores fétidos e assim por diante. Na tentativa de compreendê-los e combatê-los, os médicos discutiam e divulgavam os debates sobre o assunto, traduziam e publicavam autores europeus nos periódicos da SMRJ. Assim, o dr. Boussingault teve um artigo seu sobre miasmas, publicado originalmente na revista francesa *Temps*, traduzido para o *Diário de Saúde*. Nele, o francês ensinava:

O princípio deletério que no mais das vezes occasiona esta insalubridade, tão fugaz é, em tão diminuta quantidade espalhado se acha no ar que respiramos, que escapa a todos os nossos meios endiométricos, e todavia é tal a sua energia, que sempre os estragos por ella causados, é quem nos faz conhecer a sua presença.[17]

16. Dundas, *Sketches of Brazil*, p. 394; Souza, *A Sabinada*, pp. 43-47; e Santos Filho, *História da medicina*, p. 274.

17. M. Boussingault, "Memória sobre a possibilidade de verificar a presença dos miasmas", *Diário de Saúde* (doravante DS), 9/5/1835, p. 25.

350

O autor expunha o problema crítico da teoria miasmática: a dificuldade em se identificar e mensurar os miasmas, e como agiam precisamente para causar este ou aquele mal.

Boussingault supunha que a fonte principal do misterioso elemento fosse a "matéria vegetal morta [...] exposta à acção do calor e da humidade". Discutindo um surto de malária no interior do Rio de Janeiro, alguns membros da SMRJ concordavam. Nesse caso, apontavam os desmatamentos, e consequente putrefação vegetal, como a origem dos miasmas causadores dos ataques febris. Os mangues, charcos e pântanos, onde matéria vegetal se decompunha permanentemente, eram considerados um sério perigo à saúde pública. Freitas observou que os doentes do hospital da Caridade, em Salvador, atacados por febres intermitentes, moravam próximos a pântanos ou onde batiam ventos que haviam antes atravessado algum pântano.[18]

A maior parte dos diagnósticos de miasmas apontava o perigo tanto de fontes vegetais quanto animais, mas enfatizava com mais frequência estas últimas. Para o autor de um manual de medicina para leigos, publicado em 1823, os miasmas habitavam alagadiços, animais mortos nas ruas, cadáveres humanos mal enterrados e até os "peixes grandes mortos, arrojados às praias, onde apodrecem". Para ilustrar seu ponto, ele foi buscar um extraordinário incidente acontecido em Pernambuco no longínquo ano de 1684: um homem abriu uma barrica de carne podre e ato contínuo morreu, assim como quatro outros que passavam por perto. As grandes epidemias do século XIX foram atribuídas, pelo dr. Eufrásio Pantaleão Néri, ao "envenenamento miasmático", fosse este produzido por miasmas vegetais ou animais.[19]

Em dezembro de 1831, a Comissão de Salubridade da SMRJ concluía seu relatório sobre as "causas de infecção da atmosfera" do Rio de Janeiro. Esse estudo, distribuído às câmaras municipais de várias capitais brasileiras, inclusive Salvador, identificava as fontes poluidoras do ar carioca e por extensão da atmosfera urbana do Brasil: os "miasmas paludosos" dos pântanos, charcos,

---

18. Ibidem; "Ata da 5ª Sessão da SMRJ, 2/5/1835", *RMF*, nº 11 (1836), p. 10; e Freitas, *Breves considerações*, p. 4. Ver também Alves, *Considerações sobre os enterramentos*, p. 20.

19. João L. C. Machado, *Diccionario médico-practico para uso dos que tratão da saúde pública* (Rio de Janeiro, 1823), II, p. 15; e E. P. Néri, *A cholera-morbus e a febre amarela* (Bahia, 1863), pp. 2-4.

águas estagnadas, as "emanações animais e vegetais" dos monturos, cloacas, vasilhas de despejos, canos de rua, valas de esgoto, depósitos de urina, animais deixados mortos nas ruas, currais, cavalariças, matadouros, açougues, curtumes, peixarias, armazéns de molhados, fábricas de velas, hospitais, prisões, e ainda, claro, os "vapores mefíticos" dos carneiros e covas das igrejas. Não sobrava nada. A cidade estava doente por todos os lados.[20]

O pior era que os seres vivos do reino animal, mesmo se sadios, também carregavam e transmitiam o mal miasmático. O autor baiano de uma tese defendida em 1831, em Paris, Manuel Maurício Rebouças, advertia que os odores animais eram tão perniciosos que até "o hálito, a transpiração, e as excreções dos animais viventes bastam para viciar o ar". O maior perigo, no entanto, por alterar o ar "de uma maneira mais funesta", provinha mesmo dos cadáveres de animais (e de gente) em decomposição. Escrevendo em 1831 no *Semanário de Saúde Pública*, o dr. Cruz Jobim, também formado em Paris, concordava inteiramente, lembrando as epidemias europeias geradas pelos cadáveres insepultos nos campos de batalha. Concluía: "Humores animais em putrefação têm uma virulência que não é fácil comparar-se a algum outro veneno".[21]

A geografia e o clima podiam favorecer a ação dos miasmas: a localização da fonte do miasma, os ventos ou sua ausência, a umidade, "o tempo quente e sereno". Segundo Manuel Maurício, o calor, agindo sobre a matéria em decomposição, facilitava a exalação "em razão da pouca resistência que à rarefação do ar opõem as emanações". A baixa temperatura, ao contrário, favorecia a condensação do ar, paralisando tais eflúvios. Da mesma forma, o vento forte dissipava a exalação pútrida e o vento fraco a robustecia. A condição atmosférica ideal para a formação miasmática combinava alta temperatura, umidade e ausência de ventos. Os miasmas, entretanto, podiam variar com o tipo de vento, "sua qualidade particular". Se frio, pior para os miasmas. Por isso, no Brasil, os ventos mais saudáveis sopravam do sul e do leste, os mais daninhos vinham do norte e oeste.[22]

20. "Relatório da Comissão de Salubridade Geral da SMRJ sobre as causas da infecção de athmosphera d'esta cidade [...] 17/12/1831", *SSP*, nº 91 (25/2/1832), p. 284.

21. Rebouças, *Dissertação sobre as inhumações em geral*, p. 95; J. M. da Cruz Jobim, "Reflexões sobre a inhumação dos corpos", *SSP*, nº 11 (12/3/1831), p. 59; ver também, entre outros, Passos, *Breves considerações*, p. 9; e Machado, *Diccionario*, II, pp. 11-16.

22. Rebouças, *Dissertação sobre as inhumações em geral*, pp. 38-40.

Mas boa localização e clima não bastavam. A SMRJ considerava esplêndida a localização da cidade do Rio de Janeiro, que poderia ser uma "habitação saudável, amena e vivificante", não fosse "a imperícia, ou antes a negligência" de seus habitantes. O descaso humano explicava o "sermos acometidos pela ação mórbida de miasmas paludosos, e de pútridas emanações que roubando-nos a saúde e o vigor, encurta a existência de nossa população, deteriora sua descendência, e esteriliza sua reprodução". O problema era humano, não de meio-ambiente, e por ser humano era corrigível.[23]

Já o inglês Dundas, estudando Salvador, chegaria a uma conclusão diferente: apesar das ruas sujas e irregulares, das casas sem abastecimento próprio de água e mal ventiladas, das inundações periódicas, da proximidade de pântanos, dos enterros nas igrejas, tudo permanentemente a produzir eflúvios miasmáticos, a cidade "permanecia saudável". Por quê? Escreveu o médico:

> Estou inclinado a acreditar que a verdadeira solução para este notável fenômeno será encontrada na extraordinária uniformidade e limitada variação da temperatura, a prevalência de uma brisa suave, e a liberdade de vicissitudes atmosféricas desfrutadas pela Bahia mais do que por qualquer outra cidade que conheço.

O clima bastava para proteger a Bahia dos miasmas. Os médicos brasileiros, inclusive os baianos, não se convenciam por argumentos como os de Dundas.[24]

## A LITERATURA MÉDICA SOBRE ENTERROS

No Brasil, a preocupação sistemática de médicos e homens cultos com os enterros de cadáveres humanos data de pelo menos o final do século XVIII. Em 1798, uma comissão médica a serviço da Câmara do Rio de Janeiro já advertia do perigo. Dois anos depois, seria publicado em Lisboa um pequeno mas importante trabalho sobre o assunto, *Memória sobre os prejuízos causados pelas sepulturas dos cadáveres nos templos e methodo de os prevenir*. Seu

---

23. "Relatório da Comissão de Salubridade [...] 1831", p. 284.
24. Dundas, *Sketches of Brazil*, pp 202-206, 344 ss.

autor, o mineiro Vicente Coelho de Seabra Silva Telles (1764-1804), era médico, filósofo, professor substituto de zoologia, mineralogia e agricultura na Universidade de Coimbra. Homem da ilustração lusitana, Telles era membro da Academia de Ciências de Lisboa e professor substituto da Universidade de Coimbra, onde se formara, quando publicou sua *Memória*. Estudioso da química, sobre o que escreveu diversos trabalhos, ele ali detalhou e nomeou os gases danosos — carbônico, azoto, hidrogênio etc. — produzidos pela putrefação cadavérica, em lugar de se ater às generalidades embutidas no termo *miasma*.[25]

Outro precursor no assunto, em língua portuguesa, seria o pernambucano José Correa Picanço (1745-1826), futuro barão de Goiana. Como muitos médicos brasileiros, Picanço formou-se em Montpellier, exatamente onde o deão Henri Huguenot publicara, em 1746, suas experiências sobre os efeitos mortíferos dos vapores cadavéricos da igreja matriz local, e onde, na época em que lá estudou (segunda metade do século XVIII), professores como Hugues Maret pregavam contra os cemitérios intramuros.[26] Da França, Picanço passou para Portugal, tornando-se membro da Academia Real de Lisboa e professor em Coimbra, seguindo os passos de Silva Telles. Lá introduziu o uso de cadáveres humanos em aulas de anatomia, tornando-se o primeiro "demonstrador de anatomia" daquela universidade, em 1772. Sua maior fama, porém, resultou de ter embalsamado o cadáver do poderoso estadista português, marquês de Pombal.

25. "Acta da 4ª Sessão", pp. 12-13; Vicente Coelho de Seabra Silva Telles, *Memória sobre os prejuízos causados pelas sepulturas dos cadáveres nos templos e methodo de os prevenir* (Lisboa, 1800) (exemplar disponível online na Biblioteca Brasiliana Gita e José Mindlin — USP). São os mesmos gases já mencionados aqui (capítulo 3, nota 8), segundo Thomas, *Le cadavre*, p. 24. Ver sobre a modernidade de Telles o estudo de Ana Cristina Araújo, "Vicente Coelho de Seabra Silva Telles e a reforma dos cemitérios", *Revista M.*, v. 4, nº 8 (2019), pp. 229-243. Em Portugal, a ansiedade médica sobre enterros intramuros data da época do terremoto de 1755, em Lisboa. Ver, por exemplo, Catroga, "Descristianização", pp. 108-109; e Araújo, *A morte em Lisboa*, pp. 371-381.

26. As experiências de Huguenot são detalhadas em Manuel Mauricio Rebouças, *Dissertação sobre as inhumações em geral, seos desastrosos resultados, quando as praticam nas igrejas, e no recinto das cidades, e sobre os meios de, à isso, remediar-se mediante cemitérios extramuros etc.* (Bahia, 1832), pp. 49-54; e sobre a pesquisa tanatológica em Montpellier, ver Thibaut-Payen, *Les morts, l'Église et l'État*, p. 407; e Foisil, "Les attitudes devant la mort", pp. 319-320.

Picanço seguiu para o Brasil com João VI, foi cirurgião-mor do Reino, incentivou a criação de um curso de medicina na Bahia. Sua única publicação conhecida é exatamente um *Ensaio sobre os perigos das sepulturas dentro das cidades e nos seus contornos*, impresso no Rio de Janeiro em 1812. O livro é uma tradução/adaptação não confessada daquele do italiano Scipion Piatoli, mais conhecido pela edição francesa organizada pelo célebre anatomista Felix Vicq d'Asyr, fundador da Academia Real de Medicina da França. Talvez por isso os médicos brasileiros evitassem citar o *Ensaio* de Picanço, ao contrário do uso repetido que fizeram de Vicq d'Asyr e Piatoli.[27]

Se sem dúvida copiou o texto de Piatoli, Picanço não atribuiu a si o ensaio por ele publicado, pois seu nome não foi registrado na capa ou no frontispício do livro. Suas iniciais J C P estampam apenas na dedicatória que fez ao "melhor dos Príncipes", o regente d. João (aliás, a imitar Vicq d'Asyr que dedicara sua tradução ao "seríssimo" duque de Modena). Picanço poderia, é verdade, ter feito a mesma advertência que Felix Vicq d'Asyr em relação à tradução francesa de Piatoli: *"publié avec quelques changemens"*. Pois fora este o caso do livro já atribuído a Picanço: "publicado com algumas mudanças". Entre as mudanças, ele tomou a liberdade de introduzir notas suas, juntar ou desmembrar parágrafos de Piatoli/D'Asyr, e a intercalar estes com texto próprio, por exemplo, quando narrou uma epidemia na cidade do Porto, em 1779, ou experiências que teve com miasmas cadavéricos em Lisboa e Coimbra, quando ainda estudava. Mas se Picanço faz referência a miasmas portugueses e seus efeitos sobre a saúde dos humanos, silenciou sobre a situação no Brasil. Vale também apontar que o médico brasileiro fez rápida referência à *Memória* de Vicente Coelho de Seabra Silva Telles, acima apresentado, seu colega em Coimbra.[28]

27. José Correa Picanço (atribuído), *Ensaio sobre os perigos das sepulturas dentro das cidades e nos seus contornos* (Rio de Janeiro, 1812); e Piatoli, *Essai sur les lieux et les dangers des sépultures*, já citado no cap. 3, nº 6. Além de traduzir para o francês, Vicq d'Asyr escreveu longo "Discour preliminaire", no qual discutiu o caso francês e transcreveu decretos que regulamentavam os enterros na França. É consenso que a obra atribuída a Picanço não é original. Erraram, portanto, Ordival C. Gomes, "José Correa Picanço", *Atualidades Terapêuticas*, v. 1, nº 5 (1946), p. 7; e Moraes, *Livros e bibliotecas*, pp. 112-113, ao lhe atribuírem autoria do trabalho. Ivolino de Vasconcelos, "O conselheiro dr. José Correa Picanço", *RIHGB*, nº 227 (1955), p. 255; e Catroga, "Descristianização", p. 109, nº 12, entre muitos outros, corrigem o erro.

28. Picanço (atribuído), *Ensaio sobre os perigos das sepulturas*, pp. 76-77, pp. 80-81. Os traba-

Além de Telles e Picanço, outros doutores escreveram sobre o tema antes dele se tornar verdadeira obsessão, a partir dos anos 1830, conforme expus há pouco. Sacramento Blake cita o advogado baiano Luís José de Carvalho Melo (1764-1826), primeiro visconde de Cachoeira, senador e desembargador do Tribunal da Relação no Rio de Janeiro, ministro dos Negócios Estrangeiros. Melo escreveu uma *Memória sobre os enterramentos nas igrejas*, que ainda não logrei localizar.[29]

Mas o primeiro estudo de fôlego de um brasileiro sobre os enterros nas igrejas parece ter sido a tese parisiense de Manuel Maurício Rebouças, publicada em francês em 1831 e, logo em seguida, em português, na Bahia, em 1832.[30]

Nascido no Recôncavo de mãe negra, liberta, lavadeira, e pai branco, alfaiate, português, Manuel Maurício pertencia a uma família humilde que gerou pardos ilustres. Um de seus irmãos, o advogado Antônio Pereira Rebouças, pai do abolicionista André Rebouças, foi membro da Assembleia Legislativa da Bahia e do parlamento nacional, além de compor o Conselho de Estado do Império. Outro irmão, José Pereira Rebouças, violinista e compositor, tentou sem sucesso a medicina no Brasil, mas acabou se formando em regência musical na Itália, em 1832, após passagem por Paris; no seu retorno para a Bahia ele regeu a orquestra do teatro São João. Um terceiro, Manuel Maria Rebouças, também músico, se destacou como pedagogo.

Manuel Maurício aprendeu latim na Bahia, trabalhou como escrevente de cartório ao lado do irmão Antônio, foi condecorado por bravura nas lutas da Independência e, após buscar em vão um emprego público, seguiu para a França, onde residiu sete anos. Lá estudou letras, ciências e medicina, trabalhando para sustentar-se. Retornou à Bahia em novembro de 1831 e no ano seguinte, com a criação da Faculdade de Medicina, tornou-se por concurso professor de botânica e de elementos de zoologia. *O Investigador* noticiou seu desembarque em Salvador, saudando-o como potencial "ornamento da litera-

---

lhos de Telles e Picanço são também discutidos por Ferreira, "Pela 'conservação dos homens' e 'decência dos santuários'", pp. 46-68.

29. Blake, *Diccionario*, v, pp. 425-426.

30. Manoel Maurício Rebouças, *Dissertation sur les inhumations etc.* (Paris, 1831); e idem, *Dissertação sobre as inhumações em geral etc*, já citada.

*46. Manoel Maurício Rebouças,
autor de uma dissertação
contra enterros no interior das igrejas,
professor da Faculdade de Medicina.*

tura Brasileira". Ele não se tornaria uma eminência literária, mas ao morrer, em 1866, era médico afamado e conselheiro do Império, lugar que lhe coube por seu papel no combate às epidemias de febre amarela e cólera em 1849 e 1855-56, respectivamente. Deixou mulher e cinco filhos. Três escravos, um sobrado no subúrbio e um terreno no Recôncavo foram vendidos pela viúva para pagar dívidas, inclusive dívidas do funeral.[31]

Embora carente de pesquisa de campo, a tese de Rebouças foi o mais completo trabalho de um brasileiro sobre o assunto até o momento de sua publicação. Ele fixou a imagem do médico patriota a partir da primeira frase:

---

31. Fontes para os dois parágrafos anteriores: Blake, *Diccionario*, v, pp. 160-161; Souza, *Baianos ilustres*, pp. 77-82; *O Investigador Brasileiro*, 26/11/1831 (exemplar da BNRJ); APEB, IT, nº 03/104/1533/01 (inventário de Manuel Maurício); Maria L. dos Santos, *Origem e evolução da música em Portugal e sua influência no Brasil* (Rio de Janeiro, 1942), p. 272, sobre os Rebouças músicos; Maria Alice Resende de Carvalho, *O quinto século: André Rebouças e a construção do Brasil* (Rio de Janeiro, 1998), pp. 65-68; e Grinberg, *O fiador dos brasileiros*, cap. 1.

"Todo homem deve, antes de cuidar de si, cuidar em sua Pátria". A obra, segundo ele, teria como objetivo romper com a passividade dos colegas de profissão diante dos abusos funerários do país, e de esclarecer "as pessoas menos instruídas" sobre os perigos dos enterros intramuros. Rebouças parecia ignorar que, embora sem sua competência, alguns compatriotas o haviam precedido nessa missão.[32]

Após a publicação da obra de Rebouças, algumas teses foram escritas na Bahia e no Rio sobre o mesmo tema. Da mesma forma, a SMRJ publicaria uma bateria de artigos, memórias, relatórios e atas de reuniões que discutiam o "bárbaro costume" dos enterros nas igrejas e criticavam a negligência das autoridades a esse respeito.

As teses em geral, e alguns artigos de imprensa, seguiam as mesmas fontes francesas e o mesmo roteiro narrativo utilizados pelo médico baiano. O trabalho deste, no entanto, não é citado naqueles escritos posteriores, com exceção das teses baianas. Todos esses impressos repetem sempre os mesmos argumentos, autores e episódios. Entretanto, por serem produzidos no Brasil, frequentemente trazem informações preciosas — embora não copiosas — a respeito de problemas reais e imaginários provocados entre nós pelos "miasmas mefíticos".

MIASMAS OU FANTASMAS?

A tese parisiense de Manoel Maurício Rebouças reproduzia os achados dos médicos franceses. Aprendeu com Henri Huguenot que as covas da igreja de Nossa Senhora de Montpellier por ele abertas permitiram perceber "um vapor mui fétido que impregnou a roupa, os cordões, as garrafas, e até o vidro e as casacas de um odor cadaveroso", que gatos e cães ali lançados morreram em poucos minutos em meio a convulsões. Com Hugues Maret, da Faculdade de Medicina de Montpellier, Rebouças aprendeu que, num prazo de dez dias, morrera o operário contratado para abrir uma cova rasa, que exalava fedor insuportável, de um homem obeso recém-enterrado. Desses e de outros auto-

32. Rebouças, *Dissertação*, p. v, 37 e passim.

res, aprendeu sobre "outras formidáveis catástrofes", como as estatísticas indicando a vida curta dos coveiros europeus. Mas o que teve para dizer sobre o Brasil? Quase nada.[33]

No Brasil, experiências como as descritas por Rebouças e outros médicos, salvo engano, não foram realizadas. Em sua tese de 1841, por exemplo, Antônio José Alves — que usou e abusou da obra de Rebouças, seu professor — deu uma desculpa de aluno relapso: "bem quisera contar-lhes factos vistos com meus próprios olhos, ou conhecidos geralmente entre nós outros, para satisfazê-los [...], mas ainda não possuo um suficiente cabedal de conhecimento para tanto, e nem o estado de nossas coisas oferece facilidade para colhermos observações exatas". O estudante não se lembrou de lançar um gato vadio numa cova qualquer da Bahia, para ver o resultado, limitando-se a citar, de autores franceses, experiências primárias como esta. Sorte do gato baiano.[34]

Entretanto, encontramos aqui e ali, neste e em outros autores, notícias sobre ataques miasmáticos em terras brasileiras. Histórias que, tal como as francesas, embora narradas em nome da ciência, tinham um sabor, e às vezes um estilo, de contos de terror. Nessas histórias, as igrejas, tradicionalmente vistas como espaço distinto de difusão do Bem, viravam cenário de assombrações científicas.

Os médicos apontavam unânimes o perigo que corriam as pessoas quando frequentavam, pela manhã, igrejas carregadas de eflúvios mefíticos produzidos, durante a noite, pelos mortos ali enterrados. A própria arquitetura de nossas igrejas não permitiria a saudável circulação do ar, acreditavam. Os eflúvios eram potencializados pelo suor e a respiração dos fiéis, e a queima de velas e incenso. O dr. Oliveira garantia ser esse o ambiente ideal para o contágio da febre tifoide, embora lhe faltassem fatos concretos para narrar. Já Alves conseguiu relatar uma fantástica história baiana: num dia de 1835, ao se abrirem as portas da igreja de São Francisco para a missa matutina, ocorreram "algumas mortes". A insalubridade dessa e de outras igrejas aumentava, se-

33. Ibidem, pp. 49 ss., esp. pp. 52-53, 54.
34. Alves, *Considerações sobre enterramentos*, p. 23. Segundo alegavam seus professores, o ensino prático era fraquíssimo nas primeiras décadas da FMBA: Francisco P. Lima Jr., "Ideias filosóficas nas teses de concurso da Faculdade de Medicina da Bahia", tese de concurso para professor titular (UFBA, 1974), p. 23, 24.

gundo ele, pelo revolver constante, sob seus pisos, da "terra encharcada de matéria decomposta dos cadáveres".[35]

O mesmo médico narrou outras histórias da Bahia. Um coveiro da igreja da Ajuda "foi subitamente atacado de uma afecção asmática por ocasião de descer em uma sepultura para dar certa posição a um cadáver, que aí se acabava de depor". Outro caso conhecido: aberto um sumidouro de ossos na Conceição da Praia, "um homem, que o observava foi sufocado e precipitou--se dentro, bem como outro, que o quiz socorrer". Histórias baianas que imitavam as francesas, talvez fruto da imaginação dos informantes, se não do próprio estudante de medicina.[36]

Não foi mais original o caso, também da Bahia, relatado numa reunião da SMRJ por Lino Coutinho. Uma irmã do médico e político baiano morreu de uma "febre pútrida" contraída numa igreja que visitara de manhã, no momento em que se abria uma cova. O dr. Cruz Jobim usaria este exemplo para recomendar que ninguém fosse à missa de manhã cedo, especialmente as mulheres, fáceis vítimas dos miasmas "por causa da predominância do sistema linfático" nelas. Outro homem, o dr. Costa Oliveira, também observou que as mulheres, por serem "débeis e delicadas", eram mais sensíveis à infecção miasmática.[37]

Os baianos conviviam com os mortos numa promiscuidade que escandalizava os médicos. Nas ruas em frente a igrejas, os pedestres andavam topando com ossos, inclusive pedaços de crânios. Do adro da antiga Sé desciam ribanceira abaixo esqueletos humanos. Essa familiaridade do mortal comum com os restos mortais parecia indevida, uma vez que só devia ser permitida aos médicos. Lugar de esqueleto era a cova higiênica ou a sala de anatomia, não a via pública.[38]

Não deixaram de aparecer relatos de epidemias provocadas ou assanhadas por contágio cadavérico. Um aluno de Maurício Rebouças ilustrou sua

35. Passos, *Breves considerações*, p. 12; Freitas, *Breves considerações*, pp. 4-5; Oliveira, "Inconvenientes de se fazerem os enterros dentro das igrejas", p. 31; e Alves, *Considerações sobre enterramentos*, pp. 8-9, 23.

36. Alves, ibidem, p. 23

37. Jobim, "Reflexões sobre a inhumação dos corpos", p. 60; e Oliveira, "Inconvenientes de se fazerem os enterros dentro das igrejas", p. 31.

38. Alves, *Considerações sobre os enterramentos*, p. 8.

tese com um relato do mestre numa de suas aulas. Em 1824, morrera assassinado por soldados rebeldes o comandante das armas da Bahia, Felisberto Gomes Caldeira, que foi sepultado na igreja de São Pedro. No ano seguinte, o cadáver seria exumado para lhe dar sepultura mais honrosa na Sé. Mas o ritual de celebração da ordem acabou agitado por miasmas desordeiros. Continua o estudante:

> quando se tinha apenas deixado cair sobre a campa a enxada, que devia descobrir os restos daquele Coronel, pressentiram pelo cheiro fétido, que dali exalava, que nessa mesma cova se tinha enterrado alguns dias antes mais um cadáver, em tão grande quantidade foi essa exalação, que dentro em pouco já se tinha espalhado pelas ruas circunvizinhas da Igreja, e os moradores [...] de improviso armaram fogueiras, e queimaram alcatrão com o fito de debater o mal, que os afligia, e que em breve deu lugar a uma epidemia.[39]

Casos assim, se de algum modo verídicos, foram raros na Bahia. Raros nos anais médicos, aliás ávidos deles, e ausentes em outros documentos contemporâneos. Em 1835, várias reuniões da SMRJ discutiriam a "criminosa indiferença" das autoridades em relação aos enterros. Um dos presentes, Otaviano Maria da Rosa, historiou o ocorrido em Itaguaí durante uma epidemia de "febre intermitente" que, tendo ceifado muitas vidas, superpovoou o cemitério local. O pároco então decidiu abrir a igreja para novos enterros. Resultado: "Exasperou-se a epidemia e a infecção foi tal que o mesmo Vigário viu-se obrigado a fugir, e abandonou a sua casa". Se isso acontecia no campo despovoado, que dizer dos centros urbanos do Império?, indagou Rosa.[40]

Na cidade do Rio de Janeiro, o excesso de enterros nas igrejas por ocasião da epidemia de febre amarela em 1843 perturbaria, se não a saúde, pelo menos o olfato dos habitantes. O morador de uma casa à rua dos Passos, contígua à igreja de Santa Ifigênia, notou que de suas paredes minava "uma substância gordurosa", que um médico atestou originar-se de cadáveres enterrados nos carneiros do templo. O problema, entretanto, era mais antigo e nem sempre ligado a situações epidêmicas. Já em 1831, a comissão da SMRJ encarregada de

39. Freitas, *Breves considerações*, p. 7.
40. "Ata da 5ª Sessão da SMRJ, 2/5/1835", p. 4.

estudar o ar carioca denunciara as igrejas do Carmo, São Pedro e São Francisco de Paula, onde "as emanações se filtrão ao través das paredes". Nas discussões de 1835, o dr. Rosa também advertia:

> Todas as casas próximas às igrejas são inabitáveis por extremamente doentias. Ao pé de uma das freguesias desta Cidade há uma casa que muda, por assim dizer, de moradores de dez em dez dias, tanto os moradores a acham má e pestilenta. As matérias que resultam da decomposição dos cadáveres, exsudam continuamente de uma das paredes contígua ao cemitério dessa igreja.[41]

Os mortos estavam nada menos que invadindo as casas dos vivos. Independentemente de onde se localizassem, as igrejas eram vistas como abrigos do mal miasmático. Mesmo as sepulturas da igreja de Santo Antônio, situada sobre um morro carioca, eram tidas como daninhas "porque depositando-se nelas grande número de cadáveres, deles provém grande quantidade de emanações, as quais se condensam em uma nuvem mais grave que o ar, a qual durante a noite, e em tempo calmo, se precipita sobre a Cidade".[42] Aqui a comissão contrariava a ideia de que à noite os miasmas se acalmavam porque encerrados no interior da igreja e que, sendo mais fria a atmosfera noturna, mais difícil se tornava a ação deles. A ciência andava confusa. Mas a imagem de ataques noturnos, sobre a cidade adormecida e indefesa, criava um clima de assombração que talvez fosse útil como recurso pedagógico. Tudo valia para despertar o povo contra o fantasma da morte que rondava os frequentadores dos templos católicos.

Um fantasma que habitava a Casa de Deus, mas vivia também fora dela, em cemitérios longe das igrejas mas dentro da cidade, ou intramuros, como a eles se referiam os médicos. O cemitério da Santa Casa do Rio era considerado pela SMRJ, entre os locais de descanso dos mortos, "o mais prejudicial aos vivos". Era pequeno, situado junto ao hospital da Caridade, em local de viração de ventos que sopravam sobre a cidade. Os cadáveres eram mal enterrados numa grande vala comum, sem nenhuma perícia, por três ou quatro escravos,

---

41. Passos, *Breves considerações*, pp. 11-12; "Relatório da Comissão de Salubridade [...] 1831", p. 287; e "Ata da 5ª Sessão da SMRJ", p. 4.

42. "Relatório da Comissão de Salubridade [...] 1831", p. 288.

resultando "passarem promptamente para o ar as matérias gazeificadas dos corpos em decomposição". A terra constantemente removida e as valas abertas antes da total decomposição cadavérica traziam à tona "prodigiosa quantidade de corpúsculos e emanações pútridas". Numa lição de economia médica, a SMRJ explicava à Santa Casa que ela própria produzia doentes para seu hospital, gastando com eles o que ganhava com as taxas de enterro. E recomendava sua transferência para fora da cidade.[43]

Os médicos argumentavam que a localização ideal dos cemitérios seria fora da cidade, longe de fontes d'água, em terrenos altos e arejados, de onde os ventos não soprassem sobre a cidade. As grandes aglomerações urbanas da época, como Salvador e Rio de Janeiro, deviam ter mais de um cemitério, em cujas imediações não se construíssem casas residenciais. Em torno dessas necrópoles, previa Rebouças, se fariam muros de oito a dez pés de altura. Os muros altos evitariam o ocorrido no interior de Minas Gerais, onde um cemitério ali aberto facilitara a entrada de porcos e outros animais, que devoraram alguns cadáveres, "resultando disso maior infecção do ar do que se o antigo costume ainda continuasse", segundo denúncia do dr. Jacinto Pereira Reis. Além de murados, os novos cemitérios deviam ser cercados por árvores que purificassem o ar ambiente.[44]

As árvores também serviriam para adornar sobriamente a "morada da morte". Alguns reformadores especificavam o plantio de ciprestes, outros sugeriam jardins floridos. Os vegetais, escreveu Rebouças, "aumentam a impressão melancólica que nasce ao aspecto dos túmulos, e purificam o ar que se respira ao pé deles, e nas circunvizinhanças". Alves via um simbolismo cívico: "pinheiros melancólicos" sobre o "túmulo dos benfeitores da Pátria".[45]

Na organização interna, os cemitérios teriam especificações técnicas. Em sua área deveria caber pelo menos o dobro dos que morriam anualmente, para que o rodízio no uso das sepulturas se fizesse a cada dois anos, ou até mais, a depender do tipo de solo (de preferência argiloso), da umidade

43. Ibidem, p. 287.

44. Ibidem, p. 288; Rebouças, *Dissertação*, pp. 101 ss.; "Relatório da Comissão de Salubridade [1830]", p. 79; e "Ata da 4ª Sessão da SMRJ [...] 1835", p. 14.

45. Rebouças, *Dissertação*, p. 112; e Alves, *Considerações sobre os enterramentos*, p. 30.

do ar e variação da temperatura. O tamanho também se adequaria à distância entre as sepulturas, quatro pés nos lados e dois pés nas extremidades, distância que, associada a uma profundidade de sete pés (quatro a cinco pés no caso de enterro com caixão) para cada cova, facilitava a "refração dos raios miasmáticos".[46]

Não se pense que os médicos ignorassem a importância do culto dos mortos em seus projetos de reforma cemiterial. Porém, sugeriam uma reinterpretação mais cívica do que religiosa do culto. Rebouças, por exemplo, pregava que se desse aos cemitérios "um caráter empossante, principalmente nas grandes Cidades, revestindo as inumações com toda a decência e dignidade". Aqui a pompa teria pleno campo para expressão, mediante a construção de túmulos suntuários, inscrições lapidares, jazigos perpétuos. Apesar desses monumentos ao orgulho, o dr. Oliveira imaginava que os cemitérios modernos pudessem ensinar, melhor que as igrejas, a grande lição da morte — que ela igualava sábios e ignorantes, ricos e mendigos, nobres e plebeus. Os vivos sentiriam de várias maneiras "o fim que nos é destinado", filósofos meditariam sobre seu último destino, infelizes anteveriam o termo de suas desventuras, vaidosos encarariam o "nada das coisas mundanas", e todos pranteariam parentes e amigos em covas individualizadas, portanto fáceis de identificá-las. O médico concebeu um ambiente de "respeito religioso" para seu cemitério, mas em nenhum momento previu que as pessoas ali fossem orar. O novo culto dos mortos inspiraria padrões de moralidade, não de religiosidade.[47]

No entanto, muitos médicos invadiram o terreno da religião. O relatório de 1831 da SMRJ, por exemplo, se insurgia contra o que seria uma concepção falsa de respeito aos mortos. Nesse sentido, criticava a mistura do culto fúnebre com o culto divino no mesmo espaço sagrado. Os templos, defendia a SMRJ, "onde só deveríamos respirar o suave perfume dos altares, se acham convertidos em outros tantos focos de podridão e peste". E acusava: "É sem dúvida lastimoso que na habitação da Divindade, onde corre perene fonte da

---

46. Rebouças, *Dissertação*, pp. 102, 105. Telles, *Memória sobre os prejuízos*, já listava em 1800 a maioria dessas definições técnicas.

47. Rebouças, *Dissertação*, p. 101; e Oliveira, "Inconvenientes de se fazerem os enterros dentro das igrejas", p. 32.

saúde espiritual, nós a encontremos cercada dos germens da doença e da morte!" Muitos protestos bateram na mesma tecla. Para Rebouças, "o respeito devido aos Templos, exige a proscrição deste uso".[48]

Os médicos se consideravam defensores da legítima religião, em detrimento de padres e irmandades. Os enterros nos templos eram classificados de superstição, de barbarismo que nada tinha de religião. A smrj, em parecer de 1832 sobre como evitar os estragos do cólera, aproveitaria para denunciar: "Nem esta Sociedade deve cansar-se de bradar altamente contra o bárbaro costume das sepulturas dentro das igrejas, e cemitérios no meio da cidade: costume este que nos deixa muito atrás da civilização moderna". E quem eram os bárbaros? "O povo geralmente não entende o que lhe é útil, e muitas vezes é incapaz dessa inteligência" — assim o dr. Meireles explicava a persistência do costume. Porém, os mais culpados seriam os padres. Eram eles, afinal, que divulgavam entre os fiéis seu "fanatismo e superstição", persuadindo-os de que, "enterrados em tais lugares, ganhavam o Céu". A padraria foi, com frequência, acusada de negligenciar a verdadeira religião para continuar lucrando com os enterros nas igrejas.[49]

Como Telles antes dele, Rebouças seria conciliador, acreditando que os padres, porque zelavam pelos bons costumes religiosos, poderiam se tornar aliados dos médicos. Mas a maioria dos médicos via os padres principalmente como obstáculos às reformas. Em 1831, o dr. Jobim, por exemplo, lamentou que as reformas tivessem sido subordinadas pela Câmara do Rio de Janeiro ao aval dos sacerdotes. Ele gentilmente evitava acusá-los de agir em causa própria, mas deixou claro que não eram os únicos entendidos em religião. Jobim o provaria decifrando a vontade de Deus: os mortos deviam ser removidos "desses lugares sagrados, onde Deus não exige que se vá buscar a morte em lugar da Vida".[50]

48. "Relatório da Comissão de Salubridade [...] 1831", pp. 287-288; e Rebouças, *Dissertação*, pp. 69-70, 87-88.

49. "Parecer da smrj sobre os meios de obstar a introdução de estragos do Cholera Morbus [...] 28/7/1832", ssp, nº 114 (1832), p. 392; "Ata da 5ª Sessão da smrj, 2/5/1835", p. 6; e Oliveira, "Inconvenientes de se fazerem os enterros dentro das igrejas", p. 32.

50. Rebouças, *Dissertação*, p. 87; Jobim, "Reflexões sobre a inhumação dos corpos", pp. 58-59. Discussão semelhante aconteceu na França. Maret, por exemplo, achava que os sacerdotes esclarecidos sacrificariam seus lucros a bem da saúde pública: ver a introdução de Vicq d'Asyr a Piatoli, *Essai*, p. xxxvii.

Mas a resistência maior não vinha dos padres e sim das irmandades. Em seu relatório de 1830, a SMRJ não as esqueceu. Diplomaticamente, recomendava-lhes empenho na construção dos cemitérios suburbanos exigidos em lei municipal, cercando-os com muros e assim mantendo a decência dos sepultamentos e a integridade dos compromissos. A SMRJ apontava vantagens cívicas, religiosas, estéticas e morais nos novos cemitérios: "onde a piedade não deixaria de plantar túmulos e ciprestes, apresentaria em toda a sua plenitude o triste mas tocante espetáculo da habitação da morte, tão próprio a elevar o pensamento à contemplação da Eternidade, a chamar o coração ao grêmio das virtudes".[51]

Os médicos propunham tirar os mortos do meio da agitação dos vivos, pregavam para seu descanso uma destinação moderna: cemitérios espacialmente equilibrados e a boa distância da vida social.

## O COMBATE A OUTROS MAUS COSTUMES

Os enterros nas igrejas representavam apenas um aspecto da mentalidade funerária que os médicos buscavam demolir. Eles lutavam, por assim dizer, pela posse do cadáver a partir do instante mesmo da morte. O cadáver devia ser anatomizado ou autopsiado; transformado em objeto médico, ele podia até ser revelado publicamente. Os periódicos estampavam em suas páginas procedimentos e resultados de autópsias, geralmente de cadáveres famosos. A anatomização de gente ilustre servia a vários fins, mas sobretudo o de legitimar o saber médico da morte. Em sua edição de 26 de setembro de 1835, por exemplo, o *Diário de Saúde* trazia manchete sobre a "Autopsia do Ex.mo Sr. Regente João Braulio Muniz". Participaram da operação onze médicos e vários estudantes de medicina.

As autópsias serviam a objetivos mais pragmáticos, como detectar a existência de crime em mortes repentinas. O conhecimento da causa mortis também convinha, segundo a SMRJ, para que fossem elaboradas estatísticas de morbidade, comuns "em todos os países que se dizem civilizados". Ade-

---

51. "Relatório da Comissão de Salubridade [...] 1831", p. 288.

mais, os atestados de óbitos evitariam o enterro de mortos aparentes. Nossos médicos sabiam de pesquisas como a que denunciava 95 casos de morte aparente na década de 1830, na França. Só o "exame cadavérico" poderia proteger os brasileiros desse vexame, segundo o dr. Fonseca. Um dos membros da Comissão de Salubridade da SMRJ declarou, em 1830, haver testemunhado o ressuscitamento de um escravo prestes a ser enterrado no cemitério da Misericórdia do Rio. Com um final realmente feliz, história semelhante aconteceu em 1832 no hospital da Santa Casa baiana a uma escrava, que requereu e recebeu sua liberdade por ter sido ali abandonada como morta pelo senhor. [52]

Os médicos visavam dessacralizar a morte. Exigiam que a função de registrar óbitos fosse transferida dos padres para eles. Jobim, Fonseca e outros doutores acusavam os padres de não terem competência para verificar a morte de ninguém. Só um médico, defendia a SMRJ, poderia certificar "não somente a realidade da morte, mas também a causa que a determinou".[53]

E depois da morte vinham os velórios, cortejos fúnebres e missas de corpo presente. "Os cadáveres humanos", denunciava a SMRJ, "antes de serem sepultados, exalam muitas vezes emanações pútridas, nas casas d'onde saem, pelas ruas por onde são conduzidos, e nos Templos durante os sufrágios." No Recife, o dr. Fonseca advertia contra o uso de caixões de aluguel, que atendiam um morto após outro e cujos forros ficavam "impregnados de líquidos corruptos, provenientes dos cadáveres". Fonseca continuava sua história assombrosa descrevendo líquidos pingando dos caixões durante os cortejos fúnebres, deixando um rastro de "exalações pútridas perniciosas" por onde passavam. No Rio, queixava-se a SMRJ, "sendo como é autorizada a condução em redes, muitos mortos de moléstias contagiosas são nelas conduzidos, ou em esquifes, o que além de oferecer um espetáculo de horror, ocasiona a infecção do ar". E recomendava o uso de caixões fechados.[54]

52. "Relatório da Comissão de Salubridade [1830]", p. 78; *AMB*, v. II, nº 12 (1846), p. 284; e ASCMB, *Livro 5º de accordãos, 1781-1834,* fl. 213.

53. Jobim, "Reflexões sobre a inhumação dos corpos", p. 58; Fonseca, "Memoria acerca das inhumações", p. 60, 62; e "Relatório da Comissão de Salubridade [1830]", p. 77.

54. "Relatório da Comissão de Salubridade [...] 1831", p. 288; e Fonseca, "Memoria acerca das inhumações", p. 61.

A vigilância olfativa, mas também a vigilância auditiva, tornaram-se lemas da campanha médica pela reeducação dos sentidos, dos cheiros e sons, em particular. O cheiro alertava sobre a presença dos miasmas na atmosfera, perigo a ser evitado e combatido. O cheiro da morte devia ser excluído de entre os vivos. A morte asséptica, inodora, carecia também ser silenciosa: "nenhuma encomodação em voz alta pelas ruas", recomendava Fonseca.[55] Os médicos se insurgiram contra os funerais ruidosos, especialmente contra o mais típico de seus sons: o dobre de sinos.

Em junho de 1835, o *Diário de Saúde* publicou a tradução de um artigo do *Courrier Français* sobre uma pesquisa de um certo dr. Stark a respeito da relação entre cor e absorção de odor cadavérico. Das experiências feitas no anfiteatro de anatomia de Londres, concluiu-se que roupas de certas cores assimilavam mais intensamente o fedor. O preto — cor típica do luto no Ocidente — seria a cor mais absorvente, o branco a menos. Daí o médico inglês recomendar que as paredes de hospitais, asilos, prisões etc. devessem ser caiadas, evitando "as exalações malignas absorvidas pelas paredes sujas ou escuras".[56]

Notícias desse tipo, publicadas num periódico de maior circulação, visavam orientar o olfato do leitor comum. Publicações mais densas, como o relatório da SMRJ sobre a contaminação atmosférica, aprofundavam a lição. Ali os cidadãos eram convidados a verificar em seus mortos o "cheiro de podridão" que, uma vez detectado, devia ser combatido, cobrindo-lhes o rosto ou até todo o corpo com pano embebido em água "cloruretada". Uma nota de rodapé trazia a fórmula da solução: cinco a seis partes de água para uma ou duas de licor de Labarraque. A informação não chegou a Pernambuco. Mesmo a céu aberto, nos cortejos fúnebres de lá, os cadáveres "já de longe atormentam os narizes daqueles que passam pela mesma rua, e até pela mesma ponte, apesar do vento", podia sentir o dr. Fonseca.[57]

Os médicos pregavam uma nova sensibilidade olfativa, ensinavam a vigiar o cheiro da morte, a temê-lo, evitá-lo e inclusive a não disfarçá-lo, por

55. Fonseca, "Memoria acerca das inhumações", p. 85.

56. *DS*, 13/6/1835, p. 73.

57. "Relatório da Comissão de Salubridade [...] 1831", p. 289; e Fonseca, "Memoria acerca das inhumações", p. 61.

exemplo, com o aroma de incensos. Estes, segundo a SMRJ, "sobrecarregam o ar de vapores excitantes" e "só disfarçam a ingratidão do mau cheiro". "Um cheiro insuportável exala-se das sepulturas no meio dos sacrifícios do Altar", denunciava um formando de medicina da Bahia em 1841. O mesmo autor destacava a igreja da Conceição da Praia, considerada das mais asseadas, mas "onde as vezes custa entrar-se pelo mau cheiro que exala". Na de São Pedro Velho também não se podia ir, "tal é o cheiro que exala, que deve além disso torná-la sobremodo insalubre". No Rio, não era preciso entrar na igreja de São Francisco de Paula, cujas emanações cadavéricas "são até sensíveis ao olfato de quem transita pela rua do Cano, próximo aos fundos da Igreja". Em Pernambuco, o dr. Fonseca escreveria sobre "um mau cheiro sumamente desagradável" que se sentia ao entrar nos templos.[58]

Os médicos insistiam na adjetivação negativa do cheiro cadavérico: insuportável, desagradável, pernicioso, insultante, repugnante, ingrato, atormentador, maléfico. A reeducação do sentido olfativo envolvia aprender que o cheiro "denuncia e indica a impureza do ar", conforme Cruz Jobim. Rebouças lembrava que, além de "afetar desagradavelmente o odorato das pessoas", as exalações cadavéricas invadiam as casas vizinhas às igrejas, alterando a qualidade dos alimentos, opinião baseada na situação do extinto cemitério parisiense dos Inocentes. O médico imaginava o dia em que seu país viesse a cheirar como Paris.[59]

A morte preconizada pelos médicos devia ser inodora e silenciosa. Em julho de 1830, a SMRJ dava o alerta contra "a bulha excessiva dos sinos, que perturbam o repouso público, e são um martírio para os doentes". Um estudo mais detalhado sobre o assunto apareceu três anos depois, no *Semanário de Saúde Pública*. Seu autor, o dr. Cláudio Luís da Costa, sustentava que as doenças nervosas se agravavam "pela impressão de sons perturbadores". Os vários sons chegavam de maneira diferenciada aos ouvidos, segundo ele os principais órgãos dos sentidos. Uns traziam alegria, outros faziam mergulhar na tristeza, uns inspiravam ternura, outros levavam ao furor, uns criavam a coragem, outros o desalento, uns conservavam o estado de vigília, outros convi-

---

58. "Relatório da Comissão de Salubridade [...] 1831", p. 288; Alves, *Considerações sobre os enterramentos*", pp. 8-9; Fonseca, "Memoria acerca das inhumações", p. 84.

59. Jobim, "Reflexões sobre a inhumação dos corpos", p. 60; e Rebouças, *Dissertação*, p. 84, 100.

davam ao sono. "Paixões e ações opostas", provocadas por diferentes sons, demonstravam "a poderosa influência do físico sobre o moral e vice-versa".[60]

Como outros doutores, Costa atentava para a impossibilidade de proteção absoluta dos órgãos da audição numa cidade grande, "por causa do boliço da gente, do ruído das carruagens, do tropel de cavalos e da bulha das oficinas". Mas estes ruídos comunicavam *vida*, sendo ouvidos com gratidão ou indiferença pelas pessoas. "Não acontece o mesmo a respeito dos sons que anunciam a *morte*", sustentava. "Este anúncio nos é imprudentemente fornecido pelo desespero de lúgubres e reiterados dobres de sinos, mais próprios a fazer praguejar, que carpir a memória dos finados."

As principais vítimas seriam as mulheres, mais sensíveis "à impressão dolorosa e aflitiva daquele som", declarava ele patriarcal. A lista de males era longa: cefaleia, abatimento, opressão da região precordial, ansiedade, anorexia, asfixia, pressão baixa, resultando em ataques epilépticos, histéricos e outros. Os dobres causariam profunda depressão nervosa, sobretudo no Brasil, "onde, pela influência climática, poucos indivíduos são fleumáticos, possuindo a maior parte de seus habitantes um temperamento nervoso, que os torna muito impressionáveis". Os sinos ainda alteravam as faculdades intelectuais e morais, tornando os prudentes coléricos, os alegres melancólicos, os atentos distraídos e os polidos grosseiros.

O doente, cuja melhora progredia, via-se novamente em crise após ouvir o "som do lúgubre instrumento". A recaída frequentemente levava à morte, perdendo o Estado o cidadão útil, perdendo a família o pai ou a mãe. O morto receberia seus dobres, que continuariam assim a "atormentar os vivos", contava Costa com expressões usadas em lendas de almas penadas. As "inúteis e mortificantes badaladas", acusava ele, não serviam a ninguém, exceto a poucos sacristãos gananciosos, a vaidosos defuntos ricos, ou a seus alegres herdeiros. Mesmo sendo boa a intenção — "um último voto de ternura, de respeito, ou de amizade" —, não era certo que ela promovesse a elevação espiritual.

60. "Relatório da Comissão de Salubridade [1830]", p. 79; e C. L. da Costa, "Observações da Comissão de Salubridade Geral [...] sobre o abuso dos toques de sinos", ssp, nº 148 (27/4/1833), pp. 538-540. Os médicos franceses, como era de se prever, tinham preocupações semelhantes em relação aos dobres de finados, sobre o que Lebrun comenta: "medicina psicossomática *avant la lettre*": Lebrun, *Les hommes et la mort*, p. 435.

As irmandades não escaparam do libelo de Costa: "O vão aparato de seus suntuosos mausoléus, e toda a bulha de seus carpideiros *sinais*, não é mais que um convite à vaidade e ao orgulho". Os dobres, lembrava o médico, haviam sido instituídos pela Igreja, e em número limitado, para levar aos vivos a lembrança da morte, com o que ganharia a moral e a religião. No entanto, batiam sem parar durante até meia hora — no dia de Finados por toda a tarde —, às vezes servindo de "folguedo da rapaziada", e rapazes até de boas famílias, "atraídos às torres pelo prazer de tocarem os sinos", alheios aos riscos físicos e espirituais. Tais sinais, no máximo, amedrontavam as más consciências, sem as corrigir. Estas deviam ser corrigidas por meios menos nocivos, a boa educação, o bom exemplo e as boas leis.[61]

Outros trabalhos do gênero foram divulgados pela SMRJ. O dr. Soares Meireles leu no ano seguinte, 1834, um discurso para seus colegas propondo a proibição do "uso bárbaro e prejudicial", "legado do fanatismo e da superstição". Repetia, basicamente, os argumentos que já vimos aqui: influência do moral sobre o físico e vice-versa, a "ideia terrível" que os sinais despertavam nos ouvintes, levando ao agravamento de moléstias e à própria morte. Cabia aos médicos "esclarecer a razão humana [...], fazendo com que esta triunfe da hipocrisia e superstição, que tanto fizeram gemer a humanidade nesses séculos de trevas e barbárie, e que ainda hoje, com desprezo das luzes de nossa era, não cessam de fazer vítimas". E sugeria que se encaminhasse ao imperador suas conclusões, pedindo a proibição definitiva do costume a bem da humanidade e da religião, pois esta "não precisa, para ser honrada e venerada, que se sacrifiquem os vivos pelos defuntos".[62]

A desodorização e o silêncio da cidade seriam outras tantas táticas de ocultamento do morto. A morte não devia ser lembrada porque a lembrança representaria espécie de convite a que vivos seguissem ao seu encontro. Os médicos contrariavam o tradicional dever de recordar a morte do próximo

---

61. Costa, "Observações", passim, para os últimos quatro parágrafos.

62. "Discurso [...] sobre os damnos que causão os dobros", pp. 15-17. O repúdio aos dobres fúnebres ainda era assunto em 1853, quando o médico Trajano de Sousa Velho escreveu sua tese de conclusão de curso, na qual podemos ler: "Depois de reconhecida a morte de qualquer indivíduo, tratão as igrejas de anunciar por meio de lúgubres e descompassados sons de campanário que mais uma alma foi chamada ao seu Criador [...] o que serve apenas de entristecer, e affligir os vivos, principalmente os enfermos": apud Castro, "Ideias filosóficas", p. 117.

como ato de preparação para a própria morte. Para eles, o fim da vida devia apresentar-se como surpresa — porque a medicina prometia a possibilidade de adiá-lo —, o que implicava abolir a necessidade do indivíduo de prevê-lo e de prevenir-se. Morte-segredo, morte vazia. O dr. Costa escreveu: para o morto, "a despeito de todo o estrépito dos funerais, não lhe é menos pesada a terra, e sua memória, acompanhando-o ao sepulcro, aí desaparece no pó que o envolve".[63]

A DEFESA DOS MORTOS

Dois dias após o Natal de 1825, o *Diário Fluminense* veiculou uma carta apoiando recente decreto imperial contra os enterros nas igrejas. Seu autor talvez fosse médico, pelo menos falava a mesma linguagem. Contrastava a "terrível superstição" de tempos "mui modernos" com os hábitos salutares das grandes civilizações antigas — Egito, Grécia e Roma —, que tinham cemitérios fora de suas cidades. Felizmente a França, a eterna França, soubera livrar-se do "odioso costume", fechando o cemitério dos Inocentes, transferindo o de Versalhes e criando leis de reforma funerária. Era mais um esclarecido afrancesado.

E achava não ser o único, pois se persuadia de que todos conheciam bem os males "que faz a respiração no meio de corpos corrompidos e corruptores". Contava sua recente experiência: "Ainda Domingo indo eu à missa a certa Igreja, vi-me obrigado a sair, por não poder suportar o mau cheiro que saía das sepulturas: que mal não causaria aquele ar infectado!!!". Esses enterros, escreveu, continuavam devido à avareza dos padres, que zombavam das leis e pouco ligavam para a saúde dos fiéis.

Muitos hábitos eram nocivos à saúde. Os hábitos alimentares, por exemplo. "Cogumelos e ostras irritam o apetite", advertia. Eram tantas as agressões à saúde que não se podia corrigi-las de uma só vez. Felizmente aí estava uma boa iniciativa, o decreto dos enterros, corrigindo "um mal tão horroroso que (como disse um Filósofo) só é sofrido nos países onde a escravidão aos mais

63. Costa, "Observações".

indignos usos, deixa subsistir um resto de barbárie que envergonha a humanidade". De novo o tema da civilização contra a barbárie.[64]

Luís Gonçalves dos Santos, o polêmico "Padre Perereca", leu indignado aquele artigo. E logo escreveu uma réplica, só publicada em 1839, na forma de um livrinho. Levantou-se contra as doutrinas do Século das Luzes, luzes que segundo ele ofuscavam o espírito religioso. Inspirados na Reforma protestante, os filósofos iluministas, segundo Perereca, "embocaram as suas trombetas contra o uso do enterro dos mortos dentro das cidades, inventaram sistema de cemitérios para longe dos povoados, transtornaram o Ritual da Igreja, em uma palavra, *por filantropia,* aniquilaram os direitos dos vivos e dos mortos!" E acusava seu interlocutor de seguir filósofos materialistas, idólatras de "seus melindrosos corpos enquanto vivos", iconoclastas de seus corpos quando cadáveres.[65]

Perereca tinha preparo para o embate. Versado em teologia e filosofia, poliglota, escritor, historiador, ele ensinou latim e posteriormente filosofia moral e racional no Seminário da Lapa, no Rio de Janeiro. Apesar de entusiasta do período joanino, ele escreveu em prol da Independência em 1821 e depois tornou-se acérrimo absolutista. No campo da polêmica religiosa, atacou a presença de missionários protestantes no país, criticou a maçonaria (e quantos médicos eram maçons!), defendeu o celibato clerical contra o regente pe. Diogo Feijó. Enfim, um tradicionalista em religião, um conservador na política, homem da ordem, um reacionário, enfim.[66]

À maneira dos médicos, Perereca buscaria fundamentação na história. Os primeiros cristãos, escreveu, eram enterrados nas catacumbas, os mais antigos santuários e templos da cristandade. Datava dessa época, e não de "tempos mui modernos", como sustentava o adversário, o costume da sepultura eclesiástica. Uma vez vitorioso, o cristianismo construíra seus templos sobre as sepulturas

64. *Diário Fluminense,* n⁰ 148 (27/12/1825), exemplar da BNRJ.

65. Santos, *Dissertação sobre o direito dos catholicos de serem sepultados dentro das igrejas,* pp. 3-4, 22 (grifado no original).

66. Blake, *Diccionario,* v, pp. 412-413; Joaquim Caetano Fernandes Pinheiro, "O conego Luiz Gonçalves dos Santos, sua vida, suas obras. Estudo Biographico", RIHGB, n⁰ 25 (1862), pp. 163-176; Priscila Soares Gonçalves, "Memórias do Rio de Janeiro do início do século XIX (1808-21)", *Revista 7 Mares,* n⁰ 3 (2013), pp. 28-46, que é um estudo sobre o entusiasmo de Perereca quanto ao Rio da corte portuguesa. Sobre médicos maçons, Santos Filho, *História da medicina,* p. 418.

dos santos mártires. Estas, então, haviam precedido os próprios templos. Depois tornara-se piedoso o enterro ao lado desses sepulcros, pois os cristãos "desejavam repousar e ressuscitar juntamente com os Santos". De início só dignitários da Igreja e do Estado tiveram tal privilégio, depois estendido a todos.[67]

Assim, por mais de mil anos, tinha sido direito de ricos e pobres, senhores e escravos a sepultura no interior dos templos. Excluídos dessa graça, somente os hereges, pagãos, excomungados, pecadores públicos, autores de crimes hediondos. Perereca insinuava que seu interlocutor se incluía nessa lista. Todavia, como a apontar-lhe uma esperança de ventura, lembrava Voltaire, que tanto criticara a prática em pauta, mas na hora da morte teria pedido para ser enterrado numa igreja.

> É sumamente doloroso para todo Católico ver-se ameaçado, de tempo em tempo, pelo Filosofismo incrédulo com a máscara de filantropia, de ser despojado violentamente dos seus incontestáveis direitos de designar em sua vida o lugar do seu jazigo [...] como também de ser privado da assistência, e das lágrimas dos seus parentes e amigos sobre a campa da sua sepultura.[68]

Os que combatiam os enterros eclesiásticos citavam como modelo ideal os antigos egípcios, gregos e romanos, povos pagãos. Mas os "filósofos" seguiam, principalmente, a trilha dos protestantes, os luteranos, calvinistas, anglicanos, pois deles fora a ideia de proibir os enterros nas igrejas por motivos sanitários — apesar de até eles depois cederem à pressão dos fiéis, permitindo seus enterros em cemitérios contíguos aos templos.[69]

E não lhe falassem da França como modelo de civilização. Os católicos deviam ver com horror o que lá acontecia depois da secularização dos cemitérios: o sepultamento promíscuo de pessoas de diferentes religiões em locais onde se lia "A morte é sono eterno". Onde ficava a doutrina da imortalidade

---

67. Santos, *Dissertação*, pp. 6-11.

68. Ibidem, pp. 10, 12, 27. Sobre a atitude de Voltaire, McManners, *Death and the Enlightenment*, p. 307; Favre, *La mort dans la littérature*, pp. 252-253; e, sobretudo, Laqueur, *The Work of the Dead*, pp. 189-203, mostram que o famoso episódio foi bem mais complexo do que uma simples rendição do grande *philosophe* ao catolicismo.

69. Santos, *Dissertação*, p. 22.

da alma e da ressurreição do corpo? O "filosofismo incrédulo" reduzira os homens à condição de bestas sem inteligência. "Somente para os ímpios, incrédulos e libertinos Materialistas, é que os Cemitérios Cristãos são abomináveis, e a morte um sono eterno, uma completa aniquilação de todo o ser do homem!" Eles não suportavam a proximidade dos mortos e o som dos sinos por aderirem à filosofia da exterminação total, e por temerem o nada em que acreditavam seriam lançados.[70]

O correspondente anônimo do *Diário Fluminense* se queixava do cheiro dos cadáveres. Perereca contrapunha à sensibilidade olfativa dos "melindrosos modernos" aquela dos católicos piedosos. "Apesar de que por tão dilatada série de anos não tivesse havido tantas caixas de tabaco, tantos vidrinhos de espíritos cheirosos, tantos frasquinhos de água-de-Colônia etc., os narizes dos nossos avoengos não sentiam, não se incomodavam." E por que não? Porque, entre outras razões, o "incomodo passageiro do mau cheiro dos defuntos" era um ato de fé dos católicos, e porque a dor da perda amainava na certeza de que os entes queridos jaziam em terra abençoada, esperando-os para "participar com eles dos mesmos jazigos, e das mesmas honras".[71]

Os "sapientíssimos filósofos", os adeptos da "Filosofia dos melindrosos", ironizava o polemista, consideravam superstição combinar incenso queimado em honra a Deus "com o fétido nauseante dos cadáveres". Mas não se preocupassem esses ateus com o nariz de Deus: "Deus não tem o sentido do olfato como os homens [...] Sua Divina Magestade de nenhum modo se ofende com o mau cheiro dos cadáveres", garantia o exaltado Perereca. Os enterros nas igrejas eram obra de misericórdia e "por algum passageiro incomodo de narizes delicados não se deve omitir obra tanto do agrado de Deus". Afinal, Cristo suportara o fedor do cadáver de Lázaro, morto havia três dias. Estivesse lá o autor daquela carta, logo levaria ao nariz rapé e água-de-colônia, caso não fugisse correndo do local. Belo exemplo de piedade![72]

O padre duvidava de que o cheiro cadavérico ameaçasse a saúde pública, como diziam os "filósofos filantropos". A caridade não era incompatível com

---

70. Ibidem, pp. 12-15.
71. Ibidem, pp. 11-12.
72. Ibidem, pp. 18-19.

a higiene. Os perigos eram "remotíssimos", desde que os cadáveres fossem sepultados adequadamente, como até então acontecera, em covas fundas, bem cobertas de terra, ou em carneiros hermeticamente fechados e rebocados, só abertos a cada dois anos. Nem mau cheiro Perereca admitia sentir. O que se via em quase todos os templos do Rio de Janeiro eram "modernas catacumbas", inclusive nas confrarias negras. A única circunstância que justificaria a remoção dos mortos seria a peste, que o Rio desconhecia exatamente por ter sepulturas higienicamente construídas.[73]

Era por isso, e não por superstição e tampouco por avareza, que a Igreja continuava enterrando os mortos em seus templos. Assim como proibia o lucro com sepulturas, exagerava o padre, ela velava por direitos consuetudinários, canônicos, civis e políticos adquiridos pelos mortos, seus herdeiros e familiares. "Toda Autoridade", atacou o padre, "que com um rasgo de pena mandasse fechar as Igrejas aos mortos, cometeria um grande atentado contra a liberdade pública, despojando dos seus direitos religiosos, e políticos, os indivíduos, as comunidades, as confrarias, e a toda a sociedade Católica." Citou até os artigos da Constituição que garantiam o direito de propriedade, lembrando serem propriedades os carneiros, sepulturas e catacumbas.[74]

Perereca terminava sua ladainha prevendo resistências oriundas de várias partes, e profetizando que a derrota de sua posição ocasionaria a submissão da piedade religiosa à lógica do lucro. Ele indagava: supondo que uma grande cidade como o Rio de Janeiro decidisse fazer um cemitério geral, quem pagaria a conta? A Câmara não tinha recursos, as confrarias já possuíam suas catacumbas, as paróquias também, e o povo se queixaria da distância e das novas despesas pessoais. Restariam os "empresários". Sobre eles, Perereca escreveu:

> Eu não duvido de que hajam muitos nestes tempos de tanta cobiça e avareza que queiram entrar na especulação de esfolar os vivos e enterrar os mortos. Mas qual será o resultado? Um gravoso monopólio de catacumbas, de sepulturas, de caixões, de coches, de burros, de penachos, de moços de archotes, de coveiros etc. etc. E quem sabe se pelo decurso dos tempos dos mesmos ossos dos defuntos?!

73. Ibidem, pp. 19-20, 23.
74. Ibidem, p. 25.

Tendo em mente a cidade do Rio, Perereca antecipava o que aconteceria na cidade da Bahia.[75]

Apesar de sua apologia apaixonada da tradição, o clérigo não se esquivou de considerar a possibilidade de mudança. Homem politicamente conservador, não deixou passar a chance de lembrar que, se irreversível, a mudança fosse feita com o devido cuidado, para evitar uma sublevação popular. As autoridades eclesiásticas deveriam estar de acordo,

> a fim de que não pareça aos Povos que proibições desta natureza são mais excitadas pelo espírito de irreligião, do que por motivos de saúde pública, muito principalmente nestes críticos tempos, em que homens perversos e turbulentos se aproveitam facilmente de qualquer descontentamento público para os seus fins revolucionários.[76]

Perereca subestimou a capacidade de resistência da tradição que defendia. Como veremos, na Bahia o levante popular não foi evitado pela bênção das autoridades eclesiásticas à criação do cemitério extramuros, nem foi obra de políticos radicais.

75. Ibidem, p. 2.
76. Ibidem, p. 5.

# 11. Civilizar os costumes (II): a morte legislada

Na Bahia, a preocupação das autoridades com a ameaça dos mortos à saúde dos vivos data de pelo menos o início do século XVIII, quando o Senado da Câmara elaborou posturas para coibir os senhores de abandonarem em qualquer lugar, como costumavam, os cadáveres de seus escravos. Naquela época já se falava de "corrupção dos ares" e seu "irremediável prejuízo" à saúde. Para proteger a saúde pública, os escravos pagãos, que não podiam ser enterrados em sepultura eclesiástica, teriam sepultura no cemitério do Campo da Pólvora. Mas embora a maioria dos ali enterrados fossem cativos recém desembarcados e ainda não batizados, também o eram pessoas indigentes em geral, livres, libertas ou, principalmente, escravizadas.[1]

Em 1785, a Câmara de Salvador investiria contra o Campo da Pólvora, agora preocupada com a qualidade da água. Ela apontava a necessidade de novas fontes de abastecimento de água, "que nos verões costuma ser mui pouca", denunciando que o Dique, um dos reservatórios de água mais usados, estava ameaçado pela proximidade do Campo da Pólvora, "devido a sua corrupção [...] e mau cheiro que exala, do que resulta a padecerem os Povos grandes en-

---

1. AHMS, *Livro de posturas*, v. 119.1, fls. 63-63v.

fermidades". Ou seja, os miasmas cadavéricos contaminavam, pelo ar, a água do Dique. Os vereadores pediram ao arcebispo que impedisse os enterros ali, ou em qualquer lugar próximo às fontes da cidade. Não sabemos de sua resposta. Eles também informariam o governo de Lisboa sobre a situação.[2]

Como vimos anteriormente, Luís dos Santos Vilhena também criticou o Campo da Pólvora. Em suas *Cartas soteropolitanas*, ele fez um balanço das condições prejudiciais à saúde pública em Salvador. De sua lista faziam parte a "corrupção dos alimentos" vindos da Europa; a farinha de mandioca mal processada e deteriorada; a fauna maléfica de sevandijas, sapos e cobras do rio das Tripas; os pântanos, que "naturalmente hão de exalar muitas partículas nocivas"; o tráfico de escravos, mais especificamente as condições anti-higiênicas dos tumbeiros e a disseminação de doenças pelos africanos desembarcados; ele também responsabilizou "a desordenada paixão sensual" dos baianos por "muitas moléstias".[3]

Sobre o cemitério do Campo da Pólvora, escreveria:

> Concorre mais para a perdição da saúde, e infecção do ar, um cemitério colocado na parte mais prejudicial à cidade, por ser naquela, donde é certa a periódica viração, que todos os dias corre indefectívelmente, vindo banhar a cidade; por vezes sai deste um fétido tão pestilencial, que ninguém pode parar na vizinhança.

E recomendava que a Santa Casa transferisse o cemitério para outro lugar, "evitando assim que os mortos estejam matando os vivos com a peste, de que contaminam a cidade".[4]

A Câmara apontava para a poluição da água, Vilhena para a poluição do ar pelos cadáveres, ambos demonstrando familiaridade com os miasmas da época. Mas nem os vereadores, nem Vilhena, criticariam os enterros nas igrejas como insalubres. A acusação higienista se concentrava no cemitério de escravos, local profano, território da morte pagã. Nessa Bahia de fim do século XVIII, ainda prevalecia uma convivência pacífica entre a teoria miasmática e a piedade fúnebre tradicional.

2. Ibidem, fls. 136v-137.
3. Vilhena, *A Bahia no século XVIII*, I, pp. 153-169.
4. Ibidem, pp. 154-155.

Mas logo chegariam novidades ao porto da Bahia. A primeira lei colonial regulamentando as práticas vigentes de sepultamento combatia todo tipo de enterros dentro dos limites urbanos. A Carta Régia nº 18, de 14 de janeiro de 1801, respondia a uma queixa recebida pela Coroa contra os enterros "nas Igrejas que ficam dentro das Cidades Populosas dos Meus Domínios Ultramarinos". A queixa, salvo erro, não partiu da Bahia, a não ser que diga respeito à petição de 1785 da Câmara. Essa hipótese, todavia, é improvável, dado o largo tempo transcorrido entre uma e outra data e, como vimos, o fato de a municipalidade não ter apontado os enterros nas igrejas como prejudiciais.

Em 1801, o legislador ouviu com cuidado seus conselheiros higienistas e ordenou que se construíssem, fora da cidade e em local seco varrido pelos ventos, um ou mais cemitérios, amplos o suficiente para "que não seja necessário abrirem-se as sepulturas antes que estejam consumidos os corpos, que nelas se houverem depositado". Para substituir os jazigos perpétuos, concedia que as famílias possuíssem "carneiro sem luxo". Cada cemitério teria capelão próprio e capela decente onde se rezassem missas fúnebres, inclusive missa solene no dia de Finados. Todas essas medidas deveriam ser coordenadas pelo arcebispo da Bahia. Construídos os cemitérios, seriam proibidos os enterros nas igrejas.[5]

Essa ordem régia nunca foi posta em prática. Em julho de 1802, o governador da Bahia, Francisco da Cunha Meneses, alegaria que, por motivo de saúde, o arcebispo não pudera encaminhar sua execução. Cinco anos depois, num estudo encomendado pela Câmara, o desembargador João Rodrigues de Brito incluía em seu *index* da "falta de polícia urbana" em Salvador a "situação do cemitério da parte da viração, o descuido de enterrar prompta, e profundamente os cadáveres [...] a prática de sepultar outros nas igrejas [...]". A transferência da Corte portuguesa para o Brasil não fez avançar o projeto de 1801. A Bahia, o Brasil na verdade, teria de esperar a Independência para que uma legislação a esse respeito fosse novamente tentada.[6]

Em novembro de 1825, um decreto imperial atacou as práticas tradicionais de enterro como anti-higiênicas e supersticiosas. O imperador ordenava que fossem tomadas medidas para transferir os sepultamentos para fora da cidade,

5. APEB, *Cartas régias, 1800-01*, v. 93, fl. 192.
6. APEB, *Cartas do governo a Sua Majestade*, v. 142, fl. 33; e João Rodrigues de Brito, *Cartas econômico-políticas* (Salvador, 1985), p. 50.

evitando assim o "gravíssimo dano da saúde de seus habitantes, mormente dos que respiram, por vizinhos a tais lugares, o ar infeccionado pela corrupção dos cadáveres". Numa circular aos párocos do Rio, na mesma data, o governo voltava a lembrar as "desgraçadas consequências de tão danoso costume, produzido e conservado pela ignorancia e superstição", e mencionava a Carta Régia de 1801 como a única e vã tentativa anterior de solução. Em 1825, a medicalização da morte não aparecia apenas no discurso de condenação dos enterros eclesiásticos, mas os próprios médicos eram convocados a participar diretamente de sua erradicação. Os "professores" de medicina, lê-se na circular aos párocos, determinariam o número, o tamanho e a localização dos novos cemitérios.[7]

Mas somente com a lei de estruturação dos municípios, em 1828, a política imperial ganharia uma orientação nacional.

A LEI DE 28 DE OUTUBRO DE 1828

A Independência e as primeiras décadas subsequentes colocariam no centro da política brasileira a ideologia liberal. Essa é uma questão bem conhecida. Menos estudados que a manifestação liberal no plano macropolítico foram seus efeitos na vida cotidiana do povo comum. Liberais radicais e moderados, liberais de dentro e de fora do poder visualizaram uma intervenção global na sociedade, com características de um projeto de hegemonia ideológica e cultural. Nesse nível, o liberalismo se manifestou como uma campanha da civilização contra a barbárie, da cultura de elite contra a cultura popular, de uma nova cultura pretensamente europeia e branca contra uma definida como atrasada, colonial e negra ou mestiça. A ideia era fazer das "instituições liberais" um mecanismo eficiente de intervenção nos costumes do povo, sem abandonar uma longa tradição de dominação paternalista. A "instituição liberal" estrategicamente mais bem posicionada para executar essa tarefa foi o Município.[8]

7. Decreto publicado no *Diário Fluminense*, nº 117 (18/11/1825), p. 473, exemplar da BNRJ.

8. Sobre o poder local no Império, ver Mattoso, *Bahia, século XIX*, cap. 15; Richard Graham, *Clientelismo e política no Brasil do século XIX* (Rio de Janeiro, 1997); e Miriam Dolhnikoff, *O pacto imperial: origens do federalismo no Brasil* (São Paulo, 2005).

Em outubro de 1828 foi promulgada a lei imperial que regulamentava a estrutura, funcionamento, eleições, funções e outras matérias referentes às câmaras municipais do Império do Brasil. Trata-se de uma longa lei, com noventa artigos. Interessa-nos particularmente o Título III, art. 66, segundo o qual as câmaras teriam "a seu Cargo tudo quanto diz respeito à Polícia, e Economia das Povoações, e seus termos [...]". O artigo reafirmava a secular função das câmaras de redigir e fazer respeitar as posturas policiais, ou seja, as leis locais que ordenavam o cotidiano dos habitantes do município.

Em doze parágrafos se detalhava o universo a ser legislado: executar ou fazer executar a limpeza, alinhamento, iluminação, reparos, segurança dos logradouros públicos; retirar das ruas os "loucos, embriagados, animais ferozes ou danados" (observe a implícita animalização dos marginalizados); impor limites de velocidade aos cavaleiros; impedir "vozerias nas ruas em horas de silêncio, e obscenidades contra a moral pública"; indicar lugares adequados e limpos para abate de gado e funcionamento de feiras livres; reprimir atravessadores e especuladores; conceder licença para a realização de espetáculos públicos, "uma vez que não ofendam a moral pública"; obrigar os moradores a manter "o asseio, segurança e elegância, e regularidade externa dos edifícios e ruas".

Estas eram apenas algumas das áreas de atuação das câmaras. A ideia de limpeza, saneamento, organização e embelezamento do espaço urbano denota a preocupação em "civilizar o império" no detalhe da municipalidade. "Urbano", aliás, significava "civilizado". A construção de cemitérios que substituíssem as igrejas como locais de enterramento fazia parte desse projeto liberal, civilizatório e higienizador. Havia uma mentalidade liberal da morte, que colidiu na Bahia de 1836 com uma visão pré-liberal, barroca da morte.

O parágrafo segundo do art. 66 da lei recomendava que as câmaras municipais elaborassem posturas relativas ao "estabelecimento de cemitérios fora do recinto dos Templos, conferindo a esse fim com a principal Autoridade Eclesiástica do Lugar". O mesmo parágrafo atribuía-lhes o controle de esgotos, pântanos e águas infectas, da economia e limpeza de currais, matadouros públicos, curtumes e "depósitos de imundícies, e quanto possa alterar, e corromper a salubridade da atmosfera". A criação de cemitérios fazia parte da batalha pelo saneamento das cidades. Os mortos, ou pelo menos seus corpos, eram sem cerimônia associados a águas infectas, imundícies e "corrupção do ar". No passado essa associação se limitara aos cadáveres de africanos, agora os mortos em geral tornavam-se focos de infecção e como tal deviam ser afastados da cidade civilizada. Sentados na Corte, os legisladores nacionais estavam sintonizados com a mentalidade médica que vicejava em sua volta.[9]

A higienização das cidades passaria a fazer parte do dia a dia das câmaras. Na Bahia, o impulso de medicalização da municipalidade acompanhou o da Corte, tão bem discutido pelos autores do livro *Danação da norma*. Os médicos usaram de várias táticas para influenciar os órgãos agora responsáveis pela saúde pública, sendo uma delas "penetrar na Câmara e agir no seu interior".[10] A Câmara de Salvador tinha sua Comissão de Saúde, que em 1835 era formada por três membros, os vereadores José Vieira de Faria Aragão Ataliba e João Antunes de Azevedo Chaves, e o médico da Câmara, Prudêncio José de Sousa Brito Cotejipe. Pelo menos os dois primeiros eram também professores da Faculdade de Medicina da Bahia.

Os médicos-vereadores tratavam de divulgar as noções de higiene pública entre seus pares e a população. A Câmara frequentemente recebia do Rio de Janeiro literatura pertinente. Assessorar as municipalidades do Império, lembramos, era um dos objetivos da SMRJ. Assim, na sessão de setembro de 1831 da Câmara de Salvador foi discutido um documento recebido daquela sociedade sugerindo várias medidas contra a disseminação do cólera através de navios vindos de portos europeus, onde a epidemia grassava naquele momento. Na sessão de 28 de abril de 1832, foi registrado o recebimento do relatório da SMRJ sobre a "infecção da atmosfera" da Corte, de 1831, que discuti no capítulo anterior. Os vereadores baianos decidiram divulgar o documento

---

9. A lei de 1828 está publicada em *Collecção das leis do Império do Brasil* (Ouro Preto, 1886), II, pp. 310 ss. Vários estudos sobre esta e outras leis ordenando os enterros no Brasil foram feitos nas últimas três décadas. Ver, por exemplo, Claudia Rodrigues, *Lugares dos mortos na cidade dos vivos: tradições e transformações fúnebres no Rio de Janeiro* (Rio de Janeiro, 1997); idem, *Nas fronteiras do além*; Vanessa de Castro, *Das igrejas ao cemitério: políticas públicas sobre a morte no Recife do século XIX* (Recife, 2007); Ferreira, "Pela 'conservação dos homens' e 'decência dos santuários'", cap. 2 (que detalha os debates parlamentares para a construção da lei); e Breno Henrique Selmina Matrangolo, "Formas de bem morrer em São Paulo: transformações nos costumes fúnebres e a construção do cemitério da Consolação (1801-58), dissertação de Mestrado, USP, 2013, esp. cap. 3.

10. Machado et alii, *Danação da norma*, p. 222, e pp. 219-242 sobre a penetração dos médicos nas câmaras e outros órgãos de governo e instituições da sociedade civil.

entre "pessoas inteligentes desta Província, afim de espalharem por outros cidadãos as ideias, e preceitos ali consignados".[11]

A municipalidade expedia diretrizes e coletava queixas contra a insalubridade urbana. Eram frequentes os registros, nas atas da Câmara, de providências relativas à limpeza de vias públicas. Em setembro de 1834, a Câmara mandava limpar, na esquina da rua da Forca Velha com a rua Adro do Accioli, "um monturo ou grande charco de imundícies, que respira um hálito mefítico, e sobremodo nocivo à saúde pública". As ruas "repulsivamente sujas" vistas por Thomas Lindley em 1803, verdadeiros altares à deusa "cloacina", como as definiu Prior em 1813, as ruas percorridas com nojo por Maria Graham e outros visitantes estrangeiros, continuavam parte da vida de Salvador na década de 1830. Mas agora também faziam parte das preocupações da municipalidade e dos próprios habitantes.[12]

A Câmara de Salvador seria bombardeada pela imprensa, e principalmente por numerosos abaixo-assinados de moradores inquietos com a influência do lixo e dos esgotos sobre a saúde, o que demonstra que a higienização da vida urbana já invadira as mentes de muitos baianos nos primeiros anos da década de 1830. Em alguns casos eles usaram, inclusive, a terminologia médica ligada à teoria dos miasmas. A insalubridade foi considerada gravíssima pelos moradores cujos quintais davam para a vala central de escoamento da cidade, na hoje rua J. J. Seabra. A então rua da Vala vivia entupida de dejetos, restos de obras (inclusive da Câmara), lixo, "ossos e mais fragmentos das quitandas e açougues". "O entulho", denunciavam os queixosos, "excedendo do nível da terra, transborda a água já pútrida e venenosa, deixando igualmente putrificados os corpos que depositados estão na mesma vala, de tudo resulta pois o maior perigo e dano à saúde." A Câmara apenas se comprometeu a impor a execução da postura que proibia o lançamento de lixo no local.

As queixas contra odores miasmáticos, esse mal dos tempos, frequentemente tinham endereço certo. Os residentes na rua Direita da Fonte dos Padres acusavam, em janeiro de 1833, que um dos vizinhos tinha um esgoto que, além de disseminar doenças, tornava o local intransitável "pela fedentina que exala".

---

11. AHMS, *Ofícios do governo à Câmara, 1825-32*, v. 111.7, fls. 250-252v.

12. AHMS, *Atas da Câmara, 1833-35*, v. 9.41, fl. 130; Lindley, *Narrative*, p. 244; Prior, *Voyage*, p. 101; e Graham, *Journal of a voyage*, p. 238. Ver também, Mattoso, *Bahia*, pp. 173-175.

*47. Câmara Municipal de Salvador, na praça do Palácio.*

Quatro meses depois, o viúvo Domingos Rodrigues, morador à ladeira de Santa Teresa, inquietava-se pela saúde dos muitos filhos que tinha, não se inibindo de denunciar o desembargador Joaquim de Castro Mascarenhas, que despejava por um cano "fedentinas águas a ponto de cauzar peste ao corpo humano, incomodando por esta forma a vizinhança daquele lugar". Na rua do Bocó, na Barroquinha, um esgoto entupido em agosto de 1834 tornara a rua "sujíssima, e com terrível fétido, até em prejuizo da saúde de todos". Os problemas da rua do Bocó pareciam insolúveis. Em janeiro de 1837, seus moradores voltariam a pedir intervenção municipal contra um proprietário que entupia os esgotos do local com o lixo de sua casa. Em outubro de 1834, o fedor também prejudicava a saúde e os negócios dos que residiam e comerciavam na rua Direita do Colégio, "visto se não poder resistir às pestilentas matérias" depositadas em um esgoto aberto.

Em abril de 1835, outros residentes da Barroquinha, ao pé da ladeira de São Bento, acreditavam viverem sempre "molestos pela pestífera exalação" de canos que desciam a ladeira. Em maio do mesmo ano, os moradores do beco da Garapa pediam providência para o esgoto que por ali passava.

Quando chovia, continuava o abaixo-assinado, formava-se uma lama de imundície, deixando tudo intransitável; aquilo quando seco ficava "de tal maneira pútrido que desenvolve miasmas que devem causar grande detrimento na salubridade".[13]

A Câmara costumava enviar fiscais e às vezes seu médico para investigar as denúncias. Médicos e legisladores, na verdade, encontraram entre os moradores da cidade da Bahia muitos aliados prontos a colaborar na luta pela salubridade pública. A higienização urbana, pelo menos no que diz respeito à limpeza pública, não teve nos médicos e legisladores protagonistas solitários. Entretanto, eles continuavam isolados na denúncia dos malefícios dos enterros nas igrejas. Apesar da presteza que demonstravam em atacar outros miasmas, os baianos pareciam alheios ou mesmo cúmplices dos miasmas cadavéricos que ocupavam as igrejas. Ninguém se queixava do fedor dos mortos, exceto daqueles enterrados no Campo da Pólvora.

Nos anos que antecederam a Cemiterada, a Câmara voltaria a discutir a situação dos enterros no Campo da Pólvora. Em março de 1830, o presidente da província recebia queixa do comandante das armas de que os soldados do batalhão n$^{\circ}$ 2, aquartelados nas imediações do cemitério, estavam sendo infestados por doenças causadas pelos muitos mortos ali enterrados. A queixa foi transmitida aos vereadores, que instaram a Santa Casa a tomar providências. Esta respondeu que o mau cheiro sentido naquela data vinha de um boi morto nas imediações e não de cadáveres. E acrescentava que sua atual administração cuidara que estes fossem enterrados em covas fundas, de pelo menos sete palmos. À acusação de que deixava os cadáveres de escravos se amontoarem, a instituição pia rebateu que isso se devia a serem mandados levar às escuras pelos senhores, para evitar a taxa do banguê. Mesmo assim, afirmava, eram logo enterrados.[14]

Essas explicações não convenceram as autoridades, pois em novembro de 1830 a Santa Casa recebia uma enérgica carta do presidente da província

13. Essas denúncias se encontram todas em AHMS, *Câmara. Requerimentos, 1830-33, 1835-37,* não catalogado. O jornal *O Democrata,* de 4/10/1834 (exemplar da BNRJ) criticou a imundície de Salvador e a inação da Câmara a esse respeito.

14. ASCMB, *Livro 5º de accordãos, 1781-1834,* fl. 186; e ASCMB, *Livro 3º de registros, 1817-31,* fls. 167-167v.

acusando-a de deixar cadáveres insepultos por até dois dias, de operar um cemitério muito pequeno para receber tantos mortos, além de outras inconveniências. "Tudo isto é contrário à saúde pública", concluía, exigindo solução urgente. Só em novembro de 1833, a Misericórdia informaria à Câmara a decisão de transferir o cemitério do Campo da Pólvora para a Quinta dos Lázaros, um plano que nunca se concretizou.[15]

O cemitério do Campo da Pólvora estava condenado a desaparecer, pois não havia como ampliá-lo e melhorá-lo. Segundo Antônio Damásio, em 1835 seus muros cercavam uma área de apenas 35 metros de frente e cerca de 53 metros de fundo. E não havia para onde crescer. Pelo contrário, a cidade se expandia sobre ele. Em janeiro de 1835, por exemplo, o juiz de paz da freguesia de Santana informava à Câmara a decisão de alguns de seus fregueses de construir suas casas na ladeira do cemitério, lembrando a necessidade de se mandar alinhar aquela rua. Entre as muitas obras sob sua jurisdição em 1835 — a nova cadeia, contenção das ladeiras da Misericórdia e Conceição, reforma das ruas da Vala, do Gravatá, do Alvo e várias outras, calçamento do largo do Teatro, aterro dos pântanos dos Mares etc. —, a Câmara construía uma rua ligando o Campo da Pólvora à Mouraria. O cemitério de escravos representava, em 1835, um perigo à saúde da cidade que crescia.[16]

Mas eram os enterros nas igrejas que mais preocupavam os legisladores.

## A PROIBIÇÃO DOS ENTERROS NAS IGREJAS

As restrições aos enterros já se faziam sentir antes mesmo da lei de 1828. Encontramos, por exemplo, um eco local do decreto imperial de 1825. No ano seguinte, no despacho em que confirmava o novo compromisso da Irmandade do Rosário dos Pretos das Portas do Carmo, o governo imperial negaria "o uso de sepulturas dentro do templo". Isto, claro, não seria obedecido.[17]

---

15. ASCMB, *Livro 3º de registros*, fl. 191; e ASCMB, *Livro 5º de accordãos*, fl. 281.

16. Damásio, *Tombamento*, p. 55; AHMS, *Atas da Câmara, 1833-35*, v. 9.41, fl. 155v; e AHMS, *Atas da Câmara, 1835-38*, v. 9.42, fls. 12, 19, 211-211v, sobre as várias obras.

17. Atestado do Conselho do Imperador e da Mesa de Consciência e Ordens, 29/8/1826, anexo ao Compromisso de 1820, mss. AINSR.

Um documento de 12 de novembro de 1828 leva-nos a supor que, antes mesmo da lei de outubro, provavelmente a própria Câmara de Salvador já havia tentado proibir os enterros nas igrejas. Sem dúvida impraticável, enquanto não se construíssem cemitérios, a medida foi anulada pelo Conselho Geral da Província. Naquela ocasião, o presidente da Bahia, visconde de Camamu, exigiu da Câmara a suspensão do suplente de juiz de paz de Santo Antônio Além do Carmo, Justino Nunes de Sento Sé, por impedir um enterro na matriz de sua freguesia, em desobediência à resolução do Conselho. Na hierarquia do poder local, os juízes de paz obedeciam à Câmara, que obedecia ao presidente da província, que, até a criação das assembleias provinciais em 1835, governava com seu conselho. Possivelmente, o juiz de Santo Antônio seguira instruções da Câmara, ignorando decisões mais altas.[18]

Após a publicação da lei de 1828, os vereadores voltariam à carga com posturas, elaboradas em 1829, que regulamentavam vários aspectos dos enterros baianos. A postura nº 19, de 1829, punia com uma pesada multa de 30 mil-réis e oito dias de prisão quem abandonasse cadáveres nos adros das igrejas e outros logradouros públicos. Os cadáveres assim encontrados seriam "punidos" com enterro no Campo da Pólvora, à custa da Câmara, a menos que algum pároco, por piedade, lhes desse sepultura gratuita em sua matriz. Achando pesada a pena, o Conselho Geral da Província a reduziu a 10 mil réis e cinco dias de prisão.

Mais polêmica seria a postura nº 20, que estabelecia: "É absolutamente proibido o enterrarem-se corpos dentro das Igrejas, e nos seus adros". Os infratores receberiam a mesma pena da postura anterior. Porém, ressaltavam os legisladores municipais, ela só vigoraria no prazo de dois anos, período em que confrarias e paróquias se obrigavam a levantar seus cemitérios fora da cidade, em terrenos aprovados pela Câmara.

Seguiam mais três posturas sobre o assunto. Uma delas estabelecia o período de no mínimo dezoito meses, a contar do sepultamento, para a reabertura de covas ou carneiros, sob pena de 10 mil-réis e cinco dias de prisão. Outra obrigava que o cadáver fosse enterrado a pelo menos seis palmos de

---

18. Visconde de Camamu ao presidente da Câmara, 12/11/1828, AHMS, *Fundo Câmara*; Mattoso, *Bahia, século XIX*, cap. 15, sobre funcionamento dos poderes provincial e municipal; e Thomas Flory, *Judge and Jury in Imperial Brazil, 1808-71* (Austin, 1981), sobre juízes de paz.

profundidade, ou multa de 4 mil-réis e dois dias de prisão. Finalmente, a postura nº 23 mandava que o cadáver fosse transportado coberto ou em caixão fechado, sob a mesma pena anterior. Acompanhando de perto a lei de 1828, as posturas seguintes ordenavam a limpeza de canos "que despejam imundície sobre as ruas" e o lançamento no mar, à noite, do "despejo imundo das casas". O mar não fazia parte do projeto de cidade higienizada.[19]

Um ano após a promulgação das posturas de Salvador, a Câmara Municipal do Rio de Janeiro fez as suas, aprovadas interinamente, em janeiro de 1832, pelo ministro do Império e médico baiano José Lino Coutinho, aqui já apresentado. Vale a pena compará-las.

No Rio, os legisladores não impunham um prazo para que paróquias e confrarias construíssem cemitérios, mas prometiam designar locais onde se fariam os enterros "provisória ou definitivamente". Nesses locais, os carneiros só seriam abertos a cada dois anos e as covas a cada três, "salvo por ordem de Magistrados". Nenhuma sepultura poderia ficar aberta por mais de 24 horas. Os corpos seriam enterrados seis palmos abaixo da superfície, como na Bahia, sendo a terra socada. Cada cova receberia apenas um cadáver, mas, no caso de receber mais, seria mantida a medida de seis palmos de terra entre um e outro. Os vereadores cariocas cuidaram mais do detalhe técnico, talvez resultado de melhor assessoria dos médicos locais.

Mas é em relação a outros cuidados que se revela uma preocupação maior dos cariocas pela medicalização e mesmo secularização dos funerais. No Rio, o juiz de paz e o médico passariam a presidir os enterros: o primeiro praticamente substituía o padre no registro de óbito, devendo nesse ato exigir atestado médico com o endereço do morto, a duração da enfermidade, a hora da morte e sua causa. Sendo a morte repentina, o próprio juiz indicaria um médico para examinar o cadáver, uma precaução contra o enterro de gente viva. O morto devia ser autopsiado no caso de suspeita de crime. Ao médico caberia também fixar o prazo decorrido entre a morte e o enterro.

Quanto ao transporte do cadáver, fosse de adulto ou criança, caberia ao médico determinar, segundo o grau de contágio da doença, se seria conduzido em caixão fechado e coberto com pano, ou se podia usar apenas

19. AHMS, *Livro de posturas, 1829-59*, v. 566, fls. 15-20.

uma rede, como era comum para o transporte de mortos escravizados no Rio. Em qualquer dos casos, entretanto, os cadáveres seguiriam sempre "bem amortalhados". Uma outra evidência do maior radicalismo com que os vereadores cariocas aderiram à medicalização da morte é terem incluído, na própria postura "Sobre cemitérios e enterros", um parágrafo todo dedicado à designação de locais para enterro de animais e carnes em decomposição.[20]

Porém, se os vereadores cariocas foram mais radicais no uso dos princípios médicos, os baianos tentariam sê-lo na imposição de suas determinações sanitárias. Isso se refletiu, por exemplo, no prazo dado para o fim dos enterros nas igrejas.

### PROVIDÊNCIAS E RESISTÊNCIAS

Tal como acontecera na França no final do século XVIII, em Portugal entre aquele e o século seguinte, e em diversas partes do Brasil ao longo do Oitocentos, uma das táticas do "partido da resistência" na Bahia foi protelar decisões. Enquanto não se esgotavam os prazos estabelecidos pela lei, os enterros continuariam como antigamente.[21]

Antes da década de 1830 parece que, além dos mortos jogados no Campo da Pólvora, somente os ingleses possuíam cemitério afastado da cidade (o cemitério da Massaranduba começaria a funcionar em 1833). Francisco da Silva Barros escreveu em 1813 que um comandante de navio inglês, morto na Bahia, havia sido enterrado "ao pé do pau da bandeira do Forte de São Pedro, segundo o costume da sua Nação". Isso coloca o cemitério dos ingleses nas imediações do atual Campo Grande, talvez a rua Banco dos Ingleses, mas seu lugar definitivo seria a ladeira da Barra, onde se encontra até hoje.

---

20. *Collecção de decisões do governo do Império do Brazil de 1832* (Rio de Janeiro, 1875), pp. 53-54.

21. Sobre a França, Thibaut-Payen, *Les morts, l'Église et l'État*, pp. 417-418; sobre Portugal, Araújo, *A morte em Lisboa*, pp. 171-181, resume bem as idas e vindas da lei; para o Brasil, Rodrigues, *Lugares dos mortos*, pp. 129-149; Castro, *Das igrejas ao cemitério*; Ferreira, "Pela 'conservação dos homens' e 'decência dos santuários'", caps. 2 e 3; e Matrangolo, "Formas de bem morrer em São Paulo", cap. 4.

Neste cemitério eram também enterrados outros protestantes europeus e norte-americanos.[22]

Na década de 1820, apenas um projeto de cemitério chegaria ao conhecimento das autoridades. Pouco mais de um mês após a lei de outubro, o cônsul dos Estados Unidos, o comerciante Woodbridge Ollin, escreveu ao presidente sobre o desejo de alguns compatriotas seus de terem um pequeno cemitério em Salvador. Para tal, já haviam escolhido um terreno "no porto da Vitória", que se dispunham a comprar se o governo liberasse a obra. O cemitério seria então próximo ao dos ingleses. A Câmara aparentemente aprovou, pois quando visitou a Bahia em 1839 Daniel Kidder escreveu sobre o cemitério, já decadente: "está localizado numa ribanceira, sob o cimo da colina da Vitória". Descuidado, sem portão, com a grama crescida, o lugar tinha poucas sepulturas, nem todas de cidadãos dos Estados Unidos. Kidder deplorou que seu governo não subvencionasse o único cemitério estadunidense no Brasil, que acabou desaparecendo.[23]

Enquanto isso, entre alguns setores sensíveis às novas ideias sanitárias, inclusive entre militares, crescia a inquietação. O comandante da polícia, tenente coronel Manuel Joaquim Pinto Paca, informou em julho de 1829 ao comandante das armas que a capela de seu quartel enterrava um número de soldados bem superior à sua capacidade, resultando "continuada exalação de partículas pútridas" que, além de vitimar os soldados, impossibilitava a celebração de missas no local. E pedia providências. O comandante das armas, José Joaquim do Couto, encaminhou o caso ao presidente da província, uma vez que só encontrara uma solução parcial, ao ordenar que os batalhões que tivessem irmandades enterrassem seus mortos nas respectivas capelas. Mas, perguntava, como cobrir os gastos funerários dos demais soldados? Ele então lembrava a lei de outubro de 1828, que atribuía à Câmara o dever de encontrar soluções definitivas, e sugeria que o presidente da província a pressionasse nesse sentido.[24]

---

22. Barros, "Chronica dos acontecimentos", pp. 56-57. Spix & Martius, *Viagem*, II, p. 157, observaram, em 1818, que os ingleses já tinham "seu próprio hospital marítimo, capela e cemitério", mas não indicaram sua localização.

23. Woodbridge Ollin ao presidente da província, 15/11/1828, AHMS, *Fundo Câmara*, não catalogado; AHMS, *Ofícios do governo à Câmara, 1825-32*, v. 111.7, fls. 102, 103-103v; Kidder, *Sketches*, II, p. 67; e Fletcher e Kidder, *Brazil and the Brazilians*, pp. 485-486.

24. APEB, *Quartel-general*, maço 3370.

*48. Cemitério inglês da Bahia, na ladeira da Barra.*

Na questão dos enterros, as relações entre autoridades provinciais e municipais não eram as melhores. A Câmara elaborava posturas draconianas que o governo provincial modificava. O presidente da província punia os que punham em execução as leis do município. Enquanto a Câmara só queria legislar e reprimir, a presidência desejava vê-la tomar medidas práticas para a construção de cemitérios. Pressões como a do comandante da polícia levaram o presidente a recorrer novamente aos vereadores. Entre o início de 1829 e março de 1830, eles foram por duas vezes chamados a definir os terrenos apropriados à localização de cemitérios.[25]

Mas a Câmara nada fazia, a não ser reiterar que as irmandades providenciassem a construção de seus próprios cemitérios. Nesse ínterim, esgotou-se o prazo de dois anos fixado para o fim dos enterros nas igrejas. Em 1833, os fiscais da Câmara entraram em cena. A decisão constou das pautas de reu-

---

25. AHMS, *Ofícios do governo à Câmara*, v. 111.7, fls. 115v, 160-160v.

niões das irmandades, como da Ordem Terceira do Carmo, que em fins de novembro decidiria que se investigasse o teor da deliberação da Câmara com o objetivo de "se providenciar a respeito". Ante a ameaça a uma de suas maiores fontes de renda, em outubro ou novembro daquele ano os frades franciscanos solicitaram à Câmara licença para a construção de um cemitério no grande terreno da horta do hospício da Boa Viagem, na freguesia da Penha. Pediam também permissão para continuar os enterros em São Francisco, até que ficasse pronto o cemitério. A Câmara, em despacho de 13 de novembro de 1833, aprovou o local do cemitério "por ser fora da cidade", mas advertiu aos frades que a postura nº 20 seria "religiosamente observada". Como não havia alternativa ao enterro nas igrejas, essa posição, neste e em outros casos, talvez visasse o aumento das rendas municipais por meio das multas.[26]

O cônego Manuel Dendê Bus, pároco da freguesia da Conceição da Praia, anotou no livro de óbitos de sua freguesia o aperreio a ele criado pela postura municipal. No primeiro dia de dezembro de 1833, registrou que falecera com 13 meses de idade Feliciano, pardo, filho de uma africana de nação jeje. Em obediência à lei municipal, ele recusou enterrar na sua igreja o cadáver da criança, que "foi de licença minha conduzido para ser sepultado onde o quiserem receber e poderem sepultar, do que não deram mais parte alguma, visto que pela Proibição da Câmara, o não podia eu fazer nesta Igreja Matriz". Finalizando: "Do que para constar mandei fazer este assento, que assinei". Na semana seguinte, morria outra criança escravizada, a crioula de "três anos incompletos" por nome Maximiana, filha de outra africana jeje. Também neste assento de óbito o padre registrou ter permitido que o corpo da pequena fosse levado à sepultura em alguma igreja ou cemitério que a recebesse. Depois de exarar anotações desse tipo e já muito irritado com o problema, no final de maio de 1834 o livro de óbito foi abruptamente encerrado com um protesto: "Aqui findão os assentos de óbitos do mês de Maio de 1834, e os do presente livro, que desde outubro de 1833 não puderão mais ser exarados com a costumeira curialidade pela desordem que causou a proibição da Câmara Municipal."[27]

---

26. AOTC, *Livro 6º de resoluções, 1814-87*, fl. 232; e ver anexo à representação dos franciscanos à Assembleia Provincial (1836), APEB, *Legislativa. Abaixo-assinados, 1835-36*, maço 979.
27. ACS/LRO, *Conceição da Praia, 1828-34*, fls. 186v, 187v e 200.

Pressionadas, as irmandades, conventos e paróquias levaram o caso às autoridades civis, policiais e eclesiásticas. Desde dezembro de 1833, os vereadores já tinham contra si o chefe de polícia, o arcebispo e o governo da província.

Em 13 de dezembro, o presidente da província pediria satisfação aos vereadores sobre uma decisão do Conselho da Província de relaxar a execução da postura nº 20, e sobre a sugestão do chefe de polícia de que a Câmara construísse um cemitério municipal. Na sessão de 17 de dezembro de 1833, os vereadores responderam. Eles contra-argumentaram que a postura havia sido devidamente discutida com o arcebispo e aprovada pelo conselho, só restando agora exigir sua obediência. Sobre a ideia do chefe de polícia, responderam que este lembrara até vantagens pecuniárias ("os lucros dos Cadáveres que ali se enterrassem"), mas a Câmara considerava fora de sua alçada "traficar em tais gêneros para aumentar as suas rendas". E queixou-se das pessoas encarregadas das igrejas da cidade por fazerem "a luta a mais pertinaz, além do clamor Público, que esses mesmos interessados na continuação de velhos abusos têm sabido hipócrita e ocultamente encaminhar contra a Câmara".[28]

Nem todos os vereadores aderiram à inércia. Na sessão de 9 de julho de 1834, o vereador e médico João Antunes de Azevedo Chaves apresentou um projeto de cemitério municipal recebido de um certo dr. Gense. O projeto foi distribuído para leitura e posterior discussão, mas nunca voltaria à pauta.[29]

A Câmara insistia na obediência da lei, entrando em rota de colisão com a Igreja. Por fim, o próprio arcebispo decidiu pedir intervenção do governo imperial. Em agosto de 1834, d. Romualdo Seixas, arcebispo primaz desde 1827, fez uma detalhada exposição ao ministro da Justiça, Aureliano Coutinho. Ele reclamou da "pertinácia" da Câmara em fazer respeitar a lei municipal "a despeito das recomendações do Conselho Geral da Província e do clamor público". Como poderiam as pessoas agir dentro da lei se não havia cemitérios e a Câmara não se encarregava de construí-los? Os vereadores se limitavam a indicar os terrenos próprios para esse fim, esperando que as paróquias e irmandades os construíssem. Mas essas instituições não tinham recursos para isso.

---

28. AHMS, *Ofícios ao governo*, v. 111.8, fls. 233-234.
29. AHMS, *Atas da Câmara, 1833-35*, v. 9.41, fl. 113; infelizmente não localizei este projeto no AHMS.

A autoridade eclesiástica enumerava os males gerados pela inflexibilidade do corpo municipal. Um deles era o "escandaloso privilégio de sepultura Eclesiástica em favor dos que podem ou querem pagar a referida multa, iludindo-se por este modo a intenção do Legislador". Eis a consequência da medida entre os pobres: "deplorável indiferença, ou esfriamento daquela religiosa sensibilidade e respeito para com os mortos que a mesma Natureza inspira e se observa entre os próprios selvagens". A intolerância dos vereadores, que se pensavam heróis da civilização, empurrara os baianos a atitudes mais atrasadas que as dos povos primitivos. E d. Romualdo detalhava:

> Viu-se já na Bahia sepultarem-se cadáveres nos quintais, ou lançarem-nos ao mar, porque os Fiscais e Juízes de Paz não consentem, que eles sejam sepultados nas Igrejas, ou se algumas vezes o permitem, é por grande favor e comiseração, por entre as sombras da noite, e com o maior segredo, como se vivêssemos no tempo das perseguições do Paganismo.

Esses enterros clandestinos feriam a sensibilidade religiosa das pessoas, frustrando planos muitas vezes longamente elaborados de um funeral decente, público, pomposo e bom para a alma, pago com sacrifício e antecipadamente às irmandades. Era como se o último ato do morto entre os vivos fosse um ato criminoso. O bispo entendeu isso. Mas se ainda pudessem convencer ou corromper juízes de paz, aos baianos restava o consolo do repouso ao lado de confrades, patrícios e parentes queridos, e em solo sagrado. Ainda havia lugar para a paciência popular. E por enquanto, diante do absurdo da lei municipal, eles podiam contar com aliados poderosos, como era o arcebispo. D. Romualdo solicitou ao ministro da Justiça que, "a bem da humanidade e da Religião", instruísse à Câmara de Salvador, primeiro, que conforme a lei de 1828 cabia-lhe construir cemitérios públicos e, segundo, que enquanto estes não fossem construídos continuassem livremente os enterramentos nas Igrejas, como acontecia em outras cidades do Brasil e na própria Corte.[30]

---

30. APEB, *Câmaras*, maço 1433. Sobre d. Romualdo, homem politicamente conservador, ver Cândido da C. e Silva e Rolando Azzi, *Dois estudos sobre d. Romualdo Antonio de Seixas* (Salvador, 1982); e Israel Silva dos Santos, "Dom Romualdo Antônio de Seixas e a reforma da Igreja católica na Bahia (1828-60)", tese de Doutorado, UFBA, 2014.

Uma cópia dessa correspondência foi encaminhada aos vereadores pelo presidente da província, sendo lida na sessão de 31 de outubro de 1834. Nessa ocasião, o vereador Almeida Galião pediu ao contador que informasse sobre o número de condenações com base na postura nº 20, e o vereador Luís Gonzaga Pau-Brasil pediu para examinar as recomendações do Conselho da Província mencionadas na queixa de d. Romualdo. Mas o assunto não voltaria a ser discutido nas sessões da Câmara, o que leva a supor que a execução da lei acabou sendo relaxada, pelo menos durante o mandato desses vereadores. A presença do arcebispo, ao lado deles, no lançamento da pedra fundamental da nova prisão, em novembro de 1834, sugere que alguma acomodação entre as partes havia sido afinal alcançada.[31]

Entretanto, em 1835, com a posse de novos vereadores, o problema voltaria à tona. Em 4 de abril daquele ano, a Câmara discutiu uma petição da Irmandade de São Benedito, hospedada no convento de São Francisco, para ali continuar os enterros dos irmãos, pois o guardião do convento exigira a licença municipal. Os irmãos diziam que a recém-inaugurada Assembleia Provincial suspendera a postura nº 20 e por isso a Sé, a Conceição da Praia e outras igrejas continuavam consentindo que suas irmandades nelas enterrassem seus mortos. Os edis indeferiram o pedido, alegando que a interdição continuava em vigor. Os pretos de São Benedito tinham razão para se sentirem discriminados, uma vez que, em abril de 1836, a Câmara acolhera solicitação da Irmandade do Santíssimo Sacramento da matriz do Passo para que uma comissão médica examinasse seus carneiros e avaliasse se estavam construídos de acordo com as regras da higiene. Nesse caso, a Câmara pediu o parecer de seu médico, o dr. Cotejipe, sem fazer qualquer alusão à proibição.[32]

Parecia discriminação racial, uma vez que irmandades de brancos continuavam a operar normalmente seus enterros, enquanto as de pretos eram proibidas. Os irmãos pretos do Rosário das Portas do Carmo não tiveram melhor sorte que os de São Benedito. Talvez contando com a maior flexibilidade da Assembleia Provincial, no início de 1835 eles peticionaram por autorização para construir "um bom cemitério" no quintal de sua capela no Pelourinho. Nessa ocasião, confessaram que nos corredores do templo já não

---

31. AHMS, *Atas da Câmara, 1833-35*, v. 9.41, fls. 146v, 150v.

32. AHMS, *Atas da Câmara, 1833-35*, fls. 195-195v; e AHMS, *Câmara. Requerimentos, 1835-37*.

cabiam novas sepulturas. Após circular por várias comissões da Assembleia por quase um ano, o pedido foi indeferido. A essa altura, o governo provincial já legislara em favor do grupo de empreiteiros que exploraria, em regime de monopólio, os enterros de Salvador.[33]

Mas, antes de discutirmos essa polêmica lei provincial, vejamos outras ações ainda no âmbito municipal.

A LEI DOS SINOS

A interferência dos vereadores nos costumes funerários baianos não se restringiu às disposições da lei de outubro de 1828. Esta silenciou, por exemplo, quanto ao barulho dos dobres fúnebres. Mas, em janeiro de 1835, o vereador Luís Gonzaga Pau-Brasil faria um discurso na Câmara Municipal sobre o assunto.

Pau-Brasil está na lista de Manuel Querino dos "Homens de cor preta na História", como estudante de direito em Olinda (curso que não concluiu), presidente da Câmara Municipal e revolucionário da Sabinada (1837-38). Era também pequeno agricultor, arrendatário de terras do visconde do Rio Vermelho, na freguesia de Brotas, em 1834, quando seria acusado pelos moradores locais de proibir o acesso deles a uma fonte nessas terras usada "desde tempos imemoriais para a serventia do Povo". Pelo nome que carregava, o vereador era daqueles patriotas ardentes, que após a independência "tropicalizaram" seus nomes numa atitude de valorização das coisas brasileiras.[34]

Assim falou o vereador Pau-Brasil sobre os dobres de finados:

> Tendo os sinais que a Igreja Católica introduziu pelos defuntos unicamente por fim o incitar, e avivar nos vivos a memória da morte, e havendo a vaidade humana abusado d'isto que a mesma Igreja recomenda se pratique com moderação, e prudência, ao ponto de atroarem-se perenemente os ouvidos dos habitantes d'este Município, de tal sorte que muitas vezes provém males não pequenos aos vivos, e especialmente os hipocondríacos, e enfermos por afecções nervosas [...]

33. APEB, *Legislativa. Petições, 1829-35*, maço 1029.

34. Manuel Querino, *A raça africana e seus costumes* (Salvador, 1955), p. 167; e HMS, *Câmara. Requerimentos, 1830-34*, não catalogado.

E por aí ia Pau-Brasil. O vereador sem dúvida lera sobre as regras de sinalização da Igreja, talvez no artigo do dr. Cláudio Costa aparecido dois anos antes no *Diário de Saúde Pública* — visto no capítulo anterior —, quem sabe tomado de empréstimo ao dr. Manoel Maurício Rebouças, que era amigo de Pau-Brasil. A leitura desse artigo se reflete em outros momentos de sua fala. Tal como o médico, o vereador tentaria conciliar medicina e religião, mas a religião oficial. A religião praticada, ou *religiosidade*, era associada a "vaidade humana", como em outros casos era assimilada a "superstição".[35]

A novidade introduzida por Pau-Brasil é sua referência aos hipocondríacos, entre os quais talvez ele se incluísse, já que dois anos depois confessaria, em correspondência publicada num jornal, ter sofrido um "agudíssimo ataque nervoso apoplético", tendo sido "ressuscitado" (expressão dele) pelo amigo dr. Manuel Mauricio Rebouças. Depois dessa consulta, ele considerou-se "levantado do sepulchro." Busquei ver o que na época se pensava sobre a hipocondria. Em 1852, Joaquim Marcelino de Brito Jr. defendeu na Faculdade de Medicina da Bahia sua *Breve dissertação sobre a hypochondria,* na qual acatava, como de praxe, os mestres europeus quanto ao fundo nervoso da doença, cujo sintoma principal seria o exagero, pelo doente, do próprio sofrimento. A definição médica predileta do autor vinha de Buchet: "hé um vício equipático da sensação do sistema nervoso cerebral, de muitos actos da vida orgânica, das funções do orgão da intelligencia, relativas à percepção d'esses phenomenos, e ao juizo que ella induz". Isso mesmo.[36]

Segundo Brito Jr., a doença afetaria principalmente "as pessoas de imaginação ardente, dotados de grande sensibilidade, os poetas, litteratos, o artista, os homens de pensamento". E outras "profissões sedentárias", a de vereador, por exemplo. A forte imaginação desses homens os levaria a sentirem-se portadores de males incuráveis e a preverem a morte próxima. Mas, garantia o graduando a sua banca, "este desejo de morrer não hé mais do que um artifício urdido para sondarem as opiniões que d'elles se formão". Tratamento recomendado: esportes, viagens, espetáculos, festas, enfim, todo o tipo de diversão. Ora, a sistemática lembrança da morte provocada pelos dobres fúne-

---

35. AHMS, *Atas da Câmara, 1833-35*, vol. 9.41, fl. 166; AHMS, *Câmara. Requerimentos, 1830-34.*
36. *Diário da Bahia (24/9/1836)*, da coleção da BPBA; e Joaquim Marcelino de Brito Jr., *Breve dissertação sobre a hypochondria* (Salvador, 1852), p. 11.

bres não divertia, entristecia, pondo em perigo constante a saúde desses homens sensíveis. E algo tinha de ser feito.[37]

Em 1835, o vereador Pau-Brasil terminou sua intervenção propondo a seus pares a aprovação de uma postura que proibisse "a prática abusiva dos repetidos dobres de sinos por ocasião do falecimento, ou funeral de qualquer indivíduo". A pena seria de dez mil réis e cinco dias de prisão, o dobro na reincidência. O vereador, por outro lado, estabeleceu suas próprias regras de badalo fúnebre: dois sinais no momento da morte e dois no momento do sepultamento. A sugestão foi aprovada e seguiu para redação definitiva. Parece, entretanto, que só dez anos depois, em 1844, o alvitre do vereador se tornaria a postura nº 123, que mandava que nenhum repique durasse mais de cinco minutos e os fúnebres obedecessem às regras sinodais. Já que a Igreja se mostrara impotente para se fazer obedecer, o governo entrava em campo. A multa agora era de 30 mil réis, paga pelo sineiro, irmandade ou comunidade religiosa. Além disso, oito dias de cadeia para o tocador de sinos e o dobro das penas na reincidência. Mas a lei, tudo indica, passou despercebida, pois numa circular de 1849 aos párocos da capital o chefe de polícia lembrava de sua existência.[38]

## AS CÂMARAS INTERIORANAS E A LEI DE 1828

O movimento de medicalização da morte não se restringiu às capitais do Império. Das dezenas de posturas apresentadas em 1830 pelas câmaras do interior da Bahia para aprovação do Conselho Geral da Província, nenhuma tratava de cemitérios. Breve, entretanto, em meados da década de 1830, lá também chegaria o medo dos mortos, não mais como almas penadas, mas como cadáveres em decomposição a exalar fedor, agora insuportável, que transmitia doenças de vária ordem. A novidade seria imposta ao homem do campo, como estava sendo mais agressivamente imposta ao citadino.

Nem todos os exemplos que encontramos de preocupação com a disposição de cadáveres na área rural estão consignados em posturas, embora apa-

37. Brito Jr., *Breve dissertação*, pp. 11-12, 15, 22-24.
38. AHMS, *Livro de posturas, 1829-59*, vol. 566, fl. 97; e APEB, *Polícia*, maço 6416.

reçam em consequência da lei de 1828. Pouco tempo após a edição da lei, o presidente da Bahia inquiriu as câmaras da província sobre as obras públicas que consideravam indispensáveis, seus orçamentos e projetos.[39]

Na sessão de 21 de janeiro de 1831, a Câmara de Vila Nova da Rainha (atual Bonfim), importante localidade do sertão baiano, informava ao presidente que o município necessitava de duas obras: uma cadeia e um cemitério, orçados em dois contos de réis e 300 mil-réis, respectivamente. Pedia um cemitério simples, com vinte metros de comprimento, oito de largura, pequena capela, muros de dois metros de altura. Seu custo equivaleria ao de um escravo adulto, o da cadeia a cerca de seis escravos.[40]

Vila Nova da Rainha era um desses lugares onde a violência e o crime abundavam, por onde passavam mascates, tropeiros, boiadeiros, pistoleiros, ladrões de gado e de escravos, aventureiros, escravos fugidos e escravos roubados, todos a caminho ou descendo do rio São Francisco, ou de Pernambuco, Sergipe, Alagoas, Piauí, Maranhão. Era também região conflagrada por brigas de famílias, entre os Passos e os Simões, por exemplo. Ali muita gente morria e muita gente matava. Não causa surpresa que seus vereadores tivessem como prioridade a construção de cadeia e cemitério.[41]

Outras as razões para a instalação de cemitérios nas vilas do demograficamente denso Recôncavo, como em Santo Amaro, por exemplo. Embora tecnicamente uma vila, Santo Amaro era centro populoso da região canavieira, cercada de engenhos, a maior aglomeração urbana da Bahia depois de Salvador e Cachoeira. Lá se percebe, em 1830, uma preocupação com a salubridade da água e do ar locais. Numa petição ao governo da província, a Câmara pedia um chafariz para a cidade, porque as águas de seus riachos estavam poluídas pelos despejos de numerosos alambiques. Os vereadores também pareciam familiarizados com as teses miasmáticas então em voga. Segundo eles, cercada de montes por dois lados, a cidade era "pouco refresca-

---

39. AHMS, *Ofícios do governo, 1825-32*, v. 111.7, fl. 228.

40. APEB, *Câmaras, 1823-34*, maço 1459.

41. Sobre Vila Nova da Rainha ser na época local de tensões sociais, banditismo, violência política etc., ver Igor Santos, "A horda heterogênea: crime, criminalização de 'comunidades volantes' na formação da nação, Bahia (1822-53)", tese de Doutorado, Universidade Federal Fluminense, 2017, passim.

da de ares pelo verão, tocando pelo inverno quase o extremo da humidade e frio, e desta descombinação física, resulta girar ali uma atmosfera corrupta na mudança das Estações donde partem graves epidemias e considerável mortandade". Reivindicavam, por isso, a construção de um hospital, de uma roda de expostos (recém-nascidos abandonados) e também de "um Cemitério onde jazam os mortos".[42]

Um dia após esta petição, seguiria outra especificamente indicando a urgência para a criação de um cemitério, à vista da peste que teria tomado a vila. Anexa, encontrava-se uma representação do pároco da matriz de Nossa Senhora da Purificação, onde já não cabiam cadáveres: "Já se vê com horror três e mais corpos em uma só sepultura pelo excesso de denegarem-se muitas vezes as capelas filiais ao bem comum da caridade". Segundo o padre, a igreja exalava um cheiro impuro de cadáveres em decomposição. Em Santo Amaro o cheiro cadavérico incomodava até aos padres. A Câmara, ao contrário da de Salvador, entendia ser seu dever providenciar ela própria um cemitério para a cidade, e pedia ajuda da província.[43]

A Câmara de uma outra vila do Recôncavo, Nazaré, narrou o vão esforço empreendido em 1833 para interessar irmandades e clero locais na construção de cemitérios. Naquele ano convidara o pároco, o fabriqueiro (responsável pela "fábrica" da igreja), o administrador das capelas e as irmandades da matriz para discutir "o pernicioso costume de inumarem-se no Templo do Senhor os restos dos mortais, sujeitos à corrupção". Segundo os vereadores, a proibição desse costume era "reclamada pela higiene, pela civilização, e pelas verdadeiras ideias da Religião, e ainda mais precisa para desvanecer a mal--entendida repugnância que uma grande parte da população mostrava aos enterramentos em cemitério". Todos foram à reunião, mas alegaram faltarem meios para mudar a tradição, o que levou a própria Câmara a construir um precário cemitério.[44]

Esse documento ilustra bem o conflito de mentalidades em relação aos enterros nesse período. O medo da decomposição cadavérica e a exigência de uma nova abordagem, higienista, da relação entre mortos e vivos acompanha-

---

42. APEB, *Legislativa. Ofícios ao Conselho da Província, 1827-30*, maço 1126.

43. Ibidem.

44. APEB, *Câmaras, 1850-64*, maço 1367. Agradeço à historiadora Judith Allen esta referência.

vam uma redefinição do campo mental religioso. O uso do templo como lugar de culto aos mortos, valor central da religiosidade tradicional, passava a ser superstição e barbárie. A igreja como o lugar exclusivo do culto divino representava a "verdadeira religião", sinal de civilização. O enterro nas igrejas poluía fisicamente o ambiente dos vivos e poluía ritualmente a Casa do Senhor. Higiene, civilização e religião se associavam na visão dos vereadores de Nazaré.

Disputas de outra natureza, mas sobre a mesma questão, ocorreram em outras vilas.

Em Cairu, em 1835, a Câmara Municipal enfrentaria a quase extinta Ordem Terceira de São Francisco local, porque pretendeu se apossar de sua capela semiarruinada e um terreno anexo para levantar o cemitério da vila. A ideia dos vereadores era livrar "a Matriz da Corrupção com que os Cadaveres nela sepultados devem com efeito infestar os Habitantes pela supressão dos ares, e estar a dita Matriz entre as casas, o que não acontecerá naquele Edifício por se achar ao tempo e quase livre de povoado [...]". A Assembleia, porém, declarou-se incompetente para fazer executar o confisco da propriedade franciscana.[45]

Não se pense, contudo, que as irmandades do interior ficariam todas à margem das ideias de medicalização da morte. Em 1835, na vila de Valença, foi a Câmara que negou à Irmandade do Santíssimo Sacramento licença para construir um cemitério. Nesse caso, entretanto, parece que os vereadores pretendiam o monopólio dos enterros da vila para um cemitério municipal, cuja construção a irmandade denunciava por se situar perto da única fonte de água potável existente na comunidade. A Assembleia Provincial ordenou que a Câmara concedesse a licença pedida e pediu explicações sobre as acusações contra ela.[46]

Para finalizar, em fevereiro de 1836 chegaria à Assembleia Provincial o caso de Santo Antônio de Jacobina. O procurador da Câmara acusava a legislatura anterior de, em desobediência à lei, projetar o cemitério da vila nos fundos da igreja matriz. "Esta igreja", denunciava, "está no meio d'uma praça seguida de duas ruas e o cemitério não só interceptará a vista d'ambas, como demais fora o lugar horroroso." Definia o cemitério como um curral anti-higiênico e antiestético que não eliminaria os "efeitos da putrefação dos cor-

---

45. APEB, *Legislativa. Ofícios recebidos, 1835*, maço 1130.
46. APEB, *Legislativa. Correspondência, 1835-40*, maço 443.

pos". Terminava a queixa com uma denúncia de corrupção, pois o dinheiro da obra já tinha sido pago havia anos sem que nenhum cemitério fosse construído. Não sabemos como a Assembleia resolveu a delicada questão.[47]

No início de 1836, era esse o quadro em várias partes da província. A proibição de enterros nas igrejas e a transferência de cemitérios para fora das cidades faziam parte de um esforço pela criação de um espaço urbano higienicamente concebido. A lei de outubro de 1828 tinha como objetivo instaurar a vida civilizada nas cidades do Império e desse objetivo fazia parte a expulsão dos mortos das cidades.

Mas, se legislar fora relativamente fácil, executar se mostraria difícil tarefa. Em Salvador, os impasses provocados pela postura municipal contra os enterros nas igrejas levaram o governo provincial a buscar uma solução fora da alçada da Câmara — na verdade fora da alçada pública. Em meados de 1835, a recém-criada Assembleia Legislativa Provincial tomaria a si o papel de legislar sobre a questão, produzindo a lei que concedia o monopólio dos enterros a uma companhia privada.

47. APEB, *Legislativa. Petições, 1836*, maço 1016.

# 12. A comercialização da morte: a lei provincial nº 17

O ano de 1835 foi decisivo na campanha contra os enterros nas igrejas de Salvador. A ideia, embora antipática a vários setores da sociedade, começava a ganhar adeptos inclusive entre o clero.

No início do ano, provavelmente em março, o pároco da freguesia da Vitória, Joaquim de Almeida, 42, doutor em teologia e deputado provincial, escreveu uma longa representação a seus colegas na Assembleia Legislativa Provincial, descrevendo a postura nº 20 como "mui necessária ao Público" e de acordo "com os antigos Cânones da Igreja". Lamentava, entretanto, que as confrarias não tivessem recursos para levantar cemitérios, e denunciava uma conspiração de silêncio em relação à salutar medida: "hoje, é mister confessado, não se pronuncia uma palavra a respeito". O padre prosseguia descrevendo a situação em sua matriz, que, já saturada de cadáveres, passara a utilizar um pequeno terreno nos fundos da sacristia. Todavia, mesmo esse local já se encontrava havia algum tempo "entulhado de Corpos [...], exalando miasmas que ameaçam grande mal, nem só a toda a circunvizinhança, mas igualmente a todas as pessoas que procuram a Igreja para renderem culto à Divindade". Para evitar que os cadáveres ficassem insepultos, o pároco passara a enterrar seus paroquianos em "terrenos indecentes" de sua própria propriedade, localizados em meio a casas residenciais.

Diante do quadro de calamidade, Joaquim de Almeida recomendou pressa na instalação de cemitérios, e lembrou: "se o Governo for autorizado a contratá-los por empresa, não faltarão particulares que se proponham a isso, até para se livrarem dos males que lhes pode resultar com a continuação de enterramentos de Cadáveres nas suas vizinhanças".[1] Estava no ar o conceito de cemitérios privados, ou cemitérios-empresas.

O padre talvez soubesse de um plano que estava a ser concebido por alguns de seus ricos paroquianos. Ou talvez tivesse em mente o projeto de um certo José Botelho que, no momento em que o padre encaminhava sua advertência à Assembleia, pedia permissão à Câmara Municipal para edificar um cemitério na Graça, a pouca distância da matriz da Vitória, num caminho que levava à Barra. Ainda mata fechada, o lugar, era um dos locais designados pela Câmara como adequados para aquele fim. Botelho pedia que lhe fosse concedido "direito de avença com quaisquer Confrarias ou pessoas que quiserem ali sepultura". Temendo que outras pessoas viessem a imitá-lo, prejudicando sua iniciativa, o empresário requeria que não fosse permitida a construção de outros cemitérios na cidade, pois disso dependeria "o bom, ou mal resultado da empresa" que tinha em mente. O argumento de que só uma empresa monopolista pudesse solucionar o problema dos enterros em Salvador também estava no ar. Apressado, Botelho já solicitava em sua petição licença para murar o terreno de seu cemitério.[2]

Em fins de abril de 1835, a Câmara respondeu que ainda não podia deferir, sem explicar por quê. Em 7 de maio, a resposta seria mais uma vez adiada por sugestão do vereador Antunes, o mesmo que no ano anterior havia apresentado seu próprio plano de cemitério à Câmara. Dois meses depois, os vereadores deram o despacho definitivo: "não tem lugar por ter a Assembleia Provincial concedido um exclusivo a favor de outros". Outros foram os vencedores na corrida para fazer dos enterros um negócio privado, monopolista e portanto mui lucrativo.[3]

1. APEB, *Legislativa. Representações, 1835-74*, maço 951; e Mattoso, *Bahia, século XIX*, p. 268, sobre Joaquim de Almeida.

2. AHMS, *Câmara. Requerimentos, 1835-37*, não catalogado.

3. Ibidem; AHMS, *Atas da Câmara, 1835-38*, v. 9.42, fls. 4v, 34v.

## A PROPOSTA DA COMPANHIA DO CEMITÉRIO

Diante da inércia dos poderes públicos, três homens — José Augusto Pereira de Matos, José Antônio de Araújo e Caetano Silvestre da Silva — se associaram com o objetivo de construir e explorar comercialmente um ou dois cemitérios em Salvador. Quem eram esses homens? Para começar, eram todos paroquianos do padre Joaquim de Almeida.

José Augusto Pereira de Mattos, que aparece como cabeça do negócio, era advogado, tesoureiro da Alfândega e investia no setor imobiliário. Quando morreu em 1884, doze casas de aluguel foram listadas em seu inventário, espalhadas pela freguesia da Vitória. Ele próprio morava num casarão no Porto da Barra, na época um bairro da mesma freguesia. Seus bens foram então avaliados em 55:396$704 réis, fortuna considerável. É possível que parte dela tivesse sido acumulada após 1835. Em 1834, entretanto, já possuía um alambique na Vitória e terras nos subúrbios de Salvador. Nesse ano fora eleito juiz de paz da Vitória, o que sugere algum prestígio entre os residentes de sua freguesia. Embora não fosse um homem poderoso — apesar de ser assim chamado pelo chefe de polícia em 1836 —, Mattos tinha relações muito próximas com a família Cerqueira Lima, esta sim de grande projeção e poder na Bahia de então. José de Cerqueira Lima, riquíssimo comerciante, era o maior traficante de escravos da época, fora vereador em 1827 e se elegeu em 1835 para a primeira legislatura da Assembleia Provincial, a mesma que concederia o monopólio dos enterros em Salvador a José Augusto Pereira de Mattos & Cia.[4]

Seu sócio, José Antônio de Araújo, herdou do pai, que tinha o mesmo nome, a ocupação de negociante. O pai é listado por Catherine Lugar entre os dez maiores homens de negócio de Salvador em 1788, mas perdeu essa posição nos dez anos seguintes, não aparecendo sequer entre os vinte mais importantes negociantes em 1798. Em 1812, seu nome constava do *Almanach da Bahia* como

---

4. APEB, *IT*, nº 05/2146/2615/02, passim; Flory, *Judge and Jury*, p. 77; Mattoso, *Bahia, século XIX*, p. 256. A atuação dos Cerqueira Lima no tráfico é amplamente documentada por Verger, *Flux et reflux*, passim; ver também Lugar, "The Merchant Community", p. 190. Sobre Matos, talvez seja interessante observar que antes de morrer escreveu um testamento estritamente secular, sem expressar qualquer interesse quanto a seu enterro e o destino de sua alma. APEB, *LRT*, v. 59, fl. 82.

tendo casa de negócios na rua Fonte dos Padres. Morreu oito anos depois, deixando uma fortuna avaliada em quase trinta contos de réis para ser dividida entre quatro filhas, um filho e a viúva. O filho, nosso personagem, em 1821 declarou ser "um Negociante abastado de bens e como tal reconhecido". Sua casa de importação e exportação ficava na rua Guindaste dos Padres, no bairro portuário, tendo substituído o pai como representante na Bahia da Companhia Geral de Vinhos do Alto Douro. Além de Portugal, ele comerciava com Hamburgo e Trieste. Nesse ano (1821), tinha viagem de negócios marcada para a França, com escala em Lisboa; em 1823 encontramo-lo negociando em Gibraltar. Sem dúvida não era um comerciante qualquer, e um homem cuja experiência, e talvez visão de mundo, não se limitasse à província.

Com a morte da mãe, em 1821, José Antônio de Araújo receberia cerca de cinco contos de herança e a guarda de duas irmãs menores. Sua astúcia nos negócios levaria duas outras irmãs a processá-lo por irregularidades na avaliação dos bens deixados pela matriarca, de quem José Antônio era o principal testamenteiro. Em 1832 e 1835, a exemplo de Mattos, Araújo serviu como juiz de paz da Vitória. Em 1836 ele estava casado e tinha filhos com uma filha do barão de Itaparica, um potentado local, morava na elegante Vitória e possuía escravos, pelo menos um dos quais participara do levante dos malês no ano anterior. O negociante conhecia despesas funerárias, pois havia despendido 338$890 réis, valor de dois escravos na época, no elaborado funeral da mãe e no luto da família.[5]

O último sócio, dr. Caetano Silvestre da Silva, era, em 1836, juiz de direito da 1ª Vara Cível e provedor dos resíduos e capelas (ou juiz dos ausentes, antigo provedor dos defuntos). Nessa função, cuidava dos bens de pessoas mortas sem testamento e/ou sem herdeiros e julgava as disputas sobre partilhas de herança. Com acesso a dezenas de inventários, onde se relacionavam os gastos com funerais, Silvestre certamente pôde transmitir a seus sócios informações privilegiadas sobre o potencial lucrativo de uma empresa funerá-

---

5. Lugar, "The Merchant Community", p. 169; *Almanach para a cidade da Bahia* (Salvador, 1812), p. 209; e sobre atuação como juiz de paz em 1832, ver sua correspondência em APEB, *Juízes*, maço 2682, e em 1835, "A Justiça de Luís, nagô", APEB, *Insurreições escravas*, maço 2847, fls. 4-4v; APEB, IT, nº 04/1740/2210/05 (inventário de Maria Felipa de São José Araújo, mãe de José Antônio).

ria na Salvador de 1836. O dr. Silvestre morreu em 1852 como desembargador, segundo minha investigação em seu próprio inventário. Possuía então nove escravos, quatro do serviço doméstico, quatro carregadores de cadeira e um carpina. Além de casa própria, onde morava com sua esposa confortavelmente — seus móveis eram de jacarandá e outras madeiras de lei —, era dono de um "sobrado nobre" que, após sua morte, a viúva alugou por um conto e 100 mil réis anuais. Seus bens foram estimados em 32:951$061 réis, cifra nada desprezível. Ele que estava tirando o direito das pessoas de se enterrarem nas igrejas, foi à sepultura nos carneiros da elitista igreja da Piedade, acompanhado por seis padres, música, trezentas tochas e 150 velas, entre outros itens de pompa fúnebre. Tal como os demais sócios, o juiz morava na Vitória, o que sugere que o cemitério do Campo Santo — também nos limites desta freguesia — foi um empreendimento de vizinhos e paroquianos do padre Almeida. Na verdade, os empresários formavam um grupo de amigos, conforme aprendemos numa carta publicada no *Diário da Bahia* por Araújo, em meados de 1836. Tal consórcio seria naquele mesmo ano confirmado por Joaquim José de Araujo (sem parentesco com José Antônio de Araújo), que escreveu ser aquela uma turma de "íntimos amigos".[6]

O projeto do novo cemitério estava contido numa representação enviada entre abril e maio de 1835 à Assembleia Provincial, quase no mesmo momento em que esta começara a funcionar, sob a presidência de ninguém menos que o arcebispo da Bahia, d. Romualdo, o quinto colocado nas eleições para a primeira legislatura da Bahia independente. O documento reproduzia os argumentos daqueles que à época combatiam os enterros nas igrejas, mas também introduziu novidades. Vejamos em detalhe a proposta de José Augusto Pereira de Mattos & Cia.[7]

---

6. Silvestre da Silva aparece como provedor dos resíduos no inventário de Antônio Moreira de Azevedo, APEB, IT, nº 05/2019/2490/05; seu inventário é o de nº 04/1799/2269/01; sobre o cargo de provedor-mor dos defuntos no Brasil Colônia, ver Stuart B. Schwartz, *Sovereignty and Society in Colonial Brazil* (Berkeley, 1973), p. 66 e passim; *Diário da Bahia,* 40 (26/6/1836), exemplar da BPBA; e Araujo, *Observações sobre o contracto,* p. 33.

7. A representação está anexada à lei nº 17 de 4/6/1835, in *Resoluções e leis do governo* (Salvador, 1837). Pode ser também consultada a *Colecção de leis e resoluções da Assembleia Legislativa da Bahia, 1835-41* (Salvador, 1862), v. 1. Sobre a carreira política de d. Romualdo, ver Santos, "Dom Romualdo Antônio de Seixas", esp. cap. 2.

Os empresários explicaram que sua iniciativa resolvia o impasse criado entre irmandades e governo na questão dos cemitérios. As irmandades, protagonistas importantes dos funerais baianos, foram desdenhadas como financeiramente incapazes de construir cemitérios, e o governo, não tendo tomado providências, deixara um vazio que eles pretendiam ocupar, "animados do zelo pelo bem de seu país". A empresa era não só negócio, mas um empreendimento patriótico.

Patriótico e civilizador. Os autores louvavam as vantagens das novas leis regulamentando enterros, que objetivavam "elevar ao Nível das Nações mais civilizadas da Europa o Império do Brasil". E assim seria devido às diretrizes sanitárias das leis que proibiam o "pernicioso costume de se inhumar nas Igrejas, e dentro das Cidades, os Cadáveres dos mortos", defendendo os vivos da "inalação de miasmas pútridos [...] de que às vezes resulta a morte". A linguagem dos empresários se afinava com a dos médicos. Eles se comprometiam a levantar um ou dois cemitérios em terrenos já designados pela Câmara, ou em outros igualmente adequados.

O próprio nome depois escolhido para o cemitério, *Campo Santo*, remetia à ideia de transferência dos mortos para além da fronteira urbana, para o isolamento do campo. Campo Santo era uma citação direta do modelo italiano de enterrar. Em meados do século XVIII, o abade francês Charles Porée, um crítico dos enterros nas igrejas, elogiou os cemitérios italianos como o lugar onde os mortos "habitam em perpetuidade separados do resto dos vivos [...], onde os mortos, temendo prejudicar os vivos, farão não somente a quarentena, mas observarão uma interdição que não será levantada senão com a consumação dos séculos".[8] O plano baiano previa um cemitério cercado, mas sem fechá-lo inteiramente à visão dos vivos, com grades de ferro sobre um muro baixo e um portão de ferro apoiado em dois fortes pilares.

Separação entre vivos e mortos, mas também entre o culto a Deus e o culto aos mortos. As semelhanças com o discurso médico continuavam no balanço que os empresários faziam do interesse religioso da proposta. O cemitério restituiria "o devido lustre, e decoro aos Templos, que são principalmente destinados para neles se renderem cultos à Divindade, e não para

---

8. Apud Foisil, "Les attitudes devant la mort au XVIIIᵉ siècle", p. 321.

servirem de vastos sepulcros dos mortos". Haveria agora um lugar específico para os vivos orarem próximo a seus defuntos, pois do plano constava a construção de uma capela no centro do Campo Santo.

A organização das sepulturas do novo cemitério sugere uma espécie de arqueologia dos diferentes estilos de enterramento, equivalente a uma sociologia da desigualdade entre os mortos. Haveria túmulos e catacumbas particulares e covas comuns e anônimas. As covas comuns representavam a forma mais primitiva de enterro em cemitérios, já praticamente abandonada na Europa nessa época, mas em uso nas igrejas brasileiras. Seria a sepultura do baiano pobre. Uma vez enterrado, o morto entraria no anonimato, nenhuma marca pessoal identificando sua sepultura, da qual seria desalojado quando reduzido a ossos. Mas os vivos teriam uma visão amena dessas covas, já que os corredores de acesso a elas, e elas mesmas, estariam "bordados [...] de arbustos próprios". *Catacumbas* foi como os peticionários se referiram aos carneiros, os quais poderiam ser adquiridos em caráter privado. Finalmente, os *túmulos* seriam sepulturas individuais ou jazigos de família, com direito a lápide, como as que se popularizaram nos cemitérios europeus a partir do início do século xix. Os túmulos e catacumbas seriam solenemente protegidos por "lúgubres árvores, que decorem a habitação dos mortos". A seleção diferenciada da natureza como decoração cemiterial reforçava a hierarquia social dos mortos. O cemitério seguia modelos propostos na França pré-revolucionária, em que o cemitério objetivava, sobretudo, "representar um microcosmo da sociedade".[9]

Visto superficialmente, o novo cemitério baiano apenas transferia para dentro de seus limites as divisões encontradas nas igrejas. Nestas, como vimos, havia também covas comuns, carneiros e sepulturas perpétuas. Mas o cemitério operaria uma estratificação mais radical dos mortos. Nas igrejas, por exemplo, as covas comuns se misturavam com jazigos perpétuos e, em certos casos — como na igreja do Pilar —, com os próprios carneiros. Nelas, temos a considerar, além da relação espacial dos mortos entre si e com os vivos, a relação com o sagrado. Assim, alguém "incomum" podia ocupar uma cova comum, mas privilegiada, porque perto de um altar. Misturado com

---

9. Ariès, *The Hour of Our Death*, p. 503. Ver também Laqueur, *The Work of the Dead*, cap. 5.

outros mortos anônimos, inidentificável para os vivos por ocupar uma cova comum, o indivíduo concentrava sua relação de identidade com o divino. No cemitério, as sepulturas enfatizariam a relação dos mortos com a família e a sociedade. Ali estariam dispostos enquanto grupos segregados entre si, e apenas os incluídos nos grupos mais bem-sucedidos na vida manteriam uma individualidade na morte. Era a sociedade burguesa moderna, a mentalidade individualista europeia — que não havia chegado à sociedade dos vivos — chegando à sociedade dos mortos. Nesse sentido podemos inverter a definição de Ariès vista há pouco: na Bahia a necrópole antecipava uma metrópole ainda por vir.

É preciso insistir sobre este ponto para entender as implicações do plano de Mattos & Cia. Retornemos a árvores e arbustos. Tanto a estratificação social das sepulturas quanto a organização da paisagem cemiterial haviam sido previstas por nossos médicos, mas os empresários inovariam ao associar as duas coisas. Compare-se a atitude destes com, por exemplo, a da Câmara Municipal de Cachoeira, que em 1831 pensou em substituir o precário cemitério da Santa Casa local por um decorado de "flores cheirosas para aformosearem o reino da morte". Os mortos não deveriam ser "entregues aos cansanções e espinhos", da mesma forma que não se deveriam misturar os cadáveres dos "bons Cidadãos com quem deixou ao pé da forca os Crimes". Os primeiros mereciam ter "seu bom nome em vida" preservado na morte — seus serviços à pátria, "suas virtudes domésticas e no saber, seu valor nas armas" seriam lembrados em versos lapidares. O ordenamento dos mortos e o paisagismo do cemitério cachoeirense, mais que um sistema de classificação social, seria uma aula de cidadania e civismo.[10]

Os donos do cemitério de Salvador não se propunham ideais tão elevados. A classificação dos mortos do Campo Santo seguiria uma lógica estritamente econômica. A Empresa dos Cemitérios estabelecia uma escala de preços das sepulturas, embora só o diminuto preço do enterro em cova comum fosse revelado no plano: 1$280 réis. Para se acomodarem a valores morais ainda vigentes, ou talvez para melhorar a imagem pública de um empreendimento polêmico, os empresários prometiam enterrar gratuitamente os cadá-

10. Ofício da comissão nomeada em virtude da lei de 28 de outubro de 1828, 1º/2/1831, AMC, *Livro de registro de ofícios*, fls. 27-27v.

veres de pessoas comprovadamente pobres. Já os preços de túmulos e catacumbas não estavam anunciados no projeto, seriam negócio privado, decidido caso a caso entre empresa e clientes. Decerto dependeria de sua localização no terreno do cemitério, área ocupada pelo túmulo, material usado na construção. Os gastos com efêmeras pompas fúnebres poderiam ser agora direcionados para jazigos permanentes.

Mas como ir até o Campo Santo, que era afastado da cidade? Os requerentes também pensaram nisso, prevendo que haveria coches e carroças "mais ou menos ricas, com panos mortuários, a fim de conduzirem os cadáveres por um certo estipêndio, mais ou menos elevado, conforme a pompa, que se exigir". Os carros mortuários seriam, na tradição das tumbas da Misericórdia, mais um elemento de desigualdade social na morte. Mas o novo estilo de cortejo tinha outras implicações. Praticamente obrigatório em função da distância, ele rompia de vez com o antigo costume de carregar nos ombros o defunto. A cidade deixaria de ser palco de um ato cheio de significados especiais, que unia vivos e mortos numa última demonstração de solidariedade e afetividade.

Prometendo entregar o cemitério para uso do público no prazo de um ano, ou até menos, os empresários finalizavam com a proposta que certamente foi o principal motivo de oposição por parte dos membros de irmandades e outros setores da população: o monopólio dos enterros em Salvador durante trinta anos. Escreveram os empresários:

> Tendo o Governo participação de se achar terminada a obra, de sua parte fará cientificar às Autoridades competentes, para que estas o façam aos Conventos, Mosteiros, Confrarias, e Parocos, que não podem mais por pretexto algum permitir o enterramento fora dos Cemitérios, sob pena de 100 mil réis por cada um cadáver a favor dos Empresários, e pagos pela pessoa refratária a este ajuste firmado pelo Governo.

Passados trinta anos, o cemitério passaria ao controle do governo, "que ficará possuindo, e percebendo os respectivos lucros". Mas as catacumbas e túmulos permaneceriam propriedade privada de seus compradores, naturalmente.

Outra comparação irresistível: na França foram frequentes propostas desse tipo, assinadas por arquitetos ou por "cidadãos honestos" que se diziam preocupados com a saúde pública, sendo apenas testas de ferro de empresários interessados em monopolizar os funerais. Por exemplo, em 1799, já no período revolucionário, o cidadão Cambry se candidataria exatamente ao monopólio dos serviços funerários de Paris por trinta anos. Contudo, na França, planos como estes não foram bem recebidos, talvez porque, mesmo numa sociedade em que se acabava de instaurar o regime burguês, não se considerasse decente que o enterro dos mortos devesse servir como fonte de lucro privado. Nessa questão os dirigentes da Bahia escolheram não seguir o exemplo daquela "nação civilizada".[11]

A LEI Nº 17

Em 9 de maio de 1835, o requerimento dos empresários seguiu para avaliação pelas comissões de Polícia Provincial e de Estabelecimentos Religiosos, da Assembleia Provincial. Esta última comissão era encabeçada pelo próprio arcebispo. A proposta foi discutida em caráter de urgência, porque daí a dois dias já se tinha o projeto de lei nº 78, assinado por Francisco Gonçalves Martins, que além de deputado era chefe de polícia, Manuel José Vieira Tosta, juiz de direito, Luís Paulo de Araújo Basto, desembargador e ex-presidente da província, João José de Moura Magalhães, professor de direito em Olinda, e o padre João Quirino Gomes. O texto do projeto era o seguinte:

> Art. 1. O Governo da Província concederá quanto antes a José Augusto Pereira de Mattos, e Companhia de Brasileiros a empreza dos Cemitérios da Cidade, debaixo das condições, e privilégio exclusivo, constantes do seu Requerimento, cuja cópia acompanhará a presente Resolução, ficando o original no Arquivo da Assembleia.
> Art. 2. Os Empresarios, em conformidade da Lei de 10 de Outubro de 1828, conferirão com a principal Authoridade Ecclesiástica pelo que respeita as formalidades Religiosas, indispensáveis em semelhantes Estabelecimentos.

11. McManners, *Death and the Enlightenment*, pp. 318, 361-362; e Ariès, *The hour of our death*, p. 519. No Brasil não foi diferente, conforme se lê nos diversos trabalhos a respeito das reformas cemiteriais que venho aqui indicando.

Art. 3. Em quanto não forem convenientemente feitos os Cemitérios, continua a faculdade de se dar jazigo aos mortos nos lugares do costume.

Art. 4. Ficão revogadas todas as disposições em contrário.

Infelizmente, não encontrei os registros dos debates, mas eles aconteceram nos dias 11, 21 e 27 de maio de 1835, em meio a 21 intervenções da parte de doze deputados. Os deputados d. Romualdo e Antônio Pereira Rebouças foram os que mais falaram, o primeiro decerto sobre os aspectos religiosos da proposta, o segundo talvez sobre os aspectos jurídicos e também sanitários, já que era irmão do professor Manuel Maurício Rebouças, apresentado no capítulo 10. Mas foi Miguel Calmon du Pin e Almeida, deputado versado em economia, o autor da emenda ao artigo 2 que especificava certas exceções ao monopólio.[12] O conteúdo do artigo 2 original foi transformado no novo artigo 3. O artigo 3 original foi simplesmente suprimido, decerto para evitar interpretação livre do que seriam cemitérios "convenientemente feitos". O artigo 1 foi apenas ligeiramente modificado, eliminando-se a expressão "quanto antes" e a palavra *brasileiros*.[13]

Na sessão de 2 de junho de 1835, a redação final do projeto foi aprovada e dois dias depois o projeto foi sancionado como lei provincial nº 17. Na correspondência que enviou ao presidente da província com uma cópia da lei, d. Romualdo escreveu: "julgo digna de sua sanção".[14] Eis o texto da lei:

Art. 1. O Governo Provincial concederá a Augusto Pereira de Mattos e Companhia, a empreza dos Cemitérios da Cidade, com o privilégio exclusivo, e mais cláusulas, constantes do seu requerimento [...]

Art. 2. Excetuam-se do exclusivo acima estabelecido 1º) os Cadáveres dos Prelados Diocesanos, 2º) os das Religiosas Professas dos Mosteiros da Lapa, Desterro, Soledade, Mercês, e os das Recolhidas do número dos perdões, devendo por isso estabelecer Cemitérios intramuros dos seus respectivos Conventos, e Recolhimento, guardadas as cautelas sanitárias.

---

12. Du Pin e Almeida, que ocupou diversas vezes o cargo de ministro da fazenda, entre outros no Império, é autor do importante *Ensaio sobre o fabrico do assucar* (Bahia: 1834).

13. APEB, *Legislativa. Pareceres, 1835-42*, maço 1068.

14. APEB, *Legislativa. Livro 1º de correspondência, 1835-40*, v. 443, fl. 86v

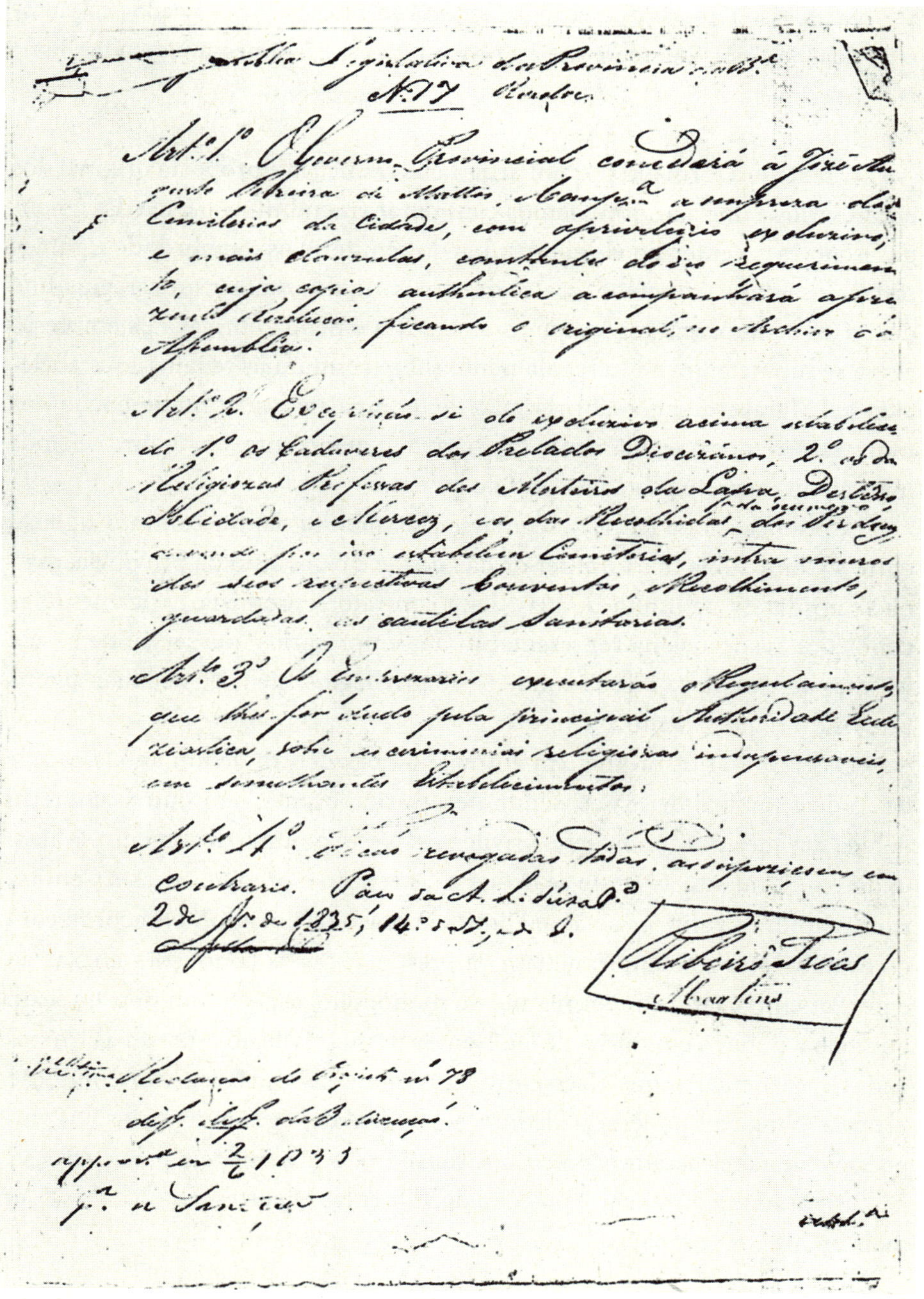

49. *Texto final da Lei nº 17.*

Art. 3. Os Empresários executarão o Regulamento, que lhes for dado pela Autoridade Eclesiástica, sobre as Cerimônias religiosas, indispensáveis em tais Estabelecimentos.

O texto era formado por um artigo que ratificava a proposta original dos empresários e dois que poderíamos considerar emendas a ela. Uma das emendas isentava do enterro pela companhia do cemitério os membros de algumas ordens religiosas submetidos a regras mais rígidas de clausura, regras que deveriam acompanhá-los à sepultura. A outra emenda obrigava os empresários a se submeterem a um regulamento sobre cerimônias religiosas, estabelecido pela Igreja, que não abriria mão de ter a palavra final no despacho dos mortos. Veremos o regulamento eclesiástico mais adiante. Por agora, vejamos mais alguns aspectos da concessão do governo.

À publicação da lei nº 17 seguiu-se a assinatura de um contrato sigiloso entre a Companhia dos Cemitérios da Cidade e o governo da província, assinado no dia 25 de junho de 1835. Esse contrato reproduzia basicamente as condições avançadas na representação dos empresários que serviu de base à lei, mas acrescentava outras condições e privilégios, além de detalhar alguns pontos do requerimento.[15]

Os empresários prometiam entregar a obra dentro de um ano, a contar de 10 de setembro de 1835 e, sendo necessário, levantar um outro cemitério dentro das mesmas condições e privilégios. Neste ponto o documento se afasta do requerimento — neste se lê que a "execução e preparos destes Cemitérios [no plural] verificar-se-ão no limitado prazo de um ano". De acordo com o contrato, eles se comprometiam "a prestar todas as conduções anexas ao enterramento", também em regime de monopólio, aspecto omitido no texto que veio a público em forma de lei. Isentos desse privilégio estavam as irmandades e particulares que fizessem transportar seus cadáveres em condução própria. Ninguém poderia se dedicar ao aluguel de seges mortuárias. Os empresários estabeleceram o preço do transporte em 2 mil-réis para carroças, não importasse a distância, e preços a decidir entre as partes para "coches com mais ou menos pompa".

15. APEB, *Legislativa. Ofícios recebidos, 1836*, maço 1119.

O governo, por seu lado, se obrigava a garantir o monopólio dos enterros e carros funerários aos empresários e seus descendentes pelo prazo dos trinta anos estipulados na lei. Também se comprometia a designar uma guarda policial permanente para garantir a ordem e a decência na necrópole, "evitando-se muitos abusos perniciosos". Embora não se esclareça o que tinham em mente por abusos perniciosos", imagino que os policiais serviriam para controlar brigas, roubos, presenças indesejadas, uso das instalações do cemitério para encontros furtivos, amorosos e de outra ordem, e assim por diante. Os empresários dariam uma casa para aquartelar os policiais. O governo ordenaria à Câmara Municipal que fizesse melhoramentos na estrada para o cemitério, tornando-a adequada ao tráfego de carroças e coches. Se obrigava ainda a avisar aos párocos de Salvador que ficavam proibidos os enterros fora do cemitério a partir de sua inauguração, sob pena de multa no valor de 100 mil réis por cadáver, a favor da companhia. Além da multa, os empresários conseguiram que os infratores fossem punidos com "penas impostas aos que desobedecem às ordens legais das Autoridades competentes".

Assinaram este contrato os três sócios e, pelo governo, o vice-presidente Manuel Antônio Galvão e o secretário interino do governo, Manuel da Silva Baraúna. No mês seguinte, em correspondência de 7 de julho, os empresários ainda requisitaram do governo a assinatura de uma "Carta do seu privilégio exclusivo para o Cemitério, e conduções em conformidade das condições do contrato", o que foi devidamente feito uma semana depois. A Empresa dos Cemitérios procurava se proteger de todos os lados.[16]


## A OBRA

O lugar escolhido para a construção do cemitério ficava fora da cidade, na antiga estrada do Rio Vermelho, no topo de uma colina arejada, conforme as recomendações dos higienistas, em terras da então fazenda São Gonçalo (ver Mapa 2, pp. 26-27). A compra da fazenda, com todas as benfeitorias, casas e plantações, foi fechada em julho de 1835 com José Tavares de Oliveira e sua

---

16. APEB, *Saúde, falecimentos, sepultamentos, 1835-55*, maço 5402.

mulher, Maria José Cândida Tavares, por seis contos de réis, a serem pagos no prazo de seis anos.[17]

Antes de iniciar a construção do cemitério, caberia aos poderes públicos aprovar a escolha do terreno. Os empresários esperaram cerca de um mês. Em 17 de junho a Câmara discutiu o pedido, nomeando para vistoriar o terreno os "professores de saúde" José Vieira Ataliba, que além de vereador era suplente de deputado na Assembleia Provincial, e Prudêncio Cotejipe. Em 7 de julho essa comissão apresentava seu parecer.[18]

A localização foi aprovada, mas o terreno considerado pequeno em vista dos índices de mortalidade em Salvador, já que o ideal seria o dobro de covas em relação ao número anual de mortos, em conformidade com a lei municipal que estabelecia em dezoito meses o rodízio de cadáveres lançados às covas. A Câmara deixou de comentar outras faltas dos empresários, lembrando em tom de queixa que, apesar de a lei de 1828 lhe dar autoridade para fiscalizar todos os aspectos de "tais estabelecimentos", a lei nº 17 parecia reduzir seu papel à aprovação do terreno. E pediu que o governo se pronunciasse a respeito de qual era exatamente sua jurisdição sobre a matéria.

No dia seguinte, o presidente da província deixava claro à Câmara que a ela cabia apenas julgar o local e ao governo avaliar sua capacidade e acompanhar a obra. À Câmara cabia também fazer o alinhamento e o aplainamento do terreno. Na mesma data em que escreveram ao presidente, os vereadores leram em plenário o pedido dos empresários para aplainar o terreno o mais breve possível, de forma a não prejudicar o andamento da obra. A questão voltaria à pauta em 20 de julho, quando foi lido ofício do "fiscal geral" dando conta de que o alinhamento estava pronto e que aguardava vistoria da Câmara para sua aprovação definitiva. Na mesma data, os empresários pediram permissão para arrancar árvores no caminho do Rio Vermelho para iniciar a construção, o que lhes foi negado, prova de que os vereadores continuavam insatisfeitos. Só três semanas depois eles aprovariam secamente o alinhamento, como "perfeito e exato". O alinhamento foi feito "em uma reta de cinquenta braças, além dos que devem seguir no lu-

---

17. APEB, *LNT, 1834-35*, v. 245, fls. 239v-241.

18. AHMS, *Atas da Câmara, 1835-38*, v. 9.42, fls. 28v, 31v.

*50. Dom Romualdo Seixas,
arcebispo da Bahia, primaz do Brasil,
presidente da Assembleia Provincial
e deputado na Assembleia Geral Legislativa.*

gar, em que se estava aterrando para a parte do Rio Vermelho, que seguirá a reta até o ângulo, que faz a volta para outro lado da Estrada do Rio Vermelho e a de São Lazaro".[19]

Os gastos com a estrada ligando o cemitério à cidade já aparecem no plano orçamentário de 1836 do governo provincial. Seriam designados onze contos e 12 mil-réis iniciais para essa obra, orçada em 21 contos e 864 mil réis. A obra fora arrematada em concorrência pública pelo capitão Miguel Teodoro da Costa, que se comprometera a executá-la por dezoito contos e 354 mil-réis no prazo de um ano. Os prazos para a finalização do cemitério, setembro de 1836, e da estrada, fevereiro de 1837, não coincidiam, mas o governo não parecia ligar para esse detalhe.[20]

---

19. Ibidem, fls. 28v, 31v-32, 33, 38, 41v, 42; APEB, *Legislativa. Câmaras Municipais. Interior e capital. Representações, certidões etc., 1832-1929*.
20. Lei nº 38 de 15/4/1836, Capítulo I, art. 1º, § 15, in *Resoluções e leis do governo*; APEB, *Legislativa. Ofícios recebidos*, 1836, maço 1119.

Em torno de agosto de 1836, os donos do cemitério escreveram ao governo que o prazo de 10 de setembro estava de pé, explicando que as dificuldades teriam sido superadas pelo zelo cívico: "não se poupando os Suplicantes a despesas, e sacrifícios alguns só o fim de poderem a despeito da estação invernosa concluir aquela importante obra no curto espaço de tempo, a que se comprometeram, e torná-la ao mesmo passo um monumento digno da Capital desta Província". Queixavam-se, todavia, de que o cemitério não poderia funcionar enquanto não ficasse pronta a estrada, "por hora impraticável para o transito de Carroças e Coches necessários nos enterramentos", o que lhes causaria grande prejuízo em vista dos "avultados capitais" por eles investidos. Terminavam declarando pronta a obra e solicitando ao governo que pressionasse o construtor da estrada. O despacho do governo, de 5 de setembro, silenciava sobre o problema, apenas reconhecia o cumprimento do contrato pelos empresários e os informava de que deviam aguardar a sagração do cemitério pelas autoridades religiosas.[21]

Enquanto circulava na burocracia provincial o projeto dos cemiteristas, rolavam na imprensa elogios ao novo empreendimento, e não apenas em Salvador. Na cidade de Cachoeira, a segunda mais populosa da Bahia, *O Democrata* — que se identificava como jornal liberal, democrático e republicano — reagiu em defesa de ataques proferidos na Assembleia Legislativa pelo deputado João Candido de Britto — e assim ficamos sabendo que a lei não passou por ali em brancas nuvens. O próprio redator do periódico, Domingos Guedes Cabral, dali a pouco envolvido na Sabinada, foi inspecionar in loco o desenrolar da obra, e assim contou o que vira:

> Ao entrarmos logo admiramo-nos de ver o grande aumento, em que se achava a dita obra preparada em tão curto espaço de tempo, achamos assentado em um logar bastantemente arejado, com uma frente de muito gosto; seu terreno vastíssimo, no centro um elevado Templo; suas catacumbas proporcionadas, e optimas; um jardineiro tratando de enflorescer o interior daquele campo, de frente acha-se independentemente edificadas as cocheiras, e estribarias de animaes, condutores dos cadáveres e finalmente todos quantos tem ali hido ver (à exceção

21. APEB, *Legislativa. Petições, 1837*, maço 1028.

do Sr. João Candido de Brito) saem com satisfação, gostando da obra, e isto basta para credito dos Empresarios.[22]

Enquanto botava nas alturas o empreendimento privado, o editor republicano lamentava o estado ruinoso em que se encontrava o Passeio Público, apesar de altos investimentos do governo.

No dia 5 de julho de 1836 foi publicado um outro elogio ao Campo Santo, desta vez no *Diario da Bahia*, mesmo jornal que divulgara as palavras do deputado João Candido contra a necrópole. Tratava-se de uma carta de Monsieur Perret convidando os amigos do recém-falecido Pedro Armando Chauffer, capitão do navio francês *Achilles*, a contribuir para a compra de uma sepultura no brevemente inaugurado cemitério. O jazigo perpétuo para o cadáver de Chauffer, Perret garantia, "mostrará que a imensidade dos mares he um fraco obstáculo posto entre os habitantes do antigo e do novo continente." A homenagem serviria de mote para uma defesa da reforma que naquela ocasião revolucionava a relação entre vivos e mortos em Salvador, pois "aquelle Monumento provará, que as sepulturas nos cemitérios são tão uteis à Religião e à moral, quanto indispensáveis à salubridade pública." Destacava ainda outro argumento clássico dos defensores dos cemitérios extramuros, com ênfase nos laços de família e no exemplo de moralidade deixado aos vivos pelos mortos sepultados no Campo Santo:

Ali um filho pode ao menos achar a tumba que encerra seo pai, e lançar nela algumas flores, e o epitáfio posto no tumulo do homem de bem, exhortando os vivos a o imitarem, lhes diz com mais eloquência, do que poderia fazer o mais brilhante discurso, que para merecer as recompensas da outra vida, e a estimação dos seos semelhantes neste mundo, he necessário ser virtuoso como o amigo que choramos.[23]

Era mais um conveniente esclarecimento ao público leitor sobre as benesses do Campo Santo.

---

22. *O Democrata* (Cachoeira, 30/4/1836).
23. *Diario da Bahia* (5/7/1836).

## O REGULAMENTO RELIGIOSO DO CEMITÉRIO

Ao contrário da rapidez com que a Assembleia se pronunciou sobre o plano do cemitério, a Igreja levaria um ano para redigir suas novas regras funerárias. Com o título *Regulamento que devem seguir os parochos desta cidade, nos enterros, e mais funções fúnebres,* um longo texto de doze artigos foi escrito por uma comissão designada pelo arcebispo e composta pelo cônego Vicente Maria da Silva, o vigário dr. Manuel José de Sousa Cardoso e o desembargador João José de Sousa Requião. A comissão discutiu seu parecer com uma junta de párocos e outros religiosos, sob a presidência do próprio d. Romualdo. O regulamento que daí resultou seguiu, de acordo com seu preâmbulo, "as conveniências sociaes", as regras legais e o direito canônico. Em 26 de agosto de 1836 foi enviado para exame e aprovação ao presidente da província, Francisco de Sousa Paraíso.[24]

Segundo esse documento, o cemitério, por ser comum a todas as freguesias, ficaria fora da jurisdição do pároco da Vitória, em cujo território se localizava, e diretamente submetido ao arcebispo. Entretanto, os párocos continuariam a lançar os nomes dos falecidos em seus respectivos livros de óbitos e a ministrar o viático e a encomendação das almas a seus paroquianos. As missas de corpo presente poderiam ser celebradas nas igrejas matrizes ou na capela do cemitério — não se mencionam outras capelas —, "sem prejuízo dos Direitos Paroquiais", ou seja, das taxas cobradas por cada pároco. Qualquer tipo de missa fúnebre podia ser celebrado na capela do cemitério sem que por isso recebessem os empresários qualquer pagamento extra. Estes, pelo contrário, deveriam fornecer "o guizamento, e paramentos necessários" à sua celebração.

Por outro lado, quem quisesse a presença na procissão fúnebre de pároco com capa de aspergir e seu sacristão, pagaria, além da encomendação, 6$400 réis, o dobro se o funeral saísse das freguesias suburbanas da Penha ou de Brotas. O responsável pelo funeral providenciaria a condução do padre ao cemitério. A introdução do novo emolumento funerário substituía o que se pagava por enterros no interior das igrejas. "Ficam extintas as Fabricas e meias Fabricas", rezava o artigo 8. Já os membros do clero regular teriam seus

---

24. APEB, *Religião. Governador do arcebispado, 1836-38*, maço 5211.

cadáveres acompanhados por frades ou capelães, sem interferência do pároco da freguesia onde se situavam seus conventos.

O responsável pelo defunto devia imediatamente informar o falecimento aos empresários ou seus agentes, para que fossem providenciados a condução e o sepultamento. Por sua parte, os empresários estavam obrigados a participar o recebimento de todo cadáver "à Autoridade Paroquial, da qual por escrito lhes deve constar, estarem satisfeitos e preenchidos os direitos e deveres Paroquiais sob a pena da Lei". O regulamento previa que não só os sacerdotes "que professam pobreza" teriam sepultura e condução gratuitas, mas também seus domésticos e fâmulos "que morarem *intra Claustra*", sem que para isso tivessem de apresentar o atestado de pobreza exigido para os demais pobres. Assim a Igreja explicitava uma espécie de sociedade com a companhia do cemitério e de troca de favores na vigilância dos negócios funerários uma da outra.

As autoridades eclesiásticas também impunham regras inibindo a profanação do cemitério. Este teria de ser murado de forma a torná-lo "inacessível não só aos viandantes, como também e mui principalmente aos animais". O artigo 6 estabelecia:

> Sendo o Cemitério lugar consagrado pela Religião ao jazigo dos mortos, e por isso unicamente próprio para excitar sérias e religiosas meditações, são proibidos dentro do seu recinto todos os divertimentos e atos proibidos nos Templos, e conseguintemente tudo que for alusivo a paixões voluptuosas, e a poder despertar recordações ofensivas da decência, e da Moral Cristã, ou ideias de materialismo, que não vê além do Túmulo senão o nada.

De uma só tacada a Igreja atacava libertinos e materialistas, enfatizando a sacralidade do novo lugar de enterro dos baianos.

Com intenção semelhante, haveria censura prévia às palavras gravadas sobre as sepulturas:

> As inscrições, Epitáfios, Emblemas, e outras Decorações do Cemitério, e dos Túmulos Católicos, serão próprias da Santidade do Lugar, análogas às nossas crenças religiosas, e emblemáticas dos Cargos honoríficos, que cada indivíduo, quer por letras, quer por armas, ou ofício tiver servido na Sociedade, inspirando todo o respeito devido aos mortos. Não se poderão pôr estas Inscripções sem consenso do Ordinário.

Nada de esculturas mundanas, de poemas amorosos ou símbolos de religião alheia, ordenava a Igreja de d. Romualdo.

Finalmente, o regulamento obrigava os empresários a reservar um lugar especial para o sepultamento de religiosos e outro, segregado por um muro e com entrada própria, para os não católicos e os excomungados — "aqueles que pertencerem aos diferentes cultos tolerados pela Constituição Política do Império, e bem assim aqueles que estão privados de sepultura em lugar sagrado, segundo os Cânones e Constituição do Arcebispado". Entre os últimos estavam os excomungados, mas também os suicidas, crianças não batizadas e africanos pagãos.

Quando os donos do cemitério declararam pronta a obra, em agosto, nova comissão eclesiástica seria organizada para examinar se estava de acordo com o regulamento religioso. Desta equipe faziam parte novamente o padre Manuel Cardoso e o cônego Vicente Maria da Silva. Saía o desembargador Requião e entravam os padres Manuel Coelho de Sampaio Meneses e Vicente Ferreira de Oliveira. Em 2 de setembro, a comissão apresentou seu parecer. "O Cemitério", escreveram, "está edificado com a maior decência possível, e de tal maneira que excedeu a espectação da Comissão, e não pode dever muito aos Cemitérios da Europa: acha-se pronto para as inumações dos Cadáveres, e com toda a capacidade para a população da Cidade". Assim, a Igreja aprovava a obra em seu aspecto sanitário, atribuição, aliás, do Estado. Em relação aos aspectos religiosos, declaravam: "A Capela ou casa mortuária está bem construída, e ornada com toda a decência e decoro, inspirando o respeito, que se deve àquele lugar". É interessante que a expressão "casa mortuária" fosse usada para definir a capela do cemitério. As igrejas seriam a partir de agora somente a "casa de Deus".

Mas nem tudo estava no lugar. A comissão observou a inexistência de um local, com entrada independente, para enterro dos adeptos de outras religiões. Aceitaram, entretanto, o argumento dos empresários de que já havia em Salvador um cemitério que desempenhava aquela função, certamente se referindo ao cemitério dos ingleses na ladeira da Barra. Ambos os lados, entretanto, silenciaram a respeito dos enterros de pagãos e excomungados, de judeus e muçulmanos. Outra falta apontada pela comissão foi um lugar destacado para sepultura dos sacerdotes, mas os empresários garantiram estar "prontos a por em reserva para estes o local que lhes for indicado, satisfazendo-se-lhes o preço das sepulturas". Essa passagem sobre "preço das sepulturas" não preenchia a expectativa da Igreja, já que em seu *Regulamento* ela ordenava que estas fossem gratuitas para os sacerdotes pobres e seus serviçais.[25]

Em 5 de setembro, o governador do arcebispado, José Cardoso Pereira de Melo, enviaria o parecer de sua comissão ao presidente da província. Essa correspondência não mencionava a questão dos enterros de estrangeiros, observando apenas que faltava "um lugar privativo e reservado para o jazigo dos Eclesiásticos, como determina o Ritual Romano, e é expresso em um dos artigos do Regulamento". E exigia obediência a esta condição para que o Campo Santo fosse consagrado. Contudo, as autoridades eclesiásticas voltariam atrás, recuperando a condição de um local para enterro dos não católicos. Foi o que deixou claro o arcebispo quando, um mês depois, a pedido dos empresários, o presidente lhe solicitou que comunicasse a seus párocos a proibição de enterrar nas igrejas a partir de 26 de outubro. Um local para religiosos e um para os não católicos voltavam a ser ponto inegociável pela Igreja.[26]

Como suponho que o governador do arcebispado não teria dispensado essa última condição sem o aval de d. Romualdo, este provavelmente teve boas razões para mudar de opinião. É possível que o arcebispo tivesse se irritado com a disposição dos empresários de cobrar pelo enterro de todos os religiosos. Em sua correspondência para o presidente, ele admitia que os religiosos não estavam legalmente isentos das taxas funerárias, do que se deduz que o parágrafo do regulamento que tratava dessa isenção não passaria de um malsucedido pedido de favor aos empresários. O entusiasmo tantas vezes expresso por d. Romualdo com o cemitério seria aqui substituído por palavras menos amenas. Segundo ele, um "lugar privativo e separado" para os religiosos no Campo Santo fazia "parte do Rito, com que a Igreja honra e distingue os despojos dos seus Ministros". E continuava: "é claro, que nem eu o posso dispensar, nem os Empresários do Cemitério de um Povo Católico o devem recusar. Convém, portanto, que eles, no interesse mesmo da sua empresa, à qual não pode ser indiferente a influência moral do Clero, façam efetiva essa disposição do Regulamento".[27]

25. APEB, *Legislativa. Petições, 1837*, maço 1028.
26. APEB, *Religião. Governador do arcebispado, 1836-38*, maço 5211.
27. Ibidem.

Quanto ao local para enterro dos que morriam fora da comunhão católica, o arcebispo reagiu contra o argumento dos empreiteiros de que já havia um cemitério para estrangeiros. O regulamento religioso, lembrou ele, não restringia a segregação aos estrangeiros. Não existia cemitério, contra-atacou,

> nem para os Brasileiros, que professarem diversa Religião, como podem ser os nascidos aqui de Pais Protestantes, ou os mesmos Estrangeiros naturalizados, nem para os meninos ou adultos, que morrerem sem Batismo, ou outras pessoas, a quem, em certos casos gravíssimos, a Igreja manda negar sepultura Ecclesiástica.

Os africanos nunca foram mencionados explicitamente. O arcebispo finalizava:

> Ora, além de ser esta disciplina mui sabida e geralmente observada nos Países Católicos, seria muito imprudente ou privar de uma decente sepultura os que não pertencem, ou têm a desgraça de morrer fora da comunhão da Igreja, ou oferecer às vistas do religioso Povo desta Capital o inaudito espetáculo de confundir os restos do cismático, do Herege, do Excomungado Vitando, e de outros banidos da Sociedade Cristã, no mesmo lugar santificado por misteriosas Cerimônias para depósito das cinzas dos verdadeiros Fiéis, e filhos obedientes da Igreja.

Só quando os empresários cumprissem essas determinações, d. Romualdo ordenaria aos párocos a suspensão dos enterros nas igrejas e procederia à bênção do Campo Santo. E transmitiu ao presidente que ele próprio advertira do assunto os donos do cemitério.

Tudo indica que os empresários se apressaram em satisfazer as exigências do arcebispo, pois no dia 19 de outubro este informaria ao presidente que eles haviam cumprido todas as cláusulas do regulamento religioso. Da parte da Igreja restava apenas sagrar o cemitério. Salvador parecia pronta para entrar numa nova etapa da história de seus costumes funerários.[28]

28. APEB, *Legislativa. Petições, 1837*, maço 1028.

# 13. A resistência contra o cemitério

No final da proposta da companhia do cemitério, seus autores definiram a empresa como "árdua já pelas quantiosas somas, que essencialmente demanda, já pelos inevitáveis tropeços, que de ordinário se encontram na criação de novos planos, contrários aos hábitos de muito adquiridos". Os empresários tinham consciência da resistência que enfrentariam.[1]

Enquanto aconteciam as negociações entre empresários, Igreja, Câmara Municipal e Governo Provincial, e também depois, durante as obras do cemitério, seus opositores se movimentavam, pressionando autoridades, recrutando adeptos e organizando a resistência. Esse movimento aconteceu num crescendo ao longo de 1836.

A pressão sobre o governo e os membros da Assembleia se deu por meio de abaixo-assinados elaborados pelas irmandades. Inicialmente, algumas representações seguiram para o parlamento nacional, no Rio de Janeiro, que as devolveria para exame e decisão dos legisladores da província. O ponto culminante dessa oposição pacífica seria a elaboração de um manifesto assinado por centenas de pessoas e dirigido ao executivo provincial.

---

1. Representação dos empresários anexada à lei nº 17 de 4/6/1835.

Pelo menos oito irmandades e uma igreja conventual representaram contra os privilégios concedidos aos empresários. Muitos desses manifestos chegaram ao presidente da província no dia da inauguração do cemitério, 23 de outubro. Dessas petições consegui encontrar seis, das seguintes irmandades: Santíssimo Sacramento da Rua do Passo, Santíssimo Sacramento do Pilar, Nossa Senhora do Rosário dos Quinze Mistérios, ordens terceiras do Carmo, de São Francisco e de São Domingos — todas confrarias de brancos, à exceção de uma, a do Rosário. Também os frades franciscanos encaminharam seu protesto. A Irmandade dos Pardos do Boqueirão protestou, mas não encontrei sua petição.[2]

Nessas representações ao legislativo ou ao executivo, as confrarias apresentaram argumentos políticos, jurídicos, religiosos e econômicos contra a lei nº 17, e propuseram alternativas ao monopólio dos enterros. Em algumas delas, a crítica aos deputados — entre eles o arcebispo, não esqueçamos — foi dura, mas os empreiteiros seriam o alvo principal, acusados de gananciosos, irreligiosos e de, resguardando sem escrúpulos seus interesses particulares, não cumprirem várias cláusulas do contrato assinado com o governo.

A CONSTITUIÇÃO CONTRA A LEI Nº 17

No início de 1836, a Ordem Terceira do Carmo da Bahia pediu à Assembleia Provincial "reparação do mal que lhes foi causado" pela lei nº 17. Argumentaram os terceiros que, embora avessos a desrespeitarem a lei, deviam obediência sobretudo à Constituição do Império. Eles apontaram o artigo 179, que cuidava exatamente da "inviolabilidade dos direitos civis e políticos dos cidadãos brasileiros, que tem por base a liberdade, a segurança individual e a propriedade". Citaram seu parágrafo 2, que ordenava a utilidade pública das leis. Citaram também o parágrafo 26, que assegurava apenas aos inventores o direito de monopólio de suas descobertas. E concluíram que os empresários não eram inventores, nem o monopólio a

2. Um ofício da Secretaria do Governo de 7/11/1836 lista apenas quatro, mas houve outras petições: APEB, *Legislativa. Ofícios recebidos, 1836*, maço 1119.

eles concedido servia aos interesses públicos. A lei provincial era, assim, inconstitucional.[3]

Obviamente, a ordem terceira fizera uma leitura muito particular da Constituição. Afinal, os defensores do cemitério haviam tido o cuidado de justificá-lo como útil à saúde pública. Mas segundo a ordem, mesmo sendo isso reconhecido, não procedia a concessão de um monopólio. Além da Constituição, os legisladores baianos teriam se afastado da letra da lei de outubro de 1828, que estabelecia apenas que os cemitérios fossem construídos fora dos templos, não da cidade, nem que fossem concedidos em regime de exclusividade. Lembro, porém, que a legislação deixava as municipalidades livres para decidirem cada qual sobre o assunto, e que a postura nº 20 da Câmara de Salvador havia estabelecido a construção de cemitérios *fora da cidade*. E a postura estava incontestavelmente em vigor.

Em algumas passagens de sua petição, os irmãos carmelitas foram particularmente ásperos com os legisladores provinciais. Segundo eles, sob o pretexto de zelarem pela saúde pública — "que aliás ainda não foi alterada em nosso abençoado clima pelas inumações das Igrejas", escreveram ecoando Robert Dundas —, os deputados teriam exorbitado de sua jurisdição, e deveriam corrigir-se. "Cumpre, pois, emendar a mão", advertiram.

A Irmandade do Santíssimo Sacramento do Pilar também se referiu à desobediência de vários parágrafos do artigo 179 da Constituição. Já para os religiosos do convento de São Francisco, a lei nº 17 era inconstitucional porque, além de ferir este artigo, desobedecia ao artigo 11, parágrafo 9, do ato adicional de 1834, segundo o qual às assembleias provinciais cabia zelar pelo cumprimento da Constituição. Tal como os irmãos carmelitas, os frades franciscanos afirmaram que "provariam que o privilégio concedido nenhuma utilidade pública produz, antes aberrou o Governo da Província de despesas, e futuros encargos sem lucro". Ou seja, o cemitério era um bom negócio para os empreiteiros, um péssimo negócio para o Estado, dinheiro público usado para beneficiar interesses privados.[4]

---

3. APEB, *Legislativa. Abaixo-assinados, 1836*. Atenção: só indicarei em nota a fonte das petições na primeira vez em que aparecerem discutidas no texto. Os trechos da Constituição de 1824 referidos nessas petições estão em *Constituições do Brasil* (Brasília, 1986), I, pp. 32 ss.

4. APEB, *Legislativa. Petições, 1837*; e APEB, *Legislativa. Abaixo-assinados, 1835-36*.

Os irmãos pretos do Rosário dos Quinze Mistérios optaram por se escorar exclusivamente no direito de propriedade. Após afirmarem que tinham "seu Cemitério decentemente para enterrarem seus Irmãos há onze anos, e igualmente Bento", justificaram a queixa "por ser fundada em direito de propriedade, que a Lei fundamental deste Império nos outorga". O mesmo argumento, por sinal, havia sido utilizado pela Ordem Terceira do Carmo de Sabará, Minas Gerais, em 1831, contra a proposta da Câmara local de construir um cemitério público. E havia também sido usado pelo padre Perereca, conforme vimos.[5]

As irmandades consideravam os legisladores vítimas de um engodo urdido pelos cemiteristas. A Ordem Terceira do Carmo se dizia admirada com o fato de os representantes da província poderem ser tão distraídos, uma vez que a lei nº 17 lhes havia sido "arrancada de surpresa!". "Vossa boa-fé", repreenderam os carmelitas, "foi iludida; vosso zelo pelo Bem público fascinado." Entre a obediência ao contrato com os empresários e o contrato de obediência à Constituição, os legisladores não tinham escolha: ou mandavam suspender as obras do Campo Santo ou, prosseguindo esta, permitissem que a ordem continuasse a usar suas catacumbas.

O JULGAMENTO DOS CEMITERISTAS

Os cemiteristas seriam acusados de uma longa lista de pecados. Se o plano do cemitério havia sido vago e incoerente, depois de pronta, a obra se mostrava aquém das promessas e dos padrões estabelecidos no contrato por eles assinado junto ao governo.

Os irmãos do Santíssimo Sacramento do Pilar escreveram:

> Eles começam seu requerimento, dizendo-se possuídos de sentimentos de religiosidade, e amor pelo bem do seu País, e no entanto foram construir um Cemitério aberto às profanas vistas, por ser do lado da estrada cercado de grades de ferro aberto, que torna aquele recinto, em vez de um lugar de soli-

---

5. APEB, *Legislativa. Petições, 1837*; e Valladares, *Arte e sociedade nos cemitérios brasileiros*, I, pp. 153-154, sobre Sabará.

dão e recolhimento, teatro de divertimento, por ficarem expostos às públicas chincalhações e zombarias dos viandantes aqueles que, levados de um zêlo religioso, e possuídos de amarga dor, forem chorar sobre o Túmulo de seus mais caros finados.

Os mortos deveriam ficar perto dos vivos, mas em espaço sagrado, como eram as igrejas e suas catacumbas. O cemitério dessacralizava a morte. À irmandade não agradava a ideia de cemitérios abertos ao trânsito dos vivos, como eram os cemitérios europeus.

O Campo Santo ameaçava noções tradicionais de espaço sagrado e outros aspectos da mentalidade funerária predominante. Ao comentar a obra da capela do cemitério, os irmãos do Pilar apontariam que a pobreza e pequenez da mesma impossibilitariam a adequada pompa fúnebre e em especial a presença de convidados numerosos, marcas particularmente fortes da morte baiana: "Em lugar da decantada Capela, em que se possa com decência sufragar os mortos, uma pequena, e ligeira Capela existe, em que mal apenas se poderão rezar os últimos responsórios sem assistência do accompanhamento fúnebre, que, a não ser pequeno, lá não pode caber".

Por fim, a quebra do contrato no que se referia a prazos: "em vez de um ano, em que os Empresários se comprometeram a dar um, ou dois Cemitérios prontos, e preparados, ainda hoje se trabalha na mesquinha obra que fizeram". Isto, apesar do ano elástico concedido pelo governo, que assinara o contrato em 14 de junho, aceitando só contar o prazo a partir de 10 de setembro de 1835. Concluíam:

> A tudo isto, acresce ainda, que devendo o Cemitério reverter para o Governo, findo o prazo do exclusivo, era mister, para isso ter lugar, que ele fosse solidamente construído, e não de maneira a precisar reparos, ainda antes dos trinta anos do privilégio, pois não é preciso ter conhecimentos profissionais, para se poder avançar, sem risco de errar, que a obra feita não dura vinte anos, por mais cautelas, que se tenham na sua conservação.[6]

6. APEB, *Legislativa. Petições, 1836.*

## OS ARGUMENTOS SANITÁRIOS

Um aspecto interessante desses manifestos é que neles as irmandades aceitariam discutir a questão dos enterros enquanto problema de saúde pública, o que significava lutar no terreno do adversário. Nesse aspecto elas se apresentaram divididas. A Ordem Terceira de São Domingos reconheceu que causava

> grandes males o ser os cadáveres sepultados dentro dos Templos, e em covas subterrâneas, cujas exalações pútridas corrompiam o ar, e atacavam muito de perto o povo, que concorrendo aos mesmos Templos, principalmente aos Domingos e dias Festivos [...] tinham de ficar sobre as mesmas covas recebendo vapores, que delas saíam, e a eles se comunicavam.

Os dominicanos chamaram a proibição dos enterros nas igrejas de "medida muito salutar", derivada de "justíssima causa", mas consideravam seus carneiros construídos estritamente dentro da lei, porque construídos no subsolo de sua capela.[7]

Essa não era a opinião da Ordem Terceira do Carmo e de outras confrarias, que denunciaram o Campo Santo como o verdadeiro perigo sanitário. "Nem se diga que a salubridade pública exigia a criação de cemitérios extramuros", bradaram os irmãos do Carmo. Os cemiteristas,

> prescindindo de entrar na análise da conveniência ou desconveniência da existência de um cemitério, que por ser geral se tornará talvez um foco de corrupção, pela grande quantidade de miasmas pútridos que dele devem exalar, deixando de parte a experiência de mais de trezentos anos, em os quais enterrando-se nesta cidade constantemente nas Igrejas, ainda daí não nos resultou peste ou epidemia alguma.

Não se pode negar que tivessem razão quanto a este último ponto.

7. APEB, *Legislativa. Petições, 1836.*

A Irmandade do Santíssimo Sacramento do Pilar criticou, em nome da salubridade pública, o local escolhido para a instalação da necrópole: "E, para evitar danos, que podem resultar das emanações dos cadáveres, foram colocar o seu Cemitério 'Campo Santo' em uma eminência sobranceira à nascente de boa água, e em uma posição fronteira à Cidade pelo lado por onde esta recebe a viração do ar". Segundo este diagnóstico sanitário, o Campo Santo poluiria a água e o ar de Salvador. A Ordem Terceira de São Domingos também observou que o cemitério fora construído em lugar inadequado, "por ser batido de ventos fortes, que caem sobre a Cidade".

Na tentativa de desmascarar os objetivos higiênicos dos cemiteristas, os irmãos do Pilar ressaltaram ponto por ponto os compromissos traídos por eles, mas se detiveram no tamanho do Campo Santo:

> Em vez de um ou dois Cemitérios cômodos, apenas existe um pequeno quadro, que mal chegará para os enterramentos da Santa Casa de Misericórdia, e de alguma outra Confraria, ou Convento [...] sendo ainda de advertir, que esse mesmo pequeno recinto tem de ser diminuído pelas aquisições particulares de terreno para sepulturas privativas.

A irmandade associava, de forma sutil, o Campo Santo ao Campo da pólvora.

Os confrades espionaram cuidadosamente a obra do inimigo, fornecendo inclusive novas informações sobre suas características físicas, que consideraram um desrespeito aos mortos e ao mesmo tempo um perigo para os vivos:

> Pelas prometidas catacumbas, ou sarcófagos matizados de lúgubres árvores, apresentaram os Empresários frágeis carneiros feitos na parte interna dos corredores da Capela, e nos muros do recinto, que, além da exposição em que se acham, prometem por sua má construção ser facilmente arruinados pelas humidades resultantes dos Cadáveres, pelo que teremos talvez de ver rolar pelo chão pedaços de muro de mistura com os humanos ossos, e mesmo fragmentos de carne mal consumidas, que oferecerá pasto aos animais carnívoros, com ofensa da moral pública e religiosa.

Expressões de um realismo lúgubre como estas sugerem que os irmãos haviam lido com atenção os textos higienistas da época.[8]

Várias irmandades contrastaram a precariedade da construção do Campo Santo com a solidez sanitária de seus carneiros. Os confrades do Santíssimo Sacramento do Passo lembraram que enterravam pouco em sua igreja, visto se situarem na freguesia menos populosa da capital. Seus oito cadáveres anuais não podiam pôr em perigo a saúde pública. "É igualmente sabido", defendiam-se, "que os Carneiros da Freguesia são bem construídos, e arejados, e que deles não pode resultar infecção do ar que se respira, ou pôr em risco a salubridade Pública [...]."[9]

A Ordem Terceira do Carmo justificou não haver construído cemitério, conforme a lei municipal, porque já possuía catacumba fora de (na verdade sob) sua igreja. "Porquanto tais carneiros, pela sua posição, ventilação e construção própria a dirigir todos os eflúvios por canos interiores para a terra sem que dê lugar ao desenvolvimento de miasmas ou à evaporação de gases mefíticos, em nada podem prejudicar a Saúde Pública." E anunciaram, triunfantes, o reconhecimento desse diagnóstico por uma comissão médica da Câmara Municipal:

> E bem que esses Médicos, levados das ideias do tempo, sustentassem a opinião de que toda a inumação em povoado pode ser prejudicial à saúde de seus habitantes, todavia tal foi a força da verdade e boa disposição dos Carneiros [...] que eles se viram obrigados a concluir dizendo que "quase impunemente e sem prejuízo da saúde pública se podia continuar a sepultar, como até aqui".

A Ordem Terceira de São Domingos, que, como vimos, havia capitulado diante dos argumentos médicos contra os enterros nas igrejas, alegaria, entretanto, as condições perfeitamente salubres de enterramento de seus irmãos.

---

8. Em 1841, o formando de medicina Antônio Alves, entusiasta do Campo Santo, elogiou os empresários por adotarem muitas das regras higienistas consagradas, levantando o cemitério em local adequado, terreno amplo, "muralha proporcionada, bella Capella, elegância e gosto", mas reconheceu que o material utilizado na construção fora "o mais precário possível". "Era por assim dizer huma verdadeira peça de filigrana", concluiu Alves, *Considerações sobre os enterramentos*, p. 2.

9. APEB, *Legislativa. Abaixo-assinados, 1835-36*.

Seus dezoito carneiros ("lugar certo de enterrar") ficavam, como no caso da Ordem do Carmo, no subsolo do templo, em lugar bem arejado. Além disso, ali se enterrava pouca gente, cerca de cinco ao ano, com rotatividade espaçada entre um e dois anos. Para obter uma higiênica decomposição cadavérica, os terceiros cobriam seus cadáveres com cal e vinagre, conforme recomendado pelos especialistas no assunto. Segundo eles, essas providências justificavam que pudessem continuar a ali enterrar seus mortos.

## A IGREJA DIVIDIDA

Ainda no campo da controvérsia sanitária, a própria Igreja seria atacada pelos irmãos do Pilar. A comissão eclesiástica encarregada de aprovar o Campo Santo foi por eles considerada incompetente para julgar a obra do ponto de vista da "construção, Polícia, e condições sanitárias". Eles consideravam indispensável que uma comissão civil fosse formada para dar conta da tarefa.

A Igreja seria veladamente contestada em outros aspectos do projeto. As confrarias e os religiosos que se opunham aos cemiteristas perceberam contradições entre as razões médicas, ou o espírito da lei nº 17, e seu texto. Em seu manifesto, os franciscanos protestaram que, "a ser reconhecida a necessidade e conveniência da construção de um Cemitério público e geral, nenhuma exceção se deveria ter admitido". Eles se referiam ao artigo que excluía do monopólio os cadáveres dos prelados diocesanos, das religiosas dos conventos da Lapa, Desterro, Soledade e Mercês, e das recolhidas dos Perdões. Ao impor essas exceções discriminatórias, a Igreja minara sua fraca unidade — como demonstrariam claramente as palavras dos frades de São Francisco.

Aos privilégios de certos setores da Igreja, somavam-se outros favorecendo grupos fora dela. Segundo os irmãos do Pilar, a Igreja teria fechado os olhos às restrições levantadas pela própria comissão eclesiástica quanto à falta de local separado para religiosos e estrangeiros no cemitério dos empresários. Essa acusação, talvez verdadeira no momento em que a petição da irmandade fora escrita, tornar-se-ia obsoleta mais tarde, quando d. Romualdo conseguiu que os empresários corrigissem a falta. Mas havia outras implicações relativas aos direitos funerários dos católicos.

Em sua crítica à posição dos empreiteiros, que apontavam para o cemitério inglês como alternativa para os defuntos protestantes, d. Romualdo não questionaria o direito dos ingleses de possuírem seu próprio campo-santo. A lei nº 17 também nada mencionava a esse respeito, ou seja, os ingleses podiam continuar sendo enterrados no cemitério da ladeira da Barra. Diante disso, os irmãos do Pilar dispararam indignados:

> De sorte que os Ingleses, porque são poderosos, e todos os outros Pagãos, porque são Estrangeiros, podem conservar seu cemitério particular, sem embargo do exclusivo, e os Representantes e outros que professam a Religião Cristã devem sem indenização alguma ceder de seus bem construídos, e decentes carneiros para pagarem um tributo aos Cemiteristas!?

Quer dizer, só os católicos perderiam a liberdade de escolher o lugar de sepultura, exatamente aqueles cujos direitos a Igreja e o Estado deveriam proteger com prioridade. A Irmandade do Pilar levantava uma questão legal — e também política — sem dúvida importante. Tinha havido uma clara discriminação dos atingidos pela Lei do Cemitério.

As irmandades insistiram no princípio de que, a exemplo dos ingleses e demais grupos excetuados pela lei, seus membros deveriam continuar a ser enterrados em comunidade. A Ordem Terceira do Carmo apontaria, como solução, que o governo exigisse dos empresários um local no próprio Campo Santo para esses enterros, e a preços razoáveis. Pois elas haviam sido simplesmente ignoradas pelos legisladores e, ainda mais grave, pela Igreja. Os carmelitas enumeraram as implicações disso: eles e as demais confrarias ficariam "esbulhados do direito que tinham a suas sepulturas já estabelecidas [...], privados da liberdade de estabelecerem por si mesmo seus cemitérios extramuros, e [...] sujeitos ao livre-arbítrio dos Beneficiados", que cobrariam "uma quantia exorbitante sem que a isso os Suplicantes possam opor cousa alguma". A ordem concluía que, ou deixava de enterrar seus mortos, faltando "ao sagrado dever contraído para com todos os Irmãos no ato de sua profissão", ou se submeteria ao "capricho dos Beneficiados cemiteristas". Num caso o resultado seria o "resfriamento da Religião", e advertia aos deputados sobre "os males que de tal resfriamento costumam nascer"; noutro caso, se desviariam para os bolsos dos empreiteiros dotações antes usadas para fins devocionais e filantrópicos.

ECONOMIA, POLÍTICA E RELIGIÃO

As confrarias não fizeram segredo de suas perdas econômicas. Algumas eram ricas, temiam o empobrecimento, e defendiam um patrimônio acumulado ao longo dos anos. Houve irmandades que, inclusive, se ofenderam com a insinuação dos empreiteiros de que, ao contrário deles, elas não tinham recursos para construir cemitérios. A Ordem Terceira do Carmo afirmou que não foi "por falta de meios" que não construíra o seu, mas porque já possuía suas catacumbas, separadas da igreja segundo os padrões sanitários recomendados. A Irmandade do Pilar retorquiu com orgulho, e talvez com exagero, que "algumas [confrarias] são de per si sós mais ricas, que todos os Empresários coletivamente". Quase todas, entretanto, admitiram explícita ou veladamente que a abolição de suas prerrogativas funerárias significaria a decadência e até o ocaso irreversível delas.

Mas foram os frades franciscanos que mais nitidamente previram a crise que resultaria do monopólio. Como vimos no capítulo 9, o convento de São Francisco oferecia vários serviços fúnebres, inclusive sepulturas em sua magnífica igreja. As covas, segundo a petição dos franciscanos, representavam a principal fonte de renda dos religiosos. "Ninguém ignora", escreveram, "que os [franciscanos] não têm patrimônio donde tirem sua subsistência, a qual é mantida pelas esmolas dos Fiéis, retribuições por alguns serviços do Culto Católico, e mais que tudo pelas ofertas ou pagamentos de sepultura." Os frades chamavam a atenção para que, tendo a Assembleia há pouco aprovado o ingresso de trinta noviços, parecia-lhes contraditório que ela mesma quisesse tirar-lhes o sustento: "é incoerência tal que os Suplicantes duvidam em acreditar [possível] em tão Ilustrada Assembleia".

Algumas representações, como a do Rosário dos Quinze Mistérios e a dos próprios franciscanos, foram, por assim dizer, particularistas, ao colocarem suas próprias dificuldades e apresentarem soluções individuais. Sustentavam que, ou já possuíam cemitérios e catacumbas adequados, ou estavam prontas a construí-los. Já o manifesto da Ordem Terceira de São Domingos, além de procurar resolver seu próprio problema, assumiria a defesa do conjunto das irmandades, ao protestar contra os "danos" que a lei traria para a ordem e "demais Corporações e Sociedades Religiosas". Assumia também a defesa da religião, que julgava ameaçada se as irmandades decaíssem. Escreveram, por exemplo, sobre a "decadência, em que por isso irá caindo o Culto Divino e a Religião". Essa última passagem de seu protesto evidencia que as irmandades interpretavam de maneira positiva a superposição do culto aos mortos e do culto divino no mesmo espaço sagrado, ao contrário da alta hierarquia eclesiástica, dos médicos e legisladores, que pugnavam por separá-los.

A Lei do Cemitério teria de fato o efeito de afastar os fiéis das irmandades, uma vez que tornaria obsoleto um de seus principais objetivos, que era enterrar em comunidade os seus associados. Os terceiros dominicanos enfatizaram:

> Não pode também entrar em dúvida, que qualquer [um], com pequenas exceções, quando se delibera alistar-se por Irmão de alguma das ditas Sociedades ou Corporações, têm primeiro que tudo em vistas o bem, que dali lhe pode provir, já ao corpo já à alma; e que ou por amor religioso, ou por filáucia e vanglória desejam ser sepultados na Sua Ordem ou Irmandade, levando o seu acompanhamento, e aquela decência, que o seu Compromisso lhe permite, e finalmente contando decerto, que ainda morrendo em grande miséria sempre ali será sepultado da mesma forma, e com o mesmo funeral da sua Ordem, como se fora rico.

Os dominicanos, assim, interpretavam a morte como fator de correção das desigualdades entre os vivos, ou era com isso que contavam os irmãos. Com a nova ordem cemiterista, os fiéis se afastariam das irmandades, sabendo que agora seriam forçosamente enterrados num cemitério público onde, para terem regalias e acompanhamento, "farão nova despesa"; os irmãos pobres, antes enterrados com dignidade, "serão sepultados tristemente". Além de não receberem novos associados e de perderem os já existentes, os irmãos que ainda permanecessem, doravante "fugirão d'aceitar cargos alguns e menos de despender dinheiros".

Como resultado, os dominicanos anteviam uma tragédia: a decadência do culto, o fechamento dos templos, o abandono da religião, a sublevação dos crentes e até a destruição do Estado.

> Ninguém tomará entusiasmo e gás pelas celebrações dos Sacrifícios, e exposições dos fatos Religiosos; e a Religião decerto ficará em decadência; e então disso murmurando, e até clamando o Povo, pode provir não só a desordem geral e

mudanças do Sistema jurado, como a ruína total desta Província e de todo o Império.

A apocalíptica petição dos dominicanos insistiu nesse ponto mais de uma vez, num esforço para politizar ao máximo a discussão. "Perdido o gás" das irmandades, escreveram, o culto divino "irá acabando, e consequentemente a Religião ficará em abandono, o maior mal que em qualquer Estado pode haver, pois que da decadência daquela procede logo a decadência deste." Não pensassem os deputados que os irmãos faziam esse diagnóstico pessimista por inclinação subversiva. Não, pois eram "verdadeiros Constitucionais, amantes do Sistema jurado, e da Religião professada e herdada de seus maiores, e estes sentimentos são o que os fazem temer [...]". Os dominicanos atribuíam às confrarias nada menos que o equilíbrio da ordem religiosa, social e política da nação.

Essa petição, politicamente abrangente, terminava com uma proposta de conciliação particular. Desde que fosse permitido à Ordem de São Domingos enterrar seus mortos, ela se dispunha a pagar aos donos do cemitério, por cada morto, o valor da cova mais barata do Campo Santo. "Desta sorte", propunha, "ficarão garantidos os direitos de ambos, sem prejuízo à Saúde Pública." Só aceitando essa proposta, a Assembleia poderia "destramente afugentar incalculáveis males que lhe poderiam sobrevir", ameaçava.

Esse tom intimidador tingiu mais de um manifesto. Os irmãos do Pilar, por exemplo, leram no despacho do presidente da província à sua primeira petição que ele não podia desobedecer à lei votada pela Assembleia Provincial. Em sua segunda petição, os irmãos rebateram que não desejavam ver a primeira autoridade da província cometer ilegalidades, mas que, em vista das irregularidades denunciadas, fizesse suspender as obras do cemitério até que a Assembleia Provincial revisse a concessão feita aos empresários. E terminavam assim:

> Cumpre pois, Exmo. Sr., que V. Exa. entenda que só à Assembleia Provincial compete deferir-lhes, então haja de a convocar extraordinariamente para esse fim, pois que a paciência humana tem limites, e quando o Cidadão reclama em vão providências das Autoridades constituídas para a guarda de seus Direitos, nada mais natural do que fazer justiça por suas mãos, o que entre nós é até autorizado por Lei.

Da "indisposição geral que se tem desenvolvido contra o Cemitério", anunciada na primeira representação, os irmãos do Pilar passavam a considerar a possibilidade de ruptura da ordem, no segundo manifesto. A primeira representação havia sido entregue antes da inauguração do Campo Santo, em 23 de outubro, sendo despachada pelo presidente na véspera; a segunda seria entregue, provavelmente, no dia mesmo do levante contra o Campo Santo.

É interessante que, nessas petições, as irmandades utilizassem elementos do liberalismo para defender uma atitude tradicional diante da morte e dos mortos. Elas invocaram a tese do contrato social entre Estado e cidadãos como o alicerce da ordem. Apegaram-se à Constituição imperial que, como a lei maior e a lei jurada por todos, deveria ser preservada pelas autoridades. E, em consequência, elas admitiram, numa genuína tradição liberal, que, se as autoridades contrariavam direitos civis e políticos, se rompiam o contrato social, os cidadãos tinham o direito de se levantar contra elas. A revolta se apresentava como tendo por objetivo a regeneração de uma ordem pactuada entre o Estado e a sociedade. Uma revolta pela religião, a Constituição e a propriedade. Na lógica das irmandades, a ordem funerária até então existente fazia parte da ordem política do Império, e uma não podia ser mantida sem a outra. Tanto num como noutro caso se misturavam direitos funerários, direitos de propriedade e, mais amplamente, direitos religiosos. O Estado se comprometera a zelar pela "liberdade dos povos" em cada uma dessas esferas. Se ele rompia o compromisso, paciência...

Se a religião ganhava uma dimensão política nessas petições — e assim teria de ser, até porque não havia separação entre Igreja e Estado —, as confrarias também se posicionariam no campo estritamente religioso, no campo da política ritual, digamos. Elas enfrentaram a Igreja a partir de uma concepção própria da relação entre vivos, mortos e a divindade. A Igreja, ao apoiar os cemiteristas, trabalhava para separar esses protagonistas. A separação entre vivos e mortos, e entre estes e as divindades, obedecia a regras diferentes de poluição, uma orientada pela racionalidade médica, outra pela razão ritual. Mas, da mesma forma que os médicos haviam utilizado a religião para fortalecer a ideologia higienista, a hierarquia eclesiástica se utilizaria da medicina para impor sua perspectiva da religião, valorizando o culto divino em detrimento do culto aos mortos.

Na religião das irmandades — que médicos e agora bispos consideravam impregnada de superstição —, vivos, mortos e santos participavam de uma família ritual que devia permanecer unida. Essa ideia mais orgânica do espaço sagrado era parte de uma visão do mundo e do sobrenatural em que os mortos tinham algo de divino. Nas capelas das irmandades se rezava tanto *pelos* mortos como *para* os mortos. Os mortos participavam da resolução de problemas dos vivos tanto quanto Deus e os santos, mesmo se com pesos e medidas diferentes. E, assim como na relação com os santos, os vivos deviam zelar por seus mortos para fortalecê-los. Isto significava, entre outras coisas, garantir-lhes um lugar ritualmente próximo dos seres divinos. Zelar pelos mortos também significava zelar pelo destino dos vivos. A sepultura eclesiástica era, se não uma garantia, pelo menos uma condição para a salvação da alma, e isso interessava vivamente aos mortais baianos.

Igreja e irmandades tinham perspectivas deveras conflituosas a esse respeito. A Igreja, que nessa época iniciava uma política de romanização pelo reforço da ortodoxia e disciplinamento dos fiéis, criticava essa visão tradicional da morte e do lugar dos mortos. Nesse aspecto ela parecia considerar as irmandades como um órgão doente de seu corpo. Num sentido mais amplo, as irmandades representavam uma barreira ao projeto da Igreja de controlar os leigos com mais força. Ao apoiar a proibição dos enterros nas igrejas, d. Romualdo, líder pioneiro do reformismo católico brasileiro, cumpria esse objetivo. Por isso faz sentido o apoio de um arcebispo conservador a uma medida filha de um "século das luzes" que ele via como pai da irreligião. As irmandades eram o baluarte do catolicismo leigo tradicional e sua força vinha em grande parte dos mortos. Ao transladá-los para longe dos fiéis e segregá-los em cemitérios extramuros, a Igreja separava aliados, ferindo mortalmente o poder das irmandades.[10]

Entretanto, é importante recordar que as irmandades já vinham declinando. Como já visto aqui, as pessoas pediam cada vez menos sua presença nos funerais, o enterro em suas capelas, a proteção dos santos de devoção. Os dias áureos das confrarias já haviam passado em 1836, e nesse sentido o mo-

---

10. Sobre a romanização da Igreja no Brasil imperial, ver João F. Hauck et alii, *História da Igreja no Brasil* (Petrópolis, 1985), cap. 3; e sobre o papel de d. Romualdo, ver Silva e Azzi, *Dois estudos sobre d. Romualdo Antonio de Seixas*, pp. 17-38; Mattoso, "Au Nouveau Monde", v, pp. 448 ss.; e sobretudo Santos, "Dom Romualdo Antônio de Seixas", passim, que também expõe em maior detalhe as ideias do arcebispo sobre o lugar dos mortos no projeto da Igreja (pp. 213-223). Sobre a briga do arcebispo com o "século das luzes", inclusive com o saber médico, ver, em suas próprias palavras, Seixas, *Colleção das obras*, I, pp. 143-152, por exemplo.

vimento contra o cemitério evidencia um esforço para evitar o tombo definitivo. Mas se os baianos vinham lentamente mudando suas atitudes diante da morte e dos mortos, ainda não estavam preparados para a mudança radical representada pela imposição da necrópole monopolista.

## A INAUGURAÇÃO DO CAMPO SANTO

O presidente Francisco de Sousa Paraíso soube resistir o tempo suficiente para que o cemitério fosse inaugurado. Mas, observou ele, a cerimônia aconteceria num clima de tensão: além das petições das confrarias exigindo a suspensão da lei, "espalharam-se notícias de que pretendia o Povo obstar aquele ato de Sagração". Por isso mandara reforçar a guarda do Campo Santo naquele dia com homens da polícia montada e da infantaria. A guarda original do cemitério, três praças e um cabo, pareceu-lhe insuficiente. Um crítico aproveitou a medida para acusar o presidente de querer empregar "a pólvora e a balla, para os coagir [aos 'Povos'] à obediência" da lei do cemitério.[11]

O ato teve lugar em 23 de outubro de 1836, um domingo ensolarado, três dias antes de vigorar a proibição dos enterros nas igrejas. A cerimônia foi presidida pelo vigário da Vitória, padre Joaquim de Almeida, amigo dos empresários cemiteristas, o mesmo que no ano anterior havia se queixado de não ter onde enterrar seus fregueses e propusera que a tarefa de construir um cemitério público fosse entregue ao setor privado. Sob este aspecto, ninguém mais indicado para benzer a obra. D. Romualdo alegara doença para não ser ele o oficiante. Um contemporâneo, nosso já conhecido Joaquim José de Araujo, escreveu que outros sacerdotes, do "conceito" do arcebispo, tinham sido por este convidados para fazer as honras da Igreja, mas se recusaram a desempenhar a "Missão tão santa, e honrosa, que em outras circunstancias eles disputariam a preferencia: tal era a repugnância [...]".[12]

11. Paraíso ao ministro da Justiça, 2/1/1837, in *Anais do APEB*, v. 6, nº 9 (1922), pp. 116-118; APEB, *Correspondência*, v. 1661, fls. 104v-5, 120v, 134-134v; e Araujo, *Observações sobre o contracto*, p. 34.

12. Araujo, *Observações sobre o contracto*, p. 33, 35, para uma visão crítica; e Martins, "Nova edição da simples e breve exposição", p. 289, sobre o dia ensolarado.

Durante a cerimônia de sagração, o padre Almeida criticou os enterros nas igrejas, num sermão inspirado no Capítulo 23 do Gênesis, "O túmulo dos patriarcas". Naquele tempo Abraão insistira em pagar aos heteus quatrocentos siclos de prata pela gruta e o terreno adjacente, onde sepultaria Sara longe dos vivos. O sermão teria sido impresso e distribuído pelos presentes ao ato de inauguração. Além de uma defesa dos cemitérios extramuros, parecia nada menos que uma justificativa bíblica do Campo Santo como empreendimento comercial![13]

O presidente da província pensou em fazer da inauguração uma cerimônia de Estado, e para tal convidou todas as autoridades locais para o evento. Mas só compareceram ele próprio, o comandante das armas e o chefe de polícia. O arcebispo estava, convenientemente, enfermo. O chefe de polícia atribuiu outras ausências ao temor que pairava de uma revolta. Mas o povo se manteve calmo naquele domingo. Segundo Paraíso, compareceu à cerimônia um "extraordinário número de pessoas de todas as classes", e tudo se desenrolou na maior paz, e "se concluiu aquele ato guardando-se todo o respeito". "Apesar de extraordinária concorrência do povo, consegui ultimar o dia sem a menor alteração da tranquilidade", também escreveria Gonçalves Martins, o chefe de polícia. Aliviado, o presidente conversou com algumas pessoas presentes que, segundo ele, puderam conferir pessoalmente a "decência com que se havia construído o dito Cemitério", razão por que achava que se tinha desarmado o espírito de oposição. Cedo descobriria seu erro.[14]

Com a proximidade da inauguração do Campo Santo, as irmandades mobilizaram seus membros para discutir o assunto. Em 19 de outubro, a mesa da Ordem Terceira de São Francisco reuniu-se e decidiu convocar seus confrades, através dos jornais da cidade, para uma reunião na manhã do dia 23, data da inauguração. Um anúncio inescapável, impresso em letras garrafais, apareceu na *Gazeta Commercial da Bahia* de 21 de outubro. Enquanto acontecia a cerimônia de sagração do Campo Santo, os irmãos franciscanos se reuniam contra a lei que o tornara possível. Compareceram 71 terceiros, além

---

13. Damásio, *Tombamento*, p. 56; e Araujo, *Observações sobre o contracto*, p. 35, informam sobre o tema do sermão, que não consegui localizar.

14. Paraíso ao ministro da Justiça, 2/1/1837, fl. 116; e Martins, "Nova edição da simples e breve exposição", pp. 288-289.

de cinco membros da mesa. Para ajudá-los a enfrentar judicialmente o problema, foi também convocado um advogado, ninguém menos que Antônio Pereira Rebouças, o deputado que participara da comissão da Assembleia Provincial encarregada de discutir e redigir a lei nº 17. Rebouças parecia estar mudando de lado, coisas da profissão. O advogado não desanimou seus clientes, recomendando que elaborassem uma representação "reclamando os direitos que a essa Ordem pertenciam há duzentos anos". No final, o próprio Rebouças redigiria o manifesto dos irmãos franciscanos, endereçado ao presidente da província.[15]

Nele, a ordem terceira não apenas lembrava direitos adquiridos de enterros em seus carneiros — direitos estabelecidos em bula papal e reconhecidos por sucessivos governos —, mas também mencionava o fato de que a Câmara Municipal dera licença aos frades franciscanos para levantarem um cemitério na Boa Viagem, que também serviria à irmandade. E, enquanto a Assembleia Provincial não se reunisse para reavaliar a concessão feita aos donos do Campo Santo, a ordem insistia em continuar a sepultar em seus carneiros. A representação falava em "resistência legal, que é um dos Direitos consagrados nas Instituições políticas, e civis do Império". Mencionava também o ato adicional de 1834, que justificava a intervenção do presidente em situações de crise. Neste caso, "a crise que o referido exclusivo tem ocasionado ferindo intensamente a consciência dos Fiéis, que não veem no Cemitério da Companhia senão um Estabelecimento especulativo".

No dia seguinte à inauguração do Campo Santo, o presidente respondeu aos franciscanos como das vezes anteriores: ele cumpria a lei e a lei só podia ser modificada pela Assembleia que a criara, para a qual deviam ser dirigidos os protestos. Ainda na reunião do dia 23, foram discutidas pelos irmãos franciscanos duas outras questões correlatas: primeiro, onde enterrar seus defuntos a partir do dia 26, data da suspensão dos enterros nas igrejas; segundo, responder ao convite da Ordem Terceira do Carmo para a manifestação das irmandades em frente ao palácio do governo, marcada para o dia 25. Sobre a primeira questão, decidiu-se que doravante os irmãos mortos atravessariam de saveiro a baía de Todos-os-Santos para serem enterrados no convento da vila de São Francis-

---

15. *Gazeta Commercial da Bahia*, nº 496 (21/10/1836), exemplar da BNRJ; sobre a posição da ordem franciscana, Alves, *História da venerável Ordem Terceira*, pp. 279-280.

co, no Recôncavo. Quanto à segunda, decidiu-se, após acirrado debate (em que "a minoria se viu na precisão de aquiescer"), que os irmãos não compareceriam "de cruz alçada" à planejada manifestação. A historiadora Marieta Alves elogiou essa decisão da ordem, mas deixou escapar o detalhe de que esta não iria *como organização* ao palácio — ou seja, de "cruz alçada" —, mas liberava seus membros para protestarem enquanto indivíduos.[16]

A Ordem Terceira do Carmo mostrou-se mais radical quando teve de discutir exatamente as duas questões. Em assembleia de 7 de outubro, decidiu pela continuação dos enterros em sua catacumba, mesmo que para isso pagassem a multa de 100 mil réis estipulada na Lei do Cemitério, "além da pena de desobediência às ordens das Autoridades". A ordem escolheu o caminho da desobediência civil. Por outro lado, o convite que fez em 24 de outubro à Ordem Terceira de São Francisco tinha o seguinte texto:

> Achando-se a Mesa desta Venerável Ordem 3ª do Carmo, em consequência de convite d'algumas Irmandades, resolvida a sair com seus Irmãos às nove para dez horas do dia d'amanhã 25 do corrente, em ato de Corporação, afim de representar ao Exmo. Governo Provincial acerca do Cemitério, e persuadindo-se que o objeto que a move é geral, e do mesmo interesse desta respeitável Mesa, vai por meu intermédio saber [...] se esta é também a vontade dessa respeitável Ordem, para podermos-nos aí incorporar com as mais Irmandades e Ordens, que suponho terem o mesmo convite.

A Ordem do Carmo queria o protesto de rua. Num post-scriptum, os irmãos carmelitas ainda insistiam em que, não estando os confrades de São Francisco de acordo com o horário da manifestação, sugerissem um outro. Era importante que a venerável e influente ordem franciscana comparecesse. Como vimos, ela não respondeu positivamente ao apelo.[17]

Mas muitos dos seus membros devem ter ido à praça e pelo menos alguns assinaram o manifesto do movimento.

---

16. Alves, *História da venerável Ordem Terceira*, p. 282; sobre todo o episódio, ver também AOTSF, *Livro de deliberações*, fls. 4, 9, 9v, não catalogado.

17. AOTC, *Livro 6º de resoluções da mesa, 1814-87*, fls. 262-262v; e Alves, *História da venerável Ordem Terceira*, p. 281.

## O MANIFESTO CONTRA O CEMITÉRIO

Durante alguns dias, circulou em Salvador um abaixo-assinado que ampliaria a mobilização contra os cemiteristas. O manifesto contra o Campo Santo trazia a mesma data em que d. Romualdo dera seu aval final à obra, em carta ao presidente da província. Encaminhado a esta mesma autoridade, o protesto estava assinado por 280 pessoas. Eis o texto completo desse notável documento:

O Direito de Representação é uma das faculdades concedidas aos Cidadãos, os abaixo assinados vêm com a maior pacificação, pedirem a V. Exª a suspenção da Lei, que facultou poder V. Exª contratar com os Empresários do Cemitério, visto que esta Lei vai de encontro aos interesses gerais; e porque esse contrato caducou, pois se tendo obrigado os Cemiteristas a darem os jazigos prontos no prazo marcado, de um anno, se tem espaçado dezesseis meses, e só a fome do Ouro, e o monopólio, os fez atamancadamente o quererem abrir, e benzer, no sempre lutuoso dia 23 de outubro, dia de pranto, e dôr, para a Bahia, dia, que pode ser de grande consequência, a haver da parte de V. Exª resistência; pois estando próxima a abertura da Assembleia Provincial, os abaixo assinados têm de levarem ao conhecimento dos Representantes da Província, a impotência de tal Lei; e o monopólio exclusivo, com que se quer beneficiar meia dúzia de ambiciosos inumanos, com grave prejuízo Público. É pois fundado na Arca Santa, que os Representantes à testa de seus Juizes de Paz vêm pedirem a V. Exª esta salutar providência; e se a negar, fica V. Exª responsável a Deus, à Nação, e ao Mundo, pelos acontecimentos que ocorrerem, Bahia 19 de outubro de 1836.[18]

O manifesto sintetizava os argumentos levantados pelas irmandades, mas era politicamente mais abrangente, por ser expressão de uma coletividade maior. Contrastava os "interesses gerais" dos baianos — serem enterrados como de costume — aos interesses particulares dos empresários: possuírem o "monopólio exclusivo" dos enterros em Salvador. Os autores do manifesto não pouparam recursos retóricos para denunciar o que consideravam a impo-

18. APEB, *Legislativa. Representações, 1834-1915.*

sição da moralidade do lucro a qualquer preço. A "fome do Ouro" de "meia dúzia de ambiciosos inumanos" levava a "grave prejuízo Público", acusaram. O dia da inauguração seria um dia de "pranto e dor", dia "lutuoso", escreveram em tom patético. Um texto forte, que atacava sem rodeios seu alvo: os "cemiteristas". E que demonstrava aos membros da Assembleia ser vã a tentativa de impor a lei, uma lei sem potência, porque sem poder de convencimento. Os assinantes exigiam a revogação da Lei do Cemitério.

Aberto em tom de conciliação, o manifesto se torna ameaçador à medida que avançamos na sua leitura. Lá pela metade adverte sobre a "grande consequência" que poderia resultar da "resistência" do presidente à reivindicação dos manifestantes. É um discurso de ataque. E termina com uma declaração de fé cristã — a expressão "Arca Santa" deve ser entendida como "o grêmio da Igreja católica", segundo Morais —, responsabilizando o presidente perante Deus, a nação e até o mundo pelo que pudesse acontecer. Um manifesto que inicia com uma justificativa secular de rebelião — a rebeldia de cidadãos contra uma lei injusta — termina com uma retórica religiosa apocalíptica. Por fim, o manifesto confirma a impressão deixada por algumas das petições de que a Cemiterada foi uma rebelião repetidamente anunciada.[19]

Tudo faz crer que este foi o documento recebido pelo presidente da província das mãos dos representantes da massa concentrada em frente ao palácio no dia da destruição do Campo Santo, 25 de outubro de 1836. A data que traz, 19 de outubro, indica que ele circulou pela cidade durante seis dias, mas é possível que a maioria das assinaturas tivesse sido firmada exatamente na praça, no mesmo momento da manifestação que precedeu ao quebra-quebra. Em relatório ao governo imperial, o presidente Paraíso afirmou que havia recebido "unicamente os Representantes das [...] Irmandades" para discutir suas reivindicações, mas, na verdade, a essa altura o movimento já não era só das irmandades organizadas. E o manifesto é um indício disso. Quando o presidente afinal cedeu, prometendo convocar uma reunião extraordinária da

---

19. O dicionário setecentista de A. de Morais Silva, *Dicionário da língua portuguesa* (Lisboa, s. d.), I, p. 221, contém várias definições para Arca Santa ou Sagrada ou Arca da Igreja. A que achei mais adequada está no texto. Uma outra também pertinente seria: "diz-se das coisas a que se tributa grande respeito e consideração como base de felicidade ou de salvação, por exemplo, Arca Santa das liberdades públicas".

Assembleia Legislativa, ele já enfrentava um movimento verdadeiramente popular, um movimento que logo escaparia das mãos dos dirigentes de irmandades que inicialmente o haviam provocado.

## NOMES

O manifesto da Cemiterada anunciava que os juízes de paz de Salvador estariam com os manifestantes. Os juízes eram o equivalente secular dos párocos — estes cuidavam da ordem espiritual da freguesia, aqueles, da ordem policial. O fato de os manifestantes se fazerem acompanhar dos juízes de paz significava que não pretendiam parecer uma ameaça à ordem pública. Mas, se essas autoridades se fizeram presentes, elas não assinaram em bloco o manifesto. Só consegui detectar a assinatura de três deles: José Antônio de Castro Abreu, do segundo distrito do Pilar, Inácio Manuel da Porciúncula, juiz suplente do primeiro distrito da Sé, e Antônio Gomes de Abreu Guimarães, titular de Brotas. Este último era português, médio proprietário, dono de escravos, homem polêmico e autoritário, intransigente defensor da ortodoxia católica contra os muitos candomblés que batiam atabaques em sua freguesia. Quatro juízes ou ex-juízes de paz assinaram um ou outro manifesto de irmandade.[20]

As assinaturas do manifesto público e das representações das irmandades elucidam outras questões. O manifesto não foi um mero somatório das pessoas que assinaram os protestos das irmandades, embora algumas tivessem assinado ambos os documentos. Foi assim com seis associados da Irmandade do Santíssimo Sacramento do Pilar, entre eles membros de importantes famílias, como Camilo José da Rocha Bitencourt, que morreu muito rico em 1861.[21] Dez irmãos da Ordem Terceira de São Francisco também assinaram, inclusive o visconde de Pirajá, que encabeçava o abaixo-assinado. É provável que Pirajá fosse responsável pela maior presença dos franciscanos entre os assinantes do manifesto. Encontram-se também os nomes de membros da Ir-

20. Sobre o juiz Abreu Guimarães, ver Reis e Silva, *Negociação e conflito*, cap. 3. A identificação dos nomes dos juízes foi feita a partir da série *Juízes de paz* do APEB.

21. APEB, *IT*, nº 02/912/1381/09, inventário de Bitencourt (1861).

mandade do Santíssimo Sacramento do Passo. Mas a grande maioria das assinaturas não constava das representações das irmandades, embora muitos provavelmente pertencessem a elas ou a outras que não elaboraram petições ou, se o fizeram, elas se perderam.

Entre essa gente, encontramos poderosos e humildes. Nomes como João de Deus, João Evangelista, Hermenegildo Sinfrônio aparecem ao lado do visconde de Pirajá, de Camilo Bitencourt, de José Inácio Borges de Barros. Este último era membro de importante família de senhores de engenho em Santo Amaro, no Recôncavo. Um dos assinantes, Joaquim José Froes, talvez fosse parente de Joaquim José Ribeiro Froes, membro da Assembleia Provincial que assinou, junto com o deputado e chefe de polícia Gonçalves Martins, a redação final da lei nº 17. Dos deputados eleitos, o visconde de Pirajá foi o único a assinar o manifesto, mas não foi o único que se opôs ao plano dos cemiteristas.

Embora não tivesse assinado o manifesto, o deputado e desembargador Luís Paulo de Araújo Bastos juntou sua voz aos protestos. Ex-presidente da província, exatamente nessa época ele se tornava um dos homens mais poderosos da Bahia, por ter sido indicado testamenteiro pelo riquíssimo proprietário Pedro Rodrigues Bandeira, falecido em outubro de 1835 sem descendentes, elegendo sua sobrinha, e mulher de Bastos, como uma de suas principais herdeiras. Bastos foi o sexto deputado mais votado e era membro da comissão que discutiu e redigiu a polêmica Lei do Cemitério. Contudo, ou fora voto vencido, ou mudara de opinião, pois se tornaria combatente das hostes anticemiteristas. Como juiz da Irmandade do Santíssimo Sacramento do Pilar, ele assinou com outros irmãos as duras críticas desta ao governo e à Igreja.[22]

Outro deputado cuja assinatura não aparece em nenhum documento de protesto, mas que se opôs aos cemiteristas, foi João Candido de Brito. Já o encontramos no capítulo anterior sendo contestado por um amigo do Campo Santo. Homem de formação francesa, João Candido cursara com brilho matemática e física em Paris, onde aprendeu a falar muito bem o francês, conforme relatou entusiasmado o cônsul Marcescheau. Na Bahia, era professor de agricultura quando foi eleito para a Assembleia Provincial. Numa sessão em abril de 1836, João Cândido fez um duro discurso contra o

---

22. *Diário da Bahia*, nº 21 (27/1/1835), exemplar da BCEBA; e APEB, *IT*, nº 01/100/146/03, testamento de Bandeira.

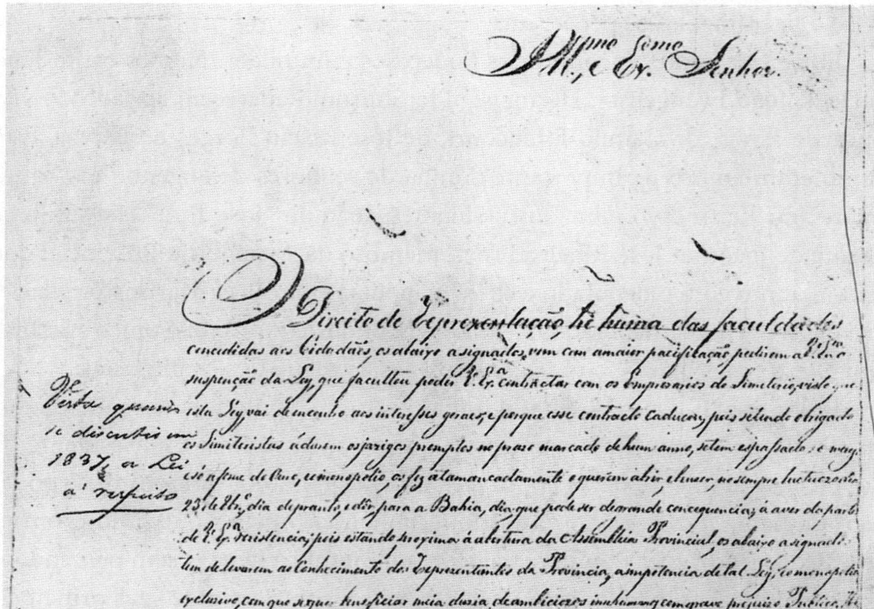

*51. O manifesto da Cemiterada,
com as primeiras assinaturas.*

cemitério, acusando os empresários de usar material ordinário, de construir uma obra "ridícula".[23]

Identifiquei a ocupação de 35 peticionários: nove eram comerciantes, três proprietários, três que viviam de aluguel ou do ganho de seus escravos, dois que alugavam casas, dois alfaiates, dois carpinas, dois lavradores, dois escrivães, um sapateiro, um pintor, um calafate, um armador, um homem que "vivia de agências" (espécie de despachante), um padre, um tabelião, um oficial de justiça, um major do Exército e um capitão de navio.[24]

Os comerciantes se destacam como o grupo ocupacional mais numeroso entre os peticionários. Seu número poderia subir para doze se a eles somarmos três portugueses que talvez também fossem do comércio, visto ser esta a ocupação mais comum entre seus patrícios. A representatividade dos comerciantes sugere que a classe estava em desacordo com o monopólio dos cemiteristas.

Dos que comerciavam, pelo menos três com certeza operavam no mercado funerário de Salvador. Antônio José Teixeira vendia panos fúnebres, João Antônio de Miranda e João Gualberto da Costa Campos negociavam velas e tochas. A estes podemos somar o armador, e filho de armador, Francisco Joaquim Cachoeira. Os alfaiates, escrivães e o tabelião provavelmente participavam também desse mercado, os primeiros costurando mortalhas, os segundos escrevendo testamentos, o último registrando-os. Ainda entre os profissionais da morte deve ser incluído o único padre que assinou o manifesto, Manuel Cirilo Marinho. Muitos outros padres provavelmente quiseram assiná-lo, mas devem ter preferido evitar a reprovação do arcebispo. O vigário Lourenço da Silva Magalhães, por exemplo, não desencorajou o comerciante Lourenço Cardoso Marques, com quem morava à rua de São Bento, a assinar o manifesto.

---

23. AMRE, *Correspondance politique. Brésil*, v. 16, fl. 18; e *O Democrata* (30/10/1836), exemplar da BNRJ.

24. Para identificar os assinantes, recorri a vários documentos do período: 1) os inventários do APEB, que estão organizados em ordem alfabética; 2) assinaturas nos recibos apensos aos inventários; 3) APEB, *Relação de fogos dos habitantes da freguesia de Santana, 1835,* maço 5685, fls. 3, 8, 9v, 10v, 21, 21v, 26v, 43, 43v, 51v, 93v, 132, 139; 4) relação de presos da revolta da Sabinada (1837), em *A revolução do dia 7 de novembro de 1837 (Sabinada)* (Salvador, 1938), v. 3, pp. 80, 81, 95, 260; v. 4, pp. 249, 265 e passim; APEB, *Sabinada*, maço 2843, fls. 163 ss.; e 5) Silva, *Memórias históricas e políticas*, IV, p. 249.

Entre as assinaturas socialmente menos importantes, constatei a cor de apenas uns poucos, na maioria pardos. Entre os pardos estavam os alfaiates Joaquim Antônio da Silva, solteiro, dezoito anos, e Torquato José Santana, solteiro, 34 anos; os carpinteiros Antônio Franco, solteiro, e José Manuel da Silva, solteiro, vinte anos. Também assinou o manifesto Manuel Pereira da Silva, calafate crioulo. Dado o alto índice de analfabetos, mesmo nas classes privilegiadas, não seria de esperar que muita gente humilde assinasse o documento. Nenhum escravo, nenhuma mulher o fez, personagens que tinham pouca ou nenhuma voz numa sociedade patriarcal-escravista, mas que estiveram nas ruas no dia da Cemiterada.

Assinaram pessoas de uma variedade de ocupações, diversas classes e cores, a maioria, entretanto, oriunda dos setores intermediários da população. É impossível dizer mais de tão pequena amostra. Essa mesma categoria de homens, com os comerciantes e artesãos à frente, esteve presente em outros movimentos do período. Com efeito, pelo menos 21 dos que assinaram o protesto em 1836, dois anos depois seriam indiciados por participação na revolta separatista da Sabinada, entre eles o vereador e major Pedro José Joaquim dos Santos.[25] Por ironia, nessa rebelião eles tiveram como um dos mais ferrenhos adversários o visconde de Pirajá, que em 1836 abria o rol de assinaturas contra o Campo Santo. Conheçamos o aristocrata baiano.

## O VISCONDE DE PIRAJÁ

Joaquim Pires de Carvalho e Albuquerque era membro da poderosa família da Casa da Torre, dona de terras, gado, engenhos e escravos. Em 1836, tinha 48 anos de idade e já havia participado de muitas batalhas políticas e militares. Celebrado como herói das lutas da Independência na Bahia, era coronel das milícias da Torre, que comandou contra os portugueses e, posteriormente, contra quase todos os movimentos rebeldes da província. Sempre do lado conservador, o Santinho, como era conhecido, era tido como líder da facção baiana que apoiava o absolutismo de Pedro I, de quem recebera os tí-

---

25. Sobre o perfil social dos indiciados por rebeldia nessa época, ver Reis, "Cor, classe, ocupação etc."; e Souza, *A Sabinada*, pp. 129 ss.

tulos de barão e depois visconde. Em 1827 correu o boato de que ele estaria à frente de uma conspiração absolutista na Bahia.[26]

Com a deposição do imperador, em 1831, Pirajá passou a ser visto como articulador de seu retorno e da restauração portuguesa. Naquele ano, durante os distúrbios antilusos em Salvador, foi feito comandante das armas e se encarregou de prender pessoalmente Cipriano Barata, o famoso revolucionário liberal. No ano seguinte combateu e venceu a rebelião federalista de São Félix e Cachoeira, à frente de uma força militar que denominou "Exército Armonizador", cujo quartel-general era seu engenho Nazaré, em Maragogipe. Alertando um juiz de paz sobre a rebelião, ele se referiu ao "monstro da anarquia que rebentou em Cachoeira". Adorava hipérboles desse tipo. Seus manifestos pela legalidade sempre terminavam com muitos vivas à religião. Ainda em 1835 continuava fiel aos Bragança de além-mar. Num bilhete escrito nesse ano ao vice-cônsul português, por intermédio de quem enviava uma carta a d. Maria II, ele se referiu a ela como "minha Augusta Ama".[27]

Pirajá também enfrentou rebeliões escravas, como a de 1826 num subúrbio de Salvador, o Quilombo do Urubu. No mesmo ano, prendeu em Maragogipe e remeteu para a capital o mascate Joaquim Isaac, provavelmente judeu e natural de Gibraltar, por ter divulgado a notícia de uma revolta no Pará e Maranhão "feita pelos escravos e canalha", conforme escreveu ao presidente da província. Para Pirajá, "tão penosa notícia devia ser sufocada, mormente nesta conjuntura em que os ânimos se acham exacerbados". Apesar de Pirajá, todas as testemunhas confirmaram o depoimento de Estêvão Andrade, que ignorava se Isaac "dera alguma notícia fúnebre [...]". Em 1827, o coronel irrompeu certo dia em Santo Amaro com sua tropa, a caminho de Cachoeira, onde combateria de novo escravos rebeldes, e confiscou à força catorze cavalos aos moradores. Esses atos dão uma ideia de sua personalidade autoritária. Ele não cessava de combater seus pesadelos. "Em sua cabeça corriam cenas de chacinas de brancos por pretos associados a 'anarquistas'", escreveu Paulo César Souza.[28]

---

26. APEB, *Correspondência*, v. 677, fl. 42. O melhor estudo sobre a dinastia da Casa da Torre é o de Luiz Alberto Moniz Bandeira, *O feudo: a Casa da Torre de Garcia d'Ávila* (Rio de Janeiro, 2000).

27. APEB, *Juízes de paz*, maço 2682; e ANTT, *Ministério dos Negócios Estrangeiros. Consulados de Portugal. Baía, 1831-51*, caixa nº 1.

28. APEB, *Sublevações, 1822-26*, maço 2860; APEB, *Juízes de paz*; maço 2580; e Souza, *A Sabinada*, p. 54.

Em 1832, o cônsul francês Marcescheau escreveu que o visconde era "uma mistura bastante extraordinária de orgulho aristocrático, ideias cavalheirescas, opiniões liberais e sentimentos patrióticos; à elevação da alma e algumas maneiras de grande senhor, ele associa hábitos pouco distintos". À exceção das "opiniões liberais" — decerto o cônsul definia liberalismo à maneira de um representante da França pós-revolucionária —, fez um perfil correto da personagem. Pirajá era temido pelo "ardor de sua imaginação" e por se cercar de "más companhias". Para o francês, se ele possuísse talento militar adequado, poderia desempenhar no Brasil o papel do clássico caudilho latino-americano, mas, cortejando-o, o governo o mantinha na linha, inclusive tirando vantagem de sua disposição a sacrifícios pessoais pela manutenção da ordem.[29]

Todavia, em 1836, tudo indica que o visconde de Pirajá foi o principal articulador do manifesto da Cemiterada. Ele não só encabeçou as 280 assinaturas, mas foi um de seus autores, talvez *o* autor.[30] Membro da Ordem Terceira de São Francisco, o visconde discordou da posição passiva assumida por ela, de não ir ao palácio protestar, preferindo, e talvez liderando, a posição mais militante da Ordem terceira de São Domingos, à qual também era associado. Membro da Assembleia Provincial, discordou da lei nº 17 por ela elaborada. Católico tradicionalista, não hesitou em discordar do arcebispo na questão do Campo Santo. Parte da "nobreza baiana", não tinha muito de nobre em seu jeito de ser e de se comportar. Joaquim Pires era um aristocrata rude a quem os baianos se referiam mais amiúde como "Coronel Santinho" do que como visconde de Pirajá.

Todavia, o Santinho era chegado aos símbolos estamentais, inclusive os ritos funerários que distinguiam os de sua classe. Era seu lado "cavalheiresco", de que falava o cônsul francês. Por exemplo, no mesmo ano de 1827 em que perseguia escravos rebeldes, organizou na Bahia as comemorações fúnebres de d. Leopoldina, conforme um relato da época:

---

29. AMRE, *Correspondance politique. Brésil*, v. 14, fl. 63v.

30. Cotejando a caligrafia do manifesto da Cemiterada com a de petições privadas do visconde, nota-se a mesma letra, não a dele, mas provavelmente de seu escrivão favorito. Ver uma petição pessoal de Pirajá em APEB, *Legislativa. Representações, 1834-1925*. Ver adiante análise de outro manifesto que escreveu em 1836, repetindo expressões já usadas neste.

52. *Joaquim Pires de Carvalho e Albuquerque, visconde de Pirajá.*

Em 15 de Março, o Senhor Santinho, Marquês [sic] de Pirajá, unido a sua família, fez o grande e magníssimo ofício pela morte da Nossa Imperatriz no Convento de S. Francisco, função em tudo grandiosíssima, e mui fúnebre, e Navios, e foi a primeira pessoa que tais sentimentos deu de demonstrações Brasileiras, e mui primeiro que a Câmara.

Além de membro da Ordem Terceira de São Francisco, a ele estava destinado um lugar no jazigo de sua família no convento franciscano de Salvador. Um ano antes da Cemiterada, ele faria o traslado dos restos mortais da mãe, Ana Maria de São José Aragão, de Santo Amaro para a igreja de São Francisco. Nessa ocasião solicitaria do presidente da província o envio de um batalhão ao porto para receber e acompanhar o cortejo fúnebre, e no dia seguinte se postar em frente à igreja, "aonde se há de celebrar ofício solene para dar depois as descargas do estilo".[31]

---

31. Barros, "Chronica dos acontecimentos", pp. 92-93; e APEB, *Saúde. Falecimentos,* maço 5402.

O homem via na pompa fúnebre um símbolo de estabilidade da ordem social. Isso explica diretamente sua oposição ao cemitério.

Braz do Amaral escreveu não ter conseguido qualquer informação escrita sobre a participação de Pirajá em 1836, mas a memória coletiva ainda a registrava mais de meio século depois: "Encontrei a acção deste personagem em tal dia na tradição popular e em todas as informações particulares que tomei [...]", escreveu Braz. Porém, existem relatos, escritos na época, sobre o papel superlativo do visconde na Cemiterada. Segundo um contemporâneo: "as confrarias em ato religioso, movidas pelo visconde de Pirajá, que as acompanhava com o fim de pedirem ao Presidente revogasse a ordem de serem ali sepultados seus confrades, pois tinham nas Igrejas suas catacumbas". Que a multidão o tomou por líder é confirmado por mais uma testemunha, o major Pedro Sanchez, que "ouvira vivas, que o Povo dava ao Santinho, e morra José Antonio de Araújo", um dos donos do Campo Santo.[32]

Outra testemunha ocular, Joaquim José de Araújo, confirmaria o papel de liderança do visconde, começando no encontro das confrarias no Terreiro de Jesus, sua presença no palácio do governo provincial à frente de uma delegação dos manifestantes, e sua intervenção para acalmar a multidão que atacava o Campo Santo. Também anotou que, na ocasião, "cingido com o cordão do Patriarca Seráfico (de que é digno Confrade), e com a corrêa Dominicana (de que também he Irmão), apresentava maior realce às insígnias que o distinguem como Grande do Império".[33]

Mas teria o visconde apoiado a destruição do cemitério? É possível, uma vez que o próprio manifesto por ele assinado previa a violência. Nesse caso, Pirajá fez parte de uma manifestação que tomaria a forma daquela anarquia plebeia que tanto detestava, contra a qual lutara repetidas vezes no passado e ainda lutaria no futuro. Mas é também possível que o movimento tivesse seguido rumo inesperado. Neste caso o quebra-quebra teria sido feito à revelia de Pirajá e de outros poderosos que assinaram o manifesto e os protestos das irmandades. Uma terceira hipótese combina as duas anteriores: a violência teria sido iniciativa de manifestantes mais agitados, mas o visconde deixaria

---

32. Na ordem das citações: Amaral, *Recordações históricas*, p. 87; Anônimo, "Lembranças", mss. BNRJ, II-33, 35, 11; e APEB, *Cemiterada*, maço 2858, fl. 22 da devassa.

33. Araujo, *Observações sobre o contracto*, pp. 36-38.

que ela corresse solta, sem interferir. Interferiu somente no final, quando o chefe de polícia, seu colega na Assembleia, o convocou a pacificar a multidão. A essa altura o cemitério jazia no chão.

À vista da biografia política de Pirajá, não é de supor que suas ações em 1836 fossem mera idiossincrasia pessoal. Nela se refletia um conservadorismo político de que fazia parte uma visão religiosa tradicionalista, combinada a um monarquismo exacerbado. Menos de um mês após o levante, ele reuniu na Ordem Terceira de São Domingos os portadores de títulos de nobreza para denunciar uma conspiração separatista na província. No discurso que fez, assinou (como "Gentil Homem") e mandou imprimir, aproveitaria para se referir à Cemiterada como uma defesa da "religião de nossos Avoengos insultada". "Há pouco, Senhores", explicava ele, "viste quão fatal ia sendo, se não fosse a docilidade do nosso povo [sic], uma empresa temerária, só porque se lhe apresentou a face de aniquilar o culto externo, que tanto desespera a impiedade." O povo teria se levantado pela religião barroca, tão pródiga nas manifestações externas da fé. Pirajá recomendou aos colegas deputados que aprendessem a lição e não mais se aventurassem a "leis que se contrastem com os costumes"; ao presidente da província avisou que não sancionasse "esses partos da irreligião e da imprudência"; a todos pediu que se empenhassem por manter ilesos a religião e o Trono. E terminava com uma ameaça, ao estilo daquela feita no manifesto da Cemiterada: "se a mão sacrílega ousar tocar na Arca Santa da Aliança Brasileira, querendo alterar quaisquer dos artigos Constitucionais do Império, decida o ferro, e fogo, como partilha dos ímpios, e Celerados". No ano seguinte o visconde teria chance de usar de ferro e fogo contra os separatistas da Sabinada.[34]

34. Esse discurso de Pirajá foi enviado ao presidente da província, que o encaminhou ao ministro da Justiça avisando ser falsa a notícia da conspiração separatista, apenas mais um fantasma a rondar a mente do visconde: AN, J¹, 708. O discurso foi também publicado pelo *Jornal do Commercio* de 29/11/1836. Sobre o papel de Pirajá na repressão à Sabinada, ver Souza, *A Sabinada*, passim. Entre outras coisas a ocupar a mente de Pirajá, em 1836, estava a penhora judicial de seu engenho Periperi, por dívidas a José de Cerqueira Lima, o rico traficante negreiro amigo de José A. Pereira de Mattos, um dos donos do Campo Santo (ver capítulo 12); e *Diário da Bahia*, nº 9 (30/8/1836), sobre a penhora do Periperi. Confira-se também Bandeira, *O feudo*, p. 501, que alegou ter Pirajá gasto largas somas para financiar a guerra da independência baiana (1821-23), negligenciando sua vida financeira em favor do ativismo político. O cap. 13 do livro de Bandeira cobre a vida do visconde nas décadas de 1830 e 1840.

Quatro anos após a Cemiterada, Pirajá perderia a razão, tentou suicídio duas vezes, refugiou-se no engenho Nazaré e armou seus escravos para defendê-lo de uma imaginária conspiração de parentes contra ele. Essa guerra o visconde perdeu. Louco, morto para a sociedade, foi confinado pela família num hospital de Salvador até a morte, em 1848. Apesar de economicamente arruinado, seu enterro teve a pompa que tanto apreciava: seu cadáver foi vestido com hábito de fidalgo do Império, acompanhado do vigário com pluvial e quarenta padres, e enterrado no jazigo de sua família em São Francisco. Conta ainda Xavier Marques: "Efetivamente o funeral de Santinho, realizado entre júbilos e aclamações populares, ao som de marchas alegres, tocadas por várias bandas de música, constituiu o espetáculo inédito em que o gênio folgazão da província revelou toda a sua capacidade". Pirajá teve o funeral por que lutara em 1836.[35]

## CLASSES, CORES, SEXOS

O perfil das pessoas que participaram da Cemiterada foi descrito por algumas das testemunhas ouvidas durante o inquérito instaurado para esclarecer os acontecimentos daquele dia para muitos funesto. O major do Exército Pedro Ribeiro Sanchez relatou que, estando a caçar nas imediações do cemitério naquele dia, "presenciou uma multidão de pessoas [...] sendo a maior parte delas muleques, pretos de pé no chão, e negras, que todos eles reunidos em número maior de mil destruíram aquele edifício e o deitaram por terra". *Muleques* era o termo usado na época para identificar negros jovens, e os pretos descalços sugerem a presença de escravos, já que usar sapatos era um símbolo de liberdade. Sanchez viu então uma minoria de gente branca e uma maioria composta de adolescentes, homens e mulheres, todos negros.[36]

Esse depoimento realça o protagonismo dos que não aparecem entre os assinantes do manifesto e das representações, entre os quais os pobres, os es-

35. APEB, *Correspondência*, v. 685, fls. 232-232v; e Pedro Calmon, *História da Casa da Torre* (Salvador, 1983), p. 204, 206 (citação de Xavier Marques).

36. APEB, *Cemiterada*, maço 2858, fl. 21v-22.

cravos e as mulheres. Para os miseráveis da cidade da Bahia, que tinham nos funerais que acompanhavam uma fonte de renda, o Campo Santo era um péssimo negócio. Sua distância reduziria o número de cortejos fúnebres de que pudessem participar, enquanto na cidade era possível passar de um funeral a outro em questão de minutos; o próprio cortejo em carro funerário, previsto no projeto do cemitério, dispensaria a participação dos pobres. Esse fator econômico deve ter contribuído para a adesão popular ao levante. Quanto a negros e negras, escravos ou livres, eram membros ativos das irmandades, as principais adversárias dos cemiteristas. Quanto às mulheres, fossem negras ou não, deve-se acrescentar ao seu perfil social o papel relevante que tinham nos ritos fúnebres, como rezadeiras e carpideiras, por exemplo. A participação destacada que tiveram na Cemiterada é comparável à das mulheres portuguesas na revolta da Maria da Fonte, revolta que também se fez contra a proibição dos enterros nas igrejas. Da mesma forma, na França e na Inglaterra as mulheres se envolveram e até lideraram protestos em defesa de costumes funerários, embora essas manifestações não tivessem sido tão sérias quanto a Cemiterada portuguesa, nem a baiana. O comportamento das mulheres em toda parte se relacionava com o papel especial que tinham nos rituais de vida e de morte.[37]

A participação de mulheres, e não só de negras, seria confirmada por outras fontes. Lembro o relato aparecido no carioca *Jornal do Commercio*, de que mulheres de irmandades levaram, sob suas capas, as pedras usadas contra o escritório da companhia do cemitério, no centro da cidade. O tesoureiro do Celeiro Público, Antônio Ribeiro da Silva, viu passar em frente à sua casa, no Bom Gosto, "mais de 2 mil pessoas de diversos sexos gritando morra o Cemitério e José Antonio d'Araújo". Amotinaram-se pessoas de "várias condições e diversos sexos", concluiu o juiz de paz encarregado da devassa sobre a Cemiterada. O capitão da cavalaria de polícia, Lázaro Vieira do Amaral, "viu pessoas de várias classes sobre o telhado [da capela] destruindo-o". Isso às onze da manhã. Às quatro da tarde recebeu ordem para intervir a fim de evitar novas desordens, e encontrou "grande concurso de povo de todas as clas-

---

37. Vieira, *Apontamentos*; Thibaut-Payen, *Les morts, l'Église et l'État*, pp. 420-421; McManners, *Death and the Enlightenment*, p. 313; Lebrun, *Les hommes et la mort*, p. 486; Richardson, *Death, Dissection*, pp. 228-229.

ses e sexos que se retiravam [...] e traziam despojos ou pedaços do edifício destruído", à guisa de troféus. No mais detalhado relato da época, Joaquim José de Araujo anotou "mais de três mil pessoas de todos os sexos, e diferentes idades, ocupadas no desmoronamento do superficial cemitério [...] ".[38]

Provavelmente a cor e a roupa das pessoas serviram de indicadores para que essa e outras testemunhas distinguissem "várias classes", além de diversas idades, entre os levantados. O levante não foi levado a cabo apenas pelos destituídos. Além de envolver homens e mulheres, ele foi pluriclassista e multirracial. Dele participaram do visconde ao escravo, todos na defesa de uma visão tradicional da morte.

Decerto o visconde de Pirajá não teve a mesma motivação de um escravo para se opor aos cemiteristas. Ele tinha interesses senhoriais a defender: o jazigo de sua família em São Francisco era símbolo de continuidade dos privilégios aristocráticos que ele representava, e da esperança de vê-los reproduzidos no além-túmulo. O escravo tinha razões, digamos, igualitárias para defender a tradição: sua vaga numa cova de irmandade significava a oportunidade de um melhor lugar no outro mundo, depois de ocupar o último lugar neste mundo. Ao mesmo tempo, as pessoas que participaram da Cemiterada podem ter agido segundo aquele impulso básico de recusar o aniquilamento definitivo de sua existência, como já apontado aqui via Sigmund Freud.[39]

Resta dizer que não parece procedente a tese de que a Cemiterada fosse o resultado de uma mera conspiração de armadores, comerciantes, irmandades e outros grupos movidos por interesses econômicos inconfessáveis. Os interesses, econômicos e outros, foram confessados publicamente nas petições e no manifesto. É claro que os profissionais da morte perderiam um bom pedaço do mercado funerário de Salvador para os cemiteristas. É também natural que os consumidores desse mercado temessem as consequências de um regime de monopólio. Mas disso não se deve concluir que uma cultura

---

38. *Jornal do Commercio* (5/11/1836); APEB, *Cemiterada*, maço 2858, fls. 26, 28-28v, 32v; APEB, *Correspondência*, v. 883, fl. 110. Talvez por pudícia, "sexos" foi transcrito como "seres" na publicação do ofício do presidente ao ministro da Justiça pelo *Anais do APEB*, v. 6, nº 9 (1922), p. 118; Fala do presidente, 7/11/1836, NA, IJ¹, 708; e Martins, "Nova edição da simples e breve exposição", p. 289.

39. Freud, "Reflections", p. 127.

religiosa secular tenha servido de mero verniz ideológico a motivações estritamente materiais. As petições das irmandades colocam o problema de outra maneira: ao declínio material das confrarias, seguiria o declínio religioso. Economia ritual e material eram duas faces da mesma moeda.

# Epílogo
# Depois do levante

A devassa que se seguiu ao levante não resultou na acusação de nenhum envolvido, sequer de seus líderes. Houve uma conspiração de silêncio. As próprias autoridades baianas pareciam prontas a logo esquecer o ocorrido, temendo tensões que pudessem levar a novos distúrbios. A elite dirigente no final se convenceu de que tinha errado no encaminhamento da questão do cemitério, ao desafiar tradições tão enraizadas na alma do povo de Salvador. Ela se isolara perigosamente numa época em que o equilíbrio político se encontrava por um triz, a insatisfação popular grande e os escravos acabavam de realizar uma seriíssima sublevação (a Revolta dos Malês, em janeiro de 1835).

Mas, assim que soube dos fatos, o ministro da Justiça, Gustavo Adolfo de Aguilar Pantoja, pediu explicações. Ele expressou surpresa com a Bahia, que "por sua ilustração e larga experiência parecia isenta do contágio da insubordinação e da desordem". Como justificar a violência, perguntava ele, emendando: "No país há recursos, há direito de petição, há Leis, há Justiça, e Autoridades para mantê-los". E exigia do presidente da província que instaurasse uma devassa pelo crime de sedição, definido no Código Criminal como reunião de mais de vinte pessoas armadas com o fim de, no caso, "obstar a execução e cumprimento de qualquer ato ou ordem legal de legítima autoridade".[1]

Após a repreensão do Rio de Janeiro, o presidente Francisco de Sousa Paraíso instruiu o juiz de paz da freguesia da Vitória a abrir inquérito. Assim, em janeiro de 1837, teve início a devassa, e não sem dificuldades e estremecimentos entre as autoridades envolvidas. Por exemplo, o promotor público Ângelo Muniz da Silva Ferraz — que atuara energicamente um ano antes no julgamento dos malês — assim respondeu, em 10 de janeiro de 1837, a um pedido de convocação de testemunhas feito pelo juiz de paz da freguesia da Vitória, Joaquim José de Morais:

> Nenhuma lei há que me imponha o dever de nomear testemunhas, quando não ofereço denúncia: a Polícia, a quem cumpre indagar os crimes às testemunhas, preveni-los e evitar que eles cheguem ao seu fim, a Polícia, e só a Polícia, em cuja presença se cometeram tais atos, que nos fazem corar, e que podendo dispor da força militar, consentiu em tais excessos, e não preveniu, ou por fraqueza, ou por indiferença, o triunfo dos criminosos, é a quem cabe nomear quais os cabeças, e quais as testemunhas, e não a mim, que sobre estar por este tempo fora do exercício do meu emprego, não tive dados para conhecer quais os criminosos.

Pressionado, o juiz de paz ainda resistiu, também se declarando sem meios para citar testemunhas. Mas o presidente o advertiu de que lhe competia investigar aquele "crime publicamente perpetrado no Distrito de sua jurisdição" e encontrar "os indivíduos que lhe deram existência". Do contrário, a acusação seria feita à sua revelia.[2]

Só então o juiz se moveu, para então se defrontar com a má vontade das testemunhas. No dia 21 de janeiro de 1837 convocou onze pessoas para depor, mas nenhuma compareceu até nova intimação, vinte dias depois. Dessa vez, sete pessoas depuseram.[3]

A acusação do promotor Ferraz quanto à complacência da polícia foi em parte confirmada por testemunhas da devassa. Segundo Francisco Ovídio de

---

1. Ofício do ministro da Justiça de 17/11/1836 publicado no *Jornal do Commercio* (23/11/1836), exemplar da BNRJ; e *Código Criminal do Império do Brazil* (Rio de Janeiro, 1859), pp. 47-48.

2. APEB, *Cemiterada*, maço 2858, fls. 10-14.

3. Ibidem, fls. 16 ss.

Aguilar, fiscal da Câmara e jardineiro do cemitério, assim que a multidão deixou a praça, um cavalariano levou ao comandante da guarda, já postado no Campo Santo, ordens para que se colocasse na ladeira que dava acesso ao local, impedindo a passagem dos manifestantes. Mas em seu depoimento o comandante capitão Lázaro Vieira do Amaral — que ainda tenente fora gravemente ferido pelos malês no ano anterior —, declarou que observara a destruição do cemitério de uma segura distância, sem intervir.[4]

Não consta que Amaral tivesse sido disciplinado por seu comportamento. Alguns anos mais tarde, o chefe de polícia, Francisco Gonçalves Martins, seria criticado pelo advogado Antônio Pereira Rebouças por negligência durante a Cemiterada e outros movimentos rebeldes ocorridos na Bahia nessa época, entre os quais a Revolta dos Malês e a Sabinada. Na ocasião Martins se justificaria dizendo ter sido impossível fazer face a uma multidão tão numerosa de manifestantes. Da mesma forma que tinha sido impossível reprimir, agora era impossível investigar. Com efeito, essa seria a linha oficial do inquérito, concluído com as seguintes palavras do juiz de paz Joaquim José de Morais, em primeiro de março de 1837:

> no dia 25 de outubro de 1836, pelas onze horas da manhã, foi derrubado o novo cemitério edificado na Estrada do Rio Vermelho por mais de mil pessoas, e estas de diversas condições, e diverso sexo, que para isso nesse lugar se reuniam, e como nem pelas peças do processo, nem pelo depoimento das testemunhas se possa descobrir quais foram os cabeças de semelhante sedição, antes pelo contrário todas as testemunhas depõem não conhecerem os sediciosos, julgo improcedente o presente sumário.[5]

Nenhuma das sete testemunhas convocadas reconheceu um participante sequer da multidão que destruíra o cemitério. A falta de cooperação fora total e evidente. As autoridades não se esforçaram em fazer mais do que uma devassa pro forma, devassa para o Império ver e a Bahia esquecer. Pois dois meses antes de concluída, em correspondência para o ministro da Justiça, o presidente da província adiantava a impossibilidade de identificar os líderes do movimento "por ter

4. Ibidem, fls. 22v, 28v-30.
5. Ibidem, fls. 32v-33; Rebouças, "Ao sr. chefe de polícia", pp. 47-48, 49; e Martins, "Nova edição da simples e breve exposição", p. 290.

sido cometido por grande número do Povo de um e outro sexo". E acrescentava, na prática justificando a destruição mesma do cemitério: "qualquer indagação judicial era odiosa, e talvez tivesse o fim de exacerbar os ânimos vivamente irritados contra aquele Estabelecimento, que consideravam contrário aos seus antigos usos e costumes". Realmente, o inquérito acontecera sob um clima de tensão.[6]

Logo após o 25 de outubro, uma testemunha do ocorrido escreveria: "Mas dizem que a cauza é outra, que isto não passa de pretexto, e que no dia da abertura da Assembleia, eles pretendem muita coisa [...]". De fato, correram boatos de que novos distúrbios aconteceriam no início de novembro, o que levou o presidente a sustar o embarque de setenta soldados do exército requisitados pelo governo do Rio de Janeiro para combater rebeldes farroupilhas no Rio Grande do Sul. No final de outubro, o chefe de polícia recebia ordens para reforçar as patrulhas, proibir reuniões e prender suspeitos. Enquanto existisse a Lei do Cemitério, permaneceria o temor de novos atentados, e o governo provincial procurou se livrar dela imediatamente.[7]

Tal como o presidente havia prometido aos manifestantes no palácio, no dia 7 de novembro foi aberta a sessão extraordinária da Assembleia Provincial que rediscutiria a concessão do Campo Santo. Pelo menos dez representantes não compareceram alegando doença, entre eles o arcebispo Romualdo e o médico José Vieira Ataliba, dois aliados pela reforma cemiterial. Em reuniões sucessivas, até o dia 19, foi instaurada uma nova Comissão de Estabelecimentos Religiosos, foram discutidas as petições das irmandades e o manifesto contra o cemitério, e nomeados engenheiros para avaliar a qualidade da obra. Nessa ocasião, o triunfante visconde de Pirajá acusou os empresários de não ter usado "nem um dedal de cal", tamanha a facilidade com que o cemitério fora demolido. Mas nenhuma decisão seria tomada até a reabertura do Legislativo no ano seguinte. Pouco depois estava pronta a lei nº 57, de 2 de maio de 1837, que revogava o monopólio dos enterros em Salvador e autorizava o governo a comprar o que sobrara do Campo Santo. A lei coroava a vitória dos cemiterados contra os cemiteristas.[8]

6. APEB, *Correspondência*, v. 683, fl. 110.

7. *Jornal do Commercio* (5/11/1836); APEB, *Correspondência*, v. 683, fls. 67, 77-77v; e APEB, *Correspondência expedida*, v. 1661, fls. 146v-148.

8. APEB, *Assembleia Legislativa Provincial, 1835-39*, maço 1214: APEB, *Legislativa. Atas da Assembleia, 1836*, maço 207; APEB, *Legislativa. Assembleia: Ofícios recebidos, 1836*, maço 1119; APEB, *Legisla-*

Mas o Campo Santo continuava a ter seus admiradores. O mensário *O Censor*, de tendência federalista e republicana, publicou em 1837 um longo artigo considerando a decisão da Assembleia uma vitória das forças reacionárias representadas por Pirajá. Numa alusão ao Santinho, o jornal disparou: "*Alguém*, que achando-se [...] condenado à negra execração, aproveitou essa quadra de desastres para adquirir um nome, insuflando a discórdia, e excitando a superstição e os prejuízos [preconceitos] das massas ignorantes [...] um proselitismo ganhado entre as fezes mais nojentas da populaça". O "alguém" era comparado aos líderes restauradores lusófilos de outras regiões do Brasil. Pirajá encarnaria o velho, o atrasado, o incivilizado.

O articulista prosseguia lamentando que na Bahia se continuasse "a prática grosseira" dos enterros nas igrejas, já que a nova lei não comprometia o governo com a reedificação do Campo Santo. Tudo em favor do "interesse de alguns poucos de indivíduos e confrarias", mas contra a saúde da maioria e, ainda mais, contra a verdadeira religião. Pois *O Censor* era liberal e republicano, mas devoto: "Nada vemos presentemente mais antichristão, mais ímpio e bárbaro, nem mais contrário à reverência devida ao templo de Deus, e à saúde dos homens do que essa selvageria de conduzir às Igrejas, e depositar nelas, aquilo que teríamos nojo de guardar em nossas casas".

Para o jornal sabino, o corpo morto era imundície que poluía a religião. A religião era uma coisa boa, "móvel principal da felicidade das nações", mas a "superstição é tão contrária à religião como a impiedade". Num ataque frontal à religiosidade barroca, o articulista clamava que fosse restaurada "a religião santa dos nossos pais, [...] reduzindo-a à simplicidade e pureza com que a ensinou aos homens o redentor do mundo". Nada de pompas, de festas extravagantes, foguetórios e grandes funerais. Uma religião sóbria, e se possível cívica. Nessa mesma edição de *O Censor*, um outro artigo recomendava a construção de um panteão, "um templo destinado a perpetuar a memória dos cidadãos, que por suas ações ilustres, por serviços relevantes, ou por uma vida distinta, mereceram a gratidão da pátria".

Mas embora elogiasse a iniciativa dos empresários do cemitério, o jornal censurava a concessão do monopólio, apontando as vantagens da livre concor-

---

tiva. *Livro 1º de correspondência da Assembleia, 1835-40*, maço 443; José A. do Amaral, *Resumo chronologico e noticioso da província da Bahia* (Salvador, 1922), p. 434; e *Resoluções e leis do governo*, s.p.

rência. No Brasil, criticava, "para tudo se pede um exclusivo, e para tudo a Assembleia está pronta a concedê-lo". Isso atrasava o país, emperrava o desenvolvimento de sua indústria, empobrecia a maioria em benefício de poucos. Nos Estados Unidos, na Inglaterra e na França só se reconheciam patentes a "grandes invenções" — por isso aqueles países prosperavam. Enquanto isso, "no Brasil só se vê o luxo a par da miséria, a pobreza cercada de infinitos germens de riqueza e abundância, muita ociosidade, muita ignorância, muita negação ao trabalho", bombardeava a desigualdade social no país, mas sem tocar na escravidão.

Empunhando a bandeira do liberalismo econômico, *O Censor* recomendava que se criassem muitos cemitérios, que cada freguesia, cada confraria, e quem mais quisesse, edificasse o seu, pois, "como há muito interesse, há também, parece-nos, toda a liberdade". Que o governo, melhor ainda, a municipalidade administrasse o Campo Santo, ou então que o que restara da obra fosse repassado a uma instituição de caridade, como a Santa Casa, para que usasse da renda dele adquirida na educação de "vagabundos e mendigos", combatendo a "preguiça e ociosidade". Que tudo isso fosse feito, mas sem prejuízo do que se devia aos empresários do cemitério, a defender, portanto, os interesses dos mesmos monopolistas que antes atacara.[9]

Em 1837, os donos do Campo Santo abriram um processo na Justiça detalhando todas as despesas que tiveram na construção do cemitério e demandando uma gorda indenização. Em 1839, uma avaliação judicial do terreno e das instalações do Campo Santo estabeleceu a soma de 58 contos e 397 mil réis que, pagos em doze prestações trimestrais com juros de 1% ao mês, mais outras despesas, alcançaria no final o valor de quase 98 contos de réis. Com esse dinheiro se podia comprar cerca de 220 escravos em 1840, e montar dois bons engenhos. Em lei de 12 de abril de 1839, o governo da província aceitou pagá-lo aos empresários. O artigo 2 da mesma lei dizia: "O Governo dará ao Cemitério e mais objetos a ele pertencentes o destino que julgar mais conveniente, ficando para tal autorizado a contratar com a Casa de Misericórdia ou qualquer outra Confraria", no que seguia o plano dos liberais radicais da já derrotada Sabinada.[10]

---

9. *O Censor: periódico mensal, político, histórico e literário,* nº 2 (out. 1837), nº 3 (nov. 1837), exemplares da BNRJ.

10. Proposta dos empresários em APEB, *Cemiterada*, maço 2858; APEB, *Judiciário. Juízo do direito da segunda vara cível*, maço 4308; e APEB, *Resoluções e leis*, sem paginação.

Ainda em 1839, a Misericórdia propôs a compra do Campo Santo por seis contos, que foram recusados. Em janeiro de 1840, uma nova proposta de dez contos seria aceita, com gigantesco prejuízo para os cofres públicos. Um ano depois começaram as obras de reconstrução e em 1843-44 se transferiram para ali os cadáveres de indigentes e escravos enterrados no cemitério do Campo da Pólvora. A partir de maio de 1844, todos os doentes do hospital da Santa Casa e os escravos levados no seu banguê passariam a ser enterrados nas covas comuns do Campo Santo. Por exemplo, 25 escravos e vinte estrangeiros foram ali sepultados em novembro e dezembro de 1849.[11]

Os estrangeiros eram marinheiros, vítimas da febre amarela que se acreditava trazida de Nova Orleans para o porto da Bahia. No ano seguinte a epidemia se alastrou, fazendo centenas de vítimas e levando o governo a proibir a abertura de novas covas nas igrejas e seus adros. As antigas sepulturas continuariam sendo toleradas, "exceptuadas as que forem reconhecidamente nocivas à saúde pública". A mesma lei, precavidamente, proibia também a construção de cemitérios por "empresas particulares". O cemitério alemão, levantado em 1851 num terreno em frente ao Campo Santo, foi a primeira iniciativa bem-sucedida da nova fase de reformas funerárias. Só a partir de 1853 a Santa Casa pôde, ainda sem muito sucesso, colocar à disposição de clientes mais afluentes os carneiros, mausoléus e carros funerários de seu novo cemitério.[12]

A Câmara Municipal de Salvador reeditou, na década de 1840, suas posturas contra os enterros intramuros, mas lembrando que só vigorariam após a construção de cemitérios próprios pelas irmandades. Contudo, as sepulturas "provisórias", se consideradas inadequadas, podiam ser interditadas por um

---

11. ASCMB, *Livro 4º de registros, 1832-43*, fls. 177-177v, 179-181, 266-267; "Relação de escravos sepultados no cemitério 'Campo Santo'", APEB, *Escravos*, maço 2896; e Fala do Presidente à Assembleia Provincial, 2/2/1840, APEB, Coleção de falas dos presidentes da província, sem paginação.

12. Katia Mattoso e Johildo Lopes Athayde, "Epidemias e flutuações de preços na Bahia no século XIX", *Colloques Internationaux du CNRS* (Paris, 1973), pp. 181-186; e Nascimento, *Dez freguesias*, pp. 165-166. A Lei nº 404 de 2/8/1850 está transcrita em Alves, *História da venerável Ordem*, pp. 286-287. No Recife, no Rio de Janeiro e em São Paulo, para ficar em três exemplos, a epidemia da febre amarela, em 1849-50, apressou a reforma cemiterial. Ver Castro, *Das igrejas ao cemitério*; Rodrigues, *Lugares dos mortos na cidade dos vivos*; e Amanda Aparecida Pagoto, *Do âmbito do sagrado ao cemitério público: transformações fúnebres em São Paulo (1850-60)* (São Paulo, 2004).

Conselho de Salubridade. Em 1844 e em 1850 foram também criadas posturas que regulamentavam os dobres de sinos, proibiam os funerais após o pôr do sol e obrigavam o uso de caixões fechados.[13]

A Cemiterada não ressoou apenas nas políticas sanitárias da província da Bahia. Em outras províncias todo cuidado seria tomado em antecipação ao que poderia se tornar uma repetição dos eventos baianos. Dois exemplos. No Rio de Janeiro, entre 1843 e 1850, vários projetos foram debatidos tendo como foco demandas de monopólio dos enterros feitas por empresários. Houve parlamentares que lembraram repetidamente dos acontecimentos na Bahia, propondo mais espaço para que as irmandades tivessem seus interesses contemplados no modelo de reforma cemiterial discutido. Em 1851, na urgência de se resolver a questão na esteira de grave epidemia de febre amarela, decidiu-se, como havia acontecido na Bahia, entregar a instalação de um novo cemitério à Santa Casa local. "O receio de que o exemplo baiano se repetisse fez com que a maioria dos parlamentares, ainda que lutassem contra essa ideia, reiterasse o desejo de que fosse pelo menos uma instituição pia que ficasse com o monopólio", conforme escreveu Cláudia Rodrigues.[14]

A Cemiterada foi também lembrada em Pernambuco, na mesma época, quando a província discutiu a criação de cemitérios extramuros. A notícia da Cemiterada demorou, mas lá chegaria em meados de dezembro de 1836, com o *Diário de Pernambuco* pedindo prudência quando o governo discutisse sua reforma funerária. Segundo projeto de 1841, a construção do cemitério público ficaria a cargo da câmara municipal. Comentando os debates havidos sobre o assunto, Vanessa de Castro observou que "a mobilização gerada em Salvador, em 1836, serviu de parâmetro nesse jogo de negociação, a fim de que fossem evitados possíveis conflitos no Recife, haja visto que todos os motivos alegados pelo governo baiano para a eclosão da Cemiterada foram levados em consideração durante o processo de aprovação da lei [...]". Mas seria apenas em janeiro de 1851, também sob pressão da febre amarela, que o Cemitério Público da Cidade do Recife seria finalmente inaugurado.[15]

---

13. AHMS, *Livro de posturas, 1829-59*, v. 566, fls. 68v, 74-74v, 97, 103v, 104v.

14. Rodrigues, *Lugares dos mortos na cidade dos vivos*, p. 120 (referências à Cemiterada no debate carioca podem ser encontradas nas p. 94, 96, 98, 118, 131, por exemplo).

15. Castro, *Das igrejas ao cemitério*, pp. 82-92 (citação p. 88), e cap. 3.

53. e 54. Sepulturas monumentais construídas no Campo Santo ao longo da segunda metade do século XIX: em primeiro plano, jazigo da família do Barão de Cajaíba, 1861.
Anjo: decoração da sepultura de Francisca Joaquina Alves de Souza, 1857.

Na Bahia seria por ocasião da grande epidemia de cólera-morbo, em 1855-56, que o Campo Santo começou a operar plenamente. Durante os nove meses que durou, a peste castigou duramente a província, que perdeu mais de 36 mil vidas (3,6% de seus habitantes), perto de dez mil apenas na capital (algo entre 8% e 18% dos seus moradores, a depender das estimativas bem elásticas da população). A Bahia jamais conhecera fenômeno semelhante. A epidemia disseminou o pânico, as pessoas — inclusive padres e médicos — fugiam dos doentes e temiam se aproximar dos cadáveres de coléricos, que frequentemente permaneciam insepultos até serem incinerados às dezenas. A população agora tinha "horror dos mortos", segundo o presidente da província. "Em tempo de epidemia", escreveu Lebrun, "a morte deixa de ser um espetáculo ou uma eventualidade, ela se torna uma ameaça pessoal, distinta, imediata."[16] Em agosto, os enterros nas igrejas foram novamente proibidos, seguindo recomendação dos professores da Faculdade de Medicina. Ninguém protestou. Diante da peste, que foi interpretada por muitos como castigo divino, os baianos se conformariam com a ideia de expulsar seus mortos da cidade, abandonando valores antes considerados sagrados.[17]

Após a epidemia, a maioria dos mortos de Salvador seria enterrada no Campo Santo, o cemitério da poderosa Santa Casa de Misericórdia, que até hoje o administra. Mas o governo não arriscou desgostar as demais confrarias. A elas foi doado um terreno no morro da Quinta dos Lázaros, onde, nos anos seguintes à grande peste, irmandades e ordens terceiras de Salvador pouco a pouco instalaram seus cemitérios, que lá se encontram ainda hoje.

---

16. Lebrun, *Les hommes et la mort*, p. 430.

17. AMM, *Faculdade de Medicina da Bahia. Actas da Congregação, 1855-65*, fls. 3v-7v. Sobre a epidemia do cólera, ver Onildo Reis David, *O inimigo invisível: epidemia na Bahia no século XIX* (Salvador, 1996); e Johildo Athayde, *Salvador e a grande epidemia de 1855* (Salvador, 1985), pp. 22, 28-30. Tanto Athayde como, sobretudo, David discutem o medo durante a epidemia. Sobre medo de epidemia na Europa, ver Delumeau, *História do medo*, pp. 123-125.

# Agradecimentos

Muitas pessoas contribuíram para a realização deste livro. Os funcionários das bibliotecas e arquivos onde pesquisei facilitaram meu acesso aos acervos sob sua responsabilidade. Na coleta de dados, contei com dedicada colaboração de Roberto Dantas, Epaminondas Macedo, Antônio Henrique Valle, Cecília Moreira Soares e Walter Fraga Filho. Maria Eunísia Bressi, funcionária exemplar do Instituto do Patrimônio Artístico e Cultural da Bahia (IPAC), me introduziu no pequeno mas precioso arquivo da Irmandade do Rosário dos Pretos das Portas do Carmo, e me ajudou a localizar documentos. Encontrei muita simpatia e afabilidade entre os membros dessa secular instituição negra. Muito aprendi do sr. Júlio Silva.

Amigos, colegas e alunos leram e comentaram este trabalho. Ligia Bellini foi a primeira que viu e anotou sua primeira versão. Katia Mattoso fez observações detalhadas a uma versão intermediária, corrigindo erros e indicando rumos. Cândido da Costa e Silva interrompeu seu próprio trabalho de pesquisa para comentar vários capítulos e sugerir fontes, com a competência de um especialista em história religiosa. Vivaldo da Costa Lima leu a primeira versão, me incentivou a continuar, conversou muito sobre o projeto; conhecedor como poucos da bibliografia sobre a morte, colocou à minha disposição os livros de sua biblioteca sobre o assunto, alertando-me a todo momento para novos e importantes títulos. Marli Geralda Teixeira, Mario Augusto Silva Santos e Sandra Lauderdale Graham comentaram uma parte do livro. Este já estava pronto, mas deu tempo para incluir algumas das ideias surgidas de discussões com meus alunos de mestrado. Judith Allen, Patricia Aufderheide, Moema Parente Augel e Luiz Mott gentilmente colocaram à minha disposição suas anotações de pesquisa. Além disso, Mott sugeriu fontes, emprestou livros e sempre respondeu prontamente a minhas questões sobre catolicismo, que conhece bem. Naomar de Almeida e Luís Henrique D. Tavares recomendaram livros e artigos que eu desconhecia.

Da Europa, Antonio Fernando e Miriam Guerreiro, Celene Fonseca, Silvia dos Reis Maia e Ubiratã Castro de Araújo enviaram documentos de arquivo, livros e outros materiais que lhes pedi.

Holanda Cavalcanti é a principal responsável pelas fotos e reproduções neste livro, trabalho que fez com profissionalismo, criatividade e interesse. Luciano Andrade dedicou horas à revelação e ampliação da maioria dos filmes.

Ana de Lourdes R. da Costa colocou à minha disposição a coleção de mapas do Mestrado de Arquitetura e Urbanismo da UFBA.

Paulo César Souza contribuiu de várias formas: me animou todo o tempo, deu conselhos editoriais, leu, comentou e revisou a versão quase final do texto.

Maria Amélia Almeida acompanhou o trabalho desde o início e fez críticas importantes. Amélia, Demian e agora Natália me têm dado muitas lições de vida.

A maior parte deste livro foi escrita quando estive associado ao Institute of Latin American Studies da Universidade de Londres, cujo diretor, Leslie Bethell, me acolheu generosamente. Foi decisivo o apoio do Departamento de História da UFBA, me liberando das atividades de ensino por dois anos para pesquisar e escrever. O CNPQ financiou o projeto do qual este livro é um resultado parcial.

*Salvador, novembro de 1991*

# Fontes e referências bibliográficas

### ARQUIVOS E BIBLIOTECAS

*Bahia*
Arquivo Público do Estado da Bahia
Arquivo Histórico Municipal de Salvador
Arquivo Municipal de Cachoeira
Arquivo da Cúria Metropolitana de Salvador
Arquivo da Santa Casa de Misericórdia da Bahia
Arquivo da Irmandade de Nossa Senhora do Rosário dos Pretos das Portas do Carmo
    (Pelourinho)
Arquivo da Ordem Terceira de São Francisco
Arquivo da Ordem Terceira de São Domingos
Arquivo da Ordem Terceira do Carmo
Arquivo da Igreja de Nossa Senhora da Conceição da Praia
Arquivo do Convento de São Francisco
Arquivo do Memorial de Medicina
Biblioteca Central do Estado da Bahia
Centro de Estudos Baianos
Instituto Geográfico e Histórico da Bahia

*Rio de Janeiro*
Arquivo Nacional
Biblioteca Nacional

*Londres*
The British Library
The National Archives of the United Kingdom

*Paris*
Archives du Ministère des Relations Extérieures

*Lisboa*
Arquivo Nacional da Torre do Tombo
Arquivo Histórico Ultramarino
Biblioteca Nacional de Portugal

## CEMITÉRIOS, CATACUMBAS, CARNEIROS

"Cemitério de escravos", igreja de Nossa Senhora do Rosário dos Pretos (Pelourinho)
Carneiros da igreja da Conceição da Praia
Carneiros da igreja de Nossa Senhora do Pilar
Carneiros da Ordem Terceira de São Francisco
Carneiros da Ordem Terceira de São Domingos
Carneiros da Santa Casa de Misericórdia da Bahia
Catacumbas da Ordem Terceira do Carmo
Cemitério do Campo Santo
Cemitério da Quinta dos Lázaros
Cemitério Inglês de Salvador
Cemitério Alemão de Salvador
Cemitério Père-Lachaise, Paris
Cemitério de Highgate, Londres
Jazigos da Westminster Abbey, Londres

## FONTES IMPRESSAS

Abreu, Thomas Antunes. *A medicina contribue para o melhoramento da moral e manutenção dos bons costumes.* These apresentada perante a FMBA. Bahia: Typ. Epifânio J. Pedrosa, 1839.

Agostinho, Santo. *O cuidado devido aos mortos.* São Paulo: Paulinas, 1990.

Allen, William. *Narrative of the Expedition Sent by Her Majesty's Government to the River Niger in 1841.* Londres: Richard Bentley, 1848.

*Almanach para a cidade da Bahia, anno 1812.* Salvador: Typographia de Manuel Antônio da Silva Serva, 1812. Edição fac-símile do Conselho de Cultura da Bahia, 1973.

Almeida, Manuel Antônio de. *Memória de um sargento de milícias.* Rio de Janeiro: Ediouro, s/d [orig. 1854].

Almeida, Miguel Calmon du Pin e. *Ensaio sobre o fabrico do assucar.* Bahia: Typ. do Diario, 1834.

Alves, Antônio José. *Considerações sobre os enterramentos por abusos praticados nas igrejas e recinto das cidades; perigos que resultam dessa prática; conselhos para construção dos cemitérios.* These apresentada à FMBA. Bahia: Typ. Epifânio J. Pedrosa, 1841.

A. P. D. G. *Sketches of Portuguese Life, Manners, Costume, and Character.* Londres: Geo. B. Whittaker, 1826.

Arago, M. J. *Souvenirs d'un aveugle. Voyage au tour du monde.* 3ª ed. Paris: Gayet et Lebrun, 1840. 4 v.

Araujo, Joaquim José de. *Observações sobre o contracto do privilegio exclusivo do cemitério. Seguidas das Peças necessárias para conhecimento do Publico, e do Relatorio fiel dos sucessos do dia 25 de Outubro do corrente anno.* Bahia: Typ. do Diario de G. J. Bizerra e Compª, 1836.

"Ata da 4ª Sessão da Sociedade de Medicina do Rio de Janeiro, 14/4/1835". *Revista Médica Fluminense*, nº 10 (1836), pp. 13-17.

"Ata da 5ª Sessão da Sociedade de Medicina do Rio de Janeiro, 2/5/1835". *Revista Médica Fluminense*, nº 11 (fev. 1836), pp. 3-10.

Avé-Lallemant, Robert. *Viagens pelas províncias da Bahia, Pernambuco, Alagoas e Sergipe (1859).* Belo Horizonte: Itatiaia; São Paulo: Edusp, 1980.

Barros, Francisco da Silva. "Chronica dos acontecimentos da Bahia, 1809-28". *Anais do APEB*, nº 26 (1939), pp. 47-95.

Barros, João Borges de. *Relação panegyrica das honras funeraes às memorias do muito alto, e muito poderoso senhor rey Fidelissimo d. João V.* Lisboa: Officina Sylviana, Academia Real, 1753.

Benci, Jorge. *Economia cristã dos senhores no governo dos escravos.* São Paulo: Grijalbo, 1977 [orig. 1705].

Beyer, Gustav. "Ligeiras notas de viagem do Rio de Janeiro à capitania de São Paulo, no Brasil, no verão de 1813, com algumas notícias sobre a cidade da Bahia e a ilha de Tristão da Cunha, entre o cabo e o Brasil e que há pouco foi ocupada". *Revista do Instituto Histórico e Geográfico de São Paulo*, nº 12 (1908), pp. 275-311.

*Bíblia de Jerusalém (A).* São Paulo: Paulinas, 1985.

Bittencourt, Anna Ribeiro. *Longos serões do campo.* Rio de Janeiro: Nova Fronteira 1992, 2 v.

Boussingault, M. "Memória sobre a possibilidade de verificar a presença dos miasmas, e sobre a presença de hum princípio hydrogenado no ar". *Diário de Saúde ou Ephemerides das Sciencias Médicas e Naturaes do Brazil* (9/5/1835), pp. 25-29.

Brito, João Rodrigues de. *Cartas econômico-políticas sobre agricultura e comércio da Bahia.* Salvador: APEB, 1985 [orig. 1807].

Brito Jr., Joaquim Marcelino de. *Breve dissertação sobre a hypochondria.* These apresentada e publicamente sustentada perante a FMBA. Bahia: Typ. de Epifânio J. Pedrosa, 1852.

Calvin, John. *Selections from his Writings.* Ed. e Introd. John Dillenberger. Garden City: Anchor Books, 1971.

Cardim, Fernão. *Tratado da terra e gente do Brasil.* Belo Horizonte: Itatiaia; São Paulo: Edusp, 1980 [orig. c. 1583-1601].

*Cartilha da doutrina christã.* Porto: Typ. Sebastião J. Pereira, 1861.

Clapperton, Hugh. *Journal of a Second Expedition into the Interior of Africa from the Bight of Benin to Soccatoo.* Londres: Frank Cass, 1966 [orig. 1829].

*Código Criminal do Império do Brazil, augmentado com as leis, decretos, avisos e portarias que desde a sua publicação até hoje se tem expedido, explicando, revogando, ou alterando algumas de suas disposições.* Por Josino do Nascimento Silva. Nova edição consideravelmente augmentada por J. M. de Vasconcellos. Rio de Janeiro: Eduardo e Henrique Laemmert, 1859.

*Código do processo criminal de primeira instancia.* Rio de Janeiro: Laemmert, s. d.

*Collecção das leis do Império do Brasil* [1826-29]. Ouro Preto: Typographia Silva, 1886. v. 2.

*Collecção de decisões do governo do Império do Brazil de 1832.* Rio de Janeiro: Typ. Nacional, 1875.

*Collecção de leis e resoluções da Assembleia Legislativa da Bahia, 1835-41.* Salvador: Typ. Antônio O. de França Guerra, 1862. 2v.

"Compromisso da Misericórdia de Lisboa (1618)". In Neuza Rodrigues Esteves (org.), *Catálogo dos irmãos da Santa Casa de Misericórdia da Bahia.* Salvador: SCMB, 1977.

*Constituições do Brasil (de 1824, 1891, 1934, 1937, 1946, e 1967 e suas alterações).* Brasília: Senado Federal, 1986. 2 v.

Costa, dr. Cláudio Luís da. "Observações da Comissão de Salubridade Geral da Sociedade de Medicina, sobre o abuso dos toques de sinos nas igrejas da cidade, redigidas pelo socio titular, e membro da mesma commissão, Claudio Luiz da Costa". *Semanário de Saúde Pública,* nº 148 (27/4/1833), pp. 538-540.

D'Avezac, Marie-Armand Pascal. *Notice sur le pays et le peuple des Yebous en Afrique.* Paris: Librairie Orientale de Mme. V. Dondey-Dupré, 1845.

Debret, Jean-Baptiste. *Voyage pittoresque et historique au Brésil.* Paris: S. Adot, 1839. 3 v.

_____. *Viagem pitoresca e histórica ao Brasil.* Trad. e notas Sérgio Milliet. São Paulo: Martins, 1940 [orig. 1839]. 2 v.

Denis, Jean Ferdinand. *O Brasil.* Salvador: Progresso, 1955 [orig. 1822]. 2 v.

Detmer, W. *Botanische Wanderungen in Brasilien: Reiseskizzen und Vegetationsbilder.* Leipzig: Verlag von Veit & Co., 1897.

Dugrivel, Claude A. *Des bords de la Saône à la baie de S. Salvador ou promenade sentimental en France et au Brésil.* Paris: Librerie Ladoyen, 1843.

Dundas, Robert. *Sketches of Brazil; Including New Views of Tropical and European Fever, with Remarks of a Premature Decay on the System Incident to Europeans on Their Return from Hot Climates.* Londres: John Churchill, 1852.

"Estatutos da Sociedade de Medicina do Rio de Janeiro". *Semanário de Saúde Pública,* 5 (29/1/1831).

Ewbank, Thomas. *Vida no Brasil.* Trad. Jamil A. Haddad. Belo Horizonte: Itatiaia; São Paulo: Edusp, 1976 [orig. 1856].

Expilly, Charles. *Les femmes et les moeurs du Brésil*. Paris: Charlieu et Huillery, 1864.

_____. *Le Brésil tel qu'il est*. Paris: E. Dentu, 1862.

Ferreira, Idelfonso Xavier. "Appendice para se mostrar em que a Constituição do Arcebispado da Bahia se acha alterada, revogada pelas leis do Império, e modificada finalmente pelos uzos e costumes". In *Constituições do Arcebispado da Bahia...* [1707]. São Paulo: Typ. 2 de Dezembro, 1853.

Fletcher, James C.; e Kidder, Daniel P. *Brazil and the Brazilians Portrayed in Historical and Descriptive Sketches*. 9ª ed. Boston: Little Brown & Co., 1879.

Fonseca, dr. J. d'Aquino. "Memória acerca das inhumações, sepulturas, e enterros, apresentada ao Conselho Geral de Salubridade Publica da província de Pernambuco pelo seu presidente, o dr. J. d'Aquino Fonseca, e dirigida ao Exmo. sr. conselheiro A. P. Chixorro da Gama, presidente da mesma província". *Arquivo Médico Brasileiro*, t. III, nº 3 (nov. 1846), pp. 56-58; e t. III, nº 4 (dez. 1846), 82-85.

Forbes, Frederick E.. *Dahomey and the Dahomans, Being the Journal of Two Missions to the King of Dahomey, and Residence at His Capital in the Years 1849 and 1850*. Londres: Longman, Brown, Green, and Longman, 1851.

Freitas, Manuel José de. *Breves considerações acerca da polícia médica da cidade da Bahia*. These apresentada e publicamente sustentada perante a FMBA. Bahia: Typ. Carlos Poggetti, 1852.

Gardner, George. *Travels in the Interior of Brazil Principally Through the Northern Provinces and the Gold and Diamond Districts During the years 1836-41*. Londres: Reeve Brothers, 1846.

Graham, Maria. *Journal of a Voyage to Brazil and Residence There During Part of the Years 1821, 1822, 1823*. Londres: Longman, Rees, Orme, Brown & Green, 1824.

Hurston, Zora Neale. *Barracoon: The Story of the Last Black Cargo*. Nova York: Amistad Press, 2018 [orig. 1931].

Jobim, José Martins da Cruz. "Reflexões sobre a inhumação dos corpos". *Semanário de Saúde Pública*, 11 (12/3/1831), pp. 58-60.

Kidder, Daniel P. *Sketches of Residence and Travels in Brazil Embracing Historical and Geographical Notices of the Empire and Its Several Provinces*. Londres: Wiley & Putnam, 1845. 2 v.

Lander, Richard and John. *Journal of an Expedition to Explore the Course and Termination of the Niger*. Nova York: Harper & Brothers, 1837.

Lindley, Thomas. *Narrative of a voyage to Brazil*. Londres: J. Johnson, 1805.

Luccock, John. *Notes on Rio de Janeiro and the Southern Parts of Brazil Taken During a Residence of Ten Years in that Country from 1808 to 1818*. Londres: Samuel Leigh, 1820.

Machado, João Lopes Cardoso. *Diccionario médico practico para uso dos que tratão da saúde pública, onde não há professores de medicina*. Rio de Janeiro: Typ. Silva Porto, 1823. 2 v.

Martins, Francisco Gonçalves. "Nova edição da simples e breve exposição do senhor dr. Francisco Gonçalves Martins, annotada e commentada sobre o texto de uma maneira, que torna assás apreciável e util à leitura do original, verificando que a mesma obra, sem perder o título de simples, não deixa de ter muito de composta e até de contrafeita" (1838). In *A revolução do dia 7 de novembro de 1837 (Sabinada)* (Salvador: Arquivo Público do Estado da Bahia, 1938), II, pp 261-300.

Martins, Francisco Gonçalves. "Breve e simples expozição dos acontecimentos do dia 7 de novembro". In ibidem, pp. 1-22.

_____. "Nova edição da simples e breve exposição do senhor Francisco Gonçalves Martins, commentada e annotada por autor Antônio Pereira Rebouças". In ibidem, II, pp. 225-260.

McLeod, John. *A Voyage to Africa with Some Account of the Manners and Customs of the Dahomian People*. Londres: John Murray, 1820.

Maximiliano, Príncipe de Wied-Neuwid. *Viagem ao Brasil*. Trad. E. Sussekind de Mendonça e F. Poppe de Figueredo. São Paulo: Edusp, 1940 [orig. 1820]. 2 v.

Meireles, João Cândido Soares de. "Discurso do sr. dr. Soares de Meirelles sobre os damnos, que causão os dobros de sinos para defuntos". *Revista Médica Fluminense*, nº 4 (1835), pp. 15-17.

Minturn Jr, Robert B. *From New York to New Delhi, by Way of Rio de Janeiro, Australia and China*. 3ª ed. Nova York: D. Appleton & Co., 1859.

Morais Filho, Melo. *Festas e tradições populares do Brasil*. Anotações de Luís da Câmara Cascudo. Rio de Janeiro: Ediouro, 2005 [orig. c. 1895].

Néri, Eufrásio Pantaleão F. *A cholera-morbus e a febre amarela*. These apresentada à FMBA. Bahia: Typ. Antônio O. da França Guerra, 1863.

Oliveira, dr. J. C. da Costa e. "Inconvenientes de se fazerem os enterros dentro das igrejas". *Arquivo Médico Brasileiro*, t. II, 2 (out. 1845), pp. 31-32.

O'Neill, Thomas. *A Concise and Accurate Account of the Proceedings of the Squadron Under the Command of Rear Admiral Sir William Sidney, K. C., in Effecting the Escape, and Escorting the Royal Family of Portugal to the Brazils, on the 29th of November, 1807, and Also the Sufferings of the Royal Fugitives During their Voyage from Lisbon to Rio de Janeiro with a Variety of Other Interesting and Authentic Facts*. Londres: R. Edwards, 1809.

"Parecer da Sociedade de Medicina do Rio de Janeiro, sobre os meios de obstar a introdução de estragos do Cholera Morbus, em consequência de hum convite da augusta Camara dos Deputados para esse fim, concluído em 28 de julho de 1832 e remettido em 2 de agosto de 1832". *Semanário de Saúde Pública*, nº 114 (18/8/1832), pp. 389-395.

Passos, José Ferreira. *Breves considerações sobre a influência perniciosa das inhumações practicadas intramuros; precedidas de um epítome histórico relativo à matéria*. These apresentada à Faculdade de Medicina do Rio de Janeiro. Rio de Janeiro: Typ. de Teixeira e Comp., 1846.

Piatoli, Scipion. *Essai sur les lieux et les dangers des sépultures, traduit de l'italien; publié avec quelques changemens, & précedé d'un Discours Préliminaire etc., par M. Vicq d'Asyr*. Paris: P. Fr. Didot, 1778.

Picanço, José Correa (atribuído). *Ensaio sobre os perigos das sepulturas dentro das cidades e nos seus contornos*. Rio de Janeiro: Impressão Regia, 1812.

Prior, James. *Voyage along the Eastern Coast of Africa to Mozambique, Johanna, and Quiloa; to St. Helena to Rio de Janeiro, Bahia, and Pernambuco in Brazil, in the Nisus Frigate*. Londres: Sir Richard Philips & Co., 1819.

Queirós, Pe. Bernardo José Pinto de. *Prácticas exhortatorias para soccorro dos moribundos, ou novo ministro de enfermos*. Lisboa: Typ. Rollandiana, 1802.

Rebouças, Antônio Pereira. "Ao sr. chefe de polícia, responde o Rebouças: satisfação e pedido" (orig. 1838). In *A revolução do dia 7 de novembro de 1837 (Sabinada)*, Salvador, Arquivo Público do Estado da Bahia, 1938, 5 v., v, pp. 22-61.

Rebouças, Manuel Maurício. *Dissertation sur les inhumations en géneral (leurs resultais fâcheux lorsqu'on les pratique dans les églises et dans l'enceinte des villes, et des moyens d'y rémedier pardes cimetières extra-muro).* These apresentada à Faculdade de Medicina de Paris, 1831.

_____. *Dissertação sobre as inhumações em geral, seos desastrosos resultados, quando as praticam nas igrejas, e no recinto das cidades, e sobre os meios de, à isso, remediar-se mediante cemitérios extramuros.* Salvador: Typ. do Orgão, 1832.

"Relatório da Comissão de Salubridade Geral da Sociedade de Medicina do Rio de Janeiro, appresentado, e approvado na Sessão de 19 de junho [de 1830]". *Semanário de Saúde Pública*, nº 15 (9/4/1831), pp. 77-80.

"Relatório da Comissão de Salubridade Geral da Sociedade de Medicina do Rio de Janeiro, sobre as causas de infecção da athmosphera d'esta cidade, lido e approvado na Sessão de 17 de dezembro de 1831". *Semanário de Saúde Pública*, nº 91 (25/2/1832), 284-286; nº 92 (3/3/1832), pp. 287-300; nº 93 (10/3/1832), pp. 301-304; e nº 94 (17/3/1832), pp. 305-306.

*Resoluções e leis do governo.* Salvador: Typ. do Diário, 1835-55.

Rocha, Manuel Ribeiro da. *Etíope resgatado, empenhado, sustentado, corrigido, instruído e libertado.* Edição, introdução e anotações de Paulo Suess. Petrópolis: Vozes, 1992 [orig. 1758].

Rolland, Francisco. *Adagios, proverbios, rifãos e anexins da lingua portugueza, tirados dos melhores authores nacionaes e recopilados por ordem alfabetica.* Lisboa: Typ. Rollandiana, 1780.

Rugendas, Johan Moritz. *Malerische Reise in Brasilien.* Paris: Engelmann & Cie., 1835.

Santos, Luís Gonçalves dos (padre Perereca). *Dissertação sobre o direito dos catholicos de serem sepultados dentro das igrejas, e fora dellas nos seus adros, cemitérios, ou catacumbas etc. Em resposta à huma correspondência publicada no Diário Fluminense de 27 de dezembro de 1825.* Rio de Janeiro: Imprensa Americana de I. P. da Costa, 1839 [orig. 1826].

Seidler, Carl. *Dez anos no Brasil.* Trad. B. Klinger. Anotações Rubens B. de Moraes e F. de P. Cidade. Belo Horizonte: Itatiaia; São Paulo: Edusp, 1980 [orig. 1835].

Seixas, d. Romualdo Antônio de. *Colleção das obras.* Pernambuco: Typ. Santos e Companhia, 1839-58. 5 v.

Sierra, Juan Lopes. *The Funereal Eulogy of Afonso Furtado de Castro do Rio de Mendonça.* In *A governor and His Image in Baroque Brazil.* Ed. Stuart B. Schwartz, trad. Ruth E. Jones. Minneapolis: University of Minnesota Press, 1979.

Sierra y Mariscal, Francisco de. "Idéas geraes sobre a revolução do Brazil e suas consequências". *ABNRJ*, nº 43-44 (1920-21), pp. 50-81.

Sigaud, J. F. "Proposta dirigida à Sociedade de Medicina do Rio de Janeiro, pelo dr. J. F. Sigaud, e adoptada pela mesma sociedade". *Semanário de Saúde Pública*, 28 (9/7/1831), p. 150.

Silva, Antônio de Morais. *Dicionário da língua portuguesa.* 9ª ed. Lisboa: Empresa Literária Fluminense, s. d.

Silva, Inácio Accioli de Cerqueira e. *Memórias históricas e políticas da província da Bahia.* Anotado por Braz do Amaral. Salvador: Imprensa Official do Estado, 1933 [orig. 1835-52]. 6 v.

Simoni, dr. Luís Vicente De. "Reflexões sobre o estado atual de hygiene pública no Rio de Janeiro". *Semanário de Saúde Pública*, nº 101 (12/5/1832), pp. 338-340.

Snow, John. *Snow on Cholera, Being a Reprint of Two Papers by John Snow, M. D.* Nova York: Hafner Publishing Co., 1965.

Spix, J. B. von & Martius, C. F. P. von. *Viagem pelo Brasil.* Trad. Lucia F. Lahmeyer. Belo Horizonte: Itatiaia; São Paulo: Edusp, 1981 [orig. 1823]. 3 v.

Telles, Vicente Coelho de Seabra Silva. *Memória sobre os prejuisos causados pelas sepulturas dos cadaveres nos templos e methodo de os prevenir.* Lisboa: Casa Litteraria do Arco do Cego, 1800.

Titára, Ladislau dos Santos. *Paraguassú, poema épico.* Bahia: Typ. Do Diario, 1837. 5v.

Tollenare, L. F. de. *Notas dominicais, tomadas durante uma viagem em Portugal e no Brasil em 1816, 1817 e 1818.* Salvador: Progresso, 1956.

"Tombo dos bens das ordens terceiras, confrarias e irmandades da cidade do Salvador instituído em 1853". Salvador: APEB, 1948. v. 6.

Vide, Sebastião Monteiro da. *Constituiçoens primeyras do arcebispado da Bahia feytas, e ordenadas pelo ilustríssimo, e reverendíssimo senhor Sebastião Monteyro da Vide, arcebispo do dito arcebispado, e do Conselho de Sua Magestade, propostas e aceytas em o synodo Diocesano, que o dito senhor celebrou em 12 de junho de 1707.* Coimbra: Real Collegio das Artes da Comp. de Jesus, 1720.

Vieira, Casimiro José. *Apontamentos para a história da revolução do Minho em 1846 ou da Maria da Fonte, escritos pelo padre Casimir finda a guerra em 1847.* Prefácio e estabelecimento do texto por José Teixeira da Silva. Lisboa: Antígona, 1981 [orig. 1847].

Vilhena, Luís dos Santos. *A Bahia no século XVIII. Recompilação de notícias soteropolitanas e brasílicas.* Anotado por Braz do Amaral. Salvador: Itapuã, 1969 [orig. 1802]. 3 v.

Wetherell, James. *Brazil. Stray Notes from Bahia; Being Extracts from Letters etc., During a Residence of Fifteen Years.* Liverpool: Webb & Hunt, 1860.

Wilson, sir Robert. "Memoranda of S. Salvador of Bahia (1805)". In Herbert Randolph. *Life of General Sir Robert Wilson,* Londres: John Murray, 1862, 2 v., v. 1, pp. 342-348.

_____. "Letter from Bahia, 10/11/1805". In ibidem, pp. 273-286.

Württemberg, príncipe P. A. "Viagem do príncipe Paulo Alexandre de Württemberg à América do Sul". Introdução e versão de Lina Hirsch. *RIHGB*, nº 171 (1936), pp. 3-28.


LIVROS, ARTIGOS, TESES

Abreu, Martha. *O Império do Divino: festas religiosas e cultura popular no Rio de Janeiro, 1830-1900.* Rio de Janeiro: Nova Fronteira, 1999.

Algranti, Leila Mezan. "Costumes afro-brasileiros na corte do Rio de Janeiro: um documento curioso". *Boletim do Centro de Memória da Unicamp,* v. 1, nº 1 (1989), pp. 17-21.

Alves, Marieta. *História da venerável Ordem Terceira da Penitência do Seráfico de São Francisco da Congregação da Bahia.* Rio de Janeiro: Imprensa Nacional/OTSF, 1948.

_____. *História, arte e tradição da Bahia.* Salvador: Prefeitura Municipal, 1974.

Amaral, Braz do. *Recordações históricas.* Porto: Typ. Econômica, 1921.

_____. "A Cemiterada". *Revista do IGHBA,* v. 24, nº 43 (1918), pp. 87-93.

Amaral, José Álvares do. *Resumo chronologico e noticioso da província da Bahia desde o seu descobrimento em 1500*. 2ª ed. rev. e anot. J. Teixeira de Barros. Salvador: Imprensa Oficial do Estado, 1922.

Andrade, Maria José. *A mão de obra escrava em Salvador, 1811-88*. São Paulo: Corrupio, 1988.

André, Paula. "Modos de pensar e construir os cemitérios oitocentistas de Lisboa: o caso do cemitério dos Prazeres". *Revista de História da Arte*, nº 2 (2006), pp. 66-105.

Aras, Lina. "A Santa Federação Imperial: Bahia, 1831-33". Tese de Doutorado, USP, 1995.

_____. "O movimento federalista de 1832". Dissertação de Mestrado, UFPE, 1989.

Araújo, Alceu Maynard. *Ritos, sabença, linguagem, artes e técnicas*. São Paulo: Melhoramentos, 1964.

Araújo, Ana Cristina. *A morte em Lisboa: atitudes e representações, 1700-1830*. Lisboa: Notícias Editorial, 1997.

_____. "Morte, memória e piedade barroca". *Revista de História das Ideias*, nº 11 (1989), pp. 129-173.

Araújo, Marta Maria Lobo de. "A morte e a concorrência entre as confrarias de Braga (séculos XVII-XVIII)". *Revista M.*, v. 2, nº 3 (2017), pp. 173-191.

Areia, M. L. Rodrigues. *L'Angola traditionnel. Une introduction aux problèmes magico-religieux*. Coimbra: Tip. Atlântida, 1974.

Ariès, Philippe. *História da morte no Ocidente*. Trad. Priscila Vianna de Siqueira. Rio de Janeiro: Francisco Alves, 1977.

_____. *The Hour of Our Death*. Harmondsworth: Penguin, 1981.

_____. *Images de l'homme devant la mort*. Paris: Seuil, 1983.

Athayde, Johildo Lopes de. "La ville de Salvador au XIXᵉ siècle: aspects démographiques (d'aprés les registres parroissiaux)". Tese de Doutorado, U. de Paris X, 1975.

_____. "Filhos ilegítimos e crianças expostas". *Revista da Academia de Letras da Bahia*, nº 27 (1979), pp. 9-25.

_____. *Salvador e a grande epidemia de 1855*. Publicações do Centro de Estudos Baianos, UFBA, nº 113. Salvador: CEB, 1985.

Augel, Moema Parente. *Visitantes estrangeiros na Bahia oitocentista*. São Paulo: Cultrix/INL/MEC, 1980.

Ávila, Affonso. *O lúdico e as projeções do mundo barroco*. São Paulo: Perspectiva, 1971.

Awolalu, J. Omosade. *Yoruba Beliefs and Sacrificial Rites*. Londres: Longman, 1979.

Azevedo, Thales de. *O povoamento da cidade do Salvador*. Salvador: Itapuã, 1968.

_____. *Ciclo da vida: ritos e mitos*. São Paulo: Ática, 1987.

Bacelar, Jefferson A.; e Souza, Maria Conceição B. de. *O Rosário dos Pretos do Pelourinho*. Salvador: Fundação do Patrimônio Artístico e Cultural da Bahia, 1974.

Balandier, Georges. *Daily Life in the Kingdom of the Kongo from the 16th to the 18th Century*. Londres: George Allen & Unwin, 1968.

Barber, Karin. "How Man Makes God in West Africa: Yoruba Attitudes Towards the *Orisa*". *Africa*, v. 51, nº 3 (1981), pp. 724-745.

Barickman, B. J. *Um contraponto baiano: açúcar, fumo, mandioca e escravidão no Recôncavo, 1780-1860*. Rio de Janeiro: Civilização Brasileira, 2003.

Barros, J. Teixeira. "Execuções capitaes na Bahia (desde os tempos coloniaes)". *Revista do IGHBA*, v. 24, nº 43 (1918), pp. 99-108.

Bastide, Roger. *As religiões africanas no Brasil*. São Paulo: Pioneira, 1971. 2 v. *Estudos afro-bra-sileiros*. São Paulo: Perspectiva, 1973.

Bazin, Germain. *A arquitetura religiosa barroca no Brasil*. Trad. Gloria Lucia Nunes. Rio de Janeiro: Record, 1983. 2 v.

Bellini, Ligia. "Por amor e por interesse: a relação senhor-escravo em cartas de alforria". In J. Reis (org.), *Escravidão e invenção da liberdade* (São Paulo: Brasiliense, 1988), pp. 73-86.

Berlin, Ira. *Many Thousands Gone: The First Two Centuries of Slavery in North America*. Cambridge, MA: The Belknap Press,1998.

Blake, Augusto Victorino Alves Sacramento. *Diccionario bibliographico brazileiro*. Rio de Janeiro: Imp. Nacional, 1883-1902. 7 v.

Blassingame, John W. *The Slave Community: Plantation Life in the Antebellum South*. Nova York e Oxford: Oxford University Press, 1979.

Borges, Célia Maia. *Escravos e libertos nas irmandades do Rosário: devoção e solidariedade em Minas Gerais* — séculos XVIII e XIX. Juiz de Fora: Editora UFJF, 2005.

Boschi, Caio César. *Os leigos e o poder. Irmandades leigas e política colonizadora em Minas Gerais*. São Paulo: Ática, 1986.

Bradbury, R. E. *Benin Studies*. Londres: International African Institute/Oxford University Press, 1973.

Braga, Júlio. *Ancestralité et vie quotidienne*. Strasbourg: Imprimerie Moderne, 1986.

_____. *Sociedade Protetora dos Desvalidos, uma irmandade de cor*. Salvador: Ianamá, 1987.

Brandão, Carlos Rodrigues. *Os deuses do povo. Um estudo sobre a religião popular*. São Paulo: Brasiliense, 1980.

_____. *Memória do sagrado. Estudos de religião e ritual*. São Paulo: Paulinas, 1985.

Bravo, Milra Nascimento. "A morte hierarquizada: os espaços dos mortos no Rio de Janeiro colonial (1720-1808). *Revista do Arquivo Geral da Cidade do Rio de Janeiro*, nº 8 (2014), pp. 307-329.

Brooke, John L. "Enterrement, baptême et communauté en Nouvelle-Angleterre (1730-90)". *Annales: ESC*, v. 42, nº 3 (1987), pp. 653-686.

Bury, John. *Arquitetura e arte no Brasil colonial*. Org. Myriam A. R. de Oliveira, trad. Isa M. Lando. São Paulo: Nobel, 1991.

Calmon, Pedro. *História da Casa da Torre. Uma dinastia de pioneiros*. 3ª ed. rev. Salvador: Fundação Cultural do Estado da Bahia, 1983.

Camargo, Maria Vidal de Negreiros. "Os terceiros dominicanos em Salvador". Dissertação de Mestrado, UFBA, 1979.

Cameron, Donald & Jones, Ian G. "John Snow, the Broad Street Pump and Modern Epidemiology". *International Journal of Epidemiology*, v. 12, nº 4 (1983), pp. 393-396.

Campos, Adalgisa Arantes. *As irmandades de São Miguel e as Almas do Purgatório: culto e iconografia no setecentos mineiro*. Belo Horizonte: C/Arte, 2013.

_____. "Notas sobre os rituais de morte na sociedade escravista". *Revista do Departamento de História da UFMG*, nº 6 (1988), pp. 109-122.

_____. "Considerações sobre a pompa fúnebre na capitania das Minas — o século XVIII". *Revista do Departamento de História da UFMG*, 4 (1987), pp. 3-24.

Campos, Adalgisa Arantes. "A presença do macabro na cultura barroca". *Revista do Departamento de História da* UFMG, 5 (1987), pp. 83-90.

Campos, João da Silva. *Procissões tradicionais da Bahia*. Publicações do Museu da Bahia, 1. Salvador: Secretaria de Educação e Saúde, 1941.

Cardoso, Manuel S. "The Lay Brotherhoods of Colonial Bahia". *Catholic Historical Review*, v. 33, nº 1 (1947), pp. 12-30.

Carneiro, Edison. *Ladinos e crioulos: estudos sobre o negro no Brasil*. Rio de Janeiro: Civilização Brasileira, 1964.

Carvalho, Maria Alice Resende de. *O quinto século: André Rebouças e a construção do Brasil*. Rio de Janeiro: Revan; IUPERJ, 1998.

Cascudo, Luís da Câmara. *Antologia do folclore brasileiro*. São Paulo: Martins, 1956.

_____. *Dicionário do folclore brasileiro*. 3ª ed. Brasília: INL/MEC, 1972. 2 v.

_____. *Anúbis e outros ensaios*. 2ª ed. Rio de Janeiro: Funarte; INF; Achiamé; UFRN, 1983.

Castellucci, Wellington. "A árvore da liberdade nagô: Marcos Theodoro Pimentel e sua família entre a escravidão e o pós-abolição. Itaparica, 1834-1968". *Revista Brasileira de História*, v. 38, nº 78 (2018) https://doi.org/10.1590/1806-93472018v38n78-10.

Castro, Dinorah d'Araujo Berbert de. "Ideias filosóficas nas teses inaugurais da Faculdade de Medicina da Bahia (1838-89)". Dissertação de Mestrado, UFBA, 1973.

Castro, Renato Berbert de. *A tipografia imperial e nacional na Bahia*. São Paulo: Ática, 1984.

Castro, Vanessa de. *Das igrejas ao cemitério: políticas públicas sobre a morte no Recife do século* XIX. Recife: Fundação de Cultura Cidade do Recife, 2007.

Catroga, Fernando. "Descristianização e revolução dos cemitérios em Portugal". In Osvaldo Coggiola (org.), *A revolução francesa e seu impacto na América Latina* (São Paulo: Nova Stella; EDUSP, 1990), pp. 107-131.

Cesar Neto, Felipe Tito. "Estratégias para 'bem morrer': testamentos e rituais funerários de alforriados (Mariana, Minas Gerais, *c.* 1727-*c.* 1783". Dissertação de Mestrado, UFRRJ, 2019.

Chaunu, Pierre. "Mourir à Paris (XVIᵉ-XVIIᵉ-XVIIIᵉ siècles)". *Annales: ESC*, v. 31, nº 1 (1976), pp. 29-50.

_____. *La mort à Paris. 16ᵉ, 17ᵉ, 18ᵉ siècles*. Paris: Fayard, 1978.

Corbin, Alain. *Le miasme et la jonquille. L'odorat et l'imaginaire social*, XVIIIᵉ-XIXᵉ *siècles*. Paris: Flammarion, 1986.

Costa, Ana de Lourdes R. "'Ekabó!' Trabalho escravo e condições de moradia e reordenamento urbano em Salvador no século XIX". Dissertação de Mestrado, UFBA, 1989.

Costa, Jurandir Freire. *Ordem médica e ordem familiar*. 3ª ed. Rio de Janeiro: Graal, 1989.

Costa, Luís Monteiro da. "A devoção de Nossa Senhora do Rosário na cidade do Salvador". *Revista do Instituto Genealógico da Bahia*, v. 10, nº 10 (1958), pp. 95-113.

Damásio, Antônio Joaquim. *Tombamento dos bens imóveis da Santa Casa de Misericórdia da Bahia*. Salvador: Santa Casa de Misericórdia, 1862.

DaMatta, Roberto. *A casa e a rua. Espaço, cidadania, mulher e morte no Brasil*. São Paulo: Brasiliense, 1985.

Danforth, Loring M. *The Death Rituals of Rural Greece*. Princeton: Princeton University Press, 1982.

David, Onildo Reis. *O inimigo invisível: epidemia na Bahia no século* XIX. Salvador: EDUFBA; SARAH LETRAS, 1996.

Delfino, Leonara Lacerda. "Senhora das conquistas e das missões: origens da devoção da Virgem do Rosário como mãe protetora dos pretos no ultramar", *Ars Historica*, nº 6 (2013), pp. 107-127.

Delumeau, Jean. *História do medo no Ocidente, 1300-1800*. Trad. Maria Lucia Machado. São Paulo: Companhia das Letras, 1989.

Diniz, Jaime C. *Organistas da Bahia, 1750-1850*. Rio de Janeiro e Salvador: Tempo Brasileiro; Fundação Cultural do Estado da Bahia, 1986.

Doi, Abdurrahman I. *Islam in Nigeria*. Zaria: Gaskyia Corporation Ltd, 1984.

Dolhnikoff Miriam. *O pacto imperial: origens do federalismo no Brasil*. São Paulo: Globo, 2005.

Douglas, Mary. *Pureza e perigo*. Trad. Mônica S. L. de Barros e Zilda Z. Pinto. São Paulo: Perspectiva, 1976.

Doyle, Eric. *Francisco de Assis e o cântico da fraternidade universal*. São Paulo: Paulinas, 1985.

Drewal, Henry John; e Drewal, Margaret Thompson. *Gelede: Art and Female Power among the Yoruba*. Bloomington: Indiana University Press, 1990.

Duarte, Denise Aparecida Sousa. "Em vida inocente, na morte 'anjinho': morte, infância e significados da morte infantil em Minas Gerais (séculos XVIII-XX)". Tese de Doutorado, UFMG, 2018.

Durões, Margarida. "Testamentary Practices in Venade (Minho), 1755-1815". In Facó et alii (orgs.), *Death in Portugal*, pp. 88-96.

Ellis, Alfred B. *The Ewe-Speaking Peoples of the Slave Coast of West Africa*. Chicago: Benin Press Ltd, 1965 [orig. 1890].

Eugênio, Alisson. "Reforma dos costumes: elite médica, progresso e o combate às más condições de saúde no Brasil do século XIX". Tese de Doutorado, USP, 2008.

Favre, Robert. *La mort dans la littérature et la pensée françaises au Siècle des Lumières*. Lyon: Presses Universitaires de Lyon, 1978.

Feijó, Rui et alii (orgs.) *Death in Portugal. Studies in Portuguese Anthropology and Modern History*. Oxford: JASO, 1983.

Feijó, Rui. "Mobilização rural e urbana na Maria da Fonte". In Miriam H. Pereira et alii (orgs.), *O liberalismo etc.*, v. II, 183-193.

Ferreira, Maria de Fátima Sá e Mello. *Rebeldes e insubmissos: resistências populares ao liberalismo (1834-44)*. Porto: Afrontamento, 2002.

————. "Formas de mobilização popular no liberalismo — o 'cisma dos mônacos' e a questão dos enterros nas igrejas". In Miriam H. Pereira et alii (orgs.), *O liberalismo etc.*, v. II, pp. 161-168.

Ferreti, Sérgio F. *Querebentan de Zomadonu. Etnografia da Casa das Minas*. São Luís: Universidade do Maranhão, 1985.

Ferraz, Norberto Tiago Gonçalves. "O Purgatório e a salvação da alma na Braga de setecentos". *Revista M.*, v. 1, nº 2 (2016), pp. 295-319.

Ferrez, Gilberto. *Bahia. Velhas Fotografias, 1858-1900*. Salvador: Banco da Bahia Investimentos S/A; Rio de Janeiro, Kosmos, 1988.

Flexor, Maria Helena. *Oficiais mecânicos na cidade do Salvador*. Salvador: Prefeitura de Salvador, 1974.

Flory, Thomas. *Judge and Jury in Imperial Brazil, 1808-71*. Austin e Londres: University of Texas Press, 1981.

Foisil, Madeleine. "Les attitudes devant la mort au XVIII$^e$ siècle: sépultures et suppressions de sépultures dans le cimetière parisien des Saints-Innocents". *Revue Historique*, v. 98, nº 251 (1974), pp. 303-330.

Fonsêca, Humberto José. "Vida e morte na Bahia colonial: sociabilidades festivas e rituais fúnebres (1640-1760)". Tese de Doutorado, UFMG, 2006.

Fonseca, Jorge. *Religião e liberdade: os negros nas irmandades e confrarias portuguesas (séculos XV a XIX)*. Ribeirão: Edições Húmus, 2014.

Fraga Filho, Walter. *Mendigos, moleques e vadios na Bahia do século XIX*. São Paulo: Hucitec, 1996.

Freud, Sigmund. "O valor da vida: uma entrevista rara de Freud". In Paulo César Souza (org.), *Sigmund Freud & o gabinete do dr. Lacan* (São Paulo: Brasiliense, 1989), pp. 117-129.

_____. "Reflections Upon War and Death". In Phillip Rieff (org.), *Sigmund Freud, Collected Papers* (Nova York: Collier, 1963), v. 9, pp. 107-133.

Freyre, Gilberto. *Casa grande & senzala*. 25ª ed. Rio de Janeiro: José Olympio, 1987.

_____. *Sobrados e mocambos: decadência do patriarcado rural e desenvolvimento do urbano*. 4ª ed. Rio de Janeiro: José Olympio, 1968.

Fukui, Lia Garcia. "O culto aos mortos entre os sitiantes tradicionais do sertão de Itapecerica". In Martins (org.), *A morte e os mortos*, pp. 252-257.

Gennep, Arnold van. *The Rites of Passage*. Londres: Routledge & Kegan Paul, 1960.

Genovese, Eugene D. *Roll, Jordan, Roll: The World the Slaves Made*. Nova York: Pantheon Books, 1974.

Gilliland, Dean S. *African Religion Meets Islam: Religious Change in Northern Nigeria*. Nova York: University Press of America, 1986.

Ginzburg, Carlo. *O queijo e os vermes*. São Paulo: Companhia das Letras, 1987.

Gittings, Clare. *Death, Burial and the Individual in Early Modern England*. Londres: Routledge, 1984.

Goldey, Patricia. "The Good Death: Personal Salvation and Community Identity". In Feijó et alii (orgs.), *Death in Portugal*, pp. 1-16.

Gomes, Ordival Cassiano. "José Correa Picanço". *Atualidades Terapêuticas*, v. 1, nº 5 (1946), pp. 1-9.

Gonçalves, Priscila Soares. "Memórias do Rio de Janeiro do início do século XIX (1808-21)". *Revista 7 Mares*, nº 3 (2013), pp. 28-46.

Goujard, Philippe. "Echec d'une sensibilité baroque: les testaments rouennais au XVIII$^e$ siècle". *Annales: ESC*, v. 3, nº 1 (1981), pp. 26-43.

Graham, Richard. *Alimentar a cidade: das vendedoras de rua à reforma liberal (Salvador, 1780-1860)*. São Paulo: Companhia das Letras, 2010.

_____. *Clientelismo e política no Brasil do século XIX*. Rio de Janeiro: Editora UFRJ, 1997.

Grimal, Pierre. "Greece: Myth and Logic". In P. Grimal (org.), *Larousse World Mythology* (Londres: Hamlyn, 1973), pp. 97-176.

Grimes, Ronald L. *Deeply into the Bone: Re-Inventing Rites of Passage*. Berkeley, Los Angeles e Londres: University of California Press, 2000.

Grinberg, Keila. *O fiador dos brasileiros: cidadania escravidão e direito civil no tempo de Antonio Pereira Rebouças*. Rio de Janeiro: Civilização Brasileira, 2002.

Guedes, Sandra P. L. de Camargo. "Atitudes perante a morte em São Paulo (séculos XVII ao XIX)". Dissertação de Mestrado, Universidade de São Paulo, 1986.

Hambly, Wilfred D. *The Ovimbundu of Angola*. Chicago: Field Museum of Natural History, 1934.

Hannaway, Owen & Caroline. "La fermeture du cimetière des Innocents". *Dix-Huitième Siècle*, nº 9 (1977), pp. 181-196.

Hauck, João F. et alii. *História da Igreja no Brasil. Ensaio de interpretação a partir do povo*. 2ª ed. Petrópolis: Paulinas/Vozes, 1985.

Heers, Jacques. *Fêtes des fous et carnavals*. Paris: Fayard, 1983.

Herskovits, Melville. *Dahomey: An ancient West Africa Kingdom*. Evanston: Northwestern University Press, 1967. 2 v.

Hertz, Robert. *Death and the Right Hand*. Aberdeen: Cohen & West, 1960.

Hobsbawm, Eric J. *The Age of Revolution, 1789-1848*. Londres: Abacus, 1977.

Huntington, Richard; e Metcalf, Peter. *Celebrations of Death: The Anthropology of Mortuary Ritual*. Cambridge: Cambridge University Press, 1979.

Idowu, E. Bolaji. *Olodumare: God in Yoruba Belief*. Londres: Longman, 1962.

Johnson, Samuel. *The History of the Yorubas: From the Earliest Time to the Beginning of the British Protectorate*. Londres: Routledge & Kegan Paul Ltd, 1921.

Jukevics, Vera Irena. "Festas religiosas: a materialidade da fé". *História: Questões & Debates*, nº 43 (2005), pp. 73-86.

Kallehear, Allan. *A Social History of Dying*. Cambridge: Cambridge University Press, 2007.

Karasch, Mary. *Slave Life in Rio de Janeiro, 1808-50*. Princeton: Princeton University Press, 1987.

Kiddy, Elizabeth. *Blacks of the Rosary: Memory and History in Minas Gerais, Brazil*. University Park: Penn State University Press, 2005.

Kraay, Hendrik. "'Em outra coisa não falavam os pardos, cabras, e crioulos': o recrutamento de escravos na guerra da independência na Bahia". *Revista Brasileira de História*, v. 22, nº 43 (2002), pp. 109-128.

_____. *Race, State, and Armed Forces in Independence-era Brazil: Bahia, 1790's-1840's*. Stanford: Stanford University Press, 2001

_____. "'As Terrifying as Unexpected': The Bahian Sabinada, 1837-38". *The Hispanic American Historical Review*, v. 72, nº 4 (1992), pp. 501-527.

Ladurie, Emmanuel le Roy. *Love, Death and Money in the Pays d'Oc*. Harmondsworth: Penguin, 1984.

Lahon, Didier. "Da redução da alteridade à consagração da diferença: as irmandades negras em Portugal (séculos XVI-XVIII)", *Projeto História*, nº 44 (2012), pp. 53-83.

Laqueur, Thomas. *The Work of the Dead: A Cultural History of Mortal Remains*. Princeton: Princeton University Press, 2015.

_____. "Bodies, Death, and Pauper Funerals". *Representations*, nº 1 (1983), pp. 109-131.

Lauwers, Michel. *O nascimento do cemitério: lugares sagrados e terra dos mortos no Ocidente medieval*. Trad. Robson Della Torre. Campinas: Editora da Unicamp, 2015.

Lebrun, François. *Les hommes et la mort en Anjou aux 17ᵉ et 18ᵉ siècles*. Paris: Mouton, 1971.

Le Goff, Jacques. *La naissance du Purgatoire*. Paris: Gallimard, 1981.

Lehmann, João Batista. *Na luz perpétua. Leituras religiosas de vida dos santos de Deus, para todos os dias do ano*. Juiz de Fora: Typ. Lar Catholico, 1935. 2 v.

Leite, Douglas Guimarães. *Sabinos e diversos: emergências políticas e projetos de poder na revolta baiana de 1837*. Salvador: EGBA/Fundação Pedro Calmon, 2007.

Leite, Miriam L. Moreira; Mott, Maria Lucia de B.; e Appenzeller, Bertha K. *A mulher no Rio de Janeiro no século XIX. Um índice de referências em livros de viajantes estrangeiros*. São Paulo: Fundação Carlos Chagas, 1982.

Lienhardt, Godfrey. "The Situation of Death: An Aspect of Anuak Philosophy". In *Witchcraft, Confessions and Accusations. Association of Social Anthropologists Monographs*, 9 (Londres: Tavistock Publications, 1970), pp. 279-291.

Lilienfeld, Abraham; e Lilienfeld, David. *Foundations of Epidemiology*. Nova York: Oxford University Press, 1980.

Lima, Vivaldo da Costa. *A família de santo nos candomblés jeje-nagôs da Bahia*. Salvador: UFBA, 1977.

Lima Jr., Francisco Pinheiro. "Ideias filosóficas nas teses de concurso da Faculdade de Medicina da Bahia (século XIX)". Tese de concurso para Professor Titular, Departamento de Filosofia, UFBA, 1974.

Linebaugh, Peter. "The Tyburn Riots Against the Surgeons". In Douglas Hay et alii, *Albion's Fatal Tree* (Londres: Penguin, 1975), pp. 65-117.

Lopes, Juliana Sezerdello Crispim. *Identidades políticas e raciais na Sabinada (Bahia, 1837-1838)*. São Paulo: Alameda, 2013.

Lugar, Catherine. "The Merchant Community of Salvador, Bahia: 1780-1830". Tese de Doutorado, State University of New York at Stony Brook, 1980.

Luz, Madel T. *Natural, racional, social: razão médica e racionalidade científica moderna*. Rio de Janeiro: Campus, 1988.

Machado Alcântara. *Vida e morte do bandeirante*. Belo Horizonte: Itatiaia; São Paulo: EDUSP, 1980.

Machado, Roberto et alii. *Danação da norma. Medicina social e constituição da psiquiatria no Brasil*. Rio de Janeiro: Graal, 1978.

Maranhão, José Luiz de Souza. *O que é a morte*. 3ª ed. São Paulo: Brasiliense, 1987.

Marcílio, Maria Luiza. "A morte de nossos ancestrais". In Martins (org.), *A morte e os mortos*, pp. 61-75.

Marques, A. H. de Oliveira. *A sociedade medieval portuguesa*. 3ª ed. Lisboa: Sá da Costa, 1974.

Martinez, Socorro Targino. "Ordens terceiras: ideologia e arquitetura". Dissertação de Mestrado, UFBA, 1979.

Martins, José de Souza (org.). *A morte e os mortos na sociedade brasileira*. São Paulo: Hucitec, 1983.

_____. "A morte e o morto: tempo e espaço nos ritos fúnebres da roça". In Martins (org.), *A morte e os mortos*, pp. 258-269.

Mattoso, Katia M. de Queirós. *Bahia, século XIX: uma província no Império*. Rio de Janeiro: Nova Fronteira, 1992.

_____. *Família e sociedade na Bahia do século XIX*. Trad. James Amado. São Paulo: Corrupio, 1988.

_____. "Au Nouveau Monde: une province d'un Nouvel Empire: Bahia au XIXᵉ siècle". Tese de Estado, Universidade de Paris, Sorbonne, 1986. 5 v.

_____. "Párocos e vigários em Salvador no século XIX: as múltiplas riquezas do clero secular da capital baiana". *Tempo e Sociedade*, v. 1, nº 1 (1982), pp. 13-48.

Mattoso, Katia M. de Queirós. *Testamentos de escravos libertos na Bahia no século XIX: uma fonte para o estudo de mentalidades*. Publicações do Centro de Estudos Baianos, UFBA, 85. Salvador: CEB, 1979.

_____. *Être esclave au Brésil, XVI<sup>e</sup>-XIX<sup>e</sup> siècles*. Paris: Hachette, 1979.

_____. *Bahia. A cidade do Salvador e seu mercado no século XIX*. São Paulo: Hucitec, 1978.

_____. e Athayde, Johildo. "Epidemias e flutuações de preços na Bahia no século XIX". In *Colloques Internationaux du CNRS*, 543, Paris, 1973, pp. 183-202.

_____. "A propósito de cartas de alforria". *Anais de História*, nº 4 (1972), pp. 23-52.

McManners, John. *Death and the Enlightenment: Changing Attitudes to Death Among Christians and Unbelievers in Eighteenth-Century France*. Oxford: Claredon Press, 1981.

Mira, João Manoel de Lima. *A evangelização do negro no período colonial brasileiro*. São Paulo: Loyola, 1983.

Miranda, d. Antônio Afonso de. *O que é preciso saber sobre a unção dos enfermos*. São Paulo: Santuário, 1987.

Moraes, Rubens Borba de. *Livros e bibliotecas no Brasil colonial*. Rio de Janeiro: Livros Técnicos e Científicos; São Paulo, Secretaria da Cultura, Ciência e Tecnologia do Estado de São Paulo, 1979.

Morris, R. J. *Cholera 1832: The Social Response to an Epidemic*. Londres: Croom Helm, 1976.

Morton, F. W. O. "The Conservative Revolution of Independence: Economy, Society and Politics in Bahia, 1790-1840". Tese de Doutorado, Oxford University, 1974.

Morton-Williams, Peter. "Yoruba Responses to the Fear of Death". *Africa*, v. 30, nº 1 (1960), pp. 34-40.

Mott, Luiz. *O sexo proibido. Virgens, gays e escravos nas garras da inquisição*. São Paulo: Papirus, 1988.

_____. "Dedo de anjo e osso de defunto: os restos mortais na feitiçaria afro-luso-brasileira". *D. O. Leitura*, v. 8, nº 90 (1989), pp. 2-3.

Mulvey, Patricia. "The Black Lay Brotherhoods of Colonial Brazil: A History". Tese de Doutorado, City University of New York, 1976.

Nadel, S. F. *Nupe religion: Traditional Beliefs and the Influence of Islam in a West African Chiefdom*. Nova York: Shoeken, 1970.

Nascimento, Anna Amélia Vieira. *Dez freguesias da cidade do Salvador*. Salvador: Fundação Cultural do Estado da Bahia, 1986.

Nishida, Mieko. "Manumission and Ethnicity in Urban Slavery: Salvador, Brazil, 1808-1888". *The Hispanic American Historical Review*, v. 73, nº 3 (1993), pp. 387-391.

Nogueira, Mariângela de Mattos (seleção, apresentação e comentários). *Lá vai verso: a Lavagem do Bonfim n'O Alabama (1863-71)*. Salvador: Prelo de Madeira, 2021.

Nunez, Luiz F. *Los cementerios*. Buenos Aires: Ministerio de Cultura y Educación, 1970.

Oliveira, Anderson José Machado de. *Santos pretos e catequese no Brasil colonial*. Rio de Janeiro: Quartet/Faperj, 2008.

Oliveira, Maria Inês Côrtes de. *O liberto: o seu mundo e os outros, Salvador, 1790-1890*. São Paulo: Corrupio, 1988.

_____. "Retrouver une identité: jeux sociaux des africains de Bahia (vers. 1750-vers. 1890)". Tese de Doutorado, Université de Paris — Sorbonne, 1992.

Ott, Carlos. *Formação étnica da cidade do Salvador. O folclore baiano*. Salvador: Manu, 1955. 2 v.

_____. *A Santa Casa de Misericórdia da Cidade do Salvador*. Publicações do Patrimônio Histórico e Artístico Nacional, 21. Rio de Janeiro: IPHAN, 1960.

_____. "A Irmandade de Nossa Senhora do Rosário dos Pretos do Pelourinho". *Afro-Ásia*, v. 6, nº 7 (1968), pp. 119-126.

_____. *Atividade artística nas igrejas do Pilar e de Santana da cidade do Salvador*. Salvador: UFBA, 1979.

Owens, Leslie Howard. *This Species of Property: Slave Life and Culture in the Old South*. Oxford: Oxford University Press, 1976.

Pagoto, Amanda Aparecida. *Do âmbito do sagrado ao cemitério público: transformações fúnebres em São Paulo (1850-60)*. São Paulo: IMESP, 2004.

Parés, Luis Nicolau. "Milicianos, barbeiros e traficantes numa irmandade católica de africanos minas e jejes (1770-1830)". *Revista Tempo*, nº 20 (2014). DOI: 10.5533/TEM-1980-542X-2014203607

_____. *O rei, o pai e a morte: a religião vodum na antiga Costa dos Escravos na África Ocidental*. São Paulo: Companhia das Letras, 2016.

_____. "O processo de crioulização no Recôncavo baiano (1750-1800). *Afro-Ásia*, nº 33 (2005), pp. 87-132.

Parrinder, Geoffrey. *West African Religion*. Londres: The Epworth Press, 1961.

Paul, John R. *Clinical Epidemiology*. Chicago: University of Chicago Press, 1966.

Peel, J. D. Y. *Religious Encounter and the Making of the Yoruba*. Bloomington e Indianapolis: Indiana University Press, 2000.

Pereira, Alanna Perônio Bacelar. "Procura-se Rita Sebola: escravidão, casamento e mobilidade social na trajetóriade Rita Gomes da Silva (1760-1805)." TCC, Universidade Estadual de Feira de Santana, 2020.

Pereira, Clara Abrahão Leonardo. "Se alguém morreu, alguém matou: religião Yran na Senegâmbia nos séculos XV e XVI". Dissertação de Mestrado, UFMG, 2021.

Pereira, Júlio César Medeiros da Silva. *À flor da terra: o cemitério dos pretos novos no Rio de Janeiro*. Rio de Janeiro: Garamond; IPHAN, 2007.

Pereira, Miriam Halpern et alii (orgs.). *O liberalismo na península Ibérica na primeira metade do século XIX*. Lisboa: Sá da Costa, 1982. 2 v.

Peres, Fernando da Rocha. "Negros e mulatos em Gregório de Matos". *Afro-Ásia*, nº 4-5 (1967), pp. 59-75.

_____. *Memória da Sé*. Salvador: Macunaíma, 1974.

Pimenta, Tânia S. e Gomes, Flávio (orgs.). *Escravidão, doença e práticas de cura no Brasil*. Rio de Janeiro: Outras Letras, 2016.

Pina-Cabral, João. "Cults of Death in Northeastern Portugal". *JASO: Journal of the Anthropological Society of Oxford*, v. 11, nº 1 (1980), pp 1-14.

_____. e Feijó, Rui. "Conflicting Attitudes to Death in Modern Portugal: The Question of Cemeteries". In Feijó et alii (orgs.), *Death in Portugal*, pp. 17-43.

Pinheiro, Joaquim Caetano Fernandes. "O conego Luiz Gonçalves dos Santos, sua vida, suas obras. Estudo Biographico". *RIHGB*, nº 25 (1862), pp. 163-176.

Praguer, Henrique. "A Sabinada (História da cidade da Bahia em 1837)". In *A revolução de 7 de novembro de 1837 (Sabinada)*, Salvador: Arquivo Público do Estado da Bahia, 1938. v. 1, pp. 75-104.

Querino, Manuel. *A raça africana e seus costumes*. Salvador: Progresso, 1955.

Raboteau, Albert J. *Slave Religion: The "Invisible Institution" in the Antebellum South*. Oxford: Oxford University Press, 1978.

Raeders, Georges. *Le comte de Gobineau au Brésil*. Paris: Nouvelles Éditions Latines, 1934.

Reginaldo, Lucilene. "Em torno de um registro: o livro de irmãos do Rosário das Portas do Carmo (1729-1826)". In Evergton Sales Souza, Guida Marques e Hugo R. Silva (orgs.). *Salvador da Bahia: retratos de uma cidade atlântica* (Salvador: EDUFBA; Lisboa: CHAM, 2016), pp. 203-234.

_____. *Os Rosários dos angolas: irmandades de africanos e crioulos na Bahia setecentista*. São Paulo: Alameda, 2011.

_____. "África em Portugal: devoções, irmandades e escravidão no reino de Portugal, século XVIII". *História*, v. 28, nº 1 (2009), pp. 289-319.

Reis, Adriana Dantas. *Cora: lições de comportamento feminino na Bahia do século XIX*. Salvador: Centro de Estudos Bahianos, 2000.

Reis, João José. "'Por sua liberdade me oferece uma escrava': alforrias por substituição na Bahia, 1800-50". *Afro-Ásia*, nº 63 (2021), pp. 232-290.

_____. *Ganhadores: a greve negra de 1857 na Bahia*. São Paulo: Companhia das Letras, 2019.

_____. *Rebelião escrava no Brasil: a história do levante dos malês em 1835*. 3ª ed. São Paulo: Companhia das Letras, 2017.

_____. "Revisitando 'Magia jeje na Bahia'". In Flavio dos Santos Gomes e Valéria Costa (orgs.). *Religiões negras no Brasil escravista e no pós-emancipação* (Rio de Janeiro: Selo Negro, 2016), pp. 13-40.

_____. "Cor, classe, ocupação etc.: o perfil social (às vezes pessoal) dos rebeldes baianos, 1823-1833". In João José Reis e Elciene Azevedo (orgs.). *Escravidão e suas sombras* (Salvador: EDUFBA, 2012), pp. 279-320.

_____. *Domingos Sodré, um sacerdote africano: escravidão, liberdade e candomblé na Bahia no século XIX*. São Paulo: Companhia das Letras, 2008.

_____. *Death is a Festival: Funeral Rites and Rebellion in Nineteenth-Century Brazil*. Chapel Hill e Londres: The University of North Carolina Press, 2003.

_____. "Tambores e tremores: a festa negra na Bahia na primeira metade do século XIX". In Maria Clementina P. Cunha (org.), *Carnavais e outras f(r)estas: ensaios de história social da cultura* (Campinas: Editora da UNICAMP, 2002), pp. 101-155.

_____. "O cotidiano da morte no Brasil oitocentista". In Luiz Felipe de Alencastro (org.), *História da vida privada no Brasil* (São Paulo: Companhia das Letras, 1997), pp. 95-141.

_____. "Identidade e diversidade étnicas nas irmandades negras no tempo da Escravidão". *Revista Tempo*, nº 3 (1997), pp. 7-33.

_____. "Fontes para a história da morte na Bahia do século XIX". *Caderno CRH*, nº 15 (1991), pp. 111-122.

_____. "A elite baiana face os movimentos sociais: Bahia, 1824-40". *Revista de História*, nº 108 (1976), pp. 341-384.

Reis, João José e Kraay, Hendrik. "'The Tyrant Is Dead!' The Revolt of the Periquitos in Bahia, 1824". *The Hispanic American Historical Review*, v. 89, nº 3 (2009), pp. 399-434.

Reis, João José e Silva, Eduardo. *Negociação e conflito: a resistência negra no Brasil escravista*. São Paulo: Companhia das Letras, 1989.

Ribeiro, Luís da Silva. *Obras. Etnografia açoriana*. Angra do Heroísmo: Instituto Histórico da Ilha Terceira, 1982, v. I

Ribeiro, Renê. *Religião e relações raciais*. Rio de Janeiro: MEC, 1956.

Richardson, Ruth. *Death, Dissection and the Destitute*. Londres: Routledge & Kegan Paul, 1987.

Rivas Alvarez, José Antonio. *Miedo y piedad. Testamentos sevillanos del siglo XVIII*. Sevilla: Diputación Provincial de Sevilla, 1986.

Rodrigues, Claudia. "Morte e rituais fúnebres". In Lilia M. Schwarcz e Flávio Gomes (orgs.). *Dicionário da escravidão e liberdade* (São Paulo: Companhia das Letras, 2018), pp. 322-327.

_____. "A morte por companheira na construção de uma trajetória no campo das religiões e das religiosidades". In Mario Dillmann e Cairo Mohamah Ibrahim Katrib (orgs.), *História e religiosidades no Brasil: a construção de um campo a partir de narrativas de historiadores* (Curitiba: CRV, 2017), pp. 181-208.

_____. "O uso de testamentos nas pesquisas sobre atitudes diante da morte em sociedades católicas de Antigo Regime". In Roberto Guedes, Claudia Rodrigues e Marcelo da Rocha Wanderley (orgs.), *Últimas vontades: testamento, sociedade e cultura na América ibérica* (Rio de Janeiro: Mauad; FAPERJ, 2015), pp. 17-49.

_____. "Apropriações da morte católica por africanos e seus descendentes no Rio de Janeiro setecentista". *Especiaria: Cadernos de Ciências Humanas*, v. 10, nº 18 (2007), pp. 427-467.

_____. *Nas fronteiras do além: a secularização da morte no Rio de Janeiro (séculos XVIII e XIX)*. Rio de Janeiro: Arquivo Nacional, 2005.

_____. *Lugares dos mortos na cidade dos vivos: tradições e transformações fúnebres no Rio de Janeiro*. Rio de Janeiro: Secretaria Municipal de Cultura, 1997.

Romero, Silvio. *Cantos populares do Brasil*. Rio de Janeiro: José Olympio, 1954. 2v.

Rosen, George. *Da polícia médica à medicina social. Ensaios sobre a história da assistência médica*. Trad. Angela Loureiro. Rio de Janeiro: Graal, 1980.

Russell-Wood, A. J. R. *Fidalgos and Philanthropists: The Santa Casa da Misericórdia of Bahia, 1550-1755*. Londres: Macmillan, 1968.

_____. *The Black Man in Slavery and Freedom in Colonial Brazil*. Nova York: St. Martin's Press, 1982.

Sá, Isabel dos Guimarães. *O regresso dos mortos: os doadores da Misericórdia do Porto e a expansão oceânica (séculos XVI-XVII)*. Lisboa: Imprensa de Ciências Sociais, 2018.

Sahlins, Marshall. *Culture and Practical Reason*. Chicago: University of Chicago Press, 1976.

Salles, Pedro. *História da medicina no Brasil*. Belo Horizonte: G. Holman Ltda., 1971.

Sampaio, Gonçalo. *Cancioneiro minhoto*. 2ª ed. Porto: Educação Nacional, 1944.

Sanchez Lopez, Juan Antonio. *Muerte y confradias de pasión en la Malaga del siglo XVIII. La imagem procesional del Barroco y su proyección en las mentalidades*. Málaga: Diputación Provincial de Malaga, 1990.

Santana, Tânia Maria Pinto de. "*Charitas et misericordia*: as doações testamentárias em Cachoeira no século XVIII". Tese de Doutorado, UFBA, 2016.

Santos, Eduardo dos. *Sobre a religião dos quiocos*. Lisboa: Junta de Investigação do Ultramar (Estudos Ensaios e Documentos, 96), 1962.

Santos, Igor, "A horda heterogênea: crime, criminalização de 'comunidades volantes' na formação da nação, Bahia (1822-53)". Tese de Doutorado, UFF, 2017.

Santos, Israel Silva dos. "Dom Romualdo Antônio de Seixas e a reforma da Igreja católica na Bahia (1828-60)". Tese de Doutorado, UFBA, 2014.

Santos, Juana Elbein dos. *Os Nàgô e a morte: Pàde, Àsèsè, e o culto Ègun na Bahia*. Petropólis: Vozes, 1976.

_____. e Santos, Deoscoredes M. dos. "O culto dos ancestrais na Bahia: o culto dos egun". In Carlos E. M. de Moura (org.), *Oloorisa. Escritos sobre a religião dos orixás* (São Paulo: Ágora, 1981), pp. 153-188.

Santos, Maria Luísa de Q. A. dos. *Origem e evolução da música em Portugal e sua influência no Brasil*. Rio de Janeiro: Imprensa Nacional, 1942.

Santos Filho, Licurgo. *História da medicina no Brasil*. São Paulo: Brasiliense, 1947.

Sasportes, José. *História da dança em Portugal*. Lisboa: Fundação Calouste Gulbenkian, 1970.

Saunders, A. C. de C. M. *A Social History of Black Slaves and Freedmen in Portugal, 1441-1555*. Cambridge: Cambridge University Press, 1982.

Saraiva, Maria Clara. "Rituais funerários entre os Papéis da Guiné-Bissau" (Parte I e Parte II). *Soronda: Revista de Estudos Guineenses*, nº 6 (Nova Série, 2003), pp. 179-201, 109-133.

Scarano, Julita. *Devoção e escravidão. A Irmandade de Nossa Senhora do Rosário dos Pretos no Distrito Diamantino no século XVIII*. São Paulo: Editora Nacional, 1975.

Schmitt, Jean Claude. *Os vivos e os mortos na sociedade medieval*. Trad. Maria Lucia Machado. São Paulo: Companhia das Letras, 1999.

Schwartz, Stuart B. *Sovereignty and Society in Colonial Brazil: The High Court of Bahia and Its Judges, 1609-1751*. Berkeley: University of California Press, 1973.

_____. "The Manumission of Slaves in Colonial Brazil: Bahia, 1684-1745". *The Hispanic American Historical Review*, v. 57, nº 1 (1974), pp. 603-635.

_____. *Sugar Plantations in the Formation of Brazilian Society: Bahia, 1550-1835*. Cambridge: Cambridge University Press, 1985.

Silva, Cândido da Costa e. *Roteiro de vida e de morte. Um estudo do catolicismo no sertão da Bahia*. São Paulo: Ática, 1982.

_____. e Azzi, Rolando. *Dois estudos sobre d. Romualdo Antonio de Seixas, arcebispo da Bahia*. Publicações do Centro de Estudos Baianos, UFBA, 95. Salvador: CEB, 1982.

Silva, Maria Beatriz Nizza da. *A primeira gazeta da Bahia. Idade d'Ouro do Brasil*. São Paulo: Cultrix, 1978.

Silva, Mônica M. da. "As Folias do Divino Espírito Santo: sociedade, Igreja e romanização em Pirenópolis (1910-50)." *Estudos de História*, v. 7, nº 1 (2000), pp. 89-105.

Silveira, Renato da. "Antecedentes europeus nas irmandades do Rosário dos pretos da Bahia colonial". In João José Reis e Elciene Azevedo (orgs.), *Escravidão e suas sombras: ensaios de um grupo de pesquisa* (Salvador: EDUFBA, 2012), pp. 15-64.

Slenes, Robert W. '"*Malungu Ngoma* vem!': África encoberta e descoberta no Brasil". *Revista USP*, nº 12 (1991-92), pp. 48-67.

Sloane, David Charles. *The Last Great Necessity: Cemeteries in American History*. Baltimore e Londres: The Johns Hopkins University Press, 1999.

Soares, Mariza de Carvalho. *Devotos de cor: identidade étnica, religiosidade e escravidão no Rio de Janeiro, século XVIII*. Rio de Janeiro: Civilização Brasileira, 2000.

Sobel, Mechal. *The World They Made Together: Black and White Values in Eighteenth-Century Virginia*. Princeton: Princeton University Press, 1987.

Souza, Antonio Loureiro de. *Baianos ilustres, 1567-1925*. 3ª ed. São Paulo: IBRASA/MEC, 1979.

Souza, Laura de Mello e. *O Diabo e a Terra de Santa Cruz*. São Paulo: Companhia das Letras, 1986.

Souza, Paulo César. *A Sabinada. A revolta separatista da Bahia (1837)*. São Paulo: Brasiliense, 1987.

Stuckey, Sterling. *Slave Culture: Nationalist Theory and the Foundations of Black America*. Oxford: Oxford University Press, 1987.

Tavares, Aurea Conceição Pereira. "Vestígios materiais nos enterramentos na antiga Sé de Salvador". Dissertação de Mestrado, UFPE, 2006.

Tavares, Luís Henrique D. *O levante dos Periquitos*. Publicações do Centro de Estudos Baianos, UFBA, nº 144. Salvador: Centro de Estudos Baianos, 1990.

Teixeira, Fausto. *Estudos de folclore*. Belo Horizonte: Movimento Editorial Panorama, 1949.

Thibaut-Payen, Jacqueline. *Les morts, l'Église et l'État. Recherches d'histoire administrative sur la sépulture et les cimetières dans le ressort du Parlement de Paris aux XVIIᵉ et XVIIIᵉ siècles*. Paris: Éditions Fernand Lanore, 1977.

Thomas, Keith. *Religion and the Decline of Magic: Studies in Popular Beliefs in Sixteenth and Seventeenth-Century England*. Harmondsworth: Penguin Books, 1978.

Thomas, Louis-Vincent. *La mort africaine. Idéologie funéraire en Afrique noire*. Paris: Payot, 1982.

_____. *Le cadavre. De la biologie à l'anthropologie*. Bruxelas: Éditions Complexe, 1980.

Tourinho, Eduardo. *Autos e correções de ouvidores do Rio de Janeiro*. Rio de Janeiro: Oficina Gráfica Jornal do Brasil, 1931.

Turner, Victor. *The Ritual Process: Structure and Anti-Structure*. Londres: Routledge & Kegan Paul, 1969.

_____. "Symbols in African rituals". In Morris Freilich (org.), *The Pleasures of Anthropology* (Nova York: Mentor, 1983), pp. 360-375.

_____. *Revelation and Divination in Ndembu Ritual*. Ithaca: Cornell University Press, 1975.

Urbain, Jean-Didier. *L'archipel des morts*. Paris: Plon, 1989.

Vailati, Luiz Lima. *A morte menina. Infância e morte infantil no Brasil dos oitocentos (Rio de Janeiro e São Paulo)*. São Paulo: Alameda, 2010.

_____. "Os funerais de 'anjinhos' na literatura de viagem". *Revista Brasileira de História*, v. 22, nº 44 (2002), pp. 365-392.

Valladares, Clarival do Prado. *Arte e sociedade nos cemitérios brasileiros. Um estudo da arte cemiterial ocorrida no Brasil desde as sepulturas de igrejas e as catacumbas de ordens e confrarias até as necrópoles secularizadas*. Rio de Janeiro: Conselho Federal de Cultura, 1972. 2 v.

Vandenbrouke, J. P. "Is 'The Causes of Cancer': A Miasma Theory for the End of the Twentieth Century?". *International Journal of Epidemiology*, v. 17, nº 4 (1988), pp. 708-709.

Varela, João. *Da Bahia do Senhor do Bomfim. Factos, vultos e typos populares de tempos idos.* Salvador: nº ed., 1936.

Vasconcelos, Ivolino de. "O conselheiro dr. José Correa Picanço, fundador do ensino médico no Brasil". *Revista do Instituto Histórico e Geográfico do Brasil*, nº 227 (1955), pp. 237-261.

Verger, Pierre. *Flux et relux de la traite des nègres entre le golfe de Bénin et Bahia de Todos os Santos.* Paris: Mouton, 1968.

_____. "Procissões e Carnaval no Brasil". *Ensaios/Pesquisas*, nº 5. Salvador: Centro de Estudos Afro-Orientais da UFBA, 1984.

_____. *Notícias da Bahia — 1850.* Salvador: Corrupio, 1981.

Vianna, Hildegardes. *A Bahia já foi assim.* Salvador: Itapuã, 1973.

_____*As aparadeiras e sendeironas. Seu folclore.* Salvador: Centro de Estudos Baianos da UFBA, 1988.

Vianna Filho, Luiz. *A Sabinada (a república bahiana de 1837).* Salvador: EDUFBA, 2008.

Vogt, Carlos e Fry, Peter. "Cuipar e cuendar pra cojenga carunga: a morte e a morte no Cafundó". In Martins (org.). *A morte e os mortos*, pp. 173-187.

Vovelle, Michel. *Ideologias e mentalidades.* Trad. M. J. Goldwasser. São Paulo: Brasiliense, 1987.

_____. *Piété baroque et déchristianisation en Provence au XVIII<sup>e</sup> siècle.* Paris: Éditions du Seuil, 1978.

_____. *Religion et révolution: la déchristianisation de l'an II.* Paris: Hachette, 1976.

_____. "Les attitudes devant la mort: problèmes de méthode, approches et lectures différentes". *Annales. Histoire, Sciences Sociales*, v. 31, nº 1 (1976), pp. 120-132

_____. *Mourir autrefois. Attitudes collectives devant la mort aux XVII<sup>e</sup> et XVIII<sup>e</sup> siècles.* Paris: Gallimard, 1974.

Wade, Richard. *Slavery in the Cities: The South, 1820-60.* Oxford: Oxford University Press, 1964.

Weber, Max. *A ética protestante e o espírito do capitalismo.* Trad. M. Irene Szmrecsányi e Tamás Szmrecsányi. São Paulo: Pioneira, 1967.

Wildberger, Arnold. *Os presidentes da Província da Bahia, efectivos e interinos, 1820-89.* Salvador: Typographia Beneditina, 1949.

Ziegler, Jean. *Os vivos e a morte. Uma sociologia da morte no Ocidente e na diáspora africana no Brasil e seus mecanismos culturais.* Trad. Aurea Assenberg. Rio de Janeiro: Zahar, 1977.

# Ilustrações, mapas, tabelas

## ILUSTRAÇÕES

*Todas as reproduções e fotografias são de Holanda Cavalcanti (H. C.), exceto quando indicado.*

1. [p. 17] Praça do Palácio, em fotografia de autor desconhecido. G. Ferrez, *Bahia. Velhas fotografias* (Rio de Janeiro, 1988), p. 56.

2. [p. 37] A baía de Todos-os-Santos, tendo ao fundo a Cidade do Salvador, c. 1864. A. Wildberger, *Os presidentes da Província da Bahia* (Salvador, 1949), gravura 64.

3. [p. 44] Largo do Teatro, foto de Benjamim Murdock, c. 1860. Ferrez, *Bahia.*

4. [p. 53] Praça da Piedade. J. M. Rugendas, *Malerische Reise in Brasilien* (Paris, 1835).

5. [p. 69] Igreja do Rosário das Portas do Carmo, Pelourinho. Foto H. C.

6. [p. 79] Altar de São Benedito, igreja de São Francisco, século XVIII. Foto H. C.

7. [p. 89] Sr. Júlio Silva, com hábito da Irmandade do Rosário das Portas do Carmo, fev. 1991. Foto H. C.

8. [p. 91] Ritos de inversão da ordem: reis e rainhas negros. Rugendas, *Malerische Reise*, p. ?.

9. [p. 103] Longa fila de religiosos acompanha o morto: modelo de cortejo funeral francês em vinheta de Léonard Gaultier. P. Chaunu, *La mort à Paris* (Paris, 1978), p. ?.

10. [p. 107] Cemitério dos Inocentes, Paris, 1552. P. Ariès, *Images de l'homme devant la mort* (Paris, 1983), p. 28.

11. [p. 117] *Fourth Stage of Cruelty*, de William Hogarth, 1751. Ruth Richardson, *Death, Dissection and the Destitute* (Londres, 1987), p. 33.

12. [p. 121] A. P. D. G. *Sketches of Portuguese Life, Manners, Costume, and Character* (Londres, 1826), pp. 242-243.

13. [p. 130] *Funerais de São Francisco*, de Iacopo Avanzi, séculos XIV-XV. Ariès, *Images*, p. 104.

14. [p. 150] Procissão do viático. J.-B. Debret, *Voyage pittoresque et historique au Brésil*, (Paris, 1839), III, prancha 12.

15. [p. 151] *Procissão do viático desce a ladeira de São Bento*, gravura de Henry Melville. Wildberger, *Os presidentes*, gravura 47.

16 e 17. [pp. 154 e 155] *A morte do justo e a morte do pecador*, painéis de Bento e Tito Capinan, segunda metade do século XIX, igreja do Bonfim, Salvador. Foto H. C.

18. [p. 164] *São Francisco resgata almas do Purgatório*, óleo do século XVIII. Consistório da igreja de São Francisco, Salvador. Foto H. C.

19. [p. 170] *São Miguel Arcanjo e o fogo do Inferno*, óleo atribuído ao baiano José Teófilo de Jesus, falecido em 1847, Museu de Arte Sacra-MAS, Salvador. Foto H. C.

20. [p. 173] *São João Batista, menino pastor*, escultura do século XVIII, MAS, Salvador. Foto H. C.

21. [p. 185] Soneto fúnebre publicado no *Diário da Bahia* (23/9/1836). Biblioteca Central do Estado da Bahia.

22. [p. 197] *Funerais de crianças*. Debret, *Voyage pittoresque*, III, prancha 15.

23. [p. 199] *Funeral de um negro*. Rugendas, *Malerische Reise*.

24. [p. 205] *Irmandade carrega irmão à sepultura*. Debret, *Voyage pittoresque*, III, prancha 26.

25. [p. 207] A tumba da Santa Casa, em azulejos do século XVIII da igreja da Santa Casa de Misericórdia da Bahia. Foto H. C.

26. [p. 214] *Modelos de caixões brasileiros*. Debret, *Voyage pittoresque*, III, prancha 26; Ewbank, *Vida no Brasil* (Belo Horizonte/São Paulo, 1976), p. 88.

27. [p. 221] *Carros fúnebres*. Debret, *Voyage pittoresque*, III, prancha 30.

28 e 29. [pp. 230 e 231] *Funerais de negra moçambique e de "príncipe" africano*. Debret, *Voyage pittoresque*, III, prancha 16.

30. [p. 245] *Fiéis se acomodam sobre sepulturas nas igrejas*. Debret, *Voyage pittoresque*, III, prancha 31.

31 e 32. [p. 248] Sepulturas da igreja do Rosário dos Pretos (Pelourinho) abertas em 1976. Fotos de Jorge Elias, do acervo do Instituto do Patrimônio Artístico e Cultural da Bahia.

33. [p. 253] Carneiros da Ordem Terceira de São Domingos, século XVIII. Foto H. C.

34 e 35. [pp. 254 e 255] Carneiros da igreja do Pilar, do início do século XIX. Foto H. C.

36. [p. 258] Lápide da sepultura do arcebispo d. Luiz Figueredo, 1735, MAS. Foto H. C.).

37. [p. 271] Igreja de Nossa Senhora do Boqueirão. Foto H. C.

38. [p. 271] Igreja da Ordem Terceira do Carmo. Foto H. C.

39. [p. 303] Caixa de esmolas para as almas do Purgatório. Ewbank, *Vida no Brasil*, p. 216.

40. [p. 307] Essa armada para missa de corpo presente. Debret, *Voyage pittoresque*, III, prancha 11.

41. [p. 326] Recibo de pagamento de enterro na igreja da Vitória, 1801. APEB, *IT*, nº 04/1764/2234/03, fl. 37.

42. [p. 333] Contas do funeral de Anselmo Francisco da Silva, 1832. (APEB, *IT*, nº 03/1097/1566/01, fl. 39.

43. [p. 335] Comendador Pedro Rodrigues Bandeira, retrato a óleo. Santa Casa de Misericórdia da Bahia. Foto H. C.

44. [p. 344] Terreiro de Jesus, foto Camilo Vedani, 1862. Ferrez, *Bahia*, p. 97.

45. [p. 347] José Lino Coutinho, retrato a óleo. Memorial de Medicina da Bahia-MMB. Foto H. C.

46. [p. 357] Manoel Maurício Rebouças, retrato a óleo, MMB. Foto H. C.

47. [p. 385] Câmara Municipal de Salvador, foto B. Murdock, c. 1860. Ferrez, *Bahia*, p. 55.

48. [p. 392] Cemitério inglês da Bahia, foto B. Murdock, c. 180. Ferrez, *Bahia*, p. 63.

49. [p. 415] Texto final manuscrito da lei nº 17, 1835. APEB, *Legislativo. Representações*.

50. [p. 419] D. Romualdo Seixas, retrato a óleo, IGHBA Foto H. C.

51. [p. 450] O manifesto da Cemeterada, 1836. APEB, *Legislativo. Representações, 1834-1925*.

52. [p. 455] Visconde de Pirajá, retrato a óleo, IGHBA. Foto H. C.

53 e 54. [p. 470] Sepulturas do cemitério Campo Santo. Fotos H. C.


## MAPAS

1. [p. 19] Salvador e o Recôncavo Baiano.

2. [pp. 26-27] Salvador: a cidade longe do cemitério. Fonte: Mapa Topográfico de Salvador de Carlos Weyll, APEB.

3. [pp. 274-275] Centro de Salvador e suas igrejas. Cortesia Mestrado de Arquitetura e Urbanismo da UFBA.


## TABELAS

1. [p. 49] Idade e condição das pessoas mortas em Salvador em 1836. Livros de Registros de Óbitos do Arquivo da Cúria de Salvador (doravante ACS/LRO*)*.

2. [p. 52] Hierarquia econômico-ocupacional de Salvador, 1800-50. Coleção de inventários (IT) do APEB.

3. [p. 133] Motivos alegados para a redação de testamentos. Livros de registros de testamentos (LRT) do APEB.

4. [p. 176] Mortalhas segundo a condição social do morto, 1835-36. ACS/*LRO*.

5. [p. 178] Mortalhas segundo a origem étnico-racial de livres/libertos, 1835-36. ACS/*LRO*

6. [p. 200] Número de padres nos funerais segundo a idade do morto, 1835-36. ACS/*LRO*.

7. [p. 246] Enterros na igreja da Penha, 1834-36. ACS/*LRO*.

8. [p. 259] Tipo de templo pedido para sepultura, 1800-36. APEB, *LRT; IT*.

9. [p. 269] Enterros na freguesia de Santo Antônio, 1835-36. ACS/*LRO*.

10. [p. 279] Distribuição espacial dos enterros em Salvador, 1835-36. ACS/*LRO*.

11. [p. 292] Pedidos de missa, 1800-36. APEB, *LRT; IT*.

12. [p. 311] Nomeação de intercessores, 1800-36. APEB, *LRT; IT*.

13. [p. 320] Receita da tumba e do banguê da Santa Casa, 1833-36. Livros da Tumba e do Banguê, ASCMB.

14. [p. 322] Receita funerária do Convento de São Francisco, 1822-25. Arquivo do Convento de São Francisco, *Livro de contas da receita e despeza* [...] *1790-1825* (ACSF/LCRD).

15. [p. 323] Receita funerária de São Francisco por item, 1823. ACSF/LCRD.

# Índice remissivo

*As ilustrações estão indicadas em itálico.*

África/africanos: irmandades de, 75; muçulmanos, 60-1, 90, 166, 175, 314-5; relação com a morte, 125-7; rituais de inversão simbólica da ordem social, *91, 92*; ver também "nações" africanas
Agostinho, santo, 83, 194
Alá, 176
*Alabama, O* (jornal), 227
Alcântara Machado, Antônio de, 29
algodão, 56
*Almanach da Bahia*, 406
Alves, Marieta, 25, 445
Amaral, Braz do, 24-5, 456
anatomização de cadáver, 116-8, *117*
*Anatomy Acts* [Leis de Anatomia] (Inglaterra, 1832), 113
angolas, "nação" africana, 75-6, 226
Anjou, França, 102
Araújo, Alceu, 144
Araújo, Ana Cristina, 236
Ariès, Philippe, 101, 103, 105, 108, 114, 123, 128, 158, 257, 411
Assembleia Legislativa Provincial, 16, 33, 396, 403-4, 406, 408, 413, *419*, 444, 446, 449, 454, 465
Associação Brasileira de Estudos Cemiteriais, 30
Athayde, Johildo, 48, 171
Aveiro, Portugal, 119
Ávila, Affonso, 29
Azevedo, Thales de, 149

*Bahiano, O*, 97, 182
Barcelos, vila de, BA, 153
Barra, Salvador, BA, 40
batistas, 111
Bazin, Germain, 68
benguelas, "nação" africana, 78
Blake, Sacramento, 356
Bom Jesus da Massaranduba, cemitério, 277-8, 390, *392*
Bonfim, igreja do, 41, 83, 153, *154, 155*
Boqueirão, igreja do, 179; predomínio de enterros de pardos na, 270
Brotas, freguesia de, 40-1, 397, 422

Cachoeira, BA, 57, 63, 74, 78, 226, 236-8, 288, 318, 400, 411, 420

Cairu, BA, 90, 402

Câmara Cascudo, Luís da, 161, 184-6, 188, 200, 284

Câmara Municipal de Salvador, *385*

Campo da Pólvora, cemitério destinado aos indigentes e pagãos, 253, 272-3, 276-7, 319, 321, 378-9, 386-8, 390, 433, 468

Campo Santo, cemitério, 15-6, 18-23, 31-3, 183, 408-9, 421, 432, 434, 465-7, *470*; classificação dos mortos no, 411; conclusão das obras, 424-6; construção, 417-20; destruição, 20-2, 447; inauguração, 442-3; inspiração francesa, 410; manifesto contra, 446-52; e os miseráveis, 459; movimento de resistência ao, 427-36; operação plena (1855), 471-2; policiamento no, 463; projeto do, 410, 412; regras religiosas do, 422-6; vendido para a Santa Casa, 468

Campos, Adalgisa A., 29

Campos, João da Silva, 193

cana-de-açúcar, 56-7

candomblé, 41, 61, 76, 128, 166, 226-7, 232, 314-5; cerimônias fúnebres do, 228

*Cântico ao irmão Sol* (são Francisco de Assis), 165

capitalismo, mercado funerário e, 112

Carmo, igreja do convento do, 166; predomínio de enterros de brancos na, 270

carneiros (sepulturas em gaveta ou urna), 250-6

carpideiras, 122, 159-60, 182, 186, 199, 460

carros funerários, 220-2

*Cartas soteropolitanas* (Vilhena), 379

Castellucci, Wellington, 227

Castro Alves, praça, 34

Castro, Vanessa de, 469

catolicismo barroco, 65-99, 112

Ceará, 197

Celeiro Público, 459

Cemiterada, Revolta da, 13-33, 39, 64, 446-61; como movimento pluriclassista e multirracial, 460; devassa pro forma após a, 462-5; irmandades e, 215; manifesto da, 446-52, *450;* motivação, 65; participação feminina

na, 459; participantes da, 458; razões econômicas e religiosas, 460-1; repercussão no país, 469; cemiteradas em Portugal, 119-20, 122

cemitérios: Bom Jesus da Massaranduba, 277-8, 390, 392; Campo da Pólvora, 253, 272-3, 276-7, 319, 321, 378-9, 386-8, 390, 433, 468; Campo Santo, 15-6, 18-23, 31-3, 183, 408-12, 417-20, 421-36, 446-52, 459, 463, 465-8, *470*, 471-2; Highgate (Inglaterra), 111; nas igrejas ou fora da cidade, impasse em 1834, 390-6, 399-403; primeira legislação sobre (1801), 380; Quinta dos Lázaros, 277, 471; da Santa Casa de Cachoeira, 411; da Santa Casa de Misericórdia, *207*, 208

*Censor, O*, 466-7

cerimônias religiosas africanas, 41

Chaunu, Pierre, 102, 107, 114, 282-3, 311

"Chronica dos acontecimentos", 234-5, 267

Colégio dos Jesuítas, 14, 235, 256

cólera, epidemia de, 48, 118, 342, 357, 365, 383, 471

Conceição dos Homens Pardos de Santana do Camisão, irmandade, 74

confrarias: como alternativa de parentesco para os africanos, 76; católicas, 65-81, 86, 97, 99; negras, 87; de Nossa Senhora da Conceição do Boqueirão, 70, 224, 249; de Santo Antônio da Barra, 70; de São Crispim, 70; de São Jorge, 70; de São José, 70

Constituição imperial, 440, 457

Contrarreforma católica, 110

conventos: de Nossa Senhora da Piedade, 70, 267; de Santo Antônio, 166; de São Bento, 166; de São Francisco, 14, 165, 168, 180, 201, 208, 262, 304-5, 308, 321-5, 332, 359, 396, 437

Coração de Maria, BA, 206

Corbin, Alain, 105

Corpo Santo, igreja, 76

*Correio da Bahia*, 233

*Correio Mercantil*, 232

cortejos fúnebres, irmandades e, 203-11, 215-6

Costa da Mina, África, 47, 92, 134, 309

Costa do Marfim, África, 92
*Courrier Français*, 368
crise econômica (1820-30), 337

*Danação da norma*, 383
*Democrata, O*, 156, 420
*Descobridor de Verdades, O* (jornal), 42
*Diário da Bahia*, 283, 408, 421
*Diário de Pernambuco*, 469
*Diário de Saúde*, 350, 366, 368, 398
*Diário Fluminense*, 372, 375
Domingos, são, 169

Empresa dos Cemitérios, 411; assinatura do contrato para construção do cemitério de Campo Santo, 417; monopólio por trinta anos, 412-3; proprietários, 406
Engenho Velho, Rio de Janeiro, 232
Enterro do Senhor, procissão do, 97, 193
enterros em cemitérios, 272-9
Entrudo, 43
epidemias: cólera, 48, 118, 342, 357, 365, 383, 471; febre amarela, 361, 468-9
Erigné, França, 115
Estados Unidos, funerais negros nos, 229
Europa pré-industrial, mulheres nos movimentos sociais da, 120
extrema-unção, 31, 109, 148, 151, 156-7

Faculdade de Medicina da Bahia, *344*, 348, 356, 398
Favre, Robert, 104
febre amarela, 357; epidemia de (1843), 361, 468-9
Feijó, Rui, 120, 128
Ferreira, Maria de Fátima Sá e Mello, 119, 121
festas religiosas, 84-99; cobertura da imprensa, 97; rituais de inversão simbólica da ordem social, 94-6
Flexor, Maria Helena, 70
Folia do Divino, 94-6
fortaleza do Mar (atual forte São Marcelo, BA), 98

França, 101-9; atitude diante da morte, 102; cemitérios fora das cidades na, 104-6, 114, 372; custos de funerais, 335; como modelo de medicina, 343; protestos contra cemitérios, 114-5, 459
Francisco de Assis, são, *164*, 165
freguesias: de Brotas, 40-1, 397, 422; de Nossa Senhora da Penha, 40, 169, 215, 247, 393, 422; de Nossa Senhora do Pilar, 36, 38-9; do Passo, 67; de Santo Antônio Além do Carmo, 58, 93, 97, 269, 388; de Santo Antônio, 40-1; de São Bartolomeu, em Maragojipe, 87; da Sé, 39, 67, 165, 168-9, 215, 225, 266; da Vitória, 40, 42, 156, 254, 404, 406-8, 422
Freud, Sigmund, 100, 194, 460
Freyre, Gilberto, 262
funerais, 31; alforrias em troca de, 338; fictícios, 233-8; número de padres em, 200-3; *ver também* rituais fúnebres

*Gazeta Commercial da Bahia*, 443
Genovese, Eugene, 229
Gittings, Clare, 109
Goujard, Phillippe, 102
Grimes, Ronald, 116, 158
Guadalupe, igreja de, 177
Guedes, Sandra Camargo, 30
guerra da Independência (Bahia, 1822-23), 56

Hamel-sous-Corbie, França, 114
haussás, "nação" africana, 47, 60, 278, 314
Heers, Jacques, 101
Herodes, 174
Hertz, Robert, 125, 251
Highgate, cemitério inglês, 111
higienistas, na França, séculos XVIII e XIX, 105
higienistas, e a questão dos cemitérios, 32
higienização das cidades, 383
Hobsbawm, Eric, 343
"Homens de cor preta na História" (Querino), 397
Huntington, Richard, 167, 174, 218

*Idade d'Ouro* (jornal), 288

igrejas: dos Aflitos, 150; do Bonfim, 41, 83, 153, *154-5*; do Boqueirão, 179, 270; do convento do Carmo, 166, 270; do convento de São Francisco, *79*, 165, 202, 246, 260, 265-7, 393, 460; do Corpo Santo, 76; de Nossa Senhora da Barroquinha, 73, 76, 193; de Nossa Senhora do Bomsucesso das Minas Novas (MG), 249; de Nossa Senhora do Carmo, 169; de Nossa Senhora da Conceição, 171; de Nossa Senhora da Conceição da Praia, 66, 70, 73, 83, 97, 157, 171-2, 202, 260, 267, 328, 360, 369, 396; de Nossa Senhora de Lampadosa, 229; de Nossa Senhora da Penha, 148; de Nossa Senhora do Pilar, 94, 216, 222, 250, *254-5*, 410; de Nossa Senhora da Purificação, 401; da Palma, 70, 97; do Passo, 261; de São Domingos, 204; de São Francisco de Paula, Rio de Janeiro, 369; de São Pedro dos Clérigos, 14; de São Pedro Velho, 369; de São Pedro, 77, 267; da Sé, 14, 396

igrejas, como local de sepultamento, 240; em carneiros, 249-56; no chão, 244-9; escolha das igrejas, 259-72; regras, 241-4; sepulturas perpétuas, 256-9

Iluminismo, 102-3

*Imagens da Morte: a morte e o morrer no mundo ibero-americano* (grupo de pesquisa), 30

Império Português nas Américas, 35

Inglaterra, 109-13; comércio de cadáveres, 116; custos de funerais, 335; protestos em defesa de costumes funerários, 459

Inhambupe, Bahia, 86

iorubás *ver* nagôs

irmandades: da Conceição dos Homens Pardos de Santana do Camisão, 74; do Martírio de Cachoeira, 78; de Nossa Senhora do Amparo (Santo Amaro, BA), 291; de Nossa Senhora das Angústias, 71; de Nossa Senhora da Boa Morte, 76, 193; de Nossa Senhora da Conceição do Convento do Carmo, 210; de Nossa Senhora da Con-

ceição da Praia, 72; de Nossa Senhora da Graça, 70; de Nossa Senhora do Guadalupe, 72; de Nossa Senhora dos Pardos do Boqueirão, 74, 80, 97, *271*; de Nossa Senhora da Piedade, 70, 268; de Nossa Senhora do Rosário da Praia, 288; de Nossa Senhora do Rosário das Portas do Carmo, 67, 69, 77-8, 80, 82, 85, *89*, 158, 180, 205, *248*, 279, 289, 302, 316-7, 387; de Nossa Senhora do Rosário dos Pretos, 87; de Nosso Senhor dos Martírios, 73, 193; dos Quinze Mistérios, 269, 277; do Rosário da Conceição da Praia, 77, 86, 205, 247; do Rosário da igreja da Ajuda, 70; do Rosário dos Pretos de Camamu, 74, 81; do Rosário dos Quinze Mistérios, 261, 437; do Rosário da Rua de João Pereira, 78; do Rosário de São João del Rei (MG), 86-7; de Santa Cecília, 70; de Santa Ifigênia, 246; do Santíssimo Sacramento da igreja da Penha, 210; do Santíssimo Sacramento do Passo, 434, 449; do Santíssimo Sacramento do Pilar, 255, 430-1, 433-7, 439-40, 448-9; do Santíssimo Sacramento de Santo Antônio Além do Carmo, 98; do Santíssimo Sacramento de São Pedro (MG), 249; de Santo Antônio de Categeró, 77; de São Benedito do Convento de São Francisco, 77, 205, 208, 288; de São Benedito, 73, *79*, 246; de São Benedito (Cairu, BA), 90; de São Domingos, 180; do Senhor Bom Jesus da Cruz, 70, 97; do Senhor Bom Jesus da Cruz (São Gonçalo dos Campos, BA), 289; do Senhor Bom Jesus das Necessidades e Redenção, 76; do Senhor Bom Jesus dos Martírios (Cachoeira, BA), 78

irmandades, 18, 32-3, 65-99; de africanos, privilégios para mulheres, 78; constituição e funcionamento, 66-8; devoção a santos, 81-2; discriminação feminina, 80; escolha das mortalhas e, 180; festas de santos, 84-7; fontes de renda, 81; impasse na construção dos cemitérios e, 409; importância diminuída na década de 1830, 314; práticas mágicas e, 82; questões étnicas, 71-81; sociedade e, 68-71

Itaguaí, RJ, 361

Itaparica, BA, 177

Itapuã, Salvador, BA, 40

jejes, "nação" africana, 75-6, 78, 156, 226, 278, 314

João Batista, são, 172, 173

João Evangelista, são, 172-3

jornais/revistas: *Alabama, O,* 227; *Bahiano, O,* 97, 182; *Censor, O,* 466-7; *Correio da Bahia,* 233; *Correio Mercantil,* 232; *Courrier Français,* 368; *Democrata, O,* 156, 420; *Descobridor de Verdades, O,* 42; *Diário da Bahia,* 283, 408, 421; *Diário Fluminense,* 372, 375; *Diário de Pernambuco,* 469; *Diário de Saúde,* 350, 366, 368, 398; *Gazeta Commercial da Bahia,* 443; *Idade d'Ouro,* 288; *Jornal da Bahia,* 160; *Jornal do Commercio,* 16-9, 25, 459; *Precursor Federal, O,* 97; *Revista do Instituto Geográfico e Histórico da Bahia,* 24; *Revista M. Estudos sobre a morte,* 30; *Sete de Novembro, O,* 182; *Temps (revista),* 350

judeus, 424

Julgamento Universal, 282

Kellehear, Allan, 131

Laqueur, Thomas, 104, 112-3, 116, 118, 265

Lauwers, Michel, 247

Le Goff, Jacques, 136, 282

Lebrun, François, 102, 115, 282, 471

legislação contra o toque de sinos, 397-9

legislação sobre cemitérios, diferenças entre Bahia e Rio de Janeiro, 389

Lei de estruturação dos municípios (1828), 381-91, 395, 397, 399-403, 429

Lei de Saúde Pública (Portugal, 1844), 120

Lei do Cemitério, 16, 25, 33, 436, 438, 445, 449; exigência de revogação da, 447; revogação da, 465

lei provincial nº 17, 413-8, *415*, 428-30, 435-6, 449; constituição e, 428

liberalismo, 381

Lilienfeld, Abraham e David, 342

Lille, França, 115

Linebaugh, Peter, 116-8

Lugar, Catherine, 406

maçonaria, 373

Madagascar, 174

Madre de Deus, BA, 156

malês (muçulmanos nagôs), 60, 64, 166, 277, 314, 407, 463-4

Malês, Revolta dos (1835), 276, 462, 464

Manchester, Inglaterra, 118

Maragogipe, BA, 87, 453

Marcílio, Maria Luiza, 29

Maria da Fonte, Revolta da (movimento anti-cemiterial, Minho, Portugal, 1835), 119-22, 459

Martinez, Socorro Targino, 70, 80

Martins, José de Souza, 29

Martírio de Cachoeira, irmandade, 78

Mattos & Cia., 406, 408-9, 411, 413, 418, 420, 424, 427-8, 430-1, 436-7, 467

Mattoso, Katia, 29, 51, 73, 131, 163-4, 216, 295, 309

McManners, John, 103, 115

*Memória sobre os enterramentos nas igrejas* (Melo), 356

*Memória sobre os prejuízos causados pelas sepulturas dos cadáveres nos templos e methodo de os prevenir* (Silva Telles), 353

Metcalf, Peter, 167, 174, 218

*Methodo d'ajudar a bem morrer,* 152

miasmas, 104-5, 342-3, 350-5, 358, 360-2, 368, 379, 384, 386, 404, 409, 432, 434

Miguel Arcanjo, são, 152, *170*

Minas Gerais, 249, 284, 430; funerais africanos em, 228

Minho, Portugal, 120, 122, 128, 136, 160

mortalhas, 31; cores preferenciais das, 179-80; de crianças, 170-5; franciscanas, 164;

simbologia das cores, 169, 174-5; usos na feitiçaria, 176

morte barroca, 29, 128, 143-8, 158, 187, 315; cuidados médicos na, 147

morte/funeral, como elemento de igualdade/desigualdade social, 32, 50, 113, 191, 211, 226, 410-2, 438

Mott, Luiz, 176, 473

muçulmanos, 424; *ver também* malês

mulheres, participação nos movimentos contra os cemitérios, 17-8, 114-5, 120, 458-9

mulheres nos movimentos sociais na Europa pré-industrial, 120

Mulvey, Patricia, 80

"nações" africanas: angolas, 75-6, 226; benguelas, 78; haussás, 47, 60, 278, 314; jejes, 75-6, 78, 156, 226, 278, 314; nagôs, 47, 60-1, 75-6, 127, 156, 161, 166, 175-6, 186, 226-7, 278, 310, 314; ndembus, 167; tapas, 278

nagôs, "nação" africana, 47, 60-1, 75-6, 127, 156, 161, 166, 175-6, 186, 226-7, 278, 310

Nazaré, BA, 401-2

Nossa Senhora do Amparo, irmandade (Santo Amaro, BA), 291

Nossa Senhora das Angústias, irmandade, 71

Nossa Senhora da Barroquinha, igreja, 73, 76, 193

Nossa Senhora da Boa Morte, irmandade, 76, 193; festa da, 193

Nossa Senhora do Bomsucesso das Minas Novas (MG), 249

Nossa Senhora do Carmo, 169

Nossa Senhora da Conceição, 171

Nossa Senhora da Conceição da Praia, freguesia, 36, 38, 156, 215, 217, 393; igreja, 66, 70, 73, 83, 97, 157, 171-2, 202, 260, 267, 328, 360, 369, 396; irmandade, 72

Nossa Senhora da Conceição do Boqueirão, confraria, 70, 224, 249

Nossa Senhora da Conceição do Convento do Carmo, irmandade, 210

Nossa Senhora da Graça, irmandade, 70

Nossa Senhora do Guadalupe, irmandade, 72

Nossa Senhora de Lampadosa, igreja, 229

Nossa Senhora da Penha, freguesia, 40, 169, 215, 247, 393, 422; igreja, 148

Nossa Senhora da Piedade; irmandade, 70, 268; convento, 70, 267

Nossa Senhora do Pilar; freguesia, 36, 38-9; igreja, 94, 216, 222, 250, 254-5, 410

Nossa Senhora da Purificação, igreja, 401

Nossa Senhora do Rosário da Praia, irmandade, 288

Nossa Senhora do Rosário das Portas do Carmo, irmandade, 67, 69, 77-8, 80, 82, 85, 89, 158, 180, 205, 248, 279, 289, 302, 387; contabilidade da, 316-7

Nossa Senhora do Rosário dos Pretos, irmandade, 87

Nossa Senhora dos Pardos do Boqueirão, irmandade, 74, 80, 97, 271

Nosso Senhor dos Martírios, irmandade, 73, 193

Nova Inglaterra, EUA, 111

*Observações sobre o contracto do privilegio exclusivo do cemiterio* (Araújo), 17, 23

Oliveira, Maria Inês Côrtes de, 29, 73-4, 163, 166, 178, 215-6, 225, 295-6

Ordem de Cristo, 97, 177

Ordem de São Bento de Avis, 221-2

Ordem Terceira da Santíssima Trindade, 71, 96, 180, 278

Ordem Terceira de São Domingos, 13, 66, 70-2, 97, 204, 212, 250, 252, 253, 287, 302; petições contra o cemitério de Campo Santo, 432-4, 437-9; e o visconde de Pirajá, 454

Ordem Terceira de São Francisco, 14, 25, 68, 71-2, 78, 80, 180, 217, 222, 251, 287, 291, 322; assinaturas no manifesto contra o cemitério, 448; petições contra o cemitério de Campo Santo, 437; revolta contra o cemitério, 443-5; e o visconde de Pirajá, 454

Ordem Terceira de São Francisco em Cairu, BA, 402

Ordem Terceira do Carmo, 23, 68, 78, 97, 180, 193, 203, 222, *271*, 287, 393, 432; petições contra o cemitério de Campo Santo, 428, 434, 436-7; revolta contra o cemitério, 444-5

Ordem Terceira do Carmo de Sabará, MG, 430

ordens terceiras, como canais de ascensão social, 70

Ott, Carlos, 46

Palma, igreja da, 70, 97

Parés, Luis Nicolau, 92

Partido Absolutista, 238

Passo: freguesia do, 67; igreja do, 261

Pedreiros livres, 18

Père-Lachaise, cemitério francês, 108

Pernambuco, 96, 469

Pina-Cabral, João, 128

Porto, Portugal, 119

Portugal: cemiteradas em, 119-20, 122; protestos contra cemitérios, 459; relação com a morte, 125-7; rituais fúnebres em, 125-6, 128

Praguer, Henrique, 25

*Precursor Federal, O*, 97

protestantismo, 109-10

Purgatório: criação pela Igreja Católica, 282-3; missas para as almas do, 290-1

Querino, Manuel, 397

Quinta dos Lázaros, cemitério, 277, 471

Quinze Mistérios, irmandade: cemitério a céu aberto na, 277; predomínio de enterros de escravizados na, 269

*Recordações históricas* (Amaral), 24

Reino do Benim, 166

*Revista do Instituto Geográfico e Histórico da Bahia*, 24

*Revista M. Estudos sobre a morte*, 30

revoltas de africanos em Salvador, 60-1

Richardson, Ruth, 118

Rio de Janeiro, 232, 469; funerais africanos no, 229

Rio Vermelho, Salvador, BA, 40

Rita, santa, 169

rituais fúnebres, 76, 102-3, 111, 124, 128, 145, 148; na África, 125-6; africanos no Brasil, 128, 226-33; caixões, 212-4; carpideiras, 122, 159-60, 182, 186, 199, 460; cortejo fúnebre, 203-11, 215-6; culto iorubá dos eguns, 126; festas e, 192-8; funerais africanos, 226-33; luto, 188-91; missas, 285-308; missas pedidas por ex-escravos libertos, 295; mortalhas, 162-81; música nos, 150; participação de soldados nos, 154; prazos de luto, 189; pedidos a anjos e santos, 308-13; pompa e, 216-9, 220-2, 224-5; pompa nas missas, 304-8; em Portugal, 125-6, 128; primeiras providências, 161; toques dos sinos das igrejas, 219; trajes de luto, 189-90; velório, 181-8

Rodrigues, Claudia, 30, 128, 132, 469

Romero, Silvio, 312

Rosário da Conceição da Praia, irmandade, 77, 86, 205, 247

Rosário da igreja da Ajuda, irmandade, 70

Rosário dos Pretos de Camamu, irmandade, 74, 81

Rosário dos Pretos, igreja do, 259

Rosário dos Quinze Mistérios, irmandade, 261; petições contra o cemitério de Campo Santo, 437

Rosário da Rua de João Pereira, irmandade, 78

Rosário de São João del Rei, MG, irmandade, 86-7

Rouen, França, 102

rubéola, 48

Russell-Wood, A. J. R., 68, 206

Sabinada, Revolta da (1837-38), 48, 64, 269, 349, 397, 452, 464

Saint Botolph, igreja em Cambridge (Inglaterra), 111

Saints Innocents, cemitério de (Paris), 106, *107*, 108, 114

Salvador, BA, 35; desigualdade, 50-5; economia, 55-60; escravizados em, 38, 47; falsificação de moedas, 58-9; freguesias em, 36; igrejas em, *274-5*; imigrantes portugueses em, 46; ladeira de São Bento, *151*; Largo do Teatro, *44*; população, 45-50; Praça da Piedade, *53*; preconceito racial em, 53-4; protestos populares (1824-37), 62-4; no século XIX, 35-64; tráfico negreiro em, 36; Santa Bárbara, mercado em Salvador, 36

Santa Casa de Cachoeira, cemitério da, 411

Santa Casa de Misericórdia, 24, 39, 49, 68, 71-2, 158, 198, 209-10, 212-4, 221, 251-2, 265, 272, 276-7, 285, 367, 379, 386, 472; cemitério na, *207*, 208; compra do cemitério de Campo Santo, 468; contabilidade da, 319, 321; missas atrasadas e, 301; monopólio dos enterros, 207-11; regras para missas fúnebres, 287-8

Santa Casa de Misericórdia (Rio de Janeiro), 362-3, 469

Santa Cecília, irmandade, 70

Santa Ifigênia, irmandade, 246

Santana de Serrinha, BA, 154

Santíssimo Sacramento da igreja da Penha, irmandade, 210

Santíssimo Sacramento do Passo, irmandade: assinaturas no manifesto contra o cemitério, 449; petições contra o cemitério de Campo Santo, 434

Santíssimo Sacramento do Pilar, irmandade, 255; assinaturas no manifesto contra o cemitério, 448-9; petições contra o cemitério de Campo Santo, 430-1, 433-7, 439-40

Santíssimo Sacramento de Santo Antônio Além do Carmo, irmandade, 98

Santíssimo Sacramento de São Pedro, irmandade, MG, 249

Santo Amaro, BA, 400

Santo Antônio Além do Carmo, freguesia, 58, 93, 97, 269, 388

Santo Antônio da Barra, confraria, 70

Santo Antônio de Categeró, irmandade, 77

Santo Antônio de Jacobina, BA, 402

Santo Antônio: convento de, 166; freguesia de, 40-1

Santo Sudário, 167

Santos Filho, Licurgo, 346-7

Santos, Juana e Deoscoredes dos, 227

São Bartolomeu, freguesia em Maragojipe, 87

São Benedito do Convento de São Francisco, irmandade, 77, 205, 208, 288

São Benedito, irmandade, 73, *79*, 246

São Benedito, irmandade em Cairu, BA, 90

São Bento, convento de, 166

São Crispim, confraria, 70

São Domingos: igreja de, 204; irmandade de, 180

São Francisco de Paula, igreja de (Rio de Janeiro), 369

São Francisco, convento de, 14, 165, 168, 180, 201, 208, 262, 308, 332, 396; contabilidade do, 321-5; igreja do, *79*, 165, 202, 246, 260, 265-7, 393, 460; insalubridade da igreja, 359; missa de corpo presente no, 304-5; serviços fúnebres no, 437

São Jorge, confraria, 70

São José, confraria, 70

São Pedro dos Clérigos, igreja de, 14

São Pedro Velho, igreja de, 369

São Pedro, igreja de, 77, 267

Scarlata, Fellipe, 272, 278

Schmitt, Jean-Claude, 285

Sé: freguesia da, 39, 67, 165, 168-9, 215, 225, 266; igreja da, 14, 396

*Semanário de Saúde Pública*, 352, 369

Senhor Bom Jesus da Cruz, irmandade, 70, 97

Senhor Bom Jesus da Cruz, irmandade (São Gonçalo dos Campos, BA), 289

Senhor Bom Jesus das Necessidades e Redenção, irmandade, 76

Senhor Bom Jesus dos Martírios, irmandade (Cachoeira, BA), 78

Senhor do Bonfim, festa do, 90

Senhor dos Passos, procissão do, 192

Senhor Morto, procissão do, 97
sensualidade e religião, 83-7, 90-2, 95
sepulturas perpétuas, 256-9
Sergipe do Conde, Bahia, 168
Sertã, paróquia de (Beira Baixa, Portugal), 119
*Sete de Novembro, O* (jornal), 182
Silva, Júlio, *89*
Sociedade de Medicina do Rio de Janeiro (SMRJ), 346-8, 350-1, 353, 358, 360-9, 371, 383
Sociedade dos Artífices, 314
Sociedade Federal, 268, 314
Souza, Laura de Mello e, 82
Souza, Paulo César, 453

tabaco, 37, 56
tapas, "nação" africana, 278
Teixeira Barros, J., 278
*Temps* (revista), 350
Terreiro de Jesus, Salvador, 13, 39, 67, 217, *344*, *345*, *456*
testamentos, 130-43, 167, 216
Thibaut-Payen, Jacqueline, 106-7, 114, 119, 122, 335
Thomas, Louis-Vincent, 127

Triunfo, procissão do, 97
tuberculose, 48
Turner, Victor, 91, 124, 167, 175

Uidá, Daomé, 92
últimos sacramentos, 148-58; estatísticas no Brasil (1835-36), 157
Urbain, Jean-Didier, 194
urbanismo, legislação e, 382-3

Valença, BA, 402
Valladares, Clarival do Prado, 29, 256, 301
Van Gennep, Arnold, 124
Varela, João, 161, 186
varíola, 48
Verger, Pierre, 65, 72
Viana do Castelo, Portugal, 119
Vianna, Hildegardes, 144, 159, 161, 186-7
*Vida e morte do bandeirante* (Alcântara Machado), 29
Vila Nova da Rainha, BA, 400
Vitória, freguesia, 40, 42, 156, 254, 404, 406-8, 422
Vovelle, Michel, 101-2, 122, 128, 223

Wade, Richard, 229

# Índice onomástico

*Neste índice figuram somente as personalidades da época retratada no livro. Para os demais nomes, ver o Índice remissivo (p. 499). As ilustrações estão indicadas em itálico.*

Abbott, Jonathas, 202, 271
Abreu, Francisco de São Damásio, 225
Abreu, José Antônio de Castro, 448
Afonso de Moura, Tomé, 235
Aguiar, José Nunes de Souza, 268, 269
Aguilar, Francisco Ovídio de, 463-4
Albuquerque, Domingos Pires de Carvalho e, 69
Albuquerque, Florência Cavalcanti e, 201
Albuquerque, Joaquim Pires de Carvalho e *ver* Pirajá, visconde de, 473
Albuquerque, José Pires de Carvalho e, 184, 201, 219, 305, 330, 332
Almeida, José Custódio Pinto de, 163
Almeida, Miguel Calmon du Pin e, 414
Almeida, padre Joaquim de, 404-6, 408, 442-3
Alvares, Magdalena, 256
Alves, Antônio José, 21, 23-4, 232, 359, 363
Amaral, Lázaro Vieira do, 459, 464
Amor Divino, Jacinta Joaquina do, *333*

Andrade, Antônio Marinho de, 167
Andrade, Estêvão, 453
Andrade, José Dias de, 306
Aragão, Ana Maria de São José, 305, 455
Aragão, Garcia d'Ávila Pereira de, 141, 262
Arago, Jacques, 196, 244
Araújo, Inocêncio Eustáquio Ferreira de, 269
Araújo, Joaquim José de, 14, 19-20, 23, 408, 442, 456, 460
Araújo, José Antônio de, 16, 183, 406-9, 456, 459
Araújo, Maria Felipa de São José, 171
Ataliba, José Vieira de Faria Aragão, 383, 418, 465

Bandeira, Pedro Rodrigues, 69, 272, 302, 310, 334, *335*, 449
Barata, Cipriano, 453
Barata, padre José Alves, 162, 300
Baraúna, Manuel da Silva, 417
Barbuda, José Egidio Gordilho de *ver* Camamu, visconde de
Barros, Francisco da Silva, 192, 390
Bastos, Luís Paulo de Araújo, 413, 449
Batou, Jean, 177
Benci, padre Jorge, 298

Beyer, Gustav, 36
Bitencourt, Camilo José da Rocha, 448-9
Boa Morte, Joaquina Maria da, 156
Bonaparte, Napoleão, 108
Borges de Barros, José Inácio, 449
Botelho, José, 405
Boussingault, M., 350-1
Brandão, José Inácio Acciavoli de Vasconcelos, 168, 270, 306-7
Brito Jr., Joaquim Marcelino de, 398
Brito, João Antônio de, 224
Brito, João Rodrigues de, 380
Britto, João Candido de, 420-1, 449
Buchet, Charles, 398
Bus, cônego Manuel Dendê, 328, 333, 393

Cabral, Domingos Guedes, 420
Cachoeira, Francisco Joaquim, 451
Caldeira, Felisberto Gomes, 268, 361
Calvino, João, 109
Camamu, visconde de (José Egidio Gordilho de Barbuda), 62, 219, 388
Câmara, Augusto Ricardo Ferreira da, 219
Câmara, Manuel Ferreira da, 219
Capinam, Bento José Rufino, 182
Caramuru (Diogo Álvares Correa), 70, 256
Cardoso, Manuel, 424
Cardoso, vigário Manuel José de Sousa, 422
Carvalho, Antônio Vaz de, 223, 236-8, 293
Carvalho, Domingos José de, 257
Carvalho, Luís Pedro de, 142
Chauffer, Pedro Armando, 421
Chaves, João Antunes de Azevedo, 383, 394, 405
Coelho, Antônio José, 203-4; como articulador do manifesto da Cemiterada, 454
Correa, Diogo Álvares ver Caramuru
Costa, Antônio Bernardo de Cabral, 120
Costa, Cláudio Luís da, 369, 370-2, 398
Costa, Inocêncio José da, 263
Costa, João Gualberto de Campos, 451
Costa, Manuel Alves da, 141
Costa, Miguel Teodoro da, 419
Cotejipe, Prudêncio José de Sousa Brito, 383, 396, 418

Coutinho, Aureliano, 394
Coutinho, José Lino, 138, 140, *347*, 348-9, 360, 389
Couto, José Joaquim do, 391
Cruz, Maria da Conceição, 73

d'Asyr, Felix Vicq, 107, 355
d'Avezac, Marie-Armand, 166
Damásio, Antônio Joaquim, 24-5, 387
Debret, Jean-Baptiste, 149, *150*, 166, 212-3, 220, 229, 231
Denis, Ferdinand, 195, 197, 250
Dugrivel, Claude, 22, 34, 36, 43, 47, 51, 84, 240
Dundas, Robert, 147, 345-6, 348-9, 353, 429; e a manifestação contra o cemitério, 447

Ewbank, Thomas, 160, 169-70, 173, 187, 189, 220
Expilly, Charles, 171, 212, 220

Feijó, padre Diogo, 373
Ferraz, Ângelo Muniz da Silva, 463
Ferraz, Joaquim, 237
Figueiredo, dom Luiz de, *258*
Figueiredo, Francisco Xavier de Sousa, 90-1
Fonseca, José d'Aquino, 343, 367-9
Fonte, Rodrigues da, 144
Franco, don Luís Pereira, 265
Frankenstein, barão de, 118
Freitas, Manuel José de, 351
Freyss, Georg, 284
Froes, Joaquim José, 449

Galvão, Manuel Antônio, 417
Gama, padre Lopes, 160
Gardner, George, 41
Gomes, padre João Quirino, 413
Gonçalves, José Antônio, 221
Graham, Maria, 384
Guimarães, Álvaro da Conceição, 246
Guimarães, Antônio de Abreu, 41, 448

Huguenot, Henri, 354, 358

Isaac, Joaquim, 453

Jaboatão, frei, 251
João v, morte de, 233
João vi, 235
Jobim, José Martins da Cruz, 346, 352, 360, 365, 367, 369
Jourdan, Antônio, 162, 184, 234-5, 331

Kidder, Daniel, 21, 197-8, 220, 229, 231, 391

Lander, Richard e John, 186
Leclerc, dr., 104
Lefort, madame, 114-5
Leopoldina, imperatriz, 129
Lima, José de Cerqueira, 406
Lima, padre José Francisco, 296
Lindley, Thomas, 51, 82-3, 91-2, 98, 144-5, 153, 177, 192, 194, 212, 218, 251-2, 304, 384
Luccock, John, 196, 213

Machado de Assis, 184
Magalhães, João José de Moura, 413
Magalhães, vigário Lourenço da Silva, 451
Maia, José Coelho, 72
Marante, João, 256
Marcescheau, Armand, 175, 449, 454
Maret, Hugues, 104, 354, 358
Maria i, 88; morte de, 234, 238
Maria ii, 453
Marinho, padre Manuel Cirilo, 451
Marques, Lourenço Cardoso, 451
Martins, Domingos José, 138, 276
Martins, Francisco Gonçalves, 15-6, 22, 413, 443, 449, 464
Martius, C. F. P. von, 42-3, 45, 53, 98
Matos, Gregório de, 87-8
Matos, José Augusto Pereira de, 406, 408-9
Maximiliano, príncipe, 37, 42, 45, 192, 245
Meireles, Joaquim Cândido Soares de, 346-7, 365, 371
Meireles, Manuel Correa, 145
Melo, José Cardoso Pereira de, 425

Melo, Luís José de Carvalho, 356
Melville, Henry, 149
Mendonça, Afonso Furtado de, 69, 129
Meneses, Francisco da Cunha, 305, 380
Meneses, Luís César de, 69
Meneses, Manuel Coelho de Sampaio, 424
Mineiro, Miguel Guanaes, 237
Minturn Jr., Robert, 212
Miranda, João Antônio de, 451
Morais Filho, Alexandre Melo, 149
Morais, Francisco Nunes, 139, 142, 264, 303
Morais, Joaquim José de, 463-4

Néri, Eufrásio Pantaleão, 351

Oliveira, J. C. da Costa e, 343, 359, 360, 364
Oliveira, José Tavares de, 417
Oliveira, Vicente Ferreira de, 424
Ollin, Woodbridge, 391
O'Neill, Thomas, 44
Osifekunde (africano ijebu), 166

Paca, Manuel Joaquim Pinto, 391
Pantoja, Gustavo Adolfo de Aguilar, 462, 464
Paraguaçu, Catarina, 70
Paraíso, Francisco de Sousa, 14, 16, 18, 414, 422, 428, 439-40, 442-4, 447, 462-5, 471
Parkinson, John, 48
Passos, José, 343
Pasteur, Louis, 342
Pau-Brasil, Luís Gonzaga, 396-9
Pedro i, 43, 63, 452-3
Pennel, William, 40, 46, 58-9
Pereira, Fernando dos Santos, 155
Perereca, padre ver Santos, Luís Gonçalves dos
Pestana, Domingos Mondim, 269
Piatoli, Scipion, 355
Picanço, José Correa, 354-6
Pio vi, papa, 290
Pirajá, visconde de (Joaquim Pires de Carvalho e Albuquerque), 15, 20-1, 25, 63, 448-9, 452-3, 455, 458, 460, 465-6

Pires, Cristóvão da Rocha, 168
Pires, Vicente, 90
Pitta, Florência de Bittencourt Aragão, 167
Pombal, marquês de, 55
Ponte, conde da, 41, 43, 45, 225
Porciúncula, Inácio Manuel da, 448
Porée, Charles, 409
Prior, James, 39, 51, 55, 84, 325, 384

Queirós, padre Bernardo, 132, 135-6, 152, 223, 283

Rebouças, André, 356
Rebouças, Antônio Pereira, 15, 19, 356, 414, 444, 464
Rebouças, José Pereira, 356
Rebouças, Manuel Maria, 356
Rebouças, Manuel Maurício, 224, 352, 356-60, 357, 363-5, 369, 398; registro de funeral de, 195
Reis, Jacinto Pereira, 363
Requião, João José de Sousa, 422
Ribeiro, José Joaquim, 83
Rocha, padre Manuel Ribeiro da, 241, 298
Rodrigues, Isabel, 256
Rodrigues, Manuel Antônio da Costa, 73
Roiz, Affonso, 256
Roma, padre (José Inácio de Abreu e Lima), 272
Rosa, Otaviano Maria da, 361-2
Rugendas, Johan Moritz: cortejo fúnebre retratado por, 198, *199*

Sá, Mem de, 256
Sanchez, Pedro, 456, 458
Santa Rita, padre Salvador de, 146, 261
Santos, Luís Gonçalves dos (padre Perereca), 194, 373-7, 430
Santos, Pedro José Joaquim dos, 452
Seidler, Carl, 196
Seixas, dom Romualdo, 156, 314, 394-6, 408,

413-4, *419*, 422, 424, 425-6, 428, 435-6, 441-3, 446, 451, 454, 465
Sento Sé, Justino Nunes de, 388
Serva, Manuel Antônio da Silva, 152
Sigaud, José Francisco Xavier, 346
Silva, A. de Morais, 447
Silva, Anselmo Francisco da, *333*
Silva, Antônio Ribeiro da, 459
Silva, Caetano Silvestre da, 406-9
Silva, cônego Vicente Maria da, 422, 424
Silva, Francisco Duarte da, 242
Silva, Ignacio Accioli de Cerqueira e, 268
Silva, Rita Gomes da, 263
Snow, John, 342
Soares, Raimundo Maciel, 201
Soares, Sebastião Rocha, 288
Sousa, João Thomas de, 157
Spix, J. B. von, 42-3, 45, 53, 98
Stark, dr., 368

Tavares, Maria José Cândida, 418
Teixeira, Antônio José, 451
Telles, Vicente Coelho de Seabra Silva, 354-5
Titára, Ladislau dos Santos, 268
Torres, Manuel de Cerqueira, 85
Tosta, Manuel José Vieira, 413

Varela, José Maria, 20
Velloso, Sérgio, 269
Vide, Sebastião Monteiro da, 241-2, 256, 306
Vieira, Francisco Sabino da Rocha, 64, 349
Vilhena, Luís dos Santos, 86, 273, 276-7, 321, 379
Virgens, Manuel das, 83
Voltaire (François-Marie Arouet), 374

Wetherell, James, 51, 82-4, 183, 195, 198, 330
Wilson, sir Robert, 34, 36, 38, 43, 53
Württemberg, Alexandre de, 147

Xavier, João da Costa, 172
Xavier Marques, Francisco, 458

1ª EDIÇÃO [1991] 7 reimpressões
2ª EDIÇÃO [2022]

ESTA OBRA FOI COMPOSTA PELA PÁGINA VIVA EM MINION E IMPRESSA
PELA LIS GRÁFICA EM OFSETE SOBRE PAPEL PÓLEN SOFT DA SUZANO S.A.
PARA A EDITORA SCHWARCZ EM DEZEMBRO DE 2022

A marca FSC® é a garantia de que a madeira utilizada na fabricação do papel deste livro provém de florestas que foram gerenciadas de maneira ambientalmente correta, socialmente justa e economicamente viável, além de outras fontes de origem controlada.